그리스 비극

인간과 역사에 바치는 애도의 노래

Greek Tragedy
The Song of Mourning for Man and History
by Yim Chol Kyu
Published by Hangilsa Publishing Co., Ltd., Korea, 2018

그리스 비극

인간과 역사에 바치는 애도의 노래

한길사

그리스 비극 인간과 역사에 바치는 애도의 노래

지은이 임철규
펴낸이 김언호

펴낸곳 (주)도서출판 한길사
등록 1976년 12월 24일 제74호
주소 10881 경기도 파주시 광인사길 37
홈페이지 www.hangilsa.co.kr
전자우편 hangilsa@hangilsa.co.kr
전화 031-955-2000~3 **팩스** 031-955-2005

부사장 박관순 **총괄이사** 김서영 **관리이사** 곽명호
영업이사 이경호 **경영이사** 김관영 **편집주간** 백은숙
편집 박희진 노유연 이한민 박홍민 배소현 임진영
마케팅 정아린 이영은 **관리** 이주환 문주상 이희문 원선아 이진아
디자인 창포 031-955-2097
CTP 출력 및 인쇄 예림 **제본** 경일제책사

개정판 제1쇄 2018년 6월 15일
개정판 제3쇄 2024년 7월 31일

값 37,000원
ISBN 978-89-356-7056-7 03800
ISBN 978-89-356-7146-5 (세트)

• 잘못 만들어진 책은 구입하신 서점에서 바꿔드립니다.

• 이 도서의 국립중앙도서관 출판시도서목록(CIP)는 서지정보유통지원시스템 홈페이지(seoji.nl.go.kr)와
국가자료공동목록시스템(www.nl.go.kr/kolisnet)에서 이용하실 수 있습니다.
(CIP제어번호: CIP2018016606)

두 아들(정한, 성한)과 딸(은정)에게

그리스 비극 인간과 역사에 바치는 애도의 노래

개정판을 내면서	11
책머리에	13
서론	19

1부 아이스퀼로스

1장	『페르시아인들』	29
2장	『테바이를 공격하는 7인의 전사』	59
3장	『탄원하는 여인들』	87
4장	『오레스테이아』	121
5장	『결박당한 프로메테우스』	187

2부 소포클레스

1장	『아이아스』	223
2장	『트라키스의 여인들』	259
3장	『안티고네』	287
4장	『오이디푸스 왕』	375
5장	『필록테테스』	419
6장	『콜로노스의 오이디푸스』	457

3부 에우리피데스

1장	『메데이아』	489
2장	『히폴뤼토스』	529
3장	『트로이아의 여인들』	557
4장	신생과 여인들 - 헤카베, 안드로마케 그리고 헬레네	583
5장	『바코스의 여신도들』	643

찾아보기	677

인간이 신이 되지 않는 한
인간에게 고통과 절망은 그치지 않는다.
이것이 인간의 조건이다.
· 임철규

개정판을 내면서

2007년에 이 책 『그리스 비극-인간과 역사에 바치는 애도의 노래』를 출간한 뒤 10년이 흘렀다. 내 저서 가운데 개정판으로 나올 수 있는 책은 성격상 이 저서뿐이다. 개정판을 위해 원고를 다시 읽어보니 표현과 표기 등의 오류가 제법 많았다.

개정판에서는 표현과 표기 등에서 나타난 오류를 정정하고 문장을 변경하고 표현을 다듬고 내용을 크게 보강하는 등 많은 부분에서 보완이 이루어졌다. 작품에 따라 보완한 부분이 많은 것도 있고, 그렇지 않은 것도 있지만, 작품을 바라보는 나의 관점, 강조점 그리고 해석은 2007년 처음 이 책을 출간했던 그때와 다르지 않다. 10년 전의 내 관점과 해석을 조금 더 세공한 판본인 셈이다.

앞으로 10년이 지나면 내 나이 거의 90세에 가까워지므로 이 책의 다음 개정판은 어려울 것이다. 나의 마지막 개정판이라 생각하며 정성을 다했다.

그리스 비극에 관심이 있는 후학들이 나의 저서를 읽고 인용할 때,

이번 개정판을 진본으로 여겼으면 한다. 내 작업에 도움을 아끼지 않았던 두 분께 특히 깊은 감사를 표한다. 연세대 중앙도서관의 강경하 선생은 내가 필요로 하는 신간서적을 포함한 많은 참고문헌을 신속히 제공해줌으로써 나의 노동에 값진 도움을 주었다. 그리고 연세대 대학원 비교문학과에서 강의를 맡고 있는 김정아 박사는 바쁜 일정 가운데서도 원고를 정성껏 읽고 많은 조언을 해주었다. 번역가로서뿐만 아니라 학자로서도 대성하기를 바라며.

2017년 12월
임철규

책머리에

　이 책은 '그리스 비극'에 대한 오랜 나의 관심의 소산이다. 40여 년 전 나는 은사 고 고병려 교수님으로부터 여러 해 동안 그리스어와 라틴어를 배웠고, 그분을 통해 서양 고전문학, 특히 그리스 비극 연구에 발을 들여놓게 되었다. 나는 그분께 먼저 감사를 올린다. 그 후 미국의 한 대학에서 학위논문으로 그리스 비극에 관한 글을 준비하고 있을 때 이 주제에 좀더 천착할 수 있는 기회가 주어졌다. 하지만 그 뒤 그리스 비극 연구에 본격적으로 뛰어들 수 있는 계기가 나에게 좀처럼 주어지지 않았다. 귀국 후 모교인 연세대 영문학과에 재직하면서 영문학 전공과목들을 충실히 가르칠 수밖에 없었던 데다 다른 주제에 대한 관심이 나를 더 압박했기 때문이다.
　내가 본격적으로 이 책을 준비하게 된 것은 정년을 맞이하기 몇 해 전부터 대학원 비교문학과와 영문학과에서 '그리스 비극'이라는 과목을 가르치면서부터였다. 30여 년 전 낯선 이국땅에서 학위논문을 준비하면서 내 마음 한 켠에 간직하고 있었던 그리스 비극에 대한 학문적인 열정이 되살아나기 시작했다.
　이 책은 그 열정의 기록이다. 나는 그 수업에 함께하며 활발한 발표와 열띤 토론을 해주었던 1999년 봄학기, 2001년 봄학기, 2003년 봄학기, 2004년 봄학기의 영문학과와 비교문학과 대학원생들, 타 학과 대학원생들 그리고 타 대학 대학원생들과 맺은 소중한 인연을 잊을 수 없다. 우선 그들에게 감사를 보낸다. 그리고 내가 잊지 못하는 한 학생에게도 감사와 인사를 보낸다. 2004년 봄학기 수업에 함께한 강주연은 그리스 비극을 유난히 좋아했고 빼어난 통찰력이 담긴 해석을 보여주던 명민한 학생이었다. 그러나 그녀는 그 수업이 끝난 지 채 2년이 되기도 전에 유학을 준비하던 중 그녀를 아끼던 사람들 곁을 떠났다. 이른 작별이었다. 문학에 남다른 열정과 열의로 그리스 비극 수업에 활기와 영감을 주었던 고 강주연을 나는 결코 잊을 수 없다.

몇 해 전에 출간한 나의 저서 『눈의 역사 눈의 미학』에서처럼, 연세대 중앙도서관의 채정림 선생은 이번에도 큰 도움을 주었다. 채 선생이 올 2007년에 출간된 신간서적을 포함한 많은 참고문헌을 신속히 제공해줌으로써 나는 마지막까지 작업에 충실할 수 있었다. 이 책이 학자로서의 나의 성실성을 온전히 담아내고 있다면, 그것은 채 선생의 도움 덕분이라 해도 무리는 아니다.

도서출판 한길사 대표 김언호 선생과 맺은 오랜 인연은 이 책을 통해서도 이어지고 있다. 그와, 이 책을 좀더 좋은 책으로 만들기 위해 수고를 아끼지 않았던 한길사 편집부를 포함한 여러 직원에게 감사를 드린다.

마지막으로 나의 원고를 점검하고 조언해주었던 오윤정, 김정하에게 고마움을 전한다. 윤정은 유학의 길을 오른 바쁜 일정 속에서도 성심껏 나를 도와주었고, 정하는 유학과 결혼을 준비하는 바쁜 나날 속에서도 많은 양의 원고를 처음부터 마지막까지 점검하고 조언을 하는 데 시간을 아끼지 않았다. 나는 그들이 앞으로 학자로서 성공하기를 진심으로 기원하면서, 다시 한번 그들의 도움에 감사를 보낸다.

 이른바 최고의 문학작품으로 일컬어지는 '그리스 비극'에 관한 연구는 여러 나라의 많은 학자에 의해 활발하게 이루어져왔다. 문학공부를 하는 이라면 누구나 그 연구에 뛰어들고 싶어 하는, 문학 최고 형식을 대표하는 비극 중 최고의 비극이기 때문이다. 그렇지만 그리스 비극 전체를 넓게 그리고 깊이 있게 다룬 책들은 극히 드물다. 그리스 비극에 대한 교과서적이고 개론적인 책이나 아이스퀼로스, 소포클레스 그리고 에우리피데스의 작품들을 개별적으로 다룬 빼어난 저서는 많지만, 그것을 함께 묶어 그리스 비극 전체를 조명한 깊이 있는 책은 별로 없다.

 나는 이 책을 준비하면서 '그리스 비극' 전체를 조명하는 깊이 있는 책을 쓰는 데 충실하려고 했다. 아이스퀼로스의 경우, 나는 그의 작품 전부를 다루었다. 대부분의 연구가 그의 대표작인 『오레스테이아』에 집중되고 있지만, 나는 그간 크게 주목받지 못한 그의 나머지 작품에도 적잖은 관심을 가지고 있었다. 소포클레스의 경우, 『엘렉트라』를 제외한 그의 작품 전부를 다루었다. 그의 작품을 둘러싼 많은 논의와 논쟁을 모두 포괄하는 가운데, 또 그의 작품에 다층적으로 드러난 의미와 비극성을 섬세하게 다루는 가운데, 다른 두 비극작가보다 더 많은 분량을 소포클레스에 할애했다. 엄청나게 많은 작품 중 각기 7편의 작품만이 현존할 뿐인 아이스퀼로스, 소포클레스와 달리 19편의 비극작품을 우리에게 남긴 에우리피데스의 경우, 나는 앞의 두 작가와의 균형을 고려해 그의 작품 중 대표작으로 평가되고 있고, 또 나에게 좀더 중요한 텍스트로 보이는 작품 7편을 택해 다루었다. 이 정도면 이 책은 그리스 비극 전체를 광범위하게 다룬 책으로서 별로 모자람이 없을 것이다.

나는 문학, 그것도 위대한 문학은 **애도**의 표현이라고 생각한다. 그리스 비극은 이의 전범(典範)이다. 나는 현재를 위해 죽은 자들로 하여금 죽은 자들 스스로를 매장하도록 하라는, 현재를 위해 과거를 망각하라는 니체와 마르크스의 입장에 동조하지 않는다. 나에게는 역사가를 '죽은 자들을 식탁에 초대하는 사자(使者)'라 부르는 벤야민이 더 호소력이 있다. 유대교 신비주의로 전향하기 이전 마르크스주의자였던 벤야민은 마르크스와 달랐다. 그에게는 과거가 현재보다 중요했다. 때문에 그는 그의 글 「역사철학테제」에서 혁명을 "과거로 향해 내딛는 호랑이의 도약"이라 했고, 증오와 희생정신에 불타는 프롤레타리아트의 혁명의식은 미래 후손을 억압에서 해방시킨다는 이상에 의해서가 아니라 억압받고 착취당한 선조에 대한 기억에 의해 자라나는 것이라고 했다.[1)]

우리의 기억 저편 망각의 바다 속에서 억울하게 누워 있는 숱한 인간들을 그 바다로부터 기억의 땅으로 끌어올리는 것, 나는 이것을 매우 중요하다고 믿는다. '죽은 자들을 식탁에 초대하는 사자'가 되는 것은 역사가의 전유물이 될 수 없다. 나는 전쟁·폭력·억압으로 인해 삶이 산산이 부서진 채 죽어간 수많은 시대의 희생자, 삶이라는 허무의 바다에서 허망한 몸부림을 치다 한낱 포말처럼 사라져간 숱한 존재를 망각의 바다에서 끌어올려 그들이 남긴 **상처**를 어루만져주고, 그들의 고통과 죽음을 애도하는 것이 문학의 진정한 행위라고 본다.

그리스 비극은 이러한 문학의 진정성을 행하고 있다. 이런 의미에서 우리의 『장길산』『태백산맥』『토지』 같은 작품 역시 그리스 비극처럼 **애도의 노래**다. 이 작품들도 망각의 바다 속에서 억울하게 누워

---

1) Walter Benjamin, *Gesammelte Schriften* 1권, Rolf Tiedemann und Hermann Schweppenhäuser 엮음 (Frankfurt am Main: Suhrkamp, 1972~89, 701쪽.

있는 수많은 희생자를 불러내어 그들을 **기억**해주고, 그들의 깊은 상처를 어루만져주고, 그들의 상처로 인해 아물지 않는 **역사의 상처**를 깊이 애도하고 있다. 위대한 문학이란, 문학이라는 형식을 통해 망각 속에 묻혀있는 숱한 인간들을 역사 속으로 불러내어, 그들을 다시 기억해주고 그들의 상처를 어루만져주고 그들의 고통과 죽음을 슬퍼하며 **장례**를 지내주는 애도의 행위다.

나는 지난 세기부터 현재에 이르기까지 '그리스 비극' 연구에 빼어난 학문적인 업적을 이루었던 세계 유수한 학자의 대열에 뛰어들었다. 이 책을 준비하면서 나는 그들의 성과를 뛰어넘고자 했다. 전쟁의 비극, 전쟁으로 인한 이른바 **타자**의 고통, 주체의 폭력 그리고 **귀환**의 비극성을 그들보다 좀더 깊이 다룰 수 있었던 것은 내가 이 땅에 태어났기 때문이다. 이 땅의 끝없는 고통과 수난의 역사가 없었더라면, 이 책은 내가 쓰고자 했던 책으로 결코 나올 수 없었을 것이다.

2007년 5월
임철규

***본문에 등장하는 약어의 출처는 다음과 같다.

DK= *Die Fragmente der Vorsokratiker*, H. Diels and W. Kranz 엮음 (Berlin: Weidmann, 1951~52)

Merkelbach-West= *Fragmenta Hesiodea*, R. Merkelbach and M. L. West 엮음 (Oxford: Clarendon Press, 1967)

Mette= *Die Fragmente der Tragödien des Aischylos*, H. J. Mette 엮음 (Berlin: Akademie Verlag, 1959)

Nauck= *Tragicorum Graecorum Fragmenta*, A. Nauck 엮음 (Göttingen: Vandenhoeck & Ruprecht: 1986)

PLF= *Poetarum Lesbiorum Fragmenta*, E. Lobel and D. L. Page 엮음 (Oxford: Clarendon Press, 1955)

PMG= *Poetae Melici Graeci*, D. L. Page 엮음 (Oxford: Clarendon Press, 1962)

PMGF= *Poetarum Melicorum Graecorum Fragmenta*, M. Davies 엮음 (Oxford: Clarendon Press, 1991~)

Snell-Maehler= *Bacchylid1s: Carmina cum Fragmentis*, B. Snell and H. Maehler 엮음 (Stutgardiae: In aedibus B. G. Teubneri, 1992)

TrGF= *Tragicorum Graecorum Fragmenta*, B. Snell, R. Kannicht, S. Radt 엮음 (Göttingen: Vandenhoeck & Ruprecht, 1971~86)

West= *Iambi et Elegi Graeci ante Alexandrum Cantati*, M. L. West 엮음 (Oxford: Oxford UP, 1989~92)

서론

고전주의 그리스 비극 또는 좀더 정확하게 **기원전 5세기의 아테나이 비극**으로 일컬어지는 그리스 비극은 매년 디오뉘소스 신을 기리는 축제의 일부로서 아테나이에서 공연되었다. 비극은 도시의 여러 축제 가운데 두 축제, 즉 1월 말에 행해진 레나이아 축제와 3월 말에 시작해 5~6일 동안 계속된 디오뉘시아 축제에서만 공연되었다. 그런데 이 중 전자가 아테나이 시민만 참석한 "좀더 사적"이고 "부차적"인 행사였다면,[1] 후자는 각국의 시민이 모두 참석한, 그 명성과 권위에서 좀더 중요하면서도 **공적인**, "아테나이 축제 가운데 가장 스펙터클한"[2]

---

1) Simon Goldhill, "The Great Dionysia and Civic Ideology," *Nothing to Do with Dionysos?: Athenian Drama in Its Social Context*, John J. Winkler and Froma I. Zeitlin 엮음 (Princeton: Princeton UP, 1990), 102쪽; Simon Goldhill, "The Audience of Athenian Tragedy," *The Cambridge Companion to Greek Tragedy*, P. E. Easterling 엮음 (Cambridge: Cambridge UP, 1997), 60쪽. 레나이아 축제에 대한 상세한 설명은 A. W. Pickard-Cambridge, *The Dramatic Festivals of Athens*, J. Gould and D. M. Lewis 엮음 (Oxford: Oxford UP, 1988), 25~42쪽을 볼 것.

2) Richard Seaford, "Tragedy, Ritual, and Money," *Greek Ritual Poetics*, Dimitrios Yatromanolakis and Panagiotis Roilos 엮음 (Cambridge/M.A.: Harvard UP, 2004), 71쪽.

국가적인 축제였다.[3]

디오뉘시아 축제 동안에는 비극을 포함한 여러 극들이 모든 아테나이 시민(주로 남성들[4])과 재유외인(在留外人) 그리고 외국방문객[5] 앞에서 공연되었는데, 3인의 비극작가가 각각 3편의 비극과 한 편의 사튀로스극을 완성해 총 12편의 작품을 선보였다. 축제가 시작되면 이미 수개월 전 예심을 거친 작품들을 최종심사하기 위해 심판관 5명을 추첨으로 선출했다. 공연이 행해진 디오뉘소스의 야외극장은 시민 15,000명에서 18,000명가량이 자리할 수 있었던 대형 원형극장으로, 아크로폴리스의 동남쪽 언덕기슭에 위치해 있었으며, 공연비용

---

3) 디오뉘시아 축제에 대해서는 H. W. Parke, *Festivals of the Athenians* (Ithaca: Cornell UP,1977), 124~136쪽; A. W. Pickard-Cambridge, 앞의 책, 제2장 이하; W. R. Connor, "City Dionysia and Athenian Democracy," *Classica et Mediaevalia*, 40 (1989), 7~32쪽; John J. Winkler, "The Ephebes Song: *Tragōida and Polis*," 앞의 책, *Nothing to Do with Dionysos?*, 20~62쪽; Simon Goldhill, 같은 글, "The Great Dionysia and Civic Ideology," 97~129쪽; Christiane Sourvinou-Inwood, "Something to do with Athens: Tragedy and Ritual," Robin Osborne and Simon Hornblower 엮음, *Ritual, Finance, Politics: Athenian Democratic Accounts* (Oxford: Clarendon,1994), 269~290쪽; Andrea Wilson Nightingale, *Spectacles of Truth in Classical Philosophy: Theoria in its Cultural Context* (Cambridge: Cambridge UP, 2004), 55~60쪽을 볼 것.
4) 여성의 공연 관람이 허용되었는가, 아니었는가는 지금까지 여전히 논란의 쟁점이 되고 있다. 골드힐 같은 학자는 남성중심의 지배구조를 그 특징으로 하는 폴리스가 여성에게는 공적, 정치적인 역할이 배제된 "일종의 남성클럽"(Pierre Vidal-Naquet, *Le chasseur noir: Formes de pensée et formes de société dans le monde grec* [Paris: Maspero, 1981], 269쪽)이었음을 내세우면서 여성들의 공연 관람은 거의 불가능했음을 강조하는 반면(Simon Goldhill, "The Audience in Athenian Tragedy," *The Cambridge Companion to Greek Tragedy*, P. E. Easterling 엮음 [Cambridge: Cambridge UP, 1997], 58쪽) 여성들의 공연 관람을 당시 전혀 "금지"하지 아니 했음(David Kawalko Roselli, *Theater of the People: Spectators and Society in Ancient Athens* [Austin: U of Texas Pr., 2011], 162쪽)을 전제로 여러 출처를 거론하면서 그 관람이 가능했음을 강조하는 학자들도 있다(이에 대해서는 David Kawalko Roselli, 같은 책, 158~194쪽을 볼 것).
5) 외국인들과 재유외인들이 공연에 참석하게 된 배경과 그들의 역할에 대해서는 David Kawalko Roselli, 같은 책, 119~136쪽을 볼 것. 그리고 특히 외국방문객들에 대해서는 Edmund Stewart, *Greek Tragedy on the Move: The Birth of a Panhellenic Art Form c.500-300 BC* (Oxford: Oxford UP, 2017), 66~69쪽도 볼 것.

은 전적으로 폴리스 아테나이가 부담했다.

　디오뉘시아 축제는 디오뉘소스 신을 기리는 행사로 시작되어, 여러 국가적 행사로 이어졌다. "관리들이 합창대석(orchestra) 주변에 운반되어온, 찢겨 상처가 난 돼지새끼의 피로 극장을 정화시킨"[6] 다음 먼저 선발된 10명의 장군이 신들에게 제주(祭酒)와 제물을 바치는 것으로 시작했다. 이어 아테나이 제국의 동맹국들이 보내온 공물(貢物)이 무대 위에 진열되고, 뒤이어 공연에 기부금을 희사한 아테나이 시민과 국가에 공헌한 사람이 호명된 다음 그들에게 금관(金冠)이 수여되었고, "최근에 자유민이 된 노예들의 이름이 호명되었다."[7] 마지막으로 국가의 도움을 받아 충성스러운 보병으로 성장한 전쟁고아들이 투구와 갑옷으로 중무장한 채 무대 위에서 행진을 펼친 뒤 극장의 특석에 착석하면 행사가 마무리되었다.[8] 이러한 일련의 행사가 끝나고 나면 축제 마지막 3일 또는 4일은 본격적으로 공연에 집중되었다.

　디오뉘시아 축제가 이처럼 국가에 의해 주관된 "본질적으로 그리고 근본적으로 민주주의 폴리스의 축제"[9]였을 뿐만 아니라, 내용 역시 "아테나이를 군사·정치 권력으로 예찬하고"[10] 그러한 "폴리스에

---

6) Rush Rehm, *Understanding Greek Tragic Theatre* (London: Routledge 2017), 18쪽.
7) Rush Rehm, 같은 책, 18쪽.
8) Simon Goldhill, 같은 글, "The Great Dionysia and Civic Ideology," 특히 100~106쪽. 그의 다른 글, "Civic Ideology and the Problem of Difference: The Politics of Aeschylean Tragedy, Once Again," *Journal of Hellenic Studies*, 120 (2000), 44~47쪽. 그리고 같은 저자, *Love, Sex, and Tragedy: How the Ancient World Shapes Our Lives* (Chicago: U of Chicago Pr., 2004), 220~227쪽도 볼 것.
9) Simon Goldhill, 같은 글, "The Great Dionysia and Civic Ideology," 114쪽.
10) Simon Goldhill, 앞의 글, "The Audience of Athenian Tragedy," 56쪽.

대한 개인의 의무를 강조한 것이었음"[11]을 염두에 둔다면, 그리스 비극이 아테나이의 민주주의 이데올로기, 즉 아테나이 시민이 된다는 것이 어떤 의미이며, 얼마나 중요한지 강조하는 **폴리스 이데올로기**를 선전하는 정치적인 장치 역할을 했다는 학자들의 주장이 나오는 것도 무리가 아님을 알 수 있다.

즉 그리스 비극의 기원을 폴리스에 돌리는[12], 또는 그리스 비극을 "기원전 5세기 아테나이 폴리스의 담론"이자 폴리스의 "민주주의의 목적과 그것을 위한 방법의 반영물"로 규정하는[13] 학자들의 주장이 나오는 것도 일면 자연스러운 일이다. 그만큼 그리스 비극 그 자체가 "기원전 5세기의 아테나이의 정치 환경 속에서 생겨난 산물임을 어느 정도 반영하고" 있기 때문이다.[14]

앞서 밝혔듯, 디오뉘소스의 야외극장은 15,000명에서 18,000명의 관객을 수용했던 대형극장이지만, 플라톤은 아가톤(Agathon)이라는 작가의 비극작품이 30,000명 이상의 시민 앞에서 공연되었다고 주장한 바 있다(『향연』 175e행). 그의 주장은 진위여부를 가리기에 앞서 당시 얼마나 많은 아테나이인이 열광적으로 공연장을 찾았는가를 증언하는 것으로 받아들여져야 한다. "전(全) 도시" 아니 "온 그리스"가 관람했다는 주장[15]도 마찬가지다.

그렇다면 공연장에 참석한 그 많은 아테나이 시민은 그들이 대면

---

11) Simon Goldhill, 앞의 글, "The Great Dionysia and Civic Ideology," 114쪽.
12) Richard Seaford, *Reciprocity and Ritual: Homer and Tragedy in the Developing City-State* (Oxford: Clarendon Pr., 1994), 281쪽, 328쪽 그리고 여러 곳.
13) N.T. Croally, *Euripidean Polemic: The Trojan Women and the Function of Tragedy* (Cambridge: Cambridge UP, 1994), 1쪽, 3쪽.
14) Simon Goldhill, 앞의 글, "Civic Ideology and the Problem of Difference," 35쪽.
15) Simon Goldhill, 앞의 글, "The Audience of Athenian Tragedy," 58쪽.

하고 있는 동일한 **텍스트**에 대해 어떻게 반응했을까. 그들의 반응은 그들의 수만큼이나 다양할 수밖에 없었을 것이다. 가령 하나의 텍스트는 여러 사람에 의해 때론 폴리스의 이데올로기를 강화하는 정치 선전물로 읽혔을 수도 있고, 때론 영웅시대의 귀족주의적인 전통 가치와 폴리스 시대의 민주주의적인 근대 가치의 충돌을 그림으로써 아테나이 민주제의 이념과 가치를 문제시하는 **전복적인**[16] 텍스트로 읽혔을 수도 있다. 또 폴리스 내 상층 계급의 이해와 이데올로기 충돌을 조정하는 정치적인 텍스트로 받아들여졌을 수도 있으며, 나아가 아테나이의 제국주의 이데올로기를 강력하게 비판하는 텍스트로 여겨졌을 수도 있다.

또한 페미니즘 · 종교 · 형이상학적인 입장 등에서 읽혔을 가능성도 있다. 즉 어떤 사람들에게는 폴리스 이데올로기가 강조하는 가부장적 · 남성중심적인 권위를 전복하려는 **타자**(他者)의 도전, 곧 여성의 잠재적인 도전으로 받아들여졌을 수도 있고, 또 다른 사람들에게는 신의 **정의**가 끝내 실현되는 것을 보여주는 종교 메시지였을 수도 있다. 또 어떤 사람들에게는 신에게 희생당하는 무력한 인간의 운명과 원초적이고 파괴적인 욕망에 몸부림치고 이에 갈등하는 존재의 고통 등 인간 존재의 비극적인 조건과 그 아픔, 말하자면 니체가 명명한 "존재의 영원한 상처"[17]를 적나라하게 보여주는 형이상학적인 담론으로 비쳤을 수도 있을 것이다.

---

16) Simon Goldhill, 앞의 글, "The Great Dionysia and Civic Ideology," 114쪽. 그리고 Rainer Friedrich, "Everything to Do with Dionysos? Ritualism, the Dionysiac, and the Tragic," *Tragedy and the Tragic: Greek Theatre and Beyond*, M S Silk 엮음 (Oxford: Clarendon Pr., 1996), 282쪽(주70)을 볼 것.

17) Friedrich Nietzsche, *The Birth of Tragedy*, Walter Kaufmann 옮김 (New York: Random House, 1967), 109쪽.

어느 시대나 비극은 과거와 현재가, 그리고 과거와 현재가 각각 대변하는 이념이나 가치가 충돌하고 갈등하는 전환기의 시대 상황을 반영하는 것이 특징이다. 기원전 5세기의 그리스, 16세기의 르네상스 영국, 17세기의 프랑스의 비극 등이 이를 대변한다. 따라서 동일한 텍스트에 대한 다양한 반응은 이러한 충돌 및 갈등의 표출이나 표상에 다름없다. 베르낭은 일찍이 그리스 비극은 "(사회) 현실을 반영하는 것이 아니라 현실을 의문시하며," 갈등에 찢긴 현실을 보여줌으로써 그것을 "문제시한다"[18]라고 지적함으로써 그리스 비극의 성격을 깊이 통찰한 바 있다. 기원전 5세기 후반 아이스퀼로스, 소포클레스 그리고 에우리피데스로 대표되는 그리스 비극이 최초의 비극작가라 일컬어지는 테스피스(Thespis)가 보여준 초기 비극과 본질적으로 성격을 달리하는 것은 이 지점에서다.

"비극은 신화가 시민의 관점에서 고려되기 시작할 때 태어난다."[19] 그리스 비극은 호메로스의 영웅시대를 지배하고 있던 신화의 세계, 그 시대 주인공의 삶의 방식, 그 시대의 가치 등이 해체되던 전환기에 태어났다. 즉 폴리스시대 아테나이인의 눈을 통해, 어느 역사학자의 용어를 빌리면, "근대화"[20] 시대의 비극작가의 렌즈를 통해 호메로스 시대 영웅들의 삶의 방식, 그들이 표상하던 가치와 덕목, 그리고 그

---

18) Jean-Pierre Vernant, "Tensions and Ambiguities in Greek Tragedy," Jean-Pierre Vernant and Pierre Vidal-Naquet, *Myth and Tragedy in Ancient Greece*, Janet Lloyd 옮김 (New York: Zone Books, 1988), 33쪽.
19) Jean-Pierre Vernant, 같은 글, 37쪽.
20) Richard Ned Lebow, *The Tragic Vision of Politics: Ethics, Interests and Orders* (Cambridge: Cambridge UP, 2003), 25쪽. 이 저자는 그리스 비극을 "근대화에 대한 반응"으로 이해하면서 그리스 비극작가들의 작품들, 투퀴디데스의 『펠로폰네소스 전쟁사』, 그리고 소크라테스와 플라톤의 철학적 담론 등 모두가 "낡은 것과 새로운 것 사이의 갈등을 보여주면서" "그 갈등을 화해시키고 조정시키는 것을 도모하고 있다"고 주장한다(25쪽). 특히 그리스 **근대화**가 정치·경제·문화에 걸쳐 나타난 특징적인 현상에 대해서는 155~167쪽을 볼 것.

시대 인간들의 세계인식 등이 재조명되었을 때 비로소 그리스 비극이 탄생되었던 것이다. 그리스 비극작가들은 과거를 이야기함으로써 그들이 살고 있으면서 **문제시**하고 있는 현재를 이야기하고, 더 나아가 인간 전체의 문제를 이야기했던 것이다.

그들이 소재로 삼은 과거의 이야기는 아가멤논, 오레스테스, 아킬레우스, 아이아스, 오이디푸스, 테세우스, 필록테테스 등 주로 뮈케네 문명시대, 즉 기원전 약 1600년부터 기원전 1200년에 이르는 고대 그리스의 청동기 문명시대 영웅들의 이야기다. 그들에 대한 전설적인 이야기는 뮈케네 문명이 멸망한 이후 여러 세대를 거치면서 때로는 부분 삭제되고, 때로는 수정·보완되는 등 다양한 과정을 거치며 입에서 입으로 전해져 내려왔다. 그러다가 호메로스의 『일리아스』와 『오뒤세이아』, 헤시오도스의 『신통기(神統記)』와 『노동과 나날』 그리고 핀다로스의 여러 『경기승리가』 등 초기 그리스 도시국가의 서사시와 서정시를 통해 마침내 기록문학으로 집대성되었다. 그중 그리스 비극의 소재는 대부분 특히 호메로스의 『일리아스』에서 연유되었다. 플라톤이 호메로스를 "비극시인들의 최초의 교사이자 지도자"(『국가』 595c, 607a)라 일컫고, 아리스토텔레스가 그를 "극작가"(dramatapoiesas, 『시학』 1448b38)라고 불렀던 것은 바로 이 때문이다.

호메로스의 서사시 이래, 모든 문학은 궁극적으로 **인간**에 대해 이야기한다. 그중에서도 특히 그리스 비극은 언제나 인간과 신의 관계를 전면에 내세운다. 즉 그것은 인간의 운명을 규정하고 지배하는 신에 의해 인간이 어떻게 비극적인 운명을 맞이하며, 그 운명에 어떻게 대면하고 그 운명을 어떻게 헤쳐나가려고 하는가를 보여주고 있다. 시걸은 소포클레스의 비극적인 주인공을 논하면서 "소포클레스에게 인간은 어떤 존재인가라는 질문은 신은 어떤 존재인가라는 질문과 결코 분리될 수 없다"라고 지적한 바 있다.[21] 이는 소포클레스뿐만 아니라 다른 비극작가에게도 그대로 적용된다. 그들에게도 인간에 대한 물음은 종국적으로 신에 대한 물음과 피할 수 없이 결부되기 때문이다.

그러나 결국 이러한 물음의 종착점은 다시 인간 존재로 회귀한다. 서사시를 통해 인간에 대해 숱한 이야기를 들려주는 호메로스를 자신들의 '최초의 교사이자 지도자'로 삼았던 아이스퀼로스, 소포클레스 그리고 에우리피데스 등의 그리스 비극작가를 비롯해 이후 수많은 문학가가 쓴 작품들은, 호메로스가 인간에 대해 던진 물음에 그들 나름대로의 답을 던지는 **자기고백**의 **흔적**이나 다름없다. 대답은 끊임없이 이어질 수밖에 없다. **인간**은 대답의 종결을 거부하는 불가사의한 존재 그 자체이기 때문이다.

따라서 우리는 호메로스의 영웅시대 주인공의 삶과 운명을 노래한 그리스 비극의 작품을 통해 그리스 비극작가가 인간 존재에 대해 던지는 답, 즉 그들이 그들의 시대와 그 시대의 인간들을 어떻게 바라보고 있었으며, 궁극적으로 인간 존재 자체를 또한 어떻게 바라보고 있었는지를 알아볼 것이다. 물론 그 출발점은 **비극의 창조자**[22]라 일컬어지고 있는 아이스퀼로스다.

---

21) Charles Segal, *Tragedy and Civilization: An Interpretation of Sophocles* (Cambridge/M.A.: Harvard UP, 1981), 294쪽.
22) Gilbert Murray, *Aeschylus: The Creator of Tragedy* (Oxford: Clarendon Pr., 1951).

1부
아이스퀼로스

비극의 창조자인 아이스퀼로스(Aischulos, 기원전 525~456년)는 약 70~90편의 작품을 남긴 것으로 전해지는데, 그중 현존하는 것은 7편에 지나지 않는다. 아이스퀼로스는 그리스 비극작가 가운데 가장 종교적이며 정치적이다. 그는 신에게 도전하는 **인간**, 자신의 한계를 망각하고 신이 부여한 질서에 도전하는 인간과 이러한 인간을 철저하게 응징함으로써 자신의 **정의**를 실현하는 신의 모습을 통해 자신의 주제를 전달한다. 이러한 주제는 그의 작품들 중 가장 오래되었고, 현존하는 그리스 비극작품 가운데 유일하게 당대의 역사적 사건을 다루고 있는『페르시아인들』(기원전 472년)에서 그의 대표작『오레스테이아』에 이르기까지 하나의 라이트모티프(leitmotif)로 이어지고 있다. 그러나 그 밖의 다른 그리스 비극작가와 마찬가지로 아이스퀼로스 또한 신을 비롯한 우주의 잔인한 힘이나 운명에 파멸하는 인간, 전쟁의 고통, 그리고 남성중심의 지배계급이 주도하는 전쟁으로 희생당하는 여성과 같은 **타자**의 비극 등 인간존재의 비극적인 조건을 철저히 인식한 작가이기도 하다. 우리는 이 점에 더 주목하고자 한다.

1장 『페르시아인들』

작품 『페르시아인들』은 아이스퀼로스 자신도 참전했던 페르시아 전쟁, 그 중에서도 그리스의 최종적인 승리를 이끄는 계기가 되었던 살라미스 해전을 배경으로 하고 있는 작품이다.[1] 제목에서도 알 수 있듯, 그는 그리스인들이 아니라 전쟁을 주도한 페르시아의 왕 크세르크세스와 페르시아인들을 주역으로 내세운다. 이 극에는 살라미스 해전의 승리의 주역인 테미스토클레스는 물론 단 한 명의 그리스인도, 단 하나의 그리스인 이름도 등장하지 않는다. 그는 페르시아인들로 하여금 그 전쟁을 이야기하게 하고, 그들의 관점에서 극이 진행되도록 한다.

무대는 이궁(離宮) 수사를 배경으로 하고 있다.[2] 극은 페르시아

---

1) 아이스퀼로스는 30대 중반에 마라톤 전투, 40대 중반에 살라미스 해전과 플라타이아 전투에 참전했던 것으로 전해진다. Fernando Echeverria, "Greek armies against towns: Siege warfare and the *Seven against Thebes*", *Aeschylus and War: Comparative Perspectives on Seven against Thebes* , Isabelle Torrance 엮음 (London: Routledge, 2017), 75쪽을 볼 것.
2) 이 작품의 무대는 이궁 수사(Sousa)라는 데 해당 전문가들의 견해가 일치하지만, 이런

원로들로 구성된 코로스가 페르시아와 동맹국들의 군대가 그리스로 진군하는 것을 알리면서 시작된다. 코로스가 방패와 창으로 무장한 그리스인과 달리 활과 화살로 무장한(235~244행), "보기에도 무시무시한"(27행)[3] 페르시아 군대의 위용을 노래하면서도 한편 원정의 결과에 대해 염려하고 있을 때, 왕후인 아토사가 등장해 아들 크세르크세스에 대한 악몽, 독수리가 매에게 갈기갈기 찢기는 불길한 전조(前兆) 등을 이야기한다(176행 이하). 이때 전령이 등장해 선봉부대의 참패와 왕의 패주 소식을 전한다(249행 이하. 특히 302행 이하).

왕후는 선왕 다레이오스의 무덤에 가 그의 혼령을 불러내는데, 그 혼령은 그리스 해협을 건너기 위해 바다의 신 포세이돈의 영토인 "신성한 헬레스폰토스"(Hellēsponton hiron, 745행) 해류를 유린한 그의 아들 크세르크세스의 **무례한 도발**(744행)을 비난한다. 그러면서 크세르크세스의 패배가 그의 오만에 대한 제우스의 응징임을 알린다. 그리고 그리스를 침공한 페르시아 군대가 신전과 제단, 성상 등을 파괴하는 신성모독을 저지른 대가로 크세르크세스가 플라타이아 전투에서 더 큰 재앙에 처하게 될 것임을 알린다(745~750행, 807행 이하). 마침내 갈기갈기 찢긴 옷을 입은 채(1030행) 비참한 패잔병의 모습으로 왕궁에 돌아온 크세르크세스가 페르시아 군대의 전몰을 전하

견해를 조목조목 비판하면서 작품의 무대는 수도 페르세폴리스(Persepolis)에 있는 궁과 무덤 앞이라고 주장하는 학자(Richard Stoneman, *Xerxes: A Persian Life* [New Haven: Yale UP, 2015], 230쪽(주11))도 있다. 그리고 Richard Seaford, *Cosmology and the Polis: The Social Construction of Space and Time in the Tragedies of Aeschylus* (Cambridge: Cambridge UP, 2012), 208쪽도 볼 것.

3) 인용한 텍스트의 그리스어 판본은 다음과 같다. Aeschylus, *Persae*, A. F. Garvie 엮음 [주석포함] (Oxford: Oxford UP, 2009). 그리고 Aeschylus, *Suppliant Maidens; Persians; Prometheus; Seven against Thebes*, Herbert Weir Smyth 편역, LCL 145 (Cambridge/ M.A.: Harvard UP, 1973); Eschyle, *Tragédies I: Les suppliantes; Les perses; Les sept contre thèbes; Prométhée enchaîné*, Paul Mazon 편역 (Paris: Les Belles Lettres, 2010)을 참조함.

고, 코로스와 함께 처참한 패배, 페르시아 군대의 수많은 죽음, 페르시아의 몰락을 애도하는 가운데 작품은 끝난다.

이러한 대강의 줄거리만을 볼 때, 이 작품 역시 한계상황에 처한 한 개인의 결단과 갈등, 대결과 파멸이라는 고전비극의 일반적인 패턴을 취하고 있음을 알 수 있다. 즉 크세르크세스의 무모한 도발과 그의 **오만**, 이에 대한 신의 응징으로서 페르시아가 패배한다는 고전비극의 일반적인 패턴을 찾을 수 있다. 그러나 이러한 일반적인 패턴은 이 작품에서 상대적으로 덜 부각되고 있다. 이는 이 작품의 주인공이라 할 수 있는 크세르크세스 한 개인의 갈등과 결단, 대결과 패배의 과정에 대한 묘사가 다른 비극작품 주인공들의 그것에 비해 상당히 옅다는 점에서 잘 드러난다.

앞에서도 지적했듯, 이는 이 작품이 아이스퀼로스의 현존하는 작품 가운데 유일하게 당대의 역사적인 사실을 다루고 있다는 점에 기인하는 것으로 보인다. 즉 아이스퀼로스는 이 작품에서 그 무엇보다도 '살라미스 해전'이라는 역사적인 사실에 초점을 맞추고 있다. 그는 한 개인의 행위보다는 페르시아 전쟁이라는 **역사적 사건**이 주는 의미와 그 극적 형상화에 집중하고 있다.

이러한 경향과 함께 아이스퀼로스 자신이 직접 참전한 경험이 이 작품의 사실성을 더욱 도드라지게 한다. 이 작품에는 전쟁에 참전한 페르시아와 그 동맹국 전사(戰士)들의 출생국가(이집트, 아시리아, 인도, 아라비아, 에티오피아, 페니키아, 리비아, 시리아, 바빌론 등), 그들이 소속한 부대(보병, 기병, 해병 등), 그들 휘하 병사들의 규모, 전투장소 등의 역사적인 사실이 상세하게 서술되어 있다(302~330행). 아이스퀼로스는 이러한 사실적인 묘사를 통해 대규모의 페르시아 군대가 본국 페르시아뿐만 아니라 여러 동맹국의 군대로 구성된 연합 군대였다는 것을 보여주려 했던 것 같다. 코로스는 아시아 전체가 그 전쟁에 참전하고 있다고 노래한다(12행, 56~57행, 61행).

사실 고대 페르시아는 페르시아 전쟁에 대한 어떤 사료도 남기지 않았다. 이에 대한 유일한 사료는 그리스인 헤로도토스의 『역사』인데, 거기에는 크세르크세스가 170만 명의 보병, 8만 명의 기병, 1207척의 갤리선과 3,000척의 배에 탄 수많은 해병들을 이끌고 그리스를 침공했다고 기록되어 있다(『역사』 7.59.3~60, 87, 89.1, 97). 그리고 이러한 대규모의 전투병뿐만 아니라 이 전투병과 맞먹는 거의 같은 규모의 비전투병도 참전했다고 기록되어 있다(7.184~185). 그렇다면 500만 명 이상의 군대가 이 전쟁에 참여한 셈이다.

현대의 역사학자들 가운데 어느 누구도 헤로도토스의 이러한 주장을 있는 그대로 믿지는 않지만,[4] 투퀴디데스를 비롯한 고대 역사학자들에게 이것은 의심할 여지가 없는 역사적인 사실이었다.[5] 또한 아시아 전체가 그 전쟁에 참전하고 있다고 노래하는 이 작품을 통해 우리는 헤로도토스의 주장을 단순히 허풍으로 치부할 수 없게 된다.[6]

설혹 그것이 한 역사학자의 허풍이었다고 해도 여전히 남는 역사적인 사실은 페르시아 전쟁에 참전한 페르시아 군대의 규모가 현대인에게도 풍부한 상상력을 요구할 만큼 엄청났다는 것이다. 그리고

---

[4] 가령 조지 콕웰(George Cawkwell)은 크세르크세스가 이끌던 페르시아인들과 치른 해전에서 그리스의 승리와 페르시아의 패배에 대한 헤로도토스의 역사적인 기술을 사실로 받아들일 수 없다고 정면으로 비판하고 있다. 그의 *The Greek Wars: The Failure of Persia* (Oxford: Oxford UP, 2005), 92~100쪽, 그리고 여러 군데를 볼 것. 그는 "만일 우리가 페르시아인들이 왜 그 전쟁에서 패배했는가를 설명하려 한다면, 놀랍게도 헤로도토스는 거의 도움이 되지 않는다"라고 단언한다. 같은 책, 99쪽.

[5] Jon D. Mikalson, *Herodotus and Religion in the Persian Wars* (Chapel Hil: U of North Carolina Pr., 2003), 11쪽.

[6] 페르시아 전쟁에 페르시아 군인이 정확히 몇 명이나 참가했는가에 대해서는 Pierre Briant, *From Cyrus to Alexander: A History of the Persian Empire*, Peter T. Daniels 옮김 (Winona Lake, Indiana: Eisenbrauns, 2002), 527쪽을 볼 것.

코로스도 노래하고 있듯, 우리에게 남겨지는 의문은 그 누구에게도 결코 패한 적이 없는 엄청난 규모의 군대가 어떻게 패배할 수밖에 없었는가라는 문제다.

아이스퀼로스 역시 이 지점에서 출발한다. 페르시아의 패배, 그것의 당위성을 지속적으로 강조하는 그는 그 필연적인 원인을 신에 대한 크세르크세스의 오만과 페르시아 군대의 신성모독적인 행위에서 찾고 있다. 즉 그리스의 승리와 페르시아의 패배가 신의 개입에 따른 결과라는 것을 강조하고 있는 것이다.

제우스의 정의

다레이오스와 크세르크세스, 전령, 아토사 그리고 코로스의 노래에 따르면 페르시아의 패배는 "신보다는 강하지 않지만 운명보다는 강한"[7] 어떤 파괴적인 신적 존재(atē)나 "악령"(kakos daimōn)에 의해 초래된 것이며(345행, 353~354행, 472행, 515행, 601행, 724행,

---

7) R. P. Winnington-Ingram, *Studies in Aeschylus* (Cambridge: Cambridge UP, 1983), 5쪽, 6쪽. 그리스인들은 인간사에 개입해 선행도 하고 악행도 하는, 신비스러운 신적인 힘이 존재한다고 믿었다. 호메로스는 **다이몬**(daimōn)을 이런 의미로 사용했는데, 그러면서 그는 다이몬을 신과 인간 사이의 중간에 있는 어떤 신적인 존재라고 여겼다(Louise Bruit Zaidman and Pauline Schmitt Pantel, *Religion in the Ancient Greek City*, Paul Cartledge 옮김[Cambridge: Cambridge UP, 1992], 178쪽을 볼 것). 이름 할 수 없는 어떤 신비스러운 힘으로서 인간의 삶에 영향을 끼치는 다이몬은 비인격적인 **운명**과 같은 것으로 이해되기도 하지만, 보통 인간에게 불행을 불러일으키는 **악령**으로 이해되는 것이 좀더 정확한 것 같다. Jean-Pierre Vernant, "Tensions and Ambiguities in Greek Tragedy," Jean-Pierre Vernant and Pierre Vidal-Naquet, *Myth and Tragedy in Ancient Greece*, Janet Lloyd 옮김 (New York: Zone Books, 1988), 36~37쪽. 이에 대한 좀더 포괄적인 논의는 Walter Burkert, *Greek Religion*, John Raffan 옮김 (Cambridge/M.A.: Harvard UP, 1985), 179~181쪽; Felix Budelmann, *The Language of Sophocles: Community, Communication and Involvement* (Cambridge: Cambridge UP, 2000), 143~168쪽; Paul Hammond, *The Strangeness of Tragedy* (Oxford: Oxford UP, 2009), 79쪽을 볼 것.

725행, 845행, 911행, 918~925행, 942행, 1005~1007행), 신들이 "아테나의 도시"(Athēnōn…… polis), 즉 아테나이를 구한 것이었다 (347행; 353~354행, 361~362행, 454~455행, 472~473행, 495행, 514행). 그러나 이러한 패배와 승리의 궁극적인 주체는 역시 제우스였다(532행). 아이스퀼로스는 코로스와 선왕 다레이오스를 통해 이를 확인시켜주고 있다(740행, 762행, 827행, 915행). 그는 제우스를 오만한 자들의 준엄한 응징자(827~828행)로 규정한다.

아이스퀼로스는 다레이오스를 이상적인 군주로, 그의 통치시대를 일종의 황금시대로 규정함으로써(852~907행; 652~656행) 그를 아들과 전혀 다른 인물로 내세운다. 다레이오스는 신과 같은 또는 신과 동등한 존재, 곧 "수사가 낳은 페르시아의 신"(Persan Sousigenē theōn, 643행; 150~151행, 634행, 654~655행, 711행, 857행)으로까지 일컬어진다.[8] 이런 선왕을 통해 크세르크세스의 오만과 페르시아 군대의 신성모독적인 행위가 부당하다는 것이 좀더 선명하게 부각된다. 다레이오스에게 그의 아들 크세르크세스가 그리스 해협을 건너기 위해 배들을 사슬로 묶어 바다에 다리, 즉 부교(浮橋)를 설치한 것은 그의 오만을 증명하는 전형적인 행동이었다.

코로스에 따르면 그것은 "바다의 목에 굴레를 씌우는"(72행) 행위였으며, 아이스퀼로스는 이 "굴레를 씌운다"(zugon, 71행)라는 단어를 통해 크세르크세스의 도발적인 오만을 강조한다. 다레이오스는 헬레스폰토스의 해류를 막고 부교를 띄운 그의 아들의 행위를 바다의 신 포세이돈의 영토인 "신성한 헬레스폰토스의 해류에 그것이 마치 노예인 양 족쇄를 채우고"(745~746행) 유린하는 도발로 여기며,

---

8) 페르시아인들이 다레이오스를 비롯한 자신들의 왕을 신으로 경배했다는 것을 입증하는 역사적인 기록은 없다. Thomas Harrison, *The Emptiness of Asia: Aeschylus' "Persians" and the History of Fifth Century* (London: Duckworth, 2000), 87쪽을 볼 것.

"인간에 불과한" 그의 아들이 "어리석은 생각 때문에 모든 신, 아니 포세이돈마저 이기려 한다"(748~750행)라고 힐난한다.

코로스는 『일리아스』에 나오는 전쟁의 신 아레스를 떠올리는 듯[9] 크세르크세스를 전쟁에 "미친 듯 날뛰는(thourios, 74행) 자로 묘사하고 있다. 아레스라는 이름은 여기서 크세르크세스가 이끄는 군대의 상징으로 사용되고 있으며, 크세르크세스 자신 또한 그 시선이 불길한 치명적인 뱀 또는 용(drakōn, 82행)으로 묘사되고 있다.[10]

헤로도토스에 따르면 페르시아인은 "특히 강을 존경했다." 거기에 그들은 침도 뱉지 않았고, 오줌도 누지 않았으며, 손도 씻지 않았다 (『역사』 1.138.2). 이 점에서는 그리스인들도 마찬가지였다. 그들 또한 거기에 오줌을 누지 않았음은 물론 강을 건너가기 전에는 반드시 손과 오염된 마음을 깨끗이 했다. 그렇게 하지 않으면 신의 노여움을 사 벌을 받는다고 믿었기 때문이다(헤시오도스 『노동과 나날』 737~741행, 757~759행). 몇몇 강은 그 주위에 사는 그리스인들의 신앙의 대상이 되기도 했는데, 일정 나이가 된 젊은 남녀들이 거기에 자신들의 머리카락을 바쳤고, 동물을 제물로 바치기도 했다.[11]

크세르크세스의 기사(技士)들이 헬레스폰토스에 설치한 첫 번째 다리가 완성되었을 때 거대한 폭풍이 일어 그 다리가 산산조각 나는 사건이 일어났다. 이에 분노한 크세르크세스는 "노예처럼"[12] 바다에 300대의 매질을 하고, 한 쌍의 족쇄를 던지고, 저주의 말들을 내뱉도록 했다(『역사』 7.34~35). 이는 강을 존경하는 페르시아인뿐만 아니

---

9) A. F. Garvie, *Aeschylus: Persae* (Oxford: Oxford UP, 2009), 81~86쪽.
10) Emma Bridges, *Imagining Xerxes: Ancient Perspectives on a Persian King* (London: Bloomsbury Academic, 2015), 16쪽.
11) Walter Burkert, 앞의 책, 174~175쪽.
12) Emma Bridges, 앞의 책, 47쪽.

라 바다의 신 포세이돈을 숭배하는 그리스인의 심성에도 반하는 불경스러운 행위였으며, 이후 이는 "그리스적인 전통에서 페르시아적인 불경의 가장 적절한 전형"이 되었다.[13]

헤로도토스의 『역사』와 달리 아이스퀼로스의 『페르시아인들』에는 그러한 불경의 사례들, 즉 헬레스폰토스에 매질을 가하고, 족쇄를 던지고, 저주의 말을 내뱉는 등의 사건이 등장하지는 않는다. 이러한 행위가 분명히 불경스러운 것이었지만, 아이스퀼로스에게는 "바다의 목에 굴레를 씌우는"(72행) 행위, 즉 크세르크세스가 해류를 막고 다리를 설치한 것, 다시 말해 포세이돈의 영토인 헬레스폰토스를 유린한 것이야말로 이후의 모든 행위들을 압도하는 최고의 불경스러운 행위였기 때문이다.[14]

고대 그리스인은 신은 인간과 다른 힘을 가지고 있으며, 그것이 신과 인간의 차이라고 믿었다. 그 힘이란 곧 신은 죽지 않는다는 것이었다. 신과 달리 언젠간 반드시 죽어야 하는 인간은 한계를 지닐 수밖에 없다는 것이었다. 그리스인은 이러한 인간이 자신의 한계를 위반하는 것을 **휘브리스**(hubris), 즉 **오만**이라고 했다. 가장 일반적인 의미에서 휘브리스는[15] "의도적으로 모욕을 주는 행위, 즉 타인에게 고의로 수치와 불명예를 안기는 행위"[16]를 가리키지만, "본질적으로 신

---

13) Jon D. Mikalson, 앞의 책, 45쪽.
14) 그러나 헤로도토스는 아이스퀼로스와 달리 크세르크세스가 헬레스폰토스의 해류를 막고 다리를 설치한 것을 신을 모독하는 불경스러운 짓으로 보지 않았다. 다만 이것을, 헬레스폰토스를 매질하고 족쇄를 던지고 저주의 말을 내뱉는 것과 마찬가지로 독재자의 전형적인 오만으로 보았다. 이에 대해서는 Scott Scullion, "Herodotus and Greek Religion," *The Cambridge Companion to Herodotus*, Carolyn Dewald and John Marincola 엮음 (Cambridge: Cambridge UP, 2006), 193~194쪽을 볼 것.
15) 여러 각도에서 해석되는 '휘브리스'(hubris)에 대해서는 Douglas L. Cairns, "Hybris, Dishonour, and Thinking Big," *Journal of Hellenic Studies* 96 (1996), 1~32쪽을 볼 것.
16) N. R. E. Fisher, *Hybris: A Study in the Values of Honour and Shame in Ancient Greece* (Warminster: Aris and Phillips, 1992), 148쪽.

에 대한 무례이다." 죽을 운명인 인간이 자신의 운명적인 조건을 망각한 채, 신을 닮으려 하고, "신과 경쟁하려 하고, 지나친 자만심을 드러내는" 그러한 "행위나 말, 심지어 그러한 생각"이 바로 오만이다.[17] "정의의 반대가 휘브리스", 곧 오만이라면, 호메로스와 마찬가지로 여기 아이스퀼로스에게도 "오만은…… 제우스의 정의를 존중하지 않는 것을 의미한다."[18]

아주 오래전 신학자 틸리히와 니부어가 이것의 의미를 정확하게 해석한 바 있는데, 그들에 따르면 오만은 신만큼 "자신을 높이는 것," 신만큼 "자신을 영광되게 하는 것"이다.[19] 크세르크세스의 오만에 대한 헤로도토스의 견해를 논하던 어느 학자는 그 역사가를 대신하여 젊은 왕의 야망이 "자신의 통치권을 제우스의 권력과 동일선상에 놓으려는" 데까지 이르렀다고 말한다.[20]

이 작품에서 다레이오스는 크세르크세스의 "무례하기 짝이 없는 오만과 불경스러운 생각"(808행)을 거론하면서 "죽을 운명인 인간은 [행동이나 말, 생각에서] 결코 지나치게 자신을 높여서는 안 된다"(820행)라고 경고한다. 델포이의 아폴론의 신탁은 **너 자신을 알라**는 것이었다. 이것은 곧 **너의 한계를 알라**는 명령이다. 더 정확하게 말하면 "신들과 동등하게 되려 하지 말라"는 경고이자,[21] 그 대가가 엄중하다는 것을 전제로 하는 경고다. 인간의 한계를 위반하는 **오만**은 파

1/) 같은 책, 2~3쪽.

18) Siep Stuurman, *The Invention of Humanity: Equality and Cultural Difference in World History* (Cambridge/M.A.: Harvard UP, 2017), 42쪽.

19) Paul Tillich, *Systematic Theology* (Chicago: U of Chicago Pr., 1957), 2: 50쪽. Reinhold Niebuhr, *The Nature and Destiny of Man: Human Nature* (New York: Charles Scribner's Sons, 1964), 1:203쪽.

20) Douglas L. Cairns, 앞의 글, 13쪽.

21) Jean-Pierre Vernant, "Introduction," *The Greeks*, Jean-Pierre Vernant 엮음, Charles Lambert and Teresa Lavender Fagan 옮김 (Chicago: U of Chicago Pr., 1995), 16쪽.

멸(ātē)이라는 신의 **보복**(nemesis)을 불러온다는 것이다.

인간의 오만과 그에 대한 신의 보복으로서의 파멸이라는 주제는 그리스 비극, 그중에서도 특히 아이스퀼로스의 비극에 반복적으로 등장하는 근본주제다. 이 작품에서는 크세르크세스가 파멸한 주된 원인이 그가 헬레스폰토스를 유린한 데 있음을 특히 강조하는(743~750행) 다레이오스를 통해 주로 전달된다. 다레이오스는 "오만은 파멸(atē)의 열매를 맺으며 눈물의 수확을 거둬들인다"(821~822행)라고 말한다. 일찍이 예거는 '너 자신을 알라'는 아폴론의 신탁이 바로 『페르시아인들』을 포함한 아이스퀼로스 작품들의 근본주제를 규정해주고 있다고 적절하게 지적했다.[22]

한편 크세르크세스와 그의 군대가 행한 오만은 헬레스폰토스의 유린만이 아니었다. 신의 가혹한 심판을 예감한 다레이오스의 경고에도 불구하고(790행), 헬레스폰토스를 건너 그리스를 침공한 크세르크세스와 그의 군대는 "어떤 종교적인 경외심"이나 망설임도 없이 신상과 제단, 조각상을 파괴했고, 신전을 불태웠다(809~812행). 헤로도토스에 따르면 아크로폴리스가 전소했고, 아테나 여신의 성소에 피신해 있는 탄원자 모두가 죽음을 당했다(『역사』 8.50~53, 8.109, 9.65.2). 고대 그리스에서 신의 성소에 피신해 있는 탄원자들은 적어도 거기에 머무는 동안만큼은 신의 소유물, 그의 **소중한 사람들**(philoi)이므로, 그들에게는 어떤 위해도 가할 수 없었다. 그들에게 위해를 가하는 것은 곧 신의 소중한 사람들인 그의 소유물에 손상을 입히는 것으로 신에 대한 엄중한 도발[23], 즉 엄중한 대가를 치러야만 하는 도발이었던 것이다.

---

22) Werner Jaeger, *Paideia: The Ideals of Greek Culture*, Gilbert Highet 옮김 (New York: Oxford UP, 1945), 1: 257쪽.
23) John D. Mikalson, 앞의 책, 74쪽.

아이스퀼로스는 코로스를 통해 크세르크세스와 페르시아 군대가 저지른 "무례하기 짝이 없는 오만…… 에 대한" 신의 "보복"(808행)으로 그의 군대가 아스오포스 평원에서 처참하게 전몰하고(807행), 마침내 전체 "아시아가 비참하게, 비참하게(ainōs ainōs) 무릎을 꿇는다"(929~931행)라고 노래한다. "오만한 자들의 준엄한 응징자"(827~828행)인 제우스는 그들을 용납할 수 없었고, 인간의 한계를 위반한 그들을 준엄하게 심판함으로써 다시 한번 신의 **정의**를 실현했다는 것이다.

크세르크세스는 스스로가 "증오에 찬 운명"(stugeras moiras)에 희생당하고 있음을 한탄하지만(909~910행), 그 운명의 "**복수자**"(alastōr, 354행)[24]는 자기 내부에 있었는지도 모른다. 아니 크세르크세스 자신이야말로 "악령"(354행)이었는지도 모른다. 그는 자신이 자기 "종족과 조국의 악한 존재"(kakon, 933~934행)라고 토로한다. 코로스는 그가 여전히 자신들의 왕이기는 하지만(918행), 조국의 수호자라기보다는 파괴자, 그들의 슬픔을 불러온 장본인(550~553행), 이 땅의 젊은 아들들을 죽음으로 내몰고 "하데스를 페르시아의 아들들로 가득 채운"(922~924행) 장본인이라고 노래한다. 인간 내면의 파괴적인 힘, 악령이 발버둥 칠 때, 신은 이에 가담한다. 신은 인간이 시작한 파멸에 거듭 파멸을 더한다(739~744행). 이때부터 인간은 자유로운 존재가 아니라 운명적인 존재가 된다. 어떤 인간도 "신의

---

24) **알라스토르**(alastōr)는 악한 짓을 하는 자를 응징하는 '복수의 정령'(精靈)이라는 뜻을 갖고 있으며, 제우스의 별명이기도 하다. 하지만 그리스 비극에서는 일반적으로 불행을 가져오는 어떤 외부의 **악령**이라는 뜻으로 사용되고 있다. 주로 단수로 나타난다. N. J. Sewell-Rutter, *Guilt by Descent: Moral Inheritance and Decision Making in Greek Tragedy* (Oxford: Oxford UP, 2007), 84쪽을 볼 것.

불가사의한 계략"에서 "자유로울 수 없다"(107~108행).²⁵⁾

한편 이 작품에는 페르시아를 금과 연관시키는 많은 구절이 등장한다. 이는 그 나라가 부(富)의 국가, 물질적인 부를 토대로 하는 제국의 전형(典型)임을 부각시키기 위한 것으로 보인다. 코로스에 따르면 페르시아 왕궁은 온통 금으로 장식되어 있었으며(3행), 그 군대도 "금으로 화려하게 치장하고 있었다"(poluchrusos, 9행). 헤로도토스 역시 크세르크세스가 많은 양의 금을 준비하고 원정의 길에 나섰다고 적고 있다(『역사』 7.41, 9.80). 코로스는 페르시아인이 "금으로부터 태어난"(79~80행) 종족이라고 노래하는데, 여기에는 페르시아인이 페르세우스, 즉 그의 어머니가 금 소나기를 맞고 잉태한 페르세우스의 후손이라는(헤로도토스 『역사』 7.150) 신화적인 배경이 깔려있다. 아토사도 자신이 거하는 왕궁이 "금으로 뒤덮여 있다"(159행)라고 묘사한다. 이 원정에 대해 그들이 염려하는 것도 부에 관한 것이다. 전황을 알리는 전령의 도착에 앞서 아토사는 페르시아의 부를 염려하는 말들을 내뱉고(159~172행), 다레이오스도 이 원정으로 인해 그가 이룩한 부가 어떻게 될지 걱정한다(751~752행). 귀환한 전령은 먼저 "부의 거대한 항구"(250행)인 페르시아 땅에 인사를 한 뒤 페르시아의 "크나큰 번영이 일격에 무너져 내렸다"라고 보고한다(251~252행).

신이 인간의 번영이나 성공을 '질시'한다는, 이른바 **신의 질시**(phthonos theōn)라는 모티프는 호메로스에 그 뿌리를 두고 있다.²⁶⁾

---

25) 인간의 파멸에는 주인공의 파괴적인 성격과, 그 파멸에 가담하는 **협조자로서의 신**(daimōn sullēptōr)의 의지가 동시에 개입하고 있다는, 아이스퀼로스의 이러한 인식은 "아이스퀼로스의 비극적인 신학"의 본질이 어떤 것인가를 좀더 분명하게 보여주고 있다. D. J. Conacher, *Aeschylus: The Earlier Plays and Related Studies* (Toronto: U of Toronto Pr., 1996), 23쪽을 볼 것.
26) 『일리아스』 5.440~442; 7.446~453. 『오뒤세이아』 4.181~182; 5.118~120; 8.565~566; 13.173~174; 23.209~212.

이 모티프는 아르킬로코스와 핀다로스와 같은 상고시대의 그리스 서정시인, 그리고 특히 솔론이 즐겨 다루었던 주제다. 번영은 그 자체로 위험하다는 것이다. 아이스퀼로스의 인식에 깊은 영향을 끼친 것으로 보이는 솔론에 따르면 번영은 좀더 큰 번영을 욕망하게 하고, 이러한 욕망은 오만을 낳아 신들의 노여움을 일으켜 파멸을 불러올 수도 있기 때문이다(13.9-13 West).

따라서 지나친 부나 권력을 소유한 자들은 위험에 빠질 수 있다. 사실 아이스퀼로스의 대부분의 작품들에서는 번영에 대한 신의 질시가 오만에 대한 신의 보복으로 대체되고 있지만(「아가멤논」『오레스테이아』 750~762행), 그의 현존하는 최초의 비극인 이 작품에서는 이 모티프가 반영되고 있다. 다레이오스가 그의 아들에게 더 많은 부를 탐하지 말고 현재의 번영에 만족하라고 경고했던 것은 신의 질시를 염두에 두고 있었기 때문이다(362행).

크세르크세스가 그리스로 원정을 떠났을 때의 나이는 "아마도 30대였을 것이다".[27] 다레이오스가 그의 아들을 "젊은이"(782행)라고 일컫고 있듯, 그렇다면 크세르크세스의 파멸은 "현재의 번영"에 만족하지 못하고, "더 많은 것을 탐하고", 더 큰 부를 위해 타자를 정복하고자 하는, 나이에 걸맞게 물불을 가리지 않는 무모한 젊은이의 "영혼의 병"(nosos phrenōn, 750~751행), 곧 광기에서 기인한 것이라고도 할 수 있을 것이다.[28] 오만한 자들의 준엄한 심판관인 제우스는 부

---

27) Richard Stoneman, *Xerxes: A Persian Life* (New Haven: Yale UP, 2015), 3쪽.
28) 이와 연관하여 페르시아의 전제군주, 특히 크세르크세스에 대한 헤로도토스의 비판적인 인식을 첨가해두는 것이 좋을 것 같다. 동양의 제국을 묘사할 때 헤로도토스는 남의 나라를 침공하여 영토와 부를 획득하려는 그들의 지나친 탐욕에 초점을 맞추고 있다(이에 대해서는 Ryan K. Balot, *Greed and Injustice in Classical Athens* (Princeton: Princeton UP, 2001) 100~120쪽을 참조할 것). 그에게는 그들의 이러한 지나친 탐욕이 "제국주의적인 공격을 위한 사실상의 동기"(Ryan K. Balot, 같은 책, 100쪽)였다 (헤로도토스『역사』 4.1.1, 7.1.1). 헤로도토스는 대표적인 동양의 전제군주로 페르

에 대한 과도한 욕망과 집착, 그리고 그 욕망을 현실화하기 위해 전쟁을 일으키고 신이 규정한 인간의 한계를 철저히 위반하면서까지 신들에게마저 도전하는 크세르크세스의 오만이라는 **영혼의 병**을, 그 "일탈"(逸脫)[29]을 준엄하게 심판하고 있는 것이다. 페르시아의 패배는 제우스의 정의가 실현되는 궁극적인 지점인 것이다.

시아의 퀴루스, 캄뷔세스, 다레이오스 등을 꼽고 있다. 이 작품에서 자신의 아들에게 많은 부를 탐하지 말라고 경고했던 다레이오스 왕 역시 헤로도토스의 글에서는 부를 탐하는 부정적인 인물로 묘사되고 있다(『역사』 1.187.5). 헤로도토스는 부에 대한 이기주의적인 탐욕이 원래 개인적인 욕망에서 출발했지만, 이 탐욕이 점차 페르시아 국가의 제국주의적인 정책으로 이어져 타국의 침략을 위한 수단으로 변질되었다고 보고 있다. 왕위에 오른 크세르크세스는 즉각 선왕들의 탐욕을 이어받아 영토 확장에서 그들의 위업을 뛰어넘으려는 모험을 감행했다(『역사』 7.8a.2). 그는 유럽 전체, 아니 세계 전체를 통치하려는 강렬한 욕망에 사로잡혀(『역사』 7.8c.1~2) 자연의 질서, 인간의 한계를 위반하는 불경과 오만을 펼쳐 보여주었다. 크세르크세스의 삼촌인 아르타바노스는 그의 그리스 침공계획에 반대하면서 "신은 자신 이외에 그 누구도 **크게 생각하는 것**을 허용하지 않는다"(『역사』 7.10)라고 경고했다. 탐욕은 오만을 낳고, 오만은 신이 정한 한계와 질서를 위반하는 불경을 낳으며, 따라서 그 결과는 가혹하다는 것이었다. 아르타바노스의 입을 통해 드러나는 헤로도토스의 이러한 인식은 그의 『역사』 전체를 관통하고 있다. 아르타바노스는 크세르크세스의 선왕들이 실패했던 원정을 거론하면서 "많은 것을 욕망하는 것이야말로 얼마나 나쁜 짓인지"(『역사』 7.18.2)를 그에게 주지시켰다(크세르크세스와 아르타바노스의 관계에 대해 좀더 포괄적으로 논의한 글로는 Hans-Peter Stahl, "Herodotus and Thucydides on Blind Decisions Preceding Military Action," *Thucydides and Herodotus*, Edith Foster and Donald Lateiner 엮음 [Oxford: Oxford UP, 2012], 137~149쪽을 볼 것). 테미스토클레스도 한때 크세르크세스의 패배 원인을 신의 질서와 그 전제군주의 불경과 무도한 행위에 돌린 바 있다(『역사』 8.109.3). 테미스토클레스의 입을 통해 드러나는 헤로도토스의 이러한 인식은 한편으로 호메로스, 아르킬로코스, 핀다로스, 솔론 등의 주요한 모티프가 되었던 **신의 질시**를 이어받고 있으며, 또 한편으로는 아이스퀼로스를 통해 더욱 확인되고 있는 것처럼 보인다.

[29] Christopher Pelling, "Aeschylus' *Persae* and History," *Greek Tragedy and the Historian*, Christopher Pelling 엮음 (Oxford: Clarendon Pr., 1997), 15쪽.

타자화의 논리

앞서 지적했듯, 아이스퀼로스는 그리스 비극작가들 가운데 가장 '종교적'이며 가장 '정치적'이었다. 특히 그의 정치적 면모를 고려할 때, 페르시아의 패배는 제국의 몰락을, 그리고 제국주의적인 정복을 기도하는 모든 패권주의 국가의 파멸을 상징한다고 말할 수 있다. 작품 『페르시아인들』이 "제국주의적인 기도가 종국에는 파멸에 이른다는 것"을 보여주는 "하나의 경고"[30]라는 해석이 이를 뒷받침한다. 그의 작품이 제국의 오만에 대한 경고라는 점과 그 경고가 궁극적으로는 당시 또 하나의 제국으로서 팽창을 도모하던 아테나이의 미래에 대한 것이라는 점에서 그의 시각은 분명 **정치적**이다. 그러나 이것이 그의 정치적 면모의 전부라고 할 수는 없을 것이다. 그의 정치성은 다른 각도에서의 접근을 요구한다.

그의 정치성은 무엇보다도 인종적이면서도 이데올로기적이다. 아이스퀼로스는 그리스가 승리한 원인을 **자유**를 토대로 하는 아테나이의 정치제도의 우월성에서 찾는다. 아토사가 그리스 군대에 대해 "누가 그들을 지휘하는가, 그 큰 무리의 목자(牧者, poimanōr)는 누구인가"(241행)라고 묻자, 코로스는 그들이 "그 누구의 노예도 신하(douloi······ hupēkooi)도 아니다"(242행)라고 답한다. 그리스 아테나이는 모든 이들이 단 한 명의 절대군주의 명령에 따라 움직이는 페르

---

30) Rush Rehm, *The Play of Space: Spatial Transformation in Greek Tragedy* (Princeton: Princeton UP, 2002), 250쪽. 이 저자는 전 세계를 대상으로 하는 "초강대국" 미국의 제국주의적인 기도가 "페르시아와 똑같은 오만"의 속성을 갖고 있다고 신랄하게 비판하면서, 일부 그리스 비극이 이러한 미국의 상황을 잘 반영하고 있다고 지적한다. 같은 책, 250쪽. 1990~1991년 걸프전쟁의 반응으로 아우레타(Robert Auletta)가 각색하고 셀라즈(Peter Sellars)가 연출한 『페르시아인들』은 미국과의 전쟁에서 "패배한 이라크인들을 강하게 연상시킨다"라고 주장하는 학자도 있다. Eleftheria Ioannidou, *Greek Fragments in Postmodern Frames: Rewriting Tragedy 1970~2005* (Oxford: Oxford UP, 2017), 43쪽.

시아(763~764행)와 다르다는 것, 즉 자유국가라는 것이다. 아토사의 표현에서 알 수 있듯, 크세르크세스에게 페르시아인들은 일종의 **무리**이며, 그 자신은 그 무리를 이끄는 일종의 목자다.

또한 "아시아의 수많은 사람의 무리를 다스리는 광폭한 지도자가 그 불가사의한 무리를 지구의 저편으로 몰고 간다"(73~75행)라는 표현에서 알 수 있듯, 한 사람 한 사람 모두가 주인인 자유로운 시민들로 구성된 사회가 그리스 아테나이라면, 페르시아, 더 나아가 아시아는 한 명의 절대군주와 그 절대군주의 명령에 따라 움직이는 노예와 같은 무리로 구성된 사회다. 이것이 그리스 아테나이가 페르시아 제국과 "전적으로 그리고 근원적으로 다른 차이……다."[31] 즉 그리스 아테나이가 **자유국가**라면 페르시아는 **노예사회**라는 것이다. "무리(poimanōrion)를…… 몰고 간다"라는 표현이 이를 단적으로 증명한다.

여기서 크세르크세스는 신과 같은 또는 신과 동일한 존재로 격상되고 있다(80행, 157행). 앞서 언급했듯, 물론 다레이오스도 신격화되고 있다. "영광스럽고 훌륭한" 황금시절을 이룩한(852~863행) 다레이오스가 백성들에게 신과 같은 존재로 칭송되는 것은 무리가 아니다. 그러나 크세르크세스의 신격화는 전혀 다른 문제다. 마치 인간의 운명을 규정하는 절대자인 신처럼, 그는 백성들의 운명, 곧 그들의 삶과 죽음을 좌지우지하고 있기 때문이다(369~371행). 인간의 운명을 좌지우지하고, 마치 꼭두각시인양 인간을 자신의 의지에 예속시키는 것은 신의 가장 부정적인 속성 가운데 하나다. 크세르크세스가 신적인 존재라면, 그것은 이처럼 부정적인 속성에서 비롯된 것이다.

---

31) Christian Meier, *A Culture of Freedom: Ancient Greece and the Origins of Europe*, Jefferson Chase 옮김 (Oxford: Oxford UP, 2012), 26쪽.

따라서 아이스퀼로스에게 그리스가 페르시아에 대해 거둔 승리는 민주사회의 승리다. 즉 예속화를 근간으로 하는 노예사회에 대해 자유를 근간으로 하는 민주사회가 승리한 것이다. 헤로도토스를 비롯한 당시의 많은 사람이 그 전쟁을 "자유를 위한 투쟁," "그리스 국가들의 자유"를 위한 투쟁이라고 규정했다.[32] 종전 이후 10년이 되는 시점에 그리스인들, 특히 아테나이인들이 페르시아 전쟁에 내린 "특별한 평가"도 그것이 "자유전쟁"이었다는 것이었다.[33]

그리스 진영에서 우렁차게 울러 퍼진 목소리를 전령은 아토사와 코로스에게 이렇게 전한다. "오, 헬라스의 아들들이여, 앞으로 나아가자. 그대의 조국을 해방시켜라(eleutheroute patrida´, 403행). 그대의 자식들을, 그대의 아내들을, 그대의 아버지들이 섬기는 신들의 성전을, 그대의 선조들의 무덤을 해방시켜라. 그대의 이 모든 것을 위해 싸워라"(401~404행). 그리스 군대는 어느 누구의 것도 아닌 바로 그들의 것인 이 모든 것을 지키기 위해, "그리스인들에게 노예의 멍에를 씌우려는"(50행) 페르시아로부터 그들의 자유를 지키기 위해, 아니 자유가 표상하는 모든 가치를 지키기 위해 싸웠다. 그리스인들의 승리는 한 사람의 야망을 위한 것이 아니라 전체의 **자유**를 위한 승리

---

[32] Benjamin Isaac, *The Invention of Racism in Classical Antiquity* (Princeton: Princeton UP, 2004), 269쪽. 『페르시아인들』은 그 후 "프랑스 혁명가들, 그리스 독립전쟁의 지도자들에게 헌장(憲章) 텍스트가 되었다"라는 주장이 나올 만큼 여전히 중요한 정치적인 텍스트로 자리하고 있다. Edith Hall, "Aeschylus, Race, Class, and War in the 1990s," *Dionysus Since 69: Greek Tragedy at the Dawn of the Third Millennium*, Edith Hall, Fiona Macintosh, and Amanda Wrigley 엮음 (Oxford: Oxford UP, 2004), 174~175쪽을 볼 것.

[33] Kurt A. Raaflaub, *The Discovery of Freedom in Ancient Greece*, Renate Franciscono 옮김 (Chicago: U of Chicago Pr., 2004), 65쪽. 이 문제에 대한 좀더 포괄적인 접근은 같은 책, 3장 1절 "Polis Independence and The Persian Wars," 58~89쪽을 참조할 것. 그리고 Jan Patočka, *Plato and Europe*, Petr Lom 옮김 (Stanford: Stanford UP, 2002), 81~82쪽을 볼 것.

였다는 점에서 필연적인 결과였는지도 모른다.

사실 법과 질서의 원리에 기반을 둔 아테나이의 민주주의 체제란, 당시 아테나이인들로서는 반드시 지켜야 할 최고의 가치였고, 그들이 "목숨을 바쳐 지켜야할 절대존재", "최고의 숭배대상"이었다.[34] 이런 점에서 볼 때, 페르시아 전쟁 이후의 디오뉘시아 축제가 "특히" 애국주의를 고취하는 "정치적인 도구가 되었던 것"[35]은 어쩌면 자연스러운 현상이었을지도 모른다. 아이스퀼로스도 그리스의 승리를 체제의 승리와, 즉 전제주의 국가에 대한 민주주의 국가의 승리와 동일시함으로써 그리스 정치체제의 우월성을 전파하는 체제수호자가 된다.[36] 작품 『페르시아인들』은 그리스의 "민주주의에 바치는 찬가다."[37] 작품 『페르시아인들』이 이데올로기적이라는 것은 바로 이러한 입장에서다.

---

34) 임철규, 『눈의 역사 눈의 미학』 (한길사, 2004), 376쪽.
35) Bernhardt Zimmermann, *Greek Tragedy*, Thomas Marier 옮김 (Baltimore: Johns Hopkins UP, 1991), 9쪽.
36) 호메로스 이래로 시인들은 전쟁터에서 목숨을 바친 전사들의 영웅적인 위업을 칭찬했으며, 마라톤과 플라타이아 전투에서 영웅적인 행동을 보여준 그리스인은 페르시아 전쟁 이후 수십 년에 걸쳐 시인들의 노래와 연례 기념식에서 칭송의 대상이 되었다. 전쟁에서 이룬 위업이야말로 그리스인에게는 영원한 명성을 얻는 유일한 길이었다. 따라서 야망이 높은 정치지도자라면 전쟁에서 싸워 위업을 이루는 것이야말로 높은 자리에 오를 수 있는 가장 좋은 길임을 늘 염두에 두고 있었다. 로마와 달리 그리스에서는 페르시아 전쟁이 일어나기 전까지만 해도 정치 야심을 가진 이들이 그들의 목적을 달성할 만한 기회가 별로 없었다. 그러나 페르시아 전쟁 이후 아테나이에서는 그런 기회가 많이 생겼다. 그리고 아테나이를 위해 전투에서 위업을 이룬 전사들은 국가가 지정한 공동 무덤에 매장되었으며, 무덤 주위는 돌기둥으로 장식되었고, 비명에는 그들을 칭송하는 헌사가 새겨졌다. 전사를 이렇게 매장이라는 형식을 통해 공적으로 칭송하는 관행은 페르시아 전쟁 이후 곧 바로 제도화되었다. 그만큼 페르시아 전쟁과 승리는 그리스인에게 큰 의미가 있는 사건이었다. Kurt A. Raaflaub, "Father of All, Destroyer of All: War in Late Fifth-Century Athenian Discourse and Ideology," *War and Democracy: A Comparative Study of the Korean War and the Peloponnesian War*, David McCann and Barry S. Strauss 엮음 (New York, Armonk: East Gate Book, 2001), 313쪽, 320쪽을 볼 것.
37) Paul Cartledge, *Democracy: A Life* (Oxford: Oxford UP, 2016), 84쪽.

일반적으로 페르시아 전쟁에 대한 역사적 평가는 그것이 페르시아적 가치에 대한 그리스적 가치의 승리, 더 나아가 동양문명에 대한 서양문명의 승리라는 것이다.[38] 이러한 평가의 일환에서 볼 때 아이스퀼로스의 작품은 이른바 **오리엔탈리즘**의 단초가 된다. 사이드는 그의 저서 『오리엔탈리즘』에서 "오리엔탈리즘은 **동양**과…… **서양** 간에 만들어진 존재론적·인식론적인 차이에 토대를 둔 사유양식"이라고 규정하면서 『페르시아인들』이 이러한 차이를 보여주는 최초의 문학작품이라고 지적한 바 있다.[39] 동양/서양이라는 이항 대립에서 동양은 서양이라는 **주체**의 창조에 필요한 전제조건인 **타자**가 되며, 이러한 타자인 동양은 "진정한 인간존재"인 서양이라는 주체[40]의 **이면**(裏面), 즉 비이성적이고, 비논리적이며, 물질주의적이고, 감정적이며, 충동적인, 이른바 **불투명한** 존재가 된다. 이처럼 동양과의 차이를 통해 서양의 우수성을 확인하는 "서양적인 사유양식"[41] 또는 담론인 오리엔탈리즘은 분명 동양에 대한 지배권을 공고히 하기 위한 "제국주의의 인식론적인 폭력"[42]이다. 푸코도 지적했듯, 타자에 대한 지배는 언제나 "가치의 차별화를 유도한다."[43]

---

38) Benjamin Isaac, 앞의 책, 257~261쪽. Walter Burkert는 페르시아인에 대한 그리스인의 승리로 인해 이른바 "고전주의의 문명"이 도래했다고 주장한다. Walter Burkert, *Babylon·Memphis·Persepolis: Eastern Contexts of Greek Culture* (Cambridge/M.A.: Harvard UP, 2004), 11쪽.

39) Edward W. Said, *Orientalism* (London: Routledge & Kegan Paul, 1978), 2쪽, 3쪽. 그리고 56~57쪽을 볼 것.

40) Edward W. Said, 같은 책, 108쪽.

41) Edward W. Said, 같은 책, 3쪽.

42) 이 용어는 Gayatri Spivak, "Can the Subaltern Speak?," *Marxism and the Interpretation of Culture,* Cary Nelson and Lawrence Grossberg 엮음 (Urbana: Illinois UP, 1988), 289쪽에서 원용한 것이다.

43) Michel Foucault, "Nietzsche, Genealogy, History," *Language, Counter-Memory, Practice: Selected Essays and Interviews,* Donald F. Bouchard 엮음, Donald F. Bouchard and Sherry Simon 옮김 (Ithaca: Cornell UP, 1977), 150쪽. Paul Cartledge

오리엔탈리즘을 구현하고 있는 최초의 작품 『페르시아인들』에서 그려지는 페르시아인을 비롯한 아시아인, 곧 동양의 모습은 "사치스럽고, 물질주의적이며, 감정적이고, 충동적이며, 독선적인"[44] 존재다. 다레이오스는 코로스에게 신중하지 못하고 경솔한 그의 아들이 "이성의 충고에 따라" "현명하게" 처신하도록 도와달라고 부탁한다(829~831행). 이성에 따라 현명하게 처신하는 것은 '타자', 즉 아시아인의 것이 아니라는 것이다.

비달-나케가 "모든 그리스 비극은 이방인, 타자, 보조역에 대한 반영"[45]이라고 지적한 바 있듯, 사실 그리스 비극에는 여성, 이방인, 아테나이에 거주하는 재유외인(在留外人), 스파르타인, 아마조네스족의 여인들, 테바이인, 노예 등 아테나이의 남성 시민과 대립되는 다양한 타자들이 등장한다. 그러나 아이스퀼로스의 이 작품에서처럼 '타자=야만인'이라는 공식이 등장한 것은 페르시아 전쟁 이후, 즉 기원전 5세기 초였다.[46] 그 이전, 말하자면 상고(上古)시대에는 그리스인

는 그리스인과 비그리스인이라는 대립을 통해 자기를 규정하려는, 즉 이항 대립을 통해 자기정체를 확립하려는 "이데올로기적인 습성이······ 그들[그리스인]의 정신과 문화의 특징이었음"을 논하고 있다. *The Greeks: A Portrait of Self and Others* (Oxford: Oxford UP, 1993), 12쪽.

44) Edith Hall, *Inventing the Barbarian: Greek Self-Definition through Tragedy* (Oxford: Clarendon Pr., 1989), 71쪽.

45) Pierre Vidal-Naquet, "The Place and Status of Foreigners in Athenian Tragedy," 앞의 책, *Greek Tragedy and the Historian*, Christopher Pelling 엮음, 119쪽.

46) 그리스인/야만인이라는 이항 대립이 어떻게 전개되어왔는가에 대해서는 Paul Cartledge, 앞의 책, 특히 36~62쪽; Wilfried Nippel, "The Construction of the 'Other'", *Greeks and Barbarians*, Thomas Harrison 엮음 (Edinburgh: Edinburgh UP, 2002), 279~293쪽.; Jonathan M. Hall, *Hellenicity: Between Ethnicity and Culture* (Chicago: U of Chicago Pr., 2002), 174~181쪽.; V. J. Rosivach, "Enslaving *Barbaroi* and the Athenian Ideology of Slavery," *Historia* 48: 2, 129~157쪽 (1999); Peter Green, *From Ikaria to the Stars: Classical Mythification, Ancient and Modern* (Austin: U of Texas Pr., 2004), 112쪽을 볼 것.

과 비그리스인 간의 개념적인 차별이 존재하지 않았다.[47]

영어, 독어, 불어 등에서 '야만인'을 의미하는 단어의 어원은 그리스어 **바바로스**(barbaros)다. 이 단어는 본래 '그리스어를 말하지 않는'이라는 의미의 형용사였는데, 명사의 형태를 갖추면서 '그리스어를 말하지 않는 이방인'이라는 의미로 쓰였다. 이렇듯 그리스어를 말하지 않는 이방인 전체를 가리키던 바바로스가 아이스퀼로스의 『페르시아인들』에 이르면 좀더 적극적인 의미의 비그리스인 전체를 가리키게 되고,[48] 더 나아가 '야만인'이라는 의미를 부여받게 된다.

다시 말하자면 그리스인/야만인이라는 이항 대립은 처음에는 무엇보다도 언어의 차이에 토대를 두었다. 그리스어와 다른 이방인의 말은 "원시성, 천박성, 지적 또는 문화적 열등, 불합리성 또는 광기를 나타내는 거의 변치 않는 하나의 지표(指標)"[49]가 되었고, 이와 같은 부정적인 특성이 페르시아를 중심으로 한 이방인인 '야만인'의 특성과 결부되어 **그리스인의 우월성**[50]을 선전하는 요소로 쓰였다. 사실 이 작품에서 페르시아 군대가 행하는 말은 그리스인들에게 "소음"

---

47) Irad Malkin, *The Returns of Odysseus: Colonization and Ethnicity* (Berkeley: U of California Pr., 1998), 18쪽.

48) Edith Hall, 앞의 책, *Inventing the Barbarian*, 10쪽, 11쪽. 호메로스에게 '그리스어를 말하지 않는' 이방인은 그리스인들과 함께 전투에 참가했던 소아시아 원주민을 가리키는 것이었다고 주장하는 학자도 있다. 가령 Marie-Françoise Baslez, *L'Etranger dans la Grèce antique* (Paris: Les Belles Lettres, 1984), 184쪽; Julia Kristeva, *Strangers to Ourselves*, Leon S. Roudiez 옮김 (New York: Columbia UP, 1991), 51쪽에서 재인용. 그리고 Peter Green, 앞의 책, 112~113쪽을 볼 것. 바바로스에 대한 좀더 포괄적인 논의는 John Heath, *The Talking Greeks: Speech, Animals, and the Other in Homer, Aeschylus, and Plato* (Cambridge: Cambridge UP, 2005), 197~200쪽을 참조할 것.

49) Rosaria Vignolo Munson, *Black Doves Speak: Herodotus and The Languages of Barbarians* (Washington, D.C.: Center for Hellenic Studies, Trustees for Harvard UP, 2005), 2쪽.

50) Edith Hall, 앞의 책, *Inventing the Barbarian*, 56~69쪽; Paul Cartledge, 앞의 책, *The Greeks*, 13쪽, 38~39쪽; Jonathan M. Hall, 앞의 책, 175쪽; Simon Hornblower, *The Greek World 479-323 BC* (New York: Routledge, 2011), 11쪽.

(rhothos, 406행)으로 밖에 들리지 않았다. 그들에게 "페르시아인의 언어"는 언어가 아니라 "단지 소음에 불과했다."[51]

물론 아이스퀼로스의 그 작품에서 '바바로스'라는 단어는 표면적으로는 '이방인'을 의미한다.[52] 그러나 그가 다레이오스의 입을 빌려 크세르크세스와 페르시아인들의 일체의 비이성적인 사고와 행동을 문제시하고, 그러한 그들의 야만성을 강도 높게 비난할 때,[53] 그의 **바바로스**는 곧 **야만인**이 된다. 이는 크세르크세스의 군대가 "야만인들의 군대"(stratos barbarōn, 255행)로 일컬어지는 것에서 확인된다. "그리스 문학에서 야만인의 재현"은 "아이스퀼로스의 『페르시아인』"에서 "최초로" 행해졌다고 말할 수 있다.[54] 혹자의 주장대로 "그리스인이 없다면, 야만인도 없다."[55] 이는 에우리피데스의 작품 『아울리스의 이피게네이아』에서 이피게네이아가 "그리스인은 야만인을 통치하되, 야만인은 그리스인을 통치하지 않는 것이 옳소. 그리스인은 자유민이지만, 야만인은 노예와 같은 존재이기 때문이오"(719행)라고 말하는 발언에서 한층 적나라하게 부각되고 있다. 비록 아이스퀼로

---

51) Sarah Nooter, *The Mortal Voice in the Tragedies of Aeschylus* (Cambridge: Cambridge UP, 2017), 74쪽.
52) 255행, 337행, 434행, 635행 등에서 '이방인'을 의미하는 용어로 등장하고 있다.
53) 무절제, 특히 성적인 무절제는 그리스 예술과 신화에서 야만인의 특징이었다. 켄타우로스는 왕왕 야만인을 표상하기 위해 사용되었으며, 페르시아인을 포함한 아시아인은 이따금 켄타우로스와 동일시되기도 했다. "파르테논은 일면 페르시아 전쟁과 야만인에 대한 그리스인의 승리를 기념하기 위해 세워진 것"이라는 주장도 나온다. Paul W. Ludwig, *Eros and Polis: Desire and Community in Greek Political Theory* (Cambridge: Cambridge UP, 2002), 289쪽.
54) Kostas Vlassopoulos, *Greeks and Barbarians* (Cambridge Cambridge UP, 2013), 188쪽.
55) François Hartog, *Le Miroir d'Hérodote: Essai sur la représentation de l'autre* (Paris: Gallimard, 1980), 329쪽. 아르토구는 같은 저서에서 헤로도토스는 그리스인과 야만인이라는 이항 대립을 최초로 '자기'와 '타자'라는 식으로 설정했다고 주장하고 있다. Paul Cartledge, *The Greeks: A Portrait of Self and Others* (Oxford: Oxford UP, 2002), 51~77쪽을 볼 것.

스가 타자인 페르시아인들을 극의 주역으로 삼고는 있지만, "타자에 관한' 또는 '타자'를 위한' 모든 재현은 결국 주체중심적일 수밖에 없다"는 것이다.[56]

기원전 5세기경 '바바로스'라는 단어가 겪은 이런 의미 변화는 페르시아 전쟁이 그리스인들에게 각인한 공포의 경험에서 비롯된 결과로 보인다. 크세르크세스가 500만 명 이상의 대군을 이끌고 그리스를 침공했을 때, 그것은 곧 공포 그 자체였다. 어마어마하게 많은 비그리스인이 아테나이는 물론 그리스 전체를, 아니 서구 전체를 삼켜 버릴지도 모른다는 공포…… 페르시아 전쟁은 적어도 역사 이후 하나의 문명이 또 다른 문명에 대한 완전한 정복을 기도한 최초의 대전이었다. 그러한 대전쟁이었으므로 그리스인들이 아시아인들에게서 경험한 공포는 강렬할 수밖에 없었으며, 그러한 공포의 강도만큼이나 증오도 강렬할 수밖에 없었던 것이다.

버낼은 유럽문명의 뿌리가 인도-유럽에 있는 것이 아니라 아프리카-아시아에 있다는 인식에 대한 반동으로 형성된 유럽 중심의 구성물이 '헬레니즘'이라고 주장한 바 있다. 헬레니즘은 타자들 – 대표적으로는 그리스문명의 토대가 되었던 이집트와 페니키아 그리고 그밖에 당시 소아시아의 중동 **흑인**들의 문명 – 의 문화적 영향력을 말소하려는, 또한 그러한 말소를 통해 이른바 **서양문명**의 인종적, 문화적 '순수성'을 유지하고 주장하려는 이데올로기적인 시도로 이해되어야한다는 것이다.[57]

이 학자의 주장을 두고 지금까지도 계속되고 있는 찬반논란에 대

---

56) 이경원, 『검은 역사 하얀 이론-탈식민주의의 계보와 정체성』(한길사, 2011), 57쪽.

57) Martin Bernal, *Black Athena: The Afroasiatic Roots of Classical Civilization* (New Brunswick: Rutgers UP,1987), I: 281~308쪽; 마틴 버낼, 『블랙 아테나: 서양 고전문명의 아프리카-아시아적 뿌리』, 오홍식 옮김 (서울: 소나무, 2006) 398~432쪽.

해 여기서 명쾌한 결론을 내릴 수는 없을 것이다. 아마도 당시에 문명국가였던 아테나이에서 민주주의의 가치와 그 정체성을 확립하고 보존하기 위해서는 과거의 타자의 흔적을 지우는 것뿐만 아니라 현재의 타자를 '야만인'으로 규정하는 작업도 필요했을 것이다. 그렇다면 아이스퀼로스가 그의 작품에서 페르시아인들을 야만인으로 규정함으로써 작동시키고 있는 **타자화**의 논리는, 아테나이 민주주의의 가치와 그 정체성을 정립하고 그것을 보존하기 위한, 또한 아테나이 시민에게 그러한 신화를 주입시키기 위한 이데올로기 전략[58]의 일환으로 이해될 수 있을 것이다.

찢어진 옷

지금까지 그리스 비극작가들 가운데 가장 종교적이면서도 가장 정치적인 아이스퀼로스를 살펴보았다. 그러나 그는 무엇보다도 비극시인이다. 그의 세계인식은 종교적이다 또는 정치적이다, 라고 규정해 버리기엔 너무 비극적이기 때문이다. 그와 그의 작품을 대변하는 가장 적절한 단어를 하나 고른다면 물론 이 **비극적**이라는 단어일 것이다.

---

[58] 이와 관련해 우리의 시선을 끄는 또 하나의 작업은 아이스퀼로스가 페르시아의 종교에 대해 행하는 일종의 왜곡작업이다. 기원전 5세기경의 실제 그리스인에게 페르시아인은 그들과는 다른 종교를 가진, 즉 그들과는 달리 어떤 제단도 세우지 않는, 따라서 어떤 제물도 바치지 않는 사람들이었다. 이는 페르시아인이 태양, 달, 대지, 불, 물, 바람 등과 같은 자연물을 숭배했기 때문이다(헤로도토스 『역사』 1.131~32행)[이 작품과 연관해 당시 페르시아 종교에 대해서는 Edith Hall, 앞의 책, 86~93쪽을 볼 것]. 그러나 이 작품에서 페르시아인은 그리스의 신들, 특히 제우스를 숭배하는 것으로 그려지고 있으며(532~536행, 740행, 762행, 827행 그리고 915행), 심지어 아토사는 아폴론의 제단에 희생제물과 제주를 바치려 하기도 한다(201~210행). 이처럼 종교적인 차이를 제거함으로써 아이스퀼로스는 페르시아인으로부터 그들 고유의 역사성과 특수성을 박탈하는 한편, 그리스(서양)의 승리가 단순히 전쟁에서 거둔 승리, 곧 물리적인 승리만을 의미하는 것이 아니었음을 역설하고 있는 것으로 보인다.

크세르크세스는 갈기갈기 찢긴 옷을 입은 패잔병의 모습으로 수사에 나타난다. 사실 **찢어진 옷**은 이 작품 전체에 걸쳐 핵심적인 상징의 하나로서 크세르크세스와 관련하여 자주 등장한다. 예를 들면 선봉부대의 패배 소식이 전해지기 직전에 아토사는 아들 크세르크세스가 전차(戰車)에서 굴러떨어진 다음 자기 옷을 갈기갈기 찢는 불길한 꿈을 꾸는데(199행), 여기서 크세르크세스의 찢어진 옷은 앞으로 닥칠 페르시아의 패배, 처절하게 찢길 조국의 운명을 예고하고 있는 것이다. 그 후 페르시아 군대의 패배에 직면한 크세르크세스는 형언할 수 없는 비탄에 젖어 자신의 화려한 옷을 갈기갈기 찢어버린다(468행, 537행, 835행, 846행, 1030행).[59] 마침내 그 찢어진 옷을 입고 왕궁에 돌아온 크세르크세스는 코로스를 향해 참담한 패배 뒤에 남은 "유물"은 자신의 찢어진 옷 밖에 없다고 한탄한다(1017행). "왕위를 상징하는 옷"[60], 찢어진 옷은 크세르크세스뿐만 아니라 왕이 곧 국가인 페르시아의 몰락과 페르시아 그 자체의 "수치"[61], 그 뒤에 따라올 참혹한 고통에 대한 표상이다.

작품 『페르시아인들』에는 그 어떤 단어보다도 '애도' '슬픔' '비탄' '비애' 등의 의미를 가진 여러 품사의 단어가 빈번하게 등장한다.[62] 특히 패배가 확인된 이후에는 이런 단어가 전체 대화를 지배한다. 그

---

59) 옷을 찢는 것은 격한 슬픔을 나타내주는 행위다. 이 단어, 즉 옷을 '찢는 것'(lakides)은 아리스토파네스에 의해 한 번 사용되고 있지만, 그리스비극시인들 가운데 오직 아이스퀼로스에 의해서만 여러 번 사용되고 있다(작품 『페르시아인들』125행과 835행, 『탄원하는 여인들』131행과 903행). Sarah Nooter, 앞의 책, 188쪽을 볼 것.
60) Richard Seaford, 앞의 책, 219쪽.
61) Emma Bridges, *Imagining Xerxes: Ancient Perspectives on a Persian King* (London: Bloomsbury Academic, 2015), 14쪽.
62) 61행, 134행, 296행, 322행, 465행, 468행, 471행, 548행, 571행, 572행, 575행, 579행, 582행, 637행, 665행, 674행, 705행, 731행, 835행, 843행, 932행, 938~939행, 947~949행, 986행, 990행, 1038행, 1047행, 1050행, 1052행, 1057행, 1062행, 1063행, 1064행, 1065행, 1069행, 1073행, 1076행 등등

리고 아토사와 코로스, 크세르크세스와 코로스 간의 대화에서는 절망과 아픔, 고통과 회한을 토해내는 신음소리가 난무한다. 이 작품은 "페르시아의 패배를 축하하는 승리의 노래가 아니다." 그리스인의 "가장 큰 적"인 페르시아인의 "눈을 통해 전쟁의 고통을 파헤치고"[63] 전쟁에서 죽어간 전사들과 남아 있는 자들의 비극적인 운명을 슬퍼하는 **애도**의 노래다.[64]

그들의 슬픔, 그들의 고통, 그들의 절망, 그들의 아픔을 대하면서 아이스퀼로스는 그들을 적으로 여기지 않는다. 그도 기꺼이 거기에 동참할 뿐이다. "작품 『페르시아인들』의 목표는 페르시아인에 대한 폄하가 아니다."[65] 그는 "타자 속의 자기, 자기 속의 타자"[66]가 된다. "아이스퀼로스는 페르시아인을 결단코 타자의 카테고리에 소속시키지 않는다."[67] 그는 극의 시작부터 코로스를 통해 그들의 아픔을 대변한다. 페르시아 땅, 아니 어머니 아시아의 땅이 낳고 길러낸 "꽃"(anthos, 59~62행)[68]인 전사들이 전장으로 떠난 뒤 "아시아 전체……

---

63) Casey Dué, *The Captive Woman's Lament in Greek Tragedy* (Austin: U of Texas Pr., 2006), 88쪽, 57쪽.
64) 이 작품은 자유와 민주의 나라인 그리스가 독재사회이자 노예사회인 페르시아에 대해 거둔 승리를 예찬하고 있는 작품이라고 주장하는 학자들이 물론 많다. 가령 Edith Hall, 앞의 책, *Inventing the Barbarian*, 69~100쪽; Pericles Georges, *Barbarian Asia and the Greek Experience: From the Archaic Period to the Age of Xenophon* (Baltimore: Johns Hopkins UP, 1994), 85~113쪽; Thomas Harrison, 앞의 책, 103~115쪽; Jonathan M. Hall, 앞의 책, 176~177쪽.
65) Erich S. Gruen, *Rethinking the Other in Antiquity* (Princeton: Princeton UP, 2011), 19쪽.
66) 내가 원용하고 있는 이 표현은 그린블렛이 헤로도토스의 타민족에 대한 호의적인 관심에 주목하면서 그 역사학자의 자세를 규정하기 위해 사용한 용어다. Stephen Jay Greenblatt, *Marvelous Possessions: The Wonder of the New World* (Chicago: U of Chicago Pr., 1991), 127쪽.
67) Erich S. Gruen, 앞의 책, 21쪽.
68) '꽃'(anthos)은 호메로스의 서사시에서 전쟁에서 영광스럽게 죽은 전사들의 죽음과 특히 결부되고 있다. 『일리아스』 4.473~489; 8.306~308; 17.53~58; 18.56~57, 436~440; 22.86~87, 423. 『페르시아인들』에서도 호메로스의 서사시에서처럼 전

가 슬픔에 젖어 그들을 그리워하며, 부모들과 아내들은 그들이 돌아올 날을 손꼽아 기다리면서 자꾸만 늦어지는 귀환에 몸을 떨고 있다"(58~64행)라든가, 아내들은 가슴을 치고 옷을 찢으며 "남편을 그리워하다 그들의 잠자리를 눈물로 가득 채운다"(124~125행, 133~134행)라든가, "아들과 남편을 전쟁터에 보낸 페르시아의 많은 여인이 아무런 보람도 없이 그들 모두를 잃어버렸다"(288~289행)라든가, 그리스에서 죽은 페르시아 전사들이 파도에 찢긴 채 "아아…… 바다의 소리 없는 자식들"(anaudōn paidōn, 576~580행)인 고기떼들의 밥이 되었다는 등의 표현을 통해 살아 있는 자들의 **상실**의 슬픔을 벅차게 들려주고 있는 것이다.

페르시아 군대의 참혹한 패배[69]와 "이름 없이 사라져간"(1003행), 그 몰살당한 숱한 젊은이들의 안타까운 죽음(251~255행, 260행, 284행, 516행, 532~534행, 670행, 716행, 729~733행, 918~927행, 1014~1024행) 앞에서 코로스와 아토사, 다레이오스는 물론 사르디스 고도(古都)(321행), 이궁(離宮) 수사(730행), 더 나아가 전(全)아시아(549행)가 "신음하고"(stenei, 548행)통곡한다. 오만의 화신 크세르크세스조차 그가 초래한 너무나 많은 죽음(962~966행, 974~977행, 987~991행, 1014~1015행)과 그 죽음이 산 자들에게 남긴 고통 앞에서 자신의 "옷을 갈기갈기 찢으며 크게 울부짖고"(468행), 전사한 "용감한 동지들을 그리워하며"(989행) 회한의 눈물을 흘린다. 그늘의 죽음 앞에서 슬픔을 토해내는 그의 "오토토토토이"(otototoi)(1043행)라는 격한 울부짖음은 어떤 언어, 어떤 말로도 옮기기가 불

사힌 용사들이 떨어져 죽은 꽃에 비유되고 있다(56행, 252행, 925~927행 등). 하지만 호메로스의 서사시에서와 달리 그들[페르시아인을 비롯한 아시아인]의 죽음은 영광스러운 죽음으로 찬미되는 것이 아니라 '비극적인' 죽음으로 애도되고 있다.
[69] 495~507행. 그리고 헤로도토스 『역사』 8.114~115.

가능한 짐승의 울부짖음 그 자체다. 바로 "원초적인 울부짖음"이다.[70)]

이 비극에서 파멸하는 것은 한 개인이 아니라, 페르시아라는 하나의 공동체, 즉 아시아라는 하나의 공동체다(434행, 548~549행, 714행, 718행). 그렇기 때문에 코로스는 크세르크세스의 파멸이 아니라 전 아시아 전사들의 죽음(923~928행)과 전 아시아의 굴복(929~931행)을 슬퍼하는 것이다. 페르시아, 아니 전 아시아의 땅이 "무릎을 꿇고"(931행) "애도하는 어머니"[71)]가 되고 있다. 비탄에 젖어 울부짖는 크세르크세스가 코로스에게 내리는 마지막 명령은 단출하다. 자신의 울음에 맞춰 오토토토이(otototoi, 1043행, 1051행) 하며 소리쳐 울부짖고(1038행, 1040행, 1042행, 1048행, 1050행, 1058행, 1066행, 1075행) 자기가 했던 것처럼(1030행) 가슴을 치고(1054행), 수염과 머리카락을 뜯어내고(1056행, 1062행) 옷을 갈기갈기 찢고(1060행), 자기를 수행하여 수사를 떠나 수도 페르세폴리스로 가자는 것이다. 극은 그들의 옷을 찢고, 그들의 수염을 쥐어뜯고, 그리고 그들의 머리카락을 쥐어뜯으면서 "우수에 찬 슬픈 소리"(1076행)로 울부짖는 코로스가 크세르크세스를 "호위하고"(pempsō, 1076행) 고향으로 향해 떠나면서 끝난다.

살아 있는 모든 존재, 모든 사물의 덧없음 그리고 그 덧없음의 "운명"에 크게 슬퍼하면서[72)] 프로이트는 이 사실이 고통스럽다 할지라

---

70) Robert Pogue Harrison, *The Dominion of the Dead* (Chicago: U of Chicago Pr., 2003), 68쪽.
71) Laura McClure, "Maternal Authority and Heroic Disgrace in Aeschylus's *Persae*," *TAPA*, 136: 1 (2006), 79쪽.
72) Sigmund Freud, "On Transience", *The Standard Edition of the Complete Psychological Works of Sigmund Freud*, James Strachey 편역 (London: Hogarth Pr., 1953~74), 14:

도 이 고통스럽다는 것이야말로 진정 "진실"이 아니냐고 말했다. 가장 고통스러운 것이야말로 가장 진실한 것일지도 모른다. 모든 존재의 덧없음, 덧없음의 운명은 그 자체로 고통이면서 동시에 진실이 아닌가. 그러한 **고통의 진실**[73]에 과연 어떤 또 다른 진실이 개입될 수 있는가.

어떤 학자는 크세르크세스를 가리켜 "한때 위대한 제국의 상징적인 유물"[74]이라고 말했다. 그러나 그 유물은 이제 폐허 위의 잔해, 찢어진 옷이라는 잔해로 남아 있을 뿐이다. 그 위대했던 제국의 왕은 갈기갈기 찢긴 옷을 입고 우리에게 고통스러운 것이야말로 가장 진실한 것이라고 역설한다. 지금껏 제국의 **주체**들이 일으킨 수많은 전쟁은 우리에게 크세르크세스의 갈가리 찢어진 옷처럼 **찢어진 역사**, 고통의 역사 외에 과연 무엇을 남겼는가. 죽은 자는 말이 없고 산 자는 통곡뿐인, 죽은 자의 침묵과 산 자의 통곡이 고통의 불협화음을 만들어내는 전쟁의 역사, 아이스퀼로스는 그러한 역사의 고통을 애도하고 있는 것이다.

305쪽.
73) Sigmund Freud, 같은 글, 14: 306쪽.
74) Rush Rehm, 앞의 책, 240쪽.

2장 『테바이를 공격하는 7인의 전사』

『테바이를 공격하는 7인의 전사』(기원전 468~467년)(이하『7인의 전사』)는 오이디푸스의 두 아들, 폴뤼네이케스와 에테오클레스의 비극적인 운명을 극화한 아이스퀼로스의 현존하는 두 번째 작품이며, 『라이오스』와『오이디푸스』와 함께 테바이의 왕 라이오스 가문의 비극적인 가족사를 그리고 있는 3부작 가운데 마지막 작품이다.

『라이오스』와『오이디푸스』는 현존하지 않는 관계로 정확한 내용을 전할 수 없지만, 익히 알려진 기존의 이야기 틀에서 크게 벗어나지 않을 것으로 보인다. 특히『라이오스』의 경우는『7인의 전사』에 등장하는 코로스의 노래(720~791행)를 통해 다시 한번 그 내용을 확인해볼 수 있다. 즉 라이오스가 자식을 낳으면 그 자식은 아버지인 그를 죽이고 어머니를 아내로 삼을 것이며, 테바이에 재앙이 닥칠 것이라는 아폴론의 신탁이 있었다. 라이오스가 자식을 낳지 않고 죽으면 "폴리스를 구할 것"(sōizein polin)이라고 아폴론은 세 번씩이나 말했다(745~749행).[1] 국가의 운명과 가문의 운명이 "위태롭

---

1) 인용한 텍스트의 그리스어 판본은 다음과 같다. Aeschylus, *Septem contra Thebas*,

게 뒤얽혀있음"[2]을 알 수 있다. 그러나 라이오스는 아폴론의 경고를 무시했고, 그 **어리석음**(750행, 802행, 842행)으로 인해 아버지인 라이오스를 죽이고 어머니를 아내로 삼은 아들 오이디푸스가 태어났다 (742~757행). 이상은 학자들 사이에서도 『라이오스』의 기본내용으로 합의된 바 있다.[3]

『오이디푸스』도 기본적인 이야기 틀은 소포클레스의 『오이디푸스 왕』과 동일했을 것으로 짐작된다. 다시 요약하면, 아폴론의 경고 그대로 오이디푸스는 자신의 아버지를 죽이고 자신의 어머니를 아내로 삼았는데, 그들 사이에서 두 딸 안티고네와 이스메네 그리고 두 아들 폴뤼네이케스와 에테오클레스가 태어났다. 은폐되었던 모든 일이 진실로 드러나 아버지를 죽이고 어머니를 아내로 삼은 자가 바로 자기 자신이었음을 알게 된 오이디푸스는 사후에 하계(下界)에서 부모님을 뵐 수 없도록(또는 지상에서 자식들을 볼 수 없도록) 스스로 자기를 눈멀게 했다. 그러나 자신의 뒤를 이어 왕이 된 아들들이 자신을 테바이로부터 추방하는 등 자신을 돌보지 않고 학대하자 크게 노하여 그들에게 저주를 내렸다.[4]

이상이 3부작 가운데 전작(前作)들의 내용이다. 그리고 아이스퀼로스는 이 마지막 작품 『7인의 전사』를 통해 『라이오스』에서 내린 아

Gregory O. Hutchinson 엮음[주석포함] (Oxford: Clarendon Pr., 1985). 그리고 Aeschylus, *Suppliant Maidens; Persians; Prometheus; Seven against Thebes*, Herbert Weir Smyth 편역, LCL 145 (Cambridge/M.A.: Harvard UP, 1973); Eschyle, *Tragédies I: Les suppliantes; Les perses; Les sept contre thèbes; Prométhée enchaîné*, Paul Mazon 편역 (Paris: Les Belles Lettres, 2010)을 참조함.

2) R. P. Winnington-Ingram, *Studies in Aeschylus* (Cambridge: Cambridge UP, 1983), 51쪽.
3) Sabine Föllinger, "Siebengegen Theben", *Genosdependenzen: Studien zur Arbeit am Mythos bei Aischylos* (Göttingen: Vandenhoeck & Ruprecht, 2003), 134~137쪽을 볼 것.
4) 이 부분은 소포클레스의 『콜로노스의 오이디푸스』에 나오는 내용과도 부합한다. 오이디푸스가 두 아들에게 내린 저주가 어떤 것인지는 구체적으로 드러나 있지 않지만, 아마도 그것은 그들 형제가 서로의 손에 죽음을 당하게 될 것이라는 내용으로 보인다.

폴론의 저주와 『오이디푸스』에서 내린 오이디푸스의 **저주**가 어떻게 그 아들들을 비극적인 운명으로 몰아가는지를 보여줌으로써 그 비극적인 인식을 다시 한번 강렬하게 각인시켜주고 있다.

극은 테바이가 아르고스의 군대에게 포위당한 가운데 통치자 "오이디푸스의 아들"(Oidipou tekos, 203행) 에테오클레스가 등장해 시민에게 적의 공격을 알리고 제우스를 포함한 여러 신에게 도움을 요청하는 것으로 시작된다. 곧이어 척후병이 돌아와 적의 공격이 임박했음을, 7인의 아르고스의 전사들이 각각 테바이의 일곱 문을 공격할 것임을 전한다(42~48행). 테바이의 젊은 미혼 여성들로 구성된 코로스는 두려움에 떨며 극도의 흥분상태에서 올림포스 신들의 조각상을 끌어안고 그들의 이름 하나하나 부르면서 적으로부터 테바이와 자신들을 보호해달라고 울부짖는다(78~180행). 이와 같은 코로스의 병적인 흥분상태에 대해 에테오클레스는 전시(戰時)에 신에게 희생제물을 바치고 기도하는 일 등은 남자들의 몫이라고 주장하면서 (230~232행) 조용히 집에 있어야 할 여인들이 그처럼 극도로 흥분한 모습을 보인다면 나라를 위해 싸우는 전사들의 사기를 떨어뜨릴 것이라고 질책한다.

이때 정탐을 마치고 돌아온 척후병이 테바이의 일곱 문을 공격할 아르고스의 전사들의 정체를 외모와 말(言)은 물론이고 방패 위의 문장(紋章)에 이르기까지 상세하게 전한다(375행 이하). 이에 에테오클레스는 적과 대적할 6명의 전사들을 선정한 뒤(407행 이하), 일곱 번째 문은 자신이 지킬 것임을 공표한다. 그런데 일곱 번째 문 뒤의 적은 바로 그의 친형제인 폴뤼네이케스였다(631~632행). 아르고스의 왕의 딸과 결혼한 폴뤼네이케스가 에테오클레스에게 왕위를 빼앗기 위해 아르고스의 군대를 이끌고 조국 테바이를 침공한 것이다.

에테오클레스는 일찍이 아버지 오이디푸스가 그들에게 내린 저주가 마침내 실현되고 있음을 한탄하면서(635행; 695~697행) 폴뤼네이케스와의 결전을 준비한다. 형제와의 싸움은 피하라는 코로스의 간곡한 호소에 대해 에테오클레스는 테바이의 통치자로서 그 도시를 지켜야 한다는 사명을 저버릴 수 없음을 토로하면서 일곱 번째 문으로 향한다. 얼마 후 전령이 나타나 테바이는 안전하지만, 대적한 두 형제는 서로의 손에 죽음을 당했음을 전한다(792~821행). 작품은 그들의 시체가 실려 오고 코로스가 애도하는 장면으로 끝난다.

저주의 망령

『페르시아인들』에서도 지적했듯, 아이스퀼로스의 작품에 등장하는 주요 모티프 가운데 하나는 인간이 **오만**으로 인해 인간으로서의 한계를 넘어설 때 신은 이에 대한 보복으로 인간을 파멸시킨다는 것이다. 한편 『7인의 전사』에 등장하는 주요 모티프는 인간의 잘못으로 인해 신이 인간에게 내리는 **저주**는 그 자손들에게 대대로 이어지며, 그 결과는 참으로 파괴적이라는 것이다. 그러나 꼭 신만이 저주를 내릴 수 있는 것은 아니었다. 인간, 그중에서도 사회에서 존경받는 지위에 있는 자들, 가령 왕, 부모, 사제, 고위공직자 등도 저주를 내릴 수 있었다.[5]

이 작품에서 저주를 내린 존재는 인간, 그것도 아버지다. 그리스인에게 부모는 "신에 대한 존경과 동일한" 존경을 받지 않으면 안 되는 (플라톤 『법률』 869b, 931a) 절대적인 존재였다. 그들에 대한 불손은

---

5) Robert Parker, *Miasma: Pollution and Purification in Early Greek Religion* (Oxford: Clarendon Pr., 1996), 192쪽.

신성모독에 가까운 것이었으며, 따라서 그에 따르는 대가도 신에 대한 불손에 버금가는 것이었다.[6] 플라톤은 누구보다도 부모가 자식에게 내리는 저주가 가장 치명적이라고 주장하면서 그 예로 오이디푸스가 그의 아들들에게, 테세우스가 히폴뤼토스에게 내린 저주의 경우를 인용한 바 있다(『법률』 931b~c). 그리스인에게는 아버지의 저주 대상이 되는 것보다 끔찍한 일은 없었던 것이다.

에테오클레스는 오이디푸스의 "저주"(ara, 70행)를 "「내」 아버지의 강력한 복수의 망령"(Erinus patros hē megasthenēs, 70행; 723행, 791행, 886행, 978~979행)이라 일컫는다. 강력한 복수의 망령은 이른바 **분노의 여신들**로 불리는 **에리뉘스**(Erinus)의 다른 이름이기도 한데, 그리스 비극에 자주 등장하는 에리뉘스는 본래 살해당한 자의 분노의 망령을 가리킨다.

한편 호메로스의 서사시에서 이들은 분노의 망령이 아니라 복수의 망령, 친족 특히 부모에게 잘못을 범한 이들에게 복수하는 망령으로 등장하며(『오뒤세이아』 11. 280), 그러한 복수의 망령으로서의 이미지는 아이스퀼로스를 비롯한 대부분의 그리스 비극작가의 작품에서도 그대로 이어지고 있다.[7] 이들은 복수의 화신 그 자체다. 이들은 복수 대상자에 대해 어떤 연민도 허용하지 않으며, 그들의 잘못에 대한 어떤 변명이나 정당화도 용납하지 않는다. 스스로를 테바이에서 추방하고, 자신을 홀대했던 아들들에게 분노의 저주를 내리는 오이디푸스는 이들의 또 다른 모습인 것이다.

그러나 그 아들들의 비참한 최후는 복수의 망령인 오이디푸스의 저주 이전, 오래전에 예정되어 있었다. 그들의 비참한 운명은 아폴론

---

6) Robert Parker, 같은 책, 197쪽.
7) '분노의 여신들'에 대해서는 그들이 주요 인물로 등장하는 아이스퀼로스의 3부작 『오레스테이아』의 마지막 작품 「자비로운 여신들」에서 좀더 구체적으로 논할 것이다.

이 오이디푸스의 아버지이자 이들의 할아버지인 라이오스에게 저주를 내렸을 때 이미 결정되어 있었던 것이다.

고대의 주석들과 단편적인 신화들을 통해 전해지는 이야기에 따르면 아트레우스의 아버지인 피리기아의 왕 펠롭스에게는 아름답기로 유명한 크뤼십포스라는 어린 아들이 있었는데, 그에 반한 라이오스가 사두마차를 모는 방법을 가르쳐준다는 구실로 그를 테바이로 데리고 온 뒤 강간했다고 한다. 이 사건으로 크뤼십포스는 자살했고, 그 소년의 아버지인 펠롭스는 라이오스를 저주했다. 그리고 아폴론은 라이오스에게 그 벌로 자식을 갖지 말라고 명령했다.[8] 앞에서도 언급했듯, 그가 자식을 낳으면 테바이에 재앙이 닥칠 것이며 또한 그 자식이 그를 죽이고 그의 아내와 결혼할 것이라는 경고와 함께…… 모든 것이 아폴론의 경고대로 되었고, 지금 테바이는 그의 손자들 간의 전쟁으로 위기에 처해 있다. 에테오클레스의 비명 그대로 "라이오스의 자손 전체"(pan to Laiou genos)가 아폴론의 증오의 대상(690~691행)이 되고 있는 것이다.

사실 아이스퀼로스의 3부작 전체를 관통하고 있는 모티프는 선조들의 죄가 그 자손에게까지 이어진다는 솔론의 주장에 근거하고 있다. 솔론에 따르면 제우스는 악한 행위를 한 사람에게는 반드시 벌을 주는데, 만일 그들이 그 벌을 피해간다면, "죄 없는 그들의 자식들이, 아니면 그 자식들의 자식들이 그 악행의 대가로 벌을 받는다"(1.29~32, 13.25~32 West)라는 것이다. 오이디푸스 가문의 비극적인 운명을 이야기하는 서정시인 핀다로스는 저주의 망령인 분노의 여신들이 오이디푸스가 자신의 아버지를 죽이는 것을 본 이후 그의

---

8) 크뤼십포스에 관한 자료의 출처에 대해서는 Martin West, "Ancestral Curses," *Sophocles Revisited: Essays Presented to Sir Hugh Lloyd-Jones*, Jasper Griffin 엮음 (Oxford: Oxford UP, 1999), 42~44쪽을 참조할 것.

아들들이 "서로 죽이는 일"을 행했다고 노래한 바 있다(『올림피아 경기승리가』 2.38~42).

　대대로 이어지는 저주는 대대로 이어지는 죄를 필요로 하는지도 모른다. 라이오스의 죄는 아버지를 죽이고 어머니를 아내로 취한 오이디푸스에게 이어졌고 그의 아들들은 이제 서로를 죽인다. 죄의 반복과 대물림이 이어지고 있는 것이다. 코로스는 에테오클레스에게 "동일한 자궁에서 나온 형제"(autadelphon, 718행)를 죽이고 싶은가 하고 묻는다. 코로스는 그 형제 간의 싸움을 "미친"(mainomenai) 싸움(935행), 그의 아들들을 저주하는 오이디푸스의 마음을 "미친" 마음(781행)이라고 말했다. 즉 라이오스의 가문의 죄가 **미쳐** 날뛰고 있는 것이다.

　코로스는 오이디푸스의 저주를 "검은"(melaina) 저주라고 일컫는다(832행). 에테오클레스도 그렇게 인식하고 있다(695행, 893행 이하). 그 **검은** 저주는 에테오클레스와 폴뤼네이케스가 서로의 손에 죽음을 당할 때 쏟아내는 검붉은 피의 표상이나 다름없다. 코로스와 에테오클레스는 오이디푸스의 저주가 형제 간의 '상호살육'(autoktonōs autodaiktoi, 734행)이라는 끔찍한 사건을 통해 실현될 것이라는 점을 예감하고 있었기 때문에[9] 검붉은 피를 요구하는 그 저주를 검은 저주라고 일컬었는지도 모른다. 그것이 신의 것이건 인간의 것이건 이 미쳐 날뛰는 저주는 그 대상이 철저히 파멸할 때까지 결코 멈추지 않는다.

　에테오클레스는 "라이오스의 자손 전체를 증오하는 아폴론"(phoiboi stugēthen pan to Laiou genos, 691행)을 비롯한 신들이 자기

---

[9] 형제 간의 살육이 오이디푸스의 저주의 실현이라는 것이 작품 전체를 통해 감지된다. 70행, 655행, 695행, 709행, 724행, 766행, 785~791행, 886~887행, 898행, 946행, 955행, 975~976행.

가문의 철저한 종말을 원한다는 것을 알고 있다. 그는 다음과 같이 토로한다. "신들은 오래전에 우리에 대한 관심을 그친 것 같다. 그들이 우리에게 요구하는 훌륭한 제물(祭物)은 우리의 죽음이다. 그렇다면 왜 아직도 우리는 죽음의 운명 앞에서 굽실거려야 하는가"(702~704행)라고…… 저주의 칼날 위를 달리던 오이디푸스의 아들들은 마침내 서로를 향해 그 칼날을 겨눔으로써 그들의 종말, 나아가 가문의 종말을 실현시키고 있는 것이다.

에테오클레스

『7인의 전사』는 "플롯의 중심에 주인공을 두는 현존하는 최초의 극들 중 하나"[10] 또는 최초의 "성격비극"[11]이라는 평가를 받고 있으며, 주인공 에테오클레스는 "유럽 무대의 최초의 **인간**"[12]이라고 일컬어진다. 에테오클레스는 폴뤼네이케스를 "배경의 단순한 그림자"[13]에 지나지 않게 만들 정도로 "흥미롭고 독특한 인물"[14]이며, 그에게 모든 극적인 진행이 집중되고 있다. 이 작품에 자주 등장하는 하나의 토포스는 **국가라는 배**다. 테바이가 폭풍을 만난 배라면[15] 에테오클레스는 그 배의 선장이다.

---

10) Werner Jaeger, *Paideia: The Ideals of Greek Culture*, Gilbert Highet 옮김 (New York: Oxford UP, 1945), 1:262쪽.
11) H. D. F. Kitto, *Greek Tragedy* (London: Methuen, 1971), 54쪽.
12) H. D. F. 같은 책, 54쪽.
13) Werner Jaeger, 앞의 책, 261쪽.
14) R. P. Winnington-Ingram, *Studies in Aeschylus* (Cambridge: Cambridge UP, 1983), 16쪽. 그리고 Gilbert Murray, *Aeschylus: The Creator of Tragedy* (Oxford: Clarendon Pr., 1951), 143쪽도 볼 것.
15) 2~3행, 62~65행, 114~115행, 208~210행, 360~362행, 652행, 758~763행, 795~798행.

극의 시작과 함께 에테오클레스는 적의 공격으로 인해 위기에 처한 "카드모스의 시민"(Kadmou politai), 곧 테바이 시민을 향해 "[우리가 처한] 상황이 무엇을 요구하고 있는지 고하는 것이야말로……국가라는 배의 운명을 지키는 자기가 행할 일"이라고 역설하면서(1~3행) "국가라는 배의 키를 잡고 있는 선장"(oiakostrophos, 62행)인 자기가 적의 공격으로 인해 폭풍 속에 내던져진 배를 침착하고 용감하게 구해낼 방법을 강구할 것이라고 선언한다. 에테오클레스는 책임감이 강하고 신중하며, 성벽과 성문을 지키기 위해 전사들을 적절하게 배치하고, 적의 전략을 간파하기 위해 정탐꾼과 척후병을 내보내 적에 대한 정보를 수집하게 하는 등 용의주도하고, 주위 사정에 정통한 도도한 지도자[16]로 그려지고 있다. 척후병의 표현에 따르면 오로지 그만이 "국가라는 배를 어떤 방향으로 끌고 가야하는지(nauklērein polin)를 판단할 수 있다"(652행).

앞에서도 이야기했듯, 테바이의 젊은 미혼 여성들로 구성된 코로스는 올림포스 신들의 신전에서 그들의 조각상을 끌어안고 탄원한다. 그것도 무릎을 꿇고 탄원한다. 그리스 비극에서는 오직 여성들만이, 희극에서는 오직 노예들만이 무릎을 꿇고 탄원한다. 그러나 그것은 오직 지극히 급박한 상황에만 한정된다. 심한 불안과 공포에 떨어야하는 극한 상황이 아니라면 그 어느 쪽도 무릎을 꿇지 않는다.[17] 아이스퀼로스는 그들을 무릎 꿇게 함으로써 불안과 공포에 휩싸인 그들의 정신적인 공황상태를 보여주려 하고 있는 것이다.

"산의 폭포처럼 으르렁거리며 돌진하는"(rhei, 80행, bremei……dikan hudatos orotupou, 85~86행) 아르고스 군대를 보고 그들의

---

16) 4~6행, 30~35행, 38행, 62행, 67행, 216~218행.
17) Susan Guettel Cole, *Landscapes, Gender, and Ritual Space: The Ancient Greek Experience* (Berkeley: U of California Pr., 2004), 116~117쪽.

성 노예가 되느니 차라리 죽음을 택하겠다(308행)고 "소리 지르면서"(threomai, 78행) 테바이가 전쟁이라는 **폭풍**으로부터 무사하기를 탄원하는 여성들의 기도소리는 거의 신경질적인 비명소리에 가까우며, 두려움을 이기지 못하는 그들의 몸은 마치 "겁에 질린"(huperdedoiken) 비둘기처럼(292행) 떨리고 있다(364~368행, 333~335행).

이런 분위기를 말해주듯, 이 작품에서 자주 등장하는 핵심적인 단어는 명사 '두려움'(phobos, 121행, 214행, 240행, 259행, 270행, 287행, 386행, 498행, 500행)과 동사 '두려워하다'(deidō, 190행, 203행, 249행, 764행)의 단어들이다.[18] 에테오클레스는 성문 밖에서 무기들이 "덜커덕덜커덕하는 소리"(ktupon, 83행, 100행, 103행), "전차들이 드르륵거리는 소리"(150행), 방패들이 서로 부딪치는 소리(100행), 창들이 서로 부딪치는 소리(103행), 큰 소리로 말들이 울부짖는 소리(245행, 476행), 병사들이 고함을 질러대는 혼란스러운 소리(203~207행, 239행) 등에 공포에 질려 어쩔지 모르는 그들의 병적인 흥분상태를 질책하면서(238행) 여성들은 조용히 집에 있어야 하며, 전쟁 중에 신들에게 희생제물을 바치고 호소하는 등의 일은 "남성들의 몫"(andrōn tad' esti)이라고 목소리를 높인다(200~201행, 230~232행). 그리고 그처럼 병적인 흥분상태를 보이는 것은 "불길한 징조"(258행)이며, 게다가 위기에 처한 나라를 위해 싸우는 남자들의 사기를 북돋우기 보다는(184행) 오히려 저하시킨다고 힐난한다(236~238행).

에테오클레스에게 여성은 "지각 있는 모든 사람이 증오하는 대상"(sōphronōn misēmata, 186행)에 불과했다. 따라서 그는 코로스에게 오

---

18) Fernando Echeverria, "Greek armies against towns: Siege warfare and the *Seven against Thebes*," *Aeschylus and War: Comparative Perspectives on "Seven against Thebes*," Isabelle Torrance 엮음 (London: Routledge, 2017), 86쪽, 90쪽(주52)을 볼 것.

직 **침묵**[19]만을 요구하고 있다. 계속해서 그는 신들의 조각상을 붙들고 기도하고 있는 코로스에게 "신들은 포위당한 도시는 버리고 떠난다"(217~218행)라는 말을 전하면서 신들이 악의에 찬 **폭풍**을 가라앉히고 그들을 지켜 주리라고 기대하지 말고, 조각상에게 매달리느니 테바이를 방어할 "성벽"(purgos, 30행, 33행, 314행, 346행, 426행, 467행, 469행, 549행, 629행, 634행, 763행, 797행, 823행)을 지키는 인간에게 더 믿음을 가지라고 말한다(216~218행). 그가 이러한 주문에 이어 자신의 명령에 불복하는 자는 돌로 쳐서 죽일 것이라고 단호하게 경고를 내리자(196~199행), 신들을 향한 코로스의 기도는 평상시의 그것처럼 조용해진다.

복합적인 인물로서의 에테오클레스를 대면하게 되는 것은 바로 이 지점부터다. 극의 시작 부분에서 에테오클레스는 테바이가 적의 공격으로부터 지켜질 경우 그 공은 신에게 있지만, 그렇지 않을 경우 모든 재앙의 책임은 자신에게 있다고 단언한다(4~6행). 이처럼 신들에 대한 굳은 믿음과 숭배를 보여주는가 하면(69~77행, 271~279행) 때로는 신에 대한 회의와 인간에 대한 믿음을 비치기도 한다. 방금 지적했듯, 그는 "신들은 포위당한 도시는 버리고 떠난다"(217~218행)라는 말을 전하면서 코로스에게 성벽을 지키는 인간에 대한 믿음을 더 굳게 하라고 명령한 바 있다. 이어서 그는 신들에게 무턱대고 "호소하지 말 것"을 주문하면서 더 나쁜 사태가 올 수 있음을 경고한다(223행). 인간의 선생에서 신에 대한 믿음보다는 성벽을 지키는 인간에 대한 믿음이 더 중요할 수도 있음을 주장하는 그의 모습은 분명 실용적이고 현실적이며 정직한 인간의 모습, 그것이다.

또 한 가지 지적할 점은 그가 아르고스의 7인의 전사에 맞설 테바

---

19) 232행, 238행, 250행, 252행, 262행.

이의 7인의 전사를 지명할 때 사용하는 다양한 동사의 시제에 대해서다. 첫 번째 문을 지킬 테바이의 전사 멜라니포스를 지명할 때 그는 미래시제를 사용해 "나는 이 문을 지키기 위해" 아르고스의 전사 "튀데우스와 대적할 아스타코스의 믿음직스러운 아들" 멜라니포스를 "**지명할 것이다**"(407~408행)라고 말한다. 이어서 두 번째, 세 번째, 네 번째 문을 지킬 테바이의 전사들을 지명할 때는 척후병이 보고를 다 마치기도 전에 이미 결정해두었다는 듯 과거시제를 사용한다(447~448행, 472~473행, 504~505행).

가령 두 번째 문을 지킬 전사로 그는 "불타는 정신의 전사, 용감한 폴뤼폰테스를 **지명했다**"(447~448행)라고 말한다. 한편 다섯 번째 문을 지킬 전사를 지명할 때는 현재시제를 사용한다. "우리는" 아르고스의 그 허풍선이 전사와는 다른 "우리의 사람…… 악토르를 **가지고 있다**"(554~555행). 그리고 자신을 포함한 여섯 번째, 일곱 번째 전사를 지명할 때는 미래시제를 사용한다(620~621행, 675~676행).

하나의 사태에 다양한 시제를 사용하고 있는 에테오클레스의 모습에서 그가 **자유의지**의 담당자라는 것을 떠올릴 수 있다. 그가 테바이 전사들을 지명하는 방식은 그의 결정이 어떤 것에도 구속되지 않는 그의 자유의지의 산물, 곧 그의 의식의 자유로운 작동의 산물임을 암시하고 있다. 그리고 아르고스인들이 테바이의 일곱 문을 공격할 7인의 전사들을 선택하게 되었을 때 그 선택은 **제비뽑기**로 결정되었지만, 그들에게 맞서 일곱 문을 방어할 테바이의 전사들을 선택하게 되었을 때 그 선택은 에테오클레스의 의지에 의해 결정되었다. 에테오클레스는 그 전사들을 독단적으로 선택했다. 그러나 척후병이 일곱 번째 문을 공격하는 적의 전사가 바로 그의 형제 폴뤼네이케스(631~632행)라는 사실을 전하는 순간, 그의 자유의지도 미동에 휩싸이게 된다. 절망의 순간인 것이다.

잠시 에테오클레스는 "아아! 이제 [내] 아버지의 저주가 이루어지는구나"(ōimoi, patros dē nun arai telesphoroi, 656행)하며 아버지 오이디푸스의 저주를 원망하기도 하지만, 곧 "나 자신이 그와 대적하기 위해 갈 것이다…… 왕 대 왕, 형제 대 형제, 적 대 적(echthros)으로 우리는 싸울 것이다"(672~675행)라고 선언한다. 여기서 에테오클레스는 자신의 자유의지에 따라 결정을 내리고 행동하는 **독립적인 인간**의 모습으로 등장하고 있다.

정신 능력의 일종인 '의지' 개념이 호메로스, 그리스 비극시인들이나 플라톤에서는 발견되지 않는다는 지적이 이따금 나오고 있다.[20] 베르낭도 이전의 많은 이들과 마찬가지로 현대적인 의미에서 말하는 '의지'의 개념과 같은 것이 그리스인들에게는 없었다고 주장한다. 하지만 그에 따르면 **의지**의 인간은 자기 자신을 자신이 지향하는 행동의 원천으로 보고 있고, 그가 선택하는 행동에 그 스스로 책임이 있다고 보고 있고, 그가 어떤 행동을 결심한다든가 선택을 할 때, 그 순간에 그의 자율성과 책임이 오로지 그에게 집중되고 있다고 보고 있다는 점에서,[21] 에테오클레스는 분명코 이러한 유형의 자유의지의 인간이다.

코로스는 "같은 형제끼리 싸워 서로를 죽인다면, **부정**(不淨, 또는 오염)[22]은 그 힘이 약해질 날이 없다"(681~682행; 734~739행)라고 한

---

20) Bernard Williams, *Shame and Necessity* (Berkeley: U of California Pr., 1993), 21~49쪽.
21) Jean-Pierre Vernant, "Intimation of the Will in Greek Tragedy," Jean-Pierre Vernant and Pierre Vidal-Naquet, *Myth and Tragedy in Ancient Greece*, Janet Lloyd 옮김 (New York: Zone Books, 1988), 49~84쪽.
22) '부정'(不淨) 또는 '오염'(汚染)으로 번역되는 그리스어 **미아스마**(miasma)는 당시 그리스인들에게 사람을, 특히 친척을 살해한다든가, 신이 정한 규범이나 우주의 도덕 질서를 위반한다든가, 하는 행위 등으로 인해 발생하는 "초자연적인 결과," 그것도 "특별한 종류의 초자연적인 결과"로 이해되었다. Bernard Williams, 앞의 책, 59~60쪽. 호메로스의 『일리아스』에서는 아폴론의 사제의 딸로 태어나 태어나자마자 아폴

탄하면서 "몸서리쳤다"(pephrika, 720행). 에테오클레스는 어떤 불운이 닥친다 해도 불명예, 즉 **수치**를 안고 살 수는 없으며, **명예**(eukleian)야말로 인간들이 죽을 때 얻는 "유일한 이득"(monon kerdos, 683~685행)이라고 항변한다. "그의 유일한 선택은 용감한 죽음인가 아니면 비겁한 죽음인가 뿐이다."[23] 여기서 그가 말하는 명예란 "자유의 땅"(74행)인 테바이를 적의 공격으로부터 지켜내고 이러한 업적을 길이 칭송받는 것을 의미한다. 그러나 코로스는 에테오클레스에게 폴뤼네이케스를 죽이려고 하는 그의 "광적인 욕망"(dorimargos āta, 687행) 때문에 형제에게 칼을 겨누려 한다며 마음속에 있는 그 형제에 대한 증오, 그 "악한 감정을 몰아내라"(686~688행)라고 호소한다. 이와 같은 코로스의 간절한 호소에도 불구하고(714행) 에테오클레스는 "각을 세운 나의 목적을 무디게 하지 말라"(715행)라는 명령과 함께 "신이 [인간에게] 악을 보낼 때, 이를 피할 길은 없다"(719행)라는 말을 남긴 채 일곱 번째 문, 즉 운명의 문을 향해 떠난다.

론에게 바쳐진 크뤼세이스를 노예 신분으로 전락시킨 그리스인의 행위, 오이디푸스의 부친 라이오스의 살해 등이 '부정'의 사례들이다. 이런 부정의 결과는 가령 신의 저주를 받은 오이디푸스 가문의 종말에 그치지 않고 공동체, 곧 테바이 도시 전체의 파국으로까지 확대된다. 작품 『7인의 전사』에서 코로스가 같은 형제인 폴뤼네이케스와 대결하기 위해 일곱 번째 문으로 향하는 에테오클레스를 극구 만류하는 것도 바로 이 때문이다. 이런 경우 '분노의 여신들'이 특히 친족에게 살해당한 자의 복수의 "대리인"(Robert Parker, 앞의 책, 107쪽)으로 자주 등장한다. '미아스마'에 대해서는 Robert Parker, 같은 책, 5~10쪽; Mario Vegetti, "The Greeks and Their Gods," *The Greeks*, Jean-Pierre Vernant 엮음, Charles Labmber and Teresa Lavender Fagan 옮김 (Chicago: U of Chicago Pr., 1995), 260쪽; Jean-Pierre Vernant, "Ambiguity and Reversal: On the Enigmatic Structure of Oedipus Rex," Jean-Pierre Vernant and Pierre Vidal-Naquet, 앞의 책, 128쪽; Jean Rudhardt, *Notions fondamentales de la pensée réligieuse et actes constitutifs du culte dans la Grèce classique* (Paris: Picard, 1992), 46~50쪽을 볼 것.
23) Stuart Lawrence, *Moral Awareness in Greek Tragedy* (Oxford: Oxford UP, 2013), 69쪽.

자유의 한계

앞에서 길게 소개된 에테오클레스와 코로스 간의 대화와 그가 일곱 전사를 지명하는 장면, 형제 폴뤼네이케스와 대적하기 위해 운명의 문을 향해 나아가려고 하는 그의 결의와 결정 등을 고려하면, 우리는 "운명의 부름"과 "그 운명의 부름을 받아들이면서 피할 수 없는 운명을 개인의 행위로 변화시키는 자유의지"가 "서로 뒤얽혀 있음"[24]을 알 수 있다. 아울러 에테오클레스가 자유의지의 담지자임을 확인할 수 있다. 국가라는 배를 지휘하는 **선장**으로서, 나라를 지키는 **성벽**으로서 에테오클레스는 자신의 의지에 따라 사유하고 행동한다. 그러나 일곱 번째 문에서 대적해야 할 적이 그의 형제임을 알게 되었을 때 그는 형제와의 결전을 만류하는 코로스에게 "신이 사태(to pragma)를 다급하게 밀어부친다"(689행)라고 말하면서 일곱 번째 문을 향해 떠난다. 코로스는 신들에게 합당한 희생제물을 바친다면 저주의 망령인 분노의 여신들이 그의 집에서 떠날 것이라고 호소하지만(700~701행), 에테오클레스는 신들이 자신에게 원하는 "제물"은 오직 **검은** 저주의 성취인 자신의 피, 자신의 죽음이라고 역설한다 (703~704행).

그는 아버지의 저주가 불러온 **복수**를 면할 수 없다는 것, 따라서 그 복수를 면하기 위한 어떤 노력도 부질없다는 것을 인식하고 있다. 신들의 증오의 대상인 라이오스 가문의 자손으로서 그는 '검은' 저주의 성취를 위해 일곱 번째 문, 이미 정해진 그 **운명의 문**을 향해 갈 수밖에 없는 것이다. 그렇다면 앞에서 언급한 에테오클레스가 자유의지의 담지자라는 주장은 어디까지 용납될 수 있을 것인가.

---

[24] Albin Lesky, *Greek Tragic Poetry*, Matthew Dillon 옮김 (New Haven: Yale UP, 1983), 58쪽.

이러한 문제가 제기될 때면 레스키의 **이중의 동기부여**[25]라든가, 도즈의 **중층적(重層的) 결정**[26] 등이 중요한 개념으로 등장하게 된다. 사실 그리스 비극이 전형적인 **운명의 비극**이라는 도식은 일찍이 스넬, 레스키, 도즈, 녹스, 베르낭 등과 같은 일군의 학자에 의해 무너진바 있다. 그러나 이에 앞서 일찍이 헤라클레이토스는 "인간의 성격이 그의 운명"(Êthos anthrōpōi daimōn)이라고 했다.[27] 이러한 그의 발언은 문자 그대로 인간의 성격이 그 사람의 삶을 운명적으로 결정한다는 것을 의미한다. 주인공의 모든 행동은 "그 주인공의 성격, 곧 그의 **에토스**(ēthos)에서 나온다." 말하자면 그 주인공의 "특별한 성격 또는 에토스의 논리와 일치해서 나타난다"[28]라는 주장이 전제로 하고 있는 것도 이 철학자의 한마디다.

극을 추동하는 것은 운명이나 신의 의지 같은 **타자**의 의지가 아니라 전적으로 주인공의 자유의지라는 주장도 나오고 있지만,[29] 역시 그리스 비극을 바라보는 가장 일반적인 시각은 그것이 주인공의 의지와 함께 또 다른 의지, 말하자면 주인공의 의지를 허용하지 않는 어

---

25) Albin Lesky, "Decision and Responsibility in the Tragedy of Aeschylus," *Journal of Hellenic Studies*, 86 (1966), 78~85쪽. 에테오클레스와 연관된 내용은 20~22쪽을 볼 것.

26) E. R. Dodds, *The Ancient Concept of Progress and Other Essays on Greek Literature and Belief* (Oxford: Oxford UP, 1973), 56~57쪽을 볼 것. 이에 대해 좀더 구체적으로 논의한 글은 Jean-Pierre Vernant, "Intimations of the Will in Greek Tragedy," Jean-Pierre Vernant and Pierre Vidal-Naquet, 앞의 책, 49~84쪽을 볼 것.

27) fr. 114, Charles H. Kahn, *The Art and Thought of Heraclitus: An Edition of the Fragments with Translation and Commentary* (Cambridge: Cambridge UP, 1979), 80쪽.

28) Jean-Pierre Vernant, "Tensions and Ambiguities in Greek Tragedy," Jean-Pierre Vernant and Pierre Vidal-Naquet, 앞의 책, 37쪽.

29) 일례로 녹스는 소포클레스의 『오이디푸스 왕』에 대한 그의 탁월한 연구서에서 주인공의 자유의지가 극 중 사건의 전적인 원인이라고 주장한다. Bernard M. W. Knox, *Oedipus at Thebes* (New York: Norton, 1971), 5쪽, 12쪽.

떤 "초자연적인 힘"[30] 또는 초인간적인 존재의 의지에 따라 추동된다는 것이다.

레스키의 방식으로 설명하자면, 주인공의 의지라는 하나의 동기와 그것을 제약하는 초인간적인 존재의 의지라는 또 하나의 동기, 즉 이중의 동기가, 도즈의 방식으로 설명하자면, 주인공의 의지에 초인간적인 존재의 의지가 겹쳐져 극을 이끌어 나간다.[31]

『7인의 전사』에서 가장 쉽게 눈에 띠는 초인간적인 힘, 즉 에테오클레스의 의지, 곧 그의 자유의지를 제약하는 외적인 힘은 바로 아폴론의 의지를 구현하고 있는 **오이디푸스의 저주**다. 그러나 이것만이 전부는 아니다. 폴뤼네이케스를 향한 에테오클레스의 광적인 증오와 분노의 감정, 이러한 것들이 그의 **에토스**가 되고 이 에토스가 스스로 통제할 수 없는 운명적인 힘, 초인간적인 힘이 되어 그로 하여금 운명의 문으로 향하게 하고 있는 것이다. 코로스는 일곱 번째 문을 향해 나아가는 주인공이 폴뤼네이케스에 대한 증오와 분노에 사로잡혀 있으며, 이 "악한 감정"이 형제를 죽이려고 하는 "광적인 욕망"의 원인이 되고 있음을 암시한다(686~688행).

그런데 에테오클레스의 증오와 분노는 오이디푸스가 자신의 아들들에게 저주를 내릴 때 물려준 바로 그 감정이다. 에테오클레스는 자신의 광적인 증오와 분노가 자신의 아버지로부터 저주의 한 형태로 물려받은 것임을 알고 있다(695행). 하지만 아이스퀼로스는 "가문의 저주를 물려받은 아들", 즉 "가문의 죄의 흔적을 물려받은" 아들이 "본인이 죄가 없는데도 고통 받는 것은 결코 아닌 것으로 보는 것 같다. 그 아들은 죄 뿐만 아니라 스스로 죄를 불러일으키는 성향도 물

---

30) Jean-Pierre Vernant, "Tensions and Ambiguities in Greek Tragedy," Jean-Pierre Vernant and Pierre Vidal-Naque, 앞의 책, 45쪽.
31) 우리는 아이스퀼로스의 『오레스테이아』에서 이를 본격적으로 다룰 것이다.

려받고 있으며, 때문에 그는 늘 어느 정도 자신의 고통에 책임이 있는 것"으로 보는 것 같다.[32] 비극적인 운명을 거부하고 싶어 하는 그의 처절한 울부짖음에도 불구하고 저주의 산물인 그 감정은 그를 일곱 번째 문이라는 **운명의 문**으로 내몬다.

에테오클레스는 테바이의 통치자이자 동시에 **오이디푸스의 아들**(203행)이다. 따라서 "에테오클레스가 테바이의 수호자지만, 그가 그 일곱 문 가운데 하나를 통과하기까지 테바이에는 미래가 없다."[33] 자유가 없다는 것이 "선택의 여지가 충분하지 않다는 것뿐만 아니라 다른 이의 의지에 복종한다는 것", 즉 "다른 행위 주체들이 의도적으로 강요하는 제약"에 굴복한다는 것을 의미한다면[34] 그리스 비극 속의 주인공들의 자유의 한계가 드러나는 지점도 바로 여기다.

테바이와 아테나이

우리는 1장 『페르시아인들』에서 아이스퀼로스가 다른 비극시인에 비해 정치적이라는 점을 강조하면서 그 작품을 정치적인 각도에서 다룬 바 있다. 이 작품도 예외일 수는 없을 것이다. 아이스퀼로스가 살았던 시대, 특히 기원전 480년대 즈음은 정치지도자들의 추방이 이어지면서 조국에 대한 반역을 두려워하는 분위기가 팽배해 있던 시기였다.[35]

절대군주 피시스트라토스의 왕위를 계승한 히피아스는 권력투쟁

---

32) A. F. Garvie, *Aeschylus: Choephori* (Oxford: Oxford UP, 1986), xxviii쪽.
33) Eva Stehle, "Prayer and Curse in Aeschylus' *Seven Against Thebes*," *Classical Philology*, 100: 2 (2005), 119쪽.
34) Bernard Williams, 앞의 책, 153쪽, 154쪽.
35) Kurt Raaflaub, *The Discovery of Freedom in Ancient Greece*, Renate Franciscono 옮김 (Chicago: U of Chicago Pr., 2004), 83쪽, 100쪽.

에서 밀려나 아테나이에서 추방당한 뒤 페르시아인들과 결탁해 마라톤 전투를 일으켰다. 그가 적의 배 위에서 적의 군사들을 지휘하며 조국을 침공했던 역사적인 장면을 아이스퀼로스는 기억하고 있었다. 또한 그는 자신이 참전했던 살라미스 해전에서 그리스의 승리를 이끌어냈던 테미스토클레스가 같은 이유로 아테나이에서 추방당한 뒤 페르시아인들과 공모하여 자신의 조국 아테나이를 침공하려 했던 역사적인 사실도 잘 알고 있었다. 『7인의 전사』는 바로 테미스토클레스의 그런 음모가 밝혀진 직후 공연된 작품이다.

그는 이 작품에서 조국 테바이를 침공하는 폴뤼네이케스를 비난함으로써 아테나이의 역사적인 인물들을 비판하고 동시에 그러한 행위를 반복할 수 있는 잠재적인 인물들에게도 경고의 메시지를 전달하고 있는 것으로 보인다. 그는 폴뤼네이케스를 격렬하게 비난하는 아르고스의 전사 암피아레오스의 입을 빌려 조국 아테나이를 등지는 어떤 행위도 정당화될 수 없음을 역설한다. 남의 나라 군대를 이끌고 자신의 선조들과 신들의 도시를 공격하고(582~583행), 자신의 아버지의 땅(668행)이자 자기를 낳아준 어머니의 땅을 유린하려는 폴뤼네이케스를 준엄하게 비난하는(580~589행) 아르고스의 "가장 용감한 전사이자 현명한 예언자"(568~569행)인 암피아레오스는 바로 아이스퀼로스 자신의 '페르소나'다.

사실 폴뤼네이케스의 테바이 침공은 에테오클레스의 배신에 대한 보복이라는 점에서 이느 정도 정당화될 수도 있다. 원래 에테오클레스와 폴뤼네이케스는 한 해씩 번갈아가며 테바이를 통치하기로 되어 있었다. 따라서 이런 점에서 본다면 폴뤼네이케스의 반역은 폴뤼네이케스가 통치할 차례가 되자 약속을 어기고 그를 추방해버린 에테오클레스의 배신에서 기인하는 것이기 때문이다(637~638행, 647~649행).

폴뤼네이케스의 입장에서 본다면 그의 테바이 침공은 자신의 명예와 지위를 되찾기 위한, 그리고 에테오클레스의 배신을 응징하기 위한 정당한 행위일 수도 있다. 그런데도 아이스퀼로스는 폴뤼네이케스를 철저하게 부정한다. 폴리스 아테나이에 대한 철저한 믿음과 그 자유국가에 대한 말로 표현할 수 없을 정도의 자부심을 가지고 있었던 애국자 아이스퀼로스에게는 아무리 동기가 정당하더라도 조국에 대한 배신행위란 결코 용납될 수 없는 행위였기 때문이다.

이런 점에서 볼 때 이 작품에서 테바이는 곧 아테나이의 표상이라 할 수 있다. 뮈케네 시대의 주요 도시였던 테바이는 그리스 비극에서 주로 **주체**인 아테나이와 대립되는 **타자**, 즉 "안티-아테나이"[36], 더 나아가 "안티-아테나이의 원형(原型)"[37]으로 등장한다. 실제 테바이는 최근의 전쟁에서 페르시아 편에 가담했으며, 기원전 479년에 아테나이를 두 번째 점령했던 것을 포함해 페르시아의 장군 마르도니우스가 아테나이 영토를 침략했을 때 교두보 역할을 했다. 테바이는 현실적으로 아테나이의 분명한 적이었다. 하지만 이 작품에서 테바이는 아테나이를 표상하는 "자유의 땅"(74행)으로 격상되면서 폴리스 아테나이의 **자유**의 이미지를 전유한다. 실례로 아이스퀼로스는 위기에 처한 테바이를 보호해달라고 신들에게 간청하는 에테오클레스의 입을 빌려 테바이를 **자유의 땅**이라 일컫고 있다. 테바이를 공격하는 적들은 테바이인과 마찬가지로 그리스인이지만, 어느 정도 야만인과

---

36) Pierre Vidal-Naquet, "Place and Status of Foreigners in Athenian Tragedy," *Greek Tragedy and the Historian*, Christopher Pelling 엮음 (Oxford: Clarendon Pr., 1997), 3쪽. 이에 대한 포괄적인 접근은 Froma I. Zeitlin, "Thebes: Theatre of Self and Society in Athenian Drama," *Nothing to Do with Dionysos: Athenian Drama in Its Social Context*, John J. Winkler and Froma I. Zeitlin 엮음 (Princeton: Princeton UP, 1990), 130~167쪽을 볼 것.

37) Nicole Loraux, *Born of The Earth: Myth and Politics in Athens*, Selina Stewart 옮김 (Ithaca: Cornell UP, 2000), 116~117쪽.

동일시되는 "외국"(epakton) 군대(583행, 1019행), 즉 타자로 묘사된다. 이는 테바이인들은 "그리스어를 말하지만"(72~73행), 침입자들은 "이국(異國)의 말을 하는 군대"(heterophōnōi stratōi, 170행)라는 묘사에서 확인된다. 아이스퀼로스는 아테나이를 표상하는 테바이를 통해 자신의 시대를 간접적으로 이야기하고 있는 것이다.

테바이는 카드모스가 창건한 나라이고, 호메로스는 그 시민들을 "카드모스인들"(『일리아스』4.388 등)이라고 불렀다. 시민들 앞에 등장한 에테오클레스가 그들을 테바이인들이라 부르지 않고 카드모스인들(1행)이라 부르는 것도 바로 이 때문이다. 카드모스는 자신의 도시를 세우기 위해 샘을 지키는 전쟁의 신 아레스의 아들 용(龍)을 죽여야 했다. 카드모스가 아테나의 충고대로 죽은 용의 이빨을 땅에 뿌리자, 한 무리의 무장한 남자들이 땅에서 솟아나왔다. 그가 그들 사이에 돌을 던지자, 그들이 서로 싸우기 시작하더니 결국 그 가운데 5명이 살아남았다. 문자 그대로 **땅에서 태어난**(autochthonos), 땅의 아들들인 그 5명의 전사가 카드모스를 도와 테바이를 건설했다는 것이다.[38]

플라톤은 이 신화를 믿을 수 없는 이야기의 한 전형으로 다루지만(『법률』663e), 아이스퀼로스는 그 신화 속에 나오는 **땅**의 모티프에 특히 주목하고 있다. 그가 에테오클레스의 입을 빌려 카드모스를 상기시키는 것은 카드모스의 테바이 건국 이야기 속에 숨어 있는 그 땅의 의미를 일깨우기 위해서다.

테바이의 첫 번째 문을 지켜야 하는 전사 멜라니포스는 바로 이 땅의 아들들의 후손이다. 에테오클레스는 그를 "이 땅의 진정한 후

---

[38] 게보에 대해 좀더 포괄적으로 논의한 글로는 Lowell Edmunds, "Eteocles and Thebes in Aeschylus' *Seven against Thebes*," *Aeschylus and War: Comparative Perspectives on "Seven against Thebes*," Isabelle Torrance 엮음 (London: Routledge, 2017), 97~99쪽을 볼 것.

손"(413행)이라 부르면서 그가 "진정한 혈통"에 대한 의무에 따라 "자기를 낳아준 어머니" 테바이 땅을 지키게 될 것이라고 역설한다(412~416행). 세 번째 문을 지켜야 하는 전사 메가레우스도 땅의 아들들의 후손이다. 이 전사는 싸움의 대가가 죽음이라 할지라도 자기를 키워준 은혜에 대한 보답으로 "자신이 태어난 땅"을 지킬 것이라고 에테오클레스는 공언한다(477행). 에테오클레스는 테바이 시민들에게도 그들을 키워준 땅, "어머니 대지의 신"의 은혜에 보답하기 위해 테바이에 충성을 다할 것을 요구한다(16~20행). 재유외인(在留外人, metoikos) 파르테노파이오스마저 자기를 양자로 길러준 어머니 땅, 테바이의 은혜에 보답하기 위해(547~549행) 목숨을 바칠 것을 다짐한다.

아이스퀼로스는 땅의 아들들인 그 5명의 전사와 에테오클레스의 모국에 대한 사랑, 그리고 자신들의 땅을 지키려는 테바이 시민의 충성심을 보여줌으로써 아테나이 시민에게도 그들과 똑같은 정도의 조국에 대한 사랑과 충성을 요구하고 있는 것이다. 언제 있을지도 모를 반역이나 적의 침공으로부터 그들의 조국 아테나이를 지켜내야 한다고 역설하고 있는 것이다.

당시의 문학작품들(가령 에우리피데스『이온』29~30행, 20~21행)을 비롯한 여러 담론을 살펴보면, 아테나이 시민이 자신들을 폴리스 아테나이와 동일시하고, 그들 스스로를 **땅의 자식들**이라고 일컬었음을 알 수 있다. 이는 그들의 시조가 땅에서 태어났기 때문이다. 최초의 아테나이인 에리크토니오스(또는 에레크테우스)는 어머니 없이 스스로 땅에서 태어나 아테나에게 키워진 것으로 전해진다(호메로스『일리아스』2.546~547).[39] 이를 통해 아테나이 시민은 자신들이 이주

---

[39] 그들의 신화는 어머니를 필요로 하지 않는다. 아테나 역시 어머니 없이 태어난 신

민, 즉 **타자**가 아니라, 그 땅에서 태어난 땅의 자식들, 즉 순수한 **토착민**(土着民)이라는 사실을 재확인하고 스스로 자랑스러워했다.

"아테나이인들은 이주(移住)의 역사를 가진 도리아인들과 같은 자들과는 정반대로 늘 '같은 땅'(autēkhthōn)에서 살았다".[40] 이런 사실과 함께 앞에서 설명한 그들 독특한 태생은 "아테나이 시민들에게 아주 각별한 결속을 가져다주었다."[41] 아테나이에 대한 아이스퀼로스의 자긍심 역시 토착민의 나라, 주체의 나라 아테나이에 대한 것이었다. 그는 직접 쓴 묘비명에서 스스로를 비극시인이라 한 것이 아니라 조국을 위해 전쟁에 참전한 군인이라 했을 만큼 애국심이 강했다.[42]

으로 알려져 있다. 이러한 신화에 길들어진 남성들이 지배하던 당시 그리스의 여러 담론에서 여성의 생물학적인 기능이 애써 무시되고 폄하되었던 것은 어쩌면 당연한 일이었을지도 모른다(Martha C. Nussbaum, *The Fragility of Goodness: Luck and Ethics in Greek Tragedy and Philosophy* [Cambridge: Cambridge UP, 1986], 40쪽; Nicole Loraux, *The Children of Athena: Athenian Ideas about Citizenship and the Division between the Sexes*, Caroline Levine 옮김 [Princeton: Princeton UP, 1993], 7쪽. 특히 "Introduction: Autochthony and the Athenian Imaginary," 7~21쪽을 참조할 것. 그리고 '에리크토니오스'(또는 에레크테우스)에 대해서는 같은 저서, 37~41쪽, 46~49쪽 등을 볼 것). 아이스퀼로스 또한 여성을 폄하하는 그런 남성들의 범주에 속한다는 것은 그 신화에 대한 그의 부분적인 집착, 이 작품에서는 에테오클레스의 여성혐오증(256행)을 통해 잘 드러나 있다(우리는 그의 또 다른 3부작의 『오레스테이아』의 마지막 작품 「자비로운 여신들」에서 이를 본격적으로 다룰 것이다).

40) Peter W. Rose, *Class in Archaic Greece* (Cambridge: Cambridge UP, 2012), 324쪽.
41) Vincent Azoulay, *Pericles of Athens*, Janet Lloyd 옮김 (Princeton: Princeton UP, 2014), 113쪽.
42) 아이스퀼로스의 생애에 대해 알려진 것은 많지 않지만, 몇 가지는 그런대로 알려져 있다. 그 중 가장 중요한 것은 기원전 490년의 그의 마라톤 전투의 참전이다(S. L. Radt, *Tragicorum Graecorum Fragmenta*: Vol. 3: Aeschylus [Göttingen: Vandenhoeck & Ruprecht, 1985], 1.10; 2.2~3; 11~3; 54; 162.3~4). 그런데 아이스퀼로스는 비극시인으로서 보다는 마라톤 전투에 참전했던 용사로 자신을 더 기억해주기를 원했던 것으로 알려져 있다. Kurt A. Raaflaub, "Father of All, Destroyer of All: War in Late Fifth-Century Athenian Discourse and Ideology," *War and Democracy: A Comparative Study of the Korean War and the Peloponnesian War*, David McCann and Barry S. Strauss 엮음 (New York, Armonk: East Gate Books, 2001), 312~313쪽; J. E. Lendon, *Soldiers and Ghosts: A History of Battle in Classical Antiquity* (New Haven:

두 차례에 걸쳐 직접 참전한 경험을 통해 조국의 운명에 닥친 격심한 위기를 경험했던 그는 조국의 미래에 대해 희망과 불안을 동시에 가지고 있었다. 그는 자신들이 태어난 자유의 땅 테바이를 지킨 카드모스의 자손들처럼 아테나이 시민이 진정한 자유의 땅 아테나이를 앞으로 있을지 모를 반역과 적의 공격으로부터 지켜냄으로써 그 자유와 번영의 땅이 영원하기를 희망했을 것이다. 이런 점에서 볼 때, 이 작품에서 조국에 대한 아테나이 시민의 충성심을 고취시키려는 그의 의도를 읽어내는 작업이 그리 진부해 보이지만은 않는다.

내친김에 한 걸음 더 나아가 보자면, 아이스퀼로스는 이 작품을 통해 결국 국가절대주의라는 이데올로기를 설파하고 있는 것처럼 보인다. 주지하다시피 에테오클레스는 "오이디푸스의 아들"(Oidipou tekos, 203행)이자 카드모스인, 곧 테바이 시민의 통치자다(39행). 그가 제우스를 포함한 일체의 신들에게 일차적으로 간청하는 것은 테바이의 안전이다. 일곱 번째 문에서 그의 형제 폴뤼네이케스와 대적해야 한다는 사실과 그에 뒤따를 죽음을 예감했을 때 그는 궁극적으로 무엇을 희망했는가.

물론 그는 자신과 자신의 가문을 파멸시킬 복수의 망령, 오이디푸스의 저주에서 해방되기를 간절히 소망했다. 그러나 그것은 그저 개인적인 소망이었고, 그가 가장 궁극적으로 희망한 것은 신의 뜻대로 자신과 자신의 가문은 파멸하더라도 테바이라는 국가는 존속하는 것이었다. 이 작품에서 도시국가 **폴리스**(polis)라는 단어는 무려 74번에 걸쳐 등장한다. 이에 비해 폴리스와 개념적인 대립각을 이루는 '집', '가문'이라는 의미로서의 **오이코스**(oikos)라는 단어는 단 한 번밖에 등

Yale UP, 2005), 49~50쪽; Lawrence Tritle, "'Ravished Minds' in the Ancient World," *Combat Trauma and the Ancient Greeks*, Peter Meineck and David Konstan 엮음 (New York: Palgrave Macmillan, 2014), 90쪽을 볼 것.

장하지 않는다.[43] 그리고 한 개인으로서의 에테오클레스와 그의 가문은 철저하게 파멸한다. 그러나 국가는 살아남는다. 이뿐만이 아니다. 국가의 존립 자체가 한 가문의 철저한 파멸을 전제로 하고 있다.

극은 계속해서 한 가문이 파멸로 치닫고 있음을 알리면서[44] 동시에 국가 존속이라는 결말로 향한다. 아폴론이 라이오스 왕에게 내린 신탁과 "오이디푸스 저주의 목표(telos)는 폴리스의 구원"[45]이다. 즉 아이스퀼로스는 그리스 비극에 빈번하게 등장하는 주제인 국가와 가문 간의 갈등에서 국가의 손을 들어주고 있다. 결국 그는 이 작품을 통해 폴리스 아테나이의 존재가치를 정당화하기 위한 이데올로기, 즉 국가주의 또는 국가절대주의라는 이데올로기를 설파하고 있는 것이다. 그러나 이러한 주장이 이 글의 결론이 될 수는 없다.

그 운명의 힘

작품의 마지막 부분은 에테오클레스와 폴뤼네이케스의 슬픈 운명을 **애도**하는 코로스의 노래가 거의 대부분을 차지하고 있다. 호메로스의 『일리아스』 24편에서 잘 드러나고 있듯, 사실 장례식에서의 애도는 주로 죽은 자에 대한, 그리고 그들의 무용(武勇)에 대한 칭찬들로 채워지기 마련이다. 그러나 이 작품에서 코로스의 애도 속에는 그들에 대한 비난도 포함되어 있다. 애도하는 코로스는 "불경스러운 의도"를 가지고 "옳지 않은 방향으로 나간"(831행, 875행) 그들의 행위

---

43) 물론 '집'이라는 뜻을 가진 '도모스'(domos)라는 단어가 13번 등장하지만, 이는 '폴리스'의 대립적인 개념은 아니다.
44) 689~691행, 801~802행, 813행, 828행, 877행, 880행 등.
45) Richard Seaford, *Cosmology and the Polis: The Social Construction of Space and Time in the Tragedies of Aeschylus* (Cambridge: Cambridge UP, 2012), 167쪽.

를 비판한다.[46] 그런데도 그것이 그들에 대한 비판으로만 들리지는 않는다. 아마도 그것은 그러한 비난 속에 숨어 있는 안타까움, 서로를 죽여야만 했던 형제의 비극적인 운명에 대한 코로스의 안타까움을 짐작할 수 있기 때문이다. 코로스는 폴뤼네이케스의 배반행위에 어떤 비난도 가하지 않으며, 오히려 에테오클레스와 폴뤼네이케스, "둘" 모두를 "왕"(duoin anaktoin, 921행)이라 부르며 애도한다. 아마도 그 두 형제를 한결같이 "사랑했고", 그들의 죽음으로 비극적인 종말을 맞은 오이디푸스 가문의 슬픔을 바로 자신들의 슬픔으로 간주하고 있기(1060~1071행) 때문일 것이다. 아니 그 순간 피로 물든 그 두 형제의 죽음만이 그들의 감정을 지배하고 있기 때문일지도 모른다.

코로스는 폴뤼네이케스에게 공적인 애도를 표할 수 없었고, 안티고네의 눈물만이 그를 위한 유일한 애도가였다. 하지만 코로스는 "다른 사람들의 애도를 받지 못하고 세상을 떠나는 불행한" 폴뤼네이케스(1069~1070행)를 애도하기를 원한다. 신음소리와 통곡소리, 비탄의 울부짖음이 난무한다. "견디기 어려운 고통을 주는 비통한 운명, 오이디푸스의 무서운 저주의 망령"(991~992행), 그것의 "엄청난 힘"(993행)의 희생물이 된 두 사람의 죽음……. 애도의 눈물을 흘리는 것 외에 그들이 무엇을 할 수 있겠는가. 안티고네도 울부짖고, 이스메네도 울부짖고, "성벽도 애도하고", "땅도 자신이 낳고 사랑했던 그 아들들을 애도하고"(901~902행), 아이스퀼로스도 울부짖고 있다. 두 형제의 운명에 대한 슬픔이 테바이라는 폴리스의 구원에 대한 기쁨을 압도하고 있다.

[46) Helene P. Foley, *Female Acts in Greek Tragedy* (Princeton: Princeton UP, 2001), 49쪽. 이 작품에서 여성 코로스가 주도하는 '애도'의 비판적인 사회적 기능에 대해서는 48~55쪽을 볼 것.

에테오클레스가 폴뤼네이케스와 대적하기 위해 떠나면서 남긴 말은 인간들에게 "신이 악을 보낼 때, 이를 피할 길은 없다"(theōn didontōn ouk ain ekphugois kaka, 719행)라는 것이었다. 호메로스의 『일리아스』 22편에서 헥토르는 이 작품에 나오는 에테오클레스와 마찬가지로 자신의 비극적인 운명이 다가오고 있음을 알면서도 그 운명을 맞이하기 위해 아킬레우스에게 향한다. 아킬레우스와의 그 운명적인 대결을 위해 궁전을 떠나면서 자신의 죽음을 예감하고 읊조리는 긴 독백(『일리아스』 22.99~130), 그것의 핵심도 운명은 궁극적으로, 그리고 전적으로 신, 곧 "올륌포스의 제우스"의 의지에 달려 있다는 것이었다(22.130).

그리스인의 세계인식의 중핵(中核)이 되고 있는 이러한 인식은 호메로스의 서사시에서부터 그리스 비극에 이르기까지 그리스인의 삶 전체를 관통하고 있었다. 어쩌면 에테오클레스의 절망적인 마지막 발언이야말로 이러한 인식의 가장 극명한 표출일지도 모른다. 그리하여 베르낭은 에테오클레스의 자유의지뿐만 아니라 그와 동시에 그에게 연속적으로 일어나는 비극적인 운명 상황이야말로 "사실상" "위대한 비극예술"의 본질을 이룬다고 말하고 있는 것이다.[47]

그리스 비극의 주인공들은 운명과 자유가 부딪치는 긴장의 지대에 서 있다. 그리고 이 긴장의 지대에는 오직 파국을 향한 일방로만이 있을 뿐이다. 그들은 이 일방로를 달린다. 그런데도 이 긴장의 지대 위에서 일어나는 모든 비극적인 행동과 갈등은 자유가 운명의 조건임을 전제로 한다. 파스는 "그리스인들은 운명이 스스로의 성취를 위해 자유의 행위를 요구한다는 것을 최초로 인식한 사람들"[48]이라

---

47) Jean-Pierre Vernant, "Tensions and Ambiguities in Greek Tragedy," Jean-Pierre Vernant and Pierre Vidal-Naquet, 앞의 책, 37쪽.
48) Octvio Paz, *The Bow and The Lyre*, R. L. C. Simms 옮김 (New York: McGraw Hill,

고 말했다. **자유**와 **운명**은 동시에 서로를 요구하면서 서로를 부정한다. 자유와 운명, 그중 어느 하나의 축이 무너지면, '비극'이나 '비극적인 주인공'이 설 자리는 사라진다. 운명과 자유가 부딪치는 긴장의 지대, 그 긴장의 지대에서 허망하게 춤추는, 그 자유의지로 인해 경이롭고, 그 운명으로 인해 아픈 춤을 추는 이들, 그들이 바로 그리스 비극의 주인공들이다.

1973), 188~189쪽.

3장 『탄원하는 여인들』

『탄원하는 여인들』(기원전 466년대 후반 경 또는 463년)[1]은 현존하지 않는 『아이귑토스의 아들들』, 『다나오스의 딸들』과 함께 다나오스의 딸들에 관한 전설적인 이야기를 다루고 있는 3부작 가운데 첫 번째 작품[2]으로, 고대 청동기 영웅시대의 도시 아르고스를 배경으로 하고 있다. 펠로폰네소스 반도의 아르고스는 거슬러 올라가보면 이 이야기의 출발점이 되는 제우스의 이오에 대한 사랑이 시작된 곳으로, 제우스의 극진한 사랑의 대상이던 이오는 이 아르고스에서 헤라의 젊은 여사제였다.

이오에 대한 제우스의 사랑을 알게 된 아내 헤라가 이오를 암소로

---

[1] 공연 연도에 대해서는 Thalia Papadopoulou, *Aeschylus' Suppliants* (London: Bristol Classical Pr., 2011), 15~17쪽을 볼 것.
[2] 『아이귑토스의 아들들』이 이 3부작의 첫 작품이라고 주장하는 학자도 있지만, 대체로는 『탄원하는 여인들』 『아이귑토스의 아들들』 그리고 『다나오스의 딸들』의 순서라는 것이 학계의 정설이다. R. P. Winnington-Ingram, *Studies in Aeschylus* (Cambridge: Cambridge UP, 1983), 55~72쪽; D. J. Conacher, *Aeschylus: The Earlier Plays and Related Studies* (Toronto: U of Toronto Pr., 1996), 104~109쪽; Lynette G. Mitchell, "Greeks, Barbarians and Aeschylus' *Suppliants*," *Greece & Rome*, 53: 2 (2006), 207~210쪽을 볼 것.

변하게 하자 제우스는 황소의 모습으로 변해 계속 이오를 찾는다. 다시 헤라는 10,000개의 눈을 가진 아르고스라는 목동을 보내 이오를 감시하게 한다. 아르고스가 제우스가 보낸 헤르메스에게 살해당하자 헤라는 이오에게 아르고스의 망령인 쇠파리를 보내는데, 이 쇠파리에 쏘여 미쳐버린 이오는 여러 나라를 유랑하다 나일강 하구에 정착하게 되고, 이곳까지 이오를 찾아온 제우스는 부드러운 손길로 그녀의 이마를 어루만져 암소에서 인간의 모습으로 되돌린 뒤 그녀의 입에 성스러운 숨결을 불어넣는다.

이 숨결로 임신한 이오는 아들을 낳는데, 그가 바로 이집트 왕가의 시조인 에파포스다. 그리고 에파포스의 딸 리뷔에가 낳은 아들 벨로스의 두 아들이 그 왕가의 3대에 속하는, 바로 『탄원하는 여인들』이하 3부작에 등장하는 이집트의 왕 다나오스와 아이큅토스다. 이 두 형제는 슬하에 각각 50명의 아들과 50명의 딸을 두고 있었는데, 어느 날 아이큅토스가 다나오스에게 자신의 아들 50명이 그의 딸 50명과 결혼하게 해달라고 청한다. 자신이 사위 가운데 한 명에게 살해당할 것이라는 신탁을 알고 있었던 다나오스는[3] 이를 거절한다. 하지만 아이큅토스의 아들들은 강제로라도 다나오스의 딸들과 결혼하려 하고, 다나오스와 그의 딸들은 이를 피해 나일강 하구에서 바다를 건너 아르고스로 도망치는데, 작품 『탄원하는 여인들』은 바로 이 장면에서 시작한다.

이집트에서 "아르고스 땅"(Argous gaian, 15행)[4]으로 **도망쳐온**

---

3) Alan H. Sommerstein, *Aeschylean Tragedy* (Bari: Levante Editori, 1996), 144쪽.
4) 인용한 텍스트의 그리스어 판본은 다음과 같다. Aeschylus, *The Suppliants*, H. Friis Johansen and Edward W. Whittle 엮음[주석포함] (Cophenhagen: I Kommission hos Gyldendalske Boghandel, 1980). 그리고 Aeschylus, *Suppliant Maidens; Persians; Prometheus; Seven against Thebes*, Herbert Weir Smyth 편역, LCL 145 (Cambridge/

(pheugomen, 5행, pheugein 14행) 다나오스와 그의 딸들은 아르고스 외곽에 있는 성소를 피난처로 삼는다. 이에 아르고스의 왕 펠라스고스가 그곳을 방문해 **탄원자**(hiketai, 21행)인 다나오스의 딸들과 대면하게 되는데, 여기서 그는 곧 딜레마에 처하게 된다. 그가 이 탄원자들에게 피난처를 제공한다면 아이귑토스의 아들들과 전쟁을 불사해야 할 것이고(342행), 만일 이들을 그 이집트인들에게 넘겨준다면 **탄원자의 보호자**(Hikesios)(1행, 347행, 385행, 479행, 616행)인 제우스의 분노를 불러오게 될 것이기 때문이었다(376~380행, 387~401행, 407~417행, 438~454행).

탄원자들은 자신들이 제우스의 사랑을 받았던 이오의 후손이며 그러한 이오의 고향인 아르고스는 그녀의 후손인 자신들의 고향이기도 하다고 주장한다. 그리고 자신들에게 피난처가 제공되지 않으면 제단에서 집단 자살을 감행할 것이며, 이를 통해 아르고스 땅을 **오염**시키고(miainetai polis, 366행) 아르고스 전역에 탄원자의 보호자인 제우스의 분노를 불러오게 할 것이라고 협박한다(370~386행).[5] 그러자 펠라스고스는 아르고스 시민들의 의견을 듣기 위해(368~369행, 398~401행, 517~519행) 다나오스와 함께 떠난다.

다나오스는 투표에 참여한 아르고스 시민들이 만장일치로 그들에게 피난처를 제공하기로 결정했다(605~612행)는 소식을 가지고 돌아오는데, 아이귑토스의 아들들이 보낸 전령과 무장한 수행원들이

M.A.: Harvard UP, 1973); *Eschyle, Tragédies I: Les suppliantes; Les perses; Les sept contre thèbes; Prométhée enchaîné*, Paul Mazon 편역 (Paris: Les Belles Lettres, 2010)을 참조함.
5) 그리스에서 성소는 사회에서 버림받은 자와 모든 종류의 도피자들을 위한 피난처가 되었다. 여기서 이들을 강제로 데리고 나간다든가 그밖에 이들에게 무리한 행동을 하여 성소를 모욕하는 자에게는 무서운 벌, 가령 전염병 같은 벌이 닥치는 것으로 여겨졌고, 일단 성소에 들어온 이들에게는 안전한 피난처가 보장되는 것으로 인식되었다. John Pedley, *Sanctuaries and the Sacred in the Ancient Greek World* (Cambridge: Cambridge UP, 2005), 97쪽을 볼 것.

한발 앞서 성소에 들이닥친다. 그들은 다나오스의 딸들을 회유하기도 하고 협박하기도 하다가 결국 강제로라도 이집트로 데려가기 위해 제단에서 끌어내린다(836행 이하). 바로 이때 펠라스고스와 그의 신하들이 나타나 이집트의 전령을 몰아내고, 탄원자들을 지키기 위해서라면 전쟁도 마다하지 않을 것을 약속한다. 이에 감동한 다나오스는 딸들에게 이 은혜에 어떻게 보답해야 하는지, 타지에서 어떻게 처신해야 하는지 등을 일러주면서(980행 이하), 딸들과 함께 아르고스 시내로 향한다.

다나오스의 딸들의 시녀들로 구성된 코로스가 그 딸들을 인도하는데, 이들은 더럽혀지지 않은 순결한(hagna, 1030행) 몸을 지닌 처녀의 신 아르테미스를 찬미하는 그 딸들에게 "제우스에 필적하는 힘을 가진"(1034~1035행) 아프로디테를 칭송하면서 아이귑토스의 아들들과 결혼할 것을 권유한다. 하지만 다나오스의 딸들은 강하게 거부하면서 탄원자를 보호하는 신인 제우스에게 자신들의 처녀성과 자유를 지킬 수 있게 해달라고 기도한다. 그리고 결혼은 여성들에게 더 많은 구속을 강요할 뿐이며 자신들은 그러한 결혼을 결코 받아들이지 않을 것이라고 다짐하면서(1062행), 아르고스 시내로 발을 들여놓는다.

그 뒤의 이야기는 후속작품인 『아이귑토스의 아들들』과 『다나오스의 딸들』이 현존하지 않는 관계로 그 구체적인 내용을 확인할 수 없다. 하지만 『아이귑토스의 아들들』의 경우 전해 내려오는 여러 단편적인 이야기들을 근거로 대략 내용을 짐작해 볼 수는 있다. 전해 내려오는 내용에 따르면 아이귑토스의 아들들에게 다나오스의 딸들을 넘겨주길 거부한 펠라스고스가 이집트와의 전쟁에서 죽자 다나오스가 그 뒤를 이어 아르고스의 왕이 된다. 이는 가령 핀다로스가 아르고스를 "다나오스의 도시"(『네메아 경기승리가』 10.1)라 일컬었고, 같은 서정시인 바퀼리데스가 제우스가 다나오스와 펠라스고스의 종족을 존중한다고 노래했던 데(11.73~79)서도 확인된다.[6]

뛰어난 전략가였던 다나오스는 아이귑토스와 화해하고 그의 아들들과 자신의 딸들의 결혼에 동의한 뒤 딸들에게 결혼 첫날밤에 그들을 살해할 것을 명한다. 딸들은 아버지의 명령에 따라 자신의 남편이 된 그들을 모두 살해한다. 그러나 단 한 명의 딸만은 그 명령에 따르지 않는데, 그녀가 바로 휘페르메스트라다. 남편 륀케오스에 대한 **성적 욕망**과 자식을 낳고 싶은 욕망 때문에 아버지의 명령을 거역한 것이다.

한편 3부작의 마지막 작품인 『다나오스의 딸들』의 경우 각각의 출처에 따라 조금씩 다른 이야기가 전해지는 관계로 정확한 내용을 알기는 힘들다. 휘페르메스트라는 아르고스의 왕인 아버지의 명령을 거역한 죄로 재판에 회부되지만, 사랑의 보편적이고 절대적인 힘을 강조하는 아프로디테의 적극적인 변호에 힘입어 방면된다는 내용이 있는가 하면, 그녀와 다나오스로부터 권좌를 물려받은 그녀의 남편 륀케오스에게서 태어난 아이가 아르고스왕이 되고(『결박당한 프로메테우스』 867~868행), 그 아이의 후손으로 헤라클레스를 비롯해 여러 위대한 영웅이 태어날 뿐만 아니라 그녀 자신이 아르고스의 헤라 여사제가 된다는 내용도 있다.

한편 살인을 명한 다나오스는 사형에 처해지고 휘페르메스트라를 제외한 모든 딸은 살인을 행한 죄로 하데스에서 물이 새는 주전자로 밑바닥이 없는 항아리에 물을 채워야 하는 영원한 형벌에 처해진다는 내용도 있다.[7] 또한 살해의 궁극적인 책임이 그것을 교사한 다

---

6) Claude Calame, *Poétique des mythes dans la Grèce antique* (Paris: Hachette, 2000), 130쪽을 참조할 것.
7) Richard Buxton, *Imaginary Greece: The Contexts of Mythology* (Cambridge: Cambridge

나오스에게 있으므로 그 딸들은 비록 심한 고초를 겪긴 하지만 결국에는 사면되며, 아프로디테를 통해 결혼에 대한 부정적인 태도를 버리게 되고 이후 다른 남성들과 결혼하게 된다는 내용도 있다. 사실상 이 내용이 이 3부작의 핵심적인 주제에 가장 잘 들어맞는 것으로 보인다.[8]

여기서 다나오스의 딸들을 **결혼**이라는 화해의 **축제**로 이끄는 이는 바로 사랑의 여신 아프로디테다. 『탄원하는 여인들』 이하 3부작에서도 이 아프로디테 여신이 매우 중요한 역할을 하고 있는 것이 사실이다. 그러나 그리스 비극시인들 가운데 가장 종교적인 아이스퀼로스

UP, 1994), 111쪽, 128쪽.

8) 고대 그리스에서 성행했던 테스모포리아(Thesmophoria) 축제도 이러한 주장을 뒷받침해주는 것으로 보인다. 테스모포리아 축제는 풍요의 여신 데메테르를 기리는 일종의 풍요제(豊饒祭)로서 전적으로 여성들이 주관하고 여성들만 참여하는 축제였다. 헤시오도스와 헤로도토스(『역사』 2.170~171행)에 따르면 이 축제는 다나오스의 딸들이 이집트에서 그리스에 전했다고 한다. 대지의 풍요를 기원하고 여성의 풍요, 즉 자식의 생산을 기원하는 테스모포리아 축제를 그리스에 소개한 이들이 다나오스의 딸들이었다고 한다면, 이 작품이 그녀들의 결혼으로 끝난다는 주장은 설득력이 있다. 결혼이야말로 사랑이라는 우주 원리의 실현이자 자식들의 생산으로 이어지는 **풍요**의 상징으로 볼 수 있기 때문이다. 한편 일부 학자들은 다나오스의 딸들이 테스모포리아 축제를 그리스에 전하는 것이 이 작품의 결말이라고 주장하기도 한다(Marcel Detienne, *The Writing of Orpheus: Greek Myth in Cultural Context*, Jane Lloyd 옮김 [Baltimore: Johns Hopkins UP, 2003] 48쪽; Froma I. Zeitlin, *Playing the Other: Gender and Society in Classical Greek Literature* [Chicago: U of Chicago Pr., 1996], 164~169쪽; Elizabeth S. Belfiore, *Murder Among Friends: Violation of Philia in Greek Tragedy* [New York: Oxford UP, 2000], 60쪽; James M. Redfield, *The Locrian Maidens: Love and Death in Greek Italy* [Princeton: Princeton UP, 2003], 77쪽; Richard Seaford, *Reciprocity and Ritual: Homer and Tragedy in the Developing City-State*, [Oxford: Clarendon Pr, 1994], 387쪽; Christiane Sourvinou-Inwood, *Tragedy and Athenian Religion* [Lanham: Lexington Books, 2003], 216~217쪽). 이 축제에 대한 포괄적인 논의는 Robert Parker, *Polytheism and Society at Athens* (Oxford: Oxford UP, 2005), 271~316쪽; Barbara Goff, *Citizen Bacchae: Women's Ritual Practice in Ancient Greece* (Berkeley: U of California Pr., 2004), 125~138쪽; Simon Price, *Religions of the Ancient Greeks* (Cambridge: Cambridge UP, 1999), 98~100쪽을 볼 것.

가 강조하는 것은 아프로디테의 배후에 제우스가 있다는 점이다. 아프로디테가 비록 사랑의 여신이긴 하지만 그 사랑이 보편적·우주적인 진리로 발현되는 것은 최고의 신인 제우스를 통해서라는 것이다. 실제로 다나오스의 딸들의 죄를 씻어준 것이 제우스의 명령을 받은 헤르메스와 아테나였다는 이야기도 전해진다(아폴로도로스 2.1.4).[9] 이 3부작에서 『탄원하는 여인들』 외에 전해지는 것은 『다나오스의 딸들』에서 휘페르메스트라를 변호하는 아프로디테의 연설(125 Mette) 뿐임에도 이 3부작의 결론이 궁극적으로 제우스와 관련된 이야기로 마무리되리라고 예상할 수 있는 것은 바로 이 때문이다. 물론 앞으로의 논의가 『탄원하는 여인들』을 중심으로 전개되긴 하겠지만, 그것은 어디까지나 3부작 전체를 아우르는 이러한 전제 아래서다.

여전사들

『탄원하는 여인들』은 줄거리가 비교적 단순한데 비해 논쟁적인 성격이 두드러지는 작품이라 말할 수 있다. 그 논쟁의 중심에는 **왜 다나오스의 딸들은 아이귑토스의 아들들과 결혼하는 것을 거부하는가**라는 문제가 놓여 있다. 그들은 왜 결혼을 거부하는 것일까. 그들은 결혼을 가리켜 "너무나도 혐오스러운"(eu stugēsas, 528행), "가증스러운"(394행), "심장을 잡아 찢는"(799행) 듯한 것이라고 표현한다. 그리고 그러한 결혼을 "강요하는"(798··799행) 남자들에게 자신들의 몸이 더럽혀지지 않기를 제우스를 비롯한 여러 신에게 간절히 탄원하다. 또한 남자들이 그들에게 접근하려 한다면 목매어 죽어 하데스를 그들

---

9) R.P. Winnington-Ingram, 앞의 책, 70쪽.

의 "주인"으로 모실 것이라고 단언한다(158~159행, 787~791행).[10]

그들은 결혼을 피하기 위해 **법**이 사촌과 결혼하는 것을 금한다는 주장을 펴기도 하는데(36행 이하), 사실 이 작품의 어디에도 사촌과의 결혼이 근친상간이라는 점을 암시하는 부분은 없다. 물론 그들이 같은 피를 지닌 "친족"과의 결혼을 순수하지 못한 **부정**(不淨)(miasma)의 한 형태로 인식하고 있는 것은 사실이다(223~226행). 하지만 그들은 사랑하지 않은 사람과 결혼하는 것은 그 자체로 "순수"하지 않다(226행 이하)라고 주장함으로써 그들의 거부 사유가 근친상간이나 위법의 문제가 아님을 스스로 보여주고 있다.

앞서 소개한 대로 아이귑토스의 아들들을 피해 아르고스의 땅으로 도망쳐온 다나오스의 딸들은 아르고스의 외곽 성소를 피난처로 삼은 뒤 아르고스의 왕 펠라스고스에게 자신들을 위해 피난처를 제공해달라고 간청하면서, 그가 자신들의 소망을 들어주지 않으면 제단에서 목매어 죽음으로써 아르고스 전체를 오염시킬 것이라고 위협한다(371~375행). 그리고 "탄원자의 신인 제우스의 분노는 엄중하다"(347행)며 제우스의 분노가 도시 전체에 미칠 것(385~386행)이라고 위협한다. 제우스는 고대 그리스에서 **탄원자의 보호자**(Hikesios)였다. 제우스가 탄원자의 보호자[11]라는 모티프는 제우스가 **손님(또는 나그네)의 보호자**(Xenios, 『오뒤세이아』, 6.207 이하)라는 모티프와 함께 그리스 문학, 특히 그리스 비극에 자주 등장하는 주요 모티프다.

성소에서 다나오스의 딸들은 악은 벌하고 정의는 옹호하는 (86~103행, 347행, 385행, 404행, 427행, 437행) 제우스의 이름을 수십

---

10) 결혼에 대한 그들의 일반적인 혐오는 다음 행에서 나타난다. 37~39행, 141~153행, 227~228행, 332행, 392~393행, 528~529행, 643행, 787~790행, 798~799행, 804~807행, 818행, 1017행, 1063~1064행 등.
11) 1행, 86행, 175행, 206행, 210행, 524~537행, 590~594행, 815~816행.

번씩이나 부르며 자신들을 보호해달라고 탄원한다. 그리고 제우스와 펠라스고스를 향한 자신들의 탄원이 곧 **정의**라고 역설하면서[12] 정의가 자신들의 편에 서있다고 주장한다. 그리고 여기서 한 발 더 나아가 펠라스고스는 물론 제우스마저도 "협박하려 한다."[13] 자신들을 보호하지 않는다면 제우스라 할지라도 정의롭지 못한 신이라는 비난을 받게 될 것이며, 올륌포스의 신들이 자신들의 탄원을 받아주지 않는다면 자신들은 "하계의 제우스"인 하데스에게 접근해 그에게 탄원할 것(hixomestha)이라고 위협(154~161행, 168행)한다. 달리 말하면 죽어 하계의 하데스를 주인으로 모실 것이라고 위협한다(158~159행, 791행). 그들이 이렇게 신을 위협하면서까지 한사코 결혼을 거부하는 이유는 과연 무엇일까.

이에 대한 답은 그 논쟁적인 성격만큼이나 다양하다. 다나오스의 딸들이 결혼에 대해 갖고 있는 강박적이고 병적인 두려움에, 또는 근친상간의 불법성(37~39행)이나 근친상간 그 자체에 대해 갖고 있는 두려움[14]에 원인을 돌리는 이가 있는가 하면, 그들이 처한 오이디푸스적인 상황에 원인을 돌리는 이도 있다.[15] 한편 그들이 처녀의 신인 아르테미스를 숭배하면서 순결에 집착하는 것이 성 관계를 불가

---

12) 78행, 343행, 384행, 395행, 406행, 408행, 430행, 437행, 703행, 709행, 916행, 1071행 등.
13) Christian Meier, *The Political Art of Greek Tragedy*, Andrew Webber 옮김 (Oxford: Polity Pr., 1993), 85쪽.
14) George Thomson, *Aeschylus and Athens: A Study in the Social Origins of Drama* (New York: Grosset & Dunlap, 1968), 289쪽; Froma I. Zeitlin, 앞의 책, 125쪽.
15) Richard. S. Caldwell에 따르면 "다나오스의 딸들은 오이디푸스적인 상황을 상징한다. 그들은 아버지에 대해 지나치게 집착하고 스스로를 어머니(또는 그 대리인)와 동일시하고 있기 때문에 다른 남자를 사랑할 수 없다". Richard S. Caldwell, "Aeschylus' *Suppliants*: A Psychoanalytic Study," *Modern Critical Theory and Classical Literature*, I. J. F. de Jong and J. P. Sullivan 엮음 (Leiden: Brill, 1997), 81쪽.

능하게 한다고 주장하는 이도 있고,[16] 제우스에 대한 "에로스적인 욕망"[17], 즉 "완전한 존재인 제우스에게만 사랑을 바치려는 지나친 소망"[18]이 결혼을 거부하게 하는 것이라고 주장하는 이도 있다. 그런가 하면 이집트를 서로 통치하려는 다나오스와 아이귑토스 두 형제 간에 벌어진 권력투쟁에서 자신들의 아버지와 적대관계에 있는 아이귑토스의 아들들과 결혼하기를 거부하는 것은 아버지에게 복종하고 (11~13행, 204~206행, 969~971행) 그의 뜻을 따르는 것을 당연한 의무로 받아들이는 딸의 자연스러운 반응이라고 주장하는 이도 있다.[19]

그러나 다나오스의 딸들이 아이귑토스의 아들들과 결혼하기를 거부하는 좀더 근본적인 원인은, 아이귑토스의 아들들이 다나오스의 딸들에게 사랑을 불러일으킬만한 남성이 전혀 아니라는 데 있다. 그들은 그 딸들에게 문자 그대로 뱀과 거미와 같은 공포의 이미지, "악몽, 검은 악몽"(onar onar melan, 888행)으로 다가오기 때문이다 (885~892행, 897~901행). 따라서 본능적으로 사랑이 아닌 공포를 불러일으키는 존재들에게 자신들의 몸을 바칠 수가 없는 것이다.

그러나 가장 근본적인 원인은 그들이 **결혼**이라는 **제도** 자체에 극단

---

16) Edmond Lévy, "Inceste, mariage et sexualité dans les *Suppliantes* d'Eschyle," *La femme dans le monde méditerranéen,* Anne Marie Vérilhac 엮음 (Lyon: Maison de l'Orient, 1985), 41쪽.
17) Froma I. Zeitlin, 앞의 책, 154쪽, 153쪽, 156쪽. 한편 다나오스의 딸들이 처녀가 아니라는 관점에서 접근하는 입장도 있다. 다나오스의 딸들이 받은 형벌, 즉 물이 새는 주전자로 밑바닥이 없는 항아리에 물을 채워야 하는 형벌은 그들이 이미 처녀가 아니라는 상징이며, 그들이 아이귑토스의 아들들을 살해한 것은 그들과 성관계를 맺은 뒤였다는 입장이다. Giulia Sissa, *Greek Virginity*, Arthur Goldhammer 옮김 (Cambridge/M.A.: Harvard UP, 1990), 150~156쪽, 171~172쪽.
18) Sophie Klimis, *Archéologie du sujet tragique* (Paris: Éditions Kimé, 2003), 149쪽.
19) Vincent Farenga, *Citizen and Self in Ancient Greece: Individuals Performing Justice and the Law* (Cambridge: Cambridge UP, 2006), 378쪽.

적으로 반감을 가지고 있다는 것에서 찾을 수 있다. 그들에게 결혼이라는 제도는 곧 종속을 의미한다. 그들은 결혼을 거부하는 이유를 묻는 펠라스고스에게 "아이귑토스의 아들들의 여자노예가 되지 않기 위해서"(335행)라고 대답한다. 이러한 태도는 그들이 제우스에게 "여성에게 권력(kratos)을 분배해주기"(1068~1069행)를 요청하면서 남자들의 "**권력**에 결코 종속되지 않겠다"(392~393행)라고 단언하는 데서 그 강도가 더해진다.

본래 **권력**은 '힘'이라는 의미와 '권위'라는 의미를 동시에 아우르는 포괄적인 단어다. 그러나 여기서 다나오스의 딸들이 사용하고 있는 **크라토스**(kratos)라는 단어는 "폭력이 가하는 야만적인 힘, 속박"[20]을 의미한다. 즉 그들은 남자들이 휘두르는 야만적인 힘과 그들이 강요하는 속박을 받아들일 수 없다는 것이다. 이제 그들은 피난처를 찾는 탄원자의 모습에서 남성들의 지배에 저항하는 **여전사**(女戰士)의 모습으로 변신하기 시작한다. 아니 아이귑토스의 아들들과 결혼하는 것을 거부하고 이집트를 떠나던 그 순간부터 그들은 이미 여전사의 운명을 떠안아야 했는지도 모른다.

이를 증명하듯, 펠라스고스는 아르고스에 도착한 다나오스의 딸들에게서 "아마조네스족의 여전사들"(287행), 곧 당시 그리스인들에게 남자를 극도로 증오하고 가부장적인 결혼제도에 반대하며 스스로 사냥을 하고 전쟁을 하고 나라를 통치하는 것으로 알려져 있었던, 또한 아버지나 아들에게 어떤 권위나 가치도 부여하지 않으며 오히려 그들에게 가사(家事)를 돌보게 하는 것으로 알려져 있었던[21] 전설 속 여

---

20) Jean-Pierre Vernant, "Tensions and Ambiguities in Greek Tragedy," Jean-Pierre Vernant and Pierre Vidal-Naquet, *Myth and Tragedy in Ancient Greece*, Janet Lloyd 옮김 (New York: Zone Books, 1988), 39쪽.
21) Wm. Blake Tyrrell and Frieda S. Brown, *Athenian Myths and Institutions: Words in Action* (New York: Oxford UP, 1991), 177~179쪽.

인들을 떠올렸다. 펠라스고스만이 다나오스의 딸들에게서 이와 같은 아마조네스족의 여전사들의 모습을 떠올렸던 것은 아니다. 가령 미완유고로 전해오는 기원전 6세기의 서사시 『다나오스의 딸들』에 따르면 다나오스의 딸들은 무기를 들고 아이귑토스의 아들들과 맞서 싸웠다고 하며, 그들의 외모는 달리기 시합에서 자기에게 진 구혼자들을 차례로 목 베어 죽였다는 여성사냥꾼 아탈란타와 같은 미모였다고 한다.[22]

아이스퀼로스는 펠라스고스를 통해 다나오스의 딸들에게 아마조네스족의 여전사의 모습을 투영함으로써 그들이 남성중심적인 사회체제에 격렬하게 도전하는 **분노에 찬** 여전사의 전통적인 이미지를 그대로 계승하고 있음을 보여준다. 다나오스의 딸들은 아르고스를 "황폐화시키고……, 사람들을 무참히 살육하는 파괴가 이 도시에 도래하는 것을 원치 않는다"(678~680행)라고 말하면서 "자신들 속에는 **아레스**(Arēs)가 전혀 없다"(749행)라고 말한다. 그러나 "사람들을 파괴하는"(666행, 682~683행) 전쟁의 신, "절대적이고 무차별적인 폭력의 화신"[23]인 아레스는 바로 아마조네스족의 여인들의 아버지다.[24] 여기서 그들은 "자신들 속에는 아레스가 전혀 없다"라고 말하지만, 후속작품 『아이귑토스의 아들들』에서 그 아들들을 살육하는 그들은 곧 아레스의 분신이나 다름없다.[25]

---

22) Marcel Detienne, 앞의 책, 41쪽.
23) Giulia Sissa and Marcel Detienne, *The Daily Life of the Greek Gods*, Janet Lloyd 옮김 (Stanford: Stanford UP, 2000), 103쪽.
24) 아마조네스족의 여인들의 아버지가 바로 아레스라는 사실은 "딸들은 자신들의 아버지의 성품의 일면을 지니고 태어난다"(Deborah Lyons, *Gender and Immortality: Heroines in Ancient Greek Myth and Cult* [Princeton: Princeton UP, 1997], 93쪽)는 점에서 유의미하다.
25) 작품 『탄원하는 여인들』에서 다나오스의 딸들이 [올리브나무] 가지를 손에 들고 제우스에게 탄원할 때, 코로스는 그 가지를 "단도"(22행)라고 묘사하는데, 이는 뒤

"본질적으로…… 권력의 문제"²⁶⁾라고 할 수 있는 이 폭력적인 대립의 이면에는 "성(性) 간의 전쟁"²⁷⁾이라는 구도가 자리하고 있다. 즉 결혼이라는 제도를 통해 다나오스의 딸들을 자신들의 **소유물**(38행, 839행, 918행 이하) 또는 **노예**(221행, 335행)로 만들려는 아이귑토스의 아들들과, "교환의 강력한 수단으로 작용하는"²⁸⁾ 결혼이라는 제도를 통해 자신들을 사물화(私物化)하려는 남성들의 폭력과 지배를 거부하고, "자결권"²⁹⁾을 주장하면서 살인이라는 극단적인 방식을 통해 스스로의 해방을 도모하려는 다나오스의 딸들 간의 투쟁은 어떤 의미에서 "남성과 여성 간에 벌어지는 투쟁의 원형(原型)"³⁰⁾인지도 모른다. 크리스테바는 "우리의 문명의 여명에 등장한 최초의 외국인"은 외국의 남자들이 아니라 "외국의 여인들"인데, 그들이 바로 "다나오스의 딸들이다"³¹⁾라고 말한 바 있다. 다나오스의 딸들은 우리의 문명의 여명에 등장한 최초의 외국인이었을 뿐만 아니라, "최초의 페미니스트들"³²⁾이었다고도 할 수 있다.

그러나 3부작 전체를 고려해볼 때 그것이 적어도 아이스퀼로스의 주요 전언은 아니었던 듯하다. 그가 말하고 싶어 한 것은 무엇이었을

에 남편을 살해하는 데 사용하는 단도를 미리 예시하는 표현이다. L. A. Swift, *The Hidden Chorus: Echoes of Genre in Tragic Lyric* (Oxford: Oxford UP, 2010), 291쪽.
26) Marcel Detienne, 앞의 책, 38쪽.
27) Marcel Detienne, 같은 책, 38쪽. 이러한 대립의 기조는 아이스퀼로스의 3부작 『오레스테이아』의 첫 번째 작품 「아가멤논」에서 클뤼타이메스트라가 남편 아가멤논을 살해하는 것으로 이어지고 있다.
28) Froma I. Zeitlin, 앞의 책, 126쪽.
29) Thalia Papadopoulou, 앞의 책, 56쪽.
30) Thalia Papadopoulou, 같은 책, 327쪽.
31) Julia Kristeva, *Strangers to Ourselves*, Leon S. Roudiez 옮김 (New York: Columbia UP, 1991), 42쪽.
32) Rachel Bowlby, *Freudian Mythologies: Greek Tragedy and Modern Identities* (Oxford: Oxford UP, 2007), 82쪽.

까. 폴리스의 존립을 담보하는 결혼제도를 거부함으로써 남성중심의 기존사회체제를 전복하려는 미래 여성들의 잠재적인 도전 가능성에 대해 경각심을 불러일으키고자 한 것일까.

아이스퀼로스는 마지막 작품 『다나오스의 딸들』에서 그 딸들로 하여금 다시 결혼을 받아들이도록 한다. 이것이 사랑의 여신 아프로디테가 중재한 결과였건, 그 여신을 통해 제우스의 대우주적 질서가 실현된 결과였건 간에, 결국 이 작품은 그들을 기존의 남성지배사회에 편입시킴으로써 기존질서를 다시 한번 정당화하고, 더 나아가 더욱 공고히 하고 있는 것이다.[33] 여성에 대한 아이스퀼로스의 보수적인 면모가 다시 한번 확인되는 셈이다. 그러나 앞의 다른 작품들의 경우와 마찬가지로 이 작품 역시 또 다른 각도에서 접근할 수 있다.

이집트인들

작품 『페르시아인들』에서 페르시아인들이 그랬듯, 이 작품에서는 이집트인들이 **타자**로 설정되고 있다. 이 작품에서 이집트인들을 상징하는 아이귑토스의 아들들을 다나오스의 딸들은 오만하고[34] 음탕하고[35] 불경스럽고[36] "전쟁에 성이 차지 않는"(742행) 야만인으로 격하하고, 펠라스고스 역시 그들이 오만한 자들이라는 데에 동의한다 (487행). 아이스퀼로스는 이러한 설정을 강조하기 위해 아이귑토스

---

33) Claude Calame은 *The Poetics of Eros in Ancient Greece*, Janet Lloyd 옮김 (Princeton: Princeton UP, 1999), 145쪽에서 다나오스의 딸들이 결혼을 받아들이는 것은 "에로스가 불러일으킨 욕망에 굴복하는 것을 의미할 뿐 아니라…… 자신의 남편과 성적으로 결합하는 것을, 그리고 남편과 함께 살기 위해 그의 집으로 이동함으로써 남편의 권위에 복종하는 것"을 의미한다고 말하고 있다.
34) 30행, 104행, 426행, 487행, 528행, 757행, 817~818행, 845행, 880~881행.
35) 741행, 758행, 762~763행, 820~821행.
36) 421~422행, 750~752행, 755~756행, 757~759행, 762~763행, 850~853행.

의 아들들과 그들의 전령에게 매, 늑대, 까마귀, 개, 거미, 야수, 괴물, 그리고 뱀과 같은 여러 동물의 이미지를 덧입힌다.[37]

한편 다나오스의 딸들에게는 나이팅게일로 변한 프로크네[38]의 이미지가 덧입혀지는데, 아이스퀼로스는 그들을 프로크네, 즉 "매에 쫓기는 나이팅게일"(aēdonis, 62행; 223~224행)에, 그리고 늑대에 쫓기는 어린 암소(damalis, 350~351행)에 비유하고 있다. 여기서 프로크네의 이미지와 어린 암소의 이미지는 아이귑토스의 아들들을 상징하는 야만적인 동물들의 이미지와 대비됨으로써 다나오스의 딸들과 아이귑토스의 아들들의 관계를 암시하고 있다. 아이스퀼로스는 야만적인 남성에 희생되는 여성이라는 이미지를 통해 다시 한번 우회적으로 이집트인들에게 야만의 이미지를 덧입히고 있다.

테레우스가 필로멜라에게 가한 폭력이 강간이라면, 아이귑토스의 아들들의 강제 구혼도 일종의 **강간**이라는 것이고, 나이팅게일로 변한 프로크네의 슬픈 노래가 음욕으로 가득 찬 남성들에게 쫓기는 다나오스의 딸들의 슬픈 운명에 대한 비탄이라면, 아이귑토스의 아들들

---

37) 224행, 351행, 751행, 758행, 762행, 887행, 895행, 897행.
38) 프로크네의 남편 트라키스의 왕 테레우스는 프로크네의 동생 필로멜라를 강간하고는 이 사실을 숨기기 위해 필로멜라의 혀를 잘라버린다. 필로멜라는 그 장면을 표현하는 수를 놓아 언니에게 그 사실을 전하고, 프로크네는 자신과 남편 테레우스의 아들인 이튀스를 죽여 복수한다. 광분한 테레우스에게 쫓기는 자매를 제우스가 각각 나이팅게일과 참새로 변하게 했고, 테레우스는 매로 변하게 했다. 나이팅게일로 변한 프로크네는 영원히 자신이 죽인 아들을 애도하는 노래를 불렀고, 혀가 잘린 필로멜라는 참새로 변한 뒤에도 여전히 장단이 맞지 않는 노래를 불러 그리스인들의 마음을 아프게 했다고 한다(Paul M. C. Forbes Irving, *Metamorphosis in Greek Myths* [Oxford: Oxford UP, 1992], 99~107쪽, 112쪽; Aileen Ajootian, "The Civic Art of Pity," *Pity and Power in Ancient Athens*, Rachel Hall Sternberg 엮음 [Cambridge: Cambridge UP, 2005], 225~237쪽을 참조할 것). 이 작품에서 아이스퀼로스는 다나오스의 딸들을 나이팅게일로 변한 프로크네에, 아이귑토스의 아들들을 나이팅게일로 변한 프로크네를 추격하고 있는, 매로 변한 테레우스에 비유하고 있다.

은 나이팅게일을 추적하는 **매**, 즉 야만적인 존재라는 것이다.[39]

아이스퀼로스는 아이귑토스의 아들들의 전령이 다나오스의 딸들에 폭력을 가하는 장면을 통해 **야만인**으로서의 이집트인이라는 이미지를 다시 한번 강조한다. 전령은 다나오스의 딸들의 머리채를 낚아채고, 그들의 목을 자르겠다고 위협하며(839~841행, 884행, 909행), 그들이 "원하건 원치 않건" 강제로 끌고 갈 것이라고 말한다(861~865행). 뿐만 아니라 전령은 그 딸들을 제단에서 동물처럼 몰아대며(884행, 903행, 909~910행, 924행) 제단 앞에서 그들에게 폭행을 가하기까지 한다. 골드힐은 이 장면을 가리켜 "현존하는 고대 그리스 비극을 통틀어 무대에서 펼쳐지는 가장 폭력적인 장면"[40]일 것이라고 말한 바 있다. 그 전령은 이집트인들에게 야만의 이미지를 덧입히려는 아이스퀼로스에 의해 고대 그리스 비극사상 가장 폭력적인 장면의 주인공이 되고 있다.[41] 이처럼 폭력적이고 야만적인 이집트인들과 어떻게 결혼할 수 있을까.

물론 실제의 역사에서는 그러한 결혼이 빈번했다. 일례로 "이집트에 있는 유일한 그리스 식민지(apoikia)"[42] 나우크라티스와 같은 도시

---

39) 아이귑토스의 아들들은 이오를 괴롭히는 헤라와, 헤라가 이오에게 보낸 쇠파리(oistros)를 닮았다(308행, 541행, 556~557행, 563행). 하지만 아이스퀼로스가 실제로 쇠파리의 이미지를 덧입히려고 하는 대상은 이집트인이다. Elizabeth S. Belfiore, 앞의 책, 57쪽도 볼 것.
40) Simon Goldhill, "Violence in Greek Tragedy," *Violence in Drama*, Redmond 엮음 (Cambridge: Cambridge UP, 1991), 24쪽.
41) 아이스퀼로스는 전령의 태도를 통해 이집트인의 오만과 불경을 부각시키고 있다. 아이귑토스의 아들들의 분신인 전령은 다나오스의 딸들을 자신의 **소유물**(918행)로 간주하며, 아내와 **노예**를 동일시한(335행)다. 이집트 신들은 물론 그리스 신들에게도 아무런 두려움을 느끼지 않는다고 강변하는 것은 (872행, 893~894행, 921행) 최악의 불경스러움을 뜻하고, 제우스에게 도움을 간청하는 다나오스의 딸들에게 위협과 폭력을 가하는 것은 '탄원자'의 보호자인 제우스를 무시함을 뜻한다.
42) Kostas Vlassopoulos, *Greeks and Barbarians* (Cambridge: Cambridge UP, 2013), 97쪽.

에서는 그리스인과 이집트인 간의 결혼이 성행했다고 한다. 이와 더불어 이집트가 페르시아에 공격당했을 때 그리스가 도와주었다는 일화 등을 보면 두 나라 간에 결합과 협조가 있었음을 알 수 있다. 그러나 그리스 비극에서는 이를 허용하지 않는다. 일례로 이 작품에서는 이집트인과 그리스인 간의 결혼이 여성들에게 **죽음**으로 받아들여질 정도다. "이집트인의 그리스인에 대한 욕망은 바로 그 타성(他性)으로 인해 배척당한다."[43]

이집트인들은 **검다**(黑).[44] 아이귑토스의 아들들도 손발이 검다(719~720행). 다나오스의 딸들은 자신들을 추적하는 아이귑토스의 아들들이 지휘하는 "거무스레한 거대한 군대"(745행)를 보고 경악한다. 다나오스의 딸들이 임박한 이집트인들의 공격을 두려워하며 울부짖는 것(890~892행)은 검은 피부를 가진 그들의 이미지가 바로 공포 그 자체이기 때문이다. 고대 그리스에서 **검은** 것은 곧 **죽음**을 의미했다. 클뤼타이메스트라가 남편 아가멤논을 살육할 때, 그녀는 "검은 마음"을 가지고 있었고(아이스퀼로스의 3부작 『오레스테이아』의 마지막 작품 「자비로운 여신들」 459~460행), 호메로스는 사람들이 죽을 때 "검은 밤", 즉 암흑이 그들의 눈을 "덮는다"라고 말했다.[45]

검은 강물이 흐르는 **검은 하데스**는 검은색이 상징하는 죽음의 이미

---

43) Phiroze Vasunia, *The Gift of the Nile: Hellenizing Egypt from Aeschylus to Alexander* (Berkeley: U of California Pr., 2001), 34쪽.
44) 헤로도토스에 따르면 이집트인은 "검은 피부와…… 텁수룩한 머리털을 가지고 있으며"(『역사』 2.104행), 아이스퀼로스의 『결박당한 프로메테우스』에서는 제우스와 이오의 아들 에파포스가 "검은 피부"(851행)를 가지고 있다. 아이스퀼로스를 포함한 일부 극작가들은 그리스인의 흰 피부와 이집트인의 검은 피부를 대비시키기 위해 이집트인의 역할을 하는 배우에게 검은 마스크를 착용하도록 했던 것으로 전해진다.
45) 『일리아스』 13.580; 14.439; 4.461.

지를 단적으로 보여준다.[46] 하데스는 언제나 암흑이며 죽음이다[47] 소포클레스의 『오이디푸스 왕』에서 하데스는 "검은 하데스"(melas······ Haidēs)라 불린다(29~30행). 에우리피데스의 『헤카베』에서도 마찬가지다(1105~1106행). 일찍이 호메로스도 하데스를 가리켜 "안개가 자욱한 암흑"(『일리아스』 15.191)이라고 말했다. 검은 이집트인들은 곧 이러한 암흑이자 죽음이다. 또한 그들은 음욕에 미쳐 날뛰는 "두 다리를 가진 뱀"(895행)인데, 야만적이고 파괴적인 성적 욕망의 화신일 뿐 아니라 하데스에서 온 죽음의 화신이기도 하다.

그렇다면 같은 이집트 출신인 다나오스의 딸들은 어떤가. 사실 다나오스의 딸들도 검은 피부를 가진 이들이다. 다나오스의 딸들은 그들이 아르고스에 도착했을 때 자신들을 "햇볕에 탄" **검은 피부를 가진 종족**(154~155행)이라고 소개한다. 그러면서 자신들이 이오의 후손이며 따라서 아르고스가 자신들의 고향이라고 주장한다(16~19행, 274~276행, 291~324행). 하지만 다나오스의 딸들은 이집트 왕가를 창건한 이오의 아들 에파포스의 후손이며, 이집트에서 태어나서 살아왔으니, 엄밀히 말하자면 그들은 이방인이다. 사실 그리스인에게는 그들의 외양도 낯설다. 그들은 "야만인의 말투"(118행)로 말하고, "야만인의 옷"(234~237행)을 입고 있다. 펠라스고스 또한 그들의 외양에서 리비아인(279행), 에티오피아인(286행), 그리고 아마조네스족 여인(287행) 등을 떠올린다.

반면 다나오스의 딸들을 대면한 펠라스고스는 자신을 "나 펠라스

---

46) Ruth Padel, *Whom Gods Destroy: Elements of Greek and Tragic Madness* (Princeton: Princeton UP, 1995), 52쪽, 65쪽. 이에 대해 좀더 구체적으로 접근한 연구로는 같은 저자의 *In and Out of the Mind: Greek Images of the Tragic Self* (Princeton: Princeton UP, 1992), 78~79쪽을 볼 것.
47) Christiane Sourvinou-Inwood, *'Reading' Greek Death: To the End of the Classical Period* (Oxford: Clarendon Pr., 1995), 72~73쪽.

고스는 땅에서 태어난 팔라이크톤(Palaichthonos)의 후손이며 이 땅의 통치자다"(250~251행)라고 소개한다. 그러면서 자신과 아르고스인이 **땅에서 태어난**(autochthonos) 사람[48]의 자손들이라는 것, 아르고스의 **토착민**(土着民)이라는 것 등을 자랑스럽게 여긴다. 이어서 그는 일찍이 아르고스가 사악한 뱀의 무리 때문에 위협에 처하게 되었을 때, 아폴론의 아들 아피스가 코린토스만(灣)을 건너와 예언자이자 의사로서 뛰어난 능력을 발휘해 그 무리를 격퇴함으로써 아르고스인에게 영원히 칭송받는 인물이 되었다는 이야기를 들려준다(260~270행).

여기서 주목할 점은 다나오스의 딸들과 과거 아르고스를 위협했던 뱀들 사이의 유사성이다. 피난처를 제공받지 못할 경우 제단에서 목매어 죽음으로써 아르고스를 오염시키고 도시 전체에 제우스의 분노를 불러오겠다고 위협하는 다나오스의 딸들은 그 자체로 뱀처럼 치명적인 존재다. 아르고스를 위협했던 뱀들도 인간에게 "파괴적"(264행)인 데다가 "적의에 찬"(267행) 존재였다. 펠라스고스는 물론 제우스마저 협박하는 다나오스의 딸들의 폭력적인 태도는 후속 작품 『아이귑토스의 아들들』에서 아이귑토스의 아들들을 처참하게 살해하는 데서 정점에 달한다. 딸들은 아이귑토스의 아들들을 두 발 가진 뱀이라고 매도하면서도 그들 스스로가 파괴적인 뱀의 무리가 되어 그 아들들을 살해하는 것이다.

그러나 그 딸들은 마지막 작품 『다나오스의 딸들』에서 아르고스, 아니 아테나이가 표방하는 가부장 중심의 결혼제도를 받아들이고 남성중심적인 사회체제에 편입됨으로써 **타자로서의 이방인, 즉 동양인**

---

[48] 이 신화적 모티프에 대해서는 1부 2장 「테바이를 공격하는 7인의 전사」, 79~81쪽을 볼 것.

의 정체를 벗어버리고 아르고스의 토착민(autochthonos), 즉 **백인** 그리스인이 된다. 아이스퀼로스에게 다나오스의 딸들은 철저하게 그리스화되지 않는 한 백인이 될 수 없는 존재다. 말하자면 그리스화되지 않는 한, 그들은 하데스를 자신들의 주인으로 맞이하고 추종하는 야만인이자 **흑인**으로 남을 수밖에 없는 존재다. 이처럼 아이스퀼로스의 '정치성'은 철두철미하게 인종적이다.

이를 증명하듯, 아르고스 땅에서 태어난 그리스의 토착민 펠라스고스는 "의롭고"(340행) "동정심이 많으며"(491행) "정중하고"(488행) "관대하다"(972행). 그리고 무엇보다도 그는 법을 존중하지 않는 이집트의 전령이나, 자신들의 요구를 관철시키기 위해 협박을 일삼는 다나오스의 딸들과는 달리 시민들의 의사를 존중하는 민주적인 통치자다(398~401행, 517~519행). 그가 피난처를 제공하는 문제를 두고 시민들이 결정할 문제라고 말했을 때, 다나오스의 딸들은 그의 말을 이해하지 못하는 듯, "당신이 국가이며…… 당신은 어떤 판단에도 구애받을 필요가 없는 통치자(prutanis)입니다…… 당신은 왕좌에 앉아 모든 문제를 단독으로 결정하는 왕입니다"(370~375행)라고 항변한다. 아이스퀼로스는 다나오스의 딸들의 입을 빌려 이집트의 군주제가 얼마나 비민주적인 것인가를 반증하고 있는 것이다.

반면 펠라스고스는 모든 결정을 시민들에게 맡기며 그들의 결정을 존중할 뿐만 아니라, 자신의 뜻에 부응하는 결정을 이끌어내 위해서 그들을 정중하게 **설득**한다(621~624행). 여기서 아르고스는 "동시대 아테나이"[49]의 "이상과 아주 흡사한 민주주의 도시국가"[50]

---

49) Angeliki Tzanetou, *City of Suppliants: Tragedy and the Athenian Empire* (Austin: U of Texas Pr., 2012), 16쪽.
50) Froma I. Zeitlin, "Thebes: Theatre of Self and Society in Athenian Drama," *Nothing to Do with Dionysos: Athenian Drama in Its Social Context*, John J. Winkler and Froma I. Zeitlin 엮음 (Princeton: Princeton UP, 1990), 145쪽.

의 모습으로 등장하고 있다. 청동기 시대의 이런 "민주주의의 아르고스"는 바로 아이스퀼로스가 살고 있는 동시대 "아테나이를 대변하고 있다"[51]고도 할 수 있다. 다나오스의 딸들이 아르고스에서 피난처를 얻게 된 것은 그리스 토착민 펠라스고스가 존중하는 민주주의적인 절차와 그의 정중한 설득, 그리고 또 다른 그리스 토착민, 즉 시민들의 동의에 따른 결과였다.[52] 이를 통해 아이스퀼로스는 **이집트=비민주**

---

51) Angeliki Tzanetou, 앞의 책, 71쪽. 이 작품의 배경이 되고 있는 아르고스는 아이스퀼로스의 또 다른 작품 『오레스테이아』에서도 등장한다. 하지만 이 둘이 실제로 같은 지역을 가리키고 있는 것은 아니다. 그리스 비극작품에 등장하는 도시의 이름은 실제의 어떤 도시나 지역을 의미한다기보다는 추상적이고 개념적인 명명일 경우가 많기 때문이다. 가령 테바이는 종종 반-아테나이, 즉 아테나이와 개념적으로 대립되는 공간이나 공동체를 지칭하는 이름이다. 그리고 이 작품에 등장하는 아르고스는 "확고한 정체가 없는 도시"(Suzanne Saïd,"Tragic Argos," *Tragedy, Comedy and Polis*, Alan H. Sommerstein, S. Halliwell, J. Henderson, and B. Zimmerman 엮음 [Bari: Levante Editori, 1993], 189쪽)로 사실상 그리스 본토를 의미한다고 볼 수 있다. 호메로스가 『일리아스』에서 그리스 군대를 아르고스인들이라 부르는 데서도 알 수 있듯 (특히 『일리아스』의 제2편에 그러한 호칭이 두드러지게 나타난다. 2.79, 109, 155, 158, 333, 345, 394 등등), 아르고스는, 『테바이를 공격하는 7인의 전사』에서 테바이가 그러했듯, 그리스 본토 특히 아이스퀼로스가 살았던 기원전 5세기의 아테나이를 대변하고 있다(Geoffrey W. Bakewell은 다나오스의 딸들에 대한 아르고스의 처우, 곧 신변과 재산을 보호해주면서 집세를 받지 않는 것 등이 기원전 5세기 아테나이의 '재유외인'에 대한 처우와 거의 유사하다는 점을 근거로 이 작품에 나오는 아르고스가 기원전 5세기의 아테나이를 상징한다고 주장한다. Geoffrey W. Bakewell, "Μετοικία in the *Supplices* of Aeschylus," *Classical Antiquity* 16: 2 [1997], 209~227쪽을 볼 것).
52) 아테나이에서 탄원자들은 먼저 그들의 청원을 의회(boule)에 제출했다. 의회는 "500명 가량의 시민들"로 구성되었으며, 해마다 투표에 의해 새로 선출되었다. 한 사람이 생애 두 번 이상 선출될 수 없었다(P. J. Rhodes, *The Athenian Boule* [Oxford: Clarendon Pr., 1985], 4쪽, 6~7쪽). 의회는 탄원자들의 청원을 검토한 뒤 아테나이 민회(ekklesia)에 심리를 권고했다(F. S. Naiden, *Ancient Supplication* [Oxford: Oxford UP, 2006)] 173~177쪽). 탄원자들은 민회의 심리가 시작되기에 앞서 아고라(Agora)에 있는 12 신의 제단 앞에 청원을 올렸다. 민회는 청원 심리 후 수락 여부를 투표로 결정하고, 그 결과를 민회 판결문에 기록했다(F. S. Naiden, 같은 책, 177쪽. 그리고 Angeliki Tzanetou, 앞의 책, 13쪽을 볼 것). 작품 『탄원하는 여인들』에서 다나오스의 딸들은 왕의 결정에 의해서가 아니라 아르고스 민회의 투표결과(609~612행)에 의해서 아르고스에서 재유외인의 자격으로 거주할 수 있게 된다.

=폭압 대 그리스=민주=자유(948행)라는 선명한 대립구도를 제시하고 있는 것이다.

제우스의 '정의'

우리는 지금까지 남성과 여성 간의 관계, 이집트인과 그리스인의 대비를 통해 아이스퀼로스의 **정치성**을 살펴보았다. 그러나 아이스퀼로스는 사실 그리스 비극작가 가운데 가장 **종교적**인 작가라는 평판을 얻고 있다. 이 작품에서도 그의 종교적인 의도는 여지없이 드러나고 있다. 이 작품에서 다나오스와 그의 딸들이 제우스의 이름을 부르는 횟수는 셀 수 없을 정도다. 일반적으로 제우스는 악한 행위를 한 자들에게 벌을 내리는 신이지만, 이 작품에서 제우스는 주로 탄원자들을 지키는 보호의 신, 그리고 그들의 탄원을 존중하지 않는 자들에게 벌을 내리는 분노의 신으로 등장한다(385~386행).

펠라스고스도 다나오스의 딸들의 위협이 있기도 했지만 사실 그보다는 그들의 요구를 들어주지 않을 경우 탄원자의 보호자인 제우스의 분노를 감당할 수 없으리라는 것을 깊이 인식하고 있었다. 때문에 아르고스 시민들을 설득하여 그들의 동의를 얻어내어 다나오스와 그의 딸들을 아르고스의 **재유외인**(在留外人, metoikos)(609행, 994행)으로 받아들였던 것이다(615~622행).

피난처를 제공한다는 결정이 내려졌을 때, 다나오스는 그것이 펠라스고스의 설득과 아르고스 시민의 동의에 따른 것이었음을 인정하면서도 궁극적으로는 제우스에 의한 것이었다고 칭송한다(624행, 670~673행). 그러자 다나오스의 딸들은 **정의**를 행사하는 신(402~406행)인 제우스에게 아르고스에 축복을 내려달라고 기도하고(625~629행), 모든 신이 아르고스를 도와 아르고스가 풍요롭고 평화로운 도시가 되기를 기원한다(688~693행).

한편 제우스는 손님(또는 나그네)의 보호자이기도 하다(627행, 672행). 『탄원하는 여인들』에서 제우스는 그리스 손님인 다나오스의 딸들의 보호자이고, 후속작품 『아이귑토스의 아들들』에서는 좀더 분명하게 아이귑토스의 아들들의 보호자가 된다. 결혼을 전제로 화해가 이루어진 뒤 아르고스에 도착한 아이귑토스의 아들들은 『탄원하는 여인들』에서와 달리 신부를 맞이할 권리를 지닌 **손님**으로 등장한다. 그들은 다나오스의 사적 손님일 뿐만 아니라 아르고스의 공적 손님이다. 다나오스가 그러한 아이귑토스의 아들들을 살해하게 한 것은 곧 제우스가 보호하는 손님들을 죽인 것이므로, 손님을 보호하는 신인 제우스의 뜻을 거역한 것으로 볼 수 있다. 『탄원하는 여인들』에서 다나오스의 딸들은 "탄원자의 보호자인 제우스의 분노는 실로 엄중하다"(347행)라고 노래한 바 있다. 손님의 보호자인 제우스의 분노도 그에 못지않게 엄중하다. 마지막 작품 『다나오스의 딸들』에서 다나오스가 사형에 처해지고 그의 딸들이 하데스에서 가혹한 형벌을 받게 된다는 이야기가 전해지는 것을 보면, 손님의 보호자인 제우스의 분노가 그만큼 엄중한 것이었음을 알 수 있다.

고대 그리스인들은 제우스의 법을 **디케**(Dikē), 즉 **정의**라 했다. 디케는 제우스의 딸로서 제우스의 바로 옆자리 앉는 "강력한 여신이었다. 디케에 의한 통치의 거룩한 토대를 공격하는 자는 그 누구도 무사할 수 없다……."[53] 디케가 제우스의 옆자리에 앉아 아버지의 서판(書板)에 인간들의 비행을 기록하면, 제우스는 이를 토대로 벌을 내렸다. 이처럼 제우스의 법, 즉 정의는 인간들의 관습, 인간들의 법

---

53) Werner Jaeger, *Paideia: The Ideals of Greek Culture*, Gilbert Highet 옮김 (New York: Oxford UP, 1945), 1: 323쪽. 그리고 Hugh Lloyd-Jones, *The Justice of Zeus* (Berkeley: U of California Pr., 1971), 86~87쪽도 볼 것.

을 초월하는 엄격한 권위를 지니고 있었다. 그리고 그것은 우주 전체를 관통하는 권위였다. 그러니 심지어 하데스에도 "인간들의 잘못을 최종적으로 심판하는 또 다른 제우스가 있다"(231행, 414~416행)라고 말하고 있는 것이다. 제우스의 정의는 전 우주를 관통하며 "그 누구도 제우스의 위대하고, 무한한 뜻을 위반할 수 없다"(1048~1049행).[54]

『탄원하는 여인들』이하 3부작에서 이러한 제우스의 정의는 아프로디테를 통해 설파되고 있다. 그리스 비극에서 제우스는 호메로스의 제우스와 달리 직접 나서지는 않으면서 다른 신을 통해 자신의 뜻을 구현하는 경우가 많다. 가령 다음 장에서 다룰 3부작『오레스테이아』의 마지막 작품「자비로운 여신들」에서 아테나가 제우스의 뜻을 받아들여 모친살해를 범한 오레스테스를 방면하듯, 에우리피데스의 『바코스의 여신도들』에서 디오뉘소스가 테바이 왕 펜테우스를 파멸시키고 나서, 이 파멸은 "나의 아버지 제우스께서 이미 오래 전에 정해놓으신 것"(1349행)이라고 말하듯, 역시 에우리피데스의 『히폴뤼토스』에서 아르테미스가 자기가 가장 사랑하는 히폴뤼토스의 죽음을 지켜본 뒤, 히폴뤼토스의 "죽음을 보고도 어쩔 수 없었던 것은 제우스를 두려워했기 때문"이라고 말하듯, 그리고 소포클레스의 『트라키스의 여인들』에서 헤라클레스의 아들 휠로스가 "제우스가 관계하지 않은 것은 아무것도 없다"(1278행)라고 말하듯, 제우스가 직접 나서지 않는다하더라도 다른 신을 통해 제우스의 뜻이 구현되고 있다. 작품『탄원하는 여인들』의 아프로디테의 경우도 이에 해당한다.

이 작품 이하 3부작에서는 아프로디테가 제우스를 대변하고 있다.

---

54) 디케(dikē), 즉 제우스의 '정의'는 1부 4장『오레스테이아』에서 좀더 본격적으로 다루어질 것이다.

특히 마지막 작품 『다나오스의 딸들』의 결말은 아이귑토스의 아들들을 죽인 다나오스의 딸들이 아프로디테의 변호에 힘입어 방면된 뒤 결혼에 대한 부정적인 태도를 버리고 결혼하는 것으로 되어 있는데, 바로 이 결혼이 제우스의 뜻으로 여겨지고 있다. 이는 『탄원하는 여인들』에서도 어느 정도 예고되고 있다.

 극이 거의 끝나갈 무렵 다나오스의 딸들로 구성된 코로스와 다나오스의 딸들의 시녀들로 구성된 코로스가 각각 등장한다. 다나오스의 딸들은 자신들이 숭배하는 처녀의 신, 즉 몸이 더럽혀지지 않은 순결한(hagna, 1030행) 신인 아르테미스에게, 이집트에서 아르고스로 도망쳐 온 자신들을 연민의 감정으로 지켜보아 달라고, 그리고 아프로디테가 자신들에게 결혼을 강요하지 못하도록 해달라고 간절하게 기도한다(1030~1032행). 하지만 다나오스의 딸들의 시녀들로 구성된 코로스는 다나오스의 딸들과 달리 자신들은 사랑의 신 아프로디테와 결혼의 신 헤라를 결코 잊지 않고 있다고 말한다(1034~1035행). 그러고는 다나오스의 딸들도 과거의 다른 여인들과 마찬가지로 결혼하게 될 것이라고 예언한다. 결혼은 제우스의 뜻이므로 누구도 거부할 수 없는 정해진 운명이며, "정해진 운명은 이루어질 수밖에 없다는 것이다"(1047행).

 물론 현존하지 않는 작품이라 모든 것이 추정에 불과할 수도 있지만, 작품 『다나오스의 딸들』에서 제우스를 대신해 아프로디테가 맡고 있는 역할은 의심의 여지없이 큰 것으로 보인다. 이는 여기서 아프로디테가 행하는 말에서 확인된다. 그녀는 "성스러운 하늘은 대지에 삽입하기를 갈망하고 있네. 대지 역시 결혼을 갈망하고 있네. 욕망은 하늘에서 사랑의 비를 내려 대지를 임신시키네. 그러고 나서 욕망은 무리들을 위해 양식을, 그리고 인간 모두를 위해 데메테르의 선물을 생산하네. 하늘과 대지의 결혼이 쏟아내는 분비물[정액]에 촉촉이

젖은 나무는 과일을 더할 나위 없이 풍성하게 자라나게 하네. 나야말로 이 모든 것의 원인이라네"(44 *TrGF* 또는 125 Mette)라고 노래하면서 하늘과 땅의 결혼을, 그리고 그 결혼을 통한 대지의 풍요로운 결실을 찬미한다. 하늘과 땅의 결합이 모든 생명 창조의 근본, 그리고 자연 질서의 핵(核)을 이루듯, 남자와 여자의 성적 결합, 즉 결혼도 사랑의 보편성, 그 생산성을 근간으로 하는 자연 질서의 핵을 이룬다는 것이다.

사실 아프로디테는 그 자체로 욕망을 의미한다고 말할 수 있다. 아프로디테와 결부되는 그리스어 **아프로디시아**(aphrodisia)도 욕망의 행위, 사랑의 행위를 의미한다. 아프로디테는 처녀성을 고집하는 3명의 여신들, 말하자면 아테나, 아르테미스, 헤스티아를 제외하고는 모든 신, 모든 인간, 모든 창조물을 욕망의 힘, "욕망의 법칙에 종속시킬 수 있는" 신이다. 인간들은 물론 신들 중에서도 "아프로디테를 피해갈 수 있는 이는 없다."[55]

호메로스는 『일리아스』 14편의 **유혹** 장면에서 욕망의 힘 앞에 속수무책인 제우스의 모습을 묘사하고 있다. 그런데 이는 "욕망의 여신의 힘이 제우스와 헤라의 힘과 비교될"[56] 정도로 강함을 보여줄 뿐만 아니라, 아프로디테가 오히려 제우스와 헤라보다 더 강한 신일 수도 있음을 보여준다. 또한 에우리피데스의 『트로이아의 여인들』에서 헬레네는 "제우스는 모든 신을 지배하지만", 정작 제우스 자신은 "그녀[아프로디테]의 노예"(doulos ekeinēs, 948~950행)라고 말한다. 이는 아프로디테가 표상하는 욕망, 곧 성적 욕망의 힘이 우주의 지배자를 노예로 만들만큼 강력함을 보여준다. 제우스마저도 "힘에서 그 여신

---

55) Giulia Sissa and Marcel Detienne, 앞의 책, 37쪽을 볼 것.
56) Claude Calame, 앞의 책, 145쪽.

의 맞수가 되지 못한다."⁵⁷⁾

『아이귑토스의 아들들』에서 다나오스의 딸들 가운데 한 명, 즉 휘페르메스트라가 아버지의 명을 어기고 남편을 죽이지 않았던 것도 그녀의 강렬한 성적 욕망 때문이었다. 그녀도 아프로디테를 피할 수 없었던 것이다. 휘페르메스트라가 남편을 죽이지 않았던 것은 자식을 낳고 싶은 욕망과 더불어 강렬한 **성적 욕망**(himeros) 때문이었다는 아이스퀼로스의 시각은 아이스퀼로스의 또 다른 작품 『결박당한 프로메테우스』를 통해 확인할 수 있다. (865~866행).⁵⁸⁾

그런데 아프로디테 스스로도 『다나오스의 딸들』에서는 조금 전 인용했듯 성적 욕망의 실현 자체가 사랑의 궁극적인 목적은 아니라고 노래한다. 결혼을 통해 자식을 낳는 것, 곧 풍요로운 결실을 보는 것이야말로 성적 욕망, 즉 사랑의 궁극적인 승화라는 것이다.

사랑이 단순히 성적 욕망을 실현하는 데 그치지 않고 풍요로운 결실을 통한 승화의 과정을 거친다는 것은 곧 사랑이 보편성을 획득한다는 것이다. 단지 성적 욕망에만 머물러 있다면, 아프로디테의 지배 아래에 있게 되지만, 결혼을 통한 풍요로운 결실을 이루는 승화의 과정을 거친다면 제우스의 지배 아래 놓이게 된다. 흥미롭게도 이러한 승화의 과정은 바로 이오에 대한 제우스의 사랑이 겪는 변화의 과정을 통해 잘 드러나고 있다.

아이스퀼로스의 『결박당한 프로메테우스』에서도 이오가 받았던 고통은 궁극적으로 제우스의 성적 욕망에서 비롯된 것으로 묘사된다.⁵⁹⁾ 『탄원하는 여인들』에서도 이오는 일단 제우스의 성적 욕망의

---

57) Rachel Rosenzweig, *Worshipping Aphrodite: Art and Cult in Classical Athens* (Ann Arbor: U of Michigan Pr., 2004), 11쪽.
58) Giulia Sissa, 앞의 책, 162쪽을 볼 것.
59) 이오가 당하는 고통은 『결박당한 프로메테우스』의 **비극성**을 관통하는 기조이기도 하

대상으로 등장한다(295행). 그러나 제우스의 성적 욕망에 희생당한 뒤 암소로 변한 이오가 오랜 고통과 방황 끝에 이집트 나일강 하구에 있는 제우스의 "성스러운 경내"(558행)에 도착했을 때, 제우스는 그녀를 성적 욕망의 대상이 아니라 자신에게 탄원하려고 온 **손님**으로 대한다. 탄원자의 보호자, 그리고 손님의 보호자로서 이오를 맞이하는 것이다. 그리고 그는 부드러운 손길로 이오를 어루만져(313~315행, 535행, 1066행) 그녀를 암소에서 인간으로 되돌리고, 과거와는 달리 강간 같은 그런 폭력적인 "삽입"을 통해서가 아니라[60] "신성한 숨결로"(theiais epipnoiais, 577행) 그녀를 임신하게 한다. 그녀를 성적 욕망의 대상이 아니라 **결혼**의 대상이자 존중의 대상, 즉 신부로 맞이하는 것이다. 그 결실로 이오는 "비난할 점이 한 점도 없는"(581행) 에파포스를 낳아 자랑스러운 이집트 왕가의 초석을 놓게 된다.

『탄원하는 여인들』에서 제우스는 아이스퀼로스를 통해 힘과 폭력을 바탕으로 하던 과거의 그 **원시적인** 신이 아닌(98~99행), 부드러운 손길로 이오를 어루만지고 치유하는, 이해와 연민을 바탕으로 자신의 **정의**를 펼치는 지혜로운 신으로 등장한다. 그리고 『다나오스의 딸들』에서 아프로디테는 그 새로운 신 제우스의 뜻의 구현자로 등장한다. 앞서 주목했듯, 아프로디테는 결혼을 일종의 강간이나 여성의 노예화로 여기는 다나오스의 딸들에게, 사랑은 성적 욕망을 기반으로 하고 있고, 사랑의 우주적인 힘은 어떤 이도 거부할 수 없으며, 결혼은 사랑이라는 우주적인 원리의 완성체이자 자식의 생산으로 이어지

다. 실제로 『결박당한 프로메테우스』에서 이오의 에피소드는 작품의 3분의 1 이상을 차지할 정도로 밀도 있게 다루어지고 있다. 이오가 당하는 보편적인 인간의 조건으로서 가지는 고통의 **비극성**에 대해서는 다음 작품 『결박당한 프로메테우스』에서 본격적으로 다루어질 것이다.

[60] Fabian Meinel, *Pollution and Crisis in Greek Tragedy* (Cambridge: Cambridge UP, 2015), 194쪽.

는 **풍요의 잔치**라고 설파했다. 그리고 이를 그 딸들에게 설득했다.

다음 장 『오레스테이아』에서 좀더 본격적으로 다루겠지만, 『다나오스의 딸들』에서 **설득**[61]은 제우스가 이해와 연민을 바탕으로 사랑을 펼치는 도구, 곧 새로운 정의의 도구로 등장한다. 작품 『오레스테이아』에서 아테나의 지혜가 제우스로부터 오듯(「자비로운 여신들」, 『오레스테이아』 850행), 아프로디테의 설득도 우주의 최고의 권위인 제우스의 뜻으로부터 온다. 그 설득의 결과 다나오스의 딸들은 결혼을 받아들이는 것은 물론이고, 더 나아가서 풍요의 여신 데메테르를 기리는 테스모포리아 축제, 말하자면 "결혼제도를 찬양하는 아테나이 여성의 종교적인 축제"[62]를 그리스에 소개하는 데까지 이른다. 작품 『탄원하는 여인들』은 다나오스의 딸들이 그리스라는 "문명화된 사회," 즉 그들이 "편입하게 될 문명화된 사회의 규칙"을 받아들이는 데 필요한 교육의 "시작"을 알리는 작품이라고도 말할 수 있다.[63]

주변화된 타자

아이스퀼로스가 3부작 전체를 통해 특히 강조하려 했던 것이 민주제 아테나이의 이념에 부응하는, 정의의 신으로 변모한 제우스의 이미지였다는 우리의 정리는 현존하지 않는 작품 『아이귑토스의 아들들』과 『다나오스의 딸들』을 염두에 둔 것이었다. 하지만 결정적인 텍스트로 현재 우리 앞에 남아 있는 것은 3부작의 첫 번째 작품 『탄원하

---

61) 다음 장 「자비로운 여신들」, 『오레스테이아』, 165~166쪽과 165~166쪽의 [주52]를 볼 것.
62) Sophie Klimis, 앞의 책, 147쪽.
63) Froma I. Zeitlin, "The Politics of Eros in the Danaid Trilogy of Aeschylus," *Innovations of Antiquity*, Ralph Hexter and Daniel Selden 엮음 (New York: Routledge, 1992), 211쪽.

는 여인들』뿐이며, 이 작품이 관련되는 한, 강조되어야 할 점은 제우스의 **정의**도, 그의 **정체성**도 아니다. 또한 이 작품은 민주주의 이념을 구현하는 펠라스고스를 이집트인이라는 이방인과 대비시켜 민주제 아테나이 체제의 우월성과 그리스인의 인종적인 우월성을 강조하려 하는 것도 아니다. 이 작품의 강조점은 다른 데 있다.

우리는 어디에 속하는가, 우리는 무엇에 속하는가, 그리고 우리는 누구에게 속하는가, 하는 물음은 우리의 삶의 중심적인 물음들이다. 하지만 우리의 삶은 이 물음들에 대한 그 어떤 대답도 얻지 못한 채 끝나는지도 모른다. 작품 『탄원하는 여인들』은 어디에도, 무엇에도, 그리고 누구에게도 속할 수 없는 **타자**, 더 나아가 인간존재의 존재론적인 비극성을 보여주는 작품이라고도 말할 수 있다.

작품 『탄원하는 여인들』을 관통하고 있는 주제는 "너무나도 혐오스러운"(528행) 남성들과 결혼하느니, 차라리 죽음을 택해 하데스를 남편으로 삼고 싶을 만큼(158행, 159행, 787~791행), 그리고 하늘로 도망치고 싶을 만큼(393~394행, 779~782행, 792~793행) **강요된**(798~799행) 결혼을 받아들일 수 없어 자기추방의 길을 나설 수밖에 없는 다나오스의 딸들의 비극적인 운명이다.

다나오스의 딸들은 자신들을 쫓고 있는 아이귑토스의 아들들의 욕망을 **광기**라고 일컫는다. **오만**을 의미하는 그리스어 **휘브리스**(hubris)가 이 작품에서 명사 또는 형용사의 형태로 아홉 번이나 등장하는데 (31행, 80행, 103행, 426행, 487행, 528행, 817행, 845행, 880행), 여기서 휘브리스는 일종의 "광기"인 "공격적인 성적 욕망"[64], 더 넓게 말하

---

[64] Chiara Thumiger, "Mad Erōs and Eroticized Madness in Tragedy," *Erōs in Ancient Greece*, Ed Sanders, Chiara Thumiger, Chris Carey, and Nick J. Lowe 엮음 (Oxford: Oxford UP, 2013), 32쪽.

면 "근본적으로 폭력적인 욕망"⁶⁵⁾을 의미한다. 다나오스의 딸들에게 아이귑토스의 아들들은 공격적인 성적 욕망 또는 폭력적인 권력 욕망에 사로잡힌 "미친 인종"(margon······ genos, 741행), 광기 어린 사나운 짐승(351행, 757~760행), 불경스러운 맹금(224행, 510행, 751행), 음탕하고 불경스러운 짐승(762~763행), 그리고 뱀보다 사악한 존재(511행)로 밖에 보이지 않는다.

아이귑토스의 아들들의 "여자 노예가 되지 않기 위해서"(335행) 태어나서 자란 이집트로부터 도망쳐온 다나오스의 딸들은 남자들에게 속하는 존재가 되고 싶지 않았다. 결혼이라는 제도를 통해 남성의 소유물로 전락하는 것을 받아들일 수 없었다. 결혼이라는 제도를 통해 자신들을 그들에게 종속시키려는 아이귑토스의 아들들의 욕망, 즉 "남성 권력의 노예가 될 수 없었다"(392행). 그들은 자신들을 추격하는 그 아들들에게 자신들을 넘겨준다면 제단에 목매어 자살을 감행할 것이라고 펠라스고스에게 말했다. 죽어 하계의 하데스의 신부가 될지언정 남성의 성 노예로 전락되는 것은 참을 수 없다는 것이었다.

다나오스가 딸들에게 처녀성을 지킬 것을 명하면서 사용했던 이미지는 과일이다(996~1013행). 여성의 처녀성을 바깥 남자들로부터 끊임없이 위협당하는 **과일**(opōra, 998행)에 비유한 것이다. 문학사에서 여성의 처녀성이 과일이나 꽃의 이미지로 표현된 것은 오래전부터다. 그리스 서정시인 아르퀼로코스나 사포 등의 시에서도 여성의 처녀성은 무참하게 꺾이고 짓밟히는 꽃이나 과일에 비유되고 있다.⁶⁶⁾ 작품 『탄원하는 여인들』에서도 다나오스의 딸들은 꽃에 비유되고 있다. 그러나 그 꽃은 "꺾일" 꽃, "비탄(goedna)의 꽃"(73행)이다.

---

65) Rachel Bowlby, 앞의 책, 82쪽.
66) L. A. Swift, 앞의 책, 283쪽을 볼 것.

다나오스의 딸들은 아르고스 왕 펠라스고스와 그의 시민들의 동의 아래 아르고스에 재유외인으로 살 수 있는 피난처를 얻는다. 그들은 아르고스 출신인 이오의 자손이므로 아르고스를 자신의 고향이라 여기고 찾아온 것이다. 하지만 그들은 여기서 시민의 자격을 얻지 못한 채 **재유외인**(metoikos)[67]이라는 "**이방인**"(401행)의 신분으로 살아갈 수밖에 없다. 법적으로 자기 집과 자기 땅을 소유할 권리가 없고, 여기 시민들과 결혼할 수도 없는 등 한정된 권리만 가지는 문자 그대로 피난민의 삶이다. 즉 근원적으로 그들은 검은 피부에 야만인의 말투를 쓰는 이방인이라는 신분을 그대로 떠안고 살아갈 수밖에 없다. 후속 작품 『다나오스의 딸들』에서 그들은 아프로디테의 설득에 따라 결혼 또는 결혼제도를 받아들이지만, 그것 역시 엄밀한 의미에서 보면 타의에 의한 것이다. 요컨대 그들의 삶은 자발적인 선택이 아닌 설득에 의해 남성중심적인 기존 지배체제에 편입되어 이에 순응하며 살아갈 수밖에 없는 것이다.

그들은 **비탄의 꽃**이다. 아이스퀼로스는 사나운 "매에 쫓기는 나이팅게일"(62행)처럼 어디에도 정착하기 힘든, 정착한다 하더라도 지배문화에 의해 주변화되거나 주변화될 수밖에 없는 **타자**, 어디에도, 무엇에도, 그리고 누구에게도 속할 수 없는, 말하자면 어디에도 고향

---

67) 재유외인(在留外人, metoikos)은 연간 일정 기간 이상(아마 30일 이상)을 체류하면서 매년 남자의 경우 12드라크마, 여자의 경우 6드라크마를 납부할 의무가 있는 이방인을 의미했다. 법적·정치적 권리 면에서 아테나이 시민에 비해 훨씬 한정적이었을 뿐 아니라, 자기 집과 자기 땅을 소유하는 것이 금지되었고, 아테나이 시민과 결혼하는 것도 금지되었다. 기원전 4세기 아테나이에 거주한 재유외인의 수는 수만 명, 대충 4만 명이었던 것으로 전해진다. Geoffrey W. Bakewell, *Aeschylus' Suppliant Women: The Tragedy of Immigration* (Madison: U of Wisconsin Pr., 2013), 8쪽, 19쪽. 그리고 Adriaan Lanni, *Law and Justice in the Courts of Classical Athens* (Cambridge: Cambridge UP, 2006), 18~20쪽을 볼 것.

이 없는 이방인,[68] 그 이방인의 정체성을 표상하는 **여자**라는 타자의 비극적인 운명, 더 나아가 궁극적으로는 **어디에도 고향이 없는** 인간존재의 존재론적인 비극성을 노래하고 있는지도 모른다.

플루타르코스는 우리 인간의 "영혼은 신의 명령과 신의 법에 의해 내몰린 추방과 표류(漂流)" 그 자체라고 말했다. 그에 따르면 엠페도클레스는 "천국으로부터의 추방"이 "지상에서의 인간의 삶이다"라고 말했다. 존재론적으로 우리 인간의 삶은 행복했던 **과거**로부터 멀리 떨어진 채 끝없이 표류를 계속하는 추방의 과정인지 모른다. 지상에서의 인간의 삶을 **추방**이라고 일컬었던 엠페도클레스는 "고향"도 "성격상" 예외가 아니라고 말했다. 우리가 그리워하는 고향도 천국은 아니라는 것이다.[69]

작품 『탄원하는 여인들』은 그 어디도 인간에게 **고향**이 될 수 없는, 따라서 영원한 **표류**가 인간의 삶의 존재론적인 조건임을, 그 운명임을 말해주는 작품인지도 모른다.

---

(68) 이느 힉지는 아이스퀼로스의 『탄원하는 여인들』을 논한 책에서 「이주의 비극」(*The Tragedy of Immigration*)이라는 부제를 붙였다. 앞의 [주67]의 Geoffrey W. Bakewell의 책의 부제목을 볼 것.
(69) 임철규, 『고전-인간의 계보학』(한길사, 2016), 637쪽을 볼 것.

4장 『오레스테이아』

아이스퀼로스의 『오레스테이아』

오레스테스 가문의 이야기를 다루고 있는 아이스퀼로스의 작품 『오레스테이아』(기원전 458년)는 「아가멤논」 「제주(祭酒)를 바치는 여인들」 그리고 「자비로운 여신들」 등 3부작으로 구성되어있으며, 그의 3부작 가운데 세 작품 모두가 현존하는 유일한 작품이다. 1부는 트로이아를 함락시킨 뒤 귀환한 남편 아가멤논을 살해하는 클뤼타이메스트라(또는 클뤼타임네스트라)의 행위를, 2부는 아버지 아가멤논을 살해한 어머니 클뤼타이메스트라를 살해하는 오레스테스의 행위를 다루고 있다. 그리고 3부는 어머니를 살해한 오레스테스를 응징하려는 하계의 '분노의 여신들'과 이에 맞서 오레스테스를 보호하려는 아폴론 간의 갈등이 아테나 여신의 중재를 통해 해결되고, 오레스테스가 아레오파고스 법정에서 모친살해라는 죄로부터 방면되는 과정을 다루고 있다. 신과 인간의 관계, 인간의 운명과 자유, 전쟁의 고통, 성차(性差), 아테나이의 민주주의와 그 이데올로기, 특히 **정의**(dikē)의 문제 등 굵직굵직한 문제들이 펼쳐지는 작품으로서, 아이스퀼로스의 비극작품 가운데 가장 많은 논란을 불러일으키는 작품이자 아이스퀼로스의 대표적인 작품이다.

　3부작 가운데 첫 번째 작품「아가멤논」이 시작되기 전의 작품의 배경은 다음과 같다. 아르고스의 아트레우스 왕이 자신의 아내를 유혹한 아우 튀에스테스에게 복수하기 위해 아우의 아이들을 살해한 뒤 아우를 궁에 불러들여 아우의 아이들의 살로 만든 요리를 대접함으로써 아트레우스 가문(家門)의 저주는 시작되었다. 아가멤논과 메넬라오스는 아트레우스의 아들들이며, 아이기스토스는 튀에스테스의 유일하게 살아남은 아들이다. 한편 트로이아의 왕자 파리스가 그리스에 와서 메넬라오스의 아내 헬레네를 데리고 트로이아로 도망가자, 이에 복수하기 위해 메넬라오스의 형 아가멤논이 총사령관이 되어 그리스군과 동맹국의 군대를 이끌고 트로이아 정복 길에 나선다.
　트로이아로 가는 도중 원정을 방해하는 여신 아르테미스가 보낸 역풍을 맞아 항해가 좌절되자, 아가멤논은 아울리스 항에서 자신의 딸 이피게네이아를 그 여신에게 제물(祭物)로 바친 뒤 순풍을 타고 원정을 계속한다. 딸이 남편에게 살해당한 소식을 들은 아가멤논의 아내 클뤼타이메스트라는 복수를 맹세한다. 그녀는 어린 아들 오레스테스를 포키스의 왕에게 보낸 뒤 오랜 추방에서 돌아온 튀에스테스의 아들이자 연인인 아이기스토스와 공모해 아가멤논의 살해를 기획한다. 트로이아를 마침내 정복하고 10년 만에 아가멤논이 아르고스로 귀환하는 것에서 작품「아가멤논」은 시작한다.[1]

　아르고스의 궁전 앞. 클뤼타이메스트라의 명령에 따라 궁전의 지

---

[1] 작품의 배경이 되는 과거의 사건에 대해서는 Gregory Nagy, *The Ancient Greek Hero in 24 Hours* (Cambridge/ M.A.: Harvard UP, 2013), 461~462쪽을 볼 것. 그리고 작품「아가멤논」에 등장하는 아이기스토스의 대사(1583~1607행)도 볼 것.

붕 위에서 1년째 트로이아의 함락소식을 알리는 봉화를 기다리던 파수병이, 마침내 그의 눈앞에 "봉화"(lampas, 8행, 28행)[2]가 피어오르는 것을 보고 이를 클뤼타이메스트라에게 전하기 위해 궁전 안으로 향한다. 아르고스 도시의 노인들로 구성된 코로스가 등장해 트로이아 전쟁이 어떻게 시작되었고, 트로이아를 향하던 도중 아울리스 항에서 그리스군의 원정을 못마땅하게 여긴 여신 아르테미스가 일으킨 역풍을 맞게 된 아가멤논이 그 여신의 노여움을 풀기 위해 자신의 딸 이피게네이아(또는 이피게니아)를 어떻게 제물로 바쳤는지를 노래한다.

이때 클뤼타이메스트라가 등장해 코로스에게 트로이아 전쟁의 종언을 알리며, 다른 한편 코로스는 아가멤논의 동생 메넬라오스의 환대를 배신하고 그의 아내 헬레네를 유혹해 트로이아로 데리고 간 파리스로 말미암아 초래된 트로이아 전쟁, 그리고 이 전쟁을 통해 드러난 제우스의 심판과 응징에 대해 이야기한다. 이어 전령이 도착해 그리스의 승리를 전하고, 동시에 귀환하던 그리스 함대가 폭풍을 만나 참변을 당한 것을 보고한 뒤 곧 있을 아가멤논의 도착을 알린다. 드디어 아가멤논이 트로이아의 여인인 정부(情婦) 카산드라와 함께 전차를 타고 등장한다. 클뤼타이메스트라는 아가멤논을 극진히 환영하면서 궁전 안으로 들어가는 길에 자줏빛 천을 깔아놓고는 그 위로 걸

---

[2] 인용한 텍스트의 그리스어 판본은 다음과 같다. Aeschylus, *Agamemnon*, Eduard Fraenkel 엮음[주석포함] (Oxford: Clarendon Pr, 1974), Aeschylus, *Choephoroi*, D. L. Page 엮음[주석포함](Oxford: Clarendon Pr, 1986), Aeschylus, *Eumenides*, Alan H. Sommerstein 엮음[주석포함](Cambridge: Cambridge UP, 1989). 그리고 Aeschylus, *Aeschylus II: Oresteia*, Alan H. Sommerstein 편역, LCL 146 (Cambridge/ M.A.: Harvard UP, 2008); Eschyle, *Agamemnon, Les Choéphores, Les Euménides*, Paul Mazon 편역 (Paris: Les Belles Lettres, 1993)을 참조함. 한편 한글 번역판으로는 아이스퀼로스, 『아이스퀼로스 비극』:『아가멤논』『코에포로이』『자비로운 여신들』『결박된 프로메테우스』, 천병희 옮김 (단국대학교, 1999)을 참조함.

어가도록 유혹한다. 아가멤논은 그러한 환대는 신들에게나 어울리는 것이라며 거절하지만, 전쟁의 승리자로서 충분한 자격이 있다고 설득하는 클뤼타이메스트라의 유혹에 넘어가고 만다. 그러고는 신들에게나 어울릴 만한 자줏빛 천 위를 걸어 궁전 안으로 들어간다.

한편 아폴론에게 예언의 능력을 부여받은 카산드라는 "인간 도살장"(androsphageion, 1092행)인 아트레우스 가문에 내려진 저주의 내력과 곧 죽음을 맞이하게 될 아가멤논의 운명, 그리고 자신의 죽음이 임박했음을 이야기한 뒤 궁전 안으로 향한다. 뒤이어 궁전 안에서 "황소"(tauros)처럼 도륙(屠戮)당한(1125행 이하, 1384~1587행, 1432~1433행) 아가멤논의 비명소리가 들려오고 잠시 뒤 문이 열리면서 아가멤논과 카산드라의 시신이 욕조에 누워있는 것이 보인다.[3]

아가멤논을 살해한 클뤼타이메스트라에게 코로스의 비난이 쏟아지지만, 클뤼타이메스트라는 자신의 행위를 자랑스럽게 여긴다. 그녀는 아가멤논이 자신들의 딸 이피게네이아를 살해하여 "가정불화의 씨앗"(dolos, 155행)을 만들었을 뿐 아니라 카산드라를 데려와 아내인 자신을 조롱하기까지도 했음을 상기시키면서 자신의 행위를 정당화한다. 코로스는 그녀가 그러한 행위로 인해 시민들의 "원성과 저주" 그리고 "격렬한 증오의 대상이 되어"(1408행) "도시에서 추방될 것"(apopolis, 1411행)이라고 경고하지만, 그녀는 아가멤논의 죽음의 책임은 아트레우스 가문에 저주를 내린 "복수의 악령"(alastōr, 또

---

3) 클뤼타이메스트라가 아가멤논을 살해하는 데 사용한 무기에 대해서는 아직도 논쟁이 계속되고 있다. 그것이 '칼'이었다는 주장에 대해서는 Eduard Fraenkel, *Aeschylus, Agamemnon III* (Oxford: Clarendon Pr., 1950), Appendix B, 806~809쪽; Alan H. Sommerstein, "Again Klytaimestra's Weapon," *Classical Quarterly*, 39: 1 (1989), 296~301쪽; A. J. N. W. Prag, "Clytemnestra's Weapon Yet Once More," *Classical Quarterly*, 41: 1 (1991), 242~246쪽을, 그것이 '도끼'였다는 주장에 대해서는 Malcolm Davies, "Aeschylus' Clytemnestra: Sword or Axe?," *Classical Quarterly*, 37: 1 (1987), 65~71쪽을 볼 것.

는 daimōn, 1501행)에게 있으며, 자신은 이러한 복수의 악령의 도구에 지나지 않는다고 항변한다. 더 나아가 그녀는 자기가 아가멤논을 죽임으로써 아트레우스 가문에 내려진 보복의 악순환이 마침내 끝날 것이라고 강변한다. 잠시 뒤 아이기스토스가 등장해 자신이 아가멤논의 살해 모의에 가담한 것은 아트레우스의 가문에 복수를 하기 위한 것이었다고 말하면서 그 행위를 '정의'의 이름으로 정당화한다(1577행 이하). 이 말에 코로스는 오레스테스가 귀환하여 그들에게 복수할 것이라고 경고한다. 그러자 클뤼타이메스트라가 이 집의 주인은 이제 아이기스토스와 자신이라고 말하며(1672~1673행) 그와 함께 궁전 안으로 들어가는 것으로 작품 「아가멤논」은 끝난다.

이피게네이아의 희생

친족살인을 모티프로 하는 『오레스테이아』의 3부작 가운데 첫 번째 작품인 「아가멤논」은 딸 이피게네이아를 죽인 아가멤논의 행위와 이에 대한 클뤼타이메스트라의 복수에 집중하고 있다.

트로이아를 향한 원정 도중 아울리스 항에서 아가멤논은 커다란 난관에 봉착하게 된다. 트로이아에 대해 "연민의 감정을 가지고 있는"(134~135행) 아르테미스 여신이 역풍을 일으켜 그들의 진군을 방해하고 나선 것이다. 아르테미스 여신의 방해가 있기에 앞서 선상의 그리스의 왕들의 눈앞에 이상한 전조(前兆)가 나타난다. 그것은 독수리들이, "달아나기 위해 마지막 안간힘을 쓰고 있는 새끼 밴 토끼를 갈기갈기 찢어 삼켜버리는"(119~120행) 장면이었다. 이때 예언자 칼카스가 등장해 그 전조를 해독한다. 호메로스의 『일리아스』에도 등장하는, "현재, 미래, 과거의 모든 일들을 알고 있는 최고의 예언자"(『일리아스』 1.70)였다. 이 예언자는 독수리들이 새끼 밴 토끼를 갈기갈기 찢어 삼키는 그 장면이 트로이아의 파멸을 가리키는 것이라고 말한다. 그리고 아르테미스 여신이 역풍을 일으킨 것은 제우스의 "날개 돋친 사냥개"인 독수리들이 새끼 밴 토끼를 찢어 삼키는 무법의 "잔치"(또는 "식사" deipnon)에 대한 분노 때문이라면서 (136~138행), 아르테미스 여신의 분노를 달래기 위해서는 "또 다른 제물"(150행)을 바쳐야 한다고 말한다.

물론 칼카스가 구체적으로 그 정체를 밝히고 있는 것은 아니지만, 여기서 새끼 밴 토끼를 찢어 삼켜버리는 제우스의 날개 돋친 사냥개인 독수리들은, 트로이를 무참하게 파멸시킬 아트레우스의 아들들, 곧 아가멤논과 메넬라오스다. 그리고 앞으로 이들이 저지를 무도한 행동에 대해 분노하고 있는 아르테미스가 요구하는 또 다른 제물은 아가멤논의 딸, 곧 이피게네이아다. 아가멤논이 그 여신에게 자신의 딸, 자신의 "집안의 큰 기쁨"(domōn agalma, 208행)인 이피게네이아를 제물로 바치지 않는 한 역풍은 멈추지 않을 것이라는 뜻이다. 말하자면 아가멤논은 자신의 딸을 살리기 위해서는 원정을 포기해야만 하고 원정을 계속하기 위해서는 아르테미스 여신의 제단 옆에서 "아비의 손을 딸의 피로 더럽혀야만"(208~209행) 하는 딜레마에 봉착하게 된다.

아가멤논은 깊은 갈등에 빠진다. 그는 자신은 그 어느 쪽도 포기하기 어려우며, 동시에 그 어느 쪽을 택하더라도 그에 따르는 불행을 피할 길이 없다고 토로한다(206~211행). 하지만 이런 그에게 전쟁에 참가한 동맹국들은 역풍을 몰고 온 여신을 달래야 한다고 강력하게 요구한다. 곧 아가멤논은 어떻게 "나의 함대"를 포기할 수 있겠느냐, 그 여신에게 바칠 제물로서 "순진무구한 처녀의 피"를 요구하는 동맹국들의 "노여움"에 찬 강렬한 요구를 어떻게 무시할 수 있겠느냐고 스스로에게 반문한다. 그러면서 그는 이피게네이아의 희생만이 최선의 선택이 될 것이라는 결론을 내린다(206~216행).

그렇게 일단 "운명의 멍에를 목에 메자"(anagkas edu lepadnon, 218행) 아가멤논은 돌변한다. 피할 수 없는 선택 앞에서 홀(笏)로 땅을 치고 울부짖으며(204행) 괴로워하던 그의 "마음의 바람도 방향을 바꾸어" "불손하고…… 불순하고…… 불경스러운" 것으로 돌변한다(218~220행). 아가멤논이 전쟁에서 승리하기 위해, 그리고 "항해"에서 성공하기 위해 이피게네이아를 제물로 바치기로 결심하는 순간부터, 코로스는 그가 "악의 조언자, 재앙의 제1의 원천"인 "광기"(parakopa)의 발작에 의해 "감히" 스스로 딸의 파괴자가 되고 있다고 말한다(222~224행). 아가멤논은 기도를 올린 뒤, 아버지인 그의 무릎에 매달려 울부짖는 이피게네이아의 얼굴을 아래로 떨어뜨리게 하고는 "자신의 집에 저주의 소리를 지르지 못하도록" 그녀의 입에 재갈을 물린 채 그녀를 "새끼 양처럼" 제단으로 끌고 간다(231~237행). 이피게네이아는 자신을 제물로 바치는 아가멤논의 사람들에게 "일일이 애원의 화살을 눈에서 쏘아 보내지만"(240~241행), 자신의 아버지뿐만 아니라 그 누구에게서도 구원의 손길은 다가오지 않는다. 코로스는 그다음의 광경은 차마 쳐다보지 못했을 뿐만 아니라 설령 보았다 하더라도 차마 말할 수 없다고 토로한다(248행). 아르테미스 여신의 제단 위에 올려진 이피게네이아는 목이 잘려 붉은 피를 쏟으며 죽어간다.

여기서 우리는 다음과 같은 질문을 던질 수 있다. 아가멤논이 이피게네이아를 죽인 행위는 불가피한 것이었는가. 그렇다면 그 행위는 정당화될 수 있는가. 만약 아가멤논의 행위가 정당화될 수 있다면, 정의의 이름으로 그에 대한 복수를 행한 클뤼타이메스트라의 행위는 어떻게 보아야 하는가. 그녀의 행위 또한 정당화될 수 있는가. 아르테미스가 아가멤논에게 그의 딸을 제물로 바칠 것을 요구했을 때, 아가멤논은 그 요구에 곧바로 응하지 않았다. 그는 커다란 내적 갈등을 겪은 다음 제우스의 명령에 따르는 것이 우선이라는 판단 아래 딸을 희생시키기로 했다.

아가멤논에게 원정은 피할 수 없는 것이었다. 그의 입장에서는 항해를 위해서라면 어떤 희생도 치러야 할 상황이었다. 이 원정은 무엇보다도 제우스의 의지에 따른 것이었기 때문이다. '손님의 보호자'(Xenios)인 제우스는 자신을 환대한 주인을 배반하고 주인의 아내를 데리고 트로이아로 달아난 파리스를 용서할 수 없었다.[4] 코로스는 트로이아의 파리스가 "신 가운데 최고의 신", 환대(歡待)의 신성한 가치를 보호하는 "주객(主客)의 신"인 제우스를 노엽게 했음을 강조하면서, 그리고 제우스가 "많은 남자의 여인"(또는 "많은 남편의 아내", 62행, 코로스가 헬레네를 지칭하는 표현.) 때문에 트로이아와 그리스 간의 분쟁을 초래한 파리스를 응징하기 위해 아트레우스의 아들들을 보낸 것임을 지적하면서(59~67행) 원정을 정당화하고 있다. 그리고 이러한 제우스의 의지를 '보낸다'(pempei)라는 단어의 빈번한 사용(59행, 61행, 111행)을 통해 강조하고 있다.[5]

---

[4] 호메로스에 따르면 "모든 손님(또는 나그네)과 걸인은 제우스가 보낸 자들이다(『오뒤세이아』 6.207행 이하). 따라서 누구에게나 이들을 환대해야 할 의무가 있으며, 이러한 환대의 의무를 저버리는 주인, 반대로 환대의 의무를 행한 주인을 배반하는 손님 모두가 제우스의 분노를 샀다. 그리스 신화와 문학에서 환대를 배반한 행위에 대해 제우스가 벌을 내리지 않는 경우는 없다.

[5] 이와 관련해 작품 「아가멤논」에서 제우스가 '전쟁의 협력자'(doruxenos)의 역할을 하고 있다는 주장도 나온다. 트로이아의 함락은 "제우스와…… 아트레우스의 아들들의 공동사업의 결과"이며 "올림포스의 신들과 아트레우스의 아들들 간에 맺은 동맹은 사실상의 '전쟁에서의 협력자의 관계'(doruxenia)"라는 것이다(Mark Griffith, "Brilliant Dynasts: Power and Politics in the *Oresteia*," *Classical Antiquity*, 14: 1 [1995], 83쪽). 그리스 종교의 본질적인 구성요소가 신과 인간의 상호 의존과 협력(Walter Burkert, *Greek Religion*, John Raffan 옮김 [Cambridge/ M.A.: Harvard UP, 1985], 107쪽, 212~213쪽; Mark Griffith, 같은 글, 83쪽 [주77]을 볼 것)이라는 점을 고려해볼 때 이와 같은 주장이 제기되는 것도 무리는 아니다.

코로스는 환대를 모욕한 파리스를 응징하기 위해 전쟁을 호소하는 아트레우스의 두 아들, 즉 아가멤논과 메넬라우스의 분노에 찬 "우렁찬 전쟁의 함성"(klazontes, 48행)을 "어린 새끼들을 잃고"(algesi paidōn, 50행) "극도의 슬픔에" 고통스러워하는 독수리들의 울부짖음에 비유하면서 그들의 트로이아 원정을 정당화하고 있다. 그렇다면 아가멤논은 트로이아 원정을 명한 제우스의 의지와 그 원정을 허용하지 않으려는 아르테미스의 의지, 상충하는 두 신의 의지 사이에서 갈등하던 끝에 이피게네이아를 제물로 바칠 수밖에 없었던 것이다. 그렇다면 그 행위는 제우스의 의지에 따른 운명적인 것이기 때문에 정당화될 수 있다는 것인가. 이런 물음이 가능하다는 점에서 이 작품이 "윤리적인 딜레마의 비극"[6]이라는 주장도 나오고 있다.

아가멤논

여기서 우리는 논쟁의 중심이 되는 문제, 즉 아가멤논이 이피게네이아를 죽인 그 결정이 신의 의지보다 오히려 자신의 자유의지에서 나온 선택이라고 볼 수 없는가 하는 문제에 대면하게 된다. 일찍이 이러한 문제에 천착한 이는 스넬이다. 그는 아이스퀼로스의 비극에서 주인공이 양자택일의 기로에 서 있을 때 주인공으로 하여금 최종적인 선택을 하게 하는 것은 주인공의 자유의지라고 말하면서, 아이스퀼로스의 비극의 주인공들은 "독립적인 행위의 주체"[7]라 말한 비

---

6) Martha C. Nussbaum, "Philosophy and Literature," *The Cambridge Companion to Greek and Roman Philosophy*, David Sedley 엮음 (Cambridge: Cambridge UP, 2003), 221쪽.
7) Bruno Snell, *The Discovery of the Mind: The Greek Origins of European Thought*, T. G. Rosenmeyer 옮김 (New York: Harper & Row, 1960), 103쪽. 그리스 비극에서 논의되고 있는 자유의지와 결정의 문제에 대해서는 특히 Jean-Pierre Vernant, "Intimations

있다. 이 자유의지의 문제에 접근하기 위해 아가멤논의 성격에 대해 잠깐 살펴볼 필요가 있다. 우선 그 '전조'[8]로 돌아가보자.

독수리들이 새끼 밴 토끼를 갈기갈기 찢어 삼키는 모습은 "불순하고, 불순하고, 불경스러운"(219~220행) 아가멤논의 행동이 가져올 트로이아의 처참한 종말을 예견하고 있을 뿐 아니라, 그런 처참한 종말을 초래하는 아가멤논의 성격이 얼마나 "호전적"(230행)이고 파괴적인 것인가를 말해주고 있다. 이 전조에서 아가멤논은 독수리의 이미지를 통해 보복의 칼을 휘두르는 "파괴의 사제(司祭)"(735~736행)로 부각되고 있다.

이뿐만이 아니다. 아이스퀼로스는 아가멤논에게 독수리(49행)의 이미지 외에도 사냥개(136행, 896행), 황소(1126행), 사자(1259행) 등 사나운 동물들의 이미지를 덧입힌다. 아르테미스가 증오하는 것은, 바로 이와 같은 이미지를 통해 부각되는, 전쟁에 광분하는 아가멤논의 야수 같은 파괴적인 모습이다. 칼카스가 알려주듯, 아르테미스 여신이 분노하는 이유는 트로이아가 공격당한다는 사실 때문만이 아니었다. 그것은 트로이아의 순진무구한 사람들, 특히 어린아이와 여성들이 아가멤논이 주최하는 그 파괴의 "잔치"(138행)의 희생자가 될 수 있기 때문이었다.[9]

---

of the Will in Greek Tragedy," Jean-Pierre Vernant and Pierre Vidal-Naquet, *Myth and Tragedy in Ancient Greece*, Janet Lloyd 옮김 (New York: Zone Books, 1990), 49~84쪽을 볼 것.

8) 이 '전조'는 아가멤논의 성격(ēthos)을 엿볼 수 있는, 아마도 아이스퀼로스 자신이 만들어낸 독창적인 모티프라는 점에서 주목할 만하다.

9) 일찍이 로이드-존스는 아가멤논이 아르테미스의 분노를 산 이유를 '당파적인' 관점에서 해석하면서, "『일리아스』를 비롯한 전체 그리스 문학 전통에서 아르테미스는 쌍둥이 남매인 아폴론과 더불어 그리스 침공자들에게 적대적인 감정을 가진, 트로이아의 충성스러운 동지로 등장한다"라고 말했다(Hugh Lloyd-Jones, "The Guilt of Agamemnon," *Greek Epic, Lyric, and Tragedy: The Academic Papers of Sir Hugh Lloyd-Jones* [Oxford: Clarendon Pr., 1990], 287쪽). 그러나 그 여신의 면모를 찬찬히 살펴보

바로 여기서 이피게네이아의 희생이 가지는 상징성에 주목할 필요가 있다. 아가멤논이 원정을 포기할 것인가 아니면 딸을 희생할 것인가라는 불가능한 선택 앞에 섰을 때, 실제로 그를 움직인 것은 제우스의 의지가 아니라 원정의 대의를 주장하는 동맹국들의 압력이었다. 동맹국의 왕들과 맺은 서약을 어찌 저버리겠느냐, "어찌 함대를 내버릴 수 있겠느냐"(212행)라고 말하는 그에게는 딸의 목숨보다는 동맹국의 왕들이 자신의 결정을 어떻게 받아들일지, 그것이 동맹관계를 해치지는 않을지가 더 우려되었다. 그는 결국 딸의 희생을 요구하는 그들의 목소리가 "정당하다"(216행)라는 결정을 내린다.[10] 그리고 이피게네이아의 울부짖음을 외면한다. 동맹국들과 얽혀 있는 이해관계 때문에 딸의 울부짖음, 딸의 죽음을 외면하는 아가멤논의 잔인함, 그리고 전쟁에 광분하는 그의 파괴적인 성격이 부각되는 순간이다. 이피게네이아의 희생은 아가멤논의 자유의지에 따른 것이었으며, 이러한 그의 자유의지의 근저에는 "불손하고, 불순하고, 불경스러운"(219~220행) 그의 파괴적인 성격이 이미 자리 잡고 있었다고 볼

면, 그와 같은 주장에 선뜻 동의할 수는 없게 된다. 가장 초기의 그리스 종교에서 그 여신은 '대지의 신'으로서 대지에 발붙이고 사는 모든 존재들을 보호하는 신이었고, 특히 모든 어린 것들을 보호하는 신, 곧 "그들의 어머니"였다(W. K. C. Guthrie, *The Greeks and Their Gods* [Boston: Beacon Pr., 1954], 100쪽). 어디서, 그리고 어떤 이름으로 숭배되었든 간에 그 여신은 특히 여성의 생명을 보호하는 그들의 "후견인"(W. K. C. Guthrie, 같은 책, 103쪽)이었고, "분만 중인 여인들의 신"(Nicole Loraux, *The Experiences of Tiresias: The Feminine and the Greek Man*, Paula Wissing 옮김 [Princeton: Princeton UP, 1995], 38쪽)이었다. 헤로도토스에 따르면(『역사』 2.156) 아이스퀼로스는 그 여신을 풍요의 여신인 데메테르의 딸이라고 불렀다. 그 여신은 트로이아의 충성스러운 동지로서가 아니라 그 전쟁에서 희생될 숱한 순진무구한 생명의 보호자로서 아가멤논의 보복전쟁에 분노하고 있는 것이다.

10) 바로 이런 점에서 이피게네이아의 희생이 다른 귀족 지휘관들과의 동맹관계를 훼손하지 않기 위한 것이었다는 주장이 제기되기도 한다. Dylan Sailor and Sarah Culpepper Stroup, "ΦΘΟΝΟΣ Δ' ΑΠΕΣΤΩ: The Translation of Transgression in Aiskhylos' *Agamemnon*," *Classical Antiquity*, 18:1 (1999), 154~157쪽을 볼 것.

수 있다.[11]

이피게네이아의 희생이 그 전조가 되었던 아가멤논의 잔인하고 파괴적인 성격은 그와 그리스인들이 트로이아에서 벌인 무차별적이고 잔혹한 행위를 통해 그 실상이 드러난다. 물론 이 작품은 트로이아 전쟁이 끝난 뒤에 일어나는 사건을 다루기 때문에 트로이아 전쟁의 참상을 직접 다루고 있지는 않다. 그런데도 아이스퀼로스는 여러 경로를 통해 그 전쟁의 참혹함을 전해주고 있다. 가령 코로스는 10년 만에 아르고스로 귀환한 아가멤논을 트로이아의 "파괴자" (ptoliporthos, 783행)라고 일컫는다. 그리고 트로이아의 함락 소식을 전해들은 클뤼타이메스트라는 그리스인들이 그 "정복당한 땅"의 신들과 신들의 성전에 죄를 짓지 않기를, 그리고 "탐욕에 압도당해" 약탈과 파괴에 이르게 하는 "광적인 충동"에 휩쓸리지 않기를 기원한다(341~344행). 이 기원만 보더라도 클라이메스트라가 그들의 잔혹함과 파괴성을 전제하고 있음을 알 수 있다.

전쟁의 참상을 가장 생생하게 전해주는 이는 바로 전령이다. 그는 아가멤논이 "보복의 신 제우스의 곡괭이로 트로이아를 파서 무너뜨렸기 때문에, 그 땅은 철저히 파괴되었다"(525~526행)라고 전한다. 그에 따르면 "신들의 제단과 성전은 완전히 파괴되었다." "도시의 모든 것이 황폐화되었다"(527~528행). 클뤼타이메스트라와 마찬가지로 코로스 또한 전령의 생생한 증언을 듣기 전부터 그리스인들이 트

---

11) 모든 위대한 비극은 비극적인 '상황'에 대해 이야기한다. 이 비극적인 상황은 언제나 현재이지만, 현재를 구성하는 과거를 품고 있으면서 동시에 현재와 과거를 토대로 예견할 수 있는 미래를 이미 잉태하고 있기도 하다. 아가멤논의 '과거'에는 그의 아버지 아트레우스로 인한 저주, 즉 자신의 아우 튀에스테스의 아이들을 살해한 뒤 튀에스테스에게 그 아이들의 살로 요리한 음식을 대접함으로써 초래한 저주가 자리하고 있는데, 바로 이것이 아가멤논에게까지 이어지는 '근원적인 죄 또는 재앙'이다. 그리고 이 작품에서 이러한 아트레우스 가문의 저주의 내력에 대한 이야기를 들려주는 카산드라는 그 저주가 가문 대대로 이어질 것이라고 예언한다.

로이아에서 "도시들의 파괴자"(472행)로 행동하지 않기를 기원했다. 물론 코로스는 트로이아 전쟁이 파리스의 배신에 대한 응징이라는 점과 제우스가 인정한 전쟁이라는 점에서 정의의 문제와 결부되어 있음을 부인하지는 않는다. 하지만 그들은 한 **난잡한** 여인(62행)으로 인해 일어난 전쟁, 너무나 "많은 피를 흘리게 한 자들"(poluktonoi, 461행)의 전쟁, 즉 "아가멤논의 전쟁"[12]을 도덕적이라고 인정하지도 않는다(799~804행). 그래서 그들은 아가멤논의 귀환을 진심으로 환영하고 승리에 환호하면서도 그를 트로이아의 '파괴자'라고 부르는 것이다.

한편 귀환한 아가멤논은 마치 그러한 호칭이 자신의 것임을 증명이라도 하려는 듯, 트로이아에는 "파멸의 돌풍만이 살아있다"(819행)라고 전하면서, 자신을 "높이 솟아 있는 성벽 위를 오르내리면서", 트로이아 "왕자들의 피를 남김없이 핥아먹는 굶주림에 허덕이는 사자"(827~828행)에 비유한다.[13] 코로스는 "새끼 사자"가 자라서 장성하면 부모에게서 물려받은 "본성"(ēthos, 727~728행)을 드러낸다고 말한 바 있다. 여기서 등장하는 새끼 사자는 주로 파리스나 헬레네를 지칭한다고 해석되지만, 아가멤논을 가리킨다고 보는 것이 더

---

12) R. P. Winnington-Ingram, *Studies in Aeschylus* (Cambridge: Cambridge UP, 1983), 88쪽.
13) 작품 「아가멤논」에는 동물들의 이미지가 많이 등장한다. 특히 사자 또는 사자의 새끼는 『오레스테이아』 전체를 통해 가장 빈번하고 중요하게 등장하는 동물 이미지 가운데 하나다. 아가멤논은 스스로를 굶주림에 허덕이는 잔인한 사자에 비유함으로써 이피게네이아를 죽였을 때의 모습 그대로의, 전쟁에 광분하고 살육에 탐닉하는 야만적인 인간의 모습 그대로의 자신을 보여주고 있다. 이에 대해서는 Bernard M. W. Knox의 탁월한 글 "The Lion in the House," *Classical Philology*, 47(1952), 17~25쪽을 볼 것. 동물의 이미지가 『오레스테이아』 작품 전체를 이해하는 데 얼마나 중요한가는 John Heath, *The Talking Greeks: Speech, Animals, and the Other in Homer, Aeschylus, and Plato* (Cambridge: Cambridge UP, 2005), 215~258쪽에서 구체적으로 논의되고 있다.

정확하다.[14] 전쟁을 위해 딸 이피게네이아의 목을 쳐 제물로 바치고, 전쟁에서 승리한 뒤 트로이아인들을 굶주린 사자처럼 무참하게 죽인 아가멤논의 성격과 행위는 자신의 아내를 유혹한 아우 튀에스테스에게 복수하기 위해 아우의 아이들을 죽인 뒤 그들의 살코기를 아우에게 대접했던 아버지 아트레우스의 불경스럽고 잔인한 성격과 행동을 물려받았음을 말해주고 있기 때문이다.

코로스는 제우스가 "지나친 명성"에 우쭐대는 자들에게 "천둥번개"를 내려치듯(468~470행), "많은 피를 흘리게 한 자들"은 신들의 "눈길을 피하지 못한다"(461~462행)라고 경고했다.[15] 마치 아가멤논에게 신의 벌이 내려질 것임을 이미 헤아린 듯, 코로스는 "분노의 여신들의 검은 무리가 불의의 번영을 누리는 자의 운명을 역전시켜 그의 삶을 역경으로 몰아넣으니" 그에게 "더 이상 구원은 없다"라고 단언했다(463~467행).

아르테미스는 자신의 경고에도 불구하고 자신의 딸을 희생시키면서까지 전쟁을 수행한 아가멤논의 행위, 그의 불경스러운 오만을 용인할 수 없었다.[16] 아이스퀼로스는 아가멤논의 불경스러운 오만을 그

---

14) 이에 대해서는 Stuart Lawrence, *Moral Awareness in Greek Tragedy* (Oxford: Oxford UP, 2013), 82~83쪽을 볼 것.
15) 트로이아를 피로 물들인 그리스인들에 대한 신들의 보복은 그리스의 승전을 알리는 전령이 전한 또 하나의 소식, 즉 트로이아를 함락시킨 바로 그날 밤 폭풍이 몰아쳐 함대가 산산조각 나고 많은 군사들이 숨지거나 실종되었다는 이야기를 통해서도 확인할 수 있다(636~680행). 분노한 신이 그리스인들의 귀환을 방해하기 위해 폭풍을 일으켰다는 것이다(634~635행, 649행). 이 '폭풍'의 모티프는 아이스퀼로스의 독창적인 발상으로서 이를 통해 그가 아가멤논과 그리스 병사들의 야만적인 행위를 도덕적인 비난의 대상으로 여기고 있음을 알 수 있다.
16) 아가멤논의 오만이 아르테미스의 분노를 샀다는 이야기는 신화에서도 찾아볼 수 있다. 아가멤논은 자신의 사냥 기술이 아르테미스보다 더 뛰어나다고 자랑하면서 아르테미스의 동산에 있는 수사슴들을 마구잡이로 살육했는데 이 오만함이 그 여신을 분노케 했다고 한다. 물론 아이스퀼로스가 이러한 신화의 내용을 직접 인용하고 있지는 않지만, 아가멤논의 오만이 아르테미스 여신의 분노의 원인이라는 점을 미리 염

가 "은(銀)을 주고 산"(949행) 값비싼 자줏빛 천 위를 걸어 궁전 안으로 들어가는 그 유명한 장면을 통해 집약적으로 보여준다. 클뤼타이메스트라는 남편의 귀환(nostos)에 대한 극진한 환영의 표현으로 궁전으로 향하는 길에 자줏빛 천을 깔고 그 위를 걸어 궁전 안으로 들어갈 것을 종용한다(949행, 958~962행). 물론 처음에는 아가멤논도 이를 거절하면서, "화려하게 수놓은" 값비싼 천 위를 걸어가는 것은 "신들에게나 어울리는 일"이므로, 신에게나 어울리는 이러한 "의식", 이러한 명예를 인간이 찬탈하게 되면 신들의 "질시"(phthonos)를 사게 될 것이라고 말한다(920~924행).[17] 그리고 이어서 자신을 "신으로서가 아니라…… 한 사람의 인간으로서 예우(925행)해달라"고 말한다.

이 말에 클뤼타이메스트라가 트로이아의 왕 프리아모스가 승리자로서 귀환했더라면 어떻게 했겠느냐며 그의 경쟁심을 자극하자, 아가멤논은 아무런 망설임도 없이 프리아모스라면 그 천을 밟고 지나갔을 것이라고 대답한다(935~936행). 다시 클뤼타이메스트라가 그렇다면 사람들의 비난이 두려워서 거부하는 것이냐고 묻자, 그는 그렇다고 답변한다. 이에 클뤼타이메스트라는 "신의 질시의 대상이 되지 않는 사람은 [사람들의] 칭찬의 대상도 되지 않는다"(939행)라고 말한 뒤, 여성의 간청을 들어줌으로써 남자다움을 입증할 수 있다고 설득한다. 마침내 아가멤논은 신의 "질시의 눈길"(ōmmatos…… phthonos)이 자신에게 향하지 않기를 기원하면서(946~947행) 자줏빛 천 위를 걸어 궁전 안으로 들어간다.

두에 두고 있었던 것으로 보인다.
17) 인간이 "신에게나 합당한 물건이나 명예를 오만하고 비합법적으로 점유"할 때 그 인간은 신의 질시의 과녁이 된다. Dylan Sailor and Sarah Culpepper Stroup, 앞의 글, 164쪽. 신과 인간의 관계, 인간과 인간의 관계에서의 '질시'(phthonos)에 대한 논의는 같은 글, 160~178쪽에서 상세하게 다루어지고 있다.

천의 어두운 "자줏빛"(porphurostrōtos, 910행, 957행, 959행)이라는 이미지는 불길함을 불러일으킨다. 호메로스의 『일리아스』에도 자줏빛의 이미지는 죽음을 상기시키는데,[18] 이는 그 빛이 끝없는 피의 복수와 연결되기 때문이다.[19] 아가멤논이 궁전 안으로 들어간 뒤 곧바로 죽음을 당하는 것은 신의 질시가 즉각적으로 그에게 가한 응징으로 보일 수도 있다. 잔혹한 독수리들이 등장하는 전조가 아가멤논의 성격을 보여주는 장치였다면, 자줏빛 천 위를 걷는 이 장면은 자신을 신만큼 높이려고 하는 그의 오만(hubris)을 드러내주는 장치라고 할 수 있다. 이피게네이아를 죽음으로 몰고 간 그의 결정이 신의 의지보다는 그의 파괴적이고 오만한 성격에 따른 것이라는 주장이 설득력을 가지게 되는 것은 이러한 이유에서이다.

일찍이 헤라클레이토스는 "인간의 성격이 그의 운명이다"(Ēthos anthrōpōi daimōn)라고 말했다.[20] 이러한 그의 발언은 문자 그대로 인간의 성격이 그 사람의 삶을 운명적으로 결정한다는 것을 의미한다. 주인공의 모든 행동은 "그 주인공의 성격, 즉 그의 에토스(ēthos)에서 나온다……." 즉 그의 행동은 그의 "특별한 성격 또는 에토스의 논리에 부합하는 것으로 보인다."[21] 목숨을 애원하는 "기도"에도, '아버지'라고 부르는 "절규"에도 아랑곳하지 않고 칼로 목을 치게 한 뒤 (228~237행) 거기서 품어져 나오는 붉은 피를 제단에 뿌리며 딸을 제물로 바칠 만큼 전쟁에 광분하는 그의 파괴적인 욕망, 그리고 "파

---

18) 『일리아스』 5.82~83; 16.333~334; 20.476~477.
19) Laura McClure, *Spoken Like a Woman: Speech and Gender in Athenian Drama* (Princeton: Princeton UP, 1999), 88쪽.
20) fr. 114, Charles H. Kahn, *The Art and Thought of Heraclitus: An Edition of the Fragments with Translation and Commentary* (Cambridge: Cambridge UP, 1979), 80쪽.
21) Jean-Pierre Vernant, "Tensions and Ambiguities in Greek Tragedy," Jean-Pierre Vernant and Pierre Vidal-Naquet, *Myth and Tragedy in Ancient Greece*, Janet Lloyd 옮김 (New York: Zone Books, 1990), 37쪽.

괴의 돌풍"(atēs thuellai, 819행)을 일으켜 순진무구한 아이에서 노인에 이르기까지 수많은 트로이아인들을 무참하게 살육하고 신들의 성전과 제단을 파괴시킨 그의 잔인함과 오만이 바로 그의 운명의 "결과"[22]가 되어 그의 삶을 비극적으로 만들고 있는 것이다.

아가멤논이 자줏빛 천 위에 그의 두 발을 올려놓기 직전, 클뤼타이메스트라는 남편이 밟을 자줏빛 천의 길에 정의가 함께할 것을 기원한다(911행). 그리고 아가멤논이 천을 밟고 궁 안으로 들어가는 것을 바라보면서 그녀는 "오 제우스여, 제우스여, 모든 일을 성취하시는 그대여, 저의 기도가 이루어지게 하소서"(973행)라고 탄원한다. 이 탄원에는 곧 신의 정의가 인간의 분노와 보복을 통해 이루어지리라는 예고가 담겨 있다.

"트라케의 바람을 잠재우기 위해" 자신의 딸을 "한 마리 양처럼 제물로 바쳤던"(1415~1418행) 아가멤논을 클뤼타이메스트라는 **황소**[23]인 양 욕조에서 양날의 흉기로 두 번 내려찍어 쓰러뜨린다. 그리고 그가 쓰러지자마자 곧바로 한 번 더 내려찍으면서 "이 세 번째 타격은 "사자(死者)의 구원자"(nekrōn sōtēros)인 제우스[지하의 하데스 신]에게 바치는 제물"(1384~1389행)이라고 말한다. 바꾸어 말하면 "'제물을 바친 자'……", 즉 딸을 제물로 바친 아가멤논 "그 자신이

---

22) Bernard Williams, *Shame and Necessity* (Berkeley: U of California Pr., 1993), 134쪽.
23) 호메로스는 『오뒤세이아』에서 클뤼타이메스트라와 함께 아가멤논의 살해를 도모한 아이기스토스가 아가멤논을 집으로 초청한 뒤 잔치를 베푸는 도중 그를 "마치 사람들이 여물통 앞에서 황소를 죽이듯" 그렇게 죽였다(4.534~535; 11.410~411)고 말하고 있다. 『아가멤논』에서도 카산드라는 아가멤논을 제물로 바쳐질 "황소"(1125행)와 결부시키고 있다. 클뤼타이메스트라는 "아트레우스의 악행을 복수하는 악령"이 아내인 자신의 모습을 하고 나타나서 남편 아가멤논을 희생 "제물"로 삼았다고 말한다(1500~1504행).

'제물'이 되고 있다."[24] 클뤼타이메스트라는 아가멤논을 제물로 바치는 자신의 행위를 "내 산고(ōdis)의 소중한 결실"(1417행)인 "내 자식을 위해 실현된 정의"(1432행)로, 그리고 아가멤논을 죽인 자신의 "오른팔"을 "정의의 일꾼"(dikaias tektonos, 1406행)으로 규정한다. 이렇듯 자신의 행위가 이피게네이아의 죽음에 대한 정당한 복수라는 것을 그녀는 여러 번 강조한다(1412~1420행, 1432행, 1521~1529행). 코로스도 욕조에 죽어 누워있는 아가멤논 앞에서 클뤼타이메스트라가 저지른 악행을 용서하는 것은 아니지만, 아가멤논이 자신의 딸을 참혹하게 죽인 것 역시 부도덕한 것이기 때문에 모든 잘못이 클뤼타이메스트라에게 있는 것은 아님을 인정한다(1560~1561행).

아가멤논을 살해한 클뤼타이메스트라는 가장 먼저 코로스에게 "이 자는 자기 집에 그런 저주의 악으로 잔을 가득 채웠고, 이제 집으로 돌아와 자신이 그 잔을 비우고 있다"(1397~1398행)라고 말한다. 여기서 그런 "저주의 악"은 이피게네이아를 참혹하게 죽인 그를 응징하는 아내 클뤼타이메스트라의 보복의 피일 뿐 아니라, 악령에 사로잡힌 아트레우스 가문에 대대로 내려오는 복수의 피이기도 하다(1476행, 1497~1504행). 아가멤논을 죽이기 위한 그 "치명적인 모든 계획"(1608)을 클뤼타이메스트라와 공모한 아이기스토스는 아트레우스의 잔혹한 손에 아들들을 잃은 자신의 아버지인 튀에스테스의 복수를 위해 아트레우스의 아들인 아가멤논을 죽이는 것은 "정당"하다고 주장하기도 했고(1604), 그가 죽음을 당한 후에는 "정의의 여신의 덫"에 걸려 죽었다고 환호하기도 했다(1610~1611행). 코로스는 끝없이 반

---

24) Albert Henrichs, "Animal Sacrifice in Greek Tragedy: Ritual, Metaphor, Problematizations," *Greek and Roman Animal Sacrifice: Ancient Victims, Modern Observers*, Christopher A Faraone and F. S. Naiden 엮음 (Cambridge: Cambridge UP, 2012), 189쪽.

복되는 아트레우스 가문의 피의 복수를 한탄하면서 아트레우스 가문의 악령이 클뤼타이메스트라와 아이기스토스를 통해 아가멤논의 죽음에 가담하고 있음을 인정하고 있다(1507~1512행).

자신의 딸을 살해한 아가멤논, 그리고 딸을 죽인 남편 아가멤논을 살해하는 클뤼타이메스트라를 바라보면서, 그리고 "그[아가멤논]의 집을 후려치는 피의 폭우를 두려워하면서" 코로스는 "운명"(moira)이 이러한 악행을 되갚을 또 다른 "악행"을 꾀하면서 "정의의 칼날을 갈고 있다"(1533~1536행)라며 한탄한다. 작품 「아가멤논」의 결말은 이러한 보복의 악순환, 즉 클뤼타이메스트라의 보복이 불러올 또 다른 보복을 예고하는 암울한 기운으로 가득 차 있다. 카산드라는 클뤼타이메스트라가 자신의 아들의 손에 죽을 것이라고 예언했고(1280~1283행), 코로스는 "운명이 오레스테스의 귀환을 인도할 것"(1667행)이라고 노래한다. "아마도 극문학 역사상 가장 기억될 만한 귀환"[25]인 아가멤논의 '귀환'만큼이나 비극적인 또 하나의 **귀환**이 예고되고 있는 것이다.

「제주를 바치는 여인들」

오레스테스가 어머니를 죽이는 두 번째 작품 「제주를 바치는 여인들」은 아가멤논이 살해당하고 8년이 지난 어느 날, 이제 어른이 된 오레스테스가 아버지 아가멤논의 복수를 위해 친구 퓔라데스를 동반하고 아르고스로 귀환하는 것으로 시작한다. 오레스테스는 아버지의 무덤가에 자신의 머리카락 한 줌을 내려놓으며 뒤늦은 애도를 표

---

25) Rush Rehm, *The Play of Space: Spatial Transformation in Greek Tragedy* (Princeton: Princeton UP, 2002), 78쪽.

한다. 이때 엘렉트라와 외국인 시녀들로 구성된 코로스가 제주를 들고 등장한다. 코로스는 아가멤논이 전쟁에 승리를 거둔 뒤 정복한 땅에서 노예로 데려온 여자들이다(75~77행). 오레스테스는 친구와 함께 몸을 숨긴다. 엘렉트라가 무덤가에 놓인 머리카락과 발자국을 발견하고 누구의 것인지 의아해하고 있을 때, 오레스테스가 모습을 드러낸다. 그가 오레스테스임을 감히 믿지 못하는 엘렉트라는 자신의 머릿결과도 잘 어울리는 머리카락, 자신의 발자국과 유사한 발자국, 그리고 자신이 짜주었던 겉옷을 확인하고서야 그가 오레스테스임을 알아본다. 그러고는 한없이 기뻐하면서 함께 아버지 아가멤논의 죽음을 애도한다. 오레스테스는 아폴론에게 아버지의 원수를 갚으라는 신탁을 받았음을 엘렉트라에게 알린다.

　오레스테스와 퓔라데스는 포키스의 여행자로 가장해 궁전으로 가서 클뤼타이메스트라에게 아들 오레스테스가 객사했다는 거짓 정보를 전한다. 자신이 낳은 뱀에게 자신의 젖가슴을 물리는 악몽을 꾼 뒤 불안해하던 클뤼타이메스트라는 거짓 정보에 안심하면서 두 청년을 궁전 안으로 맞아들이고 유모에게 아이기스토스를 데려오게 한다. 코로스의 경우와 마찬가지로 아가멤논이 전쟁에 승리를 거둔 뒤 정복한 땅, 즉 키프로스의 북쪽의(오늘날 터키의 남동지방에 있는) 킬리키아에서 노예로 데려온 유모 킬리사[26]는 오레스테스가 클뤼타이메스트라의 배 속에서 태어나자마자 그녀로부터 그를 받아 길렀다 (exethrepsa, 749~750행). 코로스로부터 오레스테스가 살아 있다는 암시를 받은 유모는 아이기스토스로 하여금 호위병 없이 혼자 궁전 안에 들어가도록 한다. 아이기스토스는 궁 안에서 오레스테스의 칼

---

[26] C. W. Marshall, *Aeschylus: Libation Bearers* (London: Bloomsbury Academic, 2017), 104쪽.

에 쓰러진다. 그리고 곧이어 무대에 등장한 클뤼타이메스트라 앞에 피가 뚝뚝 떨어지는 칼을 들고 있는 오레스테스가 나타난다. 클뤼타이메스트라는 오레스테스가 어렸을 때 빨았던 자신의 젖가슴을 내보이며 목숨을 애원하고, 이에 오레스테스는 "어머니를 죽이기를 두려워하면서"(899행) "어떻게 해야 하나"(ti drasō, 899행) 잠시 깊은 갈등에 빠진다.

이때 퓔라데스가 "그러면 퓌토에서 받은 록시아스[아폴론]의 신탁은 어떻게 되며, 그 엄숙한 [복수의] 맹세는 어떻게 되느냐"(900~901행)라고 하면서 아폴론의 신탁과 그리고 오레스테스의 맹세를 상기시키자, 마침내 오레스테스는 어머니를 죽이기 위해 그녀를 앞세우고 궁전 안으로 들어간다. 잠시 동안 코로스는 기쁨의 노래를 부른다. 이윽고 궁전의 문이 열리면서 아이기스토스와 클뤼타이메스트라의 시신 옆에 서 있는 오레스테스의 모습이 보인다. 오레스테스는 엘렉트라와 코로스와 함께 승리에 차 기뻐하지만, 곧이어 "어머니의 원한"과 "증오에 찬"(1054행, 1058행) 망령이 불러낸 "복수의 악령들"(「아가멤논」 1501행)인 분노의 여신들27)이 "검은 옷을 입고 우글거리는 뱀의 관을 쓴 채"(drakousin, 1050행) 자기에게 다가오는 것을 보고 "공포"에 떨다가 자신을 "고통에서 해방시켜줄" 델포이의

---

27) 하계에 머물고 있는 '분노의 여신들'(Erīnūs)은 이 작품의 시대적인 배경이 되는 청동기시대, 즉 호메로스의 '아가멤논' 시대에는 보통 부당하게 살해당한, 특히 친족에게 부당하게 살해당한 이들을 위해 보복을 행하는(『일리아스』 9.447~457) '복수의 여신들'로 일컬어졌다. 호메로스의 『일리아스』에서 이 여신들은 부당한 취급을 당한 부모의 '저주'를 구현하는(9.454~456) 자들, 또는 맹세를 깨뜨린 자들을 벌하는(19.259~260) 등 정의와 질서를 가져오는(19.418) 자들로 일컬어지고 있다. 작품 「아가멤논」에서도 분노의 여신들은 호메로스의 『일리아스』에 나오는 분노의 여신들과 같은 역할을 행하고 있다. 우리는 분노의 여신들이 작중 주요인물로 등장하는 3부작의 마지막 작품 「자비로운 여신들」을 다루는 장에서 그들을 본격적으로 다루게 될 것이다.

아폴론의 신전으로 가기 위해 급히 뛰쳐나간다(1049~1060행). 거의 미친 상태에서 뛰쳐나가는 그를 보면서 코로스가 이 "파괴의 분노(menos atēs)는 그 기운이 과연 어디쯤에서 가라앉고, 어디쯤에서 그 끝을 보일 것인가" 하며 탄식하는 가운데(1075~1076행) 작품은 끝난다.

아가멤논과 클뤼타이메스트라

「아가멤논」의 후반부에서는 아가멤논에 대한 칭송의 어조가 눈에 띠게 나타난다. 일례로 「아가멤논」의 끝부분에서 코로스는 클뤼타이메스트라에게 아가멤논을 "누가 묻어줄 것이며"(1541행), "누가 만가(輓歌)를 불러줄 것이며"(1541행), "누가 그의 무덤가에서 진심어린 눈물을 흘리면서 신과 같은 존재인 그를 칭송할 것이며"(1547~1549행), "누가 진심으로 그분을 애도할 것인가"(1550행)라고 물었다. 그리고 그녀에게 "제 손으로 죽인 남편을 위해……" 그리고 "그의 위대한 공적을 위해" 감히 "큰소리로 통곡할 수 있을 것인가"(1542~1546행)라고 물었다.

아가멤논에 대한 이와 같은 칭송의 어조는 그대로 「제주를 바치는 여인들」로 이어지고 있다. 이 작품에서 아가멤논은 신과 같은 이미지로, 트로이아를 함락시킨 위대한 왕으로 그려지고 있다. 아무도 그의 잘못을 언급하지 않으며, 그의 무덤은 "마치" 신을 경배하기 위해 건립된 "제단(bōmos)과 같은"(106행) 장소로 숭상되고 있다. 이와 같은 칭송의 어조는 무엇보다도 곧 이어질 오레스테스의 행위를 정당화하기 위한 장치라고 할 수 있다. 아가멤논을 신과 같은 위대한 왕, 신성한 영웅으로 부각시킴으로써 그를 살해한 클뤼타이메스트라와 아이기스토스의 행위를 매도하고, 그들에 대한 오레스테스의 응징을 정당화하려는 의도인 것이다. 물론 아가멤논이 부상하는 만큼 클뤼타이메스트라는 추락한다.

이 작품에서 코로스는 클뤼타이메스트라의 행위를 딸의 죽음에 대한 복수가 아니라 "적을 공포에 떨게 했던 용감한 전사(戰士)"를 죽이기 위해 악한 여인이 꾸민 "간교한 음모"의 산물로 폄하하고 있다(626~628행). 계속해서 코로스는 클뤼타이메스트라를 "폭풍"의 파괴적인 힘을 능가하는, 또는 바다와 육지의 모든 "괴물"의 파괴적인 힘을 능가하는 힘을 가진 무서운 여인으로 규정한다(585~651행). 또한 남편을 살해하고 권력을 쟁취한(631~636행) 렘노스 여인들의 이야기를 통해, 클뤼타이메스트라의 행위가 끔찍한 악행임을 일깨운다.

클뤼타이메스트라에 대한 부정적인 평가는 이미 전작 「아가멤논」에서도 코로스에 의해 드문드문 드러난 바 있다. 클뤼타이메스트라가 아가멤논을 죽인 뒤 그 죽음을 정의의 이름으로 정당화할 때, 코로스는 그녀를 가리켜 "오만 불손한" "광기"의 여인이라고 말하면서(1426~1428행), 아가멤논의 죽음을 가리켜 음모의 덫에 걸린 "음흉한"(aneleutheron, 1494행) 죽음이라고 말했다. 카산드라는 그녀를 "배반을 일삼는 **아테**와 같은"(1230행) 존재, "하데스의 덫"과 같은 존재(1115~1117행)라고 규정했다. 클뤼타이메스트라에게 여러 동물의 이미지가 덧붙여지기도 했다. 그녀는 사냥개(1093행, 1228행), 뱀(1233행), 암사자(1258행), 썩은 시체를 쪼아 먹는 큰 까마귀(1472~1474행), 덫을 놓는 거미(1492행, 1516행) 등에 비유되었다. 이러한 부정적인 이미지는 이 작품 「제주를 바치는 여인들」에도 이어진다.

엘렉트라는 클뤼타이메스트라를 잔인한 마음을 가진 늑대(421행)라고 일컫고 있고, 오레스테스는 그녀를 아가멤논의 자식들을 공격하는 "무서운 뱀"(249행), "물뱀 또는 독사"(994행)라고 일컬으면서, 자신의 아버지 아가멤논이 그 무서운 뱀의 또아리 속에서 죽었다고 말한다(247~249행). 특히 뱀의 이미지는 클뤼타이메스트라를 간사하고 잔인한 여인으로 부각시키고 있다. 클뤼타이메스트라의 잔인함은 그녀를 표현하는 이미지와 함께 그녀 자신이 사용하는 표현을 통해서도 전달된다. 전작「아가멤논」에서 그녀가 죽은 아가멤논의 몸에서 쏟아져 나오는 피를 하늘에서 내리는 비에 비유하고, 자신을 그 비를 통해 원기를 되찾는 대지의 곡물들에 비유하는(1388~1392행) 도착적인 장면을 떠올려볼 수 있다. 또한 남편의 시신 앞에서 환호하면서 자신의 살해 행위를 승리를 거둔 무사(武士)처럼 자랑스러워하는 모습(1397~1400행), 카산드라의 죽음을 "나의 잠자리의 기쁨에 미묘한 흥분을 더해주는 양념"(1447행)이라고 표현하는 모습을 떠올려볼 수도 있다.

　죽은 적들의 시신 앞에서 환호하는 것을 금지했던 오뒤세우스의 일화에서도 알 수 있듯, 호메로스 이래로 자신이 죽인 사람의 시신을 앞에 두고 자랑스러워하는 것은 부적절하고 오만한 행위로 간주되어 왔다. 물론 호메로스의 『일리아스』에도 죽어가는 적의 모습을 보면서 환호하는 장면은 흔히 등장한다. 하지만 아무리 적이라 해도 일단 죽은 이후의 시신은 연민과 공경의 대상이 되어야지 자랑의 대상이 될 수 없었다.[28] 그런데 클뤼타이메스트라는 시신 앞에서 환호하고 자랑스러워하는 것이다.

　한편 그녀의 잔인함은 그녀가 엘렉트라로 하여금 "노예"와 같은

---

28) 『오뒤세이아』 22.411~413; 아르킬로코스 fr. 134, *Greek Lyric Poetry*, M. L. West 편역 (Oxford: Clarendon Pr., 1993); 에우리피데스, 『엘렉트라』 900~956행, 『알케스티스』 1060행, 『헬레네』 1277행; 소포클레스, 『안티고네』, 510행 이하, 744~745행을 볼 것.

생활을 하게 하고(135행), 어린 오레스테스를 다른 나라의 노예로 팔았던 것(135~136행, 913~917행)에서도 드러난다. 오레스테스는 자신과 엘렉트라를 아비독수리가 무서운 뱀의 또아리 속에서 죽은 후 "고아가 된 새끼들"(247행), 집에서 쫓겨난 새 새끼들에 비유하고 있다.

또 한편 아가멤논의 장례가 어떠했는지를 살펴보자. 고대 그리스에서 전쟁에서의 죽음과 같은 공적인 죽음이 아닌 사적인 죽음의 경우, 장례를 주관하는 것은 일차적으로 친척들의 몫이었다.[29] 일차적으로는 망자(亡者)의 아들(친자이건 양자이건)이 그 집의 합법적인 상속자로서 장례를 주관하게 되어 있었고, 아들이 없는 경우에는 망자와 가까운 친척, 즉 망자의 형제, 손자 또는 조카가 책임을 대신했다. 그렇다면 아가멤논의 경우 누가 그의 장례를 치러야 하는가. 작품 「아가멤논」에서 코로스가 아가멤논의 시신 앞에서 "누가 묻어줄 것인가"를 물었을 때(1541행), 그들은 이미 아가메논의 장례를 주관할 이가 없다는 것을 알고 있었다. 아트레우스 가문의 정당한 상속자인 오레스테스는 추방상태에 있었고, 아가멤논의 동생 메넬라오스는 트로이아에서 아직 귀환하지 않고 있었다. 아르고스에 남아 있는 아가멤논의 유일한 친척은 그의 아내를 빼앗고 그의 살해에 공모한 사촌이자 조카 아이기스토스뿐이다. 전통적으로 죽은 자를 애도하는 것은 망자의 친척, 그중에서도 여성들의 몫이었다. 하지만 코로스는 엘렉트라와 그 밖의 친척들에게 아가멤논을 공개적으로 애도할 기회

---

29) 고대 그리스에서 장례의식이 일반적으로 어떤 형태였는가, 그리고 아이스퀼로스의 『오레스테이아』에서는 어떤 역할과 의미를 가지는가에 대해서는 Kerri J. Hame, "All in the Family: Funeral Rites and the Health of the Oikos in Aischylos' *Oresteia*," *American Journal of Philology*, 125: 4(2004), 513~538쪽을 참조할 것. 좀더 본격적인 논의는 이 분야의 고전이라고 할 수 있는 Margaret Alexiou, *The Ritual Lament in Greek Tradition* (Lanham: Rowman & Littlefield, 2002), 4~23쪽을 볼 것.

가 주어질지 의심스러워 했다. 또한 클뤼타이메스트라가 애도의 작업을 주관한다 하더라도 아가멤논의 살해자인 그녀의 애도가 "무엄한"(1546행) 짓거리에 불과할 것임을 잘 알고 있었다.

마지막으로 코로스는 "누가 그의 무덤가에서 진심어린 눈물을 흘리며, 신과 같은 존재인 그를 칭송할 것인가"(1547~1549행)라고 물었다. 아무도 없다는 것을 이미 알고 있는 물음이었다. 코로스의 그러한 물음에 대해 클뤼타이메스트라는 장례는 그들이 관여할 사항이 아니라고 못 박았다(1551~1552행). 고대 그리스의 전통적인 장례의식에서 여성은 장례를 주관하는 남성의 인도 아래 움직여야 했다. 그런데도 그녀는 자신을 인도할 어떤 남성도 없는 상태(아이기스토스는 아직 도착하지 않고 있다)에서 아가멤논의 살인자인 자신이 직접 그를 매장할 것이라고 당당하게 공표함으로써 전통적인 장례의식을 철저히 묵살했다.

아가멤논의 시신은 매장 전에 행해지는 장례의식의 예비절차, 즉 시신의 눈과 입을 닫게 하고, 몸을 씻기고, 옷을 입히고, 화관으로 장식하는 등의 그 어떤 절차도 없이 그대로 매장되었다.[30] 코로스가 손과 발이 "난도질 당했다"(439행)라고 말하고 있듯, 클뤼타이메스트라는 아가멤논의 시신을 무례하고 난폭하게 다룬 것이다. 또한 엘렉트라가 울부짖으면서 증언하듯, 클뤼타이메스트라는 다른 사람들이 아가멤논의 죽음을 애도하는 것조차 허용하지 않았다(430~433행, 444~449행). 엘렉트라는 장례가 행해지는 동안 집에 갇혀 있었으며(431~432행, 446행), 아버지의 죽음을 애도하는 그 어떤 행위도 허용되지 않았다(447~449행). 이를 통해 아이스퀼로스는 클뤼타이메스트라가 어

---

30) 호메로스의 『오뒤세이아』(11.425~426)에서 망령 아가멤논은 클뤼타이메스트라가 자신의 눈을 감게 하지도 않았고 입을 다물게 하지도 않았다고 비난한다.

떤 성격의 인간인지를 보여주면서, 클뤼타이메스트라를 "아가멤논의 집을 찬탈하고 타락시킨" 인간, 따라서 "합법적인 남성상속자인 오레스테스의 복수를 받을 만한" 인간[31]으로 부각시키고 있다.

오레스테스

작품 「제주를 바치는 여인들」에서 아이스퀼로스는 오레스테스를 그의 어머니와 전혀 다른 성격(ēthos)의 인물로 설정하고 있다. 남편을 죽이려는 의도를 철저하게 숨기고 위장했던 클뤼타이메스트라와 달리 오레스테스는 처음부터 자신의 의도와 목적을 분명하게 밝힌다. "록시아스[아폴론]의 강력한 신탁은 결코 나를 저버리지 않을 것"(269~270행)이라는 오레스테스의 말을 통해서도 알 수 있듯, 아가멤논의 복수를 명한 것은 아폴론이고 오레스테스 자신은 아폴론의 대리인 또는 도구에 지나지 않는 것도 사실이다. 자기의 명령에 따르지 않는다면 "수많은 고통"이 뒤따를 것이라는 아폴론의 "경고" 역시 무시할 수 없는 부분이다(278~290행).

그뿐만 아니라 본질적으로 순수한 인간적인 동기, 즉 자식으로서 느끼는 아버지의 죽음에 대한 "깊은 애도의 마음"(299행)과, 무도한 강탈자들에게 오염된 자신의 **집**(oikos)을 정화해야 한다는 의무감도 그의 행동을 추동하고 있다. 오레스테스는 "왕이면서도 왕답게 돌아가지 못한" 아가멤논에게 자신의 "기도를 들어주어" 지신에게 "아버지의 집을 다스릴 수 있는 힘을 달라"(479~480행)라고 간구한다. 코로스도 오레스테스를 오염된 집을 정화하는 자, 또는 그 집을 구원하는 자라고 일컫는다. 요컨대 오레스테스의 복수는 **자신의** 집을 되찾

---

31) Kerri J. Hame, 앞의 글, 535쪽.

아 정화하는 행위라는 점에서 또 한 번 정당화된다. 클뤼타이메스트라와 아이기스토스가 아가멤논의 집, 그 집의 유일한 상속자인 오레스테스의 정당한 자리와 권리를 빼앗은 이러한 찬탈행위의 배후에는 그들의 불륜, 곧 "분별없는 욕정"(597행)에 의한 간음이 있었다. 작품 「제주를 바치는 여인들」에서 이러한 간음은 집을 배반하는 "복합적인 타락의 죄"[32]로 간주되고 있다.

간음은 혼인에 대한 배반 그 이상이다. "가부장적인 권위에 대한 위반일 뿐만 아니라 그 자체로 폴리스의 소우주인 집 자체에 대한 위반"[33]이며, 더 나아가 "사회 전체를 위협하는 타락이다."[34] 따라서 오레스테스가 아가멤논에게, 그리고 제우스에게 기도로 간구하는 것은 자신의 집의 회복일 뿐만 아니라 아르고스 전체 질서의 회복인 것이다(262~263행). 오레스테스의 복수에는 아폴론의 명령이라는 그 일차적인 동기와 함께 이와 같은 모든 인간적인 동기가 작동한다. 그 인간적인 동기들을 생생하게 열거하는 다음의 발언에 주목해보자.

그 신탁을 믿지 않아야 하나
비록 내가 그것을 믿지 않는다 해도 이 일은 행하지 않으면 안 되리라
여러 가지 요구들이 한데 뭉쳐 나를 재촉하니
신의 명령도 있고 아버지에 대한 커다란 슬픔도 있는 데다가
재산을 잃어버린 것도 나를 크게 압박하고
지상에서 가장 영광스러운 시민들
트로이아를 함락해 용맹을 떨친 나의 시민들이

---

32) Cynthia B. Patterson, *The Family in Greek History* (Cambridge/M. A.: Harvard UP, 1998), 144쪽.
33) Cynthia B. Patterson, 같은 책, 145쪽.
34) Simon Goldhill, *Reading Greek Tragedy* (Cambridge: Cambridge UP, 1986), 24쪽.

한 쌍의 여자[클뤼타이메스트라와 아이기스토스[35)]]에게
지배당하게 해서는 아니 된다는 마음가짐도
나를 심히 압박하고 있구나(297~304행)

물론 여기서도 그에게 가장 중요한 것은 신의 의지다. "그 신탁을 믿지 않아야 하나"라는 그의 의문은 어머니를 죽여야 하는 행위에 대한 회의나 내적 갈등의 표출이 아니다. 두 번째 구절이 증명하고 있듯, 그 의문은 오히려 아폴론의 명령이 이루어질 수밖에 없다는, 즉 자신은 아폴론의 명령을 수행할 수밖에 없다는 종교적인 구속력에 대한 강조다. 그리고 이어지는 그의 발언은 신의 의지와 인간의 의지가 합쳐져서 복수를 피할 수 없게 만들고 있음을, 즉 그의 복수에 이른바 **이중의 동기**가 부여되고 있음을 보여주고 있다.[36)] 이를 통해 아이스퀼로스는 오레스테스의 의지와 신의 의지가 일치하고 있음을 다시 한번 강조하고 있다.

그러나 이처럼 확고한 오레스테스의 의지는 그가 자신의 어머니 클뤼타이메스트라를 죽이기 위해 직접 그녀를 대면하는 결정적인 순간에 흔들린다. 아이스퀼로스는 이 대면의 장면을 통해 오레스테스의 성격이 자신의 어머니를 살해할 만큼 잔인하지 않다는 것을 보여주고 있다. 오레스테스가 어린아이였을 때 달콤하게 빨았던 젖가슴을 내보이며 "이 젖가슴이 두렵지 않느냐"(aidesai)라고 말하면서 가장 인간적인 감정에 호소하는 클뤼다이메스트리 앞에서 (896~898행), 오레스테스는 처음이자 마지막으로 자신의 사명에 대해 회의한

---

35) 코로스는 아이기스토스가 사내이면서도 아버지에 대한 복수를 주도하지 못하고 클뤼타이메스트라의 조력자에 머문다는 이유에서 그를 가리켜 '여자'라고 하고 있다.
36) '이중의 동기부여'에 대해서는 1부 2장 『테바이를 공격하는 7인의 전사』, 74~75쪽을 참조할 것.

다. 이는 그가 친구 퓔라데스에게 "어떻게 해야 하나"(899행)라고 묻는 데서 드러나고 있다. 이러한 물음은 동시에 자기 자신에게 묻는 물음이기도 하다.

그가 "어떻게 해야 하나"(ti drasō)라고 자문하는 이 깊은 내적 갈등의 순간은 자유로운 결단의 순간이 아니라 공포의 순간, 절망의 순간이다. 헉슬리(Aldous Huxley)가 비극은 본질적으로 '공포'라고 했을 때 그는 바로 이런 종류의 절망을 염두에 두고 있었다. 그러한 절망의 최초의 표현은 말이 아니라 **울부짖음**이다. 절망과 갈등의 한가운데에서 "어떻게 해야 하나"를 묻는 그의 울부짖음이 그가 어떤 성격의 인물인지를 보여준다. 자신의 상황을 지극히 어렵고 고통스러운 "윤리적인 딜레마"[37]로 느낀다는 것은 그가 아가멤논과 클뤼타이메스트라와는 근본적으로 다른 인간임을 보여주는 증거다.

많은 이가 지적하고 있듯, 아이스퀼로스의 궁극적인 관심은 작중 인물이 아니라 그 인물들이 처한 상황과 딜레마에 있다. 아이스퀼로스의 인물들은 언제나 그가 처한 상황과 딜레마에 의해 규정된다. 오레스테스도 마찬가지다. 그 결정적인 순간에 오레스테스는 자신의 양심에 호소하고 있다. 과연 자신에게 어머니를 죽일 권리가 있는지를 자문하고 있는 것이다. 그의 이러한 태도가 그의 인간됨과 성격을 규정한다. 자신의 딸을 무자비하게 희생시킨 아가멤논, 그리고 그를 살해하고 그 시신 앞에서 환호하면서 어떤 애도나 장례의식도 없이 그를 매장해버렸던 클뤼타이메스트라와는 전혀 다른 성격인 것이다.

이러한 대비는 오레스테스가 자신의 어머니를 살해한 뒤 오레스테스가 보여주는 처절한 몸짓에 의해 더욱 강조된다. 그는 "나는 나

---

37) Judith Fletcher, *Performing Oaths in Classical Greek Drama* (Cambridge: Cambridge UP, 2012), 44쪽.

의 행동과 고통과 가문 전체를 슬퍼한다. 나의 승리는 피로 더럽혀진 자랑스럽지 못한 승리다"(nikēs tēsd'……miasmata, 1016~1017행)라고 말하며 울부짖는다. 그리고 "나는…… 고향에서 추방되어" 모친 살해자라는 "이름"만 남긴 채 영원히 "객지를 떠도는" 신세가 될 것이라며 울부짖는다(1041~1042행). 이러한 울부짖음을 통해 그는 자신이 부모보다 도덕적으로 훨씬 우월한 인간이라는 사실을 보여주고 있다.

오레스테스는 자신의 어머니를 죽였지만 그 동기는 순수했다. 그를 오염된 자신의 집을 회복하는 자, 정화하는 자, 구원하는 자로 볼 수 있는 것 그 때문이다. 하지만 그의 살해동기가 순수하다는 사실보다 더욱 그를 돋보이게 하는 것은 그가 처음부터 끝까지 신의 의지를 관철하려는 태도를 견지한다는 점이다. 물론 그에게도 자신의 집을 복원하려는 사적인 의지가 있지만, 사적이고 개인적인 욕망과 오만이 행위의 일차적인 동기가 되었던 아가멤논이나 클뤼타이메스트라와는 달리 오레스테스에게는 신의 명령을 완수하겠다는 의지가 행위의 일차적인 동기이며 개인적인 의지는 부수적인 동기에 그치고 있다.

오레스테스가 아폴론의 의지에 따라 행동한다는 것, 그의 행위가 정의의 인도 아래 이루어지고 있다는 것(900~903행)은 마지막 작품인 「자비로운 여신들」에서 아폴론이 오레스테스의 행위에 대한 모든 책임을 지고 있다는 사실을 통해서도 확인된다. 오레스테스가 자신의 어머니를 죽여야 하는 바로 그 순간 도덕적인 딜레마에 빠지는 것은 사실이다. 하지만 친구 퓔라데스가 신의 명령은 피할 수 없다는 것을 일깨우자, 그는 곧바로 신의 명령을 되새기고 신의 의지를 관철시킨다. 신의 의지를 의심하지 않는 것은 물론이고 의심하려고도 하지 않는다. 제우스, 헤르메스를 비롯한 올륌포스의 신들과 하계의 신들을 향한 그의 기도는 한결같다. 즉 자신이 원하는 바를 허락해 달라는 것이 아니라 자신의 사명을 완수하게 해달라는 것이다. 자신의 사명을 완수해야 한다는 것, 즉 신의 의지를 관철시켜야 한다는 것이 그에게는 이미 기정 사실이기 때문이다.

그렇다면 오레스테스는 마침내 아트레우스 가문의 저주의 사슬을 끊을 구원자인가. 코로스는 오레스테스의 귀환이 암흑 속에 빠져 있는 집을 밝혀줄 "자유의 찬란한 빛"(eleutherias phōs, 808행), 정의의 "빛"(961~964행)이 되리라고 노래한다. 또한 오레스테스가 클뤼타이메스트라와 아이기스토스를 죽이자, 코로스는 그를 가리켜 "두 독사(duoin drakontoin, 1047행)의 머리를 한꺼번에 잘라버린" "아르고스 도시 전체의 해방자"(eleutherōsas pasan Argeiōn polin, 1046~1047행)라고 부르며 환호한다. 그리고 오레스테스는 두 시신의 피 묻은 옷을 들어 보이며 이것은 "정의"의 표시라고 외친다(980~1013행). 그러나 코로스의 환호, 오레스테스의 승리의 기쁨은 오래 가지 않는다. 클뤼타이메스트라의 "원한에 찬 사냥개들"(egkotoi kunes, 1054행), 즉 클뤼타이메스트라의 망령이 불러낸, 하계의 분노의 여신들이 오레스테스에게 접근하고 있다. 하지만 그들의 모습은 오레스테스에게만 보일 뿐 코로스에게는 보이지 않는다. 코로스는 오레스테스가 어머니를 죽인 자신의 피 묻은 손을 보고 일시적으로 정신착란 상태에 빠져있다고 여기고, 아폴론이 그를 정화해줄 것이라고 말한다(1055~1056행, 1059~1061행). 하지만 그 순간 오레스테스 역시 보복의 희생자가 될지도 모른다는 불안감이 코로스를 사로잡는다. 작품 「제주를 바치는 여인들」은 구원의 빛이라고 여겼겼던 오레스테스가 거의 미친 상태로 밖으로 뛰쳐나간 후 코로스가 "그 끝은 어디인가" "아 파괴의 분노는 그 기운이 과연 어디쯤에서 가라앉고, 어디쯤에서 그 끝을 보일 것인가"(1075~1076행)

라는 절망의 탄식을 내뱉는 것으로 끝난다.

「자비로운 여신들」

　3부작의 마지막 작품 「자비로운 여신들」은 거의 미친 상태로 밖으로 뛰쳐나간 오레스테스가 델포이에 도착해 그곳 아폴론의 신전의 제단 앞에 앉아 있는 장면에서 시작한다. 아폴론의 신전에 들어갔던 여사제(女司祭) 한 명이 기겁을 하고 밖으로 뛰쳐나온다. 피가 뚝뚝 떨어지는 두 손, 한쪽에는 칼을, 다른 한쪽에는 올리브나무 가지를 들고 탄원자의 자세로 아폴론의 제단 앞에 앉아 있는 오레스테스와, 입에서는 역겨운 분비물이, 눈에서는 피와 고름이 흘러 나오는, 검은 빛깔의 옷을 입은 괴상망측한 여인들의 무리, 즉 오레스테스를 뒤쫓기 위해 하계의 타르타로스에서 온 "유혈의 복수자"(praktores, 319행)인 분노의 여신들(72행, 386행, 395~396행, 417행)이 그 앞에서 코를 골며 자고 있는 것을 보았기 때문이다.
　이윽고 아폴론이 나타나 오레스테스를 밖으로 데리고 나온 뒤, 그에게 분노의 여신들을 피해 아테나이로 가서 아테나 여신에게 탄원하라고 일러준다. 그리고 그가 자신의 명령에 따라 어머니를 살해했으니 자기가 끝까지 그를 보호할 것이라고 약속한다. 그때 클뤼타이메스트라의 망령이 나타나 분노의 여신들을 깨운 뒤, 생전에 자신이 그들에게 아낌없이 제물을 바친 것을 상기시키면서 "어미의 살해범 오레스테스"(122행)를 추격하라고 재촉한다. 오레스테스가 헤르메스의 인도하에 아테나이로 떠난 뒤, 신전 안으로 들어온 아폴론은 분노의 여신들에게 신전에서 즉시 떠날 것을 명령한다. 그리고 떠나지 않으면 활을 쏘아 그들이 "인간들에게 빨아 마신 검은 피 거품과⋯⋯ 핏덩어리"를 토해내게 할 것이라고 위협한다(180~184행). 분노의 여신들은 모친살해의 모든 책임은 오레스테스에게 그 "명령을 내린" 아폴론에게 있다고 질책한 뒤, 어미를 죽인 오레스테스를 결코 용서할 수 없다고 통고한다(200~203행). "그렇다면 남편을 죽인 여인의 죄는"(211행) 하고 따지는 아폴론의 말에 그들은 그것은 같은 혈족에게 행한 살인과는 다르다고 말하면서 오레스테스를 끝까지 추격해 친족살해의 대가를 똑똑히 치르게 할 것이라고 말한다.

무대는 아테나이로 옮겨진다. 숱한 대지와 바다를 지나 아테나이에 당도한 뒤(75~79행, 235~241행, 248~251행, 276~278행, 451~452행) 아테나 여신의 신전에서 여신의 신상을 껴안고 탄원하고 있는 오레스테스 주위를 분노의 여신들이 저주의 노래를 부르면서 둘러싼다. 그들은 그에게 아폴론과 아테나는 물론 그 누구도 그를 자유롭게 해줄 수 없을 것이라고 말한다. 이때 신전 안으로 들어온 아테나 여신은 여신이나 인간의 모습도 하고 있지 않을 뿐 아니라 그 어떤 종족의 모습도 하고 있지 않은 분노의 여신들에게 그들의 정체를 묻는다. 자신들은 "밤의 무서운 딸들"(Nuktos aianē tekna)이며 하계에서는 "저주"(ara)라고 일컬어진다고 대답한(416~417행) 분노의 여신들은 어머니를 살해한 오레스테스와 같은 자들, 즉 친족을 살해한 자들에게 보복하는 것이 자신들의 "명예로운 직책"(419행)이자 자신들이 내세우는 '정의'라고 천명한 뒤, "지혜가 뛰어난" 아테나 여신도 오레스테스의 모친살해를 "공정하게" "심판"해줄 것을 요구한다.

아테나는 탄원하는 자세로 자신의 신상을 안고 있는 오레스테스에게 할 말이 있으면 하라고 말한다. 오레스테스는 "나는 아르고스 사람이며, 나의 아버지는…… 함대의 사령관(hegemon) 아가멤논"이며, 치욕스러운 죽음을 당한 아버지의 원수를 갚기 위해 어머니를 죽였다고 말한다. 하지만 자기가 어머니를 죽인 것은 아폴론의 명령에 따른 것이기도 하기 때문에, "록시아스[아폴론]에게도 공동의 책임이 있다"(465행)라고 말한다. 하지만 자신의 행위의 옳고 그름을 이제는 아테나 여신에게 일임하고 그 결정에 따를 것이라고 말한다. 아테나는 이 사건은 혼자 결정하기에는 "너무나 중대한"(meizon, 470행) 사건이므로 이 살인사건을 공정하게 재판할 수 있는 아무런 "흠 없는"(amomphous, 475행) 사람들, 곧 가장 훌륭한 아테나이 시민(남성)으로 배심원단을 구성할 것이라고 공포한다.

무대는 아레오파고스 법정으로 옮겨진다. 아테나이의 시민으로 구성된 배심원단이 아테나의 인도하에 법정에 입장하고, 이어서 아폴론이 오레스테스의 "증인"(marturēsōn, 576행)과 "변호인"(xundikēsōn, 579행) 자격으로 입장한다. 재판이 시작되자 먼저 오레스테스가 앞서 말한 주장을 되풀이한다. 이어 아폴론이, 오레스테스의 모친살해에 대한 책임은 자신에게 있다, 단 어머니라는 존재는 자식의 "생산자"(tokeus)가 아니라 아버지의 씨가 뿌려지는 밭에 지나지 않는, 자식의 "양육자"(trophos)에 불과하기 때문에(658~659행) 진정한 부모가 될 수 없다,[38] 따라서 부친살해라면 중죄에 해당되지만 모친살해는 그렇지 않다고 주장한다. 그러면서 아테나 여신도 어머니 없이 아버지 제우스에게서 태어난 딸이므로,[39] "아버지의 죽음을 더 중시"

---

[38] 이러한 인식은 다른 비극시인들, 가령 에우리피데스(『오레스테스』 551~552행)와 소포클레스 (『안티고네』 569행)에도, 그리고 플라톤(『티마이오스』 91d1~2)에도 등장한다. Sarah B. Pomeroy, *Families in Classical and Hellenistic Greece* (Oxford: Clarendon Pr., 1997), 95쪽을 볼 것.

[39] 헤시오도스(『신통기』 886~902행) 등에 따르면 아테나 여신의 어머니라 할 수 있는 티탄신인 메티스는 모든 신과 인간들 가운데 지혜와 지식이 가장 뛰어난 여사제였다. 제우스가 그녀를 탐하자, 그녀는 그를 피하기 위해 여러 동물, 그리고 개미, 바위 등으로 모습을 바꾸지만 결국은 제우스에게 붙잡혀 강간당하고 아테나를 임신하게 된다. 그 순간 제우스는 메티스를 삼켜버린다. 왜냐하면 태고의 신들이 하늘과 대지가 그에게 메티스의 자식이 태어나 그를 권좌에서 쫓아낼 것이라고 경고했기 때문이다. 그러나 제우스를 권좌에서 쫓아낼 메티스의 자식은 첫 번째로 태어난 장녀 아테나는 아니었다. 제우스를 권좌에서 쫓아내고 신들과 인간들의 왕이 될 운명의 아

(640행)할 수밖에 없을 것이라고 강조한다.

그러나 분노의 여신들은 클뤼타이메스트라가 아가멤논을 살해한 것은 같은 핏줄(212행, 605행)을 살해한 죄가 아니므로 혈족 살해에 해당되는 오레스테스의 모친살해야말로 진정 불경스러운 죄라고 주장한다(605행, 653~655행). 다시 아폴론은 혼인서약은 헤라와 제우스의 보증하에 이루어지기 때문에 남편과 아내의 관계는 혈연관계보다 더 신성하고 중요한 것이며(213~214행), 혼인서약은 "맹세보다 더 위대한 것이어서 정의의 신의 보호를 받는 것"(217~218행)이라고 주장한다. 아울러 아폴론은 클뤼타이메스트라의 아가멤논 살해는 신성한 부부의 인연을 배반한 것일 뿐 아니라 왕과 신하의 관계를 배반한 것이기 때문에 그 죄가 더 중하다고 주장한다(625~639행).

"유혈 사건의 최초의 재판"(682행)에서 드디어 투표가 시작되고, 결과는 가부동수(可否同數)로 나온다. 가부동수일 경우 무죄로 간주한다는 재판 전의 합의에 따라 결국 오레스테스는 방면된다.[40] 오레스테스 쪽에 찬표(贊票)를 던진 아테나는 자신에게는 자신을 낳아준 어머니가 없기 때문에 "진심으로 남성의 편이며, 전적으로 아버지의

이는 태어났더라면 아테나의 남동생이 되었을 두 번째 아이였다. 메티스를 삼킨 지 몇 개월이 지난 어느 날 엄청난 두통에 못 이겨 비명을 질러대는 제우스를 도와주기 위해 프로메테우스와 헤파이스토스가 도끼로 그의 두개골을 후려치자 그의 머리가 갈라지면서 거기서 아테나가 무장한 채 튀어나왔다. 그야말로 아버지 제우스의 머리에서 태어난 것이다. 제우스는 메티스를 삼킴으로써 그녀의 지혜와 지식을 삼켜버린 것은 물론 "출산이라는 여성의 기능을 전유"(Jenny Strauss Clay, *Hesiod's Cosmos* [Cambridge: Cambridge UP, 2003], 28쪽)하게 되었던 것이다. 아테나의 주장, 즉 자신은 어머니 없이 아버지에게서 태어났으므로 진정한 부모는 아버지라는 아폴론의 논리에 찬표를 던질 수밖에 없다는 그녀의 주장은 바로 이러한 신화적인 배경을 그 근거로 한다.

40) 가부동수일 경우 무죄로 간주한다는 "원칙은 아이스퀼로스가 상상력을 발휘해 만들어낸 것⋯⋯ 이다." R. B. Rutherford, *Greek Tragic Style: Form, Language and Interpretation* (Cambridge: Cambridge UP, 2012), 93쪽.

편"이므로 한 집안의 가장인 아가멤논의 죽음을 더 중시할 수밖에 없다고 말한다(735~740행). 오레스테스는 재판의 결과에 대해 감사를 표한 뒤, 자신이 앞으로 통치해야 할 아르고스를 향해 떠난다.

한편 재판에 진 분노의 여신들은 "젊은 세대의 신들"(778행)인 아폴론과 아테나가 자신들의 "구법(舊法)을 짓밟고……" 그 법을 자신들의 "손에서 빼앗아"간 것, 즉 자신들에게 모욕을 준 것을 참을 수 없다며 이제 이 땅 아테나이에 "복수의 독을 내뱉고, 대지를 불모로 만들고", "오염을…… 퍼뜨려" 사람들을 죽게 할 것이라고 위협한다(778~786행). 더 나아가 "철저한 분노와 원한"(840행, 873행)으로 이 땅에 재앙을 내릴 것이라고 위협한다. 아테나는 투표의 결과가 동수로 나온 것은 그들의 주장도 정당하다는 것을 입증하는 것이니, 그들이 "진 것도 아니고", 결코 그들의 "명예도 손상된 것이 아니다"(824행)라고 말하면서 그들을 설득한다. 또한 아테나는 그들이 투표의 결과를 받아들인다면 지금까지 암흑 지대, 즉 하계를 근거지로 삼아야 했던 그들이 이제 빛의 지대인 아테나이 근교 아레스 언덕 아래의 동굴에 새로운 거처를 갖게 될 것이고, 아테나이에 영원히 거주하는 국가의 손님, 즉 "재유외인"(在留外人, metoikoi, 1011행, 1018행)으로 대접받을 것이며, 이후 그들의 거처는 아테나이 시민이 숭배하는 장소, 즉 신전이 될 것이라고 설득한다.

이러한 설득에 마음을 돌린 분노의 여신들은 아테나이를 "모욕을 하지 않을 뿐 아니라"(917행) 아테나이가 내란이나 보복 살인에 의한 재앙을 맞이하는 일이 없도록 축복을 내릴 것을 약속한 뒤, '자비로운 여신들'(Eumenides)로 탈바꿈한다. 아테나이의 여성들이 자비로운 여신들로 변한 분노의 여신들을 그들의 새로운 거처로 안내하기 위해 횃불을 들고 축제의 가락에 맞춰 행진하고, 디오뉘소스 극장에 모여 있던 아테나이 시민들도 아테나 여신의 인솔 아래 밖으로 나가 환성을 지른다. "신들 가운데 가장 존경받는 신"(pantai timiōtatai theōn, 967행)인 자비로운 여신들로 탈바꿈한 분노의 여신들이 검은 빛깔의 옷 대신 붉은 빛깔의 옷을 입고 아테나이를 위한 축복의 노래를 부르면서 시민들과 함께 새로운 거처를 향하는 가운데 작품은 끝난다.

제우스의 '정의'

정의는 작품 『오레스테이아』를 관통하는 가장 핵심적인 주제다. 작품 『오레스테이아』는 "정의에 대한 방대한 탐구"가 행해지는 작품이다.[41] 아이스퀼로스는 기원전 5세기의 아테나이에서 가장 인기가 많았던 비극시인이었던 것으로 보인다. 아리스토파네스의 작품 『아카르나이 주민들』에 붙여진 주석(註釋)에 따르면 "아이스퀼로스는 아테나이인들로부터 최고의 명성을 얻었으며", 그의 작품들은 시민들의 뜻에 따라 그가 죽은 뒤에도 계속 공연되었다. 이는 오로지 "그의 작품들에만 부여된 명예였다." 3세기 필로스트라토스(Philostratos)라는 소피스트는 "아테나이인들은 아이스퀼로스를 비극의 대부(大 父)로 여겼다"(『아폴로니우스의 생애』 6.11)라고 말하고 있다.[42]

아테나이인들이 실제로 아이스퀼로스를 비극시인들 가운데 최고의 시인으로 여겼는지를 증명할 길은 없지만, 작품 『오레스테이아』는 심오하고 다양한 주제를 제기하면서 비극의 '대부'로 여겨지고 있다. 아이스퀼로스는 작품 『오레스테이아』에서 그 무엇보다도 정의의 문제를 동시대의 가장 핵심적인 주제로 등장시키면서, 오레스테스의

---

41) R. P. Winnington-Ingram, 앞의 책, 75쪽.
42) Fabian Meinel, *Pollution and Crisis in Greek Tragedy* (Cambridge: Cambridge UP, 2015), 140쪽을 볼 것.

모친살해라는 문제를 통해 정의는 궁극적으로 어떤 모습이어야 하는가를 보여주려고 했다. '정의'라는 말은 당시 "공적인 담론에서 주된 용어 가운데 하나"[43]였을 정도로 정의는 폴리스 아테나이가 당면했던 중요한 문제 가운데 하나였다. 아이스퀼로스는 이 문제에 직접 뛰어들었다. 작품『오레스테이아』가 비극의 대부로 여겨질 수 있는 이유가 여기에 있다.

'정의', 다른 말로 하자면 제우스의 정의, 즉 **디케**(dikē)는 그 의미하는 바가 넓다. '정의'의 의미로 사용되기 전에 디케는 우주나 자연의 고유한 '질서', 또는 '균형', '관습'이라는 좀더 넓은 의미를 포함하고 있었다. 소크라테스 이전의 철학자들이 디케라는 단어를 사용했을 때, 그것은 우주적 질서나 원리를 가리키는 것이었다. 가령 헤라클레이토스는 "태양은 자신의 궤도를 위반하지 않을 것이다. 그러나 만약 그가 위반한다면, 디케의 사자(使者)인 분노의 여신들이 그를 찾아내어 추방할 것"이라고 말했다.[44]

이렇듯 디케는 일찍이 우주적 질서나 원리라는 의미로 사용되었다. 인간이 제우스가 관리하는 질서를 위반할 때, 디케는 "만사를 정해진 목표를 향해 인도한다"(「아가멤논」 781행). 이때 정해진 목표, 곧 고유의 결말이란 보복을 의미한다. 이는 곧 질서를 위반하고 깨뜨리는 행위에 대한 보복이 디케의 근본원리임을 보여준다. 제우스는 '정의의 여신'으로 일컬어지는 딸 대문자 '디케'(Dikē)를 인간세계에 보내, 자신이 관리하는 우주적 질서나 도덕적 질서를 인간들이 잘 지키고 있는지를 감시하도록 하며, 이를 위반하는 "범법자들에게"는 "분노의 여신들을 보내" 벌을 내리도록 한다(「아가멤논」 58~59행).

---

43) Simon Goldhill, 앞의 책, 34쪽.
44) fr. 44, Charles H. Kahn, 앞의 책, 48쪽.

헤시오도스에 따르면 정의의 여신인 디케는 제우스의 옆자리에 앉아 있다(『노동과 나날』 259행). 제우스가 파견한 3만여 명의 보이지 않는 감시자들이 인간의 모든 행위를 감시하고 보고하면, 제우스의 옆자리에 앉아 있는 딸 디케가 이를 제우스에게 알리고, 마지막으로 "만물을 보는 제우스의 눈"이 이를 직접 확인한 뒤 벌을 내린다(『노동과 나날』 252~269행). 이러한 내용은 아이스퀼로스에게 고스란히 계승되고 있다. 가령 아이스퀼로스의 다른 작품 『탄원하는 여인들』에서 코로스는 "디케"를 "제우스의 딸"이라고 부르면서 도움을 호소한다(143행 이하). 「제주를 바치는 여인들」에서도 코로스는 "디케"를 "제우스의 진정한 딸"이라고 부르면서, 이 "정의의 여신"은 "원수들에게 분노의 바람"을 보내어 그들을 죽음으로 몰아간다고 말한다(945~951행).

제우스가 범법자들에게 벌을 내리기 위해 '보내는' 분노의 여신들은 본래의 넓은 의미에서의 정의의 수호자로서 "사회계뿐만 아니라 자연계"의 질서를 대변했다.[45] '보낸다'는 표현이 종속관계를 의미하지는 않는다. 분노의 여신들은 올림포스 신들이나 제우스와 종속관계는 아니었다. 이들은 "제우스의 종이 아니라, 신들과 인간들의 아버지인 제우스가 주관하는 우주적 질서의 본질적인 부분인 법의 수호자이자 집행자로서 제우스의 보이지 않는 협력자였다."[46] 인간들이 제우스가 관리하는 우주적 질서나 도덕적 질서를 위반했을 때 제우스가 정의를 위해 분노의 여신들을 보낸다는 것 자체는 헤시오도스의 발상이다. 다만 작품 『오레스테이아』의 「자비로운 여신들」에서 분노의 여신들은 살인이라는 **부정**(不淨, miasma)에 보복을 가하는 면

---

45) Alan H. Sommerstein, *Aeschylus: Eumenides* (Cambridge: Cambridge UP, 1986), 9쪽.
46) Helen H. Bacon, "The Furies' Homecoming," *Classical Philology*, 96:1 (2001), 50쪽.

이 유일하게 부각되어 오직 "유혈의 복수자(復讐者)"(320행)로서만 존재하고 있다.

작품 「아가멤논」과 「제주를 바치는 여인들」에서는 제우스의 '정의'도, 분노의 여신들의 경우와 마찬가지로, 그 의미가 본래의 넓은 의미에서 크게 축소되고 있다. 청동시대, 즉 영웅시대가 배경이 되고 있는 작품 「아가멤논」과 「제주를 바치는 여인들」에서는 "살해한 자는 그 대가를 치른다"(「아가멤논」 1562행)는 것, 즉 "피는 또 다른 피를 부르는 것"(「제주를 바치는 여인들」 401행)이 '정의'가 되고 있다. 작품 「아가멤논」에서 코로스는 "살해자는 대가를 치르나니. 제우스께서 옥좌에 계시는 동안에는 행한 자는 당하게 마련(pathein ton erxanta). 이것이 곧 법"(1562~1564행), 즉 '정의'라고 말하고 있다. 그리고 작품 「제주를 바치는 여인들」에서도 코로스는 "행한 자는 당하게 마련(drasanti pathein). 정의는 이렇게 호통치며 빚진 죗값을 거두어들인다"(310~311행)라고 말하고 있다.

'피는 또 다른 피를 부르는 것', 이것이 청동시대, 즉 영웅시대 제우스의 정의였다. 그러나 작품 「아가멤논」과 「제주를 바치는 여인들」에서 이러한 정의는 더 구체적이고, 더 좁은 의미로 사용되고 있다. 즉 살인이 친족에 의한 살인일 때, '또 다른 피를 부르는' 피의 보복은 반드시 또 다른 친족에 의해 이루어져야만 한다(「제주를 바치는 여인들」 471~475행). 작품 「제주를 바치는 여인들」에서 코로스는 "고통을 치유할 약", "피로 더럽혀진 불화를 내쫓을 수 있는" 유일한 약은 "바깥의 낯선 사람들이 아니라" 오직 "집안"의 "집안사람들"이라고 말하고 있다(471~475행). 딸인 이피게네이아를 살해한 아가멤논은 다른 사람이 아니라 아내인 클뤼타이메스트라에게 죽음을 당할 수밖에 없다. 클뤼타이메스트라는 딸 이피게네이아를 살해한 아가멤논의 행위는 "아비의 손을 딸의 피로 더럽히는"(「아가멤논」 209~210

행) "부정(不淨)의 짓"이며, "그 대가"는 그의 죽음이다(「아가멤논」 1419~1420행)라고 말하면서, "나의 행동은 정당하고도 정당하다"(「아가멤논」 1396행)라고 말하고 있다. 그리고 더 나아가 그의 죽음을 제우스의 딸인 "정의의 여신과 아테와 분노의 여신들에게 바치는 제물이다"(1432~1433행)라고 말하고 있다.

이번에는 클뤼타이메스트라가 아들 오레스테스에게 죽음을 당할 수밖에 없다. 작품 「아가멤논」과 작품 「제주를 바치는 여인들」에서 코로스는 "운명은 또 다른 악행을 성취하고자…… 정의의 칼날을 갈고 있으며"(「아가멤논」 1535~1536행), "정의는 빚진 죗값을 거두어들인다"(「제주를 바치는 여인들」 311행)라고 말하고 있다. 그리고 "널리 이름이 알려진 생각 깊은 분노의 여신들은 마침내 아들을 집으로 돌려보내 지난날 피를 흘렸던 부정(不淨)의 대가를 치르게 한다"(「제주를 바치는 여인들」 649~652행)라고 말하고 있다.[47]

클뤼타이메스트라는 아들 오레스테스에게 죽음을 당한다. 작품 「제주를 바치는 여인들」에서 코로스는 "어머니 대지가 마신 피로 인해 복수를 부르는 살인의 피는 엉겨 붙은 채 풀어질 줄 모르고"(66~67행), "한번 땅에 쏟은 피 그 무엇으로 보상하나"(651행)라고 한탄하고 있다. 살인이라는 부정(不淨)의 행위를 한 자에게는 죽음 이외 다른 **정화**(淨化)의 방법은 없다. 즉 살인이라는 부정의 행위를 한 자가 똑같이 죽음을 당하지 않고는 더럽혀진 우주적 질서나 도덕적 질서가 회복될 수 없다. 죽음은 죽음 이외 다른 길이 없다는 것, 이것이 바로 '정의'였고, 죄의 '정화'였다. 작품 「자비로운 여신들」에서도 분노의 여신들은 "어머니의 살해"라는 부정(不淨)의 죄를 씻기 위

---

47) 지난날 조상의 잘못, 즉 '부정'(不淨)에 대해서는 Renaud Gagné, *Ancestral Fault in Ancient Greece* (Cambridge: Cambridge UP, 2014), 394~416쪽을 볼 것.

해 "적합한 제물"(agnisma kurion, 326~327행)로 오레스테스의 죽음을 요구한다.

코로스가 끝이 보이지 않는 피의 악순환이 어디에서 그치게 될 것인지 하고 절망적인 탄식을 내뱉고 있듯, 3부작의 마지막 작품 「자비로운 여신들」에서 아이스퀼로스는 청동시대의 그러한 '정의'가 계속 이어진다면, 말하자면 **법**과 **정치**를 배제하고 사적인 보복을 정당화하는 **윤리**만을 강조하는 정의, 달리 말하면 보복의 신이 휘두르는 이른바 "한계가 없는 무한한 정의"[48]가 계속 이어진다면 어떻게 될 것인가 하는 문제를 제기하고, 이 문제에 대한 해법을 논의하면서 정의를 새로운 각도에서 조명하고 있다. 이 작품에서 오레스테스가 별다른 역할 없이 일찍 무대를 떠나는 이유는 이 작품의 주제가 오레스테스 개인, 아트레우스 가문의 비극을 넘어 좀더 큰 주제, 곧 정의 자체의 문제로 나아가기 때문이다. 이 작품은 오레스테스의 모친살해라는 모티프를 통해 당시 그리스 사회가 안고 있던 여러 문제 가운데 가장 근원적인 문제였던 **정의**[49]를 어떻게 새롭게 정립해야 하는가에 초점을 맞추고 있다.

헤겔은 그리스 비극시인들, 즉 아이스퀼로스와 소포클레스의 위대한 작품, 가령 『오레스테이아』나 『안티고네』의 중심에는 비극적인 주인공이 있는 것이 아니라 비극적인 갈등이 있으며, 그 갈등은 똑같이 정당한 이념 또는 원칙 간의 갈등이라고 지적한 바 있다.[50] 그리고 비

---

48) "한계가 없는 무한한 정의"라는 말은 랑시에르에게서 따온 것임. Jacques Ranciére, "Prisoners of the Infinite, March 2002," *Chronicles of Consensual Times*, Steven Corcoran 옮김 (London: Continuum, 2010), 82쪽, 83쪽, 85쪽.
49) 기원전 5세기의 그리스 비극에서 '정의'(dike)가 어떻게 이해되고 있는가에 대한 상세한 논의는 Simon Goldhill, 앞의 책, 33~56쪽을 볼 것.
50) G. W. F. Hegel, *Aesthetics: Lectures on Fine Art*, T. M. Knox 옮김 (Oxford: Clarendon Pr., 1975), 2: 1213~1214쪽.

극은 갈등의 문제일 뿐만 아니라 그 갈등의 결과 또는 해결의 문제라고도 언급한 바 있다.[51] 헤겔은 주로 소포클레스의 『안티고네』를 중심으로 그의 이러한 비극론을 논의하고 있지만, 비극은 갈등의 문제일 뿐 아니라 갈등의 해결의 문제라는 그의 관점에 어울리는 작품은 소포클레스의 『안티고네』가 아니라 오히려 아이스퀼로스의 『오레스테이아』이다.

앞서 살펴보았듯, 아이스퀼로스는 법정에서 펼쳐지는 분노의 여신들과 아폴론 간의 논쟁을 통해 그들이 저마다 주장하는 정의 간의 갈등을 생생하게 보여주었다. 아폴론은 왕, 아버지, 남편의 지위가 우위라는 입장에서 오레스테스를 옹호했다. 아폴론에게 남성중심적인 가부장제는 문명사회의 토대이고 질서와 권위의 필요불가결한 원리였다. 아가멤논은 제우스의 특별한 보호 아래 있는 위대한 왕이자 모든 사람의 존경을 받는 영웅이었기 때문에 한낱 여성에게 죽음을 당할 인물이 아니라는 것(625~627행, 637행), 무엇보다도 어머니는 자식의 진정한 부모가 아니라 단지 양육자 또는 보호자에 불과하다는 것(658~661행)이 아폴론의 주장이었다. 하지만 여성중심의 모계사회를 대변하는 분노의 여신들은 아들이 자신을 낳아준 어머니를 죽이는 행위를 결코 용납할 수 없었다. 그들에게는 친족관계가 결혼관계보다 훨씬 더 중요했다. 따라서 그들은 자신의 친족, 즉 자신의 어머니를 살해한 오레스테스의 죽음을 요구할 수밖에 없었다.

아폴론과 분노의 여신들이 이처럼 각각 자신들의 정의를 고집하는 한, 화해나 새로운 질서의 희망이란 있을 수 없다. 이때 등장하는 인물이 아테나 여신이다. 물론 앞서 지적했듯, 그녀는 어머니의 딸이 아니라 아버지의 딸이었으므로 남성인 아폴론과 오레스테스의 편을 들

---

51) G. W. F. Hegel, 같은 책, 2: 1214~1215쪽.

었다. 하지만 분노의 여신들을 경멸하고 폭력으로 위협하는 아폴론과 달리 아테나는 처음부터 그들을 정중하게 대했다. 그러면서 오레스테스가 방면되었다 해도 그들의 명예가 실추된 것은 아니며, 투표 결과가 동수(同數)로 나온 것이 이를 입증한다고 설득했다. 계속해서 아테나이에게 재앙을 내리는 것보다 축복을 내리고 공생하는 것이 그들의 명예에 더 어울리는 행동이라고 설득했다. 그 설득은 성공했다. 분노의 여신들이 아테나이에 축복을 내리는 자비로운 신들로 탈바꿈한 것은 아테나의 **설득**의 결과였다.

마지막 작품 「자비로운 여신들」에서 마침내 정의, 즉 디케는 사적인 **복수**(復讐)가 아니라 공적인 **벌**(罰), 즉 합리적인 사법제도를 통해 실현되는 '법적 정의'의 개념으로 등장하고 있다. '피는 또 다른 피를 부르는' 복수의 제도가 배심원에 의한 재판이라는 법의 제도로 변하는 역사적 과정에는 상당한 갈등이 수반될 수밖에 없었다. 전작들에서 반복되어온 보복의 악순환에 종지부를 찍을 유일한 길은 아이스퀼로스에게 정의, 곧 디케 그 자체의 변화뿐이었다. 그리고 이 디케의 변화는 제우스의 변화라는 형식을 통해 이루어질 수밖에 없었다. 아이스퀼로스는 여신 아테나 뒤에 제우스가 있고, 그녀의 지혜는 제우스로부터 나온다(850행)라고 말함으로써 천둥번개를 휘두르는 폭력을 주무기로 삼는 청동시대, 즉 아가멤논 시대의 제우스가 '설득'을 기반으로 하는 지혜의 신으로 변하고 있음을 보여준다. 아테나는 "아고라의 제우스(Zeus agoraios)가 승리했다"(973행)라고 말하고 있다.

어느 시대나 그 시대가 필요로 하는 **정의**가 있다. 아이스퀼로스는 민주주의의 형성 과정에 있던 자기 시대의 폴리스(polis)는 그 시대에 맞는 정의가 필요하다고 생각했다. 그에게 **설득**[52]을 바탕으로 하는

---

52) 설득은 "아테나이에서 실행되는 정치원리의 강력한 표시였다"(Froma I. Zeitlin,

법적 정의가 이전의 사적인 보복을 대체하는 것, 이것이 그의 시대가 요구하는 '정의'였다.[53]

베르낭은 "비극은 신화가 시민의 관점에서 고려되기 시작할 때 태어난다"[54]라고 말한 바 있다. 호메로스의 영웅시대를 지배하고 있던 신화의 세계, 그 시대의 삶의 방식, 그 시대 사람들의 세계인식, 그 시대의 가치 등이 기원전 5세기로부터 시작되는 이른바 그리스 고전기 "근

Playing the Other: Gender and Society in Classical Greek Literature [Chicago: U of Chicago Pr., 1996], 138쪽). 즉 아테나이의 민주주의가 요구한 그리고 필요로한 가장 중요한 도구는 바로 '설득'이었다. 설득이 얼마나 중요한 것으로 여겨졌는가는 **설득의 신**(Peithō)이라는 여신이 아테나이에서 경배의 대상이 되었다는 사실에 의해서도 확인된다. 관리들을 그 신에게 정기적으로 제물을 바쳤고, 그 신의 사제는 디오뉘소스 극장의 특석에 앉아 공연을 관람했던 것으로 전해진다(Froma I. Zeitlin, 같은 책, 138쪽; Richard Buxton, *Persuasion in Greek Tragedy: A Study of Peithō* [Cambridge: Cambridge UP, 1982], 34쪽을 볼 것).

그 신은 "……인간들뿐만 아니라 신들에게도 전능한 신"이었을 뿐만 아니라, "죽음만이 그에게 버틸 수 있을 정도로" 강력한 신이었다(Marcel Detienne, *The Masters of Truth in Archaic Greece*, Janet Lloyd 옮김 [New York: Zone Books, 1999], 77쪽). 「제주를 바치는 여인들」에서 가장 중요한 역할을 하는 신도 이 설득의 신이라고 할 수 있다. 가령 코로스는 오레스테스의 결행을 바라면서 "도움"을 청할 때 이 신의 이름을 부르고 있으며(726행), 「자비로운 여신들」에서는 분노의 여신들이 아테나의 설득으로 협력자로, 자비로운 여신들로 변모되었을 때, 아테나는 바로 이 설득의 신에게 경의를 표하고 감사를 전한다(885행, 970행).

그리스인은 인간 고유의 재능인 말을 효과적으로 사용하고 이성에 입각해서 사유하고 행동하는 것에 절대적인 가치를 두었다. "그리스인은 인간의 말과 이성…… 우리의 '하나밖에 없는' [이러한] 재능을 **사용**하지 않는다면 우리는 최악의 종류의 짐승에 불과하다고 주장했다"(John Heath, 앞의 책, 331쪽). 설득은 이러한 재능을 구현하는 행위였다. '설득'은 인간이 행하는 언어능력의 최고의 효과와 성과를 담보하는 이성적인 행위로서 "폴리스의 도구"(같은 책, 250쪽)가 되었으며, 폴리스는 이 도구를 통해 자신의 존재가치와 자신이 표방하는 이데올로기를 정당화했다. 이런 점에서 아테나 여신은 폴리스의 대변자인 아이스퀼로스 자신이다.

53) 오레스테스의 모친살해라는 중죄를 아테나이 법정에서 심판하게 한 것은 전적으로 아이스퀼로스의 독창적인 발상이다. Richard Seaford, *Reciprocity and Ritual: Homer and Tragedy in the Developing City-State* (Oxford: Clarendon Pr., 1994), 103쪽.

54) Jean-Pierre Vernant, 앞의 글, "Tensions and Ambiguities in Greek Tragedy," 37쪽.

대화"⁵⁵⁾ 시기의 **시민**의 관점에서 재조명되었을 때, 그때 비로소 그리스 비극이 탄생했다. 이 시대의 비극시인들은 '과거'를 이야기함으로써 그들이 살고 있는 '현재'를 문제시했다. 그들은 작품을 통해 사회의 존립방식이 무엇인지를 질문하고, 이 질문에 대한 대답을 찾으려 했다. 아이스퀼로스가 작품 「자비로운 여신들」에서 분노의 여신들, 아폴론, 그리고 아테나 간에 벌어지는 열띤 토론 과정에서 사회의 존립방식을 규정하는 새로운 '정의'를 도출했듯, 비극시인들은 그 시대의 사람들을 가르치는 교사이자 그 시대의 방향을 말해주는 "현자"[56)]였다. 그들 가운데 그 전형적인 시인이 바로 아이스퀼로스였다.

'차이'의 논리

아테나의 개입으로 가부 동수(同數)가 나왔다는 것은 아레오파고스 법정에서 배심원의 반 이상이 오레스테스의 모친살해의 죄를 용서하지 않았음을 의미한다. 아테나가 오레스테스 편에 찬표를 던지지 않았더라면 오레스테스의 방면은 불가능했을 것이다. 인간으로 구성된 배심원의 반 이상이 오레스테스의 편에 들지 않았다는 것은 오레스테스의 모친살해가 심각한 도덕적인 딜레마를 야기하는 사건임을 말해주고 있다. 아이스퀼로스는 이 딜레마가 신의 개입 없이는 결코 해결될 수 없음을 보여주고 있다. 아이스퀼로스가 그리스의 모든 비극시인들 가운데 가장 종교적인 시인으로 평가를 받는 것은 이런 점에서다.

하지만 『오레스테이아』는 그 외에도 여러 각도로 독해(讀解)할 수

---

55) Richard Ned Lebow, *The Tragic Vision of Politics: Ethics, Interests and Orders* (Cambridge: Cambridge UP, 2003), 25쪽.
56) Jan Patočka, *Plato and Europe*, Petr Lom 옮김 (Stanford: Stanford UP, 2002), 123쪽.

있는 텍스트다. 특히 아이스퀼로스의 이른바 '정치성'은 다양한 독해를 가능하게 하는 요소 가운데 하나다. 예컨대 「자비로운 여신들」은 "비극이 폴리스의 제도를 그 주제로 하고 있는" 유일한 작품[57]이다. 그리고 또 한편 통치자로서의 왕이 등장하지 않는 독특한 작품이다. 시민들이 스스로 통치하는 아테나이의 민주제를 암시하고 있다는 점에서 이 작품은 아이스퀼로스의 정치성이 어떤 것인가를 보여주는 리트머스 종이와도 같다.

우선 힘과 폭력을 토대로 하는 제우스의 정의의 논리가 이성과 설득을 토대로 하는 정의의 논리에 자리를 양보하는 것은 아테나이가 실제로 경험했던 정치구조의 변화, 즉 귀족제에서 민주제로의 변화를 반영한다. 그런 의미에서 이 작품에 등장하는 아레오파고스 법정은 아테나이 민주제의 상징이다. 아테나 여신이 오레스테스의 살인 사건을 다루기 위해 아레오파고스 법정을 꾸리고 "가장 능력 있는" (487행) 아테나이 시민들을 배심원으로 선정하는 장면을 통해, 아이스퀼로스는 그리스 역사상 처음으로 시민 스스로가 스스로를 통치하기 시작하는 과정을 보여준다.

아테나 여신은 정의를 지키는 이 기구를 "두려워하는 마음"과, "존경하는" 마음을 가지고 끝까지 섬길 것을 요구한다(「자비로운 여신들」 683~710행).[58] 여기서 아레오파고스 법정은 단순한 법정의 의

---

57) Christian Meier, *The Political Art of Greek Tragedy*, Andrew Webber 옮김 (Cambridge: Polity Pr., 1993), 132쪽.
58) 테세우스 또는 솔론이 창설한 것으로 전해지는 아레오파고스는 귀족계급의 이익을 대변하는 정치 기구로서 오랫동안 정치적인 영향력을 행사해온 원로의회였다. 하지만 『오레스테이아』가 공연되기 4년 전인 기원전 462년, 흔히 '혁명'이라고 일컬어지는 에피알테스의 개혁에 의해 영향력을 상실하고 살인사건만 다루는 법정으로 그 역할이 축소되었다(이에 대해서는 Peter, W. Rose, *Sons of the Gods, Children of Earth: Ideology and Literary Form in Ancient Greece* (Ithaca: Cornell UP, 1992), 246~247쪽; Robert W. Wallace, *The Areopagos Council, to 307 B. C.* [Baltimore: Johns Hopkins

미를 넘어 민주주의 "의회"(bouleutērion, 684행, 704행), 더 나아가 "그 땅", "그 나라", 그 나라의 "보호자", "구원자"(701행), "수호자"(phrourēma, 706행, 949행)의 의미로 확대된다. 아오레파고스 법정이 가리키는 것은 결국 민주제의 **폴리스** 아테나이라는 것이다. 이렇듯 아이스퀼로스는 아오레파고스 법정을 통해 "아테나이와 새로운 민주제를 가장 자랑스럽게 주창하는 자"[59]로서의 자신의 정치성을 정립한다.

그의 정치성을 다른 각도에서 바라보는 것도 가능하다. 3부작 『오레스테이아』의 마지막 작품 「자비로운 여신들」은 기원전 462~461년에 아테나이가 아르고스와 새로운 동맹관계를 맺은 직후인 기원전 458년에 공연되었던 것으로 알려져 있다. 오레스테스는 재판이 끝난 뒤 자신을 죄에서 해방시켜 고향 아르고스로 돌아가게 해준 "구원자"인 아테나에게 충성을 맹세했다. 아르고스는 앞으로 아테나이의 "영원한 미래를 위해" 협력할 것이며, "잘 무장된 군대로" 아테나이를 침공하는 일은 없을 것이며, 아테나이가 아르고스를 "언제까지나 동맹국의 창(槍)으로 존중해준다면" 아르고스도 아테나이를 영원한 동맹국으로 받들 것이라고 말했다(754~777행). 재판 도중에도 오레스테스는 아테나가 자신을 구해준다면 자신과 "아르고스와 아르고스 백성들"은 언제까지나 "충실한 동맹국"으로 남을 것이며, 자신의 힘이 미치는 한 "아테나이 도시와 그 백성들……을 위대하게 만들고" 후손들도 "영원히"(aianōs) "동맹자"(summachos)로 남게 할 것이라고 말했다(667~673행).

UP, 1989], 77~93쪽; George Cawkwell, "NOMOΦΥΛΑΚΑ and the Areopagus," *Journal of Hellenic Studies*, 108 [1988], 1~12쪽을 참조할 것).
59) Mark Griffith, 앞의 글, 63쪽.

아테나이와 아르고스 간의 이러한 "신화적인 동맹의 묘사는 헤게모니를 장악하고 있는 도시국가로서의 아테나이의 이미지를 강화하고 있다."⁶⁰⁾ 일찍이 아폴론은 분노의 여신들의 추적을 피해 아르고스에서 델포이로 달려온 오레스테스에게 고통에서 "완전한 해방"을 얻으려면 아테나이로 가서 "탄원자"가 되라고 명한 바 있다(79~83행). 오레스테스의 탄원을 받아들이고, 그를 보호하고, 그를 고통에서 완전히 해방시켜줄 유일한 국가는 아테나이라는 뜻이었다.

이렇듯 아르고스가 "동맹국의 창으로"(summachoi dori, 773행), 즉 '군사적으로' 아테나이를 지지할 것이고, "영원히"(291행, 670행, 763행) 아테나이의 동맹국으로 남을 것이라는 오레스테스의 맹세는 탄원자들, 즉 약소국들의 "보호자"(235행)로서의 아테나이의 위상을 강화시켜주면서 한편으로 당대의 패권을 주도하는 아테나이의 외교 정책을 선전하는 역할을 하고 있다. 아테나이가 주권(主權)을 행사하는 타자(他者)의 **포섭** 또는 **격하**의 논리가 짙게 깔려있다고 하겠다.

아이스퀼로스의 정치성의 한계는 이러한 포섭 또는 격하에서도 드러나지만, 여성과 노예를 배제하는, "가치의 서열화"⁶¹⁾를 통해서도 드러난다. 작품 『오레스테이아』에서는 민주주의 체제를 찬미하면서 여성을 그 체제에 편입되기에는 너무나 위험하고 혐오스러운 타자로 전제한다. 이런 점에서 볼 때 『오레스테이아』는 "서구 사유를 관통하는 이러한 태도[여성을 혐오스러운 '타자'로 보는 태도]가 장차 정당화되는 데 결정적인 모델을 제공한"⁶²⁾ 작품이었다는 주장이 나오는

---

60) Angeliki Tzanetou, *City of Suppliants: Tragedy and the Athenian Empire* (Austin: U of Texas Pr., 2012), 32쪽.
61) Froma I. Zeitlin, 앞의 책, 87쪽.
62) Froma I. Zeitlin, "The Dynamics of Misogyny: Myth and Mythmaking in the

것도 무리는 아니다.

우선 남편을 살해한 클뤼타이메스트라부터 주목해보자. 그녀의 남편인 아가멤논은 그 나라의 왕, 즉 아르고스의 왕이다. 그녀는 왕인 남편을 죽이고 아르고스의 통치자가 된다. 물론 아이기스토스가 있긴 하지만 그의 지위는 "종속적이고 주변적인"[63] 것에 지나지 않는다. 단순히 아가멤논의 재산으로 시민들을 지배하려고 하는 아이기스토스를 코로스와 오레스테스는 여성과 같은 존재라고 폄하한다. 실질적인 통치자는 바로 클뤼타이메스트라다. 이처럼 3부작 첫 작품인 「아가멤논」은 클뤼타이메스트라가 왕인 남편을 죽이고 아르고스의 통치자가 된다는 일면 전복적인 이야기를 통해 남성중심의 지배구조를 전복하려고 하는 움직임을 암시하고 있다.

그러나 두 번째 작품인 「제주를 바치는 여인들」에서부터 이러한 전복에 대한 반격이 시작된다. 작품 「아가멤논」에서는 딸을 죽이고 트로이아를 무참하게 유린한, 잔인하고 오만한 전쟁광으로 그려졌던 아가멤논이 이 작품에서는 위대한 업적을 이룬 신과 같은 존재(106행)로 그려지고 있다. 이제 그는 신과 같은 위대한 왕으로 칭송되고, 그의 무덤은 신을 위한 "제단과 같은"(106행) 장소가 된다. 물론 「아가멤논」에서도 이러한 칭송의 어구들을 전혀 찾아볼 수 없는 것은 아니지만, 「제주를 바치는 여인들」에서는 이러한 칭송의 분위기가 작품 전체를 지배하고 있다. 마지막 작품인 「자비로운 여신들」에서도 아폴론은 아가멤논을 제우스가 "왕홀"(工笏)을 내려주어 통치권을 부여한 "고귀한 남자"(625~626행)이자, 그리스 "함대의 사령관"으로서 "모든 사람으로부터 존경받는 영웅"(636~637행)으로 부각시키

Oresteia," *Arethusa*, 11: 1-2 (1978), 150쪽.
63) Simon, Goldhill, 앞의 책, 152쪽.

면서, 그렇게 고귀한 남자가 "아마조네스족 여인"과 같은 한 여인에게 살해된 것을 비통해하고 있다(628행). 즉 아가멤논에 대한 일련의 미화작업을 통해 클뤼타이메스트라를 고귀한 영웅을 죽인 악한 여자로 몰아가고 있다.

앞서 살펴보았듯, 아이스퀼로스는 왕인 남편을 죽이고 스스로 통치자가 됨으로써 남성중심의 지배구조에 균열을 가져온 클뤼타이메스트라가 어떤 인물인가를 말하기 위해 그녀에게 각종 동물의 이미지, 곧 늑대, 사냥개, 뱀, 암사자, 썩은 사체를 쪼아 먹는 큰 까마귀, 덫을 놓는 거미, 뱀 등의 이미지를 덧입힌다. 우리는 카산드라가 그녀를 가리켜 배반을 일삼는 "음흉한 **아테**와 같은"(atēs lathraiou) 존재(「아가멤논」 1230행), "하데스의 덫"과 같은 존재(「아가멤논」 1115~1117행)라고 비난했던 것을 지적한 바 있다. 그리고 그녀가 남편의 시신 앞에서 환성을 지르고, 어린 오레스테스를 노예로 팔고, 엘렉트라에게는 노예와 같은 삶을 강요하고, 죽은 아가멤논의 손발을 난폭하게 잘라내고 어떤 장례의식도 없이 매장해버리는 비인간적인 잔인성, 그리고 간음을 통해 폴리스 내의 소우주인 '집'을 타락시킨 비도덕성도 지적한 바 있다. 아이스퀼로스는 이 모든 사례를 통해 클뤼타이메스트라가 남성중심의 지배구조, 그리고 지배자로서의 남성의 권위에 도전할 자격이 없음을 역설하고 있다. 아이스퀼로스에게 그녀는 자신들의 남편 모두를 살해한 렘노스 여인들(「제주를 바치는 여인들」 631~635행)이나 아크로폴리스를 침공하고 유린한 아마조네스족 여인들처럼 기존의 질서에 도전하고 이를 전복하려 하는 위험한 존재인 동시에 그럴 만한 자격이 없는 존재로 그려지고 있다.

또 다른 여성들, 즉 클뤼타이메스트라의 망령이 불러낸 분노의 여신들은 어떤가. 아레오파고스 법정에서 아폴론은 흰 빛깔의 옷을 입고 오레스테스를 변호하고, 분노의 여신들은 검은 빛깔의 옷을 입고 클뤼타이메스트라의 입장을 대변한다. 각종 제의에 참석하는 자들은 물론이고 신까지도 흰 옷을 입는다는 것을 고려해볼 때, 그들의 검은 옷은 그들이 신성한 자리에 낄 자격이 없다는 그들의 고립성(「자비로운 여신들」 349~352행)을 말해주고 있다. 아폴론은 하계에서 "저주"(ara, 417행)로 일컬어지는 그들을 인간과 신들 모두에게 "혐오스러운" 존재(68~73행), 올륌포스의 신들로부터 쫓겨난 우주의 미아(迷兒), 모든 이가 증오하고 회피하는(196~197행, 721~722행) "괴물"(knōdala, 644행)로 규정하고 있다.

"검은 피부"를 가진(52행) 분노의 여신들은 정체를 파악하기도 어려운 존재다(46~59행).[64] "처녀노파들"(68행)이라고 불리기도 하는 그들은 오레스테스를 추적하면서 그를 그들이 마실 "피", 그들이 먹을 "제물"의 음식(183~184행, 264~266행, 302행, 305행)에 빗대는데, 이때 그들이 내는 목소리나 풍기는 피의 냄새는 개를 연상시키기도 하고(131~132행, 230~231행, 245~253행;「제주를 바치는 여인들」924행, 1054행), 메두사의 자매들(48행)과 같은 존재라는 표현은 뱀을 연상시키기도 한다. 흉측하게 골아대는 그들의 코에서는 무서운 강풍이 뿜어져 나오고, 입에서는 개의 분비물 같은 것이 흘러내리고, 눈에서는 피와 고름이 흘러내린다(53~54행). 또한 그들이 토해내는 분노에서는 "독즙"이 뿜어져 나온다(478~479행).

아이스퀼로스는 이러한 각종 비유와 묘사를 통해 그들을 역겹고 괴기한 전한 존재로 격하시키고 있는데, 크리스테바의 '아브젝트'(abject)의 개념을 연상시킨다.[65] 이로써 그들이 대변하는 가치도 격

---

[64] 이 작품과 관련해 분노의 여신들에 대한 일반적인 묘사에 대해서는 John Heath, 앞의 책, 238~242쪽을 참조할 것.

[65] Sarah Nooter, *The Mortal Voice in the Tragedies of Aeschylus* (Cambridge: Cambridge UP, 2017), 253~254쪽을 볼 것.

하시킨다. 그들이 패배할 수밖에 없는 것은 그들이 천한 존재이기 때문이라는 것이다. 앞서 보았듯, 그들이 표방하는 모권(母權) 또는 그것의 가치는 아폴론뿐만 아니라 같은 여성인 아테나에게도 철저하게 부정된다. 아이스퀼로스가 그려 보이는 분노의 여신들의 그 천한 모습은 분노의 여신들의 화신(「자비로운 여신들」 94~139행)인 클뤼타이메스트라에 대한, 더 나아가서 여성 전체에 대한 혐오감을 불러일으키기 위한 고도의 '복선'이라고 말할 수 있다.

3부작 『오레스테이아』가 마침내 대단원의 막을 내릴 때, 디오뉘소스 극장에 모여 있던 1만 5천여 명의 아테나이 시민들은 이른바 민주주의를 표방하는 자신들의 폴리스, 일종의 "남성 클럽"[66]인 폴리스의 남성중심적인 지배구조를 정당화시켜주는 이데올로기에 취해 모두 다 함께 축하행진을 벌였을지도 모른다. 그 공연과 축하행진에 참가한 시민들의 대부분, 아니 거의 전부가 남성이었음은 두말할 나위도 없다.[67]

작품 『오레스테이아』 전체를 통해 클뤼타이메스트라가 그처럼 천한 존재로 각인되고 있는 것은 남성중심의 사회질서에 도전한 클뤼타이메스트라가 죽어 마땅하다는 결론과 무관하지 않다. 아이스퀼로스가 그토록 자랑스러워하는 아테나이의 민주주의에 여성을 위한 자리는 없었다. 클뤼타이메스트라의 죽음이 증명하듯, 여성이 도모하려는 어떤 도전도, 어떤 전복도 결코 용납할 수 없다는 것, 이것이 아

---

66) Pierre Vidal-Naquet, *Le chasseur noir: Formes de pensée et formes de société dans le monde grec* (Paris: Maspero, 1981), 269쪽.
67) 고대 그리스 여성들은 폴리스 내에서 그 어떤 사회적인 위상도 부여받지 못하는 일종의 '국외자'였다. 여성 없이 자신의 아이를 가지고 싶다는 당시 그리스 남성들의 비현실적인 소망은 당시에 여성들이 얼마나 미천한 존재로 간주되었나를 보여주는 증거다. 이에 대해서는 Vigdis Songe-Möller, *Philosophy Without Women: The Birth of Sexism in Western Thought*, Peter Cripps 옮김 (London: Continuum, 1999), 30쪽을 볼 것.

이스퀼로스의 '차이'의 논리다. 그의 **차이**의 논리가 곧 **차별**의 논리인 이유가 바로 여기에 있다.

일찍이 마르크스주의 비평가인 톰슨은 아이스퀼로스에게는 "여성의 종속이 민주제의 필수조건"[68]이었다고 지적한 바 있다. 아테나이의 민주제는 사유재산을 기반으로 하는 제도였고, 남성에 대한 여성의 종속은 그와 같은 사유재산 제도를 유지하기 위한 필연적인 조건이었다는 것이다. 즉 사유재산의 부자상속을 위해서라도, 기존의 질서에 도전하는 클뤼타이메스트라와 같은 여성은 국가의 이름으로 축출당하거나 분노의 여신들처럼 국가의 질서에 편입되지 않으면 안 되었다. 여성의 종속을 전제로 하는 이와 같은 남성/여성의 이분법은 아이스퀼로스의 『오레스테이아』 3부작 전체를 통해 다양한 모습으로 변주된다. 주체/타자, 중심/주변, 위(천상)/아래(하계), 낮(빛)/밤(암흑), 진보/보수, 폴리스/오이코스, 이성/비이성, 문명/야만, 화해/보복 등등…… 아이스퀼로스는 남성을 국가 담론을 구성하는 이성적인 주체로, 여성을 자신의 아들이 아니라 폴리스의 아들들을 생산하는 도구나 타자로 자리매김함으로써 결국 **차이**의 논리를 **차별**과 **억압**의 논리로 변형시키고 있는 것이다.

카산드라와 이피게네이아

이러한 해석도 여러 관점 가운데 하나다. 하지만 진정한 아이스퀼로스를 만나게 되는 것은 이러한 접근을 통해서가 아니라 인간 조건의 비극성에 대한 그의 깊은 인식과 마주할 때다. 카산드라와 이피게

---

[68] George Thomson, *Aeschylus and Athens; A Study in the Social Origins of Drama* (New York: Grosset & Dunlap, 1968), 269쪽.

네이아를 주목하게 되는 것도 바로 이 때문이다.

카산드라가 등장하는 그리스 비극작품은 아이스퀼로스의 「아가멤논」과 에우리피데스의 『트로이아의 여인들』, 이렇게 두 작품뿐이다. 앞서 호메로스의 작품에서는 단편적으로 언급되었을 뿐이다. 『일리아스』는 그녀를 단지 트로이아의 왕 프리아모스의 딸 가운데 "가장 아름다운 딸"(13.365), "황금 아프로디테 여신과 같은"(24.699) 미모를 가진 여성으로 소개할 뿐이고, 『오뒤세이아』는 그녀가 클뤼타이메스트라에게 살해당한 것만 전하고 있다(11.421~423).

반면 아이스퀼로스는 「아가멤논」에서 카산드라를 본격적으로 다루고 있다. 아가멤논은 전리품으로 데리고 온 카산드라를 클뤼타이메스트라와 코로스에게 "많은 전리품 가운데 나를 위해 뽑힌 최상급의 꽃"(954행)이라고 소개한다. 클뤼타이메스트라는 트로이아의 공주였던 그녀를 전리품으로 온 다른 노예들과 똑같이 대하며, 아가멤논도 그녀가 "노예의 멍에"를 짊어지지 않으면 안 된다고 못 박는다(953행). 하지만 클뤼타이메스트라의 노예와 아가멤논의 노예가 똑같은 노예는 아니다. 아가멤논이 이야기하는 노예란 곧 성 노예를 의미하기도 하기 때문이다.[69] 카산드라는 문자 그대로 노예 신분으로 살아가야 하는 멍에뿐만 아니라 '뽑힌 꽃'[70]으로서 성 노예의 멍에까지 짊어져야 한다.

아가멤논이 자줏빛 천을 밟고 궁전 안으로 들어간 뒤, 클뤼타이메스트라는 그 뒤를 따라 궁전 안으로 들어갔다가 다시 밖으로 나와 카산드라에게 전차에서 내려 궁전 안으로 들어갈 것을 명한다. 하지만

---

69) "내가 멍에를 씌운다"는 의미의 그리스어 '제우그누미'(zeugnumi)는 남자가 아내를 취할 때 사용하는 단어였다.
70) '뽑힌 꽃'은 당시 그리스 사회에서 신부를 가리킬 때 흔히 사용하는 표현이었다. 이에 대해서는 Ruth Rehm, *Marriage to Death: The Conflation of Wedding and Funeral Rituals to Greek Tragedy* (Princeton: Princeton UP, 1994), 144쪽을 볼 것.

카산드라는 이에 응하지 않고 침묵으로 일관한다. 클뤼타이메스트라가 다시 궁 안으로 들어간 뒤, 그때까지 무려 약 300행에 걸친 다른 인물들 간의 대화가 오가는 동안 단 한 마디의 말도 하지 않았던 카산드라가 마침내 침묵을 깨고 소리친다. "오토토토이(otototoi)"라는 탄식의 비명과 함께 내지른 그녀의 첫마디는 "오 아폴론이여, 오 아폴론이여"(1072~1073행)였다.

코로스가 왜 아폴론을 부르며 고통스러워하는지를 묻지만, 카산드라는 연달아 아폴론을 부를 뿐이다. 코로스는 아폴론이 그러한 비탄의 목소리에는 답을 하지도 도와주지 않을 것이라고 질책한다(1074~1075행, 1078~1079행). 하지만 카산드라는 다시 아폴론의 이름을 부르면서 "나의 파괴자"(apollōn emos, 1080행)라고 울부짖고, 그 신이 이번에도 자신을 "파멸"시키고 있다고 울부짖는다(1082행). 그리고 다시 한번 아폴론의 이름을 부르면서 "나의 파괴자"(1086행)라고 울부짖는다. 그러고 나서야 코로스와의 대화 속에서 자신과 아폴론 간의 이야기를 들려준다.

아폴론은 카산드라를 탐했다. 성 관계를 요구했다가 거부당하자 그는 그녀를 강제로 범했다. 이는 아폴론이 그녀에게 "불타는 사랑의 숨결을 불어넣어주고 있을 동안 나와 맞붙어 싸움을 벌였다"(1206행)라는 카산드라의 표현을 통해 확인할 수 있다. 앞에서 그녀가 아폴론의 이름을 부르며 고통스러워했던 이유를 여기서 찾을 수 있다. 그 강간의 기억이 그녀를 고통스럽게 했던 것이다. 아폴론은 카산드라에게 자신의 아이를 낳아주면 그녀에게 예언의 능력을 주겠다고 말했고, 이에 동의하는 카산드라에게 실제로 예언의 능력을 주었다. 하지만 그녀는 아폴론과 한 약속을 어기고 그의 아이를 낳지 않았다. 이에 분노한 아폴론은 그녀가 "진실한 예언자"(alēthomantis, 1241행)임에도 아무도 그녀의 예언을 아무도 믿지 않게 되는 저주를 내렸다

(1212행). 그녀는 단지 "'공허한' 또는 '믿을 수 없는 말'만을 지껄이는" 예언자가 되어버린 것이다.[71)]

카산드라가 아폴론에게 자식을 낳기로 한 약속을 지키지 않았던 이유가 무엇인지는 분명하지 않다. 아마도 강간에 대한 증오와 분노 때문이었겠지만, 분명한 것은 그녀가 약속을 지키지 않았다는 것이다. 아폴론에 대한 카산드라의 기억은 그지없이 "어둡다."[72)] 이는 그녀가 아폴론을 "나의 파괴자"라고 일컫는 데서 충분히 알 수 있다.

한편 카산드라는 오일레우스의 아들로서 그리스 중부지역의 로크리스인들을 이끌고 트로이아 전쟁에 참가한 아이아스[73)]에게도 강간을 당한 것으로 전해진다. 그가 아테나 여신의 신전에서 카산드라를 범했기 때문에 아테나 여신의 미움을 샀다는 이야기도 전해지는데, 그것이 사실인지[74)]는 아직도 논란의 대상이 되고 있다.[75)] 하지만 이러한 논란은 그다지 중요한 문제가 아니다. 신에게 파괴되었던 한 여성이, 즉 아폴론의 희생물이 되었던 카산드라가 이제는 인간의 희생물이 되었다는 것, 즉 아가멤논의 전리품으로서 성 노예가 되었다는 것이 더 중요한 문제다. 죄 없는 여성 카산드라가 남성의 절대 주권을 상징하는 신과 인간에게 강제로 농락당하고 희생되었다는 것이 더 중요한 문제인 것이다.

---

71) Marcel Detienne, 앞의 책, 77쪽.
72) Nicole Loraux, *The Mourning Voice: An Essay on Greek Tragedy*, Elizabeth Trapnell Rawlings 옮김 (Ithaca: Cornell UP, 2002), 76쪽.
73) 오일레우스의 아들인 아이아스는 호메로스에 의해 아킬레우스 다음가는 훌륭한 전사로 부각되었던 텔라몬의 아들 아이아스와 다른 인물이다.
74) 이에 대해서는 Guy Hedreen, *Capturing Troy: The Narrative Function of Landscape in Archaic and Early Classical Greek Art* (Ann Arbor: U of Michigan Pr., 2001), 22~28쪽을 볼 것.
75) 카산드라가 등장하는 또 한 편의 작품인 에우리피데스의 『트로이아의 여인들』에서 카산드라는 자신이 처녀라고 주장한다. 카산드라가 처녀가 아니었더라면 아가멤논이 그녀를 최상의 전리품으로 여기지 않았을 것이라고 주장하는 학자들도 있다.

다른 인물들의 경우와 마찬가지로 카산드라에게도 여러 동물의 이미지가 덧입혀진다. 그녀는 참새(1050행), 나이팅게일(1142행), 암소(1298행), 백조(1445행) 등으로 일컬어진다. 특히 코로스는 자신의 비운을 슬퍼하는 카산드라를 "애도의 노래를 그치지 않는 나이팅게일"에 비유하면서 그녀를 프로크네[76]와 연결시킨다(1142~1145행). 이에 카산드라는 나이팅게일로 변한 프로크네에게는 신들이 "날개 달린 몸을 주고 눈물 없는 달콤한 삶을 살게 해주었지만", 자신의 경우에는 자신을 죽일 "쌍날을 가진 칼이 기다리고 있을 뿐"(1149행)이라며 울부짖는다. "이 비참한 나"를 "무슨 목적으로 여기까지 데리고 왔는가", "죽음밖에 아무것도 없단 말인가"(1138~1139행)라는 슬픈 노래를 부른다.

코로스는 카산드라의 노래를 "죽음이 따르는 고통"(1176행)의 노래라고 일컫는다. 마침내 카산드라는 자신의 운명을 그대로 받아들인다. 그녀는 "나는 나의 운명과 아가멤논의 운명을 슬퍼하면서 궁 안으로 들어갈 것"(1313~1314행)이라고 말하면서 걸음을 옮긴다. 이에 코로스가 "마치 신에게 제물로 바쳐질 운명의 암소처럼 어찌 그리 용감하게 제단을 향해 걸어갈 수 있는가"(1297~1298행)라고 묻자, 카산드라는 "피할 길이 없지 않은가…… 더 이상 피할 길이 없지 않은가"(1299행)라고 대답한다. 그 후 클뤼타이메스트라는 자신이 살해한 카산드라의 시신을 코로스에게 보여주면서 카산드라는 "죽은 자들을 애도하는 마지막 만가(輓歌)를 부르는 백조처럼"(1444~1446행) 누워 있다고 말한다.

클뤼타이메스트라에게 살해당하기 전, 카산드라는 피로 물든 아트레우스의 가문(1090~1092행), 자신들을 살육한 아트레우스를 향해

---

[76] 프로크네와 관련된 이야기는 1부 3장, 『탄원하는 여인들』 101쪽의 [주38]을 볼 것.

울부짖고 있는 튀에스테스의 자식들(1095~1097행, 1217~1122행), 곧 닥쳐올 아가멤논의 죽음(1107~1111행, 1125~1129행)과 자신의 죽음(1136~1139행, 1146~1149행, 1156~1161행, 1258~1263행, 1277~1279행), 파멸을 맞이한 트로이아의 "비참한 운명"(1167~1172행), 튀에스테스의 간음(1186~1193행), 클뤼타이메스트라와 아이기스토스의 간음(1223~1226행), 오레스테스의 귀환(1280~1285행)과 클뤼타이메스트라와 아이기스토스의 죽음(1317~1319행) 등 지금까지 펼쳐졌던, 그리고 앞으로 펼쳐질 인간들의 폭력과 상처 그리고 고통의 사건들을 애도한다.

일찍이 코로스는 이러한 카산드라를 **애도하는 자**(1075행)라고 일컬었다. 카산드라가 죽기 전에 마지막으로 남긴 것은 인간의 운명에 대한 비통한 애도였다. 인간은 번영의 순간에 있다 하더라도 "그림자"(skiā)와 같이 실체가 없는 존재에 불과하며, 불운에 처해 있을 때는 "젖은 스펀지"로 한 번 훔치는 것만으로도 소멸하고 마는 무력한 존재에 지나지 않는다는 것이다(1327~1329행). 카산드라의 울부짖음은 자신에 대한 애도를 넘어 이처럼 비참한 존재인 "모든 인간에 대한 애도"[77]다. 카산드라는 남성들의 욕망과 폭력에 희생당하면서도 자신이 경험한, 경험하고 있는, 그리고 경험할 비극적인 운명과 고통을 애도하는 동시에 모든 인간이 경험했거나, 경험하고 있는, 그리고 경험할 비극적인 운명과 고통을 애도하고 있는 것이다.

『희망의 원리』의 저자 블로흐는 미래에 대한 히브리인과 그리스인의 태도를 비교하는 「피할 수 없는 운명과 피할 수 있는 운명―카산드라와 이사야」라는 글을 남긴 바 있다. 이 글에서 그는 그리스인에

---

77) Victoria Wohl, *Intimate Commerce: Exchange, Gender, and Subjectivity in Greek Tragedy* (Austin: U of Texas Pr., 1998), 113쪽.

게 운명(moira)은 피할 수 없는 것이라 말하면서, "파멸은 죄와 전혀 관계없이 밀려온다. 그것은 기계적으로 밀려오며…… 따라서 냉혹하기 그지없다"라고 적고 있다.[78] 그리스인들은 인간존재를 냉혹한 운명 앞에 어떤 탈출구도 찾지 못하는 무망(無望)한 존재로 인식하고 있었다는 것이다.

이어서 블로흐는 히브리인은 다르다고 하면서, 히브리인에게 "운명은 전적으로 바꿀 수 있는 것으로서…… 이사야는 운명이란 무엇보다도 인간들의 도덕과 그들의 결단에 달려 있다는 것을 가르친다"라고 지적한다. 그리고 이것이 무망하고 절망적인 카산드라의 부정적인 묵시와 다른 점이라고 주장한다.[79] 이러한 블로흐의 주장은 카산드라의 본질을 정확하게 지적하고 있다. 카산드라와 같은 그리스의 예언자가 히브리의 선지자와 다른 점은, 그들은 그저 미래를 예언할 뿐이다. "카산드라가 말을 하든 하지 않든 간에 그녀는 사건에 어떤 영향을 주지 않는다." 하지만 이사야와 같은 히브리의 선지자들은 다르다. "때때로 미래를 예언하지만, 이것이 그[이사야]의 본질적인 또는 배타적인 과업이 아니다……오직 예방하기 위해 미래를 예언한다."[80] 그는 "역사의 창시자다." "그가 말을 하는가 하지 않는가에 따라 사건이 일어날 수도 있고 일어나지 않을 수도 있다……그와 더불어 역사가 열리고 역사가 의미를 갖게 된다."[81] 『구약』의 「에스겔」 3장 17~20절은 인간의 운명이 선지자의 손에 달려 있음을 분명히 보

---

78) Ernst Bloch, "Unavoidable and Avoidable Fate: or Casandra and Isaiah," *Man on His Own: Essays in the Philosophy of Religion*, E. B. Ashton 옮김 (New York: Herder and Herder, 1970), 205쪽.
79) Ernst Bloch, 같은 글, 206쪽.
80) Marlène Zarader, *The Unthought Debt: Heidegger and the Hebraic Heritage*, Bettina Bergo 옮김 (Stanford: Stanford UP, 2006), 53쪽.
81) Marlène Zarader, 같은 책, 53쪽.

여준다.[82] 그러나 이런 이사야와 달리 피할 수 없는 냉혹한 운명 앞에서 아무것도 할 수 없는 카산드라가 내뱉는 모든 발언은 무망의 울부짖음 그 자체다. 카산드라의 이러한 모습이야말로 아이스퀼로스의 숨겨진 내면의 모습, 인간존재에 대한 그의 비극적인 인식의 진정한 모습인지도 모른다.

이제 카산드라와 함께 남성들의 욕망과 폭력의 희생물이었던 이피게네이아를 떠올려보자. 우리는 아가멤논이 전쟁을 위해, 전쟁의 승리를 위해 자식을 마치 "새끼 양처럼" 제단으로 끌고 가서 목을 베어 죽여 제물로 바친 것을 살펴보았다. 그녀의 목에서 쏟아져 나온 피가 제단 전체를 붉게 물들였고, 그녀의 입에서 나올지도 모를 저주의 울부짖음을 막기 위해 그녀의 입에는 재갈이 물려 있었다. 그녀는 한마디 비명도 지르지 못한 채 오직 눈빛으로 애원하다 죽어가야 했다. 물론 아버지인 아가멤논을 포함해 그 누구도 그 눈빛에 응답해주지 않았다.

일찍이 우주를 전쟁 또는 다툼(鬪爭)의 장으로 파악했던 철학자 헤라클레이토스는 "전쟁은 모든 사물의 아버지이자 왕"이다, "전쟁은 어떤 이들은 신으로 보이게 하고 다른 이들은 인간으로 보이게 한다, 또한 전쟁은 어떤 이들은 노예로 만들고 다른 이들은 자유인으로 만든다"라고 말했다.[83] 전쟁은 모든 것을 만들어낸다. 전쟁은 해방이나 희망을 만들어내기도 하고, 죽음과 절망, 증오, 분노, 보복, 그리고 숱한 인간들의 희생을 만들어내기도 한다.

다툼, 즉 투쟁은 어느 한 편을 희생시키지 않는 균형을 가져온다고

---

82) Marlène Zarader, 같은 책, 53쪽을 볼 것.
83) fr. 83, Charles H. Kahn, 앞의 책, 66쪽.

본 헤라클레이토스는 "투쟁이 정의"[84]라고 말했고, "신과 인간 간의 다툼의 종식"을 원했던 호메로스(『일리아스』 18.107)를 비난했다.[85] 그에게 대립과 다툼은 우리의 삶에 필요한 근본원리이자 '정의' 그 자체였다. 하지만 인간의 역사는 우리가 헤라클레이토스의 인식을 공유하는 것을 불가능하게 한다. 이피게네이아의 비극적인 이미지를 기억하는 우리에게 트로이아 전쟁은 파멸의 역사, 고통의 역사, 야만의 역사를 만들어내는 전쟁의 전범(典範)일 뿐이다.

그러나 이처럼 시작부터 죄 없는 이피게네이아의 피를, 그녀의 희생을 요구했던 트로이아 전쟁은 어쩌면 허상을 둘러싸고 일어난 한바탕 헛소동이었을지도 모른다. 그리스 군대를 트로이아로 불러들인 당사자인 헬레네는 정작 트로이아로 가지 않고 이집트에 있었으며, 헬레네의 이미지(eidōlon)만 파리스와 함께 트로이아로 갔다는 이야기도 있기 때문이다.

우선 헤로도토스의 『역사』에 따르면(『역사』 2.112~120) 헬레네와 그 집안의 보물을 가지고 트로이아로 향하던 파리스 일행은 헤라가 보낸 강풍으로 인해 침로를 잃고 이집트에 닿게 되었는데, 파리스의 행위를 용납할 수 없었던 이집트의 왕 프로테우스가 헬레네와 보물을 내주지 않았고, 파리스는 어쩔 수 없이 홀로 그리고 빈손으로 트로이아에 돌아갔다고 한다. 트로이아 전쟁은 헬레네와 보물이 트로이아에 없다는 사실을 그리스인들에게 납득시키지 못했기 때문에 일어난 것이며, 트로이아가 함락된 뒤에야 이 사실을 알게 된 메넬라오스는 다시 헬레네를 찾아 이집트로 갔다고 한다.

서정시인 스테시코로스도 헤로도토스보다 이미 한 세기 전에 이와

---

84) fr. 82, Charles H. Kahn, 같은 책, 66쪽.
85) fr. 81, Charles H. Kahn, 같은 책, 66쪽.

같은 주장을 펼친 바 있다. 그에 따르면[86] 헬레네를 가로챈 프로테우스는 파리스에게 헬레네를 그린 그림, 즉 헬레네의 이미지를 주었고, 파리스는 이 이미지만을 가지고 트로이아로 돌아갔다고 한다. 간혹 헬레네의 이미지에 대한 이야기가 스테시코로스의 것이 아니라 헤로도토스의 것이라는 견해가 제기되기도 하지만, 정작 중요한 것은 그들의 공통된 주장,[87] 즉 트로이아로 간 것은 헬레네가 아니라 그녀를 그린 그림이었다는 주장이다.[88] 더 나아가 헤로도토스는 『일리아스』의 저자 호메로스 또한 이 사실을 알고 있었지만 이를 감추려 했다고 주장한다(『역사』 2.116.2, 6). 호메로스는 트로이아 전쟁이 낳은 그 위대한 영웅들이 그저 널빤지에 그려진 헬레네의 이미지, 그 허상을 위해 싸웠다는 사실을 인정하고 싶지 않았으리라는 것이다. 하지만 사실 모든 전쟁은 허상 때문에, 그리고 그 허상을 위해 일어난다. 신의 의지, 정의, 해방, 자유, 등등…… 전쟁은 어쩌면 실체가 없는 관념, 그 허상들의 '이름'으로 또는 그 이름 아래 일어난다. 인간의 역사는 그러한 이미지, 그러한 허상을 실체화하고 정당화하기 위한 전쟁들로 점철된 역사이며, 아가멤논이 주도한 트로이아 전쟁도 그러한 역사에서 비껴가지 않았다.

---

86) fr. 192~193, *Poetarum Melicorum Graecorum Fragmenta*, Malcom Davies 엮음 (Oxford: Clarendon Pr., 1991).
87) 에우리피데스도 이러한 가능성을 그의 작품 『헬레네』 『타우리스의 이피게네이아』 『오레스테스』 등에서 원용하고 있다. 덧붙이자면 그리스 비극을 관람하던 당시의 관객들도 전쟁이 헬레네의 이미지 때문에 발생했을지도 모른다는 사실에 익숙했던 것으로 전해진다.
88) Norman Austin, *Helen of Troy and Her Shameless Phantom* (Ithaca: Cornell UP, 1994), 6~8쪽 그리고 각각 제4장 "Stesichorus and His Palinode," 90~117쪽과 제5장 "Herodotus and Helen in Egypt," 118~136쪽; Gregory Nagy, *Pindar's Homer: The Lyric Possession of an Epic Past* (Baltimore: Johns Hopkins UP, 1990), 418~421쪽; Deborah Lyons, *Gender and Immortality: Heroines in Ancient Greek Myth and Cult* (Princeton: Princeton UP, 1997), 158~161쪽을 볼 것.

우리는 『오레스테이아』가 이피게네이아의 희생, 트로이아 전쟁, 아가멤논과 카산드라의 죽음, 클뤼타이메스트라와 아이기스토스의 죽음 등 3부작을 따라 펼쳐졌던 그 모든 고통과 비극을 뒤로 하고 화해와 축제로 그 결말을 장식하고 있음을 살펴보았다. 아이스퀼로스는 화해할 수 없는 대립을 좀더 고차원적인 신들의 영역에서 해결함으로써 우리를 낙관주의 세계관으로 인도하고 있다. "적어도 아이스퀼로스에게, 비극은 비극적인 것의 재현이면서도 동시에 비극적인 것의 종언을 향하는 충동"[89]이라는 주장이 낯설지만은 않은 것도 이 때문이다. 하지만 여러 선학(先學)들의 비극론을 거론하지 않더라도, 기본적으로 비극은 화해를 전제로 하지 않는다.

괴테는 "비극적인 모든 것은 화해할 수 없는 안티테제에 토대를 두고 있다. 화해가 시작된다든가 또는 가능해진다면, 비극적인 것은 사라진다"[90]라고 주장했으며, 야스퍼스도 진정한 비극은 화해할 수 없는 대립을 전제로 한다고 말했다.[91] 바르트 역시 "신화는 모순에서 출발해 그 모순과 화해하는 데로 향해 나아가지만, 비극은 오히려 모순을 확고히 하고 화해를 거부한다"[92]라고 주장한 바 있다. 비극적인 비전은 일체의 해결이나 화해를 배제한다. 그리고 아이스퀼로스도 결코 이를 간과하지 않는다. 혹자의 주장대로 "이스라엘이 수립되었다고 해서 아우슈비츠의 공포가 씻기는 것은 아니듯, 아레오파고스

---

89) Paul Ricoeur, *The Symbolism of Evil*, Emerson Buchanan 옮김 (Boston: Beacon Pr., 1967), 228쪽; 폴 리쾨르, 『악의 상징』, 양명수 옮김 (문학과지성사, 1994), 217쪽.
90) A. Maria van Erp Taalman Kip, "The Unity of the *Oresteia*," *Tragedy and the Tragic: Greek Theatre and Beyond*, M. S. Silk 엮음 (Oxford: Clarendon Pr., 1996), 133~134쪽에서 재인용.
91) Karl Jaspers, *Tragedy is not Enough*, H. A. T. Reiche, Harry T. Moore, and Karl W. Deutsch 옮김 (Boston: Beacon Pr., 1952), 95쪽.
92) Roland Barthes, *Sur Racine* (Paris: Éditions du Seul, 1963), 67쪽.

가 설립되었다고 해서 카산드라의 고통이 잊히는 것은 아니기"[93] 때문이다.

카산드라와 이피게네이아처럼 강자들에게 희생된 약한 존재들의 절망의 울부짖음이야말로 진정한 '역사'다. 인간의 역사는 약자들에 대한 강자들의 폭력, 약자들에 대한 강자들의 **강간**[94]으로 점철된, 약자들의 희생의 역사이기 때문이다. 그렇기 때문에 제임슨은 역사란 우리에게 언제나 "아픈 상처"를 주고 있다고 했던가.[95] 마르크스와 니체는 과거가 현재를 매장하지 않도록 하기 위해 죽은 자들로 하여금 죽은 자들 스스로를 매장하도록 하는 '망각'이 필요하다고 역설했다.[96] 그러나 카산드라와 이피게네이아의 절망의 울부짖음이 언제까지나 역사의 **진실**로 귀환하는 한, 인간의 역사에 화해란 있을 수 없다. **망각**은 더더구나 있을 수 없다. 데리다가 『마르크스의 유령들』에서 이야기하듯, 우리는 "기억……의 정치가 필요하다."[97] 아이스퀼로스가 카산드라와 이피게네이아의 절망의 울부짖음을 강조하는 것도 이 때문이다. 그의 인간존재에 대한 비극적인 인식, 그것이 갖는 진지성이 바로 여기에 있다.

---

93) Walter Kaufmann, *Tragedy and Philosophy* (Princeton: Princeton UP, 1992), 182쪽.
94) 내가 여기서 "강간"이라는 용어를 사용한 것은, Michael N. Nagler이 『일리아스』를 논하는 가운데 그리스의 트로이아 정복을 여성의 베일을 찢는 것에 비유하고, 이를 '강간'으로 특징지었던 것에 주목했기 때문이다. 그의 저서 *Spontaneity and Tradition: A Study in the Oral Art in Homer* (Berkeley: U of California Pr., 1974), 45~54쪽을 볼 것.
95) Fredric Jameson, *The Political Unconscious* (Ithaca: Cornell UP, 1981), 102쪽.
96) Karl Marx, *The Eighteenth Brumaire of Louis Bonaparte*, Karl Marx and Frederick Engels, *Selected Works in One Volume* (London: Lawrence & Wishart, 1968), 95쪽; Friedrich Nietzsche, "On the Uses and Disadvantages of History for Life," *Untimely Meditations*, Daniel Breazeale 엮음, R. J. Hollingdale 옮김 (Cambridge: Cambridge UP, 1997), 62쪽.
97) Jacques Derrida, *Specters of Marx*, Peggy Kamuf 옮김 (New York: Routledge, 1994), xix쪽.

5장 『결박당한 프로메테우스』

『결박당한 프로메테우스』는 프로메테우스를 주인공으로 하는 아이스퀼로스의 『프로메테이아』 3부작 중 현존하는 유일한 작품으로 그 정확한 공연 연도는 알려져 있지 않다. 불확실한 것은 공연 연도만이 아니다. 우선 일찍이 1856년부터 이 작품을 아이스퀼로스의 것으로 볼 수 없다는 주장이 제기되어왔다. 이 작품의 운율이나 문체, 화법 그리고 무엇보다도 제우스에 대한 부정적인 인식 등을 고려할 때, 이 작품은 아이스퀼로스의 것이 아니라는 것이다.

이 작품에 대한 논란은 여기서 그치지 않는다. 이 작품이 3부작의 하나라면 나머지 두 작품은 어떤 것들이며 순서는 어떻게 되는가에 대해서도 논란이 계속되고 있다(단, 이 작품이 두 번째 작품일 것이라는 점에 대해서는 별 이의가 없는 듯하다). 일단 『프로메테이아』 3부작을 이 작품과 『불의 운반자 프로메테우스』, 『결박에서 풀려난 프로메테우스』라고 할 때(물론 확실하다고는 할 수 없다), 『불의 운반자 프로메테우스』가 첫 번째 작품이라고 주장하는 이들이 있는가 하면, 그것이 마지막 작품이라고 주장하는 이들도 있다.

전자는 프로메테우스가 제우스의 뜻을 거역하고 불을 훔쳐 인간들에게 준 대가로 두 번째 작품 『결박당한 프로메테우스』에서 벌을 받는 것이라는 논리를 내세운다. 그에 반해 후자는 인간들에게 불을 선물한 프로메테우스를 기리는 종교의식인 **프로메티아**(Promethia)가 횃불릴레이경주(lampadephoria)와 함께 치러진 것을 근거로, 이 행사의 기원을 그 주제로 하고 있는 것으로 보이는 『불의 운반자 프로메테우스』가 3부작의 마지막을 장식하는 작품이라고 주장한다.

한편 아이스퀼로스의 종교적인 견해를 근거로 『결박에서 풀려난 프로메테우스』가 3부작의 마지막 작품이라고 주장하는 이들도 있다. 『탄원하는 여인들』과 3부작 『오레스테이아』의 마지막 작품인 「자비로운 여신들」에서 그러했듯, 응징과 보복을 원칙으로 하는 '원시적인' 신인 제우스가 연민의 감정과 이해, 그리고 설득을 통해 **정의**를 펼치는 신으로 변모하는 모습이 3부작의 마지막을 장식하리라는 것이다. 또한 프로메테우스에게 고통을 준 제우스가 마침내 노여움을 풀고 그의 결박을 풀어준다는 신화 상의 이야기와도 일치한다는 점에서 가장 많은 이들이 동의하는 주장이기도 하다.

즉 첫 번째 『불의 운반자 프로메테우스』에서는 불을 훔쳐 인간에게 선물하는 프로메테우스의 행위가, 두 번째 작품 『결박당한 프로메테우스』에서는 그 대가로 제우스가 프로메테우스에게 내리는 고통이, 마지막 작품 『결박에서 풀려난 프로메테우스』에서는 제우스의 변모와 그 결과로 고통에서 해방되는 프로메테우스의 이야기가 다루어졌으리라는 것이 가장 일반적인 견해다.[1]

여기서는 이러한 논쟁에 또 하나의 주장을 보태기보다는 하나의 텍스트로서 지금 우리 앞에 있는 『결박당한 프로메테우스』에 그 초

---

1) Zoe Stamatopoulou, *Hesiod and Classical Greek Poetry: Reception and Transformation in the Fifth Century BCE* (Cambridge: Cambridge UP, 2017), 122~127쪽을 볼 것.

점을 맞출 것이다. 중요한 것은 이 작품만이 지금 **우리 앞에** 현존하고 있다는 사실이다. 앞에서도 살펴보았듯, 아이스퀼로스는 무엇보다도 인간과 인간의 비극적 조건에 천착한 전형적인 **비극**작가였다. 작품 『결박당한 프로메테우스』 전체를 관통하고 있는 것 역시 인간과 인간의 조건에 대한 그의 비극적인 인식이다. 이 작품이 아이스퀼로스의 작품임을 확신할 수 있는, 아니면 적어도 이 작품을 아이스퀼로스의 작품으로 고려할 수 있는 이유가 바로 여기에 있다.

불을 "훔쳐"(klepsas) 인간에게 선물함으로써(7~8행)[2] 제우스의 뜻을 거역한 프로메테우스(Promētheus)는 그에 대한 대가로 "지구의 가장 먼 경계"(1행)에 있는 스퀴티스(또는 스키디아) 지역의 카우카소스 산정의 가파른 바위에 결박당한다. 강철 사슬로 그를 바위에 붙들어 매는 그 결박에 제우스의 측근이자 힘과 폭력의 화신인 비아와 크라토스가 동원되고 헤파이스토스가 가담한다. 이어 물의 신 오케아노스의 딸들로 구성된 코로스가 프로메테우스를 방문하고 그의 고통을 안타까워하며 제우스와 화해할 것을 권고한다. 프로메테우스는 화해의 권고는 무시한 채 오히려 제우스가 크로노스에게서 권력을 탈취할 때 자신이 어떻게 그를 도와주었는지, 제우스가 파멸시키려고 했던 인간들을 자신이 어떻게 구원했는지에 대해 이야기한다 (199~238행).

---

2) 인용한 텍스트의 그리스어 판본은 다음과 같다. Aeschylus, *Prometheus Bound*, Mark Griffith 엮음[주석포함] (Cambridge: Cambridge UP, 1983). 그리고 Aeschylus, *Suppliant Maidens; Persians; Prometheus; Seven against Thebes*, Herbert Weir Smyth 편역, LCL 145 (Cambridge/ M.A.: Harvard UP, 1973); Eschyle, *Tragédies I: Les suppliantes; Les perses; Les sept contre thèbes; Prométhée enchaîné*, Paul Mazon 편역 (Paris: Les Belles Lettres, 2010)을 참조함. 한편 한글번역판으로는 아이스퀼로스, 『아이스퀼로스 비극』 - 『아가멤논』 『코에포로이』 『자비로운 여신들』 『결박된 프로메테우스』, 천병희 옮김 (서울: 단국대출판부, 1999)을 참조함.

특히 그는 자신이 인간들에게 "불"(pur)을 선물한 덕분에(254행) 인간들이 자신들의 삶에 필요불가결한 여러 기술들(450~506행)을 발전시킬 수 있게 되었다는 이야기를 자랑스럽게 들려준다. 뒤이어 등장한 오케아노스가 다시 한번 제우스의 뜻에 따를 것을, 그리하여 지금의 고통에서 벗어날 것을 권유하지만 그는 단호히 거부한다.

이번에는 제우스로 인해 고통 받는 또 한 명의 인물인 이오가 등장한다.[3] 제우스에 의해 암소로 변한 상태에서 쇠파리에 쏘여 미치광이가 된 채 도처를 떠돌던 이오가(565행 이하) 고통 받고 있는 프로메테우스를 목격한 것이다. 프로메테우스는 이오에게 그녀의 마지막 유랑지가 될 이집트에 다다르면 그녀의 고통이 끝날 것이라고 일러준다. 거기서 제우스에 의해 본래의 모습을 되찾을 것이며, 제우스의 아들 에파포스를 낳아 그의 후손 가운데 한 명이 훗날 자신을 고통에서 해방시켜줄 것이라고 일러준다(846~873행).

이오가 떠난 뒤 프로메테우스는 코로스에게 자신이 알고 있는 비밀, 훗날 제우스에게 치명적인 것이 될 만한 비밀을 이야기한다. 그 비밀은 장차 한 여인으로부터 태어날 제우스의 아들이 그 아버지보다 더 강한 자가 되어, 제우스가 자신의 아버지 크로노스에게 했던 것과 똑같이 제우스를 올륌포스의 권좌에서 쫓아낼 것이라는 이야기였다(908~925행). 올륌포스 산정에서 이 이야기를 들은 제우스는 헤르메스를 프로메테우스에게 보내 자신을 올륌포스의 권좌에서 쫓아

---

[3] 이오는 『탄원하는 여인들』에서도 거론한 바 있다. 『탄원하는 여인들』은 이오의 고통을 헤라의 질투에 그 책임을 돌리는 대신 제우스는 동물의 모습을 한 이오를 끝까지 사랑하면서 그녀로 부터 그들의 영광스러운 아들을 태어나게 하는 등 정의로운 신으로 등장한다(163~175행, 291~315행, 531~589행). 이와 반대로 『결박당한 프로메테우스』는 이오의 고통을 주로 제우스의 성적 욕망에 그 책임을 돌리는 대신 (578~581행, 663~672행, 735~741행), 헤라에게는 부분적으로 그 책임을 돌린다 (591~592행, 703~704행).

낼 아들을 낳을 여인이 누구인지를 알아내려고 하지만, 프로메테우스는 함구할 뿐이다. 헤르메스는 만일 그가 그 여인이 누구인지 밝히지 않는다면, 제우스가 독수리를 보내 그의 간을 쪼아 먹게 할 것이며, 그를 영원히 하데스의 타르타로스에서 살게 할 것이라고 협박한다(1021~1029행). 그런데도 프로메테우스가 입을 열지 않자, 제우스는 번개를 내리쳐 땅을 깨뜨린다. 프로메테우스는 자신을 동정했던 코로스와 함께 제우스의 번개를 맞고 하데스의 타르타로스로 내던져진다.

헤시오도스의 프로메테우스

프로메테우스의 이야기가 처음으로 문헌에 등장하는 것은 기원전 8세기의 헤시오도스에 이르러서다. 호메로스는 다른 티탄족들과 함께 프로메테우스의 아버지 이아페토스를 언급한 바는 있으나, **불의 운반자**인 프로메테우스에 대해서는 직접적으로 언급한 적이 없다. 반면 헤시오도스는 『신통기』(神統記)와 『노동과 나날』에서 프로메테우스가 제우스에게 행한 기만적인 술책과 인간에게 불을 전한 그에게 제우스가 내린 벌에 대해 긴 이야기를 들려준다. 그의 긴 이야기에서 프로메테우스는 인간으로 하여금 원초적인 행복을 상실하게 한 장본인이자 인간과 마찬가지로 영원한 고통의 벌을 받게 되는 교활한 책략가로 묘사되고 있다(506~616행).[4] 그러면 잠깐 『신통기』에 나오

---

4) 헤시오도스가 프로메테우스를 어떤 인물로 묘사하고 있는가에 대한 포괄적인 논의는 Jean-Pierre Vernant, *Myth and Society in Ancient Greece*, Janet Lloyd 옮김 (Sussex: Harvester Pr., 1980), 168~185쪽을 볼 것. 그리고 헤시오도스에서 플라톤에 이르기까지 프로메테우스가 어떻게 다루어지고 있는가는 같은 저자, "Prometheus and the Technological Function," *Myth and Thought among the Greeks* (New York: Zone Books, 2006), 263~273쪽을 볼 것.

는 이야기를 따라가 보기로 하자.

한때 메코네에서 신들과 인간들이 자리를 함께하게 되었는데, 이때 제우스는 프로메테우스에게 희생제물을 신과 인간에게 합당하게 배분하라는 명령을 내린다. 이에 프로메테우스는 황소를 죽인 뒤 이를 겉으로 보기에는 역겨운 살코기와 내장, 겉으로 보기에는 윤기가 흐르고 먹음직스러운 기름 바른 뼈로 양분한 뒤 제우스에게 둘 중 하나를 선택하라고 한다. 제우스는 프로메테우스의 기만적인 책략을 "간파했지만"(550~551행), '먹을 수 있는' 전자가 아니라 '먹을 수 없는' 후자를 선택하고 진노한다.

이후 제우스는 프로메테우스에게 직접 벌을 내리는 대신, 먼저 그의 총애를 받는 인간들로부터 불을 거두어들임으로써 그에게 간접적인 보복을 가한다. 그러자 프로메테우스는 신들 몰래 불을 훔쳐 회향(茴香) 줄기 속에 감추어두었다가 다시 인간들에게 가져다준다. 이에 제우스는 인간들로부터 불을 거두어들이는 것보다 그들에게 더한 재앙을 안겨주기 위해 여러 신들에게 여자를 만들 것을 명령한다. 먼저 헤파이스토스가 진흙으로 젊고 아름다운 여성을 빚고, 여기에 헤르메스가 생명과 힘 그리고 목소리를 불어넣고, 마지막으로 아테나가 은빛 옷과 화관 그리고 황금 머리띠로 그녀를 치장한다.

헤시오도스는 인간과 신 모두가 좋아할 만큼 너무나 **아름다운 존재**(575행, 581행, 584행, 588행)인 이 최초의 여인을 가리켜 **위험한 덫**(aipus dolos)을 던지는 "아름다운 악"(kalon kakon)(585행)이라 일컫고 있다. 헤시오도스의 『노동과 나날』에 따르면 인간에게 끝없는 재앙의 원천(『신통기』 561~591행)이 될 이 이름 없는 여인을 헤르메스가 **판도라**라고 명명했다. 제우스가 프로메테우스의 총애를 받는 인간들에게 보낸 이 여인은 불을 훔쳐 인간들에게 준 프로메테우스의 도발적인 행태에 대한 "저주", 곧 "악의 선물"(57~58행)이었다.

이렇듯 헤시오도스는 제우스가 자신의 뜻을 거역하고 인간에게 불을 선물했던 프로메테우스에게 보복 하기 위해 인간들에게 **여성**이라는 **선물**, "더 정확하게 말하면 아내"[5]라는 선물을 준 것으로 보았고, 여성의 출현으로 "결혼이라는 인간의 제도가 처음 도입"[6]됨으로써 인간에게 온갖 재난"(『노동과 나날』 95행)이 초래되었다고 보았다. 적어도 헤시오도스는 인간들 사이에 일어나는 모든 갈등이 여성의 창조, 곧 남자가 바깥에서 힘들게 거둬들인 수확물을 집 안에서 하는 일 없이 탕진하면서 자신들의 욕망을 끝없이 충족시키기 위해 거짓에 찬 교묘한 목소리(77~78행)로 남자를 유혹하는(373~375행) 여성의 창조에서 비롯된 것이라고 보았다.[7]

그런데 헤시오도스는 인류의 기원에 대해 어떤 설명도 하지 않고 있으며, 이 최초의 여성이 존재하기 이전에는 인간이 어떻게 존재할 수 있었는지에 대해서도 아무런 설명을 하지 않고 있다. 그는 단지 판도라 이후 인간은 여성의 몸을 빌려 태어나게 되었고, 남자들은 여성의 몸을 빌려 태어난 아이들과 그 아이들을 태어나게 한 아내의 생존을 위해, 평생 노동의 수고를 감당할 수밖에 없었다는 주장만 하고 있다. 헤시오도스에게 남자들이 행하는 노동의 수고는 일종의 **악**이었고, 인간에게 불을 되돌려준 프로메테우스의 행위는 바로 그러한 악의 원인이었다. 또한 바로 그 행위에 대한 보복으로 인간 세계에 보내진 판도라가 행한 최초의 행위는 제우스로부터 받은 항아리 속

---

5) Jenny Strauss Clay, *Hesiod's Cosmos* (Cambridge: Cambridge UP, 2003), 102쪽, 109쪽.
6) Jenny Strauss Clay, 같은 책, 102쪽.
7) 베르낭 역시 제우스가 보낸 판도라를 "매일 남자들의 힘을 소모함으로써 그들을 산 채로 불태우는 일종의 불"이라고 일컫는다. Jean-Pierre Vernant, "At Man's Table: The Prometheus Myth in Hesiod," Marcel Detienne and Jean-Pierre Vernant, *The Cuisine of Sacrifice among the Greeks*, Paula Wissing 옮김 (Chicago: U of Chicago Pr., 1989), 66쪽.

에 오직 한가지, 곧 **희망**(elpis)만을 남겨 둔 채 항아리 뚜껑을 열어 그 속에 들어 있던 모든 악과 질병을 이 인간 세계에 풀어놓은 것이었다(『노동과 나날』 83~104행).

헤시오도스에 따르면 신들이 인간을 적대한 것은 프로메테우스가 희생제물인 황소를 배분하면서 제우스를 기만하고 인간에게 불을 선물하면서였다. 프로메테우스 이전의 인간이 고통도 질병도 없는(『노동과 나날』 90~92행) 이른바 **황금시대**(109~119행)를 살았다면, 프로메테우스 이후의 인간은 질병과 죽음, 노동의 수고, 궁핍과 타락, 갈등과 고통 속에서 살게 되었다(174~178행). 헤시오도스에게 인간이 신들과 함께 조화롭고 평화롭게 살았던 황금시대의 그 "…… 원초적인 행복을 잃고"[8] 철기시대를 살게 된 것, 이 모든 불행의 조건을 불러온 이는 바로 판도라, 즉 **여성/아내**이었고, 이 여성의 창조를 가져온 것이 바로 프로메테우스였다.

프로메테우스가 희생제물인 황소를 배분하면서 제우스를 기만했을 때, 제우스는 우선 프로메테우스가 총애하는 인간들로부터 불을 빼앗음으로써 그를 간접적으로 벌했다. 그러나 다시 프로메테우스가 자신의 뜻을 거역하고 불을 훔쳐 인간에게 주자, 이번에는 직접 벌을 내려 그를 기둥에 결박시키고,[9] 자신의 천둥번개를 운반하는 독수리를 보내 그의 간을 쪼아 먹게 한다. 밤사이 간이 자라면 다음날 또 독수리를 보내 다시 그의 간을 쪼아 먹게 하고……. 헤시오도스에 따르면 이러한 프로메테우스의 고통은 나중에 헤라클레스가 제우스의 동의 아래 독수리를 죽이고 그를 해방시켜줄 때까지 계속된다(『신통기』 527행 이하).

---

8) Jenny Strauss Clay, 앞의 책, 126쪽.
9) 앞에서도 거론했듯, 아이스퀼로스의 작품에서는 프로메테우스가 **바위**에 결박당한다.

인간이 경험하는 모든 고통과 악의 원인을 프로메테우스에게서 찾는 헤시오도스의 입장에서 볼 때, 프로메테우스가 이렇게 끔찍한 고통을 당하는 것은 당연하다. 그는 벌을 받아 마땅하다는 것이다. 제우스가 프로메테우스에게 맡긴 일, 곧 희생제물을 신들과 인간들에게 분배하는 일에는 공정한 분배, 공평한 분배(dais eise)가 전제돼 있었다. 그러나 프로메테우스는 먹을 수 있는 살과 내장은 "인간의 몫"[10]으로, 먹을 수 없는 뼈는 신들의 몫으로 분배함으로써 "신들에게 돌아가야 할 그 공정한 분배의 몫을 박탈하고, 더 나아가 신과 인간 사이의 적정한 위계질서를 전도"시켰다.[11] 더구나 살과 내장은 "사실상 신들에게 제공된 제물이었다."[12] 요컨대 제우스가 프로메테우스를 벌한 것은 바로 그의 이러한 불공정성과 **편파성** 때문이었다.[13] 프로메테우스가 불을 훔쳐 인간들에게 되돌려준 것도 이러한 불공정성과 편파성의 발로라고 할 수 있다. 제우스가 불에 관한 권한을 헤파이스토스에게 주었음을 고려하면, 프로메테우스가 인간들에게 불을 준 것은 그 신의 권리를 일방적으로 침해한 것이기 때문이다. 헤시오도스에 따르면 **정의**(dikē)는 제우스의 창조물이자 제우스가 인간에게 준 위대한 선물이다(『신통기』 80~93행, 『노동과 나날』 276~280행). 그러니 헤시오도스에게는 불편부당한 이 **정의의 신**이 자신과 올림포스의 신들을 배반한 프로메테우스에게 벌을 내리는 것은 너무나 당연한 일이고, 프로메테우스가 끔찍한 고통을 당하

---

10) Jean-Pierre Vernant, 앞의 글, "At Man's Table,"*Cuisine of Sacrifice among the Greeks*, 36쪽.
11) Jenny Strauss Clay, 앞의 책, 107쪽.
12) Charles H. Stocking, *The Politics of Sacrifice in Early Greek Myth and Poetry* (Cambridge: Cambridge UP, 2017), 11쪽, 28쪽.
13) P. Judet de la Combe, "La dernière ruse: 'Pandore' dans la *Théogonie*," *Le Métier du mythe: Lectures d'Hésiode*, F. Blaise, P. Judet de la Combe, and P. Rousseau 엮음 (Villeneuve d'Ascq: Presses universitaires du Septentrion, 1996), 286쪽.

는 것은 그저 그가 신과 인간 사이의 고유한 위계질서를 전도시킨 편파적이고 교활한 책략가이기 때문이다. 헤시오도스는 『신통기』의 여러 대목에서 프로메테우스의 불공평한 행태에 대한 제우스의 분노가 그치지 않고 있음을 말해주고 있다(554~555행, 562행, 567~569행, 614~615행). 제우스의 명예(timē)를 훼손하는 프로메테우스에 대한 제우스의 분노(cholos)가 『신통기』를 관통하는 주요 모티브 중 하나라고까지 할 수 있다.[14]

요컨대 헤시오도스에게 프로메테우스는 특유의 편파성과 교활한 책략으로 황금시대의 종언을 불러온, 그리하여 결과적으로는 인간들에게 고통과 악을 떠안긴 **배반자**에 지나지 않는다. 그러나 아이스퀼로스의 프로메테우스는 헤시오도스의 프로메테우스가 아니다

아이스퀼로스의 프로메테우스: 고통의 신 그리고 "인류의 친구"[15]

『신통기』에서 프로메테우스가 불을 훔쳐 인간들에게 되돌려주는 이야기는 아주 짧게 언급되고 있다(단 9행에 그치고 있다). 대신 메코네에서 일어난 이야기, 즉 프로메테우스가 제우스를 기만하면서 행하는 불공정하고 편파적인 행위, 제우스의 뜻을 거역한 프로메테우스로 인해 인간에게 내려지는 고통과 악, 그리고 프로메테우스에게 내려지는 벌에 대한 이야기가 주를 이룬다.

반면 아이스퀼로스의 『결박당한 프로메테우스』에는 메코네에서 일어난 사건과 판도라의 창조, 그로 인한 인간의 불행에 대한 이야기

---

14) Charles H. Stocking, 앞의 책, 30~33쪽, 50~54쪽을 볼 것.
15) Hans Blumenberg, "The Theft of Fire Ceases to be Sacrilege," *Work on Myth*, Robert M. Wallace 옮김 (Cambridge/M.A: MIT Pr., 1985), 321쪽.

는 등장하지 않는다. 대신 인간의 문명을 가능하게 할 불을 인간에게 선물로 주었다는 이유로 엄청난 고초를 당하는 프로메테우스의 **고통**(pathos)에 대한 이야기가 주를 이룬다.[16] 이렇듯 아이스퀼로스가 주목하는 것은 프로메테우스의 고통이다. 아이스퀼로스는 프로메테우스의 고통을 너무나 부당한 것으로 보면서, 그 부당함을 강조하기 위해 제우스와 프로메테우스를 철저하게 대비시키고 있다.[17] 여기서 제우스는 헤시오도스가 규정한 정의의 신, "궁극의 통치자"[18]가 아니라, 프로메테우스에게 부당한 고통을 가하는 신, "비인간적인 모든 것을 표상하는"[19], 톰슨의 말 그대로 "폭정"을 일삼는 "폭군"이다.[20]

코로스는 제우스가 폭력으로 권력을 획득한 뒤 전통적인 법이 아니라 "새로 만든 법"(neochmois nomois, 149~150행), 즉 "스스로 규정한"(idiois…… kratunōn, 404행) 자의적인 법으로 무자비하게 권력을 휘두르고 있다고 말한다(150행, 403~405행). 제우스가 무자비한 통치

---

16) 아이스퀼로스의 프로메테우스는 헤시오도스의 프로메테우스와 달리 교활한 책략가, 신들의 배반자가 아니라 인간들의 은인, '고통 받는 선구자'다. 이를 증언하듯, 마르크스는 아이스퀼로스의 『결박당한 프로메테우스』를 접한 뒤 프로메테우스를 철학사상 "가장 높이 우뚝 서 있는 성자(聖者)이자 순교자"(Karl Marx-Friedrich Engels, *Collected Works*, Institute of Marxism-Leninism, Moscow 엮음 [New York: International Publishers, 1975~], 1: 31쪽)라고 했고, 톰슨도 그를 "프롤레타리아트의 은인이자 성자"(George Thomson, *Aeschylus and Athens: A Study in the Social Origins of Drama* [New York: Grosset & Dunlap, 1968], 316쪽)라고 했다.
17) 아이스퀼로스의 『결박당한 프로메테우스』는 헤시오도스의 『신통기』의 줄거리를 많이 이어받고 있다. 그들 간의 유사성과 차이에 대해서, 특히 프로메테우스와 제우스의 관계 그리고 프로메테우스와 인간의 관계에서 아이스퀼로스의 작품이 『신통기』와 어떤 차이를 보여주는가에 대해서는 Zoe Stamatopoulou, 앞의 책, 127~150쪽을 볼 것.
18) Zoe Stamatopoulou, 앞의 책, 129쪽.
19) Jean-Pierre Vernant, 앞의 글, "Prometheus and the Technological Function," *Myth and Thought among the Greeks*, 272쪽.
20) George Thomson, 앞의 책, 322쪽. 이 작품에 나타나는 제우스에 대한 이러한 견해를 반박하는 글로는 Stephen White, "Io's World: Intimations of Theodicy in *Prometheus Bound*," *Journal of Hellenic Studies*, 121 (2001), 107~140쪽을 볼 것.

자라는 것은 심지어 그의 충복들인 크라토스와 비아, 그리고 헤르메스의 말과 행동을 통해서도 암시되고 있으며(36~87행, 944~1093행), 제우스로부터 프로메테우스를 결박할 책임을 부여받은 헤파이스토스 역시 "새로 권력을 쥔 자는 누구나 할 것 없이 가혹하기 마련"(35행)이라는 말로 제우스가 가혹한 통치자임을 명시하고 있다. "제우스는 폭군의 원형으로 묘사되고 있다"[21] 헤파이토스는 이 가혹한 통치자가 자신에게 부여한 책무를 선뜻 행하지 못하고 머뭇거리기도 하고(14~15행), 프로메테우스가 당하는 "고통에 대해 크게 탄식"하기도 한다(huperstenō ponōn, 66행).

이와 같은 머뭇거림과 깊은 탄식은 곧 제우스에 대한 회의의 표현으로서 "제우스가 프로메테우스에게 내린 벌을 비합법적인 것으로" 만들어 버리는 역할을 한다.[22] 스스로를 제우스의 "적"으로 규정하는(119행) 프로메테우스는 차지하더라도, 제우스의 몇몇 심복들을 제외한다면, 이 작품에 등장하는 거의 모든 인물이 제우스에 대해 회의와 증오의 감정을 드러내고 있다.

지금은 제우스와 날카로운 대립각을 형성하고 있는 프로메테우스도 한때는 제우스의 편이었다. 제우스가 자신의 아버지 크로노스를 축출하기 위해 티탄족과 싸움을 벌일 때 프로메테우스는 제우스 편에 서서 그를 도왔다. 그때 프로메테우스의 기지가 없었더라면 제우스는 올림포스의 권좌를 차지하지 못했을지도 모른다. 그러나 권좌에 오른 제우스는 신들에게는 강력한 힘과 여러 특권을 부여한 반면 "불쌍한 인간들에게는 어떤 관심도 보이지 않으면서" 오히려 그들을

---

21) Dana Lacourse Munteanu, *Tragic Pathos: Pity and Fear in Greek Philosophy and Tragedy* (Cambridge: Cambridge UP, 2012), 178쪽.
22) Danielle S. Allen, *The World of Prometheus: The Politics of Punishing in Democratic Athens* (Princeton: Princeton Up, 2000), 28쪽.

말살하려 했다. 제우스가 정당한 이유 없이 "인간들의 종족을 모조리 말살하고 다른 종족을 새로 창조하려는"(234~235행) 계획을 세울 때,[23] 모든 신 가운데 오직 프로메테우스만이 그 계획에 반기를 들고 인간을 구했다. 이것이 제우스에 대한 프로메테우스의 최초의 도전이었다.

제우스가 왜 인간을 말살하려 했는지에 대한 이유가 불분명하듯, 프로메테우스가 왜 인간의 편에 섰는지에 대한 이유도 분명하지 않다. 프로메테우스는 왜 제우스에게 도전하면서까지 인간들을 구했는지, 왜 애초에 그들을 도우려 하는지에 대해 아이스퀼로스는 아무런 설명도 들려주지 않는다. 다만 인간에 대한 프로메테우스의 깊은 사랑을 강조하는 제우스의 충복 크라토스와 헤파이토스의 발언(11행, 28행)을 통해, 그리고 자신은 "인간을 너무나 사랑했기 때문에" (dia tēn lian philotēta brotōn, 122행) 고통을 당하고 있다는 프로메테우스 본인의 발언을 통해, "하루살이의 피조물"(ephēmeros, 83행, 255행, 547행, 945행)에 지나지 않는 인간들에 대한 "호의"(446행), 그 불

---

[23] 사실 인간을 말살하고자 했던 제우스의 계획에 대해서는 부분적으로나마 그 이유를 짐작해볼 수 있다. 프로메테우스는 인간에게 "귀중한 도구를 전해주면서도 그것을 좀더 생산적으로 이용할 수 있는 규칙은 정해주지 않았고", 인간은 그 선물을 "주로 파괴적이고 사악한 용도로 사용했다." 제우스의 입장에서 볼 때 인간들에게 주어진 프로메테우스의 선물은 "어린 아이의 손에 쥐어진 칼날"과 같은 것이었다. 그렇게 보자면 제우스가 인간 종족을 멸살하려 했던 것은 더 큰 파국을 미연에 방지하기 위해서였을 수 있다. 플라톤의 주장대로 어쩌면 불이라는 선물이야말로 "비극적인 오류의 전범(典範)"이었을지도 모른다(Stephen White, 앞의 글, 127쪽, 128쪽). 프로메테우스의 선물이 가지는 부정적인 측면은 플라톤의 『프로타고라스』에서 좀더 분명하게 그려지고 있다(320c~23a). 플라톤에 따르면 인간들은 프로메테우스의 선물인 불을 유용하게 사용할 수 있는 '정치적인 기술'은 습득하지 못한 채 그것을 서로 싸우는 데만 이용했고(『프로디고라스』 322b8), 이를 보다 못한 제우스가 헤르메스를 통해 그들에게 정의(Dikē)와 수치(Aidōs)를 선물하면서 자신의 선물인 정의와 수치를 폄하하는 자는 그 누구도 죽음을 면치 못할 것이며, "온 도시가 질병으로" 고통 받게 될 것이라고 선언했다(322d).

쌍한 존재들에 대한 **연민**(239~241행)이 그 이유일 것이라고 짐작해 볼 수 있을 뿐이다.

프로메테우스가 인간들에게 불을 선물한 일은 인간에 대한 그의 사랑과 연민을 가장 구체적으로 보여준 사건이었다. 불은 프로메테우스가 하루살이의 피조물에 지나지 않는 인간들, 햇빛이 들지 않는 토굴 속, 그 갈라진 틈 속에서 "우글거리는 개미 같은"(452~453행) 그 하찮은 존재들에게 준 "경이로운 선물"[24]이었다. 프로메테우스 자신이 역설하듯, 인간들은 "온갖 기술의 교사(敎師)"(didaskalos technēs pasēs, 110행)인 불을 가지게 됨으로써 여러 기술을 터득할 수 있게 되었다. 불을 가지게 됨으로써 비로소 인간들은 나무와 벽돌로 집을 짓는 기술(450~451행), 시간을 측정하고 계절을 구별하는 기술, 카스토리아디스의 표현에 따르면 "시간을 이해하고 측정하는 것을 가능하게 하는 **암호**이자 확고부동한 지표(指標)"[25]인 천체의 움직임을 읽는 기술(454~458행)을 터득할 수 있었을 뿐만 아니라, 숫자와 글자를 사용해 자신의 생각을 기록하는 기술(459~461행), 사나운 짐승들을 가축으로 길들이고 농업에 이용하는 기술(462~466행), 바다를 항해하는 기술(467~468행), 약을 제조하는 기술(478~483행), 예언의 기술과 꿈과 전조(前兆)를 풀이하는 기술(484~492행), 신들에게 희생제물을 바치는 데 필요한 기술(493~498행), 광물을 채굴하는 기술(500~503행) 등등을 터득할 수 있었다는 것이다.

이렇듯 문명의 발달을 가능하게 한 이 모든 기술의 기원에는 불이라는 선물이 있었다. 프로메테우스가 자랑스럽게 단언하듯, 인간들이 소유하고 있는 "모든 기술은 [나], 프로메테우스로부터 온 것"

---

[24] Werner Jaeger, *Paideia: The Ideals of Greek Culture*, Gilbert Highet 옮김 (New York: Oxford UP, 1945), 1:264쪽.

[25] Cornelius Castoriadis, *Figures du pensable* (Paris: Seuil, 1999), 19쪽.

(pasai technai brotoisin ek Promētheōs, 506행)이었고, 그가 지금 당하고 있는 고통은, 크라토스가 말하듯(7~8행), 그리고 프로메테우스 스스로도 코로스에게 밝히듯(107~112행), "모든 기술의 원천인 불"(pantechnou puros selas, 7행)을 "신들의 분노를 두려워하지 않은 채"(29행) 인간들에게 되돌려 준 결과였다.

불로 인해 태동한 기술들에는 인간에게 좀더 안락하고 편리한 생활을 제공한다는 일차적인 의미 이상의 의미가 있었다. 이런 기술들에는 "세상의 사물들과 존재들을 변화시키고", "이 세상에 대한 해석과 이해를 가능하게 하는 능력"[26]이 포함되어 있다는 좀더 근원적인 의미가 있었다. 프로메테우스는 "눈을 뜨고도 보지 못하고, 귀가 있어도 듣지 못하는"(447~449행), 곧 "지적인 판단(gnōme) 없이 모든 것을 행하는"(456행) 인간들에게 생존을 위한 기술을 터득하는 능력, 더 나아가 **이성적으로 사유하는** "지적인 능력"(442~443행)을 주었고, 이로써 인간은 동물과 다른 존재가 될 수 있었다. 프로메테우스는 인류가 야만인에서 문명인으로 진전하는 데에 "결정적인 기폭제로서 행동하고 있다."[27]

제우스만이 아니라 모든 신의 증오의 대상(119~120행)이 되는 것을 마다하지 않은 데다 엄청난 고통까지도 감수한 그의 인간에 대한 사랑과 연민에는 이처럼 자신으로 인해 변모하게 될 또는 변모한 인간존재에 대한 양보할 수 없는 자부심이 깔려 있었다. 이 작품 전체를 통해 프로메테우스는 제우스가 자신에게 내린 벌이 부당하다고 주장하고 있는데, 이 또한 "제우스의 정치 권위에 대한 정면 도전"[28]이자, 인간존재에 대한 자부심을 근거로 하는 스스로에 대한 일종의

---

26) Sophie Klimis, *Archeologie du sujet tragique* (Paris: Éditions Kimé, 2003), 98쪽.
27) Zoe Stamatopoulou, 앞의 책, 138쪽.
28) Danielle S. Allen, 앞의 책, 26쪽.

자존(自尊)의 표출이라 할 수 있다.

프로메테우스는 신들을 배반하고 인간의 편에 선 대가로 "아무도 밟지 않았던 황량한"(1행) 땅, 지구의 가장 먼 경계에 위치한 스퀴티스 지역의 카우카소스 산정의 가파른 바위에 결박당한 채 있다. 인간들의 목소리도 들리지 않고 그들의 모습도 볼 수 없는(21행) "지구의 가장 외진 지역"(417~418행), "폭풍이 몰아치는"(15행) 산정의 차디찬 바위에 똑바로 선 자세로 결박당한 채 한순간의 잠도 허용 받지 못하고 고통에 못 이겨 신음하고 있다(31~34행). 올륌포스의 신들인 그의 "적들"은 그가 "당하는 고통에 기쁨을 감추지 못하고"(159행), 헤파이스토스는 프로메테우스에게 지금의 고통이 1만 년 동안 계속될 것임을 전한다. 1만 년 동안 매일 밤 차디찬 서리를 맞으며 추위에 떨 것이며, 1만 년 동안 그 서리를 녹여줄 아침 해가 뜨기를 고대하게 될 것이라는 전언에 프로메테우스는 깊은 신음을 토해낸다(93~100행).

한편 크라토스는 인간들이 그의 무거운 고통을 단 한 치도 덜어줄 수 없음을 상기시키면서(83~84행) 그를 조롱하고, 이에 프로메테우스는 비로소 자신의 옆에 자신의 고통을 안타까워할 단 한 명의 인간도 없다는 사실을 실감하면서, 그러한 고독의 정점에서 인간들 대신 주위의 하늘·바람·강·바다·대지, 그리고 천체를 향해 고통을 호소하며 울부짖는다(88~92행). 그의 고통을 목격한 코로스도 분노에 떨고, 더 나아가 대지 전체가 비탄에 빠져 울부짖는다. 바다의 물결·강물·대양·하데스의 검은 심연까지도 그의 "통탄한 만한 고통"(aglos oiktron, 435행)에 슬픔을 토해낸다. 그러나 이들이 표하는 이 모든 슬픔이 무색하게도 프로메테우스 앞에는 더한 고통이 기다리고 있다.

이 작품의 마지막 장면이 이를 예고한다. 앞에서 보았듯, 프로메테우스가 코로스에게 장차 한 여인으로부터 태어날 제우스의 아들이 아버지보다 강한 자가 되어 아버지를 권좌에서 쫓아낼 것이라고 예언하자, 제우스가 헤르메스를 프로메테우스에게 보내 자신보다 강한 아들을 낳게 될 여인의 정체를 알아내려 한다. 프로메테우스가 계속 함구하자 헤르메스는 입을 열지 않으면 저 깊은 나락의 세계인 타르타로스에 3만 년 동안 감금당할 것이며, 그 후에는 날마다 제우스의 독수리에게 간을 쪼아 먹힐 것이라고 위협한다. 프로메테우스가 끝까지 함구하자, 마침내 제우스가 벼락을 내리쳐 그를 타르타로스로 떨어뜨려 버린다. 프로메테우스는 자기가 당하는 "부당한 고통"(ekdika, 1094행)을 한탄하고 자신의 고통을 보고 있을 자가 아무도 없는 현실을 탄식하면서 울부짖는다.

이후 프로메테우스에게 어떤 일이 일어났는지에 대해서는 3부작의 다른 두 작품이 현존하지 않는 관계로 헤시오도스의 작품(『신통기』521~616행, 『노동과 나날』42~105행)과 미완유고로 전해지는 『결박에서 풀려난 프로메테우스』를 참조할 수밖에 없다.

이러한 자료에 따르면 제우스는 타르타로스에 감금된 프로메테우스에게 지상에서보다 더한 고통을 가하면서 문제의 아들을 낳을 여인의 정체를 밝히고 자신의 권위를 받아들일 것을 요구한다. 하지만 카우카소스의 산정에서 당한 고통보다 더한 고통도 프로메테우스를 굴복시키지는 못한다. 격분한 제우스는 그를 다시 지상으로 끌어올려 이전처럼 차디 찬 바위에 결박한 뒤 매일 독수리를 보내 그의 간을 쪼아 먹게 한다. 프로메테우스는 매일 이 모든 고통을 견디어낸다.

이처럼 프로메테우스는 끝까지 제우스에게 굴복하지 않는다. 그렇다면 그는 어떻게 이러한 고통에서 벗어나게 되는가. 아이스퀼로스는 프로메테우스 자신의 입을 빌려 장차 이오의 자손들 가운데 한 명이자 제우스의 아들인 어떤 인물이 프로메테우스를 고통에서 해방시켜줄 것임을 밝힌다(771~774행). 그 인물이 바로 헤라클레스다. 헤라클레스가 매일 프로메테우스의 간을 쪼아 먹는 독수리를 자신의 화살로 죽이게 된다는 것이다.

그런데 어떻게 보면 프로메테우스의 해방이 전적으로 제우스의 손에 달려있는 것 같기도 하다. 표면적으로는 헤라클레스가 독수리를 죽이는 역할을 하지만 만약 제우스의 동의가 없었다면 아무리 헤라클레스라고 해도 함부로 그 독수리를 죽일 수는 없었을 것이기 때문이다. 프로메테우스 스스로 코로스에게 자신이 고통에서 해방되는 것은 제우스, 바로 그에게 달려 있다고 말하기도 하고(260행), 코로스의 아버지인 오케아노스에게 "제우스의 마음에서 끓어오르는 분노가 그치는 날이 올 때까지 나는 현재의 이 불운의 잔을 마지막 한 방울까지 남김없이 마실 것"(377~378행)이라고 말하기도한다. 결국 모든 것이 제우스의 마음에 달려 있다는 것이다.[29]

제우스와 프로메테우스 간의 갈등은 어떤 결말을 맞을까. 가장 일

---

29) 프로메테우스가 제우스에게 반기를 든 데는 인간에게서 불을 거두어들임으로써 그들을 동물의 수준으로 전락시키고, 인간을 아예 말살하려는 그의 계획에 대한 분노가 있었다. 마찬가지로 제우스가 프로메테우스에게 극심한 고통을 가한 데는 그가 자신의 권위에 도전한 것에 대한 분노가 있었다. 프로메테우스는 자신에 대한 제우스의 분노가 그칠 때까지 자신의 고통은 계속될 것이며 그 순간까지 제우스에 대한 자신의 분노도 그치지 않을 것이라고 토로한다. 여기서 우리는 왜 제우스가 자신의 독수리로 하여금 프로메테우스의 간을 쪼아 먹게 했는지를 이해할 수 있다. 간은 상고시대를 거쳐 고전시대에 이르기까지 음욕과 분노의 장기로 간주되어왔다. 즉 제우스가 자신의 독수리로 하여금 매일 프로메테우스의 간을 쪼아 먹게 한 데에는 프로메테우스의 분노에 종지부를 찍고 프로메테우스로 하여금 자신에 대한 도전을 포기하고 자신의 권위를 인정하게 하겠다 의도가 깔려 있었다(Danielle S. Allen, 같은 책, 33쪽을 볼 것). 이렇듯 그들 간의 갈등의 중심에는 분노가 자리하고 있었다. 또한 그들 각자의 분노가 사라지지 않는 한 그들 간의 갈등은 사라질 수 없었을 것이며, 프로메테우스의 고통 역시 멈추지 않았을 것이다. 프로메테우스가 '제우스의 마음'을 언급하는 것은 바로 이러한 맥락에서다.

반적인 결말은 헤라클레스가 제우스의 동의 아래 그 독수리를 죽이고 프로메테우스를 고통에서 해방시켜줌으로써 둘 사이에 화해가 성립되고 종국적으로 프로메테우스가 제우스의 권위를 인정한다는 것이다.

한편 그 화해를 가져오는 인물이 헤라클레스가 아닐 가능성도 있다. 아이스킬로스의 『결박당한 프로메테우스』의 마지막 장면에서 제우스의 전령인 헤르메스는 프로메테우스에게 어떤 신이 그를 대신하여 고통 받고, 그를 대신하여 죽기까지 그의 고통은 끝나지 않을 것이라고 이야기한다(1026~1029행). 이 작품에서는 그 신의 이름이 직접적으로 거론되고 있지 않지만, 잘 알려진 대로 그 신은 바로 켄타우로스 키론(또는 케이론)이다. 크로노스의 아들로 추정되는 그는 헤라클레스의 스승이자, 아킬레우스와 당대 최고의 명의(名醫)였던 아스클레피오스에게 의술을 전수한(『일리아스』 4.217~219; 11.832) 최초의 의사였다.

어느 날 히드라의 독이 묻어 있는 헤라클레스의 화살이 그의 다리를 관통하는 사건이 일어난다. 이미 영생의 삶을 부여받은 키론은 그 끝을 알 수 없는 고통을 겪어야 하는 상황에 처하게 된다. 어떤 상처도 치유할 수 있는 그였지만 히드라의 독을 치유할 수 있는 방법은 그에게도 없었던 것이다. 마침내 그는 헤라클레스를 통해 제우스에게 자신의 견딜 수 없는 고통을 전하고, 견딜 수 없는 고통의 종식의 대가로 자기에게 주어진 불멸을 포기하고 프로메테우스를 대신해 죽겠다는 소망을 전한다. 제우스가 이에 동의함으로써 프로메테우스는 고통에서도 해방되고 불멸도 얻을 수 있었다는 것이다(아폴로도로스 『도서관』 2.5.4, 2.5.11).[30] 이와 같은 신화의 내용이 이 작품에도 이처

---

30) 신화와 회화에서 키론이 어떻게 표현되고 있는가에 대해서는 J. M. Padgett, *The*

럼 흔적을 남겨놓고 있다.

프로메테우스의 비극성

이렇듯 헤라클레스의 중재를 통해 제우스를 프로메테우스와 화해시키고 이를 통해 제우스로 하여금 "탈전제정치"[31]를 가져오게 함으로써 아이스퀼로스는 제우스가 프로메테우스에게 가당찮은 벌을 내린 전제주의적인 신에서 폭력이 아니라 중재로, 억압이 아니라 포용으로 통치하는, 좀더 성숙한 신의 모습으로 **진보했음을** 보여주려는 것인지도 모른다(사실 이것이 그리스 비극작가들 가운데 가장 종교적인 작가로 여겨지는 아이스퀼로스의 궁극적인 의도인지도 모른다).

하지만 여기서 중요한 것은 프로메테우스가 어떤 식으로 고통에서 해방되느냐가 아니라 그가 자신의 고통을 덜기 위해 제우스의 권위에 굴복하는 일 따위는 하지 않는다는 것이다. 프로메테우스는 처음부터 끝까지 자신의 영웅적인 모습을 고수한다. 그가 고통에서 해방되는 것은 **자기포기**의 결과가 아니었다. 그의 해방은 자신이 선택한 일이 아니라 **타자**를 통해서 주어진 일이었다.[32]

프로메테우스는 인간을 파멸에서 구하고, 그들에게 "문명의 구체적인 이미지"[33]인 불을 제공함으로써 문명세계를 건설할 수 있게 한 **인류의 친구**로서의 자신의 자랑스러운 역할을 부정하거나 배반할 수

Centaur's Smile: The Human Animal in Early Greek Art (Princeton: Princeton UP, 2003), 17~20쪽을 볼 것.
31) Hans Blumenberg, 앞의 글, 319쪽.
32) 이런 의미에서 리쾨르는 "프로메테우스의 자유는 도전의 자유이지 참여의 자유는 아니었다"라고 보고 있다. Paul Ricoeur, *The Symbolism of Evil*, Emerson Buchanan 옮김 (Boston: Beacon Pr., 1967), 224쪽; 폴 리쾨르, 『악의 상징』, 양명수 옮김 (서울: 문학과지성사, 1994), 214쪽.
33) Werner Jaeger, 앞의 책, 1: 262쪽.

없었다. 그것은 인류에 대한 **예의**가 아니었고 자기에 대한 예의도 아니었다.

앞서 프로메테우스의 그 끔찍한 고통 앞에서 코로스뿐만이 아니라 대지 전체, 자연 전체가 연민과 슬픔을 토해내는 장면에 주목한 바 있다. 그 장면에 이어 코로스는 프로메테우스와 모든 운명을 함께할 것임을 다짐한다. 그의 고통을 통해 "반역자들", 즉 제우스를 포함한 올림포스의 신들을 "증오하는 법을 배웠다"(1068행)는 것이 코로스의 외침이다. 이제 프로메테우스는 올림포스의 신들에게 홀로 도전하는 고독한 전사(戰士)가 아니다. "코로스에게 혁명사상을 불어넣고 있는"[34] 그는 머지않아 유린당하는 모든 자연, 모든 인간들에게 혁명사상을 불어넣고 그들과 함께 우주 전체의 **혁명**을 도모하게 될지도 모른다.

그러나 프로메테우스의 고통의 의미를 파악하고 그 고통에 동참하여 신들을 증오하고 그들에게 반항하는 이들은 '프로메테우스의 친구'인 인간, 그가 예의를 다해서 "과분하게" "존경하는"(543행) 인간이 아니라 코로스, 즉 바다의 님프다. 그러나 그들은 "무엇보다도 물의 신들"[35]이다. 그들은 '땅'의 존재가 아니며, 그들 내부에는 인간들처럼 '불'이 자리할 곳이 없다. "현명한 자들은 아드라스테이아"(Adrasteia), 즉 네메시스(Nemesis)에게 "복종한다"(proskunountes)(936행)라는 그들의 말에는 제우스의 벌을 당연한 것으로 감수해야 하리라는 뜻이 담겨 있다. 그들은 저항을 고양시키는 불이 아니라 오히려 그것을 소멸시키는 '물'의 존재들인 것이다.

혹자의 말대로 그의 저항은 "희망 없는 반항"일지도 모른다. 단 한

---

[34] Jan Kott, *The Eating of the Gods: An Interpretation of Greek Tragedy*, Boleslaw Taborski and Edward J. Czerwinski 옮김 (Evanston: Northwestern UP, 1987), 36쪽.
[35] Jennifer Larson, *Greek Nymphs* (Oxford: Oxford UP, 2001), 8쪽.

명의 인간도 그의 고통에 동참하지 않고 있다는 사실이 이를 증명한다. 그러나 "프로메테우스의 위대성은 그의 희망 없는 반항"[36]에 있다는 주장도 있듯, 그것이야말로 위대한 순교자의 숙명인지도 모른다. 예거에 따르면 "프로메테우스의 비극은 개인적인 비극이 아니"라 "모든 영적인 선구자들의 고통"[37]을 표상하는 비극이다.

프로메테우스는 코로스에게 자신은 "어차피 죽을 운명이 아니기 때문에" 제우스를 두려워해야 할 하등의 이유가 없다고 말한다.(933행) 그리고 제우스 또한 운명에 종속되어 있는 존재임을 상기시키면서 훗날 제우스는 올림포스의 권좌에서 쫓겨날 것이고(940행, 996행) 현재의 자신보다 "더 힘든 고통을 당하게 될 것"(931행)이라고 예고한다. 그는 자신의 이름(Promētheia)이 갖는 의미 그대로 제우스의 운명을 **먼저 알고 있다**. 그가 제우스를 두려워하지 않는 이유도 제우스의 운명을 먼저 알고 있기 때문일 수 있다. 그가 두려워해야 하는 것이 있다면 그것은 어쩌면 자신이 죽지 않는다는 사실, 즉 자신이 제우스와 마찬가지로 '불멸'의 존재라는 사실일지 모른다. 키론은 자신의 불멸을 포기함으로써 고통에서 해방되었다. 즉 그는 죽음을 선택함으로써 인간들처럼 고통에서 벗어날 수 있었다.

그러나 프로메테우스는 다르다. 불멸은 고통을 전제로 한다는 것, 바로 이것이 프로메테우스의 운명이자 제우스의 의지다. 그가 죽음을 초월하는 불멸의 신이면서도 필멸의 인간보다 더 비극적인 존재인 이유는 그가 고통을 포기하고 죽음을 선택하는 순간 **고통의 신 프로메테우스**로서의 그의 정체성과 가치도 사라지기 때문이다. 죽음으로 인해 인간들의 삶은 **하루살이**에 비유될 정도로 하찮아지기도 하지만,

---

36) Jan Kott, 앞의 책, 39쪽.
37) Werner Jaeger, 앞의 책, 1:262쪽.

죽음으로 인해 인간들이 고통에서 해방될 수 있는 것 또한 사실이다. 이렇듯 죽음은 역설적이게도(특히 아이스퀼로스에게는) 하찮은 인간들에게 주어지는 최고의 선물이자 그들에게 허용되는 최고의 특권이다. 어쩌면 프로메테우스의 비극성은 그에게 죽음이라는 선물, "죽음으로 향하는 존재(Sein-zum-Tode)인 엘피스(Elpis)"[38]가 주어지지 않는다는 것, 바로 그의 불멸성에 있는 것일지도 모른다.

고통의 인간 이오

고통의 인간 이오는 고통의 신 프로메테우스와는 다른 각도에서 조명되어야 한다. 아이스퀼로스 또한 이오를 이 작품의 거의 3분의 1 이상에 등장시킬 만큼 이오를 비중 있게 다루고 있다. 여기서 이렇게 이오가 부각되는 이유는 그녀가 당하는 **고통**(pathos) 때문이다. 프로메테우스가 고통의 신이라면, 이오는 고통의 인간이다. 이오의 고통은 제우스가 헤라의 젊은 여사제였던 그녀에게 성적 욕망을 품는 데서 시작된다.[39] 이후 밤마다 그녀의 꿈에 어떤 환영이 나타나 어서 레르나의 초원[40]으로 가서 제우스를 만나라고 재촉한다. 두려움을 느낀 이오는 자신이 밤마다 꾸는 꿈을 아버지 이나코스에게 털어놓는다.

---

[38] Bernard Stiegler, "Prometheus' Liver," *Technics and Time, 1: The Fault of Epimetheus*, Richard Beardsworth and George Collins 옮김 (Stanford: Stanford UP, 1998), 198쪽.

[39] 앞서 언급했듯, 『탄원하는 여인들』에서는 이오를 암소로 변하게 하고 쇠파리에 쏘여 미치게 하는 이가 헤라인 반면에, 이 작품에서는 이 모든 행위의 책임소재가 불분명하다. 이는 이오의 고통에 대한 책임이 제우스가 아닌 다른 이에게로 분산될 여지를 줄이고자 하는 아이스퀼로스의 의도가 반영된 결과라 하겠다. 참고로 현존하지 않는 소포클레스의 작품 『이나코스』에서는 제우스가 이오를 암소로 변하게 한 것으로 되어 있다. 이에 대해서는 Ruth Padel, *In and Out of the Mind: Greek Images of the Tragic Self* (Princeton: Princeton UP, 1992), 121쪽을 볼 것.

[40] 이오가 제우스에게 **강간**을 당하는 장소인 레르나의 초원은 이온의 어머니인 크레우사가 아폴론에게 강간을 당했던 바로 그 장소다.

한편 이나코스에게는 제우스의 뜻에 따라 이오를 아르고스에서 추방하라는 아폴론의 신탁이 내려진다. 제우스의 뜻을 거역하면 종족 전체가 제우스의 벼락에 몰살당할 것이라고 경고하는 일종의 무조건적인 명령이었다. 결국 이오는 아버지의 눈물을 뒤로하고 레르나의 초원으로 향한다(645~671행). 자신의 종족을 살리기 위해서는 제우스의 욕망에 짓밟힌 **희생양**이 될 수밖에 없었던 것이다.

"쇠 뿔 달린"(588행) 미친 암소가 되어 각지를 떠돌던 이오는 프로메테우스가 가파른 바위에 결박당한 채 고통 받고 있는 카우카소스의 산정까지 오게 된다. 그곳까지 이오를 쫓아온 아르고스의 망령인 쇠파리는 피리소리 같은 신비스러운 소리를 윙윙 내면서 그녀를 쏘아대고, 그녀는 고통에 못 이겨 울부짖으면서 대지의 신에게 그 망령이 가까이 오지 못하게 해달라고 애원한다. 그리고는 제우스에게 자신이 무엇을 잘못했기에 "이런 고통의 멍에를 덮어씌우느냐" 이미 "비참하기 짝이 없는" 자신을 왜 이렇듯 괴롭히느냐(581~582행)라며 울부짖는다. "내 고통을 피할 어떤 방법도 찾을 수 없다"(586~587행)라고 울부짖는 이오는 크리스테바의 표현 그대로 "자신의 고향에서 추방당한 채 끝없이 도망치며 떠돌아다니는 것 외에는…… 어떤 해결책도 알지 못했다…… 어떤 땅도 그녀의 땅이 될 수 없었다."[41] 아 아, 에 에. 에 에. 에 에. 오이, 에에, 이오 모이 모이, 에에(a a, e e. e e. e e. oi, e e. iō moi moi, e e, 566행, 580행, 598행, 602행, 742행) 하며 울부짖는 고통의 비명만이 그녀의 전부였다.

고통 받는 이 두 인물의 조우는 먼저 그들의 공통점을 떠올리게 한다. 고향에서 추방당해 정처 없이 떠돌아다니는 이오와 이 지상의 가

---

41) Julia Kristeva, *Strangers to Ourselves*, Leon S. Roudiez 옮김 (New York: Columbia UP, 1991), 43쪽.

장 외진 곳에서 홀로 고통의 형벌을 치르는 프로메테우스는 "중심으로부터의 소외"를 상징한다는 점에서 매우 닮아 있다.[42]

그러나 곧 차이가 닮음을 압도한다. 프로메테우스의 고통이 자기 결단과 그에 따른 자발적인 행위에 대한 대가라면, 이오의 고통은 자신의 의지와는 무관하게 신들에 의해 무조건적으로 가해진 고통이다. 프로메테우스가 능동적인 **영웅**이라면 이오는 수동적인 **희생물**이다. 이오의 비극성은 그녀가 신에 의해 인간이 아닌 다른 존재 - 동물 - 로 변모된 것에서 극명하게 드러난다. 하지만 그녀의 비극은 여기서 그치지 않는다.

그녀는 육체가 동물로 변한 데 그치지 않고 신에 의해 "정신마저 일그러진"(phrenes diastrophoi ēsan, 673행) 미치광이가 된다. 동물의 형상을 하게 된 것이 육체의 소외라면, 미치광이가 된 것은 영혼의 소외다. 이처럼 이오는 철저한 자기소외의 전형이라는 점에서 프로메테우스와는 전적으로 다른 존재다.

그리스의 신화와 비극에서 신에게 벌을 받아 광기에 빠지는 인물은 이오뿐만이 아니다. 프로이토스의 딸들은 결혼의 수호자인 헤라를 조롱하고(131 Merkelbach-West), 자신들의 아버지가 "위대한 제우스의 금발의 아내[헤라]보다 더 부유하다"라고 자랑하면서 결혼을 거부하고 구혼자들을 오만하게 대한 벌로(바퀼리데스 11.47~52) 이오처럼 미치광이 암소가 되어 광야를 떠돌았고, 판다레오스의 딸들 역시 제우스에게 벌을 받아 미친 상태에서 사나운 개처럼 광야를 떠돌았다.[43] 그리스적인 사유에서는 이처럼 집에서 쫓겨나 광야를 떠

---

42) Rush Rehm, *The Place of Space: Spatial Transformation in Greek Tragedy* (Princeton: Princeton UP, 2002), 158쪽.

43) Christopher A. Faraone, *Ancient Greek Love Magic* (Cambridge/M.A.: Harvard UP, 1999), 90~91쪽; Ruth Padel, 앞의 책, *Whom Gods Destroy*, 15쪽, 102쪽.

돌아다니는 것이 신이 인간에게 내리는 벌의 전형이다. 이오는 자신의 고통, 자신의 유랑뿐만 아니라 자신의 광기도 "신이 보낸 폭풍"(theossuton cheimōna, 643행)이라 일컫고 있다. 신이 보낸 폭풍에 시달리는 미치광이의 특징은 **떠돌아다님**이었고, "떠돌아다님은 그리스에서 광기의 핵심적인 이미지였다."[44]

이오의 폭풍은 그칠 날도 그칠 길도 없다. 고대 그리스에서 말하는 **소외**(疏外)는 현대적인 의미의 소외와는 달리 자기 집이나 고국에서 공간적으로 멀리 떨어져서 고독하게 사는 것을 의미했다. 특히 그러한 떠돌아다님이 스스로의 결단에 따른 것이 아닐 때 당사자는 귀향을 향한 열망 때문에 그리고 그러한 열망의 좌절 때문에 더 미친 듯이 떠돌게 된다. 그리스적인 의미의 소외가 광기와 연결되는 이유가 바로 여기 있다. 미친 듯이 떠돌다가 미치광이가 되어 버리는 것이다.

그러나 이오는 자기 집으로, 고향으로 돌아가기 이전에 우선 **자기에게로** 돌아가야 한다. 자기로부터의 떠남, 말하자면 자기의 **타자**됨의 가장 극단적인 상태는 신이 그녀에게 내린 폭풍, 즉 광기이기 때문에 그 폭풍을 일으킨 제우스가 그 폭풍을 잠재우기 전까지 이오는 결코 자기에게 돌아갈 수 없다. 자기가 자기의 타자가 된다는 것, 즉 미친다는 것은 소외의 극단적 형태인 **자기분열**을 의미한다. 이오의 자기분열이 끝나기까지는 오랜 세월이 걸린다. 프로메테우스는 이 오랜 세월 동안 이오가 감당해야 할 "한없이 고통스러운 유랑"(poludonon planen, 788행)의 여정을 상세히 일러준다.

프로메테우스는 이오의 유랑이 유럽(705~735행)과 아시아를 거쳐 마침내 나일 강 하구에 이르기까지(790~815행) 길게 이어지리라는

---

44) Ruth Padel, *Whom Gods Destroy: Elements of Greek and Tragic Madness* (Princeton: Princeton UP, 1995), 36쪽.

것, 그리고 그 과정에서 여러 위험이 닥쳐오리라는 것을 일러준다.[45] 그중에는 야만적이고 적대적인 스퀴티스의 유목민들과 칼뤼베스족의 철공(鐵工)들을 보면 반드시 비켜 가야 한다는 것, 그리고 그들 못지않게 적의와 분노로 가득 찬 휘브리스테스 강도 피해가야 한다는 것도 있었다(709~718행).

계속해서 프로메테우스는 그녀가 아마조네스족의 여인들의 거주지를 지나 몇몇 지역을 거친 후 보스포로스 해협을 경유해 아시아로 건너가게 될 것임을 일러주면서, 코로스에게 제우스가 "이 소녀에게 이런 유랑의 짐을 지게 한" 것을 한탄한다. 하지만 이것은 고통의 "서곡"일 뿐이며(738~741행) "폭풍우 치는 참혹한 고통의 겨울 바다(duscheimeron pelagos ateras dues)가 [아직] 남아 있다"(746행)라는 프로메테우스의 말에 이오는 "그렇다면 산다는 것이 내게 무슨 소용이 있는가" "평생 동안 날마다 고통당하고 사느니 단번에 죽어버리는 편이 더 나을 것이다"(747행, 750~751행)라고 울부짖는다. 하지만 이오의 남은 유랑길에 대한 프로메테우스의 전언은 여기서 그치지 않는다.

그는 그녀가 아시아의 저 먼 곳까지 가는 과정에서 피해야 할 위험들을 일러준다. 그중에는 괴물의 모습을 한 무서운 인간들과 메두사의 자매들, 사나운 사냥개들과 매들, 전투적인 외눈박이 아리마스포이족의 전사(戰士)들을 피해가라는 것도 있었다(794~807행). 마지막으로 프로메테우스는 에니오피아를 거쳐 아이티옵스의 깅둑을 따라 나일 강 하구의 삼각주에 이르면 이 삼각주가 그녀의 유랑에 마침표를 찍을 마지막 정착지가 될 것이라고 일러준다(808~815행).

---

45) 이오의 유랑에 대해서는 그것에 대한 상세하고도 구체적인 설명과 함께 그 유랑의 지정학적·인종학적 의미를 깊이 있게 논하고 있는 Stephen White, 앞의 글, 115~127쪽, 134~140쪽을 볼 것.

프로메테우스를 통해 전해지는 이오의 비극적인 운명, "일종의 지옥의 세계"[46]를 끝없이 떠도는 그녀의 시련과 고통은 물론 제우스로 인한 것이다. 일찍이 톰슨은 이오를 **협박**하여 **강간**한 것으로도 모자라 자신의 집, 자신의 고향에서 추방당한 그녀를 동물로 변하게 하고 미치광이가 되어 도처를 떠돌게 한 제우스의 그 폭력성과 야만성을 강도 높게 비난한 바 있다.[47]

인간이 그리스 신들의 성적 노리개로 그려지는 경우는 그리 드물지 않다. 그리스 신들이 인간을 동물로 변하게 한 뒤 자신의 욕망을 채우는 장면도 흔하다. 암소로 변한 이오는 바로 그와 같은 잔인한 유희의 전형적인 희생자다. 그녀는 쇠파리에 쏘여 광기에 휩싸인 가운데 "펄쩍펄쩍 뛰고"(skirtēmatōn, 599행, 675행), 그녀의 "마음"은 자신의 "갈비뼈를 세차게 쿵쿵 찬다"(laktizei, 881행). 불안과 공포에 가득 찬 마음이 마치 "미쳐 날뛰는 동물의 움직임", "말의 뒷발질"[48]에 비유되고 있듯, 인간 이오의 **비인간화**는 그 도를 넘어선다.

이처럼 이오는 단지 제우스의 욕망의 대상이 되었다는 이유만으로 육체는 동물로 변하고 정신은 미치광이가 되어 이 세상을 끝없이 떠돌아다니게 되는 존재, 즉 끔찍한 **자기분열**, **자기부재**의 존재가 되었다. 이오가 다른 어떤 비극적인 인물보다 더 비극적인 이유가 여기에 있다.

---

46) Karl Reinhardt, *Aischylos als Regisseur und Theologe* (Bern, 1951), 75쪽, 주4); Stephen White, 같은 글, 122쪽에서 재인용.
47) George Thomson, 앞의 책, 323쪽.
48) Suzanne Saïd, *Sophiste et tyran ou le problème du Promēthēe enchaînē*(Paris: Klincksieck, 1985), 79쪽.

왜 나는 이오를 언급해야 하는가

프로메테우스의 전언대로 마침내 자신의 유랑의 종착지인 나일 강 하구에 이르게 된 이오는 거기서 제우스를 만나 인간의 모습을 되찾고 광기에서 해방된다. 마침내 다시 **자기**가 되는 것이다. 아이스퀼로스는 이오가 제우스를 대면하게 되는 나일 강 하구를 "신성한 맑은 강물"(812행)이 흐르는 곳이라고 일컬음으로써 이오와 제우스의 재회를 레르나 초원에서의 성적(sexual) 만남과는 다른, 말하자면 성스러운 만남으로 부각시킨다. 나일 강 하구에서 이오와 재회하는 지금의 제우스는 레르나 초원에서의 과거의 제우스가 아니라는 것이다. 이곳에서 제우스는 암소의 모습을 한 이오를 인간의 모습으로 되돌리고 광기에서 해방시킨 뒤 자신의 합법적인 "아내"로 맞아들인다(834행). 그로부터 자랑스러운 이집트 왕가의 시조가 되는 에파포스가 태어나고(848~851행), 바로 이 에파포스로부터 후에 프로메테우스를 고통에서 해방시켜주는 헤라클레스를 비롯하여 그리스 아르고스 왕가의 자랑스러운 후손들이 태어나게 된다(869~872행).

여기서 이오를 치유하는 제우스의 모습은 앞서 『탄원하는 여인들』에서 그려졌던 제우스의 모습 그대로다. 그러나 두 작품 속 제우스의 공통점은 여기서 그친다. 『탄원하는 여인들』에서 제우스가 헤라로 인해 고통 받는 이오를 치유하는 전적으로 자애로운 신, 정의의 실현자, 전 우주적 질서의 구현자였다면, 『결박당한 프로메테우스』에 나오는 제우스는 음욕으로 가득 찬 **강간자**, 그 음욕으로 이오의 끔찍한 고통을 불러오는 자이며, 더 나아가 인간의 문명화의 길을 봉쇄하려는 자신의 계획을 무산시킨 프로메테우스에게 참혹한 고통을 가하는 폭군이다.

이러한 제우스의 모습은 『탄원하는 여인들』뿐만이 아니라 아이스퀼로스의 또 다른 작품들, 심지어 호메로스의 서사시에 등장하는 제우스의 모습과도 판이하게 다르다. 『결박당한 프로메테우스』가 아이스퀼로스의 작품이 아니라 당시 소피스트들 가운데 한 사람의 작품일 것이라는 주장이 제기되는 것은 바로 이러한 맥락에서다.

물론 현존하지 않는 3부작의 마지막 작품에서는 제우스가 아이스퀼로스의 다른 작품들에서 만날 수 있는 익숙한 모습, 즉 정의의 신, 우주적 질서의 구현자로 등장할 것이라고 기대해볼 수도 있다. 『결박당한 프로메테우스』에서 그러한 실마리를 전혀 찾아볼 수 없는 것도 아니다. 마침내 그가 이오를 고통에서 해방시키고 합법적인 아내로 맞아들이는 것, 키론이 프로메테우스를 대신하여 죽는 것을 허락하는 것, 또는 헤라클레스가 프로메테우스를 고통에서 해방시키는 것에 동의하는 것 등을 볼 때 3부작의 마지막 작품에서는 그가 폭력의 신에서 화해와 이해, 그리고 자비의 신으로 변모할 것임을 예상해볼 수도 있다. 적어도 그리스의 비극작가들 가운데 가장 종교적인 작가로 평가받는 아이스퀼로스의 제우스에 대한 평소의 인식을 전제한다면 말이다.

굳이 현존하지 않는 마지막 작품을 거론하지 않더라도 또 다른 각도에서 제우스를 정당화해볼 수도 있다. 제우스가 인간 종족 전체를 말살하고 그들을 대체할 또 다른 종족을 창조하려고 했던 것에 대해서는 제우스 나름대로의 동기와 원대한 계획이 있었을 것이라고 주장할 수 있고, 그가 이오에게 가혹한 시련을 내린 것에 대해서는 자신과 이오의 후손인 헤라클레스와 같은 아르고스의 왕가의 걸출한 인물들을 탄생시키고, 종국적으로는 "그리스 도시국가들의 문명화된 사회를 구축"[49]하기 위한 것이었으리라 주장할 수 있다. 이러한 주장이 나름의 설득력을 다소 가질 수 있다면, "은총은 폭력을 통해 오는

---

49) Stephen White, 앞의 글, 134쪽.

것"이라는 말 때문이다.

나중의 은총, 나중의 정의를 위해서라면 지금의 고통과 폭력이 정당화될 수 있다는 이 말은 『오레스테이아』 3부작 가운데 첫 번째 작품인 「아가멤논」에 나오는 유명한 구절(183행)로, 종종 제우스의 폭력을 정당화시키는 논거로 인용된다. 하지만 정의의 수단으로 동원되는 힘과 폭력은 정당하다는 인식은 그리스 비극에만 국한되지 않는다. 어떤 힘, 어떤 폭력이든 간에 그것이 "정의에 이바지하는 것이라면…… 필요불가결하고 합법적인 것으로 간주하는 것은 [그리스비극이나] 오늘날이나 마찬가지다."[50]

그러나 신이 행사하는 폭력이 궁극적으로는 은총을 내리고 정의를 구현하기 위한 우주적인 차원의 계획의 일환으로 정당화될 수 있는 것이라면, 인간들은 이를 위해 단지 고통을 감내할 수밖에 없는 **하찮은** 희생자에 불과하다는 것인가. 적어도 이 작품에서의 이오를 본다면 '그렇다'라고 대답해야 할 것 같다. 『일리아스』에서 제우스는 "지상에서 숨 쉬고 움직이는 것들 가운데 인간보다 더 비참한 존재는 없다"(17.446~447)라고 말했다.

물론 호메로스의 제우스는 『결박당한 프로메테우스』의 제우스와 달리 이미 '비참한 존재'인 인간들을 이오처럼 철저하게 유린하지는

---

[50] Stephen White, 같은 글, 129쪽. 이러한 주장은 제우스의 경우에만 한정되는 것은 아니다. 특히 '분노의 신'으로 통칭되는 『구약』의 여호와에게도 그대로 적용된다. 『구약』의 여호와가 행한 폭력은 1,000여 건에 이르고, 그 대부분은 궁극적으로 사랑과 평화의 공동체를 구축하기위한 불가피한 조치로 인식되어왔다. 그러나 그 폭력의 파괴성이란 실로 심각하기가 이를 데 없다. 『구약』의 여호와를 특징짓는 이미지 가운데 하나가 '전쟁'의 신, 또는 '전사'(戰士)의 신으로서의 이미지이며, 그의 전투적인 이미지는 근동의 다른 어느 신들보다 강렬하다(임철규, 『왜 유토피아인가』 [서울: 민음사, 1994], 145쪽, 그리고 임철규, 『눈의 역사 눈의 미학』 [한길사, 2004], 58·59쪽을 볼 것). **은총은 폭력을 통해 오는 것**이라는 인식은 언제나 신적인 존재, 절대추상체, 또는 국가의 폭력 행위를 정당화하기 위해 이용되는 고차원적인 이데올로기 전략의 소산이다.

않았다. 이 작품 속에서 우리가 이오로부터 들을 수 있는 것은 오직 그녀의 고통에 찬 비명과 신음, 그리고 울부짖음뿐이다. 영국의 현대 시인 하우스만(A.E. Housman 1859~1936)은 그의 시 「어느 그리스 비극의 한 편린」에서 "왜 나는 이오를 언급해야 하는가? 도대체 왜인가? 나는 그 이유를 모르나니"라고 노래한 바 있다. 왜 우리는 이오를 언급해야 하는가.

우리는 『탄원하는 여인들』에서 아이스퀼로스가 다나오스의 딸들을 추격하는 아이귑토스의 아들들과 그 병사들, 즉 이집트인들을 '검은' 피부를 가진 이들이라고 부른 것에 주목하면서 **검은** 것이 고대 그리스적인 사유에서 흔히 죽음과 결부되고 있음을 지적했다. 가장 구체적인 예가 **검은 강물이 흐르는 검은 하데스**다. 아이스퀼로스가 이집트인들을 검은 피부를 가진 종족이라고 부르는 것은 그들을 야만적이고 파괴적인 성적 욕망의 상징인 뱀의 후예일뿐만 아니라 하데스에서 온 죽음의 사자(使者)로 규정하기 위한 것이었다. 그의 이러한 인식을 인종적인 편견의 소산으로 보는 것도 가능하지만, 이오의 아버지를 주인공으로 하는 소포클레스의 현존하지 않는 작품 『이나코스』에서는 제우스가 '검은' 모습을 하고 등장한 것으로 전해진다(269a TrGF).

작품 『결박당한 프로메테우스』에서 제우스는 죽음과 같은 공포의 이미지로 작품 전체를 압도하고 있다. 그가 인간종족을 말살하려고 했을 때, 그에게는 어떤 동기나 이유도 없었다. 헤시오도스의 『신통기』에서도 제우스는 그 어떤 동기나 이유도 없이 프로메테우스의 형제들에게 가혹한 벌을 내렸고, 이오에게 숱한 고통을 안겨 주었다. 죽음 또한 어떤 동기나 이유도 없이 인간들의 삶을 유린한다. 바로 이러한 죽음의 이미지가 검은 모습을 하고 있는 제우스에게 투영되어 있다. 인간들에게 모멸과 폭력을 행사하는 신들의 파괴적인 속성은 소포클레스의 비극작품에서 그 정점에 달한다. 그러나 소포클레스의 어떤 비극적인 인물들도 이 작품 속의 이오보다 더 비극적이지는 않는 것 같다.

흔히 아이스퀼로스는 보수주의자·인종주의자·남성중심주의자로 규정된다. 그리고 이 작품에서도 그의 남성중심주의적인 입장을 찾아볼 수 있다. 이를테면 프로메테우스가 인간에게 불을 선물했을 때 그에게 인간이란 곧 남성을 의미하는 것이었다. 인간에게 문명의 길을 열어준 불, 그 불로 인해 가능할 수 있었던 모든 기술, 가령 아이스퀼로스가 열거하고 있는 건축·경작·조선·항해술·채광(採鑛)·의학 등등의 모든 기술은 남성의 영역에 속하는 것이었기 때문이다. 그러나 아이스퀼로스는 어떤 이데올로기적인 틀 속에 포섭되는 그런 작가는 아니다.

가령 『결박당한 프로메테우스』에서 프로메테우스는 여러 나라를 떠돌아다니면서 일종의 지옥을 경험할 운명인 이오에게 그녀가 당면하게 될 위험들에 대해 이야기하면서 **남성혐오자**(723~724행)인 아마조네스족의 여인들만은 그녀를 친절하게 맞이해줄 것이라고 일러준다. 남성과 그들의 권위와 그들의 모든 가치를 부정하는 아마조네스족이 이오를 친절하게 맞이하는 것은 자기네들과 마찬가지로 "남자의 오만에 희생되는 동료에 대한 연민"[51]때문이다. 이 대목은 남성주의자 아이스퀼로스가 **거대남성**의 표상인 제우스의 철저한 희생물인 이오의 비극적인 운명을 남성에 의한 여성의 희생이라는 측면에서 바라보기 시작했다는 증거, 즉 그의 인식의 전향을 보여주는 **흔적**이다. 그러니 여성을 폄하하는 작가라는 아이스퀼로스에 대한 도식적인 진단은 적절치 않다. 크리스테바는 아무리 보수적인 남성작가의

---

51) Rush Rehm, 앞의 책, 158쪽.

텍스트라도 그 속에 작가의 지배담론에 포섭되지 않는 진실이 잔여(殘餘)로서 존재한다고 지적한 바 있다.

우리는 아이스퀼로스의 작품들을 통해 그가 인간존재의 비극적인 조건, 그 비극적인 운명을 누구보다도 적나라하게 보여주는 '비극시인'이라는 점을 강조했다. 바로 여기에 그 **잔여**가 존재한다. 그리고 『결박당한 프로메테우스』에서 이 잔여를 채우는 인물이 바로 "인류 전체를 표상하는"[52] 이오다. 하우스만은 "왜 나는 이오를 언급해야 하는가?"라고 물었다. 우리는 그 물음에 대해 이렇게 대답할 수 있다. 이오는 우주의 잔인한 힘에 농락당하는 인간존재의 비극적인 조건, 그 비극적인 운명을 철저하게 보여주는 인간의 **전형**이기 때문이다.

---

52) Ian Ruffell, *Aeschylus: Prometheus Bound* (London: Bloomsbury Academic, 2012), 39쪽.

2부 소포클레스

소포클레스(Sophokles, 기원전 497년 [또는 496년]~ 406년 [또는 405년])는 120~130편의 작품을 남긴 것으로 전해지지만, 현존하는 것은 그중 7편뿐이다. 정확한 공연 연도가 전해지는 작품은 그 가운데 『필록테테스』와 『콜로노스의 오이디푸스』뿐이다. 그 가운데 『아이아스』[1]가 가장 오래된 작품이라는 데에는 대체로 의견이 일치하고 있다. 소포클레스는 엄격한 의미의 **성격**(ēthos), 곧 인간의 행동을 추동하고 인간의 운명에 결정적으로 작용하는 성격의 중요성을 최초로 인식했던 비극시인이다. 또한 소포클레스는 인간의 가장 원초적인 본능인 **귀환**을 향한 열망이 좌절됨으로써 초래되는 인간의 고통과 절망에 깊은 관심을 보여주면서 동시에 죽음을 인간이 돌아가 안식할 궁극적인 **고향**으로 인식했던, 그리스 비극작가들 가운데 인간의 조건과 운명을 가장 절망적으로 조망했던 비극시인이다.

---

1) 『아이아스』의 정확한 공연 연도에 대해서는 학자들 간에 의견이 분분하지만 기원전 460~450년 사이, 대략 기원전 440년이었을 것이라는 데에는 별 이견이 없다. 『아이아스』의 공연 연도에 대해서는 *Sophocles: Ajax*, A. F. Garvie 편역 (Warminster: Aris and Phillips, 1998), 6~8쪽을 볼 것.

1장 『아이아스』

『아이아스』는 트로이아 전쟁의 영웅 아킬레우스가 전사한 뒤 그가 남긴 무기의 소유권을 둘러싸고 벌어지는 사건에서 시작된다. 그리스 전사들 가운데 아킬레우스가 남긴 무기를 가질 자격이 있는 가장 빼어난 자는 오뒤세우스인가 아이아스인가하는 결정의 문제를 두고 격론을 벌이던 그리스군은 결국 오뒤세우스를 선택한다. 이에 분노한 아이아스는 아트레우스의 아들들인 아가멤논과 메넬라오스, 자기 대신 아킬레우스의 무기를 갖게 된 오뒤세우스, 그리고 자기 아닌 오뒤세우스를 선택한 지휘관들을 죽이기 위해 칼을 들고 막사로 향한다. 이때 아테나 여신이 나타나 아이아스를 미친 상태에 빠지게 하고, **미친** 아이아스는 막사 근처의 가축 떼를 그리스군으로 착각하고 닥치는 대로 죽인다. 가장 빼어난 전사로 인정받지 못한 한 영웅의 하룻밤 동안의 광기, 미쳐버린 한 영웅의 광란의 가축 살인극, 작품 『아이아스』는 바로 이 처참한 도살의 현장에 동이 트면서 시작된다.

여신 아테나는 총애하는 오뒤세우스를 불러, 광기에 휩싸여 자신의 행위를 의기양양하게 자랑하는 아이아스의 모습을 보여준다. 오뒤세우스는 그 모습에서 자신처럼 한낱 "덧없는 그림자"(kouphos skia, 126행)[1]에 지나지 않는 인간 아이아스에게 깊은 연민을 느낀다. 한편 아이아스의 노예이자 첩인 테크메사는 아이아스의 고향 살라미스에서 온 선원들로 구성된 코로스에게 지난밤에 일어난 사태를 전한다. 코로스 모두가 당혹감과 걱정으로 할 말을 잃는다.

테크메사가 문을 열자 도살의 현장에 남아 있는 아이아스의 모습이 보인다. 아테나에 의해 제정신으로 돌아온 후에야, 자신이 무슨 일을 벌였는지, 어떤 수치스러운 일을 저질렀는지를 비로소 알게 된 아이아스는 그 도살의 현장에서 "큰 소리로 울부짖는 황소"(tauros bruchōmenos)처럼 포효한다(322행) 그러고는 명예롭게 살지 못할 바에야 차라리 명예롭게 죽겠다며 울부짖는다(479~480행). 이에 테크메사는 아이아스에게 부디 살아남아 자신과 아들 에우뤼사케스를 위험으로부터 보호해줄 것을 간청하면서 가족에 대한 의무에 호소한다(485~524행).

그러나 아이아스는 이복동생 테우크로스에게 자신의 아들을 자신의 아버지 텔라몬이 살고 있는 고향으로 데려가라는 유언을 남기고는 코로스에게 그 유언을 테우크로스에게 전할 것을 부탁한다. 이어서 그는 자신의 방패를 아들 에우뤼사케스에게 주면서 나머지 무기는 자신과 함께 묻을 것을 명령한다. 아이아스의 결심을 감지한 테크메사와 코로스는 두려움에 떨며 그에게 마음을 진정시킬 것을 간청한다.

아이아스는 마치 이러한 간청을 받아들이기로 한 듯 이른바 **위장발**

---

1) 인용한 텍스트의 그리스어 판본은 다음과 같다. Sophocles, *Ajax*, P. J. Finglass 엮음 [주석포함] (Cambridge: Cambridge UP, 2011). 그리고 Sophocles, *Ajax*, R. C. Jebb 편역[주석포함] (Bristol: Bristol Classical Pr., 2004); Sophocles, *Ajax; Electra; Oedipus Tyrannus*, Hugh Lloyd-Jones 편역, LCL 20 (Cambridge/M.A.: Harvard UP, 1994); Sophocle, *Tragédies II: Ajax; Œdipe roi; Electre*, Paul Mazon 편역 (Paris: Les Belles Lettres, 1981)을 참조함.

언(646~692행)을 시작한다. 시간은 모든 것을 변하게 하니 자신의 확고한 원칙과 고집도 변할 수 있다는 이야기, 자신이 죽을 경우 테크메사와 아들 에우뤼사케스가 어떤 운명에 처하게 될 지를 생각하면 **소중한 사람들**을 남겨두고 죽을 수 없다는 이야기, 자신의 허물을 물로 씻어내고 아테나의 분노를 가라앉히겠다는 이야기, 헥토르에게 선물로 받은 칼을 인적 없는 땅에 묻겠다는 이야기, 아트레우스의 아들 아가멤논과 메넬라오스의 지휘를 따르겠다는 이야기가 이어진다. 아이아스는 말을 마친 뒤 밖으로 나가고, 코로스는 아이아스가 마음을 바꾼 것으로 믿고 안도한다.

그러나 바로 이때 테우크로스가 보낸 전령이 도착해 아이아스가 오늘 밖으로 나가면 파멸할 것이라는 칼카스의 예언을 전한다. 아이아스는 트로이아로 출정할 때 자신은 신들의 도움이 없어도 승리할 수 있다고 장담했을 뿐 아니라 전장에서 실제로 아테나 여신의 도움을 거절하는 오만을 드러냄으로써 아테나 여신의 분노를 샀는데, 아이아스에 대한 그 신의 분노는 단 하루만 지속될 것이니, 만약 아이아스가 오늘 하루 동안 밖으로 나오지 않고 자신의 막사 안에 머문다면 신의 분노를 피해갈 수도 있을 것이라는 내용의 예언이었다(748~783행). 놀란 테크메사와 코로스가 급히 아이아스를 찾아 나서지만, 바로 다음 장면에서 아이아스는 이미 황량한 해변에서 죽음을 준비한다. 헥토르의 칼을 땅에 꽂은 뒤, 신들에게 마지막 기원을 전한다.

먼저 제우스에게는 자신의 시신을 적이 먼저 발견하면 매장이 불가능해질 수 있으므로 테우크로스가 제일 먼저 자신의 죽음을 알게 되기를, 그래서 자신의 시신이 명예롭게 매장되기를 청한다. 이어서 헤르메스에게는 자신이 단숨에 죽을 수 있기를, 그 다음 분노의 여신들에게는 아트레우스의 아들들을 벌하기를, 그 다음 태양신 헬리오스에게는 자신의 죽음을 양친에게 알리기를 청한다. 마지막으로 아이아스는 태양빛에게, 자신의 고향 살라미스의 "신성한 평원"(hieron pedon, 859행)에게, 영광스러운 아테나이에게, 그리고 지금 자신이 서 있는 트로이아의 강에게 작별을 고한 뒤(815~865행) 헥토르의 칼로 자살한다.[2]

아이아스가 자살한 뒤 코로스, 테크메사, 테우크로스, 에우뤼사케스, 메넬라오스, 아가멤논, 오뒤세우스가 차례로 등장해 아이아스의 시신을 목격하게 되고, 이로써 죽은 아이아스의 매장 문제가 전면에 등장하게 된다. 우선 메넬라오스는 그리스군의 결정을 어기고 그리스군 전체를 죽이려 한 아이아스는 트로이아인보다 "더 나쁜 적"(1054행)이라고 비난하면서 아이아스의 매장에 반대한다. 군 또는 국가의 명령과 결정에 대한 복종은 절대적이어야 한다는 것이다(1071행 이하).

한편 테우크로스는 아킬레우스의 무기를 오뒤세우스에게 넘겨준 투표결과는 부정한 조작이었다고 소리를 높인다. 지루한 언쟁이 이어지고, 결국 메넬라오스는 아이아스의 매장은 폭력을 행사해서라도 결코 허용하지 않을 것이라고 협박한 후 퇴장한다. 이어서 테크메사와 에우뤼사케스가 등장하고, 테우크로스는 에우뤼사케스에게 자신이 매장을 준비하는 동안 아버지 아이아스의 시신을 지키고 있을 것을 당부한다. 그런데 그가 아이아스의 무덤을 준비하기 위해 떠나려는 순간, 이번에는 메넬라오스의 형 아가멤논이 등장해 아이아스의 매장을 반대한다. 결국 오뒤세우스가 등장해 아가멤논을 설득하는 데 성공한다(1332행 이하). 코로스, 테우크로스 그리고 에우뤼사케스

---

[2] 그리스 비극의 공연에서 죽음의 장면을 무대 위에서 직접 보여주는 경우는 거의 없었지만, 이 작품은 아이아스가 자살하는 모습을 직접 보여준 것으로 전해지고 있다.

에 의해 아이아스의 장례가 치러지는 것으로 작품은 끝난다.

소포클레스의 아이아스 이전의 아이아스

호메로스의 서사시에서 아이아스가 다른 영웅들에 비해 주목을 덜 받는 이유는 아마도 그가 항상 아킬레우스의 빛에 가려져 있는 인물이기 때문일 것이다. 『일리아스』에서 아이아스는 지극히 큰(megas) 사람, 즉 거인(『일리아스』 11.563, 591; 15.471, 560)이고, "성벽 같은" (『일리아스』 7.219; 11.485) 거대한 방패를 들고 그리스인들을 지키는 인물, 즉 그리스인들의 "거대한" 성벽(『일리아스』 3.229; 6.5; 7.211 등)이면서도 언제나 아킬레우스 다음 가는 영웅으로 묘사된다(『일리아스』 2.768~769; 7.227~228; 15.674; 17.279~280).[3] 이처럼 『일리아스』에서 아이아스는 아킬레우스 다음가는 2인자이자 육중한 방패를 든 거인으로 부각되고 있다.

아이아스의 정체성이 좀더 선명하게 드러나는 것은 『오뒤세이아』에서다. 하계에서 아이아스의 망령이 오뒤세우스의 방문을 받는 장면에서 아이아스의 망령은 아킬레우스의 무기를 자신이 아닌 오뒤세우스에게 넘겨준 투표결과에 여전히 승복하지 않은 채 오뒤세우스를 향한 원한을 숨기지 않고 있다. 이에 오뒤세우스는 자기 자신을 자책하면서 그 **저주받은 무기**로 인한 분노를 거두어주기를 간청하면서, 아킬레우스 다음가는 훌륭한 전사로서 "생김새와 행동에서" 다른 모든 그리스인을 능가했던(11.541~551) 아이아스의 죽음은 그

---

3) 『일리아스』에서 아이아스는 신장뿐 아니라 미모에서도 아킬레우스 다음으로 빼어난 인물로 그려져 있으며(11.469~470), 헥토르는 그를 그리스인들 가운데 가장 빼어난 전사(7.289)라고 칭송하고 있다. 한편 『오뒤세이아』에서 오뒤세우스는 그를 아킬레우스 다음으로 빼어난 전사로 일컫는다(11.469~470, 550). 이러한 아이아스의 이미지는 소포클레스의 『아이아스』에서도 그대로 이어지고 있다(1339~1341행).

리스인 사이에서 아킬레우스의 죽음만큼이나 끊임없이 애도의 대상이 되고 있다고 전한다. 하지만 아이아스의 망령은 분노가 풀리지 않는 듯, "한마디 대답도 하지 않고" 그의 곁을 떠난다.(『오뒤세이아』 11.541~563).

소포클레스의 아이아스는 기본적으로 호메로스의 아이아스를 그대로 이어받고 있다. 둘 사이의 단절이 결정적으로 드러나는 것은 그의 자살이 부각되면서부터다. 소포클레스가 아이아스의 **자살**이라는 모티프를 끌어오는 곳은 『일리아스』의 후속 작품들로 알려진 일군의 서사시들로 보인다. 이를테면 현존하지 않는 작품인 작자미상의 『소(小)일리아스』나 밀레투스의 아르크티누스의 작품으로 알려진 『아이티오피스』 등은 『오뒤세이아』와 달리 아이아스의 죽음을 다루면서 그 죽음이 자살임을 언급하고 있다. 이 두 작품 모두에서 아이아스는 동틀 무렵 자살한 것으로 나온다.[4)]

이러한 서사시인들의 아이아스와 함께 서정시인들이 노래한 아이아스도 소포클레스에게 일정한 참조의 대상이 되었을 것으로 보인다. 가령 서정시인 알카이오스는 아이아스를 크로노스의 아들인 제우스 왕의 후손이자 트로이아 전쟁에 참전한 전사들 가운데 아킬레우스 다음가는 빼어난 전사라고 노래한 바 있다(387 West). 또한 핀다로스는 오뒤세우스의 기만적인 말솜씨에 현혹되어 아이아스의 용맹함을 정당하게 평가하지 못한 그리스인들이 아킬레우스의 무기를 오뒤세우스에게 넘겨줌으로써 아이아스를 자살에 이르게 했다고 노래했다.(『네메아 경기승리가』 8.33) 핀다로스에게 아이아스는 말없는 실천자였던 반면, 오뒤세우스는 말만 내세우는 허풍쟁이였다.

물론 소포클레스가 핀다로스의 견해를 수용하고 있는 것은 아니지

---

4) Jon Hesk, *Sophocles: Ajax* (London: Duckworth, 2003), 26~27쪽.

만, 그의 작품에서 아이아스와 오뒤세우스의 관계가 조명되는 것을 보면, 핀다로스가 그의 참조점이 되었으리라는 것을 알 수 있다. 오뒤세우스에 대한 『아이아스』의 긍정적 해석은 핀다로스에 대한 소포클레스의 응답이라는 주장[5]이 나오는 것도 이러한 맥락에서다.

소포클레스가 자신의 아이아스를 창조하기 위해 참조한 작품들은 이처럼 호메로스와 그 이후의 서사시들 그리고 서정시에 이르기까지 다양했다. 여기서 중요한 점은, 영웅시대의 에토스(ethos)를 표상하는 주인공으로서의 아이아스가 호메로스의 『일리아스』와 『오뒤세이아』에서의 모습을 거의 그대로 이어받고 있는 반면, 이러한 영웅의 모습에 어울리지 않는 그의 **자살** 모티프는 호메로스 이후의 서사시와 서정시로부터 차용되었다는 점이다. 아이아스라는 영웅이 호메로스의 영웅시대가 허용하지 않는 자살을 선택했다는 사실은 소포클레스의 아이아스를 이해하는 가장 중요한 요소다.

소포클레스의 『아이아스』는 영웅시대의 에토스를 표상하는 인물이 가장 비영웅적인 방식의 죽음인 자살을 선택했다는 사실을 전면에 내세우는 작품이다. 다시 말해 소포클레스의 아이아스와 호메로스의 영웅시대의 아이아스 사이에는 결정적 단절이 있다. 소포클레스는 가장 비영웅적인 자살을 선택할 수밖에 없었던 영웅시대의 한 영웅의 죽음을 통해, 한 시대가 상징했던 가치의 죽음과 그 가치의 죽음 아래서 울부짖는 인간의 존재론적인 비극을 들려주고 있다.

---

[5] Thomas K. Hubbard, "Pindar and Sophocles: Ajax as Epinician Hero," *Echos du Monde Classique/Classical Views*, 44: 19 (2000), 315쪽. 이에 대한 좀더 구체적인 논의는 같은 글, 315~332쪽을 볼 것.

영웅의 운명, 그리고 아이아스의 선택

아킬레우스의 무기를 오뒤세우스에게 돌아가게 한 **부당한** 판결에 대해 **분노**(cholos, 41행)를 참을 수 없어 아가멤논을 포함한 이전의 동료들을 죽였다고 생각했던 아이아스는 실제로 자기가 죽인 것이 가축 떼임을 깨닫자 자신이 도륙한 가축의 시체들 사이에 앉아서 머리를 치고 머리카락을 뜯으며 울부짖는다(308~310행). 코로스에게 자신을 죽여 달라고 간청하기까지 한다(361행). 테크메사는 아이아스가 이렇게 울부짖는 것은 "이전에 결코 들어본 적이 없다"(318행), 라며 한탄한다.

영웅시대의 영웅에게 최고의 덕목인 "명예는 온 데 간 데 없이(atimos), 여기 이렇게 비천하게 쓰러져서"(426~427행), 아이아스는 처음으로 "아이아이"(430행)라는 고통스러운 울부짖음을 내뱉는다. 그러면서 "그 누가 내 이름(onoma)이 나의 슬픈 운명과 잘 어울린다고 생각할 수 있었겠는가"(430~431행)라고 묻는다. 그리스어 '아이아이'(aiai)는 고통과 비애, 한탄 등을 나타내는 간투사다. 코로스는 아이아이라는 울부짖음을 아이아스라는 이름과 연관시키며, 그를 "불운의 이름을 가진 아이아스"(dusōnumos Aias, 914행)라고 일컫고 있다. 자신의 울부짖음이 자신의 이름이 되는 아이아스, 자신의 이름으로 울부짖는 아이아스는 이제 이미 고통(pathos)의 존재, 그 이름으로 하여금 자신의 존재를 "찢어진 상처"로 운명 짓게 하는[6] 불운의 존재가 된다.[7]

아이아스는 자기야말로 아킬레우스까지 포함해 트로이아 전쟁에 참여한 모든 전사 가운데 가장 빼어난 전사라고 생각했고(421~

---

6) Sophie Klimis, *Archéologie du sujet tragique* (Paris: Éditions Kimé, 2003), 246쪽.
7) 고대 그리스인은 이름이 그 이름을 가진 자의 존재·성격·운명에 대한 실마리를 제공한다고 믿었다(A. F. Garvie, 앞의 책, 185쪽). 고대 근동에서 **이름**은 곧 존재의 전제조건이었고, 이름이 없다는 것은 곧 존재하지 않는다는 의미였다(임철규, 『눈의 역사, 눈의 미학』 [한길사, 2004], 109쪽을 볼 것).

426행), 아킬레우스의 무기는 당연히 자신의 것이 되어야 한다고 생각했으며, 부당한 판결에 가담했던 동료들을 죽이려 했던 것은 옳은 일이었고, 가축들을 동료들로 오인하고 죽인 것은 아테나 여신이 불러일으킨 광기의 결과라고 생각했다. 그러나 그 모든 불가피한 정황에도 불구하고 아이아스는 가장 빼어난 전사로서의 자신의 명예를 더럽힌 그 수치스러운 행위를 스스로 용납할 수 없다. 아이아스는 "이제 내가 무엇을 해야만 한다는 말인가"(kai nun ti chrē dran, 457행) 하며 울부짖는다.

신들과 그리스인들에게 "더 이상 가치 없는"(397~400행) 존재, 그들에게 조롱당하는 "짐승"(thēr)으로 전락한(366~367행) 아이아스는 신들, 그리스인들, 트로이아인들, 심지어는 트로이아의 들판까지도 자신을 혐오하고 있다고 울부짖는다(457~459행).

자신에 대한 오만하고 불경스러운 태도에도 불구하고 아테나는 아이아스를 다른 누구보다도 "훨씬 지혜로운 자"(pronousteros, 119행)라고 일컬었다. 트로이아의 영웅 헥토르는 신은 아이아스에게 "큰 체구"와 "힘"은 물론 "지혜"까지 주었다면서 그를 칭찬했다(『일리아스』 7.288). 하지만 이제 신과 인간, 그리고 자연을 포함한 모든 존재의 조롱과 혐오의 대상이 된 아이아스에게 영웅시대 최고의 덕목인 명예는 사라졌다. 그 명예는 이제 더 이상 아이아스의 것이 될 수 없다. 영웅시대의 영웅이 명예 대신 수치(atimia)를 짊어지게 되었을 때, 영웅은 더 이상 영웅이 아니다. 아이아스가 처한 절망적인 상황과 절망적인 상황에서 그가 선택한 행위를 다루기 전에, 호메로스의 영웅시대를 지배했던 이른바 **수치문화**에 대해 잠깐 살펴보자.

흔히 호메로스의 영웅시대는 수치문화의 시대라고 규정된다.[8] 영

---

8) 호메로스의 영웅시대의 문화를 처음으로 **수치문화**라고 규정하고 이를 죄의 문화, 곧

웅시대의 가치체계는 **수치** 없는 삶에 그 토대를 두고 있었다. 수치 없는 영웅들의 삶은 가장 영웅다운 죽음과 밀접하게 관련되어 있다. 이를 이해하기 위해서는 우선 **운명**에 대해 살펴볼 필요가 있다.

그리스에서 운명은 흔히 '모이라'(moira)라 일컬어진다. 모이라는 '할당받다'라는 의미를 가진 동사 메이로마이(meiromai)에서 연유된 수동형의 명사로서, '할당된 것', '할당된 몫'이 원래의 의미이다. 즉 운명은 이미 **할당된 것**, 돌이킬 수 없는 것을 의미한다. 모이라에는 다양한 의미가 있지만, 호메로스는 모이라를 보통 죽음과 연관된 의미로 사용한다. 인간은 불멸의 신들과 달리 반드시 죽는(죽을 수밖에 없는) 필멸의 존재이며, 이것이 곧 인간의 '모이라'라는 것이다. 반드시 죽는다는 것, 이것이 모든 인간에게 이미 할당된 운명이다.

호메로스의 영웅시대의 주인공들은 돌이킬 수도 없고 피할 수도 없는 죽음이라는 운명을 절실히 인식하고 있었다. 따라서 죽을 수밖에 없는 자신들의 운명을 잘 알고 있는 그들에게 중요한 것은 도저히 피할 수 없는 인간의 운명인 죽음을 어떻게 대면할 것인가, 말하자면 어떻게 죽을 것인가였다. 그들이 죽을 수밖에 없는 운명을 극복한 방식은 죽지 않고 영원히 사는 것이 아니라 명예로운 죽음을 통해 영원히 사는 것, 즉 영광스러운 죽음을 통해 얻은 명성으로 영원히 사는

부모와 사회가 요구하는 윤리 기준을 내면화하고 이 기준에 따라 살고자 하는 문화와 구분한 이는 E. R. 도즈다. E. R. Dodds, *The Greeks and the Irrational* (Berkeley: U of California Pr., 1951), 17쪽; 에릭 R. 도즈, 『그리스인들과 비이성적인 것』, 주은영·양호영 옮김 (까치사, 2002), 32쪽. 죄의 문화와 수치문화의 구별이 더 이상 유지될 수 없다고 주장하면서 호메로스의 시대는 죄의 문화가 지배한 시대였다는 학자들도 있다. 도즈의 논의에 대한 비판은 Douglas L. Cairns, *Aidōs: The Psychology and Ethics of Honour and Shame in Ancient Greek Literature* (Oxford: Clarendon Pr., 1993), 14~21쪽, 43~44쪽을 볼 것. 그리고 수치문화와 죄의 문화에 관한 포괄적인 논의는 Douglas L. Cairns, 같은 책, 27~47쪽; 임철규, 『고전-인간의 계보학』 (한길사, 2016), 85~86쪽, 89~90쪽을 볼 것.

것이었다.

트로이아의 동맹군 가운데 가장 빼어난 전사이자 뤼키아의 왕인 사르페돈은 『일리아스』에서 그의 친구 글라우코스에게 우리가 영원히 늙지도 죽지도 않을 수 있다면 이렇게 전쟁터에서 영광과 명예를 얻기 위해 선두 대열에 서서 싸우지도 않았을 것이다, 우리가 이렇게 전장(戰場)에서 싸우는 것은 죽음을 통해 불멸의 명성을 얻어 불멸의 존재가 되기 위해서다, 라고 말했다(『일리아스』 12.322~328). 호메로스의 영웅시대는 전쟁터에서 명예롭게 죽는 것을 불멸의 가치로 인정하던 시대였고, 호메로스의 영웅들은 전쟁터에서 명예롭게 죽어 불멸의 명성을 얻을 경우에만 불멸의 존재라는 신적인 위상을 얻을 수 있었다. "명성은 일종의 불멸성의 대리자"[9]였다.

이러한 영웅시대에 호메로스의 영웅들이 가장 두려워했던 것은 사회가 그들의 행위를 어떻게 규정하고 평가하는가였다. 그들에게 최고의 선은 **티메**(timē), 즉 사회의 공적 존경이었다. 그들의 행위를 규정하는 것은 내면에서 들려오는 양심의 소리도 아니고 심지어 신도 아닌, 타인[10]의 시선, 즉 **공적인 눈**이었다. 타인의 눈에 부끄럽지 않은 삶, 수치 없는 삶이 호메로스의 주인공들이 갈구하던 영웅적인 삶이었다.[11]

---

9) Michael Clarke, "Manhood and Heroism," *The Cambridge Companion to Homer*, Robert Fowler 엮음 (Cambridge: Cambridge UP, 2004), 78쪽.
10) 물론 여기서 **타인**은 그들의 동료 전사를 포함한 동시대인만을 가리키는 것이 아니라 그들의 행위를 도덕적으로 규제하는 부모를 포함한 외적인 권위, 내면화된 초자아의 형상 같은 것을 함께 가리킨다. 윌리엄스는 이를 "내면화된 타자"라고 부른다. Bernard Williams, *Shame and Necessity* (Berkeley: U of California Pr., 1993), 84~85쪽. 그리고 Christopher Gill, *Personality in Greek Epic, Tragedy, and Philosophy: The Self in Dialogue* (Oxford: Clarendon Pr., 1996), 207쪽도 볼 것.
11) 임철규, 앞의 책, 『고전』, 86쪽; Jean-Pierre Vernant, "A 'Beautiful Death' and the Disfigured Corpse in Homeric Epic," *Mortals and Immortals: Collected Essays*, Froma I. Zeitlin 편역 (Princeton: Princeton UP, 1991), 57쪽; James M. Redfield, *Nature*

이렇듯 호메로스의 영웅시대가 공인된 명예를 최고의 가치로 치는 시대였음을 감안할 때, 아이아스가 처한 상황은 좀더 중대한 의미를 띠게 된다. 신들과 그리스인들에게 가치 없는 인간이 되어버린 아이아스에게 명예로운 죽음을 통한 불멸의 가능성은 철저하게 봉쇄되어버렸다. 그는 이미 타인의 눈에 수치스러운 존재가 되었다(440행). 그에게 남은 것은 영웅적인 삶을 추구하는 일이 아니라 수치스러운 삶을 감내하는 일이었다.

게다가 트로이아인들뿐만 아니라 동료들에게도 적이 되어버린 아이아스는 트로이아군에게 돌진할 수도 없고 그리스군의 야영지에 남아 있을 수도 없다. 계속 남아 있다면 그리스군이 그를 죽이고 말 것이었고(408~409행), 트로이아인들을 크게 무찌르고 장렬한 죽음을 맞이한다면 그의 적이나 다름없는 아트레우스의 아들들인 아가멤논과 메넬라오스가 이로움을 챙길 것이었다(466~469행).

트로이아 전쟁을 이끌고 있는 "아트레우스의 아들들을 버리고" 그의 아버지 텔라몬이 있는 고향으로 돌아가는 길도 없는 것은 아니지만(461~462행), 아이아스에게는 그 길 일마저 쉽지 않다. 아니, 사실 그는 고향으로 돌아갈 수 없다. 아무런 승리의 영광도 없이, "수치스러운"(aischron, 473행) 행위로 명예를 잃고 "빈손으로" 귀환한 자기가 "무슨 낯으로…… 아버지 텔라몬을 볼 수 있겠느냐," 뛰어난 전사였던 아버지는 "차마 나[아이아스]를 쳐다볼 수 있겠느냐" (462~465행) 하며 울부짖는 아이아스에게 아버지가 있는 고향으로 간다는 것은 생각조차 할 수 없는 일이었다(466행).

호메로스의 영웅시대에는 물론 고전시대의 아테나이에서도 아들

---

and Culture in the Iliad: The Tragedy of Hector (Chicago: U of Chicago Pr., 1975), 115~119쪽; Bernard Williams, 같은 책, 78~86쪽; M. I. Finley, *The World of Odysseus* (Harmondsworth: Penguin, 1978), 113쪽.

들은 언제나 아버지의 이미지를 의식하면서 아버지에게 뒤지지 않기 위해 노력했다.[12] 아버지의 이미지는 아들로 하여금 언제나 자신의 행동을 검열하게 하는 **내면화된 타자**, "내부의 강력한 검열관"[13]이었다. 말하자면 "아버지의 시선은 가차 없이 심판하는 심문자"였다.[14] 어떤 면에서 아버지를 수치스럽게 하지 않는 것이야말로 아들의 삶의 원칙이자 본질이었다. 트로이아 전쟁에 참전한 위대한 전사들 가운데 한 사람인 글라우코스는 이에 대해 이렇게 노래한 바 있다.

히폴로코스가 나를 태어나게 했으니 나는 그가 나의 아버지라고 주장하오.
나를 트로이아로 보낸 그는 항상 나에게 가장 빼어난 전사,
그 누구보다도 뛰어난 전사가 될 것과,
에퓌라와 광활한 뤼키아 땅에서 가장 위대했던
나의 선조들의 가문을 수치스럽게 만들지 말 것을 신신당부했소.
(『일리아스』 6.206~210)

아킬레우스의 아버지 펠레우스도 자신의 아들에게 "항상 가장 용감한 전사, 그 누구보다도 빼어난 전사가 될 것"(『일리아스』 11.784)을 당부했고, 헥토르의 아버지 프리아모스도 자신의 아들에게 "언제나 용감하게 트로이아인의 선두에 서서 싸울 것"을 가르쳤다(『일리

---

12) 헤시오도스가 확인해주고 있듯, 아들들은 모습뿐만 아니라 특히 행위에 있어서 더욱 아버지를 닮지 않으면 안 되었다. 『노동과 나날』 182행, 235행. 그리고 호메로스 『일리아스』 6.476~681을 볼 것.
13) Barry S. Strauss, *Fathers and Sons in Athens: Ideology and Society in the Era of the Peloponnesian War* (Princeton: Princeton UP, 1993), 80쪽. 그리고 임철규, 앞의 책, 『고전』, 90쪽을 볼 것.
14) Sophie Klimis, 앞의 책, 228쪽.

아스』6.441~446).

서정시인 알카이오스에게 아킬레우스 다음으로 빼어난 전사로 칭송받았던 텔라몬은 아이아스의 내면화된 타자, 곧 강력한 검열관이었다. 그리고 바로 그런 아버지 텔라몬을 수치스럽게 만든 아들 아이아스는 고향으로 돌아갈 수 없다. 마침내 아이아스는 울부짖는다. "고귀한 사람은 명예롭게 살든가, 아니면 명예롭게 죽지 않으면 안 된다"(479~480행). 명예롭게 살 수 없다면 명예롭게 죽는 길밖에 없다.

아이아스는 "암흑"(skotos)을 "나의 빛"(emon phaos)이라 일컫고 있다(394행). 호메로스의 『일리아스』에서 그리스군이 트로이아의 헥토르의 맹렬한 공격에 거의 패배에 이르게 되었을 때, 아이아스는 제우스에게, 우리의 죽음이 당신의 기쁨이 된다면, 자기를 포함한 "우리들", 곧 그리스인들을 "빛 속에서 죽여달라"(en de phaei kai olesson, 17.647)라고 간청했다. 이렇듯 호메로스의 아이아스에게 '빛'은 '암흑'의 반대였다. 그런데 소포클레스의 아이아스에게는 **암흑**이 바로 **빛**이다. 다시 말해 **죽음**이라는 **암흑만**이 그에게 남아 있는 유일한 "나의 빛"(394행)이고, 죽음이라는 그 빛이 그에게 남아 있는 유일한 기쁨(terpnos, 967행)이다.

그러나 자살은 영웅의 죽음이 아니다. 호메로스의 영웅시대에는 전장에서 공동체를 위해 목숨을 바친 청년 아킬레우스의 죽음과 같은 명예로운 죽음이 영웅이 되는 길이었다. 아이아스 역시 명예로운 죽음, **아름다운 죽음**[15]을 원했지만, 더 이상 '명예롭게' 살 수 없는, 삶

---

15) 아이아스가 "고귀한 사람은 **명예롭게** 살든가, 아니면 **명예롭게 죽지 않으면 안 된다**"라는 발언에서 사용한 그리스어 **칼로스**(kalōs)가 본래 **아름답게**라는 뜻임을 감안하면 아이아스가 원하는 죽음은 **아름다운 죽음**(kalos thanatos)이라고 할 수 있다. 베르낭은 앞의 글, "A 'Beautiful Death'"의 주 1에서 이 '아름다운 죽음'은 조국을 위해 목숨을 바친 아테나이인들을 추모하는 '장례식 연설'에서 나온 말임을 지적하면서 이

을 수치 속에 마감한 그의 자살은 아름다운 죽음도 영광스러운 죽음도 될 수 없었다. 더구나 자살은 자신의 아들을 비롯한 소중한 사람들을 저버리는 행위, 곧 **소중한 사람**(또는 **친구**)**에게는 도움을 주고 적에게는 해(害)를 가하라**(또는 **친구는 사랑하고 적은 증오하라**, phillein philous echthairein echthrous)라는 호메로스 영웅시대의 중요한 도덕규범 가운데 하나[16]를 어기는 행위였다. 요컨대 자살은 영웅의 길이 아니었을 뿐만 아니라 소중한 사람들에 대한 일종의 배신이었다. 그러나 이 모든 것에도 불구하고 아이아스는 자살을 선택할 수밖에 없었다.

이른바 그의 **위장발언**(646~692행)에서 아이아스가 명예롭게 살 수 없다면 명예롭게 죽을 수밖에 없다는 심중을 토로할 때, 그의 자살 의도를 감지한 테크메사는 아이아스가 없다면 자신은 살 가치가 없으며(392~393행), 돌아갈 나라 또한 없다고 말하면서, 아이아스가

'아름다운 죽음'을 **영광스러운 죽음**(eukleēs thanatos)을 뜻하기도 함을 지적한다(Jean-Pierre Vernant, 앞의 글, 51쪽). Nicole Loraux, "The Spartans' 'Beautiful Death,'" *The Experiences of Tiresias: The Feminine and the Greek Man*, Paula Wissing 옮김 (Princeton: Princeton UP, 1995), 63~74쪽도 볼 것.

16) 플라톤이『국가』에서 분명히 말하고 있듯(『국가』 1.332a-b), 이 도덕규범은 기원전 5세기의 아테나이인에게 여전히 중요한 사회조직의 원리이자 행동의 지표, 곧 정의가 무엇인지를 규정해주는 "도덕 원리" 가운데 하나로 받아들여졌다(Bernard M. W. Knox, "The Ajax of Sophocles," *Word and Action: Essays on the Ancient Theatre* [Baltimore: Johns Hopkins UP, 1979], 128쪽. 그리고 69쪽을 볼 것. 또한 이러한 도덕규범 전반에 대한 구체적인 논의는 Mary Whitlock Blundell, *Helping Friends and Harming Enemies: A Study in Sophocles and Greek Ethics* [Cambridge: Cambridge UP, 1989], 26~59쪽을 참조할 것. 그리고 Adriaan Lanni, *Law and Justice in the Courts of Classical Athens* [Cambridge: Cambridge UP, 2006], 26~27쪽도 볼 것). 여기서 말하는 친구의 첫 번째 부류는 가족, 곧 부모·배우자·자식과 같은 직계 가족뿐만 아니라 혈연이나 결혼으로 연결된 모든 사람을 아우르는 폭넓은 의미의 가족이었고, 두번째 부류는 공통의 이익을 공유하는 동료 시민 그리고 현대적 의미에서 말하는 친구들이었다. 신과 인간도 여기서 말하는 친구일 수 있었다. 신들을 기쁘게 하는 인간은 신들의 친구였고 인간에게 호의나 특별한 도움을 베푸는 신은 인간의 친구였다. 소포클레스의『아이아스』에서 아이아스가 적으로 삼고 해를 끼치고자 하는 상대는 아이아스에게 불명예를 안긴 오뒤세우스와 아트레우스의 아들들이다.

죽어 없어지면 그의 적이 된 그리스 병사들이 당장 자신과 아들을 노예로 삼을 것이니(496~499행), 자신과 아들을 불쌍히 여겨달라고 애원한다(510~514행).

원래 테크메사는 그리스인들이 프리기아를 침공했을 때 아이아스에게 끌려온 프리기아의 공주였지만, 자신의 운명을 받아들이고 아이아스에게 절대적인 순종과 절대적인 애정을 바쳤다 (294행, 529행, 537행). 그녀가 그에게 "언제나 친절(charis)을 낳는 것은 친절"이며, 자신이 받은 친절을 잊는 자는 "더 이상 고귀한 자일 수 없다"(522~524행)라고 말한 것은 그에게 그녀의 친절을 떠올리게 하기 위함이었고, 그의 자살이 그녀를 기만하고 "친절"을 빼앗는 일이라고 말한 것도 같은 맥락이었다(807~808행).

중요한 것은 무엇 때문에 아이아스가 테크메사의 친절을 배신할 뿐만 아니라 소중한 사람들을 보호하지 못할 선택을 감행했는가에 있다. 영웅시대의 최고의 가치인 명예를 잃었다는 것은 자기존재, 자기존재의 이유, 자기존재의 가치를 전부 잃었다는 것과 같다. 아이아스에게는 뛰어들 전쟁터도, 돌아갈 고향도 없다. 어디에도 갈 곳이 없는 아이아스는 고독한 죽음을 위해 황량한 해변으로 향한다. 명예로운 죽음을 통해 불멸의 영광을 얻을 기회를 철저히 상실한 그에게는 돌아갈 길도 나아가야 할 길도 없다. 인적 없는 황량한 해변만이 그에게 길을 열어줄 뿐이다. 그리고 이 길을 가는 아이아스에게 허용되는 것은, "잃어버린 명성을 적어도 부분적으로라도 되찾으려는…… 종국적인 시도, 절망적인 시도"[17]인 자살밖에 없다.

---

17) D. N. Maronitis, "Conjugal Homilia: From the *Illiad* to Sophocles' *Ajax*," *Homeric Megathemes: War-Homilia-Homecoming*, David Connolly 옮김 (Lanham, Md.: Lexington Books, 2004), 92쪽.

아이아스의 자살의 의미

아이아스는 그에게 허용된 유일한 길인 자살의 길을 떠나기 전에 유명한 발언, 이른바 **위장발언**(Trugrede 646-692행)[18]을 남긴다. 먼저 **시간**에 대한 이야기가 나온다. 시간(chronos)은 보이지 않는 것을 보이게 하고, 보이는 것을 보이지 않게 한다(646~647행). 시간은 "모든 것들"(hapanth')을 변화시키기 때문에(646~649행), 시간 속에 고정된 것이란 없다. 시간은 가장 강하고 무서운 것들로 하여금 그것과 상반되는 다른 것들에게 자리를 내주게 한다. 겨울이 여름에게, 낮이 밤에게, 폭풍이 고요에게, 잠이 깨어남에게 자리를 내어주듯(669~676행)……

그러니 한때 "우리의 적"이었던 이들이 "우리의 친구"가 될 수 있고, 한때 우리의 친구였던 이들도 "영원히" 친구로 남을 수는 없다(677~682행). "대부분의 인간들에게 우애란 믿을 수 없는 항구다"(tois polloisi gar brotōn apistos esth' hetaireias limēn, 682~683행). 이처럼 모든 것은 변한다. 아이아스 또한 변할 수 있다. 그도 이제 신 앞에 자신을 낮추고 아트레우스의 아들들에게 화해의 몸짓을 취할수 있다. 그러나 아이아스가 이 발언을 마친 후 자살을 감행하는 것으로써 이러한 **변화**의 조짐은 거짓이었음이 판명된다.

그렇다면 이 발언은 거짓이었을까. 그렇지는 않다. 아이아스는 이 위장발언을 통해 진실을 말하고 있다. 모든 것을 변화시키는 시간 앞

---

[18] 이 위장 발언의 진의를 두고 학자들 사이에 벌어지는 논의는 끝이 없다. 나아가 고대 그리스문학 중 그 어떤 문장도 이 위장발언 만큼 논의를 불러일으킨 것은 없다. 그는 왜 그와 같은 발언을 했는가. 아이아스는 진심으로 신을 섬기고 아트레우스의 아들들, 즉 아가멤논과 메넬라오스와 화해할 의향이 있었는가. 그렇다면 끝내 자살을 결행한 것은 무엇 때문인가. 테크메사와 코러스를 속이기 위한 발언이었는가. 혹시 그가 혼자 행한 독백은 아니었는가…… 등등.
하지만 우리의 일차적인 관심사는 이 발언이 위장인가 아닌가, 독백인가 아닌가가 아니라, 이 발언에서 아이아스가 보여주는 **시간**에 대한 인식이다.

에서 어제의 친구들은 오늘의 적이 되고 어제의 적들은 오늘의 친구가 된다. 시간은 모든 것을 불안정하게 만든다. 아이아스는 아트레우스의 아들들의 맹우로서 트로이아 전쟁에 참전했지만, 이제는 그들의 적이 되었다. 메넬라오스에게 아이아스는 한때 그리스인들의 맹우이자 친구였지만, 지금은 "트로이아인들보다 더 나쁜 적"이다(1052~1054행).

반면 한때 아이아스의 적이었던 오뒤세우스는 아트레우스의 아들들의 강한 반발에도 불구하고 아이아스의 매장을 관철시키는 최고의 친구로 변모한다. 신들은 어떤가. 한때 아이아스의 친구였던 신들이 이제 그의 적으로 변한다. 한때 아이아스를 돕고자 했던 아테나가 이제 아이아스의 오만에 분노하고 참혹한 보복을 가한다(770~777행). 이러한 변화 속에서는 **소중한 사람에게는 도움을 주고 적에게는 해(害)를 가하라**는 영웅시대의 도덕 지침이 더 이상 정의가 될 수 없다. 친구를 적이 되게 하고 적이 친구가 되게 하는, 모든 것을 변하게 하는 **시간**이야말로 인간의 삶과 운명을 주관하는 **재판관**인 것이다.[19]

아이아스는 시간이 야기하는 변화를 받아들일 수 없다. 친구는 끝까지 친구여야 하고 적은 끝까지 적이어야 하는 영웅시대의 정의가 철저하게 우롱당하는 사태를 참을 수가 없다(678~682행). 그는 마

---

19) 시간에 대한 이러한 인식은 일찍이 아낙시만드로스와 헤라클레이토스가 주창한 바 있다. 아낙시만드로스는 존재의 근본원리는 상반된 것들이 상대에게 번갈아 자리를 물려주는 것이라고 했다. 낮이 밤에, 그리고 다시 밤이 낮에 그 자리를 물려주듯, 우주는 동등한 힘으로 서로 대립하는 것들이 번갈아 출현함으로써 그 균형을 유지한다는 주장이다(G. S. Kirk and J. E. Raven 엮음, *The Presocratic Philosophers* [Cambridge: Cambridge UP, 1983], 105~138쪽을 볼 것). 아낙시만드로스에 따르면 상반된 양쪽 중 한쪽이 우위를 점하고 다른 쪽을 희생시킨다면 그것이야말로 부정(不正)이며, 희생당한 쪽이 "필연적"인 반동을 일으켜 양쪽의 균형이 유지된다. 상반된 양쪽 중 한쪽이 적당한 몫 이상을 차지하면 다른 쪽이 "벌을 내리고 보복을 가한다." 양쪽이 균

치 피를 토해내듯 원한에 사무친 발언들을 토해낸다. 소포클레스의 다른 작품들에서는 찾아 볼 수 없는 분노와 원한으로 끓어 넘치는 발언들이다. 분노의 여신들에게 그리스인들 모두의 "피를 맛볼 것"(843~844행)을 기원하기까지 한다. 그에게 적은 끝까지 적이어야 하며, 친구는 끝까지 친구여야 한다. 낮이 밤이 되고 밤이 또 낮이 되듯, 친구가 적이 되고 적이 친구가 되게 함으로써 "인간관계를 불안정"하게 만드는 "시간의 맹렬한 공격"[20]을 그는 받아들일 수가 없다.

헥토르와 아이아스가 일전을 치른 뒤, 헥토르는 적인 아이아스에게 은못을 박은 자신의 칼과 칼집을 주었고, 아이아스는 자신의 자줏빛 혁대를 적인 헥토르에게 주었다. 헥토르에게서 받은 그 선물은 아이아스가 그리스인 그 누구에게서도 받아본 적이 없는 "좋은 선물"이었다(663행). 그러나 그들이 서로 선물을 주고받았다고 해서 친구가 될 수 있는 것은 아니었다. 그들은 어디까지나 적이었다. 아이아

형을 되찾을 때라야 비로소 그 보복은 완성된다. 이때 시간은 양쪽의 관계가 균형적인가를 평가하는 역할을 한다. 다시 말해 시간은 상반된 양쪽 중 한쪽이 우위를 점하는 것을 용납하지 않는다(G. S. Kirk and J. E. Raven, 같은 책, 118~120쪽). 상반된 것들은 상대에게 번갈아 자리를 물려주기 위해 끊임없이 변화해야 한다. 아낙시만드로스는 이러한 변화를 유도하는 **시간을 재판관**이라고 일컫는다. 아낙시만드로스에게 **시간은 신**과 같은 존재다. 이에 대해서는 Werner Jaeger, *The Theology of the Early Greek Philosophers: The Gifford Lectures, 1936*, Edward S Robinson 옮김 (Oxford: Clarendon Pr., 1947), 67~68쪽을 볼 것.
헤라클레이토스도 우주의 근본원리는 변화이며, 고정불변의 것은 아무것도 없다고 했다. 헤라클레이토스에 따르면 상반된 것들 간의 영원한 싸움이 바로 존재의 기초다. 가령 겨울이 있으므로 여름이 있고, 밤이 있으므로 낮이 있듯, 상반된 것들은 서로 우위 다툼 속에 번갈아 자리를 차지함으로써 각자의 한계를 넘지 않으면서 일정한 균형을 유지한다. 아이아스는 아낙시만드로스와 헤라클레이토스의 이러한 인식을 그대로 반복한다. 단 헤라클레이토스는 이러한 다툼 자체, 즉 투쟁 자체를 **정의**라고 일컫는다(fr 82, Charles H. Kahn, *The Art and Thought of Heraclitus: An Edition of the Fragments with Translation and Commentary* (Cambridge: Cambridge UP, 1999], 66쪽). 그리고 박동환, 『안티호모에렉투스』(길, 2001), 94~99쪽도 참조할 것.

20) Mark Ringer, *Electra and the Empty Urn: Metatheatre and Role Playing in Sophocles* (Chapel Hill: U of North Carolina Pr., 1998), 38쪽.

스에게 "적의 선물은 선물이 아니며,"(665행), 따라서 헥토르에게서 받은 그 칼은 "모든 무기 가운데 가장 증오스러운 무기"(658행)일 수 밖에 없었다. 아이아스가 헥토르의 칼로 목숨을 끊는 행위에는 물론 여러 상징적인 의미가 있을 수 있겠지만, 무엇보다도 적과 화해하는 것은 불가능하다는 의미가 있다. 이렇듯 적은 언제까지나 적이어야 하고 친구는 언제까지나 친구여야 한다는 것이 아이아스의 불변의 원칙이라면 이 불변의 원칙마저 변하게 만드는 **시간**은 그에게는 다름 아닌 **적**이다. 뒤에 가서 다시 논의하겠지만, 아이아스의 시간에 대한 도전은 신에 대한 도전만큼이나 중요한 의미를 내포한다.

아이아스의 자살은 이러한 변화에 대한 도전이자 변화를 주도하는 시간이라는 적에 대한 도전이다. 이 작품에서 맨 처음 등장하는 단어는 아테나가 오뒤세우스를 부르면서 사용하는 **아에이**(aei)이다. '항상' '언제까지나'를 의미하는 '아에이'는 이 작품에서 '한 번도(또는 결코)~하지 않다'를 의미하는 '우포테'(oupote)와 함께 "시간과 영원 간의 대조, 인간의 삶과 신의 불멸성 간의 대조"를 강조하는 맥락에서 사용된다.[21] 아이아스는 '아에이'의 원칙, 즉 '항상', '언제까지나' 변하지 않는 원칙을 고수하려는 자다. 그의 이름 '아이아스'와 '아에이' 사이에는 이렇듯 유사성이 있다. 아이아스는 바로 '아에이'의 화신이다.

그러나 **아에이**는 불멸의 존재인 신에게 속하는 것이지 인간에게 속하는 것이 아니다. 아이아스가 가축들을 도륙하는 광경을 목격한 오뒤세우스가 그에게 연민을 느끼면서 말하듯, "살아 있는 우리 모두는 단지 이미지(eidōlon), 덧없는 그림자(kouphos skia)에 지나지 않는다"(125~126행). **덧없는 그림자**에 지나지 않는 인간에게 '아에이'는 허용

---

21) Bernard M. W. Knox, 앞의 글, 141쪽.

될 수 없다. "인간처럼 생각하지 않고, 신처럼 생각하는"[22] 아이아스에게 그가 인간임을 일깨워주는 것이 바로 **시간**이다.

어제의 친구가 오늘의 친구일 수 없고 어제의 적이 오늘의 친구일 수 있는 시간 속을 살아가야 하는 인간에게 '아에이'는 불가능하다. '아에이'란 인간의 부질없는 욕망이 만들어내는 환상일 뿐이라는 사실을 아이아스는 잘 알고 있다. 하지만 그는 이것을 받아들일 수가 없다. 그것을 인간의 현실로 인정할 수가 없다. 그래서 차라리 시간의 흐름이 정지하는 죽음의 나라 하데스로 간다. "아름다운 것을 얻을 수 있는 곳은 하데스뿐이다."[23] 아이아스가 마지막 순간에 언급하는 곳도 하데스다. "이것이 나 아이아스가 소리 내어 말하는 마지막 말. 나머지는 하계의 하데스에 있는 자들에게 말할 것이다"(touth' humin Aias toupos hustaton throei, ta d' all' en Haidou tois katō muthēsomai, 864~865행).

하데스는 시간의 흐름이 없는 곳, 즉 모든 변화로부터 자유로운 곳이다. **하데스**는 '아에이'의 왕국이다. 시간의 불가항력성을 증오하는 아이아스는 차라리 죽음을 선택함으로써 시간을 중지시키고 변화를 중단시키려고 한다. 그리고 자기가 고수하는 영웅시대의 정의, 곧 끝까지 친구는 친구여야 하고, 끝까지 적은 적이어야 한다는 도덕적 이상(aretē)을 불멸화, 절대화하려고 한다. "절대주의자"[24]이자 "완벽한 일원론자"[25]인 그에게 **자살**은 한 치의 양보도 없이 철저히 시간에 저

---

22) Bernard M. W. Knox, 같은 글, 143쪽.
23) Jonathan N. Badger, *Sophocles and the Poetics of Tragedy: Cities and Transcendence* (New York: Routledge, 2013), 54쪽.
24) Christian Meier, *The Political Art of Greek Tragedy*, Andrew Webber 옮김 (Cambridge: Polity Pr., 1993), 177쪽.
25) Lauren J. Apfel, *The Advent of Pluralism: Diversity and Conflict in the Age of Sophocles* (Oxford: Oxford UP, 2011), 247쪽.

항하는 방법이다. '아에이'의 화신이고자 하는 영웅적인 저항이지만 자신의 존재를 지워버려야 하는 허망한 저항이기도 하다.

아이아스의 자살 소식을 듣고 달려온 테크메사는 슬픔을 이기지 못하고 울부짖는다. "피거품이 그의 콧구멍으로 뿜어져 나오고, 검은 피가 그의 상처에서 쏟아져 나온다"(918~919행). 뒤이어 달려온 테우크로스는 그 처참한 모습을 보고 오!오!를 연발하면서 일찍이 자신의 눈으로 목격한 "모든 광경 가운데 가장 고통스러운 광경"(992행)이라며 울부짖는다.

호메로스의 영웅시대 전사들은 **보기에도 경이로운**(thauma idesthai) 존재였다.[26] 아킬레우스는 트로이아의 전사들에게도 빛나는 존재였고, 그를 처음 목격한 프리아모스에 따르면 별들 가운데 가장 빛나는 별이었다(『일리아스』 22.25~32). 아킬레우스가 죽었을 때도 그의 "아름다운 몸"이 더운 물에 깨끗하게 씻겨 졌다(『오뒤세이아』 24.44). 헥토르의 시신 역시 경탄스럽기는 마찬가지여서, 그의 시신을 본 그리스 전사들은 "헥토르의 키와 경이로운 아름다움"(일리아스』 22.370~371)에 경탄을 금치 못했다. 보기에도 경이로운 이들의 "나무랄 데 없는" 아름다움은 그들의 명예로운 죽음을 한층 더 돋보이도록 했다.

"백합 같은 흰 살결"(『일리아스』 17.830; 24.629~630)의 아이아스도 그 아름다움이 그리스 모든 전사 가운데 아킬레우스 다음(『일리아스』 17.279~280; 『오뒤세이아』 11.550~551)일 정도로 출중했지만, 아이아스의 죽음은 결코 **아름다운 죽음**이 아니었다. 그는 헥토르에게 선물로 받은 칼을 땅에 고정시켜놓고 몸을 던져 그 칼날에 자신의 심

---

26) Charles Segal, *Sophocles' Tragic World: Divinity, Nature, Society* (Cambridge/M.A.: Harvard UP, 1995), 25쪽.

장을 꽂았다. 그 상처에서 분출한 검은 피가 그의 온 몸을 뒤덮었다. 보기에도 경이롭던 존재가 보기에도 가장 고통스러운 모습으로 죽은 것이다. 그의 처참한 죽음은 그가 아름다운 모습으로 힘차게 호흡하던 영웅시대가 마침내 그 시대가 표상했던 일체의 가치와 함께 종언을 고하고 있음을 알리는 신호이기도 했다.

오뒤세우스

"대량학살을 꾀하다 자폭하는 일종의 고대 테러리스트"[27] 아이아스의 처참한 죽음과 함께 한 시대가 막을 내리고 이제 극의 후반부는 매장을 반대하는 아트레우스의 아들들, 매장을 강행하려는 아이아스의 이복동생 테우크로스, 그리고 마침내 매장을 관철시키는 오뒤세우스를 중심으로 전개된다.[28] 먼저 메넬라오스는 아이아스가 아테나이의 전사로서 트로이아 전쟁에 참전했을 때는 진정한 맹우이자 친구라고 생각했지만, 이제는 그가 감히 그리스군 전체를 죽이려 한 적, 트로이아인보다 "더 나쁜 적"임을 알게 되었다고 한다(1052~1055행). 계속해서 메넬라오스는 법에 대한 두려움과 경외감이 국가를 통치하고 군을 통솔하는 힘이라고 주장하면서(1073~1076행), 불복종자이자 질서의 교란자 아이아스의 매장을 반대한다.

메넬라오스가 자리를 뜬 뒤 곧바로 등장한 아가멤논도 메넬라오스와 같은 논지로 아이아스의 매장을 거부한다. 나아가 아가멤논은 아

---

27) Emily Katz Anhalt, *Enraged: Why Violent Times Need Ancient Greek Myths* (New Haven: Yale UP, 2017), 136쪽.
28) 아이아스의 매장에 대한 논쟁이 후반부 전체를 차지함으로써 작품의 극적 효과와 비극적인 **파토스**가 반감된다는 평도 있다. 소포클레스는 이 논쟁을 통해 당시 아테나이의 사회에 대한 자신의 정치적인 입장을 표명하려 했던 것으로 보인다.

이아스의 전과(戰果)를 폄하하고 아이아스를 분별과 "상식"이 없는 자, 별 쓸모가 없는 자로 격하한다(1250~1254행).[29]

이에 테우크로스는 그리스군에 밀어닥친 헥토르의 질풍 같은 공격을 막아낸 이가 바로 아이아스였음을 지적하면서 그가 헥토르와 벌인 "일전"을 떠올림으로써(1283행), 아이아스를 폄하하는 아가멤논의 발언을 반박한다. 아가멤논은 테우크로스가 노예출신임을 일깨우면서 "노예출신으로부터 반박의 말을 듣는 것은 엄청난 모욕"(1235행)이라고 되받아친다. 이에 테우크로스는 아가멤논의 조부

---

29) 아가멤논은 그리스 전사들 가운데 아이아스에 못지않게 훌륭하게 싸운 전사들도 많다고 주장함으로써(1237~1238행) 헥토르의 그리스의 함대의 공격을 중지시키고 헥토르와 일대 일로 대결한(1273~1287행) 아이아스의 공적을 폄하하고 있다. 여기서 우리가 주목하는 것은 이 작품을 관람하던 당시 아테나이인들이 스파르타인 메넬라오스와 아가멤논이 아이아스를 폄하하고, 그에게 매장을 허용하지 않는 무례한 장면을 어떻게 받아들였을까 하는 점이다. 당시 아테나이인들은 아이아스를 영웅으로 숭배하면서 해마다 살라미스에서 아이아스 축제를 열었다. 살라미스 해전이 일어나기 전에 아이아스에게 기도와 제물로 도움을 청했던 아테나이인들이 승전에 대한 감사의 표시로 나포당했던 배들을 포세이돈, 아테나 그리고 아이아스에게 바친 것이 계기가 된 축제였다. 이처럼 영웅으로 숭배받고 있는 아이아스가 이 작품에서 매장이 거부되는 등 철저하게 폄하되는 모습은 아테나이인에게 그들의 자존심과 애국심을 분명 자극했을 것이다.
실제로 『아이아스』는 아테나이가 스파르타와 전쟁 중일 때(또는 전쟁 직전에) 공연되었던 것으로 알려져 있다. 당시 아테나이는 민주제의 도시국가였고, 스파르타는 군인 출신인 두 사람의 왕이 국가를 이끄는 소수독재국가였다. 이 극을 포함해 기원전 5세기와 4세기 아테나이의 모든 장르의 텍스트들은 "스파르타의 국민성, 제도나 관습에 대한 다양한 공격"을 전개했다(Jon Hesk, 앞의 책, 111쪽). 아이아스의 매장을 주도하는 것이 살라미스의 왕 텔로몬의 아들이자 아이아스의 이복동생인 테우크로스라는 것, 그의 매장을 거부하는 것이 아르고스의 왕 아트레우스의 아들들인 아가멤논과 메넬라오스라는 것, 살라미스는 페르시아 전쟁의 아군을 연상시키고 아르고스는 펠로폰네소스 전쟁의 적군, 곧 스파르타를 연상시킨다는 것, 테우크로스가 실제로 메넬라오스를 '스파르타의 왕'이라고 부르기도 한다는 것 등을 고려할 때, 아이아스의 매장을 둘러싼 논쟁이 당시 아테나이인들에게 어떤 감정들을 불러일으켰을지는 충분히 짐작할 수 있다(Richard Seaford, *Reciprocity and Ritual: Homer and Tragedy in the Developing City-State* [Oxford: Clarendon Pr., 1994], 130쪽). 물론 비극작가 소포클레스가 이 작품에서 궁극적으로 말하고 싶어 하는 것이 이런 이야기는 아니겠지만, 『아이아스』에 이런 **정치적**인 의미가 있었으리라는 것은 분명하다.

펠로프스도 야만인 출신이었음을 상기시키고 나서 그의 아버지 아트레우스의 잔인한 행위, 곧 조카들을 죽인 뒤 그 조카들의 살로 만든 고기를 그들의 아버지인 자신의 형제에게 먹게 했던 행위와 자신의 침대에 연인을 끌어들였던 그의 어머니의 부정을 거론하면서 (1289~1297행), 아트레우스 가문의 치부를 공격한다. 계속되는 언쟁의 와중에 오뒤세우스를 승자로 선택했던 투표문제가 다시 화두로 떠오르지만, 투표의 공정성 자체가 문제시되는 한 논쟁은 평행선을 그리면서 계속될 뿐이다.[30]

이때 오뒤세우스가 등장한다. 극의 초반, 아이아스가 광기에 사로잡혀 가축 떼를 도륙하는 모습을 목격한 후에도 여전히 아이아스에게 연민과 존경의 감정을 표했던 그는 아이아스의 매장 문제에서도 아이아스 편에 선다. 그는 여전히 아이아스를 트로이아 전쟁에 참전한 그리스 전사 가운데 아킬레우스 다음가는 "가장 빼어난 전사"(aristos, 1340행, 1380행)로 인정하며, 아이아스가 한때 "고귀한"(gennaios, 1355행) 전사였음을 분명히 하고 있다.

이에 아가멤논은 오뒤세우스를 "일관성 없는"(1358행) 자라고 비웃는다. 하지만 오뒤세우스는 아이아스가 전사로서 발휘했던 "최고의 용맹(aretē)[31]이 그를 향한 나의 적의보다 더 나를 압도한다"(1357행)라고 응수한 뒤, 한 인간을 평가할 때 한때의 과오를 토대로 평가해서는 안 되며, 그의 삶 전체에 비추어 평가하고 그 평가에 합당

---

30) 만약 투표 자체가 조작이었다는 테우크로스의 주장이 사실이라면 아이아스의 매장을 거부하는 아트레우스의 아들들의 입장은 크게 훼손되겠지만, 전통적으로 오뒤세우스는 투표의 합법적인 승자로 받아들여지고 있다. Mary Whitlock Blundell, 앞의 책, 90쪽.
31) R. P. Winnington-Ingram은 소포클레스에 있어서 **아레테**(aretē)는 "최고의 용맹 또는 그로 인한 명성을 의미하며, 그 이상 그 이하도 의미하지 않는다"라고 말한다. 그의 저서 *Sophocles: An Interpretation* (Cambridge: Cambridge UP, 1980), 301쪽.

한 **명예**(timē)와 **존경**(aidōs)을 받게해야 한다고 주장한다.

이렇듯 오뒤세우스가 아이아스를 여전히 아킬레우스 다음으로 뛰어난 전사라고 믿는 것을 "호메로스적인 신념"[32]으로 볼 수도 있다. 심지어 오뒤세우스는 "죽음을 맞은 용감한 사람에게 해를 가하는 것", 즉 아이아스의 매장에 반대하는 것은 "옳지 않은" 일, 곧 "신법(神法, tous theōn nomous)을 파괴하는 일"이라고까지 말한다(1343~1345행).

하지만 오뒤세우스의 신념이 새로운 가치관과 충돌하지 않음은 분명하다. 아이아스의 매장을 반대하는 아가멤논과 메넬라오스가 한 번 적이면 영원히 적이라는 아이아스의 공식을 되풀이하고 있다면(1354행, 1356행, 1368행), 오뒤세우스는 아이아스가 이른바 위장 발언에서 **영원한 친구는 없다**는 말로 예고했던 새로운 가치관, 곧 우주의 본질은 불변이 아니라 변화에 있다는 가치관을 긍정하면서, 아이아스가 죽음으로 저항했던 시간의 힘, 즉 **변화**를 체현하고 있다. 실제로 오뒤세우스는 친구와 적의 구별은 영원한 것이 아니라는 말로(1359행) 아가멤논을 설득해 매장에 찬성하게 할 뿐 아니라, 스스로도 한때 적이었던 테우크로스를 "친구"로서 대할 것을 약속한다(1377행).

이런 오뒤세우스를 코로스는 "현명한"(sophos, 1374행) 자, 테우크로스는 "고귀한"(esthlos, 1399행) 자라고 일컫고 있다. 여기서 오뒤세우스는 이제 영웅시대의 정의의 원칙, 즉 소중한 사람(또는 친구)에게는 도움을 주고 적에게는 해를 가하라는 원칙을 해체하되 **설득**을 통해 해체하고 있다. 아이스퀼로스의 3부작 『오레스테이아』의 마지

---

[32] Douglas L. Cairns, 앞의 책, 238쪽. 그리고 이에 대한 좀더 구체적인 논의는 95~103쪽.

막 작품 「자비로운 여신들」에도 나타나고 있듯, 설득은 민주제 아테나이의 강력한 정치적 무기였다. 오뒤세우스가 아이아스의 매장을 성사시킨 일은 이성과 설득의 새로운 시대가 육체와 폭력의 영웅시대를 이기고 승리함을 의미한다.

호메로스의 영웅시대의 "최후의 영웅"[33]으로 일컬어지는 아이아스의 죽음은 그 영웅시대를 지배했던 - 그것이 긍정적이든 부정적이든 간에 - 삶의 모든 도덕 원리, 영웅적인 행위와 가치의 죽음을 의미한다. 베르낭은 "그리스 비극은 (사회) 현실을 반영하는 것이 아니라 그 현실을 의문시"하고, 현실의 갈등과 분열을 보여줌으로써 "그 현실을 문제시한다"라고 지적한 바 있다.[34] 기원전 5세기의 민주제의 아테나이는 오뒤세우스로 대변되는 **현재**와 아이아스로 대변되는 **과거**의 가치가 충돌하는 갈등의 사회였다. 오뒤세우스가 **말**(言)의 인간이라면(148~151행) 호메로스의 전형적인 영웅들은 **육**(肉)의 인간들이다. 아이아스는 "전적으로 육체"다.[35] 호메로스의 전형적인 영웅들의 말과 행동에는 오뒤세우스의 설득의 기술이 보여주는(150행) 위장, 술수, 복선 등을 위한 자리가 없다. 간계를 위한 자리도 없다.

이렇듯 아이아스는 "직선적으로 말하고 직선적으로 행동하는 자"[36]다. 아이아스의 세계에는 변화를 합리화하는 어떤 간계와 복선도 존재하지 않으며 존재할 수도 없다. 그러니 그의 죽음은 **육체의 죽**

---

33) Bernard M. W. Knox, 앞의 글, 144쪽.
34) Jean-Pierre Vernant, "Tensions and Ambiguities in Greek Tragedy," Jean-Pierre Vernant and Pierre Vidal-Naquet, *Myth and Tragedy in Ancient Greece*, Janet Lloyd 옮김 (New York: Zone Books, 1988), 33쪽.
35) Ruth Padel, *Whom Gods Destroy: Elements of Greek and Tragic Madness* (Princeton: Princeton UP, 1995), 66쪽.
36) Charles Segal, *Tragedy and Civilization: An Interpretation of Sophocles* (Cambridge/M.A.: Harvard UP, 1981), 114쪽.

음, 육체가 내포하는 모든 가치의 죽음, 나아가 영웅시대의 죽음이다. 어느 마르크스주의 비평가는 이렇게 주장했다. "헤라클레이토스는 성격이 운명이라고 말했다. 그러나 성격은 이데올로기를 의미할 수도 있다. 아킬레우스의 무기가 오뒤세우스에게 주어진 것은…… 영웅시대가 종말을 고했다는 의미였다."[37]

소포클레스가 살았던 기원전 5세기의 아테나이는 아이아스의 과거와 오뒤세우스의 현재가 계속 충돌하는 시대이면서 동시에 행동이 아니라 말, 그리고 그 말의 수사와 복선이 좀더 우위에 있는 오뒤세우스의 시대였다. 소포클레스는 아이아스가 표상하는 육체의 죽음, 그리고 그것이 상징하는 영웅시대의 종말에 대해서는 우울한 시선을, 오뒤세우스가 표상하는 말의 승리, 그리고 그것이 상징하는 동시대 아테나이의 현실에 대해서는 회의적인 시선을 던진다. 아이아스의 매장을 성사시킨 오디세우스가 결국 매장에 참여하지 못한다는 결말에서도 소포클레스의 회의적인 시선을 감지할 수 있다. 그리고 이는 테크메사가 아이아스는 심지어 그의 적으로부터도 충분히 애도를 받을 만하다하다고 말하는 발언에서 확인된다(923~924행). 테크메사의 말은 바로 소포클레스의 생각을 대변한다고 볼 수 있기 때문이다.

영웅시대의 종말에 대한 소포클레스의 우울한 시선은 특히 아이아스의 최후 모습, 즉 "상처에서 검은 피가 쏟아져 나오는"(919행) 모습에서 극적으로 확인할 수 있다. 이 검은 피는 아이아스의 분노와 증오가 죽음을 통해서도 해소되지 않았다는 것, 곧 그가 표상하는 영웅시대의 이상과 가치가 쉽게 소멸되지 않는다는 것을 의미한다. 시간에 도전하고 변화에 저항했던 아이아스는 죽음을 맞았고 시간과 변

---

37) Jan Kott, *The Eating of the Gods: An Interpretation of Greek Tragedy*, Boleslaw Taborski and Edward J. Czerwinski 옮김 (Evanston: Northwestern UP, 1987), 73쪽.

화의 흐름을 따랐던 오디세이아는 승리를 거두었지만, 끝내 굴복할 수 없는 아이아스의 원한은 검은 피로 분출되고 있는 것이다. 하지만 아이아스의 분노와 증오가 향하는 곳은 **시간**뿐이 아니었다. 신과 아이아스의 관계가 중요한 주제로 떠오르는 것은 이제부터다.

아테나와 아이아스

왜 아테나는 아이아스를 파멸시키는가. 예언자 칼카스는 그 원인을 신들에 대한 아이아스의 오만에서 찾고 있다. 사실 아이아스가 오만했다는 흔적은 곳곳에서 찾을 수 있다. 아이아스가 트로이아로 출정할 당시 그의 아버지는 아이아스에게 "언제나 신의 도움으로 승리를 거둘 것"(765행)을 충고했다. 이에 대해 아이아스는 "하찮은 인간이라면 신의 도움으로 승리를 거두겠지만," 자신은 "신의 도움 없이도 그런 영광을 거머쥘 수 있음을 확신한다"(767~769행)라고 답한다. 또한 실제 전장에서 아테나 여신이 그를 도와주기 위해 다가갔을 때, 그는 그 여신의 도움을 거절하면서 "적은 내가 있는 곳을 결코 뚫고 지나갈 수 없다"(774~775행)라는 말로 자신의 오만을 당당히 드러낸다. 바로 이러한 오만이 그에 대한 "여신의 무자비한 분노"(astergē theas orgēn)를 불러일으켰던 것이다(776~777행).

일반적으로 『아이아스』는 소포클레스의 비극작품 가운데 가장 호메로스적인 작품으로 간주되고 있다. 하지만 신에 대한 아이아스의 이러한 태도는 **호메로스적이지 않은** 아이아스, 소포클레스의 아이아스를 특징짓는 중요한 요소다. 호메로스의 『일리아스』에 등장하는 전사들은 신의 도움으로 거둔 승리를 그 어떤 승리보다 영광스러운 것으로 여긴다. 그러나 소포클레스의 아이아스는 그렇지 않다. 그에게 아테나는 조력자에 지나지 않는다. 게다가 그 여신에게 내뱉는 그의 말은 때로 명령적이기까지 하다. 그는 아테나에게 "늘 나의 동맹자(summachos)"로 남아 있을 것을 "명령한다"(117행). 여기서 동맹자를 의미하는 **쉼마코스**(summachos)는 아테나이인이 전쟁시 아테나이의 편에 서는 소도시들을 지칭하는 단어이면서 지칭의 대상이 열등하다는 것을 암시하는 단어다.[38]

따라서 아테나를 '쉼마코스'라고 부른다는 것은 곧 아이아스가 아테나를 자신보다 **작은** 존재로 본다는 뜻이다. 예언자 칼카스는 아이아스가 인간처럼 생각하지 않고 신처럼 생각한다(761행)라고 말했다. 그의 행동도 마찬가지다. 그는 "인간처럼 행동하지 않고, 신처럼 행동한다."[39]

아이아스의 오만은 여기서 그치지 않는다. 그는 위장발언에서 **시간**을 인간을 포함한 모든 존재의 운명을 결정하는 일종의 절대추상체로 부각시킨다. 그리스인에게 모든 존재의 운명을 결정하는 것은 신이었다. 물론 핀다로스같은 시인이 **시간**이 "모든 것의 아버지"라고 노래하기도 했지만(『올륌피아 경기승리가』 2.17), 그것은 그저 시 속의 한 표현일 뿐 시간이 신보다 위대하다는 의미는 아니었다. 그리스의 모든 영웅 가운데 신의 도움을 거부하고 조롱하는 것이 오직 아이아스뿐이라는 사실은 이렇듯 아이아스가 시간에 절대적인 권위를 부여하는 것과 결코 무관하지 않다.

신학자 틸리히는 **오만**을 의미하는 그리스어 **휘브리스**(hubris)는 자신을 신만큼 높이고자 하는 태도나 행위라고 정의한 바 있다.[40] 아이

---

38) Michael Davis, "Politics and Madness," *Greek Tragedy and Political Theory*, J. Peter Euben 엮음(Berkeley: California Pr., 1986), 148쪽. 그리고 Bernard M. W. Knox, 앞의 글, 132쪽.
39) Bernard M. W. Knox, 같은 글, 132~133쪽.
40) Paul Tillich, *Systematic Theology*, Chicago: U of Chicago Pr., 1957) 2:50쪽.

아스는 바로 이런 오만의 전형이다.[41] 아테나는 "신은 악한 자들을 증오한다"(133행)라고 말하는데, 신에게 악한 자(kakos)는 오만한 자를 뜻한다. 그러니 아이아스가 신의 "증오의 대상"(457행)이 된 것은 어쩌면 지극히 당연한 일이다. 테크메사의 말처럼 아이아스는 결국 "그들[아트레우스의 아들들]의 손에 죽은 것이 아니라, 신의 손에 죽었다"(970행). 호메로스 시대의 영웅들은 신이 이끄는 승리를 가장 영광스럽다고 여겼던 반면에, 소포클레스가 창조한 아이아스는 그렇지 않았다. 그에 대한 신의 보복이 가장 잔혹했던 것은 어쩌면 당연한 일이다.

호메로스의 『일리아스』에서 아폴론은 감히 자신에게 무기를 겨누는 아르고스의 왕 디오메데스에게 "그대 자신을 감히 신과 동등하다고 생각하지 말라. 불멸의 존재인 신과 땅 위를 걷는 인간은 결코 같은 족속이 아니니라"(5.440~442)라고 말했다. 그러나 아이아스는 자신이 신과 동등한 존재가 될 수 있다고 여겼다. 바로 이러한 오만이 아테나의 보복을 불러왔던 것이다.

아테나는 아이아스를 더욱 철저하게 파멸시키기 위해 그를 광기의 상태로 몰아넣어 자멸하게 한다. 아테나는 광기에 사로잡혀 가축들을 적으로 착각하고 도륙한 뒤 기쁨에 차 있는 아이아스의 모습을 오뒤세우스에게 보여주면서 "적을 조소하는 것만큼 즐거운 것이 어디 있겠는가"(79행)라고 말한다. 아이아스의 모멸과 수치가 그 여신에게는 즐거운 유희가 되고 있다. 아테나 여신의 분노에 "내몰린" 아이아스는 더 이상 인간이 아니다. 광기에 사로잡힌 그는 자신이 자신을 "몰아붙이는" 짐승이 된다(53~54행, 59~60행, 123행, 275행, 756행,

---

41) 1부 1장 『페르시아인들』 36~37쪽을 볼 것. **오만**(hubris)에 대한 일반적인 논의와 아이아스의 오만에 대한 학자들의 견해 등에 관해서는 Jon Hesk, 앞의 책, 141~148쪽을 볼 것.

771행). 호메로스 서사시에서 신들은 한 인간을 이토록 모멸과 수치의 구렁으로 몰아넣지는 않았다. 하지만 소포클레스 『아이아스』에서 아테나는 "신의 가장 효과적인 무기"인 광기를 사용해 아이아스라는 한 인간을 자기가 아닌 존재, "자기 속의 타자"로 만든다.[42] 소포클레스의 아이아스는 신이 내린 광기의 극한을 경험하고 있다. 자신의 운명을 "거대한 피의 파도에 내몰리는 물결"(351~353행)에 비유할때가 그렇고, 자신이 도륙한 가축들 사이에 앉아 **황소**(tauros, 322행)처럼 울부짖을 때가 그렇다.

"지상에서 숨 쉬고 움직이는 모든 것 가운데 인간보다 더 비참한 존재는 아무것도 없다"(17.446~447). 호메로스의 『일리아스』에서 제우스가 한 말이다. 그래서였을까, 호메로스의 제우스가 인간에게 모멸감을 안겨줌으로써 인간의 비참을 더한 적은 없었다. 호메로스의 신들 가운데 소포클레스의 아테나처럼 인간을 폄하하고 조롱한 신은 없었다.

핀다로스는 인간을 하루살이와 같은 덧없는 존재, **그림자**에 지나지 않는 존재라고 불렀다(『퓌테이아 경기승리가』 8.95~96). 그로부터 한 세대 뒤 이번에는 소포클레스가 인간을 **그림자**라고 부른다. 광기에 휩싸여 가축들을 도륙하고 기뻐하는 아이아스의 모습을 본 오뒤세우스는 아이아스의 운명을 자신의 운명, 아니 인간이라는 존재 전체의 운명과 동일시하면서 "살아 있는 우리 모두는 단지 이미지, 덧없는 그림자에 지나지 않는다"(125~126행)라고 읊조린다.

그러나 덧없는 그림자에 불과한 인간, "하루살이에 불과한 인간"(hamerioi anthrōphoi, 400행)이 모두 같은 상황에 처해 있는 것은 아

---

42) Ruth Padel, *In and Out of Mind: Greek Images of the Tragic Self* (Princeton: Princeton UP, 1992), 157쪽.

니다. 핀다로스는 제우스를 통해 이 덧없는 그림자인 인간들에게 달콤한 한 순간의 빛을 허락하고 있는 반면(『퓌테이아 경기승리가』 8.95~99), 소포클레스는 아테나를 통해 **오만한 그림자**, 곧 그림자라는 자신의 조건을 초월하려는 인간을 철저하게 응징하고 있다.

아이아스 역시 자신을 철저하게 응징하려 하는 아테나의 의지를 인식하면서, "제우스의 딸이…… 자신의 파멸을 부당하게 도모하고 있다"(401~402행)라고 울부짖는다. 여기서 그는 아테나를 제우스의 딸이라고 지칭함으로써(401~402행, 450행), 제우스를 기점으로 하는 올륌포스 신들 전체가 자신의 파멸에 관여하고 있음을 보여주려고 한다. 그렇다면 그의 오만과 도발도 올륌포스 신들 전체를 대상으로 하는 것이 된다. 이러한 태도는 그가 자살하기 직전 테크메사에게 "더 이상 신들을 섬길 의무가 없다"(589~590행)라고 말하는 대목에서 정점에 이른다. 그가 도전하는 것은 하나의 특정한 신이 아니라 신들 전체다. 아이아스는 인간이 **그림자**에 지나지 않는다는 사실을 받아들일 수가 없다. 인간은 그 이상이어야 한다는 것, 이것이 아이아스가 신들 전체를 향해 던지는 저항의 논리, 저항의 윤리이다.

소포클레스의 다른 비극적 주인공들과 마찬가지로 아이아스는 자신을 억압하는 모든 것들과 홀로 대면하면서 자신의 본질이라고 생각하는 것을 실현시키려고 한다. 『오이디푸스 왕』에서와 마찬가지로 이 작품에서도 자주 등장하는 **홀로**(monos)라는 단어(47행, 294행, 1276행, 1283행)는 저항하는 **그림자**의 고독을 반영한다. 아이아스는 홀로 철저한 고독, 철저한 **고립**[43] 속에서 온전히 자기의 의지에 따라서 저항의 에토스(ethos)를 토해내고 있다.

---

[43] 일찍이 카를 라인하르트는 소포클레스의 주인공들이 경험하는 **고립**이 소포클레스의 비극의 관건임을 적절하게 지적한 바 있다. Karl Reinhardt, *Sophokles* (Frankfurt am Main: V. Klostermann, 1933), 12쪽, 14쪽, 24쪽, 36~39쪽 등.

이 작품에서 '홀로'라는 단어와 관련되어 자주 등장하는 단어가 **'손'**(cheir)이다. 테크메사는 자신이 아이아스의 아내가 된 것은 신의 의지였던 것에 못지 않게 "그의 강한 손에 의한 것"(sei malista cheiri, 490행)이었다고 말하며, 코로스는 아이아스가 "그의 손"에 의해 전쟁에서 위업을 달성했다고 노래한다(616~617행). 그의 파멸도 마찬가지다. 그의 파멸, 그의 죽음 또한 그의 손으로 이루어진다(840~841행). 그를 죽인 것 역시 "그 자신의 손"(905~906행)이었다. 이처럼 아이아스는 자기 자신의 손으로 모든 것을 **홀로** 선택하고 행동함으로써 자기 자신이 자신의 주인임을, 인간이 단지 그림자에 불과한 존재가 아님을 보여주려 했다.

사유와 손의 관계에 깊은 관심을 표한 철학자인 하이데거에 따르면 "손은 인간의 본질적인 특징"이다. 곧 인간은 "손(Hand)을 통해 행동한다(Handelt)."[44] 또한 '사유'는 하나의 '활동'이며, 이른바 '이론적인 활동'인 사유는 언제나 이른바 '실제적인 활동', 즉 '손의 활동'으로부터 나온다. 곧 "사유는 손의 모든 움직임을 인도하고 지탱한다."[45] 인간의 손은 인간의 사유와 의지를 실행하는 수단이다. 자신의 손으로 실행한 아이아스의 자살은 자신이 그림자에 불과한 존재가 아니라는 것, 인간은 자신의 운명을 스스로 결정짓는 주체적인 존재라는 것을 확인시켜주는 영웅적인 행위였다.

일찍이 칼 융은 『욥에 대한 대답』(1952)이라는 글에서 인간이 경험하는 고통을 신도 똑같이 경험하지 않는 한, 신과 인간 사이의 화해는 불가능하다고 역설한 바 있다. 그러면서 이처럼 화해가 불가능한

---

44) Martin Heidegger, *Parmenides*, André Schuwer and Richard Rojcewicz 옮김 (Bloomington: Indiana UP, 1992), 63쪽.
45) Martin Heidegger, *What Is Called Thinking?*, J. Glenn Gray 옮김 (New York: Harper and Row, 1968), 23쪽.

신과 인간 사이를 중재한 이가 예수라는 논의를 펼치기도 했다. 그러나 그리스 비극작가들 가운데 인간의 조건과 운명에 대해 가장 절망적인 인식을 보여주는 소포클레스의 세계에는 어떤 화해도, 화해의 중재자도 존재하지 않는다. 매장 바로 직전에 아이아스의 몸에서 쏟아져 나오는 **검은** 피는 이 화해불가능성을 나타내는 상징이다. 그것은 인간이 **그림자**에 지나지 않는 존재라는 사실을 온몸으로 거부하는, 자신의 **파멸**은 인정하지만 자신의 **패배**는 결코 인정하지 않는 비극적인 주인공의 처절한 저항이다. 아이아스가 검은 피를 쏟아내는 한, 신과 인간은 결코 화해할 수 없는 것이다.

2장 『트라키스의 여인들』

『트라키스의 여인들』은 오랫동안 소포클레스의 후기 작품으로 알려져 왔지만, 정확한 공연 연도에 대한 논란은 현재까지도 계속되고 있다. 최근에는 기원전 440년에서 430년 사이에 공연된 소포클레스의 초기 작품 가운데 하나라는 의견 역시 설득력을 얻고 있다. 『트라키스의 여인들』은 오이칼리아를 정복한 뒤 고향 트라키스로 돌아오는 길에 있는 헤라클레스, 남편 헤라클레스의 귀환을 기다리는 데이아네이라, 헤라클레스가 트라키스로 데려온 여인 이올레를 둘러싼 사랑과 욕망, 그에 따른 고통을 다룬 작품이다. 『트라키스의 여인들』은 황소의 모습을 한 강의 신 켄타우로스와 같은 원시적 괴물들이 등장하고, 검은 피의 독, 사랑의 묘약 등 마술적인 사물들이 동원되면서 소포클레스의 다른 어느 작품에서도 찾아보기 힘든 기이하고도 환상적인 분위기를 자아내고 있다. 그러나 "섹스(sex)의 비극"[1] 또는 "젠더(gender)의 비극"[2]으로 일컬어지기도 하는 이 작품 역시 인간존재

---

[1] R. P. Winnington-Ingram, *Sophocles: An Interpretation* (Cambridge: Cambridge UP, 1980), 75쪽.
[2] Thomas M. Falkner, "Engendering the Tragic Theatēs: Pity, Power, and Spectacle in

의 비극적인 조건과 그 운명을 철저히 파헤치고 있다는 점에서 **소포클레스적인** "위대한 작품"[3]이라고 말할 수 있다.

작품은 15개월 동안 집을 비우고 행방불명이 된 남편 헤라클레스의 귀환을 초조하게 기다리고 있는 데이아네이라의 독백과 함께 시작된다. 그녀는 행방을 알 수 없는 남편의 소식을 애타게 기다리면서 자신이 지금 여기 트라키스에 머물게 되기까지의 사연을 차례로 들려준다. 황소, 뱀, 인간의 모습을 하고 나타난 강의 신 아켈로스가 자신에게 구혼했을 때 헤라클레스가 개입해 그를 물리치고 자신을 아내로 삼았던 일, 헤라클레스가 아테나이와 이타카의 북동쪽에 위치한 에우보이아 섬의 오이칼리아 왕 에우뤼토스가 약속을 지키지 않은 것에 대한 보복으로 그의 아들 이피토스를 살해한 일, 그 후 헤라클레스는 행방이 묘연해지고 자신과 아이들은 추방당해[4] 여기 트라키스까지 오게 된 일까지 들려준다. 이때 아들 휠로스가 무대에 등장한다. 데이아네이라는 그에게 아버지 헤라클레스를 찾으러 갈 것을 명하고, 휠로스는 어머니에게 길을 떠나기에 앞서 헤라클레스에 대한 소문을 전한다.

헤라클레스는 에우뤼토스의 아들 이피토스를 살해한 잘못의 대가로 제우스의 명에 따라 뤼디아의 여왕 옴팔레 밑에서 일 년 동안 노예생활을 했고, 노예생활이 끝난 지금은 노예생활의 원인을 제공한 에우뤼토스에게 복수하기 위해 에우보이아 섬의 오이칼리아를 공격 중이라는 소문이었다.

Sophocles' Trachiniae," *Pity and Power in Ancient Athens*, Rachel Hall Sternberg 엮음 (Cambridge: Cambridge UP, 2005), 167쪽.
3) Charles Segal, *Sophocles' Tragic World: Divinity, Nature, Society* (Cambridge/M.A.: Harvard UP, 1995), 26쪽.
4) 헤라클레스의 가족들이 트라키스로 오기 전에 어디서 추방되었는지는 작품에 밝혀져 있지 않지만, 아마도 본토 그리스로부터 추방된 것으로 추정된다.

이 소문을 전해 듣는 순간 데이아네이라는 헤라클레스가 자신을 떠날 때 들려준 신탁을 떠올린다. 에우보이아 섬이 헤라클레스의 삶을 결정짓는 마지막 운명의 땅이다, 에우보이아 섬에서의 전투는 헤라클레스가 행할 최후의 결전이다, 그 전투의 결과로 고통 없는 삶이냐 죽음이냐가 정해진다는 신탁이었다(79~81행). 이러한 신탁의 내용을 알고 있는 데이아네이라는 초조하고 불안할 수밖에 없다.

더구나 헤라클레스가 떠나면서 자신이 돌아오지 않을 것에 대비해 결혼지참금은 아내인 자신에게 남기고, 선조들이 남긴 땅들은 자식들에게 나눠줄 것을 당부했던 일을 회상하면(161~165행), 그녀는 더욱 초조해지고 불안할 수밖에 없다. 이때 사자가 도착해 헤라클레스의 충복이자 전령인 리카스로부터 들은, 헤라클레스가 드디어 오이칼리아를 함락시키고 지금 트라키스로 돌아오고 있는 중이라는 말을 전한다. 초조해하던 데이아네이라는 이 말로 한결 안정을 찾게 된다.

이윽고 리카스가 공주 이올레를 포함한 오이칼리아 여인들을 포로로 데리고 등장한다. 데이아네이라는 낯선 이국땅 트라키스에 포로의 몸으로 끌려온 이 여인들의 운명에 연민을 느낀다. 그 중 누구보다도 고귀해 보이는 이올레는 데이아네이라의 가장 큰 연민과 궁금증을 불러일으킨다.

데이아네이라는 자기 앞에 서 있는 고귀한 여인이 에우뤼토스의 딸인지를 리카스에게 묻지만, 리카스는 그동안 일어났던 일을 길게 보고하면서도 이올레가 헤라클레스의 첩으로 트라키스에 왔고, 이제부터 데이아네이라와 한 집에 살게 되리라는 것을 말하지 않는다. 하지만 젊고 아름다운 이올레에 대한 헤라클레스의 성적 욕망이 오이칼리아를 침공한 원인이었다는 사실(352~354행, 431~433행), 곧 헤라클레스가 에우보이아 섬에서 전투를 감행한 이유는 에우뤼토스에 대한 분노 때문이 아니라 이올레에 대한 욕망 때문이라는 사실을, 앞서 리카스의 말을 전하러 온 사자가 데이아네이라에게 전한다.

데이아네이라는 이 사실에 깊은 충격을 받지만, 헤라클레스에게로 돌아가는 리카스에게는 자신의 본심을 감춘 채, 자신은 헤라클레스를 이해하고 남편의 뜻을 따르겠노라고 말한다. 그러나 트라키스의 미혼여인들로 구성된 코로스에게만은 자신의 속마음을 털어놓으면서 은밀한 수단을 동원해 남편의 사랑을 되찾겠다고 말한다.

데이아네이라가 남편의 사랑을 되찾기 위해 사용하는 은밀한 수단은 오래전에 켄타우로스인 네소스에게 받은 **사랑의 묘약**(stergēma)이다. 오래 전 어느 날, 그녀는 남편이 된 헤라클레스와 함께 강을 건너가게 되었는데, 강을 지키는 네소스가 먼저 그녀를 어깨에 태우고 건너다가 갑자기 그녀를 강간하려 하자, 강가에 있던 헤라클레스가 휘드라의 피가 묻은 독화살로 그를 쏘았다. 죽어가던 네소스는 그녀에게 자신의 상처에 엉겨 붙은 피를 건네면서, 언젠가 남편 헤라클레스의 사랑이 흔들릴 때 이 피가 그 사랑을 되찾게 해주는 묘약이 될 것이라고 했다.

이제 진정으로 그 묘약의 힘이 필요한 때가 되었다고 생각한 그녀는 집 안 깊이 감춰 두었던 네소스의 피를 자신이 손수 짠 옷에 바른다. 마침 헤라클레스는 오이칼리아를 정복한 뒤 에우보이아 섬의 북서쪽에 위치한 케나이움으로 가서 제우스에게 전투의 승리에 감사하는 희생제물을 바치려 하고 있었으므로, 그녀는 그 옷을 남편의 승리를 축하하는 **선물**로 리카스 편에 케나이움으로 보낸다.

앞서 데이아네이라가 사랑의 묘약을 사용하는 것이 지나친 행동이 아닐까를 두고 코로스의 자문을 구할 때, 그동안 그녀의 고통을 지켜본 코로스는 그녀가 하려는 행동을 굳이 저지하려고 하지 않는다. 이어 그녀가 실제로 리카스 편에 옷을 전하고 집안으로 들어간 뒤, 코로스는 그녀의 행동을 지지하면서 헤라클레스의 귀환을 고대한다. 그러나 곧바로 몹시 당황한 모습으로 다시 나타난 데이아네이라는 네소스의 피를 옷에 바를 때 사용한 양털뭉치가 햇빛에 노출되자마자 피거품이 되어 부글부글 끓어오르다가 녹아 없어졌다는 사실을 전하면서, 사랑의 묘약이 파국을 불러오리라는 것을 예감한다.

아버지 헤라클레스를 만나고 돌아온 휠로스는 그의 끔찍한 고통을 전하면서 어머니 데이아네이라를 저주한다. 독이 묻은 옷을 입고 제사를 올리던 헤라클레스는 희생제물을 태우는 핏발의 화염에 노출되었다. 그의 살갗에서 쏟아지는 땀과 옷에 묻은 독이 한데 엉키면서 독이 묻은 양털 뭉치처럼 피거품으로 녹아내렸다. "가장 깊은 속살"과 내장까지 파 먹히고 "생혈"을 빨리는 엄청난 고통이 시작되었다(769~771행, 1053~1057행). **선물**이 순식간에 "죽음의 옷"(thanasimos peplos, 758행)[5]이 되고 말았다.

데이아네이라는 자신에게 퍼부어지는 아들 휠로스의 저주를 뒤로한 채 아무 말 없이 집 안으로 들어가고, 유모는 곧 데이아네이라가 "쌍날의 칼로"(amphēkes xiphos, 881행) 자살했음을 알린다. 이어 고통에 몸부림치는 헤라클레스가 들것에 실려 등장한다. 어머니 데이아네이라의 의도가 아버지의 사랑을 되찾기 위한 것임을 알게 된 휠로스는 그녀의 무죄를 토로하지만, 강렬한 복수심에 사로잡힌 헤라클레스는 데이아네이라를 자기 손으로 직접 죽이려고 한다.

그러나 데이아네이라가 자기에게 독이 묻은 옷을 보낸 것이 어떤

---

5) 인용한 텍스트의 그리스어 판본은 다음과 같다. Sophocles, *Trachiniae*, Malcolm Davies 엮음[주석포함] (Oxford: Clarendon Pr., 1991). 그리고 Sophocles, *Trachiniae*, R. C. Jebb 편역[주석포함] (Bristol: Bristol Classical Pr., 2004); Sophocles, *Antigone; The Women of Trachis; Philoctetes; Oedipus at Colonus*, Hugh Lloyd-Jones 편역, LCL 21 (Cambridge/M.A.: Harvard UP, 1994); Sophocle, *Tragédies I: Les trachiniennes; Antigone*, Paul Mazon 편역 (Paris: Les Belles Lettres, 1981)을 참조함.

사악한 의도가 있어서가 아니라 네소스로부터 받은 독을 사랑의 묘약으로 믿었기 때문임을 듣게 된 헤라클레스는 오래전 도도나에서 비둘기 두 마리로부터 전해 들었던 제우스의 신탁(171~172행)을 떠올린다. 자신이 "산 자의 손이 아니라 죽은 자의 손에 죽으리라"(1160~1161행)는 신탁이 마침내 실현되고 있음을 깨달은 헤라클레스는 자신의 죽음을 운명으로 받아들이기로 한다.

　이미 결정되어있던 죽음의 운명을 받아들인 헤라클레스는 아들 휠로스에게 자신의 죽음을 자기가 원하는 방식대로 하게 해줄 것, 즉 오이타 산 정상에 자신이 요구하는 화장용 장작더미를 쌓고 그 위에 자신의 몸을 올리고 산 채로 불태워 고통에서 해방시켜줄 것을 명하면서, 마지막으로 그에게 자신이 데려온 이올레를 아내로 삼을 것을 부탁한다. 휠로스는 고통의 근원인 이올레를 아내로 삼을 수 없다는 말로 반항하지만, 헤라클레스는 아버지의 명령이야 말로 "가장 고귀한 법"(1178행)이라고 말하면서, 아들 휠로스가 자신의 뜻을 거역한다면 자기가 하계에 가서도 그에게 가혹한 저주를 내릴 것이라는 말로 그를 굴복시킨다. 헤라클레스를 오이타 산 정상의 화장터로 인도해줄 행렬이 무대를 떠나는 가운데, 휠로스가 인간의 숱한 **고통** 가운데 "제우스가 관계하지 않은 것은 아무것도 없다"(1278행)라고 말하면서 코로스와 함께 퇴장하는 것으로 작품은 끝난다.

데이아네이라, 그리고 그 죽음

　이 작품에서 데이아네이라는 헤라클레스가 등장하기 전까지 분량의 3분의 2를 차지할 정도로 헤라클레스 못지않게 주요한 인물로 부각되고 있다. 데이아네이라는 전형적인 그리스 여인, 곧 자신의 삶과 운명 전체가 남편에게 규정당하는 인물이다. 이렇듯 **집 안**의 존재인 그녀는 오랫동안 자신의 곁을 떠나 있는 **집 밖**의 존재인 남편 헤라클레스를 기다리는 일로 삶을 소진한다. 짝을 잃고 슬픈 울음을 그치지 않는 "불행한 새"(athlios ornis, 105행 이하)처럼, 데이아네이라는 돌아오지 않는 남편을 기다리면서 불안과 두려움에 떨고(28~30행), 잠 못 이루고 눈물 흘리는(103~107행) 비탄의 세월(50~51행), 불안과 고독의 세월(110~111행)을 살고 있다.

남편 헤라클레스는 "씨 뿌릴 때 한 번, 수확할 때 한 번 작물을 보러오는, 먼 밭에서 농사 짓는 농부"(31~33행)처럼 가끔 아이들을 보러 들를 뿐이며, 아내인 데이아네이라 자신은 "'남편 없는 침대'를 중심으로 하는 일정한 반경의 특별한 활동구역 안"을 벗어나지 않은 채로 남편을 "기다리는 것"[6]을 자신의 삶이자 운명으로 받아들이는, 전적으로 "남자에게 예속된"(35행) 주변적인 존재다.

데이아네이라는 헤라클레스의 아내가 되기 전부터 '이미, 처음부터' 남자들의 지배에 예속되어 있었다. 그녀의 지위는 헤라클레스와 강의 신 아켈로스가 성적 욕망의 대상을 놓고 벌인 "보기에도 무서운"(23행) "싸움"(agōn, 20행, 26행)의 전리품, 곧 승자 헤라클레스에게 주어진 **승리의 선물**이었다(27~28행). 데이아네이라는 만일 아켈로스가 승리했더라면 차라리 죽음을 선택했을 것이라고 말할 만큼(16~17행) 아켈로스를 싫어했지만, "이름이 세상에 널리 알려진(kleinos) 제우스와 알크메네의 아들"(19행)인 헤라클레스와 결혼한 이후에도 그녀의 지위는 "잠자리를 같이하기 위해 선택된 여인"(27행)에 불과했다.

데이네이라는 코로스에게, 한 사람의 삶이 행복했는지 또는 불행

---

6) Linda Kintz, *The Subject's Tragedy: Political Poetics, Feminist Theory, and Drama* (Ann Arbor: U of Michigan Pr., 1992), 76쪽.

했는지는 그 사람이 죽기 전까지는 그 누구도 알 수 없다는 말이 예로부터 전해내려오지만, 자신은 "하데스에 내려가기 전에도"(kai prin eis Haidou molein, 4행) 자신의 삶이 어떻다는 것을 알고 있다고 말하면서, 자신의 삶은 "불행하고 슬픈 삶"(5행)이라고 토로했다.

남편인 헤라클레스가 오이칼리아를 정복하고 그 나라의 여인들을 전리품, 곧 성적 "재산"(ktēma, 245행)으로 트라키스로 데리고 왔을 때, 데이아네이라는 그렇게 이국땅으로 끌려온 오이칼리아 여인들의 불행에 깊은 연민을 느낀다(242~245행). 그녀의 연민은 종속적인 존재인 **여성**이 겪는 고통에 강하게 공감한 데서 비롯된 것이자 이 여인들이 이제 신분상 이른바 **영혼(생명)이 있는 재산**[7]에 지나지 않는 **노예**가 되었다는 그 불행한 처지에 대한 동정에서 비롯된 것이다.

특히 데이아네이라는 오이칼리아 여인들 가운데서 가장 고귀하고 아름다운 이올레에게 큰 관심과 동정을 표하면서 그녀의 가족에 대해 물어보지만 이올레에게서는 물론이고, 그녀를 트라키스로 데려온 리카스에게서도 대답을 듣지 못한다. 그런데 리카스와 오이칼리아 여인들이 퇴장한 사이, 사자가 데이아네이라에게 충격적인 내막을 전한다.

사자의 상세한 보고에 따르면 헤라클레스는 에우뤼토스에게 자신

---

[7] 고대 그리스에서 여성과 노예는 인간과 동물의 중간에 있는 존재로서, 교환의 대상, 즉 재산으로 간주되었다. 핀리에 따르면 노예는 "재산, 곧 동산(動産)"을 의미했다(M. I. Finley, *Economy and Society in Ancient Greece* [London: Chatto & Windus, 1981], 97쪽. Peter Garnsey, *Ideas of Slavery from Aristotle to Augustine* [Cambridge: Cambridge UP, 1996], 1쪽도 볼 것). 아리스토텔레스는 최초로 노예를 재산이라고 주장하면서, 노예(doulos)란 "영혼(생명)이 있는 재산"(ktēma ti empsuchon)에 불과하다고 말했다(『정치학』 1253b32). 그리고 M. I. Finley, *Ancient Slavery and Modern Ideology* (New York: Viking Pr., 1980), 73쪽; 『고대노예제도와 모던이데올로기』, 송문현 옮김(민음사, 1998) 110쪽도 볼 것.

과 "은밀하게 잠자리를 같이 할 여인"(kruphion …… lechos, 360행)으로 그의 딸을 요구했다가 거절당하자 에우뤼토스를 죽이고 오이칼리아를 정복했다는 것이다. 요컨대 오이칼리아 전투는 이올레에 대한 헤라클레스의 성적 욕망(352~354행)에서 비롯된 것이고, 이올레는 일반 "노예"(doulē, 367행)가 아니라 "욕망에 불타는"(368행) "헤라클레스의 아내"(damar, 428행)[8]라는 것이다.

이 말을 듣고 경악한 데이아네이라는 곧 자신의 집에 들이닥칠 불행을 예감하는 듯, 코로스에게 "어찌 해야만 하는가"(385행) 하고 묻는다. 코로스는 리카스를 불러 진위를 확인할것을 권한다. 사자도 합세해 리카스에게 진실을 실토할 것을 촉구한다. 하지만 리카스는 이올레가 에우뤼토스의 딸이라는 사실을 한사코 감추려 한다.

그러자 데이아네이라는 "**에로스**(Eros)에게 맞서는 자는 누구나 할 것 없이 바보다, 에로스는 신들마저도 마음대로 지배하며, 나 또한 지배하기 때문이다"(441~444행), 라고 말하면서, "인간본성"(tanthrōpōn, 439행)을 잘 아는 나로서는 이올레와 에로스라는 "병"(nosos)[9]에 걸린 남편을 어떻게 비난할 수 있겠는가, 라고 반문한다(444~449행). 또한 자신은 한 남자가 여러 여자를 취하는 것을 알고 있고 헤라클레스가 많은 여인들을 취한 것도 알고 있다,[10] 하지만 자신은 그 여자들 중 어느 누구도 모욕한 적이 없다, 자기는 미모 때문에 삶을 파괴당한(456행) 이올레를 동정할 뿐이다, 라고 말한다.

---

8) '다마르'(damar)는 '첩'이라는 의미로도 쓰인다.
9) 당시 그리스인들은, 간질과 '에로스'가 '성스러운 병', 즉 신들의 공격에 의해 초래된 병이라는 주장을 갈레노스가 논박할 때까지, 500년 이상이나 '에로스'를 '병'이라 믿고 있었다. Christopher A. Faraone, *Ancient Greek Love Magic* (Cambridge/MA ; Harvard UP, 1999), 48쪽. 그리스인이 '에로스'를 '병'으로 여긴 것에 대한 좀더 포괄적인 논의는 같은 저자, 같은 책 43~54쪽을 볼 것.
10) 헤라클레스의 아들이 72명이었다고 전해진다.

데이아네이라는 이국땅 트라키스로 끌려온 아름다운 이올레의 운명에서 자신의 "불행하고 슬픈"(5행) 운명을 본다. 이올레의 삶이 파괴되고 이올레의 "고국의 땅 [또한] 파멸"(466~467행)된 것은 본인 스스로 의도하거나 저지른 "잘못 때문이 아니라" 그녀의 타고난 미모를 놓고 싸우는 남자들 때문이었다. 데이아네이라는 이국땅 트라키스로 끌려온 아름다운 이올레의 운명에서 헤라클레스에게 전리품처럼 주어졌던 자신의 운명을 떠올린다.

데이아네이라는 헤라클레스와 아켈로스가 **아름다운 얼굴을 한**(523행) 자신을 향한 욕망 때문에 무섭게 싸움을 벌일 당시, 차마 그 광경을 바라보지 못한 채 "나의 미모가 나에게 고통을 가져올지도 모른다"(25행)라는 두려움을 토로했다. 긴 뿔과 네 개의 다리를 가진 황소의 모습을 하고 강의 신 아켈로스가 나타나자 제우스의 아들 헤라클레스는 활과 창, 그리고 곤봉을 휘두르면서 그에게 맞섰다. 주먹으로 치는 소리, 활을 쏘는 소리, 황소 뿔로 들이받는 소리가 요란했고, 서로의 머리가 부딪히는 소리와 양쪽의 신음소리가 이어졌다(507~522행).

이러한 혈투의 "심판관"(rhabdonomei, 516행)이었던 "아름다운 퀴프리스[아프로디테]는 중앙에 혼자 서 있었다"(515~516행). 반면에 그 싸움의 중심에 있는 신부[데이아네이라]는 "처량한(eleinon) 얼굴을 하고 거기[먼 언덕]에 앉아서 [그녀의 신랑이 될 이를] 기다리고 있었다"(527~528행). 사랑의 싸움을 주관하고 심판하는 아프로디테가 누구에게 승리를 안겨주든지 간에 데이아네이라는 승리자에게 "갑자기(aphar), 어미 소로부터 떨어진 송아지(portis)처럼"(529~530행) 전리품으로 주어질 것이었다. 데이아네이라는 그저 **처량한 얼굴**로 자신의 운명을 기다리고 있었다.

이렇듯 신부가 승자에게 **전리품**으로 주어질 송아지로 묘사되는 것으로도 알 수 있듯, 데이아네이라에게 결혼은 "멍에에 매인 채"(536행) 강제로 어미의 품을 떠나는 새끼 짐승의 운명과 같은 것, 불안도, 고통도, 초조한 기다림도 아예 없이 평화스러웠던 고향땅 **초원**(144~150행)에서 떨어져 나와 뿌리없이(anastatos, 39행, 240행) 표류하는 허망한 삶과 같은 것이었다. 실제로 소포클레스는 데이아네이라의 결혼을 황폐화된 초원에 비유하고 있다. 아름다운 데이아네이라와 이올레 모두에게 결혼은 자신의 미모가 불러일으킨 **남성적 욕망**에 유린당한 초원이다. 태양신의 열(thalpos)[11]이나 비바람에 시달리기 전의 초원(145~146행)이 결혼 전의 젊은 날의 데이아네이라의 상징이라면, 황폐화된 초원은 그녀의 결혼과 파멸의 상징이다.

헤라클레스의 **검은 창**은 이러한 초원의 파멸을 잘 드러내주는 모티프다. 코로스가 말하듯, 헤라클레스는 끝이 검은(856행) 창을 사용해 싸움에 승리한 뒤 데이아네이라와 이올레를 차지했다(512행, 856행). 이 사실을 떠올려볼 때, **창**은 남성적인 폭력성을 상징하는 성적 기표로 읽힐 수 있다.

특히 창끝이 검은 빛을 띠고 있다는 것은 욕망의 어두운 파괴성, 나아가 죽음과의 연관성[12]을 암시한다. 데이아네이라가 "검은 털을 가진"(837행) 네소스로부터 건네받은 검은 독약(573행, 717행)이 결국 죽음을 부르는 것처럼, 헤라클레스의 검은 창 역시 순진무구했던 여인들의 삶을 죽음과 같은 암흑으로 몰아넣는다. 적어도 이 작품에서 여성에게 결혼 이후의 삶은 죽음과 같은 삶이다.[13] 데이아네이라

---

11) 여기서 "태양신의 열"은 "성의 힘, 특히 남성적 욕망의 힘"을 상징한다. Charles Segal, 앞의 책, 33쪽.
12) 앞서 1부 3장 『탄원하는 여인들』과 5장 『결박당한 프로메테우스』에서 논의되었듯, 그리스적 사유에서 '검은' 것은 흔히 죽음과 결부되어 있었다. 1부 3장 『탄원하는 여인들』, 103~104쪽, 5장 『결박당한 프로메테우스』 218~219쪽을 볼 것.
13) 결혼과 죽음의 동일시를 논하는 글로는 Richard Seaford, "The Tragic Wedding,"

의 결혼이 자살로 끝나는 것은 여성에게 결혼이 인간으로서의 자기 존재의 상실이라는 것을 상징하는 것일 수도 있다.

결혼 이후 그렇게 줄곧 기다림과 불안, 두려움의 세월을 보낸 끝에 드디어 남편의 귀환 소식을 들은 데이아네이라가 이올레의 존재에 고통을 느끼지 않을 리는 없다. 그녀가 이올레의 고통스러운 운명으로부터 자신의 운명을 보았다 해도, 헤라클레스가 에로스라는 치명적인 **병** 때문에 이올레를 데려왔음을 이해한다 해도, 오랫동안 집을 지키며 살아온(542행) 자신에 대한 헤라클레스의 보답이 "자신과 함께 같은 남자와 침대를 공유할"(koinōnousa tōn autōn gamōn, 546행) 젊고 아름다운 이올레라는 사실을 한탄하지 않을 수는 없다(551행). 이올레를 보는 순간 데이아네이라는 그녀를 "활짝 피어나는 꽃"에, 자신을 "시들어가는 꽃"에 비유한다(548~549행).

아테나이 여성의 결혼 연령으로 미루어 보건대[14] 18세에서 20세 사이의 장남 휠로스[15]를 포함해 자식 여럿을 둔 데이아네이라는 이미 중년에 접어든 여인인 데 반해, 이올레는 이제 막 꽃다운 10대에 접어든 소녀다. 데이아네이라는 이올레를 취한 헤라클레스를 비난하지

Journal of Hellenic Studies, 107 (1987), 106~130쪽, 특히 106쪽, 113쪽을 볼 것.

14) 헤시오도스가 남성에게 30세에 결혼할 것을 권하고, 플라톤이 30세와 35세 사이에, 아리스토텔레스가 37세나 그보다 좀더 이른 나이에 결혼할 것을 권했음을 고려할 때 (헤시오도스『노동과 나날』696~698, 플라톤『법률』721b, 785b,『국가』460e, 아리스토텔레스『정치학』1335a28~30), 아테나이 남성의 결혼 적령기는 30세 전후였던 것으로 보인다. 아리스토텔레스가 14세부터로 되어있는 여성의 조기 결혼에 반대해 18세 결혼을 권했음을 고려할 때(아리스토텔레스『정치학』1335a29~30), 여성은 주로 10대에 결혼한 것으로 보인다. 아테나이의 평균 결혼연령을 남성 30세, 여성 14세로 추정하는 학자도 있다. Sarah B. Pomeroy, *Goddesses, Whores, Wives, and Slaves: Women in Classical Antiquity* (New York: Schocken, 1975), 64쪽을 볼 것.

15) Judith Fletcher, *Performing Oaths in Classical Greek Drama* (Cambridge: Cambridge UP, 2012), 71쪽.

않겠다고 말하지만, 자신의 남편인 헤라클레스가 "그 젊은 여인의 남자(anēr)"로 불릴까 두려워한다(550~551행). 데이아네이라의 두려움은 아내이자 "안주인"(despoina, 430행, 472행)으로서 자신의 권리를 방어하고자 하는 본능적이고 자연적인 감정이다. 푸코도 지적하듯, "다른 여인에게 우위를 내주지 않는 것, 합법적인 아내로서의 지위와 위엄을 잃지 않는 것, 다른 여인에게 남편의 옆 자리를 내주지 않는 것 - 이것이 그녀[그리스의 모든 아내]에게 무엇보다도 중요한 일이었다."[16]

그러나 데이아네이라는 그 중요한 일에서 실패한다. 남편의 사랑을 되찾겠다는 순수한 의도로 이용한 사랑의 묘약이 이제 남편을 죽음으로 몰아가고 있다. 오뒤세우스의 아내 페넬로페는 결국 기다리던 남편과 행복하게 해후하는 반면[17], 데이아네이라는 아들 휠로스가 헤라클레스를 오이타 산으로 싣고 갈 것을 준비하는 것을 보고는 "홀로 집안으로(dōmatōn eisō monē) 들어가"(900행) "아무에게도 보이지 않는 곳에 몸을 숨겼다가"(903행) 제단 앞으로 나와 "크게 울부짖는다"(904행). 자신이 사용했던 집안 물건들을 하나하나 쓰다듬으면서 울기도 하고, 온 집안을 돌아다니면서 시중들었던 사람들을 볼 때마다 울기도 하면서 자신의 운명(daimon)을 슬퍼한다(900~910행).

그러다 "갑자기"(exaiphnēs, 912행) 헤라클레스의 "침실"(thalamon, 913행)로 달려간 데이아네이라는 "침대의 중앙에"(918행) 올라

---

16) Michel Foucault, *The History of Sexuality: The Use of Pleasure*, R. Hurley 옮김 (New York: Vintage, 1985), 2: 163쪽.
17) 데이아네이라가 남편의 귀환을 기다리는 여인이라는 점에서 오뒤세우스의 아내 페넬로페와의 유사성이 부각되기도 한다. Robert Fowler, "Three Places of the *Trachiniae*," *Sophocles Revisited: Essays Presented to Sir Hugh Lloyd-Jones*, Jasper Griffin 엮음 (Oxford: Oxford UP, 1999), 163~164쪽.

가 눈물을 흘리면서 남편과 함께 했던 그 침대에 작별을 고한 뒤(919~922행), 남자의 무기인 남편 헤라클레스의 "쌍날의 칼"을 오른손에 쥐고 "왼쪽 옆구리를 베어 가른 다음 간을 찔러"(930~931행) 자살한다. 그 모습을 숨어서 지켜보고 있던 유모는 데이아네이라가 자살하기 전에 휠로스를 부르러 가지만, 휠로스가 달려왔을 때 어머니는 이미 죽은 후였다. 휠로스는 죽은 어머니 "곁에 나란히 누워"(pleurothen pleuran, 938~939행) 입을 맞추며 통곡한다.

유모에게 데이아네이라가 어떻게 자살했는가를 들은 코로스는 "여성의 손이 어찌 이런 행위를 저지를 수 있단 말인가"(898행) 하면서 데이아네이라의 유례없이 **남성적인** 자살 방식에 놀라움을 표한다. 간이 "남성 영웅의 '영웅적인' 신체부위"[18]이자 분노가 자리 잡는 기관[19]임을 고려하면, 데이아네이라의 죽음은 호메로스의 전사들이 선택했던 남성적인 죽음과 같은 방식이라고 볼 수 있다.[20]

이렇듯 칼로 간을 찌르는 방식의 자살은 목 메달아 죽는 그리스 여성들의 통상적인 방식과 다를 뿐 아니라 그리스 비극의 다른 여성 인물들의 자살과 비교하더라도 단연 대담하고 충격적이다. 그런 만큼 데이아네이라의 죽음은 그녀의 내면에 깊이 잠재해 있던 분노, 곧 데이아네이라 개인의 분노라기보다 폭력적인 남성의 욕망과 남성중심적인 **결혼** 제도에 희생당하는 대문자 **여성 전체를 대변하는** 데이아네이라[21]의 내면화 했던 분노가 외면화(外面化)된 사건이라고 볼 수 있을지 모른다. 유모가 들려주는 것처럼, 데이아네이라가 지상에서 영원

---

18) Victoria Wohl, *Intimate Commerce: Exchange, Gender, and Subjectivity in Greek Tragedy* (Austin: U of Texas Pr., 1998), 36쪽.
19) 1부 5장 「결박당한 프로메테우스」, 204쪽(주29)를 볼 것.
20) Nicole Loraux, *Tragic Ways of Killing a Woman*, Anthony Forster 옮김 (Cambridge/M.A.: Harvard UP, 1987), 55쪽.
21) Linda Kintz, 앞의 책, 75쪽.

히 이별할(811~812행) 남편에 대해서는 단 한마디 말도 남기지 않은 채 오로지 자신이 지켜온 집과 그 집에서 보낸 자신의 삶만을 슬퍼했던 것은(905~922행) 집 안의 존재인 여성의 삶 자체에 대한 분노와 회한의 발로였을지 모른다.

데이아네이라에게 자살은 가장 남성적인 방식의 죽음[22]이자 여성이 택할 수 있는 유일하게 영웅적인 행동이었다.[23] 다시 말해 그녀의 자살은 자신에게 주어진 여성적인 조건을 뛰어넘으려는 처절한 몸부림이었다. 데이아네이라의 비극적인 운명이 그녀 자신의 선택보다는 외적인 힘, 즉 네소스의 복수와 아프로디테의 사랑의 힘 그리고 도도나에서 헤라클레스에게 죽음의 신탁을 내린 제우스의 의지에 의해 이미 결정되었다 해도, 데이아네이라는 마지막 순간에 "자신의 손"(891행)으로 간을 찔러죽음을 선택함으로써 단순한 운명의 도구가 아니라 **자기 자신이 바로 법이 되는**(autonomos) 자율적 존재로 거듭난다.

죽음을 통해서만 자율적 존재가 될 수 있다는 것, 죽어야만 살 수 있다는 것, 여기에 데이아네이라와 그녀가 대변하는 그리스 여성 전체의 존재론적인 비극성이 있다. 그녀가 자유로워질 수 있는 곳은 그녀가 그토록 돌아가고 싶어 했던(144행 이하) 고향땅 **초원**이었지만, 그곳은 이미 황폐화되어 사라진지 오래였다. 그녀가 돌아갈 고향은 죽음뿐이었고, 데이아네이라를 고통에서 자유롭게 해줄 수 있는 것도 죽음뿐이었다. 그녀가 돌아갈 초원은 **죽음이라는 초원뿐**이라는 것, 고통으로부터의 마지막 **자유**는 다름 아닌 죽음이라는 것, 이것이 데

---

22) 찌른 곳이 "간**이면서 동시에** 왼쪽"이라는 것에 주목하면서 데이아네이라의 자살의 비일관성을 강조하는 논의도 있다. 왼쪽은 여성과 연결되는 방향이다. Nicole Loraux, 앞의 책, 56쪽을 볼 것.
23) 그리스 여성의 삶에서 분만을 제외하고 유일하게 영웅적인 행동은 죽음이었다. Victoria Wohl, 앞의 책, 35쪽.

이아네이라의 비극성이었다.

헤라클레스, 그리고 그 운명

케나움에 위치한 제우스의 성전에 도착한 헤라클레스가 저녁 햇빛을 받으면서 12마리의 황소와 100마리의 각종 동물들을 도살해 제물로 바치려는 순간, 데이아네이라가 리카스 편에 보낸 옷이 도착한다. 그러나 그가 그 "멋진 옷을 입고 기뻐하는"(764행) 순간, 네소스의 독이 칠해진 그 "죽음의 옷"(758행)은 마치 "분노의 여신들이 짜놓은 그물"(huphanton amphiblēstron, 1050~1052행)처럼 그를 옭아매 죽음으로 내몬다. 데이아네이라는 헤라클레스에게 옷을 보내면서 "나는 이 겉옷으로 그를 치장시켜 신들에게 그가 새 옷을 입고 희생제물을 바치는 새 사람으로 보이도록 할 것이다"(611~613행)라고 말했지만, 새 옷을 입은 헤라클레스는 "희생제물을 바치는 자"(thutēr)가 아니라 희생제물로 바쳐지는 자가 되고 있다.

유모는 코러스에게 데이아네이라의 자살을 알리면서 "헤라클레스에게 보내진 선물"이 커다란 고통의 원인이었다(871~872행)라고 말하는데, 그리스어인 **토 도론 헤라클레이 토 폼피몬**(to dōron Heraklei to pompimon)은 통상적으로 "헤라클레스에게 보내진 선물"로 번역되고 있다. 하지만 여기서 "보내진"으로 번역되는 폼피모스(pompimos)가 수동으로 사용되는 경우가 없음을 감안하면 "헤라클레스를 고향으로 호송하기(데려가기) 위해 그에게 보내는 선물"이라고 번역하는 편이 좀더 정확하다.[24] 말하자면 이는 그 선물이 "그[헤라클레스]를 하계로 데려가고(호송하고) 있다"[24]는 의미다.

---

24) 이에 대해서는 Richard Seaford, *Reciprocity and Ritual: Homer and Tragedy in the*

데이네이라가 리카스 편에 선물을 전하면서 리카스를 "호송자"(pompos, 617행)라고 부르기도 하고, 리카스는 데이네이라의 선물을 갖고 헤라클레스에게 가는 자신을 헤르메스에 비유하기도 한다(620행). 헤르메스는 신의 뜻을 인간에게 전하는 말을 해석해주는 역할을 하는 신일뿐만 아니라 죽은 자들을 하계로 호송하는(데려가는) 역할도 하는 신이다.

호송자 리카스가 가져온 그 "죽음의 옷"(758행)은 내장과 뼈를 갉아먹고 피를 빨아들였고, 고통을 이기지 못한 헤라클레스는 땅바닥에 뒹굴며 짐승처럼 "큰 소리로 소리 지르며"(oimōgēi, 790행) 울부짖는다.(805행). 자신이 울부짖는 모습을 다른 이들에게 보이는 것을 부끄러워하는 헤라클레스(1073행)는 아들에게 자기를 아무에게도 보이지 않는 곳으로 데려가 달라고 울부짖고(800~802행), 마침내 들것에 실린 채 트라키스로 온다(802행, 804~805행).

"그치지 않는 고통의 고문"(984~985행)을 참을 수 없던 헤라클레스는, 휠로스에게는 칼로 자신의 목을 베어주기를, 하데스에게는 자신을 데려가 영원히 잠들게 해주기를, 제우스에게는 자신에게 번개를 내리쳐 주기를 애원한다(1031~1032행, 1040~1043행, 1085~1088행). **인간들 가운데 가장 빼어난 자**(177행, 488행, 811행)로 일컬어지던 헤라클레스는 "여자처럼"(1071행) 고통의 비명을 지르면서 자신이 "여자와 같은 존재"로 전락하는 것(thēlus hēurēmai, 1075행)을 한탄한다. "헤라클레스는 분만중인 여성의 고통과 똑같은 고통의 고문을 당하고 있다."[25]

헤라클레스는 자신과 대면한 어떤 영웅과 괴물도 자기를 이길

Developing City-State (Oxford: Clarendon Pr., 1994), 390~391쪽.
25) Nicole Loraux, *The Experiences of Tiresias: The Feminine and the Greek Man*, Paula Wissing 옮김 (Princeton: Princeton UP, 1995), 40쪽.

수 없었지만, "한 여인이…… 칼 없이 나를 파멸에 이르게 했다"(1062~1063행)라고 말하면서, 자신이 겪는 고통을 "모욕"(1031행)이라고 부른다. 전투에서 영광스럽게 죽는 것이 아니라 여인의 손에 수치스럽게 죽는 것에 대한 탄식이자(1058~1063행), 아버지 제우스와 "가장 고귀한" 어머니 사이에 태어난 아들(1105~1106행)이면서도 고통에 "정복당해"(1104행) "갈기갈기 찢어진"(katerrakōmenos, 1103행) 존재, "무가치한 존재"(to mēden, 1107행)로 전락한 것에 대한 탄식이다.

헤라클레스는 휠로스를 포함한 주위의 모두에게 "…… 내 비참하기 짝이 없는 육체를 보라. 불운한 인간을 보라……"(1079~1080행)라고 울부짖는다. 한때 리카스는 헤라클레스를 가리켜 "[인간이] 손의 힘으로 행하는 모든 일에서 가장 뛰어난 자"(488~489행)라고 일컬었다. 헤라클레스는 제우스의 가장 힘센 아들"이자 "그리스의 가장 위대한 영웅"[26]이다. 그런 그가 이제 죽음 앞에서 "고통 속의 육체"[27]로 밖에 남지 않는다.

고통 속에서 헤라클레스가 뿜어내는 분노는 격렬하다. '죽음의 옷'을 가져온 리카스를 낭떠러지 바위 위에 내던져 머리를 산산조각 내 잔인하게 죽인 헤라클레스는 죽음의 옷을 보낸 **여성** 데이아네이라를 향할 때 그의 분노는 절정에 달한다. "분노의 여신들이 짠 그물"로 자기의 목숨을 노린(1050~1052행), "불경스럽고"(atheos, 1039행) 사악한 여성 데이아네이라에게 반드시 보복하겠다, 그녀가 나타나기만 하면 자기가 악을 처단하는 헤라클레스임을 세상에 보여주겠다, 라고 말했다(1107~1111행).

---

26) Walter Burkert, *Greek Religion*, John Raffan 옮김 (Cambridge/M.A: Harvard UP, 1985), 208쪽.
27) Victoria Wohl, 앞의 책, 10쪽.

아들 휠로스가 어머니의 "의도만큼은 고결했다"(1137행)라는 말로 데이아네이라를 두둔할 때, 헤라클레스는 "너의 아버지를 죽이려 한 그 여자의 행위가 어찌 고결하다는 말인가"(1137행) 하며 고함친다. 분노에 몸부림치는 헤라클레스의 유일한 관심은 오직 자기 손으로 데이아네이라를 죽이는 것뿐이다. 데이아네이라가 자살했다는 소식을 들은 뒤에도 그녀가 자신의 손에 죽지 않은 것을 안타까워할 정도다(1133행).

아들 휠로스로부터 네소스가 그에게 복수하기 위해 데이아네이라를 도구로 삼았음을 듣고 난 헤라클레스는 그제야 비로소 모든 상황을 이해하게 된다. 그는 "아아!! 알았다"(oimoi phronō, 1145행) 하고 거칠게 울부짖은 뒤, 제우스가 남긴 "신탁의 마지막 전언을 나는 알고 있다"(1150행)라고 덧붙인다. 그는 "산 자의 손이 아니라 죽은 자의 손에 죽지 않으면 안 된다"(1160~1161행)라는 신탁의 내용을 아들에게 들려준다. 그리고 자신에게 "더 이상 빛이 없다"(1144행)는 것을 받아들인다. 이제 그에게 고통은 체념이 되고, 죽음은 운명이 된다.

헤라클레스는 아들 휠로스에게 자신을 애도와 눈물없이 불태워 죽일 것(1195~1200행), 그리고 이올레를 아내로 맞이할 것을 마지막으로 명령한다(1224~1227행). 자신의 명령을 지키지 않으면 "무서운 저주"를 내릴 것임을 덧붙인다(1202행). 휠로스는 이올레야말로 "나의 어머니의 죽음의 유일한 원인"이자 헤라클레스의 고통의 원인이므로 마지막 명령만은 결단코 따를 수 없다고 말한다(1233~1237행). 하지만 헤라클레스로부터 "나의 명령에 복종하지 않으면, 신의 저주가 너를 기다릴 것"(1239~1240행)이라는 "가장 가혹한 종류의 저주"[28]로 위협당한 뒤 아버지의 명령을 받아들인다.

마침내 죽음을 운명으로 받아들이고 들것에 실려 오이타 산 정상으로 향하는 헤라클레스는 "이것[죽음]이 내 고통의 병으로부터의 휴식이자 여기 이 사람이 갈 최후의 종착역"(teleutē hustatē, 1255~1256행)이라고 말하면서 고통의 비명을 속으로 삼키고 마지막까지 견딜 것을 다짐한다(1259~1263행).

헤라클레스와 제우스

죽음의 문턱에서 고통스러워하는 헤라클레스를 아들 휠로스는 "지상의 모든 인간들 가운데 가장 고귀한 사람"(811~812행)이라 불렀다. 로로가 지적했듯, 사실 "그리스 영웅들 가운데 헤라클레스만큼 인기를 누리는 영웅도 없다."[29] 기원전 5세기의 그리스 서정시인 핀다로스, 바퀼리데스 등에게 헤라클레스는 영웅의 귀감이었다. 핀다로스는 활과 몽둥이로 야만의 무리를 물리치고 문명의 세계를 연 헤라클레스(『올륌피아 경기 승리가』 10.24~50; 『네메아 경기 승리가』 1.62~66)가 올륌포스에서 "제우스의 신성한 법"을 칭송하면서 불멸의 삶을 누리고 있다고 노래했다(『네메아 경기 승리가』 1.72b).[30] 그러나 이 작품에서만큼은 헤라클레스가 꽤 부정적인 인물로 등장하고 있다.

일찍이 호메로스는 『일리아스』에서 헤라클레스를 "고약한 자, 난폭한 자", 감히 자신의 화살로 신들(헤라, 하데스, 아프로디테)을 해치

---

28) Robert L. Fowler, 앞의 책, 168쪽.
29) Nicole Loraux, "Herakles: the super-man and the feminine," *Before Sexuality: The Construction of Erotic Experience in the Ancient Greek World*, David M. Halperin, John J. Winkler, and Froma I. Zeitlin, 엮음 (Princeton: Princeton UP, 1990), 23쪽.
30) 그리스의 서정시인들이 헤라클레스를 어떻게 노래하는가에 대해서는 L. A. Swift, *The Hidden Chorus: Echoes of Genre in Tragic Lyric* (Oxford: Oxford UP, 2010), 133~136쪽을 볼 것.

려 하는 오만한 자로 철저히 폄하했으며(5.381~404), 『오뒤세이아』에서는 그를 자신의 오랜 친구의 아들인 이피토스를 살해한 자로 강력하게 비난하기도 했다(21.27~29). 이 작품에서 그는 육체적으로 가장 강한 힘으로 괴물을 퇴치하는 등 인간들을 위해 좋은 일을 하는 **문명의 위대한 은인**(1089~1102행)임에는 틀림없지만, 동시에 "문명의 작업을 **위협**하는 원시적인 힘"[31]을 휘두르는 야만의 표상이자, 교활하고 오만한 행위를 일삼는 자(277행, 280행)이기도 하다. 소포클레스의 헤라클레스가 "그리스 비극의 주인공들 가운데 가장 야만적이고 가장 동정심이 없는 주인공"임에는 의심의 여지가 없다.[32]

헤라클레스는 오랜 친구이면서도 자신을 홀대한 오이칼리아 왕 에우뤼토스에 대한 보복으로 그의 아들 이피토스를 성벽에서 집어 던져 죽게 했고(270~273행, 357행), 한 여자를 얻고자 하는 욕망 때문에 그의 나라를 정복했으며(352~354행, 359~374행, 431~433행, 476~478행), 실제로 아무런 잘못도 저지르지 않는 자신의 충복 리카스를 낭떠러지 아래의 바위로 집어 던져 머리를 산산조각 내 죽게 했다(772~782행).

그의 만행들 중에는 이 작품에서 언급되지 않은 것도 많다. 그는 데이아네이라의 아버지 오이네오스의 마지막 아내인 메가라와 자식들 모두를 죽였고, 오이네오스의 완강한 거부에도 불구하고 그의 딸 데이아네이라를 강제로 취했다. 이런 헤라클레스의 야만적인 행동을 고려한다면 적어도 **도덕적으로는** 그를 신의 반열에 오를 만한 영웅(『네메아 경기승리가』 3.22)으로 칭송하는 핀다로스에게 동의하기는 어렵다. 헤라클레스가 비할 데 없이 강한 힘을 가진 가장 위대한

---

31) Brad Levett, *Sophocles: Women of Trachis* (London: Duckworth, 2004), 61쪽.
32) Stuart Lawrence, *Moral Awareness in Greek Tragedy* (Oxford: Oxford UP, 2013), 129쪽.

영웅임에는 틀림없지만, 아리스토텔레스에 따르면 그는 "창조물 가운데 가장…… 야만적인…… 최악의 존재"(『정치학』 1.1253a3 이하)였다.

본래 헤라클레스는 오이타 산 정상의 화장용 장작더미 위에서 산 채로 화장당하는 동안 올륌포스로 옮겨져, 인간들 가운데 유일하게 불멸의 존재인 신으로 격상되었던 것으로 전해지지만, 소포클레스는 헤라클레스의 이후의 운명에 대해서는 철저히 함구하고 있다. 그러니 헤라클레스가 과연 신이 되었는지의 여부[33]는 이 작품에서 "가장 논쟁적인 사안 중 하나"[34]가 된 것도 무리는 아니다. 이 작품에서 헤라클레스의 신격화가 얼핏 드러나고 있다고 주장하는 논자들은 헤라클레스가 자신을 화장할 때 지켜야 할 구체적인 사항을 아들에게 전달하는 대목에 주목한다. 헤라클레스의 주문은 구체적이고 엄격하다. 그는 화장용 장작더미로는 참나무(헤라클레스의 아버지 제우스에

---

[33] 헤라클레스의 죽음 이후에 대해서는 출처에 따라 여러 이야기가 전해진다. 호메로스의 『일리아스』에서는 헤라클레스의 신격화에 대해 제우스가 가장 사랑하는 아들인 헤라클레스도 죽음을 피할 수 없었다는 이야기가 나온다(18.115~121). 그러나 호메로스의 『오뒤세이아』와 헤시오도스의 『신통기』 등에 따르면 '어려운 과업'(難事)을 마친 헤라클레스는 올륌포스에 올라가 신이 된 뒤 헤베와 결혼하고, 그와 구원(舊怨) 관계에 있던 헤라와도 화해한다(『오뒤세이아』 11.601~604, 『신통기』 950~955). 헤라클레스가 신이 되었다는 이야기는 기원전 5세기의 그리스, 특히 아테나이에서는 일반적인 사실로 받아들여졌다. 이는 에우리피데스의 『헤라클레스』(910~918행)와 소포클레스의 또 다른 작품 『필록테테스』(727~729행)뿐 아니라 회화를 비롯한 여러 예술 장르에서 확인할 수 있다. 헤라클레스가 아티카를 비롯한 그리스 전 지역에 걸쳐 영웅으로서 뿐만 아니라 신으로서 숭배되었던 것도 잘 알려진 사실이다. Walter Burkert, 앞의 책, 208쪽; Charles Segal, 앞의 책, *Sophocles's Tragic World*, 54쪽; Emily Kearns, *The Heroes of Attica* (London: U of London, 1989), 166쪽을 볼 것. 그리고 이에 대한 좀더 포괄적인 논의는 Emma Stafford, "Herakles between Gods and Heroes," *The Gods of Ancient Greece: Identities and Transformations*, Jan N. Bremmer and Andrew Erskine 엮음 (Edinburg: Edinburg UP, 2010), 239~243쪽을 볼 것

[34] Charles Segal, *Tragedy and Civilization: An Interpretation of Sophocles* (Cambridge/M.A. Harvard UP, 1981), 99쪽. 그리고 Brad Levett, 앞의 책, 108~113쪽을 볼 것.

게 바치는)와 올리브(전통적으로 헤라클레스의 수호자인 아테나에게 바치는)를, 횃불로는 소나무를(1195~1199행), 애도하기 위해 모인 사람들에게는 눈물 대신 침묵을(1199~1201행) 요구한다. 전통적으로 화장용 장작더미는 헤라클레스의 신격화와 밀접하게 연관되어 온 소재다.[35] 이 점에 주목한 한 논자는 다음과 같이 주장한다. "만약 소포클레스가 그[헤라클레스]의 신격화에 대한 어떤 암시도 드러내려 하지 않았다면, 화장용 장작더미를 생략하고 다른 식의 결말을 제시하는 것이 전혀 어렵지 않았을 것이다."[36]

그러나 과연 이 작품의 후반부를 압도하고 있는 것이 화장용 장작더미와 그것이 암시하는 헤라클레스의 신격화인가. 아니다. 후반부를 압도하고 있는 것은 자신의 운명을 예감한 헤라클레스가 "가장 높으신 제우스의 산, 오이타"(1191행)에 오르기 시작하면서 이미 결정되어있는 운명을 향해 돌진하는 그의 죽음[37], 그의 고통 그 자체다.

"모든 것을 정하는 왕"(127행), "모든 것의 아버지"(275행)인 제우스는 이 작품에서 유독 헤라클레스의 아버지로 불릴 때가 많고, 헤라클레스도 이 작품에서 "제우스의 아들"(513, 566행), "제우스와 알크메네의 아들"(19행, 644행, 1105~1106행), "제우스의 진정한 아들"(826행), "제우스의 힘센 아들"(956행) 등으로 불리고 있다. 이러한 표현들을 통해 제우스가 실제로 헤라클레스의 **아버지**임이 강조되고 있다. 한편 헤라클레스 자신도 제우스를 "[나의] 아버지"(1159행),

---

35) Philip Holt, "The End of the *Trachiniai* and the Fate of Herakles," *Journal of Hellenic Studies*, 91 (1989), 74쪽: "우리는 화장용 장작더미가 없는 신격화는 종종 발견할 수 있지만 신격화 없는 화장용 장작더미를 발견하기란 좀처럼 쉽지 않다."
36) Charles Segal, 앞의 책, *Sophocles' Tragic World*, 54쪽.
37) 이 작품을 "한 편의 수난극"이라 일컬었던 한 논자는 "제우스의 뜻에 따라 정해진 헤라클레스의 죽음" 그 자체가 이 작품의 주제이며, "데이아네이라는 이를 위한 수단"이라는 의견을 피력한 바 있다. Robert L. Fowler, 앞의 책, 174쪽, 166쪽.

"나를 낳게 한 제우스"(1106행)라고 불러 그의 아들이라는 자신의 신분을 분명히한다(513행, 566행). 헤라클레스가 무대 위에 등장하자마자 처음으로 하는 말도 "오 제우스"(983행)이다. 헤라클레스의 아들 휠로스 또한 제우스를 "그[헤라클레스]의 아버지"(753행)라고 불러 그들의 부자관계를 좀더 분명히 한다.

일찍이 코로스는 제우스는 인간들에게 고통 없는 삶, "고통에서 자유로운 운명"을 허락하지 않는다고 노래한 바 있다(126~128행). 제우스는 인간으로 하여금 고통을 겪게 하면서도 고통을 겪는 인간에게 냉담하다. 심지어 자신의 아들인 헤라클레스의 고통에도 무관심하다. 아버지 헤라클레스의 고통스러운 최후를 지켜본 휠로스는 신들의 잔인하기 짝이 없는 무관심에 몸서리친다. 작품『트라키아의 여인들』의 마지막을 장식하는 것은 헤라클레스의 신격화가 아니라 헤라클레스의 주검 앞에 선 휠로스의 절망이다.

물론 헤라클레스의 파멸을 불러온 직접적 원인은 그에게 성적 욕망을 불러일으킨 키프리스, 즉 아프로디테와 **에로스**라 할 수 있다(354~355행, 860~861행).[38] "여신들 가운데 가장 아름다운 신"인

---

38) 대문자 **에로스**는 사랑의 여신 아프로디테의 아들이지만 때로는 아프로디테보다 먼저 태어난 신으로 등장하기도 한다. 아프로디테와 결부되는 그리스어 아프로디시아(aphrodisia)는 욕망의 행위, 사랑의 행위를 의미하는데, 그리스 신화, 서정시, 그리고 비극에서 욕망은 주로 극단적인 고통이나 광기와 결부된다. 호메로스의『일리아스』제14편에 나오는 **유혹**의 장면은 제우스가 욕망에 굴복당하는 모습을 통해 아프로디테가 제우스보다 강한 신임을 보여주고 있다. 아프로디테의 공격적이고 폭력적인 속성은 이 여신이 제우스의 할아버지 우라노스의 절단된 성기의 정액에서 태어난 것과도 연결된다. 이 여신의 아들이자 이 여신을 호위하는 **에로스**에게서도 본질적으로 파괴적인 속성을 찾아볼 수 있다. 그리스의 비극과 서정시에서도 에로스는 "사회적·도덕적 질서에 아랑곳하지 않고…… 삶을 잔인하게 파괴하는 비도덕적인 힘"(Charles Segal, *Poetry and the Myth in Ancient Pastoral: Essays on Theocritus and Virgil* [Princeton: Princeton UP, 1981], 81쪽)으로 등장한다. 아프로디테, 특히 **에로스**는 인간의 삶을 지배하는 우주의 대원리로서 인간존재의 내면에 깊이 자리하고 있는 파괴적인 욕망의 힘을 표상하고 있다.

아프로디테의 힘은 제우스나 하데스보다 더 강하며(500~501행), 에로스의 힘 또한 그에 못지않게 막강하다.[39] 그러나 아프로디테의 **아름다운** 사랑 속에는 네소스가 데이아네이라에게 준 것과 같은 **검은 독약**이 자리 잡고 있다. 우리 존재의 깊은 내면에 숨어 있던 검은 **독약**, 곧 파괴적인 욕망은 예기치 않게 폭발하여 존재 전체를 황폐화시킨다.

눈에 보이는 적들을 모두 정복한 헤라클레스조차 자기 내부의 네소스, 곧 "이올레를 향한 욕망(eros)에게 패배"(488~489행)하고 만다. "아프로디테"(860행)가 소리없이 불러일으키는(860행) "무서운 정념"(deinos himeros, 476행)은 오이칼리아를 파괴하는 **"능동적인 힘"** (praktōr, 861행)이면서 동시에 헤라클레스를 울부짖게 하는 고통이다(773행. 787행, 805행, 904행). 코로스가 이올레를 "분노의 여신들을 낳는" 신부로 묘사했듯(894~895행), 이올레를 향한 헤라클레스의 욕망이 분노의 여신들이 되어 헤라클레스 자신을 파괴했다. 그렇다면 헤아클레스는 이올레를 정복했다기보다는 이올레를 향한 욕망에 정복당했다고 해야할 것이다.

그런 의미에서라면 헤라클레스의 비극적 운명을 결정한 것이 아프로디테 또는 에로스에 투영된 헤라클레스 자신의 파괴적인 성적 욕망이라고도 할 수 있겠지만, 사실 그의 운명은 제우스가 그에게 내린 신탁에 의해 이미 결정돼 있었다. 이 "모든 것을 정하는 왕"(127행)은 '이미, 언제나' 제우스인 것이다. 아들 휠로스가 아버지 헤라클레스의 비극적인 운명 앞에서 설규했듯, 그 운명은 "제우스가 그에게 준 것"(1023행)이었으며, "이런 것들[인간들의 숱한 고통] 가운데 그 어느 것도 제우스가 관계하지 않은 것은 아무것도 없다"(kouden toutōn ho ti

---

39) Claude Calame, *The Poetics of Eros in Ancient Greece*, Janet Lloyd 옮김 (Princeton: Princeton UP, 1999), 199쪽.

mē zeus, 1278행). 작품『트라키스의 여인들』은 제우스에게 보내는 절규와 비탄, 그리고 이미 결정된 운명을 향해 돌진해가는 헤라클레스의 고통과 비명으로 가득 찬 가운데 끝난다.

고향으로

헤라클레스에게는 아버지 제우스가 자신의 고통을 잠재워주리라는 희망이 있었다(1000~1002행). 그러나 그 희망은 곧 절망으로 바뀐다. 극도의 고통 속에서 "아야아야아야"(tototoi, 1010행) 하며 울부짖으면서 차라리 불과 칼로 고통스러운 삶이 끝나기를 희망한다(1013~1016행). 코로스는 **고통의 육체** 헤라클레스를 바라보면서 코로스는 찢어지는 듯한 "날카로운 소리를 내는 나이팅게일처럼"(963행) 울부짖는다.

마침내 헤라클레스는 자신의 "고통을 잠재울 마법사, 의사"(1000~1001행)는 아버지 제우스가 아니라 **죽음**이라는 것, 죽음이야말로 "치료자(paiōnion), 내 고통을 치료해줄 **유일한 의사**"(mounon hiatēra, 1208~1209행)라는 것을 깨닫는다. "고통으로 가득 찬, 삶이라는 바다"(bistou poluponon hōsper pelagos, 117~118행)에서 고통이 멈추리라는 희망(119~121행, 654행, 825행)은 인간들의 부질없는 환상일 뿐이다. 수고(mochthos)나 고통(ponos)이 없는 존재는 죽음을 통해서야 가능하다는 것("죽은 자에게는 더 이상 수고는 없다"[1173행]), 아니 고통이 없는 상태 그 자체가 바로 죽음이라는 것을 확인하면서 그는 이제 오이타 산 정상에서 자신의 운명을 최종적으로 받아들이게 된다.

코로스가 노래했듯, 제우스는 인간들에게 고통에서 자유로운 운명을 허락하지 않는다. 신은 임의로 인간에게 고통을 줄 수 있지만, 인간은 임의로 그 고통으로부터 자유로워질 수 없다는 것, 그것을 그리스인들은 잘 알고 있었다. 그래서 호메로스의 프리아모스는 헬레네에게 "나는 그대에게 비난을 돌리지 않는다. 비난을 받을 이들은 전적으로 여기 신들이기 때문이다"(『일리아스』 3.164)라고 말했던 것이다. 고통으로부터의 자유를 부르짖는 어떤 호소도, 어떤 항변도 부질없는 우주 속에서 헤라클레스는 그렇게 죽어가고 있다. 우리는 872행에 나오는 구절, **토 도론 헤라클레이 토 폼피몬**(to dōron Heraklei to pompimon)을 "헤라클레스에게 보내진 선물"로서가 아니라 "헤라클레스를 **고향**으로 호송하기(데려가기) 위해 그에게 보내는 선물"로 번역하는 것이 더 정확하다고 지적한 바 있다.

또한 데이아네이라의 선물, 즉 독약이 묻어 있는 옷을 헤라클레스에게 가져가는 리카스가 자신을 죽은 자들을 하계로 데려가는 **호송자**의 역할을 하는 헤르메스에 비유한 것도 소개한 바 있다. 헤라클레스는 호송자 리카스에 의해 고향으로 호송되어 가고 있다. 그가 향하는 **고향**은 죽음의 땅 **하데스**다. 코로스는 헤라클레스가 트라키스로 귀환한다는 소식을 들었을 때만 해도 피리를 불며 바코스의 여신도들처럼 환희에 젖어 미친 듯이 춤을 추었지만(216~220행), 헤라클레스의 고통이 전해진 후에는 그들의 환희가 슬픈 울부짖음으로 변한다(947행 이하).

고통으로 가득 찬 인간의 땅에는 인간을 위한 고향은 없다. 데이아네이라에게 고통으로부터 자유로운 땅은 그녀가 어릴 때 떠나온 고향의 **초원**이었지만, 그곳은 이미 존재하지 않는 곳이었다. 그러니 그녀가 고통에서 해방될 방법은 "인간에게 허용되는 최후의 자유", 곧 "죽음" 뿐이었다.[40] 헤라클레스도 마찬가지였다. 그에게도 돌아갈

---

[40] Charles Segal, 앞의 책, *Tragedy and Civilization*, 107쪽.

고향은 이제 하데스뿐이었다. 그러므로 그는 죽음을 가리켜 "기쁨을 주는 하데스"(glukus Haidas, 1040행)라고 일컬었던 것이다.

  이 작품이 그리스에서 공연되던 당시 헤라클레스와 데이아네이라의 역을 동일한 한 명의 배우가 맡았다는 사실은 하데스가 모든 인간의 궁극적인 고향이고 죽음은 모든 인간에게 주어진 최종적인 자유임을 암시하는 것인지도 모른다. 데이아네이라의 죽음, 헤라클레스의 고통, 어떤 슬픔도 절망도 토해내지 못하고, 토해낼 수도 없는, **침묵** 그 자체만이 존재의 전부인 이올레의 아픔, 그리고 이 모든 인간 존재의 고통에 아랑곳하지 않는 제우스의 "무정함"(agnōmosunē, 1266행), 아니 모든 신의 잔인함. 이 모든 비극적인 상황 앞에서 휠로스는 우리 가운데 그 누구도 "앞으로 올 일을 알 수 없다"(1270행)라고 울부짖는다.

3장 『안티고네』

폴뤼네이케스의 매장과 안티고네

『안티고네』가 최초로 언제 공연했는지 그 시기는 확실하지 않다. 소포클레스가 태어난 해가 기원전 497~496년임을 고려한다면, 작가적 역량이 한창 무르익어가던 기원전 5세기 중반에 최초로 공연되었음은 분명하다. 안티고네는 호메로스 · 헤시오도스 · 핀다로스 그리고 그리스 서정시인들에게 전혀 언급된 적이 없는 인물이다. 다만 그녀에 대한 이야기는 아이스퀼로스의 작품 『테바이를 공격하는 7인의 전사』의 마지막 부분에서 잠시 언급되고 있을 뿐 알려진 것이라고는 거의 없다.[1] 따라서 작품 『안티고네』가 아이스퀼로스의 『테바이를 공격하는 7인의 전사』에 "크게 빚지고 있는 것"[2]은 사실이지만, 엄밀한 의미에서 안디고네는 소포클레스가 독창적으로 창조한 인물이라고 말해도 무방하다.

---

1) 작품 『안티고네』의 배경에 대한 좀더 상세한 논의는 Douglas Cairns, "From Myth to Plot," *Sophocles' Antigone* (London: Bloomsbury Academic, 2016), 1~20쪽을 볼 것.
2) Douglas Cairns, "The Destruction of Thebes in Brecht's Antigone(1948)," *Aeschylus and War: Comparative Perspectives on "Seven against Thebes"* Isabelle Torrance 엮음 (London: Routledge, 2017), 186쪽.

『안티고네』는 폴뤼네이케스의 **매장**이라는 단일한 사건을 중심으로 전개된다. 아이스퀼로스의 『테바이를 공격하는 7인의 전사』[3]의 마지막 부분에서 안티고네가 잠시 등장하기 전까지의 이야기는 이렇다. 오이디푸스의 두 아들 폴뤼네이케스와 에테오클레스 간의 권력다툼 끝에 폴뤼네이케스는 테바이를 통치하는 에테오클레스에게서 왕권을 탈취하기 위해 아르고스 군대의 힘을 빌려 조국 테바이를 침공한다. 아르고스는 테바이를 함락시키지 못하고, 두 형제는 일대일 결투 끝에 각각 상대방의 손에 죽임을 당한다. 테바이의 의회는 남의 나라 군대를 이끌고 조국 테바이를 공격한 폴뤼네이케스의 시신을 매장하지 못하도록 명령을 내린다. 이때 안티고네가 등장해 그 명령을 거부하고 폴뤼네이케스를 매장하기 위해 떠나면서 안티고네를 둘러싼 이야기는 끝이 난다. 소포클레스의 『안티고네』는 이후 폴뤼네이케스를 매장하지 못하도록 명령한 크레온과, 크레온의 명령을 무시하고 매장을 감행한 안티고네 간에 펼쳐지는 사건에 그 내용이 집중되고 있다.

폴뤼네이케스의 매장이라는 이 단일한 사건에서 여러 중요한 주제가 등장하지만, 가장 크게 쟁점이 되는 부분은 크레온의 명령에 정면으로 도전하는 안티고네의 반항의 동기가 무엇인가에 관한 것이다. 이에 대한 다양한 논의로 『안티고네』는 문학사상 그리스 비극작품들 가운데 가장 많은 논란을 불러일으키는 작품 가운데 하나가 되고 있다. 우선 이 작품의 내용부터 요약하자.[4]

---

3) 이 작품에 대해서는 1부 2장 『테바이를 공격하는 7인의 전사』를 볼 것.
4) 인용한 텍스트의 그리스어 판본은 다음과 같다. Sophocles, *Antigone*, Mark Griffith 엮음[주석포함] (Cambridge: Cambridge UP, 1999). 그리고 Sophocles, *Antigone*, R. C. 편역[주석포함] (London: Bristol Classical, 2004); Sophocles, *Sophocles II: Antigone, The Women of Trachis, Philoctetes, Oedipus at Colonus*, Hugh Lloyd-Jones 편역, LCL 21 (Cambridge/ M.A.: Harvard UP, 1994); Sophocles, *Les trachiniennes, Antigone*, Paul

에테오클레스와 폴뤼네이케스가 죽은 뒤 에테오클레스의 왕위를 이어받은 크레온은 조국을 지키다 죽은 조카 에테오클레스에게는 관습에 따라 명예로운 장례를 치르게 한다. 그러나 조국을 배반한 폴뤼네이케스에게는 "애도"와 "장례"를 금하는 명령을 내린다(28행, 204행). 크레온은 폴뤼네이케스의 시신을 "진수성찬을 노리는" 굶주린 새들과 개들의 먹이가 되도록 들판에 그대로 내버려두도록 명한 뒤, 자신의 명령을 거역하는 자에게는 "돌로 쳐서 죽일 것"이라고 말한다(29~36행). 안티고네와 자매지간인 이스메네는 안티고네에게 "우리는 여자들이며" 따라서 남자들의 뜻에 반하는 행동을 해서는 안 되며, 권력을 가진 자에게 무조건 복종해야 한다고 충고한다(58~64행). 하지만 안티고네는 이스메네의 충고를 받아들이지 않고 폴뤼네이케스를 매장하려 한다.

이윽고 폴뤼네이케스의 시신을 지키던 파수병 가운데 한 명이 크레온에게 달려와 누군가가 폴뤼네이케스의 시신을 흙으로 덮어놓았는데, 매장을 감행한 자의 "흔적"은 물론 "곡괭이"나 "삽" 등 도구를 사용한 흔적도 전혀 없다고 전한다(245~250행). 이에 대해 코로스는 "신들의 작업"임에 틀림없다고 말하지만(279행), 크레온은 "자신들의 신전을…… 불사르고 자신들의 나라를 유린하고, 법을 파괴하려 온 자"를 신들이 배려할 리 없다고 반박한다(284~288행).

범인을 붙잡아 자기에게 데려오라는 크레온의 명에 따라 파수병은 폴뤼네이케스의 시신이 누워 있는 곳으로 가서 시신을 덮고 있는 흙을 말끔히 쓸어낸다. 그러고는 멀리 떨어진 곳에서 한동안 현장을 지켜본다. 바로 그때 파수병은 안티고네가 나타나 오빠의 시신이 완전

Mazon 편역 (Paris: Les Belles Letres 1981)을 참조함. 한편 한글 번역판으로 소포클레스, 『소포클레스 비극』—『오이디푸스 왕』『안티고네』『콜로노스의 오이디푸스』『필록테테스』, 천병희 옮김 (단국대학교출판부, 2002)을 참조함.

히 드러난 것을 보고 "마치 새끼를 빼앗기고 텅 빈 둥지만 보게 되었을 때의 새처럼 찢어지는 소리로 사무치게 울면서"(423~425행) 흙을 가져와 덮고 제주(祭酒)를 뿌리는 것을 목격한다. 파수병은 그녀를 현장에서 체포해 크레온에게 데리고 간다.

폴뤼네이케스를 매장한 장본인이 안티고네라는 것이 밝혀지자, 크레온은 자신의 명령에 도전한 안티고네에게 크게 분노한다. 하지만 안티고네는 크레온에게 그의 명령, 곧 그의 포고는 "제우스"와, "하계(下界)의 신들과 함께 있는 정의의 여신(Dikē)"이 내린 것이 아니므로 자기는 법을 어긴 것이 아니라고 말한다. 또 죽은 자들을 매장하도록 하는, 오래전부터 내려오는 "확고부동한 신들의 불문율"(agrapta⋯⋯ theōn nomima, 454~455행)은 "한낱 인간"이 만든 그 어떤 "법", 어떤 "명령"보다 더 "강력한" 것이므로, 자기는 이 "불문율을 어김으로써 신들 앞에서 벌을 받고 싶지 않았다"라고 말한다(450~459행). 코로스는 크레온에게 정면으로 도전하는 안티고네의 방자한 태도, 즉 아버지 오이디푸스에게서 이어받은, "불행 앞에서도 굽힐 줄 모르는" 안티고네의 "방자한 태도"(ōmon, 471행)를 나무란다.

크레온은 "누이의 딸"이고, 집안에서 자기와 "가장 가까운 핏줄이지만", 포고를 위반하고, 또 그것을 자랑으로 여기며 "기뻐 날뛰는" 안티고네의 무례한 태도를 통치권자인 자신의 권위에 대한 도전으로 받아들인다. 또한 안티고네는 물론 안티고네와 공모해 폴뤼네이케스를 매장하려 했으리라고 의심되는 이스메네에게도 죽음이라는 중형을 내린다(477~490행). 크레온 앞으로 불려온 이스메네는 자신도 죽음이라는 "고통"(pathos)의 바다를 언니 안티고네[5]와 함

---

[5] 작품에서 안티고네가 이스메네보다 '나이가 많은' 언니라는 표현은 어디에도 없다.

께 "항해"(航海)하고 싶다 말하지만(540~541행), 안티고네는 이 일은 "너와는 무관한 일"이므로(546~547행) "나는 죽음을 택하지만" "너는 삶을 택하라"며 단호하게 거부한다(555행). 안티고네의 약혼자인 크레온의 아들 하이몬의 간절한 애원에도 불구하고(683행 이하), 크레온은 자신의 명령에 도전한 벌로 안티고네를 처형할 것이라고 말한다. 하이몬은 안티고네의 처형을 고집하는 크레온에게 테바이의 백성들은 하나같이 안티고네의 행위를 옳지 않은 것으로 보지 않으며(733행), "국가는 오직 한 사람" 아버지의 "소유물이 아니며"(737행) 아버지는 "지혜를 갖지 못하고 있다"(ouk phronein, 755행)라고 비난한다. 하이몬의 말에 크레온은 단호하게 "국가는 통치자에게 속하는 것"(738행)이라고 말하면서 "그[하이몬]의 면전에서, 그의 눈앞에서"(760~761행) 안티고네를 죽일 것이라고 위협한다.

하이몬이 크게 화를 내고 밖으로 나간 뒤, 크레온은 안티고네를 "사람의 발길이 닿지 않는(erēmos) 곳으로 데려가 석굴에 가두고 산 채로"(773~774행) 매장하도록 지시한다. 안티고네가 끌려 나가자마자, 예언자 테이레시아스가 등장해 폴뤼네이케스 시신의 썩은 살덩어리를 입에 물고 신전에 들어온 새와 개들이 화덕을 더럽혀 놓았기 때문에 신들은 기도도, 제물(祭物)도 거부하고 있으며, 시신의 피를 맛본 새들도 "분명한 메시지"를 전해주지 않으니(1016~1021행), 이제 그만 "고집"을 꺾고 죽은 자를 두 번씩이나 죽이는 짓을 그만하고(1028~1030행) 폴뤼네이케스의 시신을 매장할 것을 권고한다.

테이레시아스의 거듭되는 경고에도 귀를 귀울이지 않던 크레온은

그녀가 하이몬의 약혼자라는 사실을 통해 결혼을 이스메네보다 더 일찍 하게 되어 있으므로 언니임을 짐작할 수 있다. 일부 학자들은 이를 감안해 안티고네는 14살 또는 15살, 이스메네는 13살 또는 14살로 추정하고 있다. Simon Goldhill, *Sophocles and the Language of Tragedy* (Oxford: Oxford UP, 2012), 244쪽을 볼 것.

그 예언자가 나간 뒤 "좋은 충언"(1098행)을 받아들이라는 코로스의 권고를 마지못해 받아들인다. 권고에 따라 크레온이 안티고네를 살리고 "무자비하게" "개떼에 찢긴 폴뤼네이케스의 시신"(kunosparakton sōma Poluneikous, 1198행)을 매장하도록 하는 조치를 취하려는 순간, 사자(使者)가 나타나 크레온에게 안티고네는 갇혀 있던 석굴에서 "린넨 천으로 만든 올가미에" "목을 매달아" 자살했고(1221~1222행), 하이몬은 안티고네의 시신을 포옹한 채 칼로 자살했고, 아들의 죽음을 들은 하이몬의 어머니 에우뤼디케 또한 "예리한 칼로"(1301행) 자살했음을 전한다. 순식간에 아들과 아내의 죽음을 눈앞에서 보게 된 크레온이 자신의 집은 "하데스의 항구"(Haidou limēn, 1284행)와 같다면서 그들의 갑작스런 죽음 앞에 "산 송장"(empsuchos nekros, 1167행)이 된 채 절망에 몸부림치면서 작품은 끝난다.

헤겔

엄격한 의미에서 최초로 『안티고네』의 논의에 핵심적인 쟁점을 제기한 이는 헤겔이다. 밀즈, 이리가라이, 버틀러 등의 페미니스트들이 헤겔의 논의를 다시 집중적으로 쟁점화하듯, 그의 논의는 안티고네를 논하는 데 필수적이라 할 수 있다. 그가 "예술작품 가운데 가장 찬란하고 만족스러운 작품"[6]이라고 일컫는 『안티고네』를 중심으로 비극을 논하는 『정신현상학』을 가리켜 스존디는 "『정신현상학』은 비극적인 것을…… 헤겔 철학의 중심에 놓고 있다"라고 말한 바 있다.[7]

---

6) G. W. F. Hegel, *Aesthetics: Lectures on Fine Art*, T. M. Knox 옮김 (Oxford: Clarendon Pr., 1975) 2: 1218쪽.

7) Peter Szondi, *On Textual Understanding and Other Essays* (Minneapolis: U of Minnesota Pr., 1986), 54쪽.

헤겔은 『정신현상학』뿐만 아니라 『미학』『종교철학』 등의 저서에도 그리스 비극을 주요 주제 가운데 하나로 등장시킨다.

헤겔은 '비극은 본질적으로 **행위의 모방**'이라는 아리스토텔레스의 입장을 따르고 있다. 작중인물보다 그 인물의 행위를 비극의 중심에 두는 아리스토텔레스의 입장을 따르는 헤겔에게 『안티고네』의 중심적인 행위는 안티고네의 폴뤼네이케스의 매장이다. 작품 『안티고네』는 폴뤼네이케스의 **매장**(taphos)이라는 이 단일한 행위, 그 단일한 사건을 중심으로 전개된다. 이 단일한 행위로부터, 안티고네가 크레온에게 도전해 그의 명령을 거역하는 동기 등을 포함한 여러 중요한 문제가 제기되고 있다.

헤겔은 그리스 비극시인들, 말하자면 아이스퀼로스와 소포클레스의 위대한 작품의 중심에는 비극적인 주인공이 있는 것이 아니라 비극적인 갈등이 있으며, 그 갈등은 윤리적, 종교적, 또는 정치적으로 "똑같이 정당한"[8] 합법적인 원칙 간의 갈등이라고 말한다.[9] 그에 따르면 주인공들이 대변하는 대립적인 원칙이나 이념은 각각 **윤리적인**(sittlich) 것이며, 공동체의 조직과 삶에 본질적인 것이기 때문에 이것들은 모두 똑같이 옳고 똑같이 정당화될 수 있다는 것이다.

그러나 헤겔에게 비극은 갈등의 문제일 뿐만 아니라, 갈등의 **해결**의 문제이기도 하다. 대립적인 인물들이 각각 고수하는 그들의 주장, 그들의 이념, 그들의 원칙은 상대적, 일방적, 그리고 부분적인 것이기 때문에 어느 쪽도 절대적으로 옳은 것이라 말힐 수 없다. 따라서 그들의 상호 배타적인 행위, 곧 "편파성"[10]은 결국 상대방의 원칙이나 권리를 무시하고 자신만이 옳다는 하마르티아(hamartia), 이른바 비

---

8) G. W. F. Hegel, 앞의 책, *Aesthetics*, 2: 1196쪽.
9) G. W. F. Hegel, 같은 책, 2: 1213~1214쪽.
10) G. W. F. Hegel, 같은 책, 2: 1197쪽.

극적인 잘못을 저지르기 때문에 파멸을 자초한다.[11] 이 파멸을 통해 그들의 일방적인 권리나 원칙은 부정되거나 지양된다. 비극적인 갈등은 이와 같은 부정 또는 지양을 통해 해결된다는 것이다.[12]

헤겔은 그리스 비극에서 주인공들이 경험하는 갈등과 고통 그리고 파멸은 비이성적인 외부의 힘이나 운명 때문에 발생하는 것이 아니라 주인공들의 행위, 그들 자신이 정당화하고 있는 행위 때문에 발생하는 것이며,[13] 그들이 파멸하더라도 그들은 오직 개인으로서 파멸하는 것일 뿐, 그들이 각각 대변하는 원칙이나 권리는 파멸하지는 않는다고 본다. 헤겔은 소포클레스의 『안티고네』에 등장하는 두 인물, 즉 안티고네와 크레온이 각각 친족의 원칙과 그 권리, 즉 친족의 도덕적인 힘과, 국가의 원칙과 그 권리, 즉 국가의 도덕적 힘을 대변하는 것으로 보며, 그들이 대변하는 각각의 원칙이나 권리는 똑같이 정당하다고 본다. 그리고 그들의 파멸은 그들이 각각 대변하는 배타적인 원칙이나 권리가 부정 또는 지양되고 있음을 보여주는 것이라고 말한다. 이러한 헤겔의 통찰에 라인하르트가 처음으로 반기를 들었던 이래,[14] 여러 학자가 헤겔의 도식적인 정-반(thesis-antithesis) 식 갈등 해석에 의문을 제기했지만, 헤겔의 통찰은 여전히 유효하다.

안티고네가 크레온의 명령에 도전해 폴뤼네이케스의 매장을 감행한 것은 같은 핏줄의 형제, 즉 친족에 대한 충성 때문이라고 말할 수 있다. 이는 곧 정치적인 성격을 띤 행동으로 여겨질 수 있다. 핏줄에 대한 충성은 **폴리스**에 대한 충성보다 훨씬 더 오래된 것이었고, 그것

---

11) G. W. F. Hegel, 같은 책, 2: 1214~1215쪽.
12) G. W. F. Hegel, 같은 책, 2: 1197쪽, 2: 1215쪽.
13) G. W. F. Hegel, 같은 책, 2: 1198쪽.
14) Karl Reinhardt, *Sophokles* (Frankfurt am Main: V. Klostermann, 1947), 75쪽, 88쪽, 97쪽.

은 신흥도시국가들(politeia)의 진로에 끊임없이 도전하고, 이를 위협하는 힘으로 작용했다. 사실 그리스의 역사는 폴리스의 이해(利害)와 친족의 이해가 상충했을 때, 그것이 내란으로 이어진다 해도 많은 경우 폴리스를 배반하고 친족의 편에 서왔음을 증언하고 있다.[15] 안티고네의 핏줄에 대한 충성은 다음과 같은 말에서 드러난다.

> 남편이 죽으면 나에게 다른 남편이 생길 수 있으며
> 아이를 잃으면 아이도 다른 남자에게서 생길 수 있습니다.
> 하지만 어머니와 아버지 두 분 다 하계(下界) 하데스에 있는 이상
> 오빠는 나에게 다시는 생겨나지 않을 것입니다 (909~912행).

이 구절은 안티고네의 사랑과 충성이 핏줄을 기반으로 하는 친족에 있음을 분명히 말해준다. 헤겔도 "여성의 윤리적인 성향은 이러한 [친족에 대한] **충성**에 있으며", 안티고네의 친족에 대한 충성은 "그 근원을 알 수 없는 영원한 법으로서 근원적으로 여성의 법"이라고 말한 바 있다.[16] 친족에 대한 안티고네의 충성은 "나는…… 그녀를 죽이리라. 그녀로 하여금 친족을 지켜주는 신, 제우스를 찬미하는 노래를 부르게 하리라"(658~659행)라는 크레온의 말에서도 드러난다. 안티고네에게 죽음이라는 벌을 가함으로써 크레온은 그녀가 옹호하는 친족에 대한 충성을 단죄하려는 것이다. 크레온은 한 치의 어긋남이 없이 폴리스에 충성한다. 그는 누구도 폴리스보다 더 소중한 자를 가져서는 안 되며(182~183행), 이는 국가의 안전에 필요한 절대

---

15) Bernard M. W. Knox, *The Heroic Temper. Studies in Sophoclean Tragedy* (Berkeley: U of California Pr., 1964), 76~77쪽.
16) G. W. F. Hegel, *Elements of the Philosophy of Right*, H. B. Nisbet 옮김 (Cambridge: Cambridge UP, 1991), §166, 206쪽.

적인 요소라고 주장한다(188행 이하). 그는 폴리스의 권리가 그 어떤 다른 권리보다 중요함을 강조하고 있다.

소포클레스의 아테나이에서 폴리스에 대한 충성은 추상적인 원칙이 아니었다. 폴리스에 대한 충성은 전체 그리스문화의 사회적, 윤리적인 뼈대를 이루는 절대적인 원칙이었다. 그것은 기원전 5세기 그리스의 종교적인 원칙 그 자체라 일컬어도 지나치지 않은 것이었다. 폴리스 자체가 시민들의 질서와 안전을 도모하고 보호해주는 "진정한 신"이었다. 따라서 시민들은 이 폴리스라는 신을 지키기 위해 목숨을 바치는 것을 당연한 의무라고 생각했다.[17] 탈레스 이래 그리스인은 그들의 모든 제도와 질서에 존중을 표현할 의무를 가지고 있었다. 국가를 개인의 권리를 존중하고 개인의 발전을 담보하는 조건으로 생각하는 근대인과 달리, 고대 그리스인은 개인의 위치를 폴리스와의 관계 속에서 규정하고, 자신들을 언제나 폴리스의 일부분으로 이해하려고 했다.[18] 이런 점에서 크레온이 남의 나라 군대를 끌어들여 조국을 파괴하려고 했던[19] 폴뤼네이케스의 매장을 금하는 것은 당연하고도 정당한 것이었다고 말할 수 있다.

앞으로 다시 논하겠지만, 아테나이 법은 반역자들과 신성을 모독한 자들을 아테나이 영토 내에 매장하는 것을 금했다. 크레온에 따

---

17) Gilbert Murray, *Five Stages of Greek Religion* (New York: Anchor Books, 1955), 68쪽.
18) Werner Jaeger, *Paideia: The Ideals of Greek Culture*, Gilbert Highet 옮김 (New York: Oxford UP, 1945), 2: 32쪽, 83쪽. 그리고 Fustel de Coulanges, *La Cité Antique* (Paris: Librairie Hachette, 1924), 268~269쪽; 퓌스텔 드 쿨랑주, 『고대도시: 그리스-로마의 신앙, 법, 제도에 대한 연구』, 김응종 옮김 (아카넷, 2000), 321~323쪽.
19) 폴뤼네이케스는 테바이 정치권력에 불만을 품고 있는 도당과 결탁해 정권을 전복시키기 위해 남의 나라 군대를 이끌고 침공을 감행했던 것일 수 있다. 크레온은 누군가가 폴뤼네이케스의 시신에 흙을 뿌린 것을 알고 나서 이를 자신의 통치에 불만을 품은 자들의 은밀한 소행이거나 그들에게 매수당한 자들의 소행이라고 거침없이 단정하고 있기 때문이다(221~222행, 294~303행).

르면 폴뤼네이케스는 조국을 침공한 반역자일 뿐 아니라, 신들의 신전을 불태우려 했던 신성모독자다(199~201행). 그러니 폴뤼네이케스의 매장을 금한 크레온의 결정은 코로스가 지지하듯 정당한 것이며(211~214행), 그 결정에 도전한 안티고네의 행위는 범죄다. 안티고네 스스로 폴뤼네이케스의 매장을 강행한 자신의 행위를 "경건한 범행"(hosia panourgēsas', 74행)이라고 일컫는 것을 보면, 자신이 크레온이 대변하는 국가의 법을 따르지 않고 있음을 스스로 의식하고 있고, 또한 이를 인정하고 있음을 알 수 있다.

헤겔은 안티고네를 자신의 어머니와 결혼하고 자신의 아버지를 죽인 것을 알지 못했던 아버지 오이디푸스와 비교한다.[20] 오이디푸스는 자신이 아버지를 죽이고 어머니를 아내로 맞이한 것을 전혀 모르고 있었지만, 이를 안 뒤 자신의 잘못을 받아들인다. 그러나 오이디푸스와 달리 안티고네는 자신이 국가의 법을 범하고 있다는 것과 자신의 행위가 범죄라는 것을 분명 의식하고 있었다. 헤겔은 안티고네가 이렇듯 스스로 미리 의식하고 행동하고 있다는 점에서 그녀의 행위가 의도적인 범죄임을 분명히 하고 있다.[21] 그러니 헤겔에게 "안티고네의 죄는 오이디푸스의 죄보다 더 한층 용납될 수 없는 것이 된다".[22] 헤겔의 입장에서 여성은 남성과 달리 정치적인 영역 내에서

---

20) G. W. F. Hegel, 앞의 책, *Aesthetics*, 2: 1214쪽.
21) G. W. F. Hegel, *Phänomenologie des Geistes*, J. Hoffmeister 엮음 (Hamburg: Felix Meiner, 1952), 336쪽; G. W. F. Hegel, *The Phenomenology of Spirit*, A. V. Miller 옮김 (Oxford: Oxford UP, 1977), 284쪽. 이하 영역본 서명의 쪽수는 독일원본 서명의 쪽수 다음의 괄호 속에 표기함.
22) Molly Farneth, *Hegel's Social Ethics: Religion, Conflict, and a Rituals of Reconciliation* (Princeton: Princeton UP, 2017), 22쪽. 같은 책에서는 안티고네의 죄는 오이디푸스의 죄보다 한층 더 용납될 수 없다는 헤겔의 주장을 반박하는 버틀러(Judith Butler)의 인식에 이의를 제기하면서 이에 대해 좀더 깊이 있게 다루고 있다. 22~28쪽을 볼 것. 버틀러에 대해서는 조금 뒤에 다룰 것이다.

행동할 수 있거나 자의식을 가지고 행동할 수 있는 주체가 아니다. 하지만 친족에 대한 충성에 사로잡혀 있는 안티고네가 친족의 권리를 위해, 국가의 권리와 법을 의도적으로 위반하는 행위는 헤겔에게는 분명 **정치적** 행위였다.

인간의 역사를 주인과 노예 간의 투쟁 같은 적대 세력 간의 투쟁의 역사로 파악한 헤겔은 그 역사를 "자기 정체를 상호인정하기 위한 주체들 간의 투쟁의 역사"로 요약한다.[23] 헤겔은 개인들 간의 이러한 투쟁이 국가와 친족 간의 투쟁이라는 사회적인 투쟁으로 발전하면서 국가와 친족은 각각 다른 두 가지 근본적인 법, 즉 두 가지 다른 '윤리적인 실체'를 표방하며, 그들이 각각 표방하는 윤리적인 실체가 곧 "인간의 법"과 "신의 법"이라고 말한다.[24]

헤겔에 따르면 크레온은 두 가지 '윤리적인 실체' 가운데 하나인 인간의 법을 대변한다. 헤겔은 인간의 법을 "국가의 윤리적인 힘",[25] 곧 **국가의 법**과 동일시한다. 그리고 그는 "널리 행해지고", "알려져 있는"[26] 이 인간의 법과 국가의 법을 "남성의 법"[27]과 동일시하면서 이 인간의 법과 국가의 법을 "보편성의 법"[28]이라고 일컫는다. 그리고 헤겔은 이러한 국가의 법, 곧 인간의 법과 대립되는 또 다른 "신의 법"[29]을 내세우면서 이 법을 "자연적인 윤리 공동체", 즉 친족[30]의 권

---

23) Axel Honneth, *The Struggle for Recognition: The Moral Grammar of Social Conflicts*, Joel Anderson 옮김 (Cambridge: Polity Pr., 1995), 5쪽을 볼 것.
24) G. W. F. Hegel, 앞의 책, *Phänomenologie des Geistes*, 317쪽 (266쪽).
25) G. W. F. Hegel, 같은 책, 293쪽 (268쪽).
26) G. W. F. Hegel, 같은 책, 319쪽 (267쪽).
27) G. W. F. Hegel, 같은 책, 319쪽 (267쪽).
28) G. W. F. Hegel, 같은 책, 318쪽 (267쪽).
29) G. W. F. Hegel, 같은 책, 319쪽 (268쪽).
30) G. W. F. Hegel, 같은 책, 320쪽 (268쪽).

리를 옹호하는 **친족의 법**(또는 가족의 법)과 동일시하고, 이 법을 "여성의 법"이라고 일컫는다. 따라서 헤겔에게 안티고네는 이러한 후자의 법을 대변하며, 크레온에 도전하는 안티고네의 행위는 인간의 법, 국가의 법에 대한 신의 법, 친족의 법의 도전을 의미한다.

헤겔에게 국가가 남성의 고유 영역이라면, 친족은 여성의 고유 영역이며, 사적인 윤리 단위다. 헤겔은 사적인 윤리 단위인 가족의 권리를 옹호하는 친족의 법을 보편성의 법인 국가의 법과 대조되는 "개별성의 법"[31]이라고 일컫는다. 그는 가족의 가치와 권리를 직관적, 본능적으로 지키려고 하는 여성을 **자연** 또는 자연적인 것과 결부시키며, 반대로 남성은 **문화**와 결부시킨다. 따라서 여성을 자연적, 무의식적, 불확정적인 존재와 동일시하는 헤겔은 남성의 특권 영역인 문화에서 여성을 배제시킨다. 그러니 안티고네와 크레온 간의 갈등은 여성 원칙과 남성 원칙, 즉 자연과 문화 간의 갈등이라고 볼 수 있다. 문화의 최고 형식이 다름 아닌 **폴리스**라고 한다면, 안티고네의 도전은 바로 남성 원칙을 표상하는 폴리스에 대한 도전이라고 규정할 수 있다.

헤겔은 근대적인 윤리적 삶을 세 영역, 즉 가족, 시민사회, 국가로 구별한다. 그에 따르면 가족은 본능적인 사랑과 핏줄을 기반으로 하는 사적인 영역, 시민사회는 개인이 자신의 이익을 추구하는 특수성의 영역, 국가는 핏줄을 기반으로 하는 가족 구성원들과 자기이익을 추구하는 시민사회의 개인들을 힘께 하나로 묶는 집단적인 실체, 즉 보편성의 영역이다. 헤겔은 보편성의 영역인 국가에 좀더 중요한 가치를 부여한다. 그가 안티고네보다 크레온의 편에 서는 것도 이 때문이다. 남성들은 집단적인 실체인 국가의 이익을 위해 행동하며, 부분

---

31) G. W. F. Hegel, 같은 책, 318쪽 (267쪽).

이 아닌 전체의 이익을 위해 행동의 방향을 정한다. 헤겔에게 국가와 친족의 관계는 전체와 부분의 관계이며, 친족은 그 전체의 한 부분에 지나지 않는다. 따라서 헤겔이 안티고네의 행동을 문제삼는 것은 당연하다.

그렇다고 헤겔이 안티고네를 폄하하기만 하는 것은 아니다. 헤겔은 안티고네를 "천상의 안티고네, 일찍이 지상에 나타난 인물들 가운데 가장 찬란한 인물"[32]이라고 언급하기도 한다. 앞서 안티고네는 남편이 죽으면 다른 사람을 남편으로 다시 맞이할 수 있으며, 자식이 죽으면 다시 자식을 낳을 수 있지만, 부모가 죽은 이상 형제는 또다시 생겨날 수 없기 때문에 자신은 형제인 폴뤼네이케스에게 집착할 수밖에 없음을 토로한 바 있다. 헤겔은 안티고네의 이러한 발언을 논하면서 누이와 오빠의 관계는 남편과 아내의 관계와 달리, 어떤 성적인 욕망, "어떤 자연적인 욕망도 섞여 있지 않은"[33] 순수한 관계이며, "따라서 그 오빠[폴뤼네이케스]의 상실은 그 누이[안티고네]에게 돌이킬 수 없는 것"이므로 "오빠에 대한 그의 의무는 최상의 의무에 속한다."[34]라고 말한다.

안티고네는 크레온과 달리, 에테오클레스와 폴뤼네이케스를 애국자와 반역자로 구별하지 않고 매장을 당한 자와 그렇지 않은 자로 구별한다. 이스메네가 안티고네에게 크레온의 명령을 따르지 않고 왜 매장을 감행하려 하느냐고 물었을 때, 안티고네는 "네가 원치 않는다면 나는 나의 오빠이자 너의 오빠인 폴뤼네이케스를 묻어 네 임무

---

32) G. W. F. Hegel, *Geschichte der Philosophie*, Werke (Frankfurt am Main: Suhrkamp, 1970), 1: 509쪽; G. W. F. Hegel, *Hegel's Lectures on the History of Philosophy*, E. S. Haldane 편역 (London: Routledge & Kegan Paul, 1955), I: 441쪽. 이하 영역본 서명의 쪽수는 독일원본 서명의 쪽수 다음의 괄호 속에 표기함.
33) G. W. F. Hegel, 같은 책, 325쪽, 326쪽 (274쪽, 275쪽).
34) G. W. F. Hegel, 같은 책, 327쪽 (275쪽).

까지도 다할 것이다. 나는 그에게 결코 배신자가 되지 않을 것이다"
(45행)라고 말한다. 폴뤼네이케스가 폴리스의 반역자라는 것은 안티
고네에게 근본적으로 문제가 되지 않는다. 안티고네에게 문제가 되
는 것은 폴뤼네이케스가 무엇을 했는가가 아니라 그가 누구인가다.
말하자면 그의 **행위**가 아니라 그의 **존재**가 문제인 것이다. 코제브와
헤겔이 상기시키듯, 안티고네가 오빠에게 바치는 그런 사랑은 "사랑
하는 자가 어떤 행위(acts), 어떤 행동(activity)을 했는가에 어떤 구애
도 받지 아니하므로", 말하자면 전혀 어떤 영향도 받지 아니하므로,
"그 사랑은 사랑하는 자가 죽었다고 해서 끝날 수는 있는 것은 아니
다."[35] 이런 점에서 안티고네는 크레온과 정반대다. 크레온에게는 폴
뤼네이케스가 누구인가가 아니라 그가 무엇을 했는가가 문제이기 때
문이다. 물론 헤겔은 이러한 표현을 사용하지 않았지만, 어떤 의미에
서 안티고네와 크레온의 갈등은 **존재**와 **행위**의 갈등이라고 할 수 있
다. 안티고네가 폴뤼네이케스의 매장을 금한 크레온의 명령을 "존재
론적인 범죄"[36]로 간주해 그에게 도전하는 것은 존재가 아닌 행위를
윤리적인 가치의 절대적인 척도로 삼는 크레온의 태도를 받아들일
수 없기 때문이다.

 헤겔은 안티고네가 옹호하는 신의 법을 높이 평가한다. 그에게 신
의 법은 그 기원이 알려져 있지 않고, 근원도 알 수 없는 것이지만, 인
간의 법보다 "영원하고", "보다 고차원적인" 윤리적인 실체다.[37] 안
티고네는 크레온에 자신이 폴뤼네이케스의 매장을 감행한 것은 크

---

35) Alexander Kojèv, *Introduction to the Reading of Hegel*, Kames H. Nichols Jr. 옮김, Allan Bloom 엮음 (Ithaca: Cornell UP, 1980), 61쪽. 그리고 Paul A, Kottman, *Love as Human Freedom* (Stanford: Stanford UP, 2017), 29~30, 57쪽을 볼 것.
36) George Steiner, *Antigones* (New Haven: Yale UP, 1996), 35쪽.
37) G. W. F. Hegel, 앞의 책, *Elements of the Philosophy of Right*, §144, 189쪽.

레온의 인간의 법, 곧 국가의 법보다 더 오래되었고, 그 기원을 알 수 없지만 예로부터 지금까지 여전히 살아 숨 쉬고 있는 "확고부동한 신들의 불문율"(454~455행)에 따른 것이라고 말한 바 있다. 에테오클레스는 애국자이지만 폴뤼네이케스는 조국을 배반한 반역자라는 크레온의 주장에 맞서 안티고네는 "하데스", 곧 죽음은 "똑같은 법"(homōs…… nomous)을 요구한다고, 말하자면 죽은 자들을 차별 없이 똑같이 대접하기를 요구한다고 말한다(519행).

부언하자면 하계의 신들은 죽은 자들의 행위를 도덕적, 정치적으로 판단하지 않고, 어떤 차별도 없이 적절한 의식을 거쳐 그들을 매장하는 것을 요구하며, 이것이 바로 신의 법이며, 이 신의 법을 따르는 것이 곧 친족의 법이라는 것이 안티고네의 논리다. 헤겔은 죽은 자들에 대한 의무야말로 "완전한 신의 법"이며, "적극적인 윤리적 행위"[38]라고 말한다. 이러한 친족의 법을 지키는 것이야말로 가족의 가치를 보호하려는 여성 고유의 전통적인 역할이라는 것이다.

앞서 그리스 비극의 중심에는 똑같이 정당하고 합법적인 두 원칙 간의 비극적인 갈등이 있으며, 주인공들의 파멸을 통해 두 원칙이 모두 부정 또는 지양됨으로써 비극적인 갈등이 해결된다는 헤겔의 주장을 언급한 바 있다. 하지만 헤겔은 안티고네와 크레온이 각각 대변하는 두 원칙 간의 갈등에서 가족 구성원으로서의 의무에만 철저히 종속되어 있는 안티고네의 윤리적인 행위를 크레온의 그것보다 더 문제시한다. 헤겔은 "크레온이 잘못하고 있지 않다"라고 주장한다.[39] 안티고네는 가족 구성원인 폴뤼네이케스의 '존재'에 오직 관심을 가

---

38) G. W. F. Hegel, 앞의 책, *Phenomenologie des Gesites*, 322쪽 (271쪽).
39) G. W. F. Hegel, *Lectures on the Philosophy of Religion: The Lectures of 1827*, Peter D. Hodgdon 엮음, R. F. Brown, P. C. Hodgson, and J. M. Stewart 옮김 (Berkeley: U of California Pr., 1988), 353쪽.

질 뿐 국가 구성원으로서의 그의 '행위'에 대해서는 전혀 관심을 가지지 않는다. 그러니 헤겔에 따르면 안티고네는 자신의 행위가 윤리적으로 옳다는 것은 직관적으로 알고 있지만, 왜 그것이 옳은지에 대해서는 이성적으로 알지 못하고 있다. 헤겔의 용어를 사용하면, 안티고네는 자의식에 이르지 못하고 있다는 것이다. 이는 그녀가 자기 행위의 진정한 윤리적인 본질과 내용을 **의식**하지 못하고 있음을 의미한다.[40] 안티고네는 친족이라는 **부분**의 이익을 위해서만 행동하고 국가라는 **전체**의 이익을 위해서는 행동하지 않기 때문에 진정한 윤리적인 의식에 이르지 못하고 있다는 것이다. "헤겔에게 윤리 정신은 가장 높은 심급(審級)에서 개별적·개인적·가족적인 것이 아니라 보편적·공동적·정치적인 것"[41]이기 때문이다.

헤겔은 안티고네가 대변하는 친족의 법은 하계의 신들이 지배하는 법이며, "의식의 낮에 노출되지 않는",[42] 즉 무의식적이고 즉물적이고 직관적인 자연의 법이라고 특징지음으로써, 안티고네가 대변하는 여성 전체를 자의식적인 존재와 반대되는 **자연**과 동일시한다. 자연·직관·무의식과 동일시되는 여성은 정치의식을 가지지 못한다. 헤겔은 여성을 식물에 비교한다. 이러한 비교를 통해 그는 여성을 "강력하고, 능동적인" 남성보다 "수동적인" 존재, 따라서 남성보다 열등한 존재로 규정한다.[43] 정치는 능동적으로 펼치는 자의식의 영역이며, 여성은 본질적으로 정치적인 존재가 아닌 것이다. 여성은 자신의 존재이유, 존재가치를 친족이라는 틀 속에 한정시킴으로써 남성과 달

---

40) G. W. F. Hegel, 같은 책, 325쪽 (274쪽).
41) Tina Chanter, *Ethics of Eros: Irigaray's Rewriting of the Philosophers* (New York: Routledge, 1995), 106쪽.
42) G. W. F. Hegel, 앞의 책, *Phänomenologie des Geistes*, 325쪽 (274쪽).
43) G. W. F. Hegel, 앞의 책, *Elements of the Philosophy of Right*, §166, 206쪽.

리, **자기인정**(自己認定)을 위한 투쟁을 하지 못하며, 그 결과 가정과 자연을 결코 초월하지 못한다. 설사 안티고네와 클뤼타이메스트라처럼 저항한다 하더라도, 헤겔에게 "그것은 의식적인 것이 아니다. …… 근대적 자기의식과 조금도 관계가 없기 때문이다."[44)]

따라서 헤겔에게 여성은 윤리적인 주체의 위상을 성취하지 못하는 수동적인 존재, 자유로 향하는 역사의 변증법적인 발전과 진보에서 배제된 수동적인 **식물**로 남는다. 헤겔이 안티고네를 부정적인 인물로 부각하는 것은 그의 이러한 논리 때문이며, 페미니즘 학자들이 헤겔의 주장에 반기를 드는 것 역시 그의 이러한 인식 때문이다. 그들은 헤겔이『안티고네』를 통해 남성적인 자의식의 승리를 노래하고, 안티고네를 그러한 승리의 희생물로 설정하고 있다고 비난한다.[45)] 그렇다면 그들은 과연 희생물이 아닌 안티고네, 지양의 대상이 아닌 안티고네를 어떻게 제시하고 있는가.

헤겔과 페미니스트들

대부분의 페미니즘 학자들은『안티고네』에 대한 헤겔의 해석을 우선 높이 평가한다. 그들의 비판은 헤겔에 대한 높은 평가를 전제로 하면서 출발한다. 헤겔의 해석에 부정적인 견해를 표명한 페미니스트 가운데 중심적인 인물로는 밀즈, 이리가라이 그리고 버틀러 등을 꼽을 수 있다.

밀즈는 무엇보다도 안티고네가 자의식적인 존재, 자의식적인 행위

---

44) Cecilia Sjöholm, *The Antigone Complex: Ethics and the Invention of Feminine Desire* (Stanford: Stanford UP, 2004), 52쪽.
45) Luce Irigaray, *This Sex Which Is Not One*, Catherine Porter and Carolyn Burke 옮김 (Ithaca: Cornell UP, 1985), 167쪽.

자가 아니라는 헤겔의 주장에 반기를 든다. 헤겔의 그러한 주장은 여성이 **비현실적인 비실체적 그림자**라는 그의 여성관을 바탕으로 한다는 것이다. 밀즈는 안티고네가 크레온의 명령을 거부하고 폴뤼네이케스의 매장을 감행하는 것을 크레온이 대변하는 폴리스에 대한 도전으로 보고 있다. 비록 그 도전에 전복성(顚覆性)은 없다 할지라도 그것이 폴리스의 권위에 저항하는 정치적인 행위임에는 틀림없다는 것이다. 밀즈는 다음과 같이 말한다.

> "헤겔은 아직 중요한 것을 놓치고 있다. 즉 안티고네는 제1의 자연의 영역인 친족의 영역을 위해 제2의 자연의 영역인 정치 영역에 도전하려고 그 제2의 자연의 영역인 정치 영역에 들어가지 않으면 안 된다. 이렇게 함으로써…… 안티고네는…… '여성의 법'을 초월해 이러한 특별한 자기(自己)가 된다."[46]

크레온에게 도전하는 순간부터 안티고네는 정치적인 존재가 된다. 말하자면 그녀는 가족이라는 사적인 단위를 초월해 공적인 정치 영역에 참가함으로써, 제1의 자연, 즉 생물학적인 존재에서 제2의 자연, 즉 정치적인 존재로 옮겨가고 있다는 것이다. 다시 말해, 그녀는 이제 "두 영역에서의 참여자"[47]가 되고 있다는 것이다. 안티고네가 정치 영역에 들어간다는 것은 그녀가 친족과 자연에 머물지 않고, 이를 뛰어넘는 특별한 자기, 곧 남자와 같은 자의식적인 존재가 된다는 것이며, 이는 그녀의 도전이 행위의 주제로서 자발적이면서도 의식적으로 이루어지는 것임을 말한다. 이와 관련해 밀즈는 특히 안티고네의

---

46) Patricia Jagentowicz Mills, "Hegel's Antigone," *Feminist Interpretations of G. W. F. Hegel*, Patricia Jagentowicz 엮음 (University Park, Pennsylvania: Pennsylvania State UP, 1996), 68~69쪽.
47) Patricia Jagentowicz Mills, 같은 글, 77쪽.

자살을 "아주 중요한"⁴⁸⁾ 대목으로 파악한다. 사실 안티고네는 그리스 비극의 주인공들 가운데 자신의 손으로 목숨을 끊는 많지 않은 인물 가운데 하나다. 헤겔이 언급하지 않는 안티고네의 자살에 주목한 밀즈는 그 자살을 "가부장적인 지배에 저항하는 도전의 한 형태"⁴⁹⁾로 해석한다. 밀즈는 다음과 같이 말한다.

"안티고네는 자살을 선택함으로써 궁극적으로 자신의 운명을 크레온이 지배하는 것을 허용하지 않는다. 안티고네는 남성 권력이 보편의 힘으로서 자신에게 군림하는 것을 논박하기 위해 자살한다. 그리스 사회에서 사람들은 노예처럼 사느니 차라리 죽음을 택하는 것을 더 바람직하다고 생각했다. 자신의 운명이 다른 사람에게 지배되는 것보다 자살을 하는 것이 더 고귀한 것이었다."⁵⁰⁾

이러한 논리에 따르자면 안티고네의 자살은 자신이 의식적인 행위의 주체임을 선언하는 행위다. 밀즈는 헤겔이 바로 이 점을 간과하고 있다고 말한다. 밀즈는 또한 **인정**을 위한 투쟁을 자유의 발전을 위한 보편적이고 필요한 단계로 보고 있다는 점에서 코제브를 따르고 있다. 여기서 밀즈의 핵심적인 주장은 안티고네가 남성들과 마찬가지로 인정을 위한 투쟁에 참여하는 행위의 주체이자 자의식적인 존재라는 것이다.

한편 이리가라이는 헤겔에 이어 프로이트도 주장하는, 아니 "서양

---

48) Patricia Jagentowicz Mills, 같은 글, 73쪽.
49) Patricia Jagentowicz Mills, 같은 글, 74쪽.
50) Patricia Jagentowicz Mills, 같은 글, 74쪽.

의 형이상학 학문체계 전체가 지지하고 있는"[51] 가정(假定), 즉 여성은 본질적으로 수동적인 존재라는 가정에 도전하는 인물로 안티고네를 이해한다. 이라가라이는 크레온에 대한 안티고네의 도전을 통해, 남성을 정신, 여성을 물질과 동일시하고, 여성을 수동적인 난자, 남성을 능동적인 정자와 결부시키고, 그리고 여성을 자기인정을 위해 사회적인 투쟁에 참여할 수 있는 능력 있는 존재가 아니라 가정이라는 사적인 틀 안에서 윤리적인 역할을 담당하는 것에만 본질적으로 적합한 존재로 보는 전통적인 남성중심의 사유를 문제시한다. 그리고 여성의 실체를 개별적인 존재로 인정하지 않고 여성을 남성의 또 하나의 **결핍된** 존재, 이른바 **동일자의 타자**로 인식하는 남성중심적이고 배타적인 사유도 문제시한다.

초기 이리가라이는 밀즈와 달리 안티고네를 여성으로서의 이리가라이 자신과 동일시하지 않았다.[52] 그녀는 안티고네를 "오직 남성들에 의해 씌어진 문화의 산물",[53] "동일자의 타자의…… 전형",[54] "안티-여성"[55]이라고 주장했다. 그녀에게 안티고네는 남성적 '자의식'의 승리와 가부장제적 질서를 확인해주기 위한 들러리이자 희생물에 지나지 않았다. 이리가라이에게 안티고네는 여성으로서의 자신의 조건을 거부하는 여성의 전형에 지나지 않았다. 그러나 이리가라이는

---

51) Tina Chanter, 앞의 책, 82쪽.
52) Luce Irigaray, *Éthtique de la différence sexuelle* (Paris: Minuit, 1984), 115쪽; Luce Irigaaray, *An Ethics of a Sexual Difference*, Carolyn Burke and Gillian C. Gill 옮김 (Ithaca: Cornell UP, 1993), 118쪽. 이하 영역본 서명의 쪽수는 불어원본 서명의 쪽수 다음의 괄호 속에 표기함.
53) Luce Irigaray, 같은 책, 115쪽 (118~119쪽).
54) Luce Irigaray, *Sexes et parentés* (Paris: Minuit, 1987), 125쪽; Luce Irigaray, *Sexes and Genealogies*, Gillian C. Gill 옮김 (New York: Columbia UP, 1993), 111쪽. 이하 영역본 서명의 쪽수는 불어원본 서명의 쪽수 다음의 괄호 속에 표기함.
55) Luce Irigaray, 앞의 책, *Éthique de la différence sexuelle*, 115쪽 (118~119쪽).

곧 안티고네에 대한 이러한 인식을 버리고 안티고네의 "견해와 나의 견해"의 동일성을 말하면서[56] "우리는 안티고네가······ 폴리스의 통치, 그 질서와 그 법에 대해 무엇을 말하고 있는지에 귀를 기울여야 한다."[57]라고 말했다.

밀즈와 마찬가지로 이리가라이도 헤겔이 여성을 자기인정을 위한 투쟁에 참여할 수 있는 자의식이 없는 존재, 그리고 아내와 어머니로서의 기능을 담당하는 데서만 자신들의 존재이유를 찾고 있기 때문에 역사의 중심에서 적대세력으로 등장하는 '노예'도 '주인'도 아닌 존재, 그래서 자의식뿐만 아니라 욕망도 없는 존재로 본다고 생각한다.[58] 이러한 헤겔에 반대해 이리가라이는 안티고네를 "국가주의에 대한 여성 도전의 원칙과 반권위주의의 표본",[59] 버틀러의 용어를 빌리면 "어떤 여성적인 충동의 표본"[60]으로 여긴다.

이리가라이는 이 세상에는 하나의 성, 즉 오직 남성만이 존재한다고 말한다. 여성은 남성이 있기 때문에 존재하고, 남성을 위해 존재할 때에야만 비로소 그 정체가 확인될 수 있다는 것이다.[61] 여성은 남성의 '타자'로서 존재하지만, 남성은 이와 같은 방식으로 여성의 타자로서 존재하지 않는다. 여성은 남성과 관련해서 규정되지만, 남성은 여성과 관련해서 규정되지 않는다. 이리가라이는 남성은 휴머니티의 규범이지만, 여성은 또 하나의 결핍된 남성으로 인식되고 있다는 보

---

56) Luce Irigaray, 같은 책, 87쪽 (72쪽).
57) Luce Irigaray, 같은 책, 84쪽 (70쪽).
58) Luce Irigaray, 같은 책, 115쪽 (119쪽).
59) Judith Butler, *Antigone's Claim: Kinship Between Life and Death* (New York: Columbia UP, 2000), 1쪽.
60) Judith Butler, 같은 책, 1쪽.
61) Luce Irigaray, 앞의 책, *This Sex Which is Not One*, 85쪽.

부아르의 입장을 따른다.[62] 말하자면 이리가라이는 여성이 "자율적인 존재"가 아니라 종속적인 존재로 인식되고 있다는[63] 보부아르의 주장을 따른다. 그녀의 일차적인 관심은 성차(性差)다. 성차가 없으면 존재론적 차이도 없으며, 따라서 성차가 가장 근원적이고 일자적이라는 것이다.[64]

그러나 이리가라이는 성차는 현실 속에서 결코 극복될 수 없음을 주장한다. 이것이 그녀의 핵심적인 인식이며 그녀의 **차이**(差異) 개념의 중심을 이루고 있다. 이 점에서 그녀는 보부아르나 밀즈와도 다르다. 보부아르는 남성과 동등한 권리를 갖기 위해 남성의 종속에서 여성이 해방될 필요성을 강조한다. 또한 상호주체성을 서로 인정한다 할지라도 서로에게 타자로 존재할 수밖에 없는[65] 남성과 여성은 차이가 없는 새로운 가치를 창조하기 위해 함께 손을 잡고 나아갈 수밖에 없다고 주장한다.[66] 여성이 남성의 종속에서 해방될 필요성에는 공감하지만, 이리가라이는 역사의 변증법적인 발전에 동참하기 위해 여성에게 남성과 동일한 권리가 필요하다는 보부아르와 밀즈의 인식에 동조하지 않는다. 이리가라이는 그들의 인식은 남성 중심의 가부장적인 상징질서를 규범으로 받아들이고, 윤리적인 실체로서의 남성의 우월성을 전제로 하는 이 질서에 여성을 편입시킨다고 말한다. 또한 그들의 인식은 여성을 '동일자'의 '타자'로 환원시킬 뿐만 아니라,

---

62) 여성은 또 하나의 '결핍된(모자라는) 남성'이라는 인식은 이미도 토마스 아퀴나스에서부터 시작되는, 아주 오랜 역사를 가지고 있다. Thomas Aquinas, *Summa Theology*, Edmund Hill 옮김 (London: Blackfriars, 1964) 1: 35쪽.
63) Simone de Beauvoir, *Le deuxième sexe* (Paris: Gallimard, 1949), 1: 15쪽; Simone de Beauvoir, *The Second Sex*, H. M. Parshley 옮김 (New York: Vintage, 1989), xxii쪽. 이하 영역본 서명의 쪽수는 불어원본 서명의 쪽수 다음의 괄호 속에 표기함.
64) Luce Irigaray, 앞의 책, *Éthique de la différence sexuelle*, 13쪽 (5쪽).
65) Simone de Beauvoir, 앞의 책, *Le deuxième sexe*, 2: 576쪽 (731쪽).
66) Simone de Beauvoir, 같은 책, 2: 577쪽 (732쪽).

여성의 개별성과 차이성을 없애는 결과를 초래한다고 말한다. 그러니 이러한 질서 내에서 여성들은 "오직 남성적인 욕망을 복사, 반영, 모방만 할 뿐이다"[67]라는 것이다.

이리가라이에 따르면 여성은 남성과는 다른 별개의 존재로 인식되어야 한다. 그녀는 안티고네를 통해 남성과 별개의 존재로서 여성을 인정하는 **성차(性差)의 윤리**에 대한 가능성을 보여주려고 한다. 안티고네는 더 이상 범법자나 국가의 명령에 불복하고 이에 도전하는 "아나키스트"[68]가 아니라 남성과 대조되는 주체로서의 여성이 무엇인지 보여주는 인물이라는 것이다. 이리가라이는 안티고네를 "또 하나의 계보를 대변하는 인물로서 오이디푸스를 대체하는 여성적인 욕망의 상징"[69]으로 설정하고 있다. 그렇다면 안티고네가 상징하는 여성적인 욕망이란 무엇인가.

이리가라이는 안티고네를 언급하면서 "핏줄의 수호자인 여성의 과업은…… 피 없는 자들을 보호하는 것이다…… 그들의 고유 의무는 죽은 자들을 위한 매장에 책임지는 것이다"[70]라고 말한다. 다시 한번, 그녀는 "본질적으로 여성은 상황에 개의치 않고, 죽은 사람이 자신의 순수상태 속에 있도록 그 시신을 매장하는 것을 두고두고 자신의 의무로 하지 않으면 안 된다"[71]라고 강조한다. 여성의 이러한 본질적인 의무를 수행하고 있는 것이 바로 안티고네라는 것이다. 그

---

67) Kimberly Hutchings, *Hegel and Feminist Philosophers* (Cambridge: Polity Pr., 2003), 90쪽.
68) Luce Irigaray, *Le Temps de la différence* (Paris: Librairie Générale Française, 1989), 103~104쪽.
69) Cecilia Sjöholm, 앞의 책, 112쪽.
70) Luce Irigaray, 앞의 책, *Speculum de l'autre femme*, 266쪽 (214쪽).
71) Luce Irigaray, 같은 책, 267쪽 (215쪽).

리고 안티고네의 이러한 본질적인 의무는 어머니의 피에서 연유되고 있다는 것이다. 이리가라이는 다음과 같이 말한다.

"안티고네가 존중하는 법의 성격은 어떤 것인가? 그 법은 남성들 간에 펼쳐진 전쟁에서 사망한 그녀의 오빠의 매장과 관계되는 종교적인 법이다. 이 법은 어머니의 피, 가족 내의 오빠와 누이가 공유하고 있는 피에 기인하는 문화적인 의무와 관계가 있다. 이 피에 대한 의무는 문화가 가부장적인 것이 되어감에 따라 부정되고 불법적인 것이 될 것이다."[72]

이리가라이는 가부장제가 금지하는 어머니와의 관계의 부활을 대변하는 인물로 안티고네가 등장하고 있다고 말한다. 아니 안티고네 자체가 이미 어머니의 이미지로 등장한다. 안티고네의 폴뤼네이케스에 대한 집착은 이따금 오이디푸스 가문의 근친상간적인 관계와 결부되어 논의된다. 하지만 이리가라이가 주목하는 것은 오이디푸스 가문의 근친상간적인 혈연관계가 아니다. 그녀가 강조하는 것은 안티고네의 형제들 모두 동일한 어머니의 자궁에서 태어났다는 사실이다.

안티고네가 폴뤼네이케스에게 충성을 다하는 것은 그 형제가 자신과 "동일한 자궁"(homosplagchnous, 511행)에서 태어났기 때문이다. 폴뤼네이케스를 매장한 행위에 내해 안티고네는 "동일한 자궁에서 태어난 자들을 존중하는 것은 수치가 아니다"(511행)라고 크레온에게 항변한다. 이리가라이는 "국가의 법과의 당면 논쟁이 무엇이었든 간에, 또 하나의 법이 여전히 그녀[안티고네]를 자신의 길 앞으로 끌

---

72) Luce Irigaray, 앞의 책, *Sexes et parentés*, 14쪽 (2쪽).

어당기고 있다. 그것은 자신의 어머니와의 동일시다"[73]라고 말한다. 안티고네는 자신의 어머니를 대신해 스스로 어머니가 되고 있다.

이리가라이는 여성을 남성을 위한 **장소**, 즉 남성이 그 속에서 자라나는 자궁, 그 속에서 은신하는 집으로 이해하고 있다. 여성에게는 그들 자신의 '장소'가 없다는 것이다.[74] 그러나 이는 부정적으로 받아들여지지 않는다. 이리가라이는 "여성은 열려 있지도 닫혀 있지도 않은 존재다. 한계가 없는 무한한 존재다. 그 속에는 결코 형식이 완결되어 있지 않다⋯⋯ 어떤 비유도 그를 완성시키지 못한다"[75]라고 주장한다. 여성은 어떤 존재도 가능하다는 것이다. 이 무한한 존재의 가능성, 이것을 그녀는 '유동성'이라고 부른다. 남성적인 주체를 위해 모든 경험과 현실을 일련의 고정된 카테고리에 환원시켜, "성차를 뿌리째 뽑는"[76] 가부장제의 남성과 달리, 여성은 무한히 열려 있는, 모든 것을 흐르게 하고 모든 것을 채우는 '빈' 공간, **유동성**의 존재라는 것이다. 그리고 이 빈 공간, 간격을 채우는 것이 "사랑"이다.[77]

안티고네는 이 빈 공간, 간격에 사랑이라는 욕망을 채우고 이를 위해 희생하는 폴뤼네이케스의 어머니가 되고 있다. 어원적으로 '안티고네'라는 말에는 '어머니를 대신해'라는 뜻이 들어 있다.[78] 이리가라이는 "우리는⋯⋯ 우리 내부에 그리고 우리 사이에 있는 우리의 어머니에게 새로운 삶을 주지 않으면 안 된다. 우리는 아버지의 법에 의

---

73) Luce Irigaray, 같은 책, 272쪽 (219쪽).
74) Luce Irigaray, 앞의 책, *Éthique de la différence sexuelle*, 104쪽 (106쪽). 그리고 Luce Irigaray, 앞의 책, *Speculum de l'autre femme*, 282쪽 (227쪽).
75) Luce Irigaray, 앞의 책, *Speculum de l'autre femme*, 284쪽 (229쪽).
76) Luce Irigaray, 앞의 책, *This Sex Which is Not One*, 74쪽.
77) Luce Irigaray, 앞의 책, *Éthique de la différence sexuelle*, 28쪽 (21쪽).
78) Robert Graves, *The Greek Myths* (New York: George Braziller, 1957) 2: 380쪽(색인).

해 어머니의 욕망이 소멸되는 것을 거부해야 한다"[79]라고 주장한다. 어머니의 욕망은 그 무엇보다도 육체에 기반을 둔 원초적인 사랑, '붉은 피'의 사랑이다.

이리가라이는 니체가 여성의 피를 간과한 것을 한탄한다. 자궁 속에서 아이들을 키우고, 자궁을 통해 아이들을 태어나게 하는 여성의 "붉은 피"(sang rouge), 어머니의 피.[80] 이리가라이에게 여성의 피를 상상하는 것은 차이(差異)를 상상하는 것이 된다. 그 차이가 바로 사랑이다. 안티고네는 크레온에게 "내가 내 어머니의 아들을 매장당하지 않은 시신으로 내버려 두었더라면, 그것은 나에게 고통이 되었을 것"(466~467행)이라고 말하면서 "증오가 아니라 사랑에 가담하는 것이 나의 본성"(outoi sunechthein, alla sumphilein ephun, 523행)이라고 주장한다. 사랑에 가담하는 것, 이것이 여성적인 욕망이며, 이것이 '성차'의 근원이라는 것이다.

안티고네는 신화적인 인물인 니오베[81]를 자신과 결부시키는데, 니오베는 자식들을 잃고 끝없이 애도의 눈물을 흘리다 바위로 변한 여인이다. 그 바위에서 쉴 새 없이 흐르는 물은 눈물(823~833행)이며, 그것은 잃어버린 자식들을 향한 애도의 눈물이고, 사랑의 눈물이다. 안티고네가 폴뤼네이케스의 매장을 금한 크레온의 명령에 도전해 매장을 감행한 것은, 니오베처럼 잃어버린 혈육에 대한 어머니로서의 애도와 사랑 때문이다.

우리는 이리가라이가 "여성의 과업은…… 피 없는 자들을 보호히

---

[79] Luce Irigaray, *The Irigaray Reader*, Margaret Whitford 엮음 (Cambridge/ M. A.: Basil Blackwell, 1991), 43쪽.
[80] Luce Irigaray, *Marine Lover of Friedrich Nietzsche*, Gillian C. Gill 옮김 (New York: Columbia UP, 1991), 96쪽.
[81] 이 인물에 대해서는 임철규, 『고전-인간의 계보학』(한길사, 2016), 63~64쪽의 (주 19)를 볼 것.

는 것"이라고 주장한 것을 인용한 바 있다. 피 없는 자들, 즉 죽은 자들에게 **붉은 피**를 주는 것이 여성의 과업이다. 붉은 피는 생명의 피이자 어머니의 피이며, 따라서 사랑의 피다. 이리가라이는 "여성은 이 죽은 자를 자신의 집으로 데려가 그를 자기에게로, 즉 보편적인…… 존재에게로 돌아가게 한다"[82]라고 말한다. 그리고 그녀는 여성의 이 자신의 집을 대지의 자궁이라 명명하며, 여성[안티고네]은 죽은 자 [폴뤼네이케스], "이 핏줄의 남자를 대지의 자궁 속에 다시 둔다"[83]라고 말한다. 이로써 여성은 다시 한번 남성에게 대지의 자궁이라는 장소를 부여하고 있는 것이다.

안티고네는 또한 자신을 하데스의 신부, 즉 결혼하기 위해 하계의 신 하데스에게 끌려간 처녀 코레로 여긴다(891행 이하). 코레는 대지의 어머니라 불리는 풍요의 여신 데메테르의 딸[84]로 페르세포네라 일컬어지기도 한다. 이리가라이가 말하는 여성의 장소인 대지의 자궁은 다름 아닌 대지의 어머니의 자궁이다. 그것은 죽은 자를 다시 살리게 하는 풍요의 어머니의 자궁이며, 생명을 잉태해 키우고 탄생시키는 '붉은 피'의 자궁이다. 안티고네는 그러한 자궁을 가진 대지의 어머니와 동일시되고 있다. 그래서 안티고네는 자기와 함께 동일한 자궁에서 태어난 폴뤼네이케스를 그들 자신의 어머니의 자궁 속에 다시 두기 위해 그를 데리고 하계로 가는 것이다. 그가 "자기에게로, 즉 보편적인…… 존재에게로 돌아가도록", 말하자면 크고 작은 모든 폭력적인 행위와 모든 비이성적이고 무의식적인 욕망이나 충동을 잠

---

82) Luce Irigaray, 앞의 책, *Speculum de l'autre femme*, 267쪽 (215쪽).
83) Luce Irigaray, 같은 책, 267쪽 (215쪽).
84) Walter Burkert, *Greek Religion*, John Raffan 옮김 (Cambridge/ M.A.: Harvard UP, 1985), 159쪽.

재우고, 다른 이들에게 자기(自己)를 "주는",[85] 그러한 "순수한 상태"의 자기로 돌아가도록 하기 위해 '대지의 자궁'인 '어머니의 자궁' 속에 그를 다시 데려간다. 이리가라이는 이것이야말로 "적극적인 윤리적 행위"이며 여성적인 욕망의 실체라고 말한다. 또 안티고네는 이러한 여성적인 욕망의 실체를 보여주는 인물인 한편, 안티고네가 보여주는 이러한 욕망의 실체가 그 여주인공이 대변하는 "신의 법"이라고 말한다.[86]

이리가라이는 남성(폴뤼네이케스)과 여성(안티고네)이 동일한 어머니의 자궁에서 나온 것을 강조함으로써 모성의 전통, 모계의 끈을 이어받는 여성의 계보학을 새롭게 쓰고, 여성성 또는 어머니의 상징적인 가치와 의미를 격상시킨다. 이와 달리, 버틀러는 안티고네가 대변하는 친족의 실체뿐만 아니라 여성으로서의 그녀의 성적 정체성까지 의문시한다. 헤겔의 『안티고네』 해석을 비판적으로 읽는다는 점에서 버틀러는 이리가라이나 밀즈와 입장을 같이하지만, 그들과 달리 그녀는 안티고네가 친족의 법을, 크레온이 국가의 법을 대변한다는 헤겔의 입장은 수용하지 않는다. 버틀러는 안티고네가 대변하는 친족의 법, 곧 신의 법과 크레온이 대변하는 국가의 법, 곧 인간의 법이 똑같이 정당한 힘을 갖고 서로 대립하고 있다는 헤겔의 입장을 거부한다는 점에서 라캉을 따르고 있다.[87]

헤겔과 달리 버틀러에게 안티고네는 친족을 대표하지도 않을 뿐 아니라 남성과 대립되는 여성/여성성 또한 대표하지 않는다. 버틀러

---

85) Luce Irigaray, 앞의 책, *Speculum de l'autre femme*, 267쪽 (215쪽).
86) Luce Irigaray, 같은 책, 267쪽 (215쪽).
87) 그러나 라캉이 친족을 고정된 '상징적 질서'로 일반화하고 이상화하고 있다는 점에서 그녀는 라캉과 의견을 달리한다. 라캉에 대해서는 뒤에 다시 다룰 것이다.

3장 『안티고네』 315

의 첫 번째 입장부터 살펴보자. 그녀는 친족과 국가를 각각 독립된 실체로 바라보는 헤겔의 인식에 의문을 제기하면서 다음과 같이 말한다.

"그 작품[『안티고네』]이 제기하는 두 가지 문제는 다음과 같다. 즉 국가의 지원이나 중재 없이도 친족(나에게 친족이란 어떤 특정한 형태의 가족을 의미하는 것은 아니다)이 존재할 수 있는가, 그리고 국가를 지원하고 매개하는 가족이 없이도 국가가 존재할 수 있는가다. 더 나아가 친족이 국가 권위에 위협적인 자세를 취하고, 국가도 친족과 대립해 격렬한 싸움을 하게 된다면, 바로 이 관계들이 상호 독립성을 유지할 수 있겠는가."[88]

버틀러는 "국가는 친족을 전제로 하며, 친족은 국가를 전제로 한다"[89]라고 주장한다. 그녀는 두 윤리적인 실체의 상호 독립성을 인정하지 않는다는 점에서 헤겔의 인식을 받아들이지 않는다. 그뿐만 아니라 근친상간으로 태어난 안티고네의 복합적인 정체성 또는 이중성을 거론하면서 그녀가 친족을 대표한다는 헤겔의 인식도 받아들이지 않는다. 부계로 보면 안티고네는 오이디푸스의 딸이지만, 모계로 보면 오이디푸스의 어머니이자 아내인 이오카스타의 딸이다. 이 경우 오이디푸스는 이오카스타의 아들이라는 점에서 그녀에게는 오빠가 된다. 폴뤼네이케스와 에테오클레스는 부계로 보면 안티고네의 오빠이지만, 모계로 보면 그들은 그녀에게 조카가 된다. 버틀러는 오이디푸스에게는 딸이면서 누이고, 폴뤼네이케스와 에테오클레스에게

---

88) Judith Butler, 앞의 책, 5쪽.
89) Judith Butler, 같은 책, 11쪽.

는 누이면서 고모인 안티고네가 어떻게 진정 친족을, 친족의 법을 대표할 수 있는가 하고 의문을 제기한다. 따라서 버틀러에게 안티고네는 순수한 친족을 대변하는 것이 아니라 전통적인 친족의 질서체계와 그 규범을 뿌리째 뒤흔드는, 말하자면 친족의 불안정성을 표상하는 전복적인 주체다.

안티고네가 친족을 대변한다고 할 수 없는 것은 그녀가 이처럼 오이디푸스의 유산을 이어받고 있다는 데서 확인된다. 코로스는 안티고네를 "불행한 자, 불행한 아버지인 오이디푸스의 자식"(ō dustēnos kai dustēnou patros Oidipoda, 379~380행)이라 일컬었던 바 있다. 이는 물론 그녀가 오이디푸스에게서 자기 원칙과 자기주장을 끝까지 밀고나가는 굽힐 줄 모르는 고집과 오만한 성격을 이어받고 있음을 가리키기 위해 한 말이지만, 버틀러는 오이디푸스에게서 이어받은 안티고네의 유산은 다름 아닌 **근친상간성**이라고 보고 있다. 폴뤼네이케스에 대한 안티고네의 집착은 "그녀의 아버지에서 오빠로의 감정의 이동"으로 볼 수 있으며, 이는 "여성적 오이디푸스 콤플렉스"[90] 또는 "프로이트식으로 해석한 고전적 타입의 '엘렉트라 콤플렉스'"[91]로 파악할 수 있다.

작품 『콜로노스의 오이디푸스』는 오이디푸스가 테바이에서 추방당한 뒤 여러 곳을 방황하는 동안 안티고네를 적잖게 다루고 있다. 오랜 추방생활을 하는 동안 안티고네는 끝까지 아버지와 함께 있으

---

90) Patricia J. Johnson, "Woman's Third Face: A Psychological Reconsideration of Sophocles' *Antigone*," *Arethusa*, 33: 3 (1997), 374쪽, 376쪽. 버틀러는 자신의 논지를 뒷받침하기 위해 이 논문을 언급하고 있다. Judith Butler, 같은 책, 84~85쪽(주9)을 볼 것.
91) Mark Griffith, "The Subject of Desire in Sophocles' *Antigone*," *The Soul of Tragedy: Essays on Athenian Drama*, Victoria Pedrick and Steven M. Oberhelman 엮음 (Chicago: U of Chicago Pr., 2005), 94~96쪽을 참조할 것.

면서 아버지에게 끝까지 충성과 애정을 쏟았다. 이는 지극한 효심의 발현이라 할 만하나, **폴리스**의 관점에서 보면 이는 바람직하지 않다. 여성의 역할은 결혼해 폴리스가 요구하는 훌륭한 남성시민으로 성장할 자식들을 생산하는 데 있기 때문이다. 안티고네는 남편을 자신의 아버지로 대체한 것이라고 볼 수 있다.

『콜로노스의 오이디푸스』의 마지막 부분에 이르러 오이디푸스가 죽자, 안티고네는 아버지에서 오빠들로 자신의 충성과 애정을 재빨리 옮긴다. 가족 밖의 미래의 남편이 아니라 가족 내의 친족, 즉 오빠들에게 자신의 충성과 애정을 이동시킨다. 『안티고네』에서 드러나듯, 폴뤼네이케스에 대한 안티고네의 충성과 애정은 그녀가 아버지에게 바친 그것과 유사하다. 오빠 안에 아버지가 자리 잡고 있다는 점도 오이디푸스적이다.

약혼자인 하이몬에게는 극도로 무관심한 것도 안티고네가 폴뤼네이케스를 "내가 가장 사랑하는(philtatos) 오빠"(81행)라고 부를 만큼 근친상간적인 애착을 지니고 있음을 드러낸다. 안티고네는 하이몬이 자신에게 극진히 헌신하는데도 단 한 번도 그를 언급하지 않는다. 결혼하지 못하고 죽어가는 자신의 운명을 한탄하면서도 결코 하이몬을 결혼 상대자로 지목하지 않는다. 안티고네는 폴뤼네이케스가 마치 향후 하데스에 있는 자신의 남편이라도 되는 것처럼 이스메네에게 "나는 그의 사랑하는 사람이며, 나의 사랑하는 사람인 그와 함께 나는 누워 있을 것"(73~74행)[92]이라고 말한 뒤, 곧바로 "나는 그곳[하데스]에서 영원히 [그와 함께] 누워있을 것"(76행)이라고 반복해서 말한다. 뿐만 아니라 크레온이 안티고네에게 죽음을 명한 자신에게

---

92) Hugh Lloyd-Jones는 이 문장을 "나는 그의 것이고, 나는 나의 것인 그와 함께 누워 있을 것이다"라고 번역함. 그의 이 번역문은 R. B. Rutherford, *Greek Tragic Style: Form, Language and Interpretation* (Cambridge: Cambridge UP, 2012), 74쪽에서 재인용.

반항하며 그 부당성을 따지는 아들 하이몬에게 "그 여자[안티고네]가 하데스에 있는 자와 결혼하도록 내버려두라"(653~654행)라고 소리치는 표현을 통해서도 폴뤼네이케스에 대한 안티고네의 근친상간적인 욕망 또는 에로스를 간접적으로 읽을 수 있다.

헤겔은 폴뤼네이케스에 대한 안티고네의 집착이 에로스적인 것이 아님을 지적한 바 있다. 헤겔은 누이와 오빠의 관계는 남편과 아내의 관계와 달리, 성적인 욕망이 전혀 배제된 순수한 관계임을 분명히 했다. 하지만 버틀러는 오이디푸스적인 유산을 이어받은 안티고네의 근친상간적인 행동을 주장함으로써 헤겔의 인식을 전적으로 부인한다. 버틀러에게 안티고네는 오이디푸스와 폴뤼네이케스를 향한 에로스적인 욕망을 통해 근친상간의 금지 위에 구축된 친족의 질서를 교란시키고, 그 질서를 위험에 처하게 하는 인물로 부각된다. 따라서 "안티고네는 이상적인 형태의 친족을 대변하는 것이 아니라 친족의 비정상적인 기형화……를 표상하고 있다."[93] 이런 점에서 근친상간의 딸인 안티고네는 친족의 내부에도, 친족의 외부에도 있지 않기 때문에 친족의 법을 대변할 수 없다는 것이다.

한편 버틀러에 따르면 안티고네는 여성이나 여성성을 대변하지도 않는다. 말하자면 안티고네에게는 여성의 정체성 자체가 모호하다. 이 점을 강조하기 위해 버틀러는 여성 안티고네의 **남성성**을 부각시키려 한다. 그녀는 안티고네의 모호한 정체성을 요약해주려는 듯, 이를 네민 다음과 같은 표현들을 사용한다. "안티고네는 어떤 남자도 사랑하지 않는다…… 어떤 의미에서 그녀는 남자이기도 하다." "안티고네는 오빠이며, 오빠는 아버지다." "그러니 안티고네는 가족 내에 있는 거의 모든 남자의 위치를 차지해본 셈이 된다."[94]

---

93) Judith Butler, 앞의 책, 24쪽

안티고네를 '남자답다'고 특징지을 수 있는 것은 작품 『콜로노스의 오이디푸스』에도 나타난다. 오이디푸스는 추방생활을 하는 동안 자기 곁을 떠나지 않고 돌보고 있는 안티고네와 이스메네를 가리켜 "이 딸들이 나를 지켜주고 이 애들이 나를 부양해주고 있다. 이 애들은 남자들이지 여자가 아니다"(1367~1368행)라고 일컬으면서 자신의 아들들과 딸들의 위치가 역전되고 있음을 말한다. 이보다 앞서 그는 안티고네와 이스메네를 남자들이 집 안에서 "베틀 가에 앉아 일을 하고 있을 동안" "일용할 양식을 구하러" 위험을 무릅쓰고 밖으로 나가는 이집트 여인들에 비유했다(337행~341행). 버틀러는 안티고네를 "문자 그대로 오빠의 자리를 대신 차지하고, 남성성을 얻는"[95] 존재로 파악한다.

작품 『안티고네』에서 안티고네는 코로스와 이스메네, 사자(使者) 등 대부분의 등장인물들에게 '남자답다'고 특징지어지며 크레온에게도 **남자**로 호칭된다. 크레온은 자신의 명령에도 불구하고 국가의 법을 어기면서까지 폴뤼네이케스의 매장을 감행한 안티고네의 오만과 자기가 감행한 매장에 기뻐 날뛰면서 아무런 처벌도 받지 않고 "승리"를 자기의 몫으로 하는(480~483행, 485행) 안티고네의 태도를 향해 "나는 더이상 사내가 아니고 이 계집[안티고네]이 사내다"(484행)라고 단언한다. 여기서 크레온은 "도전적인 자율성을 강력히 주장하는", 말하자면 자신의 명령을 거역함으로써 자신에게 일차적으로 도전하고, 그리고 그 매장행위의 주체가 안티고네 자신임을 고백함으로써 이차적으로 자기 권위에 도전하는 "남성적인"[96] 안티고네에 의해 자신이 탈남성화되고 있음을 내비치고 있다. 버틀러에게 이러한 안티고네는

---

94) Judith Butler, 같은 책, 61쪽, 67쪽, 62쪽.
95) Judith Butler, 같은 책, 62쪽.
96) Judith Butler, 앞의 책, 10쪽.

"크레온의 통치권을 자기의 것으로 가정하는……"[97] 오만한 남성으로 등장한다.

이 작품에서 크레온은 자신과 안티고네의 대립을 남자와 여자의 대립으로 규정하려는 듯, 여성에 대한 반감을 극명하게 노출시키고 있다. 자기 명령에 불복하고 폴뤼네이케스를 매장했을 뿐 아니라, 스스로 매장행위의 주체임을 당당하게 밝히면서 격렬한 말투로 자기에게 도전하는 안티고네를 향해 크레온은 "내가 살아 있는 한 여인은 지배자가 되지 못할 것"(525행)이라고 주장한다. 하지만 오히려 이는 그의 확고한 결의의 밑바닥에 남성으로서 갖는 위상의 불안정, '탈남성화'에 대한 두려움이 깔려 있음을 보여준다.

그러나 버틀러는 남성 크레온을 여성 안티고네에게 전적으로 대립하는 인물로 규정하지 않는다. "안티고네는 크레온의 대립적인 인물일 뿐만 아니라 그를 반영하고"[98] 있기 때문이다. 버틀러는 크레온의 여성화, 안티고네의 남성화를 통해 그들이 서로 어떻게 닮아 있고, 서로를 어떻게 반영하고 있는가를 보여줌으로써 그들의 상호 위치가 끊임없이 뒤바뀌고 있음을 강조한다. 버틀러는 아들도 오빠도 누이도 딸도 삼촌(크레온)도, 그 밖에 그 어떤 자도 될 수 있는 안티고네의 복합적인 정체성이나 모호성을 보여줌으로써 안티고네가 전혀 여성을 대변하지 않는다고 강조한다. 버틀러는 안티고네가 그 어느 쪽에도 속하지 않는 불확실한 존재, "모든 경계를 허물어놓는 경계위반의 존재이자 정체성의 해체론자"[99]라는 점을 들어 헤겔의 주장에 반박한다.

궁극적으로 버틀러에게 성(sex/gender)은 일종의 **가면**(또는 가장,

---

97) Judith Butler, 같은 책, 23쪽.
98) Judith Butler, 같은 책, 10쪽.
99) 임옥희, 『젠더의 조롱과 우울의 철학—주디스 버틀러 읽기』(여이연, 2006), 229쪽.

masquerade)이다. 여성성도 하나의 가면이다. 버틀러는 여성성이 가면이라는 점에서 라캉과 의견을 같이 한다. 라캉은 "보편적인 것을 가리키는…… 대문자 여성 같은 것은 없다……"[100]라는 유명한 말을 남긴 바 있다. 데리다가 '여성'이라는 것은 없다고 주장하는 것도 이와 비슷한 맥락에서다. **여성**이라는 말, 여성이라는 개념은 하나의 지시물을 가지지 않는다. 원래 여성이라는 것, 여성성이라는 것은 없다는 점에서 버틀러는 보부아르와 밀즈 그리고 이리가라이와도 결별한다. 버틀러에게 안티고네는 여성이라는 것, 여성성이 원래 없다는 것을 보여주는 전형적인 인물로 등장한다. 그렇다면 친족도 여성도 대변하지 않는 안티고네는 본질적으로 버틀러에게 어떤 인물인가.

버틀러에게 안티고네는 적절한 애도 대상을 찾지 못해 애도에 실패한 우울증 환자로 부각되고 있다. 적절한 애도 대상을 찾지 못했다는 것은, 안티고네가 처한 특수한 가족상황 때문에 그녀의 애도 대상이 정확히 오빠인지 아버지인지 알 수 없어졌음을 뜻한다.[101]

크레온은 폴뤼네이케스의 시신을 애도하는 행위를 일절 금지했다. 안티고네의 폴뤼네이케스 매장은 크레온의 금지명령에 저항하는 일

---

100) Jacques Lacan, *Encore*, Bruce Fink 옮김 (New York: Norton, 1998), 73쪽; Jacques Lacan, *Encore* (Paris: Seuil, 1975), 68쪽.
101) 안티고네의 '우울증'을 논함에 있어 버틀러 역시 프로이트에 빚지고 있다. 프로이트에 따르면 근본적으로 애도는 "사랑하는 이의 상실에 대한 반응"이며, 우울증은 애도와 마찬가지로 "사랑하는 대상의 상실에 대한 반응"이지만, 그것은 좀더 근본적이면서도 "보다 이상적인 종류"의 상실에 대한 반응이다(Sigmund Freud, "Mourning and Melancholia," *The Standard Edition of the Complete Psychological Works*, James Strachey 편역 [London: Hogarth Pr., 1953~1974], 14: 245쪽). 따라서 우울증은 애도와 달리, 죽음과 같은 어떤 실제적인 상실보다도 어떤 이상적인 것의 상실과 연관된다. 크레온의 금지에도 불구하고 안티고네가 매장을 통해 폴뤼네이케스를 애도한 것은 그녀의 주장대로 부모가 하데스에 있는 이상 오빠는 다시 생겨날 수 없기 때문이었다. 이처럼 "특이성"(Judith Butler, 앞의 책, 80쪽)이 두드러지는 오빠의 죽음은 안티고네에게는 단순한 죽음 이상이며, 이상적인 종류의 상실이다.

종의 애도 작업(Trauerarbeit)이다. 프로이트가 애도를 사랑하는 이의 상실에 대한 반응이라고 규정할 때, 이때의 반응에는 감정의 반응만이 아니라 행동의 반응도 포함된다. 물론 프로이트에게 그것은 잃어버린 대상을 대신하는 새로운 대상을 찾는 일이다. 말하자면 리비도적인 대상을 새롭게 발견하거나 만들어낼 때, 그 목적이 달성되는 것이다.[102] 그러나 그 작업이 그러한 목적을 달성하지 못할 때, 즉 상실한 대상을 대신하는 새로운 대상을 발견하지 못할 때, 아니 그 상실한 대상이 실제 누구인지, 애도 대상이 누구인지조차 확실하지 않을 때, 그리하여 애도에 실패할 경우, 우울증이 발생한다.

프로이트는 애도의 경우에는 주체는 상실한 대상을 의식하고 있지만, 우울증의 경우에는 그 주체는 상실한 대상을 "의식적으로 인식"하지 않는다고 말한다.[103] 버틀러도 이 점에 있어 프로이트를 따른다. 버틀러가 볼 때 안티고네는 근친상간으로 친족의 질서체계가 교란되고 뿌리째 흔들린 상황에서 "자신이 상실한 것이 오빠 폴뤼네이케스라고 부르고" 있지만, 이때의 '오빠'는 "안티고네 자신이 의도한 것 이상을 의미하고 있다." 그녀의 애도 대상인 오빠는 아버지도 될 수 있고 또 다른 오빠인 에테오클레스도 될 수 있기 때문이다. "안티고네는 자신의 오빠[폴뤼네이케스]를 애도하고 있지만, 실은 그 애도 속에서 말해지지 않은 채 남아 있는 부분은 그녀의 아버지와 그녀의 또 다른 오빠에 대한 애도다."[104] 이렇듯 애도 대상이 불확실하다는 것은 애도의 작업이 완성되지 못한 것이며, 그 결과 우울증이 나타난다.

버틀러가 말하는 우울증은 좀더 급진적인 내용을 띤다. 그녀에게

---

102) Sigmund Freud, 같은 책, 14: 244~245쪽.
103) Sigmund Freud, 같은 책, 14: 245쪽.
104) Judith Butler, 앞의 책, 80쪽, 77쪽, 79쪽.

그것은 동성애적인 욕망이 억압당한 결과로 나타난다.[105] 동성애적인 욕망의 부인(否認)에서 연유된 것이 우울증이라면, 버틀러에게는 이러한 욕망을 부인하게 만드는 규범으로서의 이성애 중심의 가족구조 내지 친족체계야말로 문화적으로 우울증을 생산해내는 장본인이 되는 것이다.[106] 프로이트에 따르면 우울증 환자의 에고는 상실된 대상을 그 내부에 편입시켜 자신을 그것과 동일시한다. 우리가 살펴본 대로 안티고네가 대변하는 모든 위치는 남성적이었으며, 따라서 그녀는 "여장(女裝)을 한 남성"[107]이다. 그녀는 자신을 결코 여동생 이스메네와 동일시하지 않는다.

 이리가라이의 경우와 달리, 버틀러가 본 안티고네는 어머니의 위치를 점유하는 것도 거부한다. 이는 안티고네가 하이몬과의 결혼을 거부하고, 하데스를 자신의 궁극적인 신랑으로 맞아들임으로써 아내와 어머니가 되는 것을 원천적으로 봉쇄하는 데서 확인된다. '안티고네'라는 이름에는 어원적으로 '어머니를 대신해'라는 뜻이 들어 있지만, 어원적으로 한편 '반대'를 뜻하는 '안티'(anti)와 '친족' 및 '핏줄'을 뜻하는 '게노스'(genos)의 파생어인 '고네'(gone)로 이루어져 '핏줄을 반대하여'라는 뜻이 들어 있기도 하다. 이는 자식·자손·자궁·출생을 거부한다는 것이 된다. 이렇듯 버틀러에게 안티고네는 어머니의 자리를 점유하는 것이 아니라 그 자리를 거부하고, 여성이 되기를 거부하는 자로 부각되고 있다. 안티고네가 자신과 동일시하고 있는 것은 남성이다. "이 남성이란 누구인가. 유령 같은 남성들이 여기

---

105) Judith Butler, *The Psychic Life of Power* (Stanford: Stanford UP, 1997), 132쪽.
106) Judith Butler, "Quandaries of the Incest Taboo," *Whose Freud?: The Place of Psychoanalysis in Contemporary Culture*, Peter Brooks and Alex Woloch 엮음 (New Haven: Yale UP, 2000), 46쪽.
107) Olga Taxidou, *Tragedy, Modernity and Mourning* (Edinburgh: Edinburgh UP, 2004), 37쪽.

에 있는 것처럼 보인다. 그들은 안티고네 자신이 차지해버린 남성들이기도 하고, 안티고네가 자리를 대신 차지한, 그리고 그렇게 대신 차지하다가 바꾸어버린 오빠들이기도 하다."[108]

적절한 애도 대상을 찾는 것에 실패한 안티고네는 애도 대상을 자기 내부에 편입시켜 자신과 동일시한다. 프로이트는 이 동일시를 대상과의 나르시시즘적 동일시라고 일컫는다.[109] 안티고네의 내부에 편입되어 동일시되는 그 유령 같은 존재는 남자, 곧 오빠와 아버지다. 이성애를 토대로 하는 전통적인 가족구조는 '근친상간의 금기'라는 대전제 위에서 존재가치와 규범성을 유지한다. 버틀러에게는 근친상간의 금지라는 '부정' 이전에 이미 배제된 욕망이 있는데, 그것이 **동성애**다. 안티고네의 우울증은 이성애 중심의 사회 안에서 동성애의 대상을 공적으로 애도하는 것을 거부당한 것에서 연유하고 있다.

안티고네가 크레온의 절대적인 명령을 거역하면서까지 공개적으로 폴뤼네이케스에 대한 애도를 주장하는 것에는 "애도될 수 없는 것의 영역"이 "전제"되고 있음을 볼 수 있다."[110] 그 애도될 수 없는 것의 영역이란 다름 아닌 동성애적인 욕망이며, 버틀러는 안티고네의 우울증을 이성애 중심의 규율 사회가 생산한 제도화된 우울증, "즉 사회적으로 제도화된 우울증"[111]의 전범(典範)으로 내세우고 있다.[112] 버틀러는 이러한 안티고네의 우울증을 통해 이성애 중심의 전통 가족 구조가 내포한 규범의 불안정성을 보여주고 있다. 한편 그는

---

108) Judith Butler, 앞의 책, *Antigone's Claim*, 80쪽.
109) Sigmund Freud, 앞의 책, 14: 249쪽.
110) Judith Butler, 앞의 책, *Antigone's Claim*, 80쪽.
111) Judith Butler, 같은 책, 80쪽.
112) 버틀러는 데리다와 마찬가지로 정신분석에서의 애도와 우울증을 윤리적, 정치적인 비판의 수단으로 복권시키는 것이야말로 긴급한 과제라고 여기고 있다. 데리다의 경우, Jacques Derrida, *Étas d'ame de la psychanalyse* (Paris: Galilée, 2000), 29쪽을 볼 것.

안티고네가 이성애 중심의 가부장제 사회를 고착시키고 이상화하는 전통적인 성의 개념이나 친족의 개념에 도전해 이를 해체하려는, 말하자면 모든 사회의 질서 가운데 가장 근본적인 질서인 근친상간 금지를 의문시하는 급진적이고 저항적인 인물임을 부각시킨다.

그러나 그 후 버틀러는 자신의 논지를 정면으로 반박하는 한 여성을 만난다. 메이더는 "이 이야기에서 친족의 탈선이 언제 그리고 어디서 일어나고 있는가"[113]라고 반문하면서 안티고네와 폴뤼네이케스의 관계는 근친상간의 관계가 아니라고 주장한다. 그들의 관계는 성적 욕망 또는 근친상간의 욕망에 의해 조금도 더럽혀지지 않은 순수한 관계라고 했던 헤겔, 헤겔과 마찬가지로 폴뤼네이케스를 향한 안티고네의 사랑은 "나의 오빠는 나의 오빠"라는 '순수존재'에 대한 사랑이라고 했던 라캉,[114] 그리고 이들과 마찬가지로 안티고네는 "자신을 영원한 누이"라는 역할에 고정시키고 있다고 했던 데리다[115] 등과 마찬가지로 메이더는 안티고네와 폴뤼네이케스 간의 근친상간의 관계를 부인한다. 즉 안티고네는 오이디푸스를 아버지의 "자리"로, 폴리네이케스를 오빠의 "자리"로 되돌려 고정시키려 한다고 주장한다.[116]

메이더는 안티고네가 오빠 폴뤼네이케스를 오직 어머니와 아버지에서만 태어날 수 있는, 그 밖의 다른 근친상간의 결합에서 태어날 수

---

113) Mary Beth Mader, "Antigone's Line," *Bulletin de la Société Americain de Philosophie de Langue Française*, 14: 2 (2005), 10쪽.
114) Jacques Lacan, *The Seminar of Jacques Lacan, Book VII: The Ethics of Psychoanalysis 1959~1960*, Jacques-Alain Miller 엮음, Dennis Porter 옮김 (New York: Norton, 1992), 278~279쪽. 이하 *The Ethics of Psychoanalysis*로 표기함.
115) Jacques Derrida, *Glas* (Paris: Galilée, 1974), 169쪽.
116) Mary Beth Mader, 앞의 글, 17쪽.

없는 오빠 그 자체로 보고 있다고 생각한다. 오빠의 단독성(單獨性)을 존중하고 확고히 함으로써 전통적인 친족의 질서 체계와 그 규범을 뿌리째 흔드는 가문의 근친상간의 유산에 종지부를 찍으려 한다는 것이다.

소포클레스의 안티고네

그렇다면 소포클레스 자신은 지금까지 살펴본 헤겔과 밀즈, 이리가라이, 버틀러 등의 페미니스트의 입장에 얼마나 동조할 것인가. 우리는 이제 기존의 논의의 대상이었던 안티고네가 아니라 소포클레스 자신의 안티고네를 재조명해볼 필요가 있다.

안티고네가 크레온에게 반항한 동기는 일차적으로 죽은 자에 대한 본능적인 사랑에서 비롯한다. 하이몬이 설명하듯, 테바이 시민들이 안티고네를 칭찬한 것은 그녀가 신의 법에 순종했기 때문이 아니라, 오빠의 시체가 사나운 개들과 새들에게 뜯어먹히는 참상을 두고 볼 수 없어 이를 저지했기 때문이다. 크레온은 테바이 시민에게 단 한 사람도 폴뤼네이케스의 시신을 "무덤 속에 감추거나 애도하지 말고", "진수성찬을 노리는" 굶주린 새들이 포식하도록 내버려두라고 명령했던 것이다(26~30행).

고대 그리스인들은 영혼은 육체와 함께 있으며, 함께 태어난 영혼과 육체는 사후에도 무덤에 함께 묻힌다고 믿었다. 그들이 장례를 치르는 것은 망자를 애도하는 표현 가운데 하나였지만, 이보다는 망자들이 하데스에서 영원한 휴식과 행복을 누리게 하기 위함이었다.[117] 그들은 죽은 자들의 영혼이 매장당하기 전까지는 하데스에 들어가지 못하고 "하데스의 넓은 문 주위를 헛되이 떠도는 것"(『일리아스』 23.74)으로 생각했다.[118] 그러니 그들은 죽음보다 매장당하지 않는 것을 더 두려워했다. 영원한 휴식은 매장되느냐 되지 않느냐에 달려 있었기 때문이다. 이를 알고 있던 안티고네에게 매장당하지 못한 폴뤼네이케스의 영혼이 겪는 고통은 학대받고 있는 그의 육체의 고통과 같았다. 안티고네는 자기가 오빠의 시신을 매장하면, 이것이 야말로 오빠를 "가장 기쁘게 해드리는 일"이라는 것을 잘 알고 있다 (89행).

안티고네는 자신의 정체를 오직 오빠의 여동생으로서만 규정하고 있다. 그녀는 크레온에게 "돌아가신 분은 어느 노예가 아니라 [내] 오빠(adelphos)"(517행)라고 선을 그었다. 그녀는 폴뤼네이케스와의 관계에서 누이 이외의 어떤 관계도 개입시키지 않는다. "영원한 누이"[119]이기 때문에 안티고네의 오빠에 대한 사랑은 단독적일 수밖에 없다. 안티고네의 사랑은 그녀의 아버지와 그녀의 오빠에게만 향하며 그 이상으로 나아가지 않는다. 그러다 그 사랑이 저항에 부딪히자마자 증오로 탈바꿈한다. 이러한 그녀의 사랑은 근원적이고 본능적일 수밖에 없다.

폴뤼네이케스가 자신의 오빠이기 때문에 그를 본능적으로 사랑할 수밖에 없는 영원한 누이인 안티고네는 그의 처참한 시신을 보고 "마치 새끼를 빼앗기고 텅 빈 둥지만 보게 되었을 때의 새처럼 찢어지는 소리로 사무치게 운다"(423~425행). 그녀에게 문제가 되는 것은 폴

---

117) 호메로스, 『오뒤세이아』 21.72; 에우리피데스, 『트로이아 여인들』 1085행; 헤로도토스, 『역사』 5.92.
118) Adriana Cavarero, *Stately Bodies: Literature, Philosophy, and the Question of Gender*, Robert de Lucca and Deanna Shemek 옮김 (Ann Arbor: U of Michigan Pr., 2002), 19쪽. 그리고 Silvia Montiglio, *Wandering in Ancient Greek Culture* (Chicago: U of Chicago Pr., 2005), 33쪽을 볼 것.
119) Jacques Derrida, 앞의 책, *Glas*, 150쪽.

뤼네이케스가 반역자인가 아닌가가 아니라, 그가 매장당할 것인가 아니냐다. 일찍이 안티고네는 크레온에게 "증오가 아니라 사랑에 가담하는 것이 나의 본성이다"(523행)라고 말한 바 있다. 이렇듯 크레온에 대한 그녀의 반항은 오빠에 대한 본능적인 사랑에서 출발한다. 이는 프롤로그나 그녀의 대사를 통해 수없이 강조되고 있다. 안티고네는 보편적인 인간의 본능적인 사랑에 따라 움직이고 있다. 크레온은 이를 이해하지 못한다. 시민의 최고의 덕목은 국가의 이익에 복무하는 데 있다고 믿는 그에게, 이에 부합하지 않는 사랑은 재고의 가치가 없다. 그러니 개인의 사랑이 국가나 통치자의 이익과 상충할 때 후자의 이익을 위해 전자는 간단히 무시될 수 있다는 것이다.

물론 국가를 통치하는 지도자로서 크레온이 주장하는 원칙은 나무랄 데가 없다. 아테나이인들의 관점에서 보면, 크레온이 반역자인 폴뤼네이케스의 매장을 금하는 것은 옳다. 가령 크세노폰(『헬레니카』 1.7.22)에 따르면 반역자나 성물(聖物)을 훔친 자는 아티카에 묻히는 것이 허용되지 않았다. 크레온은 "그리스 도시국가의 법에 따라 행동하기 때문에' 그리스적인 관점에서 볼 때 그는 옳다."[120] 국가라는 배가 위기에 처했을 때 격랑을 헤치고 그 배를 구하는 것이 통치자의 의무다. 남의 나라 군대를 이끌고 조국을 정복하려 했던 자를 일벌백계(一罰百戒)로 다스리지 않으면, 국가라는 배는 "무사히 항해" 할 수 있는 안전과 질서 그리고 번영을 보장받을 수 없다(184~191행). 크레온에게 "조국보다 더 소중한 친구"(182~183행)는 없는 것이나. 게다가 폴뤼네이케스는 조국을 침공했을 뿐만 아니라 신들의 성전을

---

120) Jean-Pierre Vernant, "Greek Tragedy: Problems of Interpretation," *The Structuralist Controversy: The Languages of Criticism and the Sciences of Man*, Richard Macksey and Eugino Donato 엮음 (Baltimore: Johns Hopkins UP, 1970), 281쪽. 아테나이에서 반역자나 신성모독자에게 장례가 허용되었던가 아니었던가하는 문제는 여전히 논의의 초점이 되고 있다. 이에 대해 조금 뒤에 다시 이야기할 것이다.

불사르려고까지 시도했다(198~201행, 284~287행).

따라서 폴뤼네이케스를 매장하려는 안티고네의 행위, "공적인 공간"을 흔드는 예기치 않은 돌발적인 행위를 통해 "관습적인 기존의 사물의 질서에 분열"을 가져오는 안티고네의 행위, 즉 랑시에르(Jacques Rancière)의 용어를 따온다면, 그녀의 그런 "정치적인 행위"는[121] 이 극을 관람했던 아테나이인들에게 분명 폴리스를 전복하려는 비합법적인 행위로, 또는 크레온의 여러 주장에 의해 구현되고 있는 기원전 5세기의 그리스 도시국가의 이데올로기에 대한 "위협"[122]으로 받아들여졌을 것이다. 시민의 사적인 이해는 폴리스의 공적인 이해에 종속되어야 한다는 것이 당대의 국가적 이데올로기였기 때문이다(투퀴디데스『펠로폰네소스전쟁』2.60).[123]

트로이아는 성벽(城壁)으로 유명했다. 호메로스의『일리아스』는 포세이돈과 아폴론이 트로이아의 왕 라오메돈에게 정해진 보수를 받기로 하고 성벽을 쌓아주었음을 이야기한다. 포세이돈은 "나는 트로이아인들을 위해 그들의 도시가 함락당하지 않도록 도시 주위에 넓고 더없이 아름다운 성벽을 쌓아주었다"(21.446~447)라고 밝히고 있다. 트로이아인들에게 성벽은 그들의 공동체의 안전을 영원히 보장해주는 유일한 기둥이자 마지막 보루였다. 5장에서 논의하게 될 에우리피데스의 작품『트로이아의 여인들』에서 잘 드러나고 있듯, 성벽이 무너지자 도시국가 트로이아는 더 이상 존재하지 않는다.『일리아

---

121) Julen Etxabe, *The Experience of Tragic Judgement* (New York: Routledge, 2013), 165쪽.
122) Lauren J. Apfel, *The Advent of Pluralism: Diversity and Conflict in the Age of Sophocles* (Oxford: Oxford UP, 2011), 281쪽.
123) 어떤 의미에서 크레온의 그러한 인식은 후의 정치철학자 "홉스 관점의 원형(原型)"이라고 말할 수 있다(Jonathan N. Badger, *Sophocles and the Politics of Tragedy: Cities and Transcendence* [New York: Routledge, 2013], 86쪽).

스』의 호메로스 시대에 성벽이 국가의 존립과 번영 그리고 안전의 기둥이었다면, 기원전 5세기 후반과 기원전 4세기의 그리스에서는 법이 성벽을 대신했다. "법에 대한 공격은 도시 자체의 번영에 대한 공격과 같은 것으로 여겨질 수 있었다."[124] 고대 그리스인들은 성벽과 법은 국가의 안전을 지켜주는 보호자라는 점에서 서로 공통점을 갖고 있다고 생각했다. 기원전 6세기에 헤라클레이토스는 "사람들이 도시의 성벽을 위해 싸우는 것과 마찬가지로 자신들의 법을 위해 싸우는 것은 불가피하다"[125]라고 말했다. 크레온은 헤라클레이토스의 이러한 인식을 그대로 반영하고 있다.[126]

엄격한 의미에서 크레온이 진정 **폴리스**의 원리를 대변하는 것이라면, 그의 행위는 헤겔과 헤겔주의자들이 인정하듯 정당화된다. 하지만 과연 크레온은 폴리스의 원칙을 구현하고 있으며, 민주제 폴리스의 진정한 지도자인가. 하이몬은 크레온에게 "테바이 시민 전체"는 안티고네에 대한 그의 가혹한 처벌에 동조하지 않을 뿐만 아니라 안티고네가 행한 일을 "가장 영광스러운 행위"(erga eukleestata, 695행), 곧 "황금 같은 명예를 받아 마땅한 행위"(699행)로 보고 있다고 전한다. 그러고는 시민들의 뜻을 따르지 않는 아버지 크레온의 행동을 비난하자, 크레온은 하이몬에게 "내가 나 아닌 다른 사람의 뜻에 따라 이 나라를 통치해야 하나"(736행)라고 소리친다. 이에 하이몬이 "국가는 단 한사람의 소유물이 아니다"(737행)라고 항의하자, 크레온은 다시 "국가는 그 통치자에게 속하는 것"(738행)이라고 대답한다. 크

---

124) Fabian Meinel, *Pollution and Crisis in Greek Tragedy* (Cambridge: Cambridge UP, 2015), 76쪽.
125) fr. 65, Charles H. Kahn, *The Art and Thought of Heraclitus. An Edition of the Fragments with Translation and Commentary* (Cambridge: Cambridge UP, 1979), 58쪽.
126) Fabian Meinel, 앞의 책, 91쪽.

레온의 발언을 통해 우리는 그가 더 이상 전체 폴리스를 위해서가 아니라, 오직 자기 자신만을 위해 말하고 행동하고 있음을 알 수 있다.

처음부터 크레온은 자신을 일종의 군사독재자처럼 규정한다. "사령관"(stratēgon, 8행)으로서 그는 의회와 논의하지 않고 칙령을 포고한다. 그리고 재판 없이 안티고네를 죽음에 처하게 한다(567~581행). 법을 위반하지 않았다고 안티고네가 주장하는데도 그녀에게 법정에서 변호할 어떤 기회도 주지 않는다. 크레온의 이러한 행위는 "아테나이의 민주주의 이데올로기", 특히 통치자는 "재판 없이 시민들을 죽음으로 몰 수 없다는 아테나이의 법"을 위반하는 행위다.[127] 폴뤼네이케스의 시신을 비참하게 버려두는 것도 폴리스를 위한 것이라고 볼 수 없다. 일반 테바이 시민들은 안티고네의 행위를 은밀하게 칭찬하면서 이에 공감하고 있었기 때문이다(501~505행, 693~700행, 733행).

크레온이 자신의 명령에 도전한 안티고네를 사형에 처하도록 한 것은 반역자 폴뤼네이케스를 증오하기 때문만이 아니다. "만일 그 계집[안티고네]이 벌을 받지 않은 채 나의 권위를 훼손한다면, 나는 더 이상 사내가 아니고 그 계집이 사내다"(484~485행)라고 말하는 발언에서 알 수 있듯, "남성 통치자의 특권적인 자율성"[128]과 자신의 힘을 무시하는 안티고네에 대한 분노때문이다. 무엇보다도 자신의 통치에 불만을 품은 자들에게 자신의 권력이 위협받지 않을까 하는 두려움 때문에 크레온은 그녀를 죽음으로 몰고 갔다.

크레온은 그리스의 대표적인 독재자(또는 참주[僭主])의 특징들을 갖고 있다. 독재자들이 갖고 있는 공통적인 특징은 그들은 화를 잘

---

127) Edward M. Harris, *Democracy and the Rule of Law in Classical Athens* (Cambridge: Cambridge UP, 2006), 76쪽.
128) Simon Goldhill, *Reading Greek Tragedy* (Cambridge: Cambridge UP, 1986), 98쪽.

낸다든가, 자신을 권력에서 축출하기 위해 불순분자들이 공모하지 않나 의심한다든가, 여성을 폄하한다든가,[129] 자신의 통치에 철저히 복종할 것을 요구한다든가, 크레온과의 대화에서 테이레시아스가 그를 일컬어 "더러운 이득을 좋아한다"(1056행)라고 지적했듯, "돈으로 전제정치를 획득하고 이를 유지한다든가,"[130] "재판 없이 사람을 죽이고, 여성을 강간하고, 대대로 내려오는 관습을 전복······ 한다든가"[131] 하는 것 등이다. 크레온은 독재자들의 전통적인 특징들의 거의 대부분을 갖고 있다. 역사적으로 이 같은 독재자가 도시국가를 통치했을 때, 시민들은 폴리스를 위해 충성을 다하지 않았으며,[132] 그러한 통치자가 등장했을 때 그와 맞서 싸우는 것이 아테나이인들에게는 시민으로서의 의무였다.[133]

우리가 가장 깊고 신성한 본능이라 일컬어지는 것―가령 죽은 자들의 시신에게 보이는 본능적인 연민과 존중 같은 것―에 반응해 행

---

129) 여성폄하는 앞서 인용한, "내가 살아 있는 한 여인은 지배자가 되지 못할 것"(525행)이며, "만일 그녀[안티고네]가 벌을 받지 않은 채 나의 권위를 훼손한다면, 나는 더 이상 사내가 아니고 그 계집애가 사내다"(484~485행)라는 안티고네에 대한 크레온의 분노의 표현에서 찾아볼 수 있다. 또한 안티고네를 죽음에 처하게 하는 자신의 처사에 대해 하이몬이 비난하자, 하이몬을 "계집의 종"(746행, 756행)이라고 일컫는 오만한 발언, 그리고 이스메네가 크레온이 자신의 아들 하이몬의 신부가 될 안티고네를 죽이려는 것을 듣고 공포에 떨자, 하이몬에게는 "씨 뿌릴 밭은 그 밖에 얼마든지 있다"라며 안티고네 말고도 신부로 대체할 여자들이 많음을 비유적으로 말하는 그의 발언(569행)에서도 확인힐 수 있다.
130) Richard Seaford, *Money and the Early Greek Mind: Homer, Philosophy, Tragedy* (Cambridge: Cambridge UP, 2004), 159쪽.
131) Kurt Raaflaub, "Stick and Glue: The Function of Tyranny in Fifth-Century Athenian Democracy," *Popular Tyranny: Sovereignty and Its Discontents*, Kathryn Morgan 엮음 (Austin: U of Texas Pr, 2003), 74쪽.
132) Gilbert Murray, 앞의 책, 123쪽.
133) Moira Fradinger, *Binding Violence: Literary Visions of Political Origins* (Stanford: Stanford UP, 2010), 65쪽.

동할 때, 신은 우리와 더불어 움직인다.[134] 이는 우주의 도덕적 질서나 원리는 특정한 행위 속에 포함된다는 전형적인 그리스적 사유의 일면이다. 이런 의미에서 안티고네가 폴뤼네이케스의 매장을 감행하는 것은 종교적인 동기와 자연스럽게 연관된다. 안티고네의 도전의 일차적인 동기가 매장되지 못한 망자에 대한 순수하고도 개인적인 사랑에서 비롯된 것이라면, 이것은 자연스럽게 종교적인 동기로 이어지는 것이다.

안티고네의 종교적인 동기는 그녀가 크레온 앞에서 자신이 폴뤼네이케스의 매장을 감행했으며, 이 사실을 부인하지 않겠다(443행)고 당당하게 고백한 뒤에 행한 발언에서 나타난다. 안티고네는 폴뤼네이케스의 매장을 금한 것은 제우스의 포고나 하계의 신들과 함께 있는 정의의 여신(Dikē)의 명령도 아니라고 말한다. 그러고는 그녀는 죽음을 면치 못하는 한낱 인간인 크레온의 명령이 어찌 "확고부동한 신들의 불문율"(454~455행)보다 더 강할 수 있으며 이를 능가할 수 있는가를 묻고 나서 자신은 확고부동한 신들의 불문율을 따르는 것을 거부할 수 없다고 단호하게 말한다(450~459행). 이 발언은 안티고네의 동기가 무엇보다도 종교적임을 보여준다.

안티고네의 발언을 '보편적인 법'의 공식으로 바라보는 그리스적인 사유의 출처는 물론 아리스토텔레스다. 아리스토텔레스는 『수사학』에서 법을 특정적인 법과 보편적인 법으로 나눈다. 전자는 국가의 성문법이며, 후자는 성문화되어 있지 않지만 특정적인 법보다 더 상위에 있는, 모두가 동의하는 변치 않는 자연법이다. 달리 말하면 아리스토텔레스는 이른바 불문율을 보편적인 법과 동일시하며, "성문

---

134) H. D. F. Kitto, *Form and Meaning in Drama* (London: Methuen, 1964), 115쪽.

법이 아니라" "자연법"인 "불문율을 이용하고 지키는 것이 좀더 훌륭한 사람의 몫"이라고 주장한다. 그러고는 안티고네가 폴뤼네이케스를 매장한 것은 "불문율이 아니라 크레온의 법을 위반한 것"이기 때문에 불문율에 따른 그녀의 행위는 "정당한" 것이라고 말한다 (1.15.1375a28~33).

그러나 여기서 중요한 점은 안티고네가 도전하고 위반하는 것은 일반 법이 아니라는 것이다. 안티고네는 폴뤼네이케스의 매장을 거부하는 크레온의 명령, 즉 그의 "포고"(kērugma)를 법으로 부르기를 거부한다(25~36행). 그녀는 크레온이 "바른 법도(dikē)와 관습(nomos)에 따라"(24행) 에테오클레스는 매장하게 하지만, 폴뤼네이케스의 경우는 크레온 자신의 "포고"에 따라 그를 매장하지 못하게 하고 있다고 말한다(26~34행). 자신을 향해 법을 위반했다는 크레온의 비난에 대해 안티고네는 자신은 그의 "포고", 그의 명령을 위반한 것이지 어떤 법도 위반하지 않았다고 말한다(450~451행). 자신은 일반 법이 아니라 크레온의 포고를 위반했을 뿐이라는 것이다. 이스메네는 안티고네의 폴뤼네이케스의 매장을 통치자의 "결정(또는 "명령")과 권력"(60행)을 위반하는 것으로 보며, 권력을 가진 자에게 복종하는 것은 당연하다고 주장한다(58~60행). 하지만 이스메네도 크레온의 포고를 그의 "결정"(psēphos)이라고 말할 뿐 '법'이라고 부르지 않는다. 코로스도 안티고네는 "왕의 법"(nomois basileiois)을 어기고 있다고 밀힘으로씨(381·-382행) 크레온의 포고를 일반 법과 동일시하지 않고 그의 독자적인 결정임을 밝히고 있다.

데모스테네스(25.16)의 글을 비롯한 여러 출처에 따르면 전통적으로 그리스 법(nomos)의 적법성은 신의 뜻, 현자(賢者)의 사상, 공동체의 동의 등에서 연유된 것으로 전해진다. 성문법과 불문법은 크게 구별되지 않았고 이 두 법 사이의 충돌도 보이지 않았다.[135] 데모스테네스는 모든 법은 "신의 발명품이자 신으로부터의 선물"인 동시에 "현자의 가르침(dogma)이다"(25.16)라고 말했다. "신은 인간이 제정하고 따르는 법에 책임이 있었다."[136] 데모스테네스와 마찬가지로 헤라클레이토스도 "……인간의 모든 법은 하나의 법, 즉 신의 법에 의해 자양분을 받는다……"[137]라고 말했다. 그러니 헤라클레이토스에게 "폴리스 법과 신의 법 사이에" "어떤 충돌"도 없으며, "폴리스 법은 신의 법에 종속되고 그 적법성도 신의 법에 의거하고 있다."[138] 플라톤도 『크리톤』(54c6-8)에서 신의 법은 폴리스 법의 형제이며 두 법은 수준이 동일하다고 말함으로써 폴리스 법이 신의 법에 종속되고 있다는 헤라클레이토스의 주장과 다소 다른 입장을 취한다.

그러면서도 플라톤은 그와 마찬가지로 이 두 법이 피차 긴밀히 연관되어 있음을 재차 강조한다. 『크리톤』에는 만일 소크라테스가 폴리스 법을 위반한다면 하계에서 그를 심판할 신의 법이 그의 죄를 간과하지 않고 폴리스 법을 도와줄 것이라는 내용이 나온다. 생전에 죄인을 벌할 수 없게 된다면 사후에 신의 법이 그 자를 벌하게 된다는 것이다. 흔히 인류의 불문율 또는 불문법이라고 일컬어지는 신의 법은 인간의 성문법과 충돌하는 것이 아니라 서로를 지탱해주는 것으로 이해되고 있다. 이는 플라톤이 그의 『법률』(793a-b)에서도 피력한 바 있다.[139]

---

135) 이에 대해서는 Edward M. Harris, 앞의 책, 50~59쪽을 참조할 것.
136) Edward M. Harris, 같은 책, 51쪽.
137) fr. 30, Charles H. Kahn, 앞의 책, 42쪽.
138) Edward M. Harris, 앞의 책, 52쪽.
139) "기원전 5세기 후반과 그리고 분명 기원전 4세기에는 '불문법'이 '성문법'에 비해 그 중요성이 감소되었지만" 그 두 법은 "항상 같이 있었다"(Fabian Meinel, 앞의 책, 77쪽). '불문법'과 '성문법'의 이런 상호연관에 대한 좀더 포괄적으로 논의한 것은 Hannah Willey, "Gods and Men in Ancient Greek Conceptions of Lawgiving," *Theologies of Ancient Greek Religion*, Esther Eidinow, Julia Kindt, and Robin Osborne

그 불문법 가운데 가장 중요한 법은 신을 경배하는 것, 부모를 존경하는 것, 사자(死者)의 권리, 그리고 손님과 탄원자의 권리를 존경하는 것[140], 빚을 갚는 것이었다. 이는 아테나이 법에도 반영되어 있었다. 신을 모독한다든가, 신에게 제물을 바치지 않는다든가, 신을 위해 제사 등 축제를 행하지 않는다든가, 신을 경배하지 않을 경우 해당 당사자는 재판에 회부되었다. 또한 부모를 때린다든가, 그들에게 음식물과 거처를 제공하지 않는 등 부모를 학대한 자는 시민권을 완전히 박탈당했다.[141] 아테나이의 성문법은 신을 경배하고 부모를 존경해야한다는 불문법과 전혀 충돌하지 않았다. 불문법 가운데 중요하게 등장하는 또 하나의 항목이 조금 전에 '사자의 권리'라고 일컬었듯, 바로 '매장'이었다.

이 작품에서 주목할 점은 '법'이라는 의미로 안티고네의 종교적인 발언에 등장하는 그리스어가 일반적으로 '법'을 의미하는 **노모스**(nomos) 또는 **노모이**(nomoi)가 아니라 **노미마**(nomima, 455행)라는 것이다. '노미마'라는 용어는 흔히 기원전 5세기, 심지어 4세기 전에도 관습적인 장례를 기술하기 위해 흔히 쓰인 것으로 여겨진다.[142] 안티고네가 신들의 불문율, 즉 노미마를 지키지 않으면 자신은 신들로부터의 벌을 면치 못할 것이라 말했을 때(458~460행), 그녀가 말하는 노미마는 문자가 발명되기 이전과 폴리스가 성립되기 이전 오래전부터 내려온 관습, 곧 죽은 자를 존중하는 관습을 가리키는 것으로 보인다.

엮음 (Cambridge: Cambridge UP, 2016), 176~188쪽.
140) Hannah Willey, 같은 글, 180쪽을 볼 것).
141) Edward M. Harris, 앞의 책, 55쪽. John D. Mikalson, *Honor Thy Gods: Popular Religion in Greek Tragedy* (Chapel Hill: North Carolina Pr., 1991), 195쪽 이하도 볼 것.
142) Bernard M. W. Knox, *The Heroic Temper: Studies in Sophoclean Tragedy* (Berkeley: U of California Pr., 1964), 97쪽.

소포클레스의 『아이아스』 『오이디푸스 왕』 같은 다른 작품들도 죽은 자의 시신을 매장하지 않고 내버려두는 것은 신의 법을 범하는 것임을 언급하고 있다(『아이아스』 1343행, 『오이디푸스 왕』 863행). 아니 일찍이 호메로스의 서사시에서도 합당한 매장을 치르지 않으면 신이 분노할 것이라는 내용이 나온다. 죽어가는 헥토르가 아킬레우스에게 자신의 시신을 개들의 먹이가 되도록 내버려두지 말고 아버지 프리아모스를 포함한 트로이아인이 매장하도록 해줄 것을 청했을 때, 아킬레우스가 이를 거부하자, 헥토르는 그에게 신들의 저주를 받을 것이라고 경고했다(『일리아스』 22.338~360행).

그의 예언은 적중했다. 신들의 회의에서 아폴론은 아킬레우스를 강력하게 비난했다(24.33~54행). 제우스는 아킬레우스의 어머니 테티스를 불러 신들이 헥토르의 매장을 거부한 아킬레우스에게 크게 분노하고 있으며, 자신은 그 어떤 신보다 더 분노하고 있다고 아들에게 전하라고 말했다(24.112~116행). 테티스는 그 메시지를 아들 아킬레우스에게 진지하게 전했다. 그만큼 매장은 하계의 신들의 관심사일 뿐만 아니라 올림포스 신들의 관심사였다.[143] 비록 헥토르가 그리스군의 적이었고 그가 파트로클로스 등 아킬레우스의 많은 동료를 죽였지만, 그를 매장하는 일에 예를 갖추는 것은 이와는 별개의 문제였다.[144]

그리스인들은 죽은 자들을 신성한 존재로 인식하고 그들을 신을 대하는 것만큼 존중했다. 이러한 자세는 위대한 사람들의 죽음에만 해당하는 것이 아니었다. 망자들 간에는 어떤 차별도 없었고, 선한 사람

---

143) 임철규, 「호메로스, 『일리아스』」, 앞의 책 『고전』 59~60쪽을 볼 것.
144) 파우사니아스(1.32.5)에 따르면 아테나이인들은 마라톤 전투에서 죽은 페르시아 병사들 모두를 매장시켰다고 한다.

뿐만 아니라 악한 사람도 신성한 존재가 되었다.[145] 『일리아스』와 『오뒤세이아』가 반복해서 말해주듯, 매장은 "죽은 자의 당연한 권리였다" (『일리아스』 16.457, 675; 23.9; 『오뒤세이아』 24.190, 296). 에테오클레스는 애국자인 반면 폴뤼네이케스는 반역자라는 클레온의 주장에 안티고네는 하데스, 곧 "죽음은 모든 망자에게 동일한 법을 요구한다" (519행)라고 대답한다. 적(echthros)은 살아있을 때나 죽어있을 때나 결코 친구가 될 수 없는 영원한 적이라는(522행) 크레온은 국가의 이익을 내세워 자신을 정당화하고 있다.

신들은 그들의 규칙에 예외를 허용하지 않는다. 따라서 폴뤼네이케스의 매장을 신들, 특히 하계의 신 하데스는 물론 올륌포스의 신들도 요구한다. 크레온의 관점은 폴뤼네이케스가 테바이의 적인 동시에 테바이를 보호하는 신들의 적이기 때문에 신들도 자기의 행동을 지지한다는 것이다. 그는 안티고네가 테바이를 지켜주는 올륌포스 "신들의 이해(利害)와 정의보다 하계의 신들의 이해와 정의에 더 특권을 부여한다"[146]라고 말한다. 하지만 크레온이야말로 지상의 신인 올륌포스 신들에게만 관심을 가질 뿐, 죽은 자들의 나라인 하계 신들의 권위나 주장을 배제하고 있는 것이다. 테이레시아스는 크레온이 두 가지 불경스러운 행위를 범하고 있다고 주장한다. 그 하나는 살아있는 자, 즉 안티고네를 산 채로 매장한다는 것이고, 다른 하나는 하계 신들에게 속하는 자, 즉 시신을 매장하지 않은 채 상계, 즉 지상에 방치해두고 있다는 것이다(1068~1071행). 폴뤼네이케스의 시신을 상계에 둠으로써 하계의 신들의 권리를 박탈하고 우주 질서를 교란

---

145) Fustel de Coulanges, 앞의 책, *La Cité Antique*, 16쪽; 퓌스텔 드 쿨랑주, 앞의 책, 『고대도시』, 25~26쪽.

146) Helene P. Foley, *Female Acts in Greek Tragedy* (Princeton: Princeton UP, 2001), 197쪽.

시켰다는 것이다(1072~1073행).

반역자나 성전을 침입해 도둑질을 한 신성모독자들은 아티카 땅(또는 아테나이가 관할하는 지역 등)에서 매장되는 것이 금지되었지만 실제로 아티카 영토 밖에서 매장되는 것은 허용되었다.[147] 하지만 크레온은 폴뤼네이케스를 아티카 영토 밖에서도 매장하지 못하게 했다. 더구나 아티카 법에는 매장되지 않은 시신 곁을 지날 땐 그대로 지나치지 말고 시신에 흙을 던져주도록 요구하는 법률조항이 있었다고 전해진다. 매장되지 않은 시신을 대면한 자는 너 나 할 것 없이 누구나 그 시신을 묻어주는 것이 인간이 지켜야 할 "최소한의 의무"였고, 이를 간과하는 것은 "불법적인 행위"이자 일종의 "폭력"이었다. 악취를 풍기며 썩고 있는 시신을 그대로 내버려두는 **부정**(不淨, 또는 오염, miasma)의 행위는 보복을 면치 못했다.[148]

폴뤼네이케스의 매장은 두 번 이루어졌다. 첫 번째 매장은 아무런 흔적도 없이, 즉 연장을 이용해 시신을 묻은 흔적도, 수레의 바퀴 자국도, 시신을 찢은 짐승이나 개들의 흔적도 없이(250~255행) 이루어졌다.[149] 두 번째 매장은 안티고네가 직접 행했다. 폴뤼네이케스의

---

147) Edward M. Harris, 앞의 책, 67쪽; Rush Rehm, *Marriage to Death: The Conflation of Wedding and Funeral Rituals in Greek Tragedy* (Princeton: Princeton UP, 1994), 181쪽 (주9). 그러나 매장은 사자의 당연한 권리라는 것은 동시대의 아테나이에서 절대적인 것은 아니었다. 페르시아 전쟁에서 승리를 가져온 테미스토클레스가 조국을 반역한 죄로 추방 상태에 있다가 기원전 459년에 사망했을 때, 그의 친척들이 아티카 땅에 매장되고 싶어 했던 그의 소망을 실현시키기 위해 그의 뼈를 가져와 몰래 매장시키려 했지만, 허용되지 않았다.(투퀴디데스, 『펠로폰네소스 전쟁사』 1.138.6, 1.126.3~11; 헤로도토스, 『역사』 5.71). 그리고 Douglas Cairns, *Sophocles: Antigone* (London: Bloomsbury Academic, 2016), 39~40쪽도 볼 것.
148) Robert Parker, *Miasma: Pollution and Purification in Early Greek Religion* (Oxford: Oxford UP, 1983,) 44쪽.
149) 첫 번째 매장은 이스메네에 의해 이루어졌다는 주장도 나온다. 이에 대해서는

시신이 아무런 흔적도 없이 매장되었다는 파수병의 첫 번째 보고를 듣고, 파수명과 마찬가지로 코로스가 암시했듯, 그것은 신들이 행한 작업이었을지도 모른다(269행 이하, 278~279행). 코로스는 안티고네가 크레온의 명령에 도전하는 것을 옳지 않다고 생각하면서도 크레온의 포고가 적법한 것인지에 대해서 의문을 품는다(211~214행). 코로스는 그것이 그의 "권한"에 속하는 그의 "결정"(214행)이라고 말하면서 크레온의 포고와 거리를 둔다. 코로스는 안티고네의 크레온에 대한 도전을 못마땅하게 여기면서도 인간의 가장 본능적인 사랑을 표현하는 **매장**이라는 특정한 사태에 대해서는 안티고네와 신들이 함께 움직이고 있다고 믿는다. 겉으로 보기에 크레온도 신들에게 반하는 행동을 하는 것은 아니다. 폴뤼네이케스를 매장하지 못하도록 명령을 내릴 때도 크레온은 "만물을 굽어보시는 제우스"(184행)의 이름으로 이를 행한다. 폴뤼네이케스가 테바이를 약탈하려 했던 반역자인 한, 크레온은 자신의 명령을 테바이를 지켜주는 신들의 뜻으로 여긴다. 하지만 문제는 그가 인간의 가장 본능적인 사랑을 실현하고 있는 안티고네의 행동에 신들이 동참하고 있음을 인식하지 못한다는 점이다. 즉 그는 신들의 뜻을 거스르고 있었던 것이다.

하이몬이 테바이 시민들의 목소리를 대변한다면, 예언자 테이레시아스는 올륌포스 신들의 목소리를 대변한다. 그 예언자는 크레온에게 신들은 폴뤼네이케스의 매장을 요구한다고 경고한다. 그는 새 떼와 개들이 폴뤼네이케스의 시신에서 뜯어낸 "먹이"(bora, 1017행)를 물고 와 제단(祭壇)과 화덕들을 더럽혀놓았기 때문에 "신들은 이제 더 이상 우리에게서 제물도, 기도도, 넓적다리의 불길도 받지 않고 있

Bonnie Honig, *Antigone, Interrupted* (Cambridge: Cambridge UP, 2013), 161~170쪽을 볼 것.

으며", "죽은 사람의 피에서 기름기를 맛본" "새들도 맑은 목소리로 분명한 전조(前兆)를 주지 않는다"(1016~1022행)라고 경고한다. 하지만 크레온은 "설사 제우스의 독수리들이 그 자를 먹이로 낚아채서 제우스의 옥좌로 가져가려고 하더라도" "나는 부정(不淨)이 두려워서 그 자를 묻도록 두지 않을 것이오"(1040~1043행)라고 말하면서 그의 경고를 무시한다.

테이레시아스는 자신의 경고가 더럽혀진 제단과 화덕들로 인해 제물도 기도도 거부하고 있는 신들의 경고와 다름없다고 말하면서, 크레온의 그 부정의 행위로 말미암아 "복수의 파괴자들", 곧 "하데스와 복수의 여신들이 결국" 그를 "파괴하고"(1074~1075행), 그를 향해 "모든 도시들이 증오심을 품고 일어서게 될 것"(1080행)이라고 말한다. 하계의 신들에게 속하는 당연한 권리를 무시하는 크레온의 오만은 작품 전체에서 자주 암시되지만(451~452행, 519행, 942~943행), 그의 오만에 대한 이보다 더 엄중한 경고는 어디에도 없다. 하지만 크레온은 예언자의 위급한 경고를 거부하고, 이를 자기에 대한 위협으로 여긴다(1033~1039행). 테이레시아스는 크레온에게 폴뤼네이케스를 매장하지 않고 안티고네를 산 채로 매장시킨다면, 그 대가로 머지않아 아들을 잃게 될 것이라고 경고한다(1066행 이하). 어느 시대나 마찬가지로 "고대 그리스에서 결혼을 앞둔 아들의 죽음은 가장 고통스러운 상실이었으며", 그 상실은 "가장 커다란 애도"의 대상이 되었다.[150] 그러나 크레온에게 닥친 저주는 아들과 아내를 잃는 것으로 끝나지 않는다. 그것은 "산 송장"(1167행)이 되어 크레온 자신이 완전히 파멸하는 것으로 끝난다.

---

150) Charles Segal, *Sophocles' Tragic World: Divinity, Nature, Society* (Cambridge/ M.A.: Harvard UP, 1995), 134쪽.

인간, 그 이상(異常)한 존재

신들이 폴뤼네이케스를 매장했을지도 모른다는 파수병의 주장과 이에 동조하는 코로스의 말을 듣고 크레온이 파수병을 크게 힐책하면서 밖으로 나간 사이, 코로스가 행한 발언(332~371행)은 중요한 주제로 다뤄져왔다. 여기서 코로스는 문명을 성취한 **호모사피엔스**를 찬미하고 있다. 하지만 인간의 모험과 업적을 노래하던 코로스는 마지막 발언 부분에서 인간조건에 대한 깊은 불안을 감추지 않는다.

그 발언에 등장하는 그리스어 **데이논**(deinon)의 이중적인 의미를 통해 인간의 존재론적인 불안과 **실향성**을 처음으로(1935년) 분석한 이는 철학자 하이데거다. 코로스는 그 발언의 첫 구절에서 "이상(異常)한 존재는 많지만, 인간보다 더 이상한 존재는 아무것도 없다"(polla ta deina kouden anthrōpou deinoteron pelei, 332~333행)라고 노래한다. 데이논은 '무서운' '으스스한' '강력한' '경이로운' '이상한' 등 여러 의미로 번역되는데 소포클레스의 『안티고네』에 많은 관심을 보였던 휠덜린은 이를 "괴물 같은"(ungeheuer)[151]으로 번역한다.

하이데거는 그리스어 데이논을 '으스스한'을 의미하는 독일어 '운하임리히'(unheimlich)로 번역하면서 이 단어의 'un'과 'heimlich' 사이에 하이픈(-)을 넣어 그 의미를 설명한다. 즉 그는 '부정' 또는 '반대'를 가리키는 접두사 un 다음에 하이픈을 사용한 뒤, 이 단어를 집 또는 고향을 의미하는 heim과 연결시켜 데이논을 "자기 집에 있지 않은 것, 말하자면 집에 있는 듯, 익숙하고, 일상적이고, 위험이 없는 것 같은 안전한 상태에서 내던져진 상태"[152]를 뜻하는 것으로 해석하고

---

151) Friedrich Hölderlin, *Antigone, Sämtliche Werke, Frankfurter Ausgabe*, Michael Franz, Michael Knaupp, D. E. Sattler 엮음 (Frankfurt/ M: Suhrkamp Verlag, 1988), 299쪽; Sigrid Weigel, *Walter Benjamin: Images, the Creaturely, and the Holy*, Chadwick Truscott Smith 옮김 (Stanford: Stanford UP, 2013), 72쪽에서 재인용.

152) Martin Heidegger, *Introduction to Metaphysics*, Gregory Fried and Richard Polt 옮김

있다.[153] 하이데거는 이러한 내던져진 상태를 다름 아닌 "인간 본질의 근본 특징"[154], "인간존재의 본질적인 특징"으로 보고 있다.[155] 하이데거가 인간존재를 모든 존재 가운데 가장 '데이논'한 존재라고 이해했을 때, 그는 본질적으로 인간존재는 관습적이고, 일상적이고, 익숙한 것의 한계를 뛰어넘어 상궤를 벗어나는 행위를 일삼는 '으스스한' 존재라고 본다. 그리고 그러한 존재라는 점에서, 그는 인간존재를 모든 존재 가운데 가장 **폭력적**[156]이고, 가장 두려운 '괴물 같은' 존재라고 이해한다. 이러한 인간이 **기술**(技術)을 통해 문명을 이룩한 데에는 폭력적인 행위가 동반될 수밖에 없었다.[157]

코로스는 관습적이고 친숙한 것에 결코 안주할 수 없는 '이상한' 존재인 인간은 "죽음"(Haida) 이외(361행) 모든 것을 정복해 항해(334~337행), 농업(337~341행), 수렵과 어업(342~347행), 동물사육(347~352행), 언어의 발명(354~355행), 도시에서 공동체의 삶(355~356행), 건축(356~358행), 의약(363~364행) 등 찬란한 문명

(New Haven: Yale UP, 2000), 161쪽.
153) 하이데거가 'deinon'을 'unheimlich'로 해석한 것에 대한 포괄적인 논의는 Katherine Withy, *Heidegger on Being Uncanny* (Cambridge/ M.A.: Harvard UP, 2015), 108~112쪽을 볼 것. 그리고 하이데거의 'unheimlich'의 본질적인 의미에 대해서는 같은 저자, 같은 책, 2~6쪽을 볼 것.
154) Martin Heidegger, 앞의 책, 161쪽.
155) Martin Heidegger, *Hölderlin's Hymn "The Ister"*, William McNeill and Julia Davis 옮김 (Bloomington: Indiana UP, 1996), 73쪽.
156) 데리다는 하이데거가 *Introduction to Metaphysics*에서 'deinon'을 'unheimlich'로 해석한 것에 주목하면서 미국의 이라크 침공을 **폭력**으로 규정한 다음 하이데거의 텍스트를 오늘날 이러한 "테러, 테러리즘, 그리고 더더욱 국가테러리즘에 대한 담론"으로 읽을 수 있다고 말한다. Jacques Derrida, *The Beast and the Sovereign*, *Seminar of 2002~2003*, Geoffrey Bennington 옮김 (Chicago: U of Chicago Pr., 2010), 2: 286쪽.
157) 특히 기술과 인간에 대한 코로스의 발언(332~371행)에 특별히 관심을 갖고 하이데거의 『안티고네』의 독해를 깊이 있게 다룬 글은 Cecilia Sjöholm, 앞의 책, 56~81쪽과 102~109쪽을 볼 것.

의 업적을 이뤄냈다. 하지만 인간의 궁극적인 성공은 자연을 정복하는 데 있는 것이 아니라 어떤 도덕적인 선택을 하는가, 말하자면 "악의 길"을 선택하느냐 아니면 "선의 길"을 선택하느냐에 달려 있다고 노래한다(365~370행). 다시 말해 그가 "대지의 법"(nomous······ chthonos, 368행)과 신의 정의(thēon······ dikan, 369행)에 복종한다면 성공을 거두게 될 것이라고 노래한다.

하지만 불행하게도 찬란한 문명을 이룩한 그들의 과도한 "오만이 자연과 세계의 존재 자체를 위협했기 때문에"[158] 인간은 결국 그 "무모함(tolma)으로 인해"(371행) 그가 정복한 자연과 그가 성취한 폴리스(polis), "그들의 존재를 위한 집터"[159]가 되고 있는 폴리스로부터 내던져진 존재(apolis, 370행), 즉 그 어디에도 의지할 '고향'이 없는 '낯선 이방인'[160]이 되고 만다. 이러한 발언을 통해 코로스는 인간존재는 그 주위의 존재물과 어떻게 상호작용을 하는가에 따라, 말하자면 자기 아닌 다른 존재 또는 존재물과 어떤 도덕적인 관계를 맺는가에 따라 그의 존재, 그의 존재가치가 규정된다고 말한다. 하이데거의 **데이논**의 핵심은 여기에 있다.

인간존재의 무모함을 경고하는 이러한 코로스의 마지막 발언(372~374행)은 "대지의 법과 신의 정의"(368~369행)에 도전하는 인간 전체에 대한 경고이자 특정 인간 크레온의 **오만**에 대한 경고다.

---

158) Hannah Arendt, *Hannah Arendt: Reflections on Literature and Culture*, Susannah Young-ah Gottlieb 엮음 (Stanford: Stanford UP, 2007), 195~196쪽.
159) Darien Shanske, *Thucydides and the Philosophical Origins of History* (New York: Cambridge UP, 2007), 87쪽.
160) Michel Haar, *Heidegger and the Essence of Man*, William McNeill 옮김 (New York SUNY Pr., 1993), 184쪽; Jacques Derrida, 앞의 책, *The Beast and the Sovereign*, 2: 288쪽; Jacques Taminiaux, "Plato's Legacy in Heidegger' Two Readings of *Antigone*," *Heidegger and Plato: Toward Dialogue*, Catalin Partenie and Tom Rockmore 엮음 (Evanston, Ill: Northwestern UP, 2005), 36쪽을 볼 것.

크레온은 하계의 신들이 주관하는 **대지의 법**[161]을 위반하고 있을 뿐만 아니라, 죽은 자에 대한 가장 본능적인 사랑을 표현하는 안티고네의 행위를 지지하는 올륌포스 신들의 정의도 위반하고 있기 때문이다.

다시 말해 크레온은 죽은 자의 영역과 산 자의 영역 모두를 무시함으로써 우주적 질서의 법칙을 유린했다. 폴뤼네이케스를 매장시키지 않음으로써, 즉 죽은 자를 "대지의 어두운 자궁"[162]에 묻는 것을 거부함으로써 땅 아래의 신들의 정의를 유린하고 있을 뿐 아니라, 안티고네를 산 채로 석굴 안에 가두어둠으로써, 즉 산 자로 하여금 "태양의 빛"을 보지 못하게 함으로써 땅 위의 신들의 정의도 유린하고 있는 것이다. 크레온은 "빛과 어둠, 낮과 밤, 이 모두를 오염시키고 있는 것이다."[163]

하이데거는 잘못을 범하는 크레온과 달리, 안티고네를 잘못이 없는 존재로 읽는 것을 결코 받아들이지 않는다.[164] 그런데도 대지의 신성함에 대한 그의 깊은 관심을 떠올린다면, 그에게 "안티고네는…… 대지와 보다 진정한 관계를 맺기 위해 국가체제의 기술적, 이성적인 지배에 도전하는 인간존재의 표상"[165]으로 존재한다. 크레온은 대지를 "자연의 일부로 보지 않고"[166] 하나의 "정치적인 영토"로 보고 있지만, 안티고네는 그것을 "고향으로, 하계 신들의 거처를 위한 장소로, 그리고…… 죽은 자들의 매장을 위한 장소"로 생각하기 때문이

---

161) 코로스의 발언에 등장하는 단어 **크토노스**(chthonos)(368행)가 '대지', 즉 죽은 자들이 매장된 하계를 암시하고 있음에 주목할 필요가 있다.
162) Adriana Cavarero, 앞의 책, 39쪽.
163) George Steiner, 앞의 책, 287쪽.
164) Martin Heidegger, 앞의 책, *Introduction to Metaphysics*, 52쪽.
165) Charles Bambach, *Heideggers' Roots: Nietzsche, National Socialism, and the Greeks* (Ithaca: Cornell UP, 2003), 155~156쪽.
166) Charles Segal, *Tragedy and Civilization: An Interpretation of Sophocles* (Cambridge/M.A.: Harvard UP, 1981), 169쪽

다.[167] 소포클레스는 자신의 "어리석음"(dusbouliais, 1269행) 때문에 비극을 맞이하는 크레온을 향해 코로스를 통해 다음과 같이 노래하면서 작품을 마무리한다.

> 지혜(phronein)야말로 으뜸가는 행복의 원리라네.
> 신들에게 무례해서는 안 되네.
> 오만한 자들의 큰 소리(megaloi logoi huperauchōn)는
> 그 벌로 크게 강타를 당하지
> 지혜는 나이가 들어서야 이를 가르쳐 준다네(1348~1353행)

이 노래는 "그의 파멸이 다른 데서 온 것이 아니라 자신의 하마르티아(hamartia)로부터 온"(1259~1260행), 그리고 "너무 늦게 정의(dikē)를 깨달은 것 같은"(1270행) 크레온을 향한 경고다. 여기서 정의는 다름 아닌 **지혜**가 되고 있다.

『안티고네』를 뚜렷한 정치극으로 바라보는 카스토리아디스는 이 작품을 신의 법이 인간의 법을 우선한다는 것을 보여주는 작품, 또는 헤겔이 파악했듯, 인간의 법과 신의 법 간의 갈등을 보여주는 작품으로 받아들이지 않고, 폴리스의 규범에 양보할 줄 모르는 크레온의 완고한 태도나 의지에 관한 작품으로 해석했다. 크레온의 아들 하이몬은 아버지 크레온에게 "신은 인간에게 존재하는 모든 것 가운데 최고인(hupertaton) 지성을 심어주었다(phuousin)"(683~684행)라고 말하면서, 자신은 아버지의 주장이 "옳지 않다"는 것을 충분히 입증하지 못한다 하더라도(685행), "아버지 말씀만 옳다", "자기만이 지혜롭다"(monos phronein)라고 고집하지 말 것을 크레온에게 호소한다

---

167) Charles Bambach, 같은 책, 156쪽.

(706~707행). 이에 주목한 카스토리아디스는 이 작품에서 소포클레스가 "민주주의 정치의 근본적인 공리"[168]를 공식화하고 있다고 말한다. 그는 "[그리스]비극에는 매우 분명한 정치적인 의미가 있다. 즉 자기한계를 끊임없이 환기시켜주는 것",[169] 이것이 그리스 비극의 정치성이라고 주장했다.

크레온을 향한 경고는 그 이면에 당시 프로타고라스 사상의 추종자였던 역사적인 인물 페리클레스를 염두에 둔 것이라는 주장도 있다.[170] 페리클레스는 그의 「장례식 연설」(logoi epitaphioi)에서 아테나이인에게 "이 국가도시를 위해 모든 것을 바쳐 고난을 헤쳐나가는 것이야말로 남은 사람들의 의무이며", "이 의무를 게을리하면 영예를 얻지 못할 것"이라고 말했다. 그리고 "개인적으로 성공한 사람일지라도 국가가 파멸하면 자신도 분명히 파멸될 것이며" "따라서 국가는 개인의 불행을 감내할 수는 있지만 개인은 국가의 멸망을 감내할 수 없다", 그러므로 "사적인 감정을 버리고 나라를 위해 힘을 다하는 길을 택해야 한다"라고 말했다(투퀴디데스, 『펠로폰네소스 전쟁사』 2.41, 63, 60, 61).

페리클레스의 이러한 주장, 즉 국가를 '배'에 비유하면서 국가의 번영이 각 개인의 번영을 보장해주기 때문에 각 개인은 국가의 운명을 자신의 운명으로 여겨야 한다는 주장은 국가는 "조국의 적"으로

---

168) Cornelius Castoriadis, "The Greek Polis and the Creation of Democracy," *Philosophy, Politics, Autonomy*, David Ames Curtis 편역 (New York: Oxford UP, 1991), 119~120쪽.

169) Cornelius Castoriadis, *World in Fragments: Writings on Politics, Society, Psychoanalysis, and the Imagination* (Stanford: Stanford UP, 1997), 93쪽.

170) Victor Ehrenberg, *Sophocles and Pericles* (Oxford: Blackwell, 1954), 2~4쪽, 145~149쪽; Christian Meier, *The Political Art of Greek Tragedy*, Andrew Webber 옮김 (Cambridge: Polity Pr., 1993), 196~197쪽을 볼 것.

부터 시민의 "안전"을 지켜주기 때문에 국가라는 '배'의 무사한 "항해"(航海)를 위해서는 누구나 할 것 없이 "조국"보다 "친구"를 더 소중히 여기서는 안 된다는 크레온의 주장(182행 이하)과 일맥상통한다. 페리클레스는 아테나이인과 폴리스의 관계를 마치 연인관계인 것처럼, 각 개인은 그들을 지켜주는 "폴리스의 힘을 매일 지켜보면서 폴리스를 사랑하는 연인(erastos)이 되라"(투퀴디데스, 『펠로폰네소스 전쟁사』 2.431.1)라고 말했다. "어떤 사람도 자신의 조국보다 더 소중한 친구"를 가져서는 안 된다는 크레온의 말은 페리클레스의 이러한 주장을 반영한다고 볼 수 있다.[171] 하지만 페리클레스의 발언만을 근거로 크레온을 이 정치가와 결부시키는 것은 성급하다. 소포클레스는 크레온을 페리클레스와 직접적으로 결부시키려 한 것으로 보이지 않기 때문이다.

　크레온을 향한 경고는 페리클레스를 염두에 둔 것이었다기보다 오히려 프로타고라스를 중심으로 한 소피스트들을 염두에 둔 것이었다고 보는 것이 좀더 정확한 것 같다. 일부 학자들은 소포클레스가 작품을 통해 소피스트들의 움직임에 반대하고 있음을 부인하지만, 적어도 그가 기원전 5세기의 문화적·정치적 분위기—소피스트들의 근대적인 합리주의—에 강한 반감을 가졌던 것은 틀림없어 보인다. 국가를 모든 교육적인 에너지의 원천으로 간주했던 소피스트학파의 철학자들은 국가에 절대적인 가치와 권위를 부여했다. 그러나 폴리스가 선적으로 국가의 목적에 복무할 준비를 개인에게 요구했을 때, 국

---

171) 하지만 페리클레스는 국가에 대한 충성보다 더 고귀한 도덕적인 가치가 있다고 주장했다. 따라서 인간에게는 이 도덕적인 가치를 지켜야 할 도덕적 의무가 있으며, 이 도덕적 가치를 그는 '불문율'이라고 생각했다. 이에 대해서는 Loren J. Samons II, *Pericles and the Conquest of History: A Political Biography* (Cambridge: Cambridge UP, 2016), 196쪽을, 페리클레스와 소포클레스의 관계에 대해서는 195~198쪽을 볼 것.

가와 개인 간의 끊임없는 긴장과 갈등은 피할 수 없었다. 국가가 이성과 법을 기반으로 한 새로운 국가로 변모했다 해도 인간행위의 객관적인 기준은 우주의 도덕적 질서에 그 기반을 두어야 한다는 그리스인들의 인식은 그대로 남아 있었기 때문이다.[172]

그러나 자연이나 우주에 대한 인식도 기원전 5세기를 거치면서 새롭게 변모했다. 소피스트들은 인간 존재에 대한 근본적인 태도-인간(anthropos)이 만물의 척도다-로부터 그들의 윤리와 인식론을 끌어냄으로써 그들의 선조들에게 반기를 들었다. 프로타고라스가 말한 것처럼, 만일 인간이 만물의 척도라면, 그리고 정의의 개념이 오직 인간의 마음속에 있다면, 객관적인 현실이라는 것은 아무 의미가 없어지고, 행동을 규제하는 객관적인 기준과 양식(良識)도 있을 수 없게 된다. 소피스트들의 이러한 합리주의적 휴머니즘에 반대해 소크라테스를 포함한 많은 철학자는 삶의 도덕적인 원칙을 신중심적인 휴머니즘-인간행위의 객관적인 기준은 우주의 도덕적 질서에 그 기반을 두어야 한다는 것-으로 공식화하려고 했다. 소포클레스도 그들과 마찬가지였다.

플라톤은 소피스트학파와 그 추종자들의 비도덕주의와 무신론이 그리스 국가들이 채택한 비도덕적인 정책, 특히 아테나이의 제국주의와 이후 도시국가들의 파국에 깊은 책임이 있다고 강력하게 주장한 바 있다. 따라서 크레온은 아테나이 민주정치를 파국으로 몰았던 무자비하고 폭력적인 정치 계승자들의 전형으로 어느 정도 표현되고 있는 것으로 보인다. 그리고 소포클레스는 이러한 크레온을 통해 당대의 시대정신(Zeitgeist), 즉 당대의 문화적·정치적인 흐름을 문제시하고, 이를 회의의 눈초리로 바라보고 있었던 것으로 보인다.

---

172) Werner Jaeger, 앞의 책, 323쪽.

안티고네, 그 이상(異常)한 존재

하이데거는 "위대한 그리스의 시대"에 "존재를 위한 투쟁", 즉 "자기주장"을 실현하려고 하는 존재를 위한 투쟁에 내포된 인간의 폭력성을 상징하는 **이상한** 인물로 오이디푸스와 크레온 그리고 안티고네를 지적한 바 있다.[173] 하지만 안티고네는 오이디푸스나 크레온과는 전적으로 다른 차원에 속하는 이상한 존재다. 이는 안티고네가 하이몬이 아닌 **죽음**을 자신의 남편으로 맞이하려는 데서 단적으로 드러난다. 생매장당할 죽음의 형장, 즉 사람의 발길이 전혀 닿지 않는 황량한 지역의 석굴로 끌려가면서 안티고네는 하데스의 어두운 거처를 자신의 집과 동일시하여 "오 무덤(tumbos)이여, 오 신부의 방(numpheion)이여"(891~892행)라며 울부짖는다. 이전에도 안티고네는 자신은 "죽음(Acheron)의 신부가 될 것"(numpheusō, 816행)이라고 말한 바 있다.[174]

자신을 죽음의 신부라고 일컫는 안티고네는 단 한 번도 약혼자 하이몬을 언급하지 않는다. 이스메네와 크레온이 하이몬의 이름과 그들의 예정된 결혼에 대해 말할 때에도 안티고네는 침묵으로 일관할 뿐이다(561~576행). "하데스 또는 대문자 죽음, 대문자 타자와의 결혼"[175]을 소망하는 안티고네에게 오직 죽음 그 자체야말로 궁극적인 욕망이 되고 있다.

---

173) Martin Heidegger, 앞의 책, *Introduction to Metaphysics*, 111쪽.
174) 고대 그리스에서 결혼하지 못하고 일찍 죽는 처녀는 '하데스의 신부'가 되는 것으로 이야기되고 있다. Nicole Loraux, *Tragic Ways of Killing a Woman*, Anthony Forster 옮김 (Cambridge/ M. A.: Harvard UP, 1987), 37~42쪽; Katherine Callen King, *Achilles* (Berkeley: U of California Pr., 1987), 186~188쪽; Helene P. Foley 엮음, *The Homeric 'Hymn to Demeter': Translation, Commentary, and Interpretive Essays* (Princeton: Princeton UP, 1994), 81쪽을 볼 것.
175) Jean Bollack, *La mort d'Antigone: La tragédie de Crèon* (Paris: Presses Universitaires de France, 1999), 57쪽.

안티고네의 죽음에 대한 (병적인) 집착은 작품 속에서 일찍부터 등장한다. 안티고네는 이스메네에게 폴뤼네이케스를 묻고 난 뒤 자기가 "죽는다면 얼마나 아름다우냐(kalon)!"라고 말했고, 앞서 인용했듯, 자신은 삶보다 "죽음을 택한다"(555행)라고 말했다. 그리고 자신의 "목숨은 죽은 자들을 섬기도록(ōphelein) 죽은 지 이미 오래"(559~560행)라고 말했다. '죽음'이라는 모티프와 연관해 안티고네를 재조명한 라캉은 "안티고네는 우리를 위압한다는 의미에서 우리를 매혹하게 하고 우리를 놀라게 하는 특성을 가지고 있다. 이 무서운 자기의지가 낳은 희생자가 우리를 어지럽게 한다"[176)라고 말한 바 있다.

안티고네의 그 무엇이 우리를 매혹하게 하고 우리를 놀라게 하는 것일까. 라캉은 크레온의 명령에 도전해 폴뤼네이케스를 매장하는 안티고네의 행위를 "범죄적인 선"으로 본다는 점에서는 헤겔과 인식을 같이한다. 하지만 크레온과 안티고네의 갈등을 두 원칙, 두 이념 간의 갈등으로 바라보는 헤겔의 입장은 받아들이지 않는다.[177)

라캉에게 우리를 매혹하게 하고 우리를 놀라게 하는 안티고네의 그 무엇은 그녀의 죽음에 대한 욕망이다. 라캉에게 윤리는 전통적인 윤리의 개념, 즉 "일상적인 인간의 방식", 사회의 도덕규범에 따라 선을 행하는 아리스토텔레스적인 윤리, 아니 그 자신이 말했듯, "아리스토텔레스에서 프로이트에 이르기까지"[178) 윤리 일체의 전통과는 전혀 거리가 멀다. 정신분석의 윤리는 인간 욕망의 윤리다. 라캉은 윤리를 '선에 도움이 되는 것'이라 일컫는 경계 밖에서 개념화하려고 하며, 윤리의 문제를 "어떤 선에 의해서도 동기화되지 않는 선택", 곧

---

176) Jacques Lacan, 앞의 책, *The Ethics of Psychoanalysis*, 247쪽.
177) Jacques Lacan, 같은 책, 235~236쪽, 240쪽.
178) Jacques Lacan, 같은 책, 9쪽.

"절대적인 선택"[179]의 문제로 공식화하려 한다. 이는 우리는 "무(無) 앞에서 떨고 있는 것이다. 타자 앞에서 떨고 있는 것이 아니다"[180]라는 그의 주장에서 확인할 수 있다. 이런 입장에서 라캉은 소포클레스의 『안티고네』는 "욕망을 규정하는 시선을 우리에게 제시한다"[181]라고 말한다.

라캉은 윤리를 행위에 대한 판단, 곧 행위의 옳고 그름의 판단으로 규정하며, 그에게 행위의 옳고 그름을 판단하는 척도와 표준은 다름 아닌 **욕망**이다. 그리하여 그 윤리적인 척도는 '그대는 그대 안에 있는 욕망에 따라 행동하는가'가 된다. "그대의 욕망을 양보하지 말라"(ne pas céder sur son désir)라는 그의 유명한 테제는 여기서 비롯한다. 정신분석의 윤리는 자신의 욕망에 따라 행동하는 것 또는 자신의 욕망을 양보하지 않는 것을 의미하며, 이러한 논리에 따르자면 욕망을 실현하는 데에 도움이 될 만한 것을 하는 것 외에 다른 선은 존재하지 않는다.[182]

따라서 라캉에 따르면 "자신의 욕망을 양보하는 것이야말로 우리가 범할 수 있는 유일한 죄"[183]가 된다. 그에게는 안티고네야말로 마지막까지 자신의 욕망과 타협하지 않고 자신의 욕망에 따라 행동하는 인물이다. 안티고네의 욕망은 그것이 인간적인 가치의 질서를 초월하는 비인간적인 욕망인 죽음에 대한 욕망이기 때문에 "순수욕망", "순수상태에 있는 욕망"[184]이다. …… 그녀는 순수하고 단순한 죽음의 욕망 그 자체라고 일컬어질 만한 것을 극한점까지 밀고 나가 마침

---

179) Jacques Lacan, 같은 책, 240쪽.
180) Jacques Lacan, 같은 책, 323쪽.
181) Jacques Lacan, 같은 책, 247쪽.
182) Jacques Lacan, 같은 책, 321쪽.
183) Jacques Lacan, 같은 책, 321쪽.
184) Jacques Lacan, 같은 책, 282쪽.

내 그 욕망을 구현한다……."[185] 하이데거에게 이상한 존재로 비쳐지던 안티고네는 이런 면에서 라캉에게는 **아름다운** 존재로 비쳐지고 있다. 라캉에게 순수욕망 자체, 그것도 '죽음에 대한 순수하고 단순한 욕망'은 아름다움 그 자체이기 때문이다.

안티고네는 폴뤼네이케스를 매장시킴으로써 "명예롭게 죽고" 싶다고 말한다(72행). 그리스어 **칼론 타네인**(kalon thanein)은 "명예롭게 죽는 것"으로 번역되고 있지만, 글자 그대로는 "아름답게 죽는 것"으로 옮기는 게 정확하다. 호메로스 시대 영웅들의 죽음에서 명예롭게 죽는 것은 바로 아름답게 죽는 것과 동일한 뜻으로 이해되었기 때문이다. 아름답게 죽는 것이 안티고네의 욕망이듯, 라캉에게 안티고네는 아름다운 이미지의 전형으로 나타난다. 이렇게 볼 때, 라캉의 윤리는 "미학적"인 것이 된다.[186] 라캉에게 안티고네의 "영웅적인" 모습은 "바로 그녀가 행한 선택의 아름다움"[187], "인식 가능한 모든 선을 초월하는 어떤 절대선과 같은 선택의 아름다움"[188]에 있기 때문이다.

라캉은 코로스가 안티고네를 "아름다운 신부의 두 눈썹 밑에서 환히 비쳐 나오는 욕망"(796~797행)과 결부시키는 것을 가리켜 안티고네는 "비극의 중심"이 되는 "신비"의 이미지를 가지고 있으며, 이 "매혹적인 이미지"를 지닌 안티고네[189], 즉 "이 감탄할 만한 여인의

---

185) Jacques Lacan, 같은 책, 282쪽.
186) Philippe Lacoue-Labarthe, "De l'éthique: à propos d'Antigone," *Lacan avec les philosophes*, N. S. Avtonomova 등 편역 (Paris: A. Michel, 1991), 31쪽; Miriam Leonard, "Lacan, Irigaray, and Beyond: Antigones and the Politics of Psychoanalysis," *Athens in Paris: Ancient Greece and the Political in Post-War French Thought* (Oxford: Oxford UP, 2005), 115쪽에서 재인용.
187) Miriam Leonard, 같은 책, 115쪽.
188) Paul Allen Miller, "The Classical Roots of Post-Structuralism: Lacan, Derrida, Foucault," *International Journal of the Classical Tradition*, (1998), 209쪽; Miriam Leonard, 같은 책, 115쪽에서 재인용.
189) Jacques Lacan, 앞의 책, 247쪽.

눈에서 눈에 띌 정도로 흘러나오는 욕망보다 더 감동적인 것은 없다"[190]라고 말한다. 그러고는 안티고네의 아름다움은 우리로 하여금 그녀의 행동에 대해 "모든 비판적인 판단을 흔들리게 하고, 분석을 중지하게 하고", "본질적으로 눈멀게 한다"라고 덧붙인다.[191]

라캉은 안티고네의 "…… 아름다운 광채는 위반의 순간이나 안티고네가 아테(atē)를 실현하는 순간과 동시에 일어난다"[192]라고 말한다. 라캉에게 아름다움은 특히 죽음과 결부되지만, 그것은 특별한 경우의 **위반**과도 결부된다. 특별한 경우의 위반이라 함은 안티고네가 폴뤼네이케스를 매장함으로써 크레온이 대변하는 전통 윤리의 가치를 전적으로 전복하는 것을 의미한다. 라캉에게 안티고네의 폴뤼네이케스를 향한 사랑은 폴뤼네이케스가 취한 행위가 선한 것이든 악한 것이든 간에 그 어떤 것에도 "구애됨 없이 그의 존재의 단독적인 가치"[193]를 인정하려고 하는 그의 순수존재에 대한 사랑이다. 폴뤼네이케스가 무슨 행동을 했던 간에 안티고네에게 여전히 "나의 오빠는 나의 오빠"[194]라는 것이다. 그것은 윤리적, 정치적인 판단을 떠나 폴뤼네이케스를 있는 그대로 본다는 것을 의미한다. 라캉에게 안티고네의 오빠를 향한 사랑은 근친상간적인 욕망이라기보다 개별성의 가치를 대변하기 위해 법의 보편성에 도전하는 순수욕망 그 자체다.

안티고네가 크레온의 명령을 거역하고 폴뤼네이케스를 매장하려 할 때, 이스메네는 안티고네를 향해 "불가능한 것을 사랑하는"(amēchanōn erais, 90행) 자라고 일컫는다. 여기서 안티고네가 사랑하

---

190) Jacques Lacan, 같은 책, 281쪽.
191) Jacques Lacan, 같은 책, 281쪽.
192) Jacques Lacan, 같은 책, 281쪽.
193) Jacques Lacan, 같은 책, 279쪽.
194) Jacques Lacan, 같은 책, 278~279쪽.

는 그 불가능한 것은 폴뤼네이케스를 향한 그녀의 근친상간적인 사랑[195]이라는 주장도 있지만, 이는 다른 각도에서도 살펴볼 필요가 있다. 여성이 남성과 폴리스에 반대되는 행동을 해서는 안 된다는 것이 아테나이에서 통용되던 하나의 철칙이었다. 폴리의 용어를 사용하면 여성은 "독립적이고 도덕적인 행위의 주체"[196]가 될 수 없었다. 하지만 안티고네는 독립적이고 도덕적인 행위의 주체가 되려고 했다. 이스메네가 안티고네를 일컬어 불가능한 것을 사랑하는 자라고 했을 때 그녀는 안티고네에게서 일체의 전통적인 보편성의 윤리에 도전하여 이를 전복하려는, 다시 말해 불가능한 것을 행하려는 위반의 모습을 보았기 때문이다.

위반을 그 특성으로 하는 아름다움은 객관적인 표준에 따라 판단할 수 있는 것이 아니다. 그렇기 때문에 그것은 우리의 판단을 유보케 하고, 중지시키고, 우리를 어지럽게 하고 눈멀게 하는 **신비**다. 라캉은 한편 안티고네의 아름다움은 "아테가 실현되는 순간과 동시에 일어난다"라고 말한다. 라캉이 볼 때 크레온에게 문제가 되는 것은 **하마르티아**, 곧 그의 잘못된 판단과 결정이지만, 안티고네에게 문제가 되는 것은 하마르티아가 아니라 **아테**다. 아테는 안티고네의 운명의 조건이다.

아테(Atē)는 여러 가지 뜻으로 번역될 수 있다. 원래 "제우스의 장녀"(『일리아스』 19.91; 헤시오도스; 『노동과 나날』 1259행)로 일컬어지는 아테는 인간들을 도덕적으로 눈멀게 하고, 미망이나 광기에 빠뜨려 파멸케 하는(『오뒤세이아』 21.288~300; 『일리아스』

---

195) Victoria Wohl, "Sexual Difference and the Aporia of Justice in Sophocles' *Antigone*," *Bound By the City: Greek Tragedy, Sexual Difference, and the Formation of the Polis*, Denise Eileen McCoskey and Emily Zakin 엮음 (New York: SUNY Pr., 2009), 128~129쪽.
196) Helene P. Foley, 앞의 책, *Female Acts in Greek Tragedy*, 179쪽.

10.391; 24.28), 신이 보내는 악의 힘을 가리킨다.[197] 『안티고네』에도 인간을 파멸 또는 재앙에 이르게 하는 신의 힘이 언급되고 있다(623~624행). 따라서 아테는 비극적인 주인공들의 의지와 관계없이 신이 보낸 파괴적인 힘 또는 그 파괴적인 힘이 내면화되어 나타난 주인공들의 광기로 해석되기도 한다. 또는 "재앙"(623~624행, 625행)으로 해석되거나 라캉이 일컫고 있듯, 살아 있지만 죽어 있는 것과 같은 "제2의 죽음"의 지대[198] 등으로 다양하게 해석된다.

아테가 재앙이든 광기든 미망이든 위반이든 제2의 죽음의 지대이든, 그 밖에 다른 그 무엇으로 일컬어지든 간에 그것은 원인과 결과 모두에 있어서 죽음을 전제로 한다. 즉 안티고네는 처음부터 죽음과 결부되어 있다. 그녀는 양친과 두 오빠가 머물고 있는 하계로 내려가 그들과 함께 그곳에서 머물려는 강렬한 욕망을 보여주며(891~899행), 라캉에게 이러한 안티고네는 "이미 그의 삶이 상실된"[199] 제2의 죽음의 지대에 있다. 라캉은 "사실상 안티고네 자신은 처음부터 '나는 죽은 자이며, 나는 죽음을 욕망하고 있다'라고 선언하고 있었다. 안티고네가 자신을 돌처럼 굳어버린 니오베라 묘사할 때, 그녀가 무엇과 자신을 동일시하고 있겠는가"라고 묻는다. 그러고는 라캉은 "여기서 우리가 발견하는 것은 죽음에 대한 본능"이라고 말한다.[200] "제2의 죽음의 한계"[201]를 뛰어넘기 위해 안티고네는 죽음을 선택한다는 것이다.

---

197) 호메로스와 그리스 비극시인들의 작품에 등장하는 '아테'에 대한 광범위한 논의는 Ruth Padel, *Whom Gods Destroy: Elements of Greek and Tragic Madness* (Princeton: Princeton UP, 1995), 167~187쪽, 249~259쪽에서 이루어지고 있다. atē에 대한 좀 더 포괄적인 논의는 Douglas Cairns, 앞의 책, *Sophocles: Antigone*, 60~79쪽을 볼 것.
198) Jacques Lacan, 앞의 책, *The Ethics of Psychoanalysis*, 251쪽
199) Jacques Lacan, 같은 책, 280쪽.
200) Jacques Lacan, 같은 책, 281쪽.
201) Jacques Lacan, 같은 책, 260쪽.

코로스는 안티고네를 "자신의 뜻에 따라 사는", 말하자면 **자기 자신이 바로 법이 되는**(autonomos, 821행) 자라고 말한 바 있다. 자기 자신이 바로 법이 될 수 있는 것은 오직 "자기 자신의 죽음의 장본인이 되는"[202] 자살을 통해서다. 라캉을 따르는 라캉학파 사람들에게 안티고네는 "혁명적인 자살자, 의식적인 죽음의 영웅적인 주체, 실재계(the Real)에 놀랄 만큼 충성을 다하는 주체다."[203] 그러니 라캉에게 안티고네의 죽음은 "죽음으로 향하는 존재의 승리"[204]다. 지젝이 "라캉은 자살을 미친 듯 기뻐하는 것에, 우리가 죽음으로 향하는 존재를 전적으로 수용하는 것에 궁극적인 윤리적 성취가 있는 것으로 보는 것은 아닐까"[205]라고 물었던 바 있다. 라캉이 살아 있다면 이 말에 동의할지는 모르지만, 라캉이 안티고네의 자살을 죽음으로 향하는 존재의 승리로 보고 있다는 점에서 지젝의 주장은 무리가 없다. 라캉에게 안티고네가 비극적이지만 더욱 아름다운 존재로, 더 정확하게 말하면 '숭고한' 존재로 비쳐지는 이유가 여기에 있기 때문이다.

라캉은 "이른바 '자신의 욕망과 타협하는 것'은 언제나 주체의 운명에 배반을 동반한다······ 주체는 자신의 길을 배반하거나 자기 자신을 배반한다"[206]라고 말한다. 인간의 삶에는 배반이라는 것이 불가피하지만, 중요한 것은 이에 대한 반응이다. "일상적인" 사람의 반응은 자신의 욕망을 포기하고 사회가 요구하는 일반화된 이상적인 선을 위해 행동한다. 라캉에게는 바로 이것이 배반이다.[207]

---

202) Judith Butler, 앞의 책, 27쪽.
203) Bonnie Honig, 앞의 책, 141쪽.
204) Jacques Lacan, 앞의 책, 313쪽.
205) Slavoj Žižek, *Enjoy Your Symptom! Jacques Lacan in Hollywood and Out* (New York: Routledge, 2001), 45쪽.
206) Jacques Lacan, 앞의 책, 321쪽.
207) Jacques Lacan, 같은 책, 319쪽.

그러나 비극적인 주인공은 일상적인 사람의 "평범한" 길[208]을 따르지 않고 자신의 욕망에 따라 자기의 길을 간다는 것이다.[209] 그렇기 때문에 그 행위는 아름답다. 그러니 라캉에게 "아름다운 것은 선한 것보다 악에 더 가까운 것"이 된다.[210] 안티고네는 죽음이라는 비타협적인 욕망을 통해 뒤를 돌아보지 않고, 신부의 방인 무덤을 향해 흔들림 없이 똑바로 자신의 길을 가고 있다. "이것이 왜 그녀가 진정한 주인공"[211]인지 말해준다. 안티고네의 죽음을 **죽음으로 향하는 존재의 승리**로 보고 있다는 점에서 라캉은 철저히 하이데거를 따르고 있다. 욕망은 "죽음과 근본적인 관계 속에 있어야 한다"[212]라는 라캉의 인식은 그가 **인간존재를 죽음으로 향하는 존재**라고 규정한 하이데거의 영향하에 있었음을 말해준다. 우리는 여기서 안티고네의 크레온에 대한 도전의 동기를 다른 각도에서 조명한 장 아누이의 '안티고네'를 하이데거와 관련해 고찰할 필요가 있다. 이는 라캉의 관점을 보완한다는 의미에서 더욱 유효할 것이다.

장 아누이는 죽음을 존재의 절대적인 가치로 미화한 가장 심각한 작가 가운데 한 사람이다.[213] 그의 작품 『안티고네』는 소포클레스의 동명의 작품 줄거리와 인물들을 거의 그대로 차용하고 있다. 그러나

---

208) Jacques Lacan, 같은 책, 315쪽.
209) Jacques Lacan, 같은 책, 321쪽.
210) Jacques Lacan, 같은 책, 217쪽.
211) Jacques Lacan, 같은 책, 258쪽.
212) Jacques Lacan, 같은 책, 303쪽.
213) 나는 나의 박사학위 논문 「고대 그리스 및 현대극에 있어서 신화적 인물—오레스테스와 안티고네」(1975년)에서 아누이의 『안티고네』의 여주인공이 크레온의 명령에 도전하여 폴뤼네이케스를 매장하는 동기를 '죽음에 대한 열망'과 연관시켜 다룬 바 있다. 하이데거의 『존재와 시간』의 주요한 주제인 '죽음으로 향하는 존재'와 안티고네를 결부시켜 다룬 그 논문의 일부는 임철규, 『우리시대의 리얼리즘』(한길사, 1983) 가운데 「죽음의 미학」이라는 글로 소개된 바 있다. 그 글의 일부 내용은 이 장에서도 짧게 다룰 것이다.

장 아누이의 안티고네가 크레온에게 도전하는 동기가 소포클레스의 안티고네의 그것과 전적으로 다르다는 데 결정적인 차이가 있다. 아누이의 안티고네가 행하는 도전과 반항에는 매장의 중요성이 그 중심에 있지 않다. 안티고네가 파수병에 끌려 사형장으로 갈 때 크레온은 코로스에게 다음과 같이 말한다.

그녀가 이를 알든지 모르든지 간에 그녀의 목적은 죽음이었다. 폴뤼네이케스는 한낱 구실에 지나지 않았다…… 그녀는 단 한 가지, 삶을 거부하고 죽는 것에만 골몰했다.[214]

안티고네 자신도 매장되지 않은 시신 때문에 죽는다는 것의 부조리함을 인정하면서, 크레온이 누구 때문에 죽어야 하는가를 물었을 때, "누구를 위해서가 아니라 나 자신을 위해서"[215]라고 대답한다. 그녀의 대답은 "폴뤼네이케스는 한낱 구실에 지나지 않았다"라는 크레온의 진술과 모순되지 않는다. 그렇다면 크레온의 명령에 도전해 스스로 죽음을 부르는 이 현대적 안티고네가 반항한 진정한 동기, 말하자면 "그녀를 불태웠던 그 열병의 이름"[216]은 무엇일까.

우리는 소포클레스의 안티고네가 하데스의 어두운 거처를 자신의 집과 동일시하면서 "오 무덤이여, 오 신부의 방이여" 하며 부르짖었던 것을 소개한 바 있다. 아누이는 소포클레스가 묘사하는 안티고네의 이러한 모습에서 자신의 여주인공 안티고네가 크레온에게 행하는 반항의 동기를 구체적으로 찾고 있는 것으로 보인다. 현대 작가인 아누이는 그의 작품을 이해하는 데 필요한 일체의 사상적인 배경을 밝

---

214) Jean Anouilh, *Antigone* (Paris: La Table Ronde, 1947), 69쪽.
215) Jean Anouilh, 같은 작품, 52쪽.
216) Jean Anouilh, 같은 작품, 85쪽.

히기를 단호히 거부했지만, 그는 누구보다도 하이데거와 공통적인 세계관을 갖고 있는 것처럼 보인다. 아누이가 그려내는 안티고네의 죽음에 대한 열망은 하이데거의 『존재와 시간』에 나타난 근본적인 주제 가운데 하나인 **죽음으로 향하는 존재**(Sein-zum-Tode)[217]와 정확히 일치하기 때문이다.

하이데거는 인간이 참된 존재인가 아닌가는 그 인간이 죽음에 대해서 어떤 태도를 가지는가에 따라서 구별된다고 말한다. 이 철학자에 따르면 죽음은 인간의 유한성의 조건이지만 실존적인 현상으로서 그것은 하나의 가능성으로 이해된다. 하이데거는 이따금 죽음을 가장 개인적인 실존의 가능성, 즉 **현존재**(Dasein)의 절대적인 불가능성의 가능성"[218]이라고 부른다. 죽음은 우리가 자기 존재의 유한성, 즉 더 이상 존재할 수 없는 존재의 불가능성을 의식할 때, 우리로 하여금 다시 한번 자기와 대면하게 해 스스로를 참된 존재로 변모케 할 수 있는 가능성을 제공해주기 때문이다.

따라서 우리가 얼마만큼 참된 존재(하이데거의 용어를 쓰면 '본래적인 존재')인가는 결국 자기의 참된 존재를 실현시킬 수 있는 죽음을 두려워하지 않고, 죽음을 기대하는 자세에서 찾을 수 있다는 것이다. 하이데거는 죽음이 인간의 가능성 가운데 가장 절대적이고 최종적인 가능성이라는 의미에서 인간존재를 죽음으로 향하는 존재라고 말한다. 키에르케고르에게 우리 존재의 결정적인 순간이 신 앞에 있는 순간이라면, 하이데거에게 그것은 우리가 신과 동등한 권위를 가진 죽음 앞에 있는 순간이다. 그에게 죽음은 우리가 참된 존재인지 아닌지를 심판하는 최고의 권위자로 부각되기 때문이다.

---

217) 이에 대한 좀더 상세한 논의는 임철규, 「하이데거의 '죽음으로 향하는 존재'」, 『죽음』(한길사, 2012), 247~271쪽을 볼 것.
218) Martin Heidegger, *Sein und Zeit* (Tübingen: Max Niemeyer, 1953), 234쪽.

하이데거는 참된 존재를 실현시켜줄 수 있는 가능성으로서의 죽음을 인식하지 못하는 자를 **세인**(世人, das Mann)이라고 일컫는다. 이 세인은 일반화된 사회 규범에 따라 평범한 길을 따르는 일상적인 사람, 즉 라캉이 아름답지 못한 사람이라 규정한 사람이다. 소포클레스의 크레온과 마찬가지로 아누이의 크레온의 세계도 '일상성', 말하자면 전통적인 가치와 관습에 따라 행동하는 기계적인 생활방식에 기초를 두고 있다. 아누이는 크레온의 입을 통해 그러한 세계를 앞서 간 동물들과 조금도 다름없이 똑같은 고집을 가지고 똑같은 길을 가는"[219] 동물들의 세계로 특징짓는다.

달리 말하자면 세인은 존재의 유한성을 두려워하면서, 그들 스스로 자기를 가장 참되게 변화시킬 수 있는 최종적인 가능성으로서의 죽음을 인식하지 못하는 용기 없는 존재다. 하이데거는 이러한 '세인'을 "죽음에 대해 참되지 못한 존재"[220]라고 부른다. 죽음을 예상하고 기대하는 가운데 일상적인 삶의 길을 초월하게 하는, 말하자면 자기존재의 가장 개인적인 가능성을 실현하게 하는 기회를 제공하는 죽음을 거리낌 없이 받아들임으로써 우리는 "죽음으로 향하는 자유"[221]를 얻는다는 것이다. 이러한 자야말로 참된 존재, 라캉 식으로 말하면 **아름다운** 존재다.

하이데거에게 참된 존재를 규정할 수 있는 또 하나의 현상은 **양심**이다. 그에게 양심은 부름의 성격을 띠며, 이 부름은 세인 속에 방황하고 있는 참되지 못한 자기를 참된 자기에게로 부른다. 우리 자신이 부르는 자이며 부름을 받는 자다. 여기서 우리는 양심과 죽음 간의 직접적인 연관을 볼 수 있다. 일상적인 평범한 삶을 따르는 자기를

---

219) Jean Anouilh, 앞의 작품, 58쪽.
220) Martin Heidegger, 앞의 책, *Sein und Zeit*, 259쪽.
221) Martin Heidegger, 같은 책, 266쪽.

불러내어 참된 자기와 대면하게 해주는 것, 그리하여 자기를 가장 참된 존재로 실현시켜주는 것이 인간의 절대적이고 최종적인 가능성인 죽음이기 때문이다.

세인의 양심은 자기를 자기에로 부름이 아니라 자기를 사회의 공적인 규범에로 부름을 원칙으로 한다. 세인의 양심은 앞서 인용했던 동물들의 틀에 박힌 세계처럼 집단적인 자기기만의 환상, 하나의 조직화된 환상에 지나지 않는다. 때문에 "아누이의 안티고네가 '죽음으로 향하는 존재'가 된 것은, 삶 그 자체가 이와 같이 조직화된 세인의 환상으로 지배되는 한 참된 존재의 절대적인 순수세계는 만족될 수 없다는 것을 그녀가 깨닫고 있기 때문이다."[222] 이런 의미에서 볼 때, 안티고네의 적은 철학자 마르셀이 지적했듯, 삶 그 자체다.[223] 안티고네는 자기를 배반하지 않기 위해 크레온의 일상적인 세계와 타협하지 않고, 자신의 존재가치인 죽음으로 향하는 존재에서 자신의 참된 실존의 최종적인 가능성을 찾은 것이다.

극의 초기에 코로스는 "그대의 이름이 안티고네일 때, 그대가 행할 역할은 하나 있다. 그리고 그대는 끝까지 그 역할을 하지 않으면 안 될 것이다"[224]라고 말하는데, 여기서 안티고네가 끝까지 행할 역할은 **죽음으로 향하는 존재**다. "'죽음으로 향하는 존재'가 되는 것이 그녀의 운명적인 조건이라는 사실은 '죽음이 그녀의 목적이었다'는 크레온의 이야기와 다시 한번 모순 없이 어울린다."[225]

---

222) 임철규, 앞의 글, 「죽음의 미학」, 84쪽.
223) Gabriel Marcel, *L'Heure théâtra: De Giraudoux à Jean-Paul Sartre* (Paris; Librairie Plon, 1959), 101쪽.
224) Jean Anouilh, 앞의 작품, 8쪽.
225) 임철규, 앞의 글, 「죽음의 미학」, 80쪽.

지금까지 살펴본 대로 소포클레스의 안티고네는 여러 각도에서 조명될 수 있는 인물이며, 따라서 일정한 카테고리 속에 집어넣을 수 있는 인물이 아니다. 복수형[226]으로 읽을 수 있을 만큼 늘 "우리는 새로운 안티고네를 필요로 한다."[227] 이런 점에서 안티고네는 "'수수께끼'라는 이름"으로 일컬어질 수 있다.[228] 그만큼 그녀에 대한 해석은 다양하며, 그 해석에 대한 반응 또한 다양하다. 그런 만큼 "안티고네 열병"[229]은 여러 세대에 걸쳐 끝없이 이어져오고 있다.

가령 넬슨 만델라에게 소포클레스의 안티고네는 죽음을 향한 욕망에 기대어 자신을 승화시키는 라캉의 안티고네도 아니고, 애도의 대상을 찾지 못하고 애도에 실패한 우울증 환자인 버틀러의 안티고네도 아니다.

아주 일찍이 베이유(Simone Weil)는 안티고네와, '안티고네'라는 이름을 가진 소포클레스의 작품 『안티고네』는 "너무나 인간적이어서 여전히 우리들과 아주 가까우며, 모든 사람들", 특히 "투쟁한다는 것이 무엇이며, 고통을 받는 것이 무엇인지 아는 사람들의 관심의 대상이 될 수 있다"[230]라고 말했다. 베이유에게 안티고네는 투쟁과 고통이 무엇인지를 아는 존재이며, "참을 수 없을 만큼 고통스러운 상황에 맞서 오직 홀로 투쟁하는 용감한, 그리고 명예를 중히 여기는 존재"[231]였다.

안티고네는 백인 통치권자들의 인종차별정책(1973년)으로 희생당

---

226) Bonnie Honig, 앞의 책, 89쪽.
227) Bonnie Honig, 같은 책, 85쪽.
228) Jean Bollack, 앞의 책, 55쪽, 121쪽.
229) George Steiner, 앞의 책, 107~108쪽.
230) Simone Weil, *Oeuvres complètes*, André A. Devaux and Florence de Lussy 엮음 (Paris: Gallimard, 1988~), 2.2.333쪽.
231) Simone Weil, 같은 책, 2.2.334쪽.

하던 남아공 흑인들에게 결혼과 같은 사적인 가치를 버리고 대의를 위해 악정의 통치자들에게 도전하는 저항의 인물의 상징으로 남았다. 1973년 처음 공연된 극작가 푸가드(Athol Fugard)의 작품 『섬』에서 안티고네는 남아프리카공화국에서 인종격리정책을 펴는 당국에 저항하는 사람들의 '정의'를 상징하는 것으로 묘사되었고,[232] 1994년 처음 공연된 오소피산(Femi Osofisan)의 작품 『테고니(Tegonni)―아프리카의 안티고네』에서 안티고네는 나이지리아를 식민지로 통치했던 영국의 야만적인 억압에 맞서 독립을 찾기 위해 저항하던 사람들의 '해방'을 상징하는 것으로 표현되었다. 그리고 이 안티고네는 1960년 영국으로부터 독립했지만 총칼로 나이지리아 정권을 잡고 강권통치를 계속하던 군사독재정권에 맞서 폭압으로부터 해방을 찾기 위해 저항하는 사람들의 '자유'의 상징으로 묘사되었다.[233] 만델라는 "우리의 투쟁을 상징하는 인물은 안티고네였다"[234]라고 주장했다.[235]

제2차 세계대전 당시 나치에게 살해당한 남성 친척들을 매장하기 위해 나치에 대항했던 용감한 여인들과, 1976년에서 1983년에 이르는 기간에 아르헨티나 군사정권이 감행했던 이른바 '더러운 전쟁'(Guerra Sucia)에 끌려가 행방불명이 된 "30,000명 이상"의 실종된 자

---

232) 푸가의 『섬』에 대한 좀더 포괄적인 논의는 Eleftheria Ioannidou, *Greek Fragments in Postmodern Frames: Rewriting Tragedy 1970-2005* (Oxford: Oxford UP, 2017), 90~96쪽; Betine van Zyl Smit, "Antigone Enters the Modern World," *Looking at "Antigone"*, David Stuttard 엮음 (London: Bloomsbury Academic, 2018), 162~167쪽을 볼 것.
233) Astrid Van Weyenberg, "African Antigones: Pasts, Presents, Futures," *The Returns of Antigone: Interdisciplinary Essays*, Tina Chanter and Sean D. Kirkland 엮음 (New York: SUNY Pr., 2014), 264~268쪽을 볼 것.
234) Nelson Mandela, *Long Walk to Freedom* (London: Abacus, 1997), 541쪽.
235) 그리스 비극, 특히 『안티고네』는 아프리카 문학가들의 작품에 주요한 모티프로 등장하고 있다. 이에 대해서는 Douglas Cairns, 앞의 책, *Sophocle' Antigone*, 142~147쪽을 볼 것.

들[236)]의 행방을 요구하며 군사정권에 맞서 싸웠던 아르헨티나 '5월 광장의 어머니들'은 안티고네의 딸들이 되었다.[237)] 또 군복무 중인 아들을 미국이 이라크와 벌인 전쟁에서 잃은 뒤, 이라크 침공을 계속 수행하는 모국 미국 정권에 반기를 들고 맞서 싸우는 반전운동가 시핸(Cindy Sheehan)은 미국의 안티고네가 되었다.[238)] 이러한 안티고네는 폴란드의 계엄령(1984년)에 항거하는, 아니 전쟁으로 황폐화된 중동에서는 자신의 주장을 펼치는 저항적인 아랍인으로까지 각인되었다.[239)] 하지만 안티고네의 본 모습에 좀더 다가가기 위해 이제 우리는 비극의 주인공으로서의 안티고네에 눈길을 돌려야 할 차례다.

비극적인 주인공 안티고네

이 작품은 안티고네와 크레온 가운데 누가 주인공이며, 또 한편 소포클레스는 크레온을 비난하면서 안티고네의 행위에 대해서는 과연 어떤 태도를 취하고 있는가 하는 것이다. 일부 학자들은 크레온의 하

---

236) Helene Foley, "The Voices of Antigone," *Looking at "Antigone"*, David Stuttard 엮음 (London: Bloomsbury Academic, 2018), 151쪽.
237) Jean Bethke Elshtain, "Antigone's Daughters Reconsidered: Continuing Reflections of Women, Politics and Power," *Life-World and Politics: Between Modernity and Postmodernity*, Stephen K. White 엮음 (West Bend, Ind.: U of Notre Dame Pr., 1989), 231~233쪽. 그리고 Bonnie Honig, 앞의 책, 38~41쪽을 볼 것. 특히 Iosif Kovras 는 저서 *Grassroots Activism and the Evolution of Transitional Justice: The Families of the Disappeared* (Cambridge: Cambridge UP, 2017)의 3장에 소제목「라틴 아메리카의 안티고네의 딸들-아르헨티나의 어머니들」"The Daughters of Antigone in Latin America: Argentian Mothers"을 달고 이 사건을 깊이 있게 다루고 있다. 61~83쪽을 볼 것.
238) Bonnie Honig, 같은 책, 34~35쪽을 볼 것.
239) Edith Hall, "Introduction," *Dionysus Since 69: Greek Tragedy at the Dawn of the Third Millennium*, Edith Hall, Fiona Macintosh, and Amanda Wrigley 엮음 (Oxford: Oxford UP, 2004), 18쪽.

마르티아와 그로 인한 파국을 강조함으로써 크레온이 비극적인 주인공이며, 작품의 교훈이 이러한 그의 운명에 초점을 두고 있다고 주장한다.[240] 코트의 용어를 빌리면 모든 소포클레스 주인공들의 특징은 그들이 "인간조건의 맨 밑바닥"[241]에서 — 인간들은 물론 신들로부터도 철저히 고립되어 있는 가운데 자신의 행동과 그 결과에 대해 전적으로 책임을 떠맡는 조건 아래서 — 그들의 진정한 본성을 억압하는 모든 것과 홀로 대면하면서 자신의 원칙을 실현시키고 자신의 정체의 특이성을 상실하지 않으면서도 기꺼이 그리고 담대하게 위험을 떠맡고자 하는 데 있다.

그러나 크레온에게 그러한 "영웅적인 기질"[242]을 부여하기는 어렵다. 물론 크레온은 일면 작품의 주인공인 것처럼 보인다. 즉 그는 비극의 주인공답게 작품 내내 자신의 행동 영역과 원칙을 고수하고 있다. 하지만 극이 진행됨에 따라 안티고네와 하이몬 그리고 예언자에 맞서 자신의 정당성을 주장했던 그의 완강한 자세는 끝내 꺾이고 만다. 자신의 아들과 아내가 자살한 뒤, 크레온은 다른 소포클레스의 주인공들과 달리 자신의 원칙과 권위를 지키려는 불굴의 용기와 자신의 운명을 감내하려는 영웅적인 자세를 끝까지 지키지 못한다. 진정한 소포클레스의 주인공은 **여전히** 오이디푸스이며, **여전히** 아이아스다. 그들은 거듭 태어나지 않는다.

반면 안티고네는 어떤 타협이나 자기포기의 가능성을 봉쇄한 채 끝까지 도진적인 자세를 지킨다는 점에서 영웅적이다. 소포클레스 주인공들의 행동의 동기는 저마다 각기 다르지만, 자신들의 원칙을

---

240) 가령 H. D. F. Kitto, *Greek Tragedy* (London; Methuen, 1971), 130쪽.
241) Jan Kott, *The Eating of the Gods: An Interpretation of Greek Tragedy*, Boleslaw Taborski and Edward J. Czerwinski 옮김 (Evanston: Northwestern UP, 1987), 43쪽.
242) Bernard M. W. Knox, 앞의 책, 제명에서 따온 것임.

고수하려는 그들의 행위는 근본적으로 **파토스**에서 나온다. 우리는 안티고네가 폴뤼네이케스를 매장한 행동의 동기가 정치적이든 종교적이든 그 무엇이었든 간에 그것은 근본적으로 그녀의 오빠에 대한 본능적인 사랑, 곧 인간의 사랑 가운데 가장 근원적인 사랑에 깊이 뿌리박고 있었음을 보았다. 자신을 인도하는 내면의 도덕적인 빛은 **사랑**이라는 파토스다. 이 파토스에 압도된 채 안티고네는 완전한 고립 가운데(880~882행) 홀로(monos) 자신의 원칙과 의지에 따라 행동한다. 그리스 비극의 다른 여주인공들과 달리 안티고네 곁에는 그녀를 격려하고, 그녀를 동정할 여성 코로스가 존재하지 않는다. 안티고네는 자신의 유일한 혈육인 이스메네에게서도 고립되어 있었다. 안티고네는 어떤 인간과 신들, 그 밖의 누구에게도 호소하지 않고 죽음을 택한다. 그녀의 이러한 선택은 어떤 타협도 받아들이지 않으려는 거부의 종착지다.

물론 죽음의 형장에 끌려가면서 안티고네는 "사랑하는 이들의 애도도 받지 못한 채" 산 채로 매장당해 "살아 있는 이들의 곁에서도 죽은 이들의 곁에서도 살지 못하는" 자신의 "불행한" 운명을 슬퍼하면서(847~852행), 그리고 자신의 불행한 운명에 대해 무관심한 신들의 반응에 절망하면서 그들에게 항변의 목소리를 쏟아내는 것을 잊지 않는다. 그녀는 오빠의 매장을 경건한 행위라고 칭하면서 "내가 신들의 어떤 정의를 위반했나"(921행)라고 반문한 뒤, 그 "경건한 행위 때문에 나는 불경스러운 자라는 악명을 듣게 되었다"(923~924행)라고 주장한다. 그러고는 신들이 자신의 행위가 잘못된 것이라고 인정한다면 자신은 자신에게 고통을 가한 자들을 용서할 수 있지만, 반대로 그들이 잘못을 범한 것이라면, "나에게 부당하게 고통을 주고 있는 그들이 더 가혹한 불행을 경험하도록"(927~928행) 신들에게 요청할 것이라고 말한다. 하지만 신들은 마지막까지 그녀의 호소에 무관심한 것처럼 보인다.

도즈는 상고(上古)시대의 초기에 인간은 자신들에 대한 신들의 적대감 때문에 존재의 불안정과 무망함을 깊이 인식하고 있었으며, 당시 사람들의 그러한 인식을 마지막으로 이어받고 있던 소포클레스는 무엇보다도 "신의 신비에 대한 인간의 무망함을 압도적으로 인식했던" 자라고 평가한 바 있다.[243] 이를 증명하듯, 안티고네는 자신에게 철저하게 무관심한 신들의 정의에 항변하면서, 아니 의심하면서 하데스로 향한다. 신들의 정의에 대한 그녀의 항변 또는 의심은 "소포클레스의 그 어떤 의문보다 신의 정의에 대해 날카로운 의문을 제기하고 있다."[244] 철저한 고립 가운데 안티고네가 떠날 때, "도덕과 종교의 규범적인 법칙이 유보된다든가 뒤집혀지는 것처럼"[245] 우리의 도덕적인 의식 또한 도전받게 된다.

그러나 자신이 맞이할 죽음에 대한 그녀의 애도는 신념의 포기가 아니다. 이는 다만 그녀 또한 하나의 '인간'이라는 것을 의미한다. 그리스 비극에서 안티고네는 자신의 손으로 스스로 목숨을 끊었던 몇 안 되는 인물 가운데 하나다. 그녀는 자살로서 스스로 자신의 장례를 치르고 있다. 그녀의 "운명을 위해 울어줄 이도 없고, 슬퍼해줄 친구도 없기" 때문이다(882행).

"울어주는 이도 없이, 친구도 없이, 축혼가도 없이"(aklautos, aphilos, anumenaios, 876행) 이렇듯 철저하게 버림받은 자신을 두고 안티고네는 스스로를 "재유외인"(在留外人, metoikos, 868행)에 비유하고 있

---

243) E. R. Dodds, *The Greeks and the Irrational* (Berkeley: U of California Pr., 1951), 29쪽, 49쪽; 에릭 R. 도즈, 『그리스인들과 비이성적인 것』, 주은영·양호영 공역 (까치, 2002), 34쪽, 58쪽.
244) R. P. Winnington-Ingram, *Sophocles: An Interpretation* (Cambridge: Cambridge UP, 1980), 148쪽.
245) R. B. Rutherford, 앞의 책, 75쪽.

다. "결혼생활의 재미도 아이를 키우는 재미도 함께하지 못한 채······ 죽은 자들의 무덤으로 내려가는(917~920행)" 그녀는 "카산드라처럼 자신의 장송가(葬送歌)를 수행"[246)]하고 있다. 결혼하기 전에 죽음을 맞이하는 자신을 스스로 "불행한 여인"(919행)이라고 부르는 것을 보아 안티고네는 자신의 죽음을 깊이 후회하는 것 같기도 하지만, 이것이 안티고네가 자신의 결의와 신념을 의심하고 있다는 증거가 될 수 없다. 소포클레스의 또 다른 작품 『아이아스』의 주인공 아이아스의 경우처럼, 안티고네도 죽음에 대면한 '인간'으로서 한순간 감정이 흔들린 게 사실이지만, 그렇다고 자신의 원칙 자체를 포기한 것은 아니다. 코로스가 자기 원칙을 포기하지 않고 죽음의 길을 나서는 안티고네를 "칭찬"받을 만한 "영광스러운" 행위를 한 인물로 보는 것(817행)도 이 때문이다.

물론 안티고네를 스스로 불러일으킨 격렬한 파토스, 아버지 오이디푸스로부터 이어받은 고집과 오만, "극한에까지 나아가는 대담성"(ep'eschaton thrasous, 853행)이나 가문에 내린 저주의 희생물로 바라보는 비평가들도 있다.[247)] 분명 안티고네는 그녀의 다른 가족들처럼 라이오스 가문의 **저주**하에 있다.[248)] 따라서 그녀 또한 세대를 이어 라

---

246) Richard Seaford, *Reciprocity and Ritual: Homer and Tragedy in the Developing City-State* (Oxford: Clarendon Pr., 1994), 381쪽. 그리고 죽음이나 파멸을 예상하면서 "자신들의 장송가"를 부르는 그리스 비극의 여주인공 인물들에 대해서는 Margaret Alexiou, *The Ritual Lament in Greek Tradition* (Lanham: Rowman & Littlefield, 2002), 113쪽을 볼 것.
247) 가령 Hugh Lloyd-Jones, *The Justice of Zeus* (Berkeley: U of California Pr., 1971), 117쪽. 이에 대한 논의는 N. J. Sewell-Rutter, *Guilt by Descent: Moral Inheritance and Decision Making in Greek Tragedy* (Oxford: Oxford UP, 2007), 114~120쪽을 볼 것.
248) 고대의 주석들과 단편적 신화들을 통해 전해지는 이야기에 따르면 아트레우스의 아버지인 피리기아왕 펠롭스에게는 아름답기로 유명한 크뤼십포스라는 어린 아들이 있었다. 제우스 신과 테세우스의 마음을 사로잡았던 그 소년의 미모는 오이디

이오스의 가문을 끊임없이 강타하는 "아테"의 "폭풍"(585~592행)을 피할 수 없다. 이를 인식하듯, 안티고네는 이스메네에게 "오이디푸스에서 비롯된 온갖 불행", 즉 "고통"과 "재앙", "치욕"과 "불명예"(2~5행)를 상기시킨다(2~6행). 곧이어 이스메네 역시 안티고네에게 그들의 아버지, 어머니, 오빠들이 경험했던 그 저주스러운 운명을 상기시키면서, 안티고네가 폴뤼네이케스의 시신을 매장하려는 현재의 결심을 굽히지 않는다면, 자신과 안티고네 역시 "죽음"이라는 비참한 종말을 고할 것임을 상기시킨다(49~60행).

그뿐만 아니라 코로스도 매장행위가 발각된 뒤 안티고네가 크레온 앞에 죄인으로 불려갔을 때, 그녀를 가리켜 "불행한 자, 불행한 아버지인 오이디푸스의 자식"(379~380행)이라고 일컬으면서 안티고네의 파멸이 그녀의 "선조들이 저지른 죄의 결과"(856행)임을 분명히 말한다. 안티고네 또한 이를 인정하듯, "근친상간의 결혼(koimēmata)"이라는 "재앙"에서 태어난 "저주받은" "나는" "결혼도 하지 못한 채" 그분들과 함께 살기 위해 그분들(아버지인 오이디푸스와 어머니인 이오카스테)이 있는 하계로 내려간다고 말한다(863~868행).

그러나 주목할 점은 아이스퀼로스의 작품에서는 대대로 이어지

푸스의 아버지 라이오스의 마음마저 사로잡았다. 라이오스는 사두마차를 모는 방법을 가르쳐준다는 구실로 크뤼십포스를 테바이로 데려온 후 그 소년을 강간했다. 이 사건으로 크뤼십포스는 사살했고, 그의 아버지는 라이오스를 저주했다. 아폴론 신은 라이오스에게 이에 대한 벌로 앞으로 자식을 갖지 말 것을 명령하면서(크뤼십포스에 관한 출처에 대해서는 Martin West, "Ancestral Curses," *Sophocles Revisited: Essays Presented to Sir Hugh Lloyd-Jones*, Jasper Griffin 엮음 [Oxford: Oxford UP, 1999], 42~44쪽을 참조할 것) '만약' 자식을 낳으면 그가 그 자식의 손에 죽게 될 것이라고 경고했다. 라이오스가 이 명령을 거역하고 아들 오이디푸스를 낳기 때문에 아폴론 신은 무서운 운명을 맞게끔 그와 아들 오이디푸스를 저주했다. 따라서 오이디푸스의 비극적인 운명은 자신의 의도와는 전혀 관계없이 그의 아버지 라이오스가 범한 잘못에 대한 대가로 주어진 것이었다.

는 가문의 죄로 인한 저주가 비극의 피할 수 없는 동기로 크게 부각되고 있지만, 소포클레스의 경우는 그렇지 않다는 것이다. 이는 작품 『콜로노스의 오이디푸스』를 통해 알 수 있다. 『콜로노스의 오이디푸스』에서 오이디푸스는 대대로 가문에 내린 저주가 자신이 겪는 고통의 원인 가운데 일부는 될 수 있지만, 그것이 전부라고는 인정하지 않는다. 또한 똑같이 가문의 저주하에 있지만 이스메네와 안티고네가 분명히 서로 다른 성격의 인물이라는 점에서도 이를 짐작할 수 있다. 안티고네는 코로스가 말하는 것처럼 **자기 자신이 바로 법이 되는**(autonomos), 즉 "자신의 뜻에 따라"(821행), "자기 자신이 선택한 파토스에 따라"(autognōtos orga, 875행) 행동하며 움직인다. 이것이 횔덜린이 안티고네의 "최고의 특성"이라고 일컬었던 "신성한 광기"인지도 모른다.[249]

자유는 역설적이고도 필연적으로 운명을 전제로 한다. 라이오스 가문의 저주가, 그 **아테**가 안티고네의 행동에 운명으로 작용하지 않았다면, 그녀 자신이 행하는 행동의 자유, '자기 자신이 바로 법'이 되고자 하는, 크리스테바의 표현을 빌리면 "홀로 자기 자신을 위해 법(nomos)을 만드는"[250] 자유의 가치는 큰 의미를 가지지 못했을 것이다. 따라서 역설적이게도 "안티고네는 자기 자신의 비자유의 희생이 되기 위해 자기 자신의 자유의 희생이 되고 있다."[251] 안티고네의 파멸을 저주받은 가문의 희생으로 강조하는 코로스의 단편적인 논평은

---

249) Friedrich Hölderlin, *Hölderlin's Sophocles: Oedipus and Antigone*, David Constantine 옮김 (Tarset: Bloodaxe, 2001), 114~115쪽; Douglas Cairns, *Sophocles: Antigone* (London: Bloomsbury, 2016), 123쪽을 볼 것.
250) Julia Kristeva, "Antigone: Limit and Horizon," *Feminist Readings of Antigone*, Fanny Söderbäck 엮음 (New York: SUNY Pr., 2010), 217쪽.
251) Emese Mogyoródi, "Tragic Freedom and Fate in Sophocles' *Antigone*: Notes on the Role of the 'Ancient Evil' in 'the Tragic'," *Tragedy and the Tragic: Greek Theatre and Beyond*, M. S. Silk 엮음(Oxford: Clarendon Pr., 1996), 370쪽.

부분적인 진실일 수는 있지만, 전체적인 진실일 수는 없다. 하나의 고정된 전체로서 진실이 제시되는 것은 비극 그 어디에도 없다. 그렇기 때문에 비극은 신비의 원천이 되고 있는 것이다.

4장 『오이디푸스 왕』

『오이디푸스 왕』이 언제 최초로 공연되었는 지는 알려져 있지 않다. 기원전 431년에 펠로폰네소스 전쟁이 터지자마자 일련의 역병이 아테나이를 급습했다. 이를 경험한 소포클레스가 기원전 425년에 『오이디푸스 왕』을 최초로 공연했다는 주장이 있는가 하면,[1] 대략 기원전 429년에 최초로 공연했다는 주장도 있다.[2] 다른 한편 **인간이 만물의 척도**라는 프로타고라스를 중심으로 한 소피스트들의 사상, 그리고 '지식이 힘'이라는 계몽주의적인 정신이 절정을 달했던 기원전 430년에 최초로 공연되었다는 주장도 있다.[3]

작품은 한 무리의 테바이 시민이 테바이를 강타하고 있는 역병(疫

---

1) Bernard M. W. Knox, *Word and Action: Essays on the Ancient Theater* (Baltimore: Johns Hopkins UP, 1979), 112~124쪽.
2) R. M. Newton, "Hippolytus and the Dating of Oedipus Tyrannus," *Greek, Roman and Byzantine Studies*, 21 (1980), 5 - 22쪽.
3) Almut-Barbara Renger, *Oedipus and the Spinx: The Threshold Myth from Sophocles through Freud to Cocteau*, Duncan Alexander Smart, David Rice, and John T. Hamilton 옮김 (Chicago: U of Chicago Pr., 2013), 12쪽.

病)에서 그 도시를 구해달라고 오이디푸스에게 탄원하기 위해 궁전 앞의 제단에 앉아 있는 것으로부터 시작된다. 테바이 시민은 오이디푸스가 스핑크스로부터 나라를 구했기때문에 그를 "사람들 가운데 으뜸가는 자"(andrōn de prōton, 33행)[4]로 여긴다. 자신을 구원자로 여기고 도움을 청하는 시민들 앞에 선 오이디푸스는 그들의 고통을 자신의 고통과 동일시하면서, 역병에서 벗어날 수 있는 길을 아폴론에게 물어보도록 처남 크레온을 이미 델포이 신전에 보냈다고 밝힌다. 바로 그때 크레온이 돌아와 아폴론 신은 선왕 라이오스를 살해한 자들을 찾아 그들을 추방하거나 죽음으로 처벌하는 것을 원한다고 보고하자(100~101행), 오이디푸스는 범인을 찾는 데 전력을 다할 것이라고 말한다.

오이디푸스는 테바이 시민들과 노인들로 구성된 코로스에게 범인을 찾는 일에 협조해주기를 요청한다. 코로스는 범인을 찾는 일에 자신들의 한계를 말하면서 예언자 테이레시아스에게 물어보는 것이 좋은 방법이라고 말한다. 그러자 오이디푸스는 크레온의 권고에 따라 이미 그 예언자를 부르러 사람을 보냈다고 말한다. 눈먼 예언자 테이레시아스가 가까이 오는 것을 본 코로스는 그를 가리켜 진리를 꿰뚫는 "신과 같은 예언자"(298행)라고 칭송한다. 오이디푸스 또한 그를 거의 신과 같은 존재로 극도로 존경한다(300~315행). 오이디푸스의 간곡한 요청에도 테이레시아스가 범인의 정체를 밝히는 것을 여러

---

[4] 인용한 텍스트의 그리스어 판본은 다음과 같다. Sophocles, *Oedipus Rex*, R. D. Dawe 엮음[주석포함] (Cambridge: Cambridge UP, 2006). 그리고 Sophocles, *Oedipus Tyrannus*, R. C. Jebb 편역[주석포함] (Cambridge: Cambridge UP, 1927); Sophocles, *Ajax; Electra; Oedipus Tyrannus*, Hugh Lloyd-Jones 편역, LCL 20 (Cambridge/ M.A.: Harvard UP, 1994); Sophocle, *Tragédies II: Ajax; Œdipe roi; Electre*, Paul Mazon 편역 (Paris: Les Belles Lettres, 1981)을 참조함. 한편 한글번역판으로는 소포클레스, 『소포클레스 비극』『오이디푸스 왕』『안티고네』『콜로노스의 오이디푸스』『필록테테스』, 천병희 옮김 (단국대학출판부, 2002)을 참조함.

번 거부하자, 오이디푸스는 "그렇다면 그대는 우리를 배반하고 우리 도시를 파멸시킬 작정이오"(330~331행)라고 말하면서 그를 책망한다. 그러고는 그가 나쁜 자들과 라이오스의 살해를 모의했을지도 모르며, 눈이 멀지 않았더라면 "혼자서라도" 범행을 감행했을 지도 모른다며 그를 격렬하게 비난한다(346~349행).

자신에 대한 턱없는 모함을 참지 못한 테이레시아스는 오이디푸스가 바로 스스로 아버지를 살해하고 아버지의 아내를 취해 "이 나라를 더럽히는 불경한 자"(miastōr, 353행, 362행, 366~367행)라고 비난한다. 그의 말을 일고의 가치도 없다고 여긴 오이디푸스는 이 모든 것이 왕권을 노리는 크레온의 음모이고, 테이레시아스가 그 음모에 가담하고 있다고 단정한다. 테이레시아스를 불러오도록 권고한 자가 크레온이었기 때문이다. 이에 격분한 테이레시아스는 오이디푸스에게 그의 추방과 실명 그리고 그의 자식들의 비참한 운명 등 그의 비극적인 몰락을 예언하면서(418~428행) 자신을 현명한 자라고 평가했던 그의 양친에 대해 언급한다. 이에 오이디푸스는 자신의 양친에 대해 자세히 알고 싶어 하지만 테이레시아스는 모호한 말만 남기고 퇴장한다.

오이디푸스가 자기를 반역자로 의심한다는 말을 전해들은 크레온이 달려와 스스로를 변호하지만, 오이디푸스는 그를 추방 대신 죽음에 처하게 할 것이라고 말한다(623행). 때마침 왕비 이오카스테가 나타나 그들의 "분별없는 말다툼"(634행)을 중지시킨다. 그리고 코로스가 크레온의 무죄를 옹호하며 간청하자 오이디푸스는 크레온을 용서한다.

이오카스테는 라이오스 왕을 살해한 자가 오이디푸스라고 주장한 테이레시아스의 말이 오이디푸스와 크레온 사이에서 벌어진 언쟁의 원인이었음을 알게 되었다. 그러자 이오카스테는 델포이의 아폴론 신탁이 라이오스가 아들의 손에 죽을 것이라고 예언했지만, 라이오스는 네거리에서 도둑들에게 살해되었다는 풍문이 있으며, 라이오스의 아들은 태어난 지 3일도 되지 않아 인적이 없는 산에 버려져 죽었다고 말한다. 그녀는 **예언술**이란 믿을 것이 못 된다며 남편 오이디푸스를 안심시키려 한다(707~725행).

그러나 오이디푸스는 '네거리'라는 말을 듣자 몹시 불안해한다. 그는 이오카스테에게 라이오스가 살해된 장소와 시간, 라이오스의 용모와 일행에 대해 묻는다. 그녀는 라이오스 일행인 하인에게 들었던 당시의 보고를 토대로 라이오스가 포키스의 네거리에서 살해당했으며 살해된 시간은 오이디푸스가 테바이의 왕이 되기 바로 직전이었다고 말한다. 또 라이오스의 용모는 검은 피부, 반백의 머리에다 오이디푸스의 용모와 크게 다르지 않다는 것, 그리고 그 일행이 6명이라는 것을 들려준다. 이 말을 듣자 오이디푸스는 자신이 "무서운 저주에"(aras deinas, 745행) 내던져 있다고 말하면서, 자신의 양친에 대해 이야기하기 시작한다.

"내 아버지는 코린토스의 폴뤼보스, 내 어머니는 도리스 사람의 메로페다"(774~775행). 이어서 그는 자신이 한때 코린토스에 있었을 때 일어났던 일에 대해 말한다. 술자리에서 한 취객이 자신을 향해 폴뤼보스의 "진짜 아들이 아니다"(780행)라고 했던 말을 듣고 충격을 받았던 일, 그 후 델포이에 가서 아폴론의 신탁을 통해 자기는 아버지를 죽이고 어머니를 아내로 취하리라는 것을 알게 된 일, 그리고 이를 피하기 위해 코린토스를 떠나 객지를 떠돌다가 바로 그 네거리에 이르게 되었을 때, 한 노인과 그 일행이 자기 앞을 강제로 가로막고 머리를 때리며 자기를 쫓아내려 했기 때문에 "화가 나서"(807행) "지팡이"(skēptron, 811행)로 그와 "그들을 모조리"(813행) 때려죽인 일 등(779~812행).

코로스는 이와 같은 말을 하면서 자기 운명에 대해 불안해하는 오이디푸스에게 한 가지 해법을 제시한다. 그때 네거리에서 간신히 도망쳐 목숨을 건진 한 하인이 오이디푸스가 테바이의 왕이 된 직후 여기서 멀리 떨어진 곳에서 양치기(牧者) 생활을 하고 있으니, 그 양치기를 불러 심문하는 게 어떠냐고 했다. 양치기를 심문하면 당시 이오카스테에게 보고한 그 하인의 진술(756행), 즉 라이오스가 네거리에서 도둑들에게 살해되었다는 진술이 사실인지 아닌지 알 수 있을 것이고 사실이라면 오이디푸스의 불안이 끝날 "희망"(835행)이 있기 때문이다. 라이오스가 한 사람이 아닌 여러 도둑들에게 살해되었다면, 라이오스를 살해한 자가 오이디푸스가 아닐 수 있기 때문이다. 당시 현장의 유일한 증인인 하인, 즉 그 양치기가 "여전히 같은 숫자를 말한다면", 살해자는 오이디푸스가 아니다. "**하나**는 **여럿**과 같을 수 없기 때문이다"(843~845행).

그러나 잠시 후 양치기 대신 코린토스의 사자가 뜻밖에 등장해 폴뤼보스가 사망했다는 소식을 전한다. 먼저 이 소식을 전해들은 이오카스테는 기쁨에 소리 지르면서 폴뤼보스가 자신의 아들인 오이디푸스의 손에 죽은 것이 아니라 연로해 자연사했기 때문에 아폴론의 신탁은 믿을 수 없다고 말한다. 이어 이오카스테는 시녀를 보내 오이디푸스를 불러오도록 한다. 이오카스테는 오이디푸스에게 폴뤼보스가 자연사했다고 알려주면서 "아버지의 죽음[또는 매장]은 큰 위안"(987행)[5]이라고 말한다. 오이디푸스는 아버지 폴뤼보스의 죽음을 슬

---

[5] 그리스 원문은 "아버지의 매장(taphoi)은 큰 눈(megas ophthalmos, 987행)"이라는 뜻으로 되어 있다. 주석자들은 대부분 이 문장에 나오는 '눈'(opthalmos)을 '위안'으로 해석한다. 말하자면 비유로 사용하고 있다. 하지만 이오카스테가 왜 오이디푸스의 아버지의 죽음을 '큰 눈'이라고 말했는지에 대해서는 아직까지 만족할 만한 설명이 없다. David Schur, "Jocasta's Eye and Freud's Uncanny," *Bound by the City: Greek Tragedy, Sexual Difference, and the Formation of the Polis*, Denise Eileen McCoskey and Emily Zakin 엮음 (New York: SUNY, 2009), 111~114쪽을 볼 것.

퍼하면서도 아폴론의 신탁은 "일고의 가치가 없다"(973행)라고 조롱하면서 안도의 한숨을 내쉰다. 하지만 곧 그는 이오카스테에게 "어찌 어머니의 침대를 두려워하지 않을 수 있겠소"(pōs to mētros lektron ouk oknein me dei, 976행)라고 말함으로써 자신이 어머니와 결혼하게 되리라는 신탁의 내용에 두려워하고 있음을 드러낸다(976~983행).

이 말을 들은 코린토스의 사자는 오이디푸스의 불안을 해소시키기 위해 그에게 폴뤼보스가 그의 아버지가 아니라는 것(1016행), 또 왕비 메로페도 사실 그의 어머니가 아니라는 것을 말해준다. 코린토스의 사자는 과거 키타이론 산에서 양치기 생활을 하던 중 발목에 구멍이 뚫린 갓 태어난 오이디푸스를 라이오스의 한 가신에게서 받아 폴뤼보스에게 "선물"(dōron, 1022행)로 주었다고 말한다. 오이디푸스가 그 가신에 대해 묻자 코로스는 그 가신은 조금 전에 사자를 시켜 불러오려던 바로 그 양치기일 것이라고 하면서 이 일에 대해서라면 누구보다도 이오카스테가 잘 알고 있을 것이라고 말한다. 그의 정체를 포함한 모든 진실을 알고 싶어 하는 오이디푸스에게 네 번이나 이제 그만 추궁하라고 간청했던 이오카스테는 사건의 전말을 간파한 뒤, 오이디푸스를 구하기 위해 그에게 "더 이상 캐지 말 것"을 애원한다(1060~1061행). 하지만 자신의 출생의 비밀을 끝까지 캐려는 오이디푸스의 결심을 꺾지 못하자, 그녀는 절망하면서 "격심한 슬픔을 안고"(1073~1074행) 조용히 궁 안으로 들어간다.

이윽고 오랫동안 기다렸던 그 양치기가 도착한다. 코로스는 그가 "라이오스의 둘도 없이 충실한 하인"임을 확인하자, 사자 또한 그가 자신이 말한 사람임을 밝힌다(1117~1120행). 양치기는 한사코 진실을 밝히는 것을 거부하다 마침내 오이디푸스에게 "안에 계시는 부인께서 그 사연을 가장 잘 말씀해줄 것입니다"(1171~1172행)라고 말한다. 마침내 오이디푸스는 자기 아버지가 폴뤼보스가 아닌 라이오스이며, 자기 어머니가 메로페가 아닌 이오카스테임을 알게 된다. 그리고 그가 자신의 아버지를 죽이게 될 것이라는 사실을 아폴론의 신탁을 통해 알게 된 이오카스테가 그를 죽이기 위해 그 양치기를 시켜 키타이론 산에 그를 버리게 했음을 알게 된다.

마침내 모든 진실이 밝혀지자, 오이디푸스는 "오오 빛이여"(ō phōs) "내가 너를 마지막으로 보는 구나"(1183행)라고 부르짖으며 미친 듯이 궁 안으로 뛰어 들어간다. 그러고는 칼을 찾는다. 아마도 자신을, 아니면 이오카스테를, 아니면 모두를 죽이기 위해(1252~1255행)······. 이오카스테는 스스로 목매달아 죽고, 오이디푸스는 그 시신 곁에서 그녀의 옷에 꽂혀 있는 금빛 브로치로 자신의 눈을 찔러 실명한다. 그의 눈에서 "검은 피의 소나기가 우박처럼 아래로 쏟아져 내렸다"(melas ombros chalazēs aimatos eteggeto, 1278~1279행). 피투성이가 된 오이디푸스를 본 코로스는 "오오 일찍이 이 눈으로 본 모든 고통 가운데 가장 무서운 고통(pathos······ deinotaton pantōn)이여"(1299행)라고 말하며 울부짖는다.

그때 오이디푸스의 권좌를 대신한 크레온 왕이 등장한다. 오이디푸스는 그에게 자신을 테바이에서 추방시키든가 아니면 죽여달라고 간청한다. 그러고는 마지막으로 자신의 자식들, 특히 딸들을 만나게 해달라고 간청한다. 크레온은 앞의 간청은 아폴론의 신탁을 듣고 나서 결정할 것이며, 딸은 만나게 해줄 것이라고 말한다. 오이디푸스의 딸들이 등장한다. 그는 앞으로의 운명을 예감하듯, 흐느껴우는 딸들을 향해 울면서 지금의 자기와 같은 고통스러운 삶이 결코 그들에게 도래하지 않기를 기원하면서 키타이론 산으로 자아추방의 길을 떠나려 한다. 오이디푸스와 크레온이 퇴장하는 가운데 코로스가 "삶이 끝나 고통에서 해방될 때까지는 인간 어느 누구도 행복하다고 미리 일컬어져서는 안 된다"(1529~1530행)고 노래하면서 작품은 끝난다.

허상의 비극

소포클레스는 거의 신과 같은 최고의 인간에서 한순간에 최하의 인간으로 전락한 주인공을 통해 인간존재의 "근원적인 불안정성"[6], "삶의 표면적인 아름다움 아래 놓여 있는 잠재적인 공포"[7] 등 인간존재의 불확실성을 강조한다. 오이디푸스가 자신의 의도와 관계없이 신이 휘두르는 잔인한 운명에 희생되고 있기 때문에 많은 학자가 그에게 죄가 없다든가, 또는 죄가 있다고 하는 것을 작품 논의의 출발점으로 삼고 있다. 하지만 라인하르트의 지적대로 이 작품의 주요주제는 **허상**(虛相)과 **실상**(實相)의 관계다.[8]

『오이디푸스 왕』을 "허상의 비극"으로 접근한 라인하르트의 해석을 하이데거가 "커다란 업적"으로 평가했듯,[9] 오이디푸스의 존재는 허상 그 자체다. 그는 스핑크스로부터 테바이를 구한 인간으로서 최고의 존재(31행 이하)였다. 그러나 실상은 그 때문에 발생한 역병(97~98행)[10]으로 테바이를 파괴시키는 인간, 그의 추방이나 죽음으로 테바이가 구원되지 않으면 안 될(100~101행, 1410~1415행) 일종의 저주받은 희생양(pharmakos)으로 드러난다. 베르낭이 주장하듯, 오이디푸스는 가장 최고의 자리와 가장 최하의 자리, 곧 왕의 역할과 희생양의 역할을 동시에 행하는 이중의 인간이다.[11] 아니 "그

---

6) Walter Kaufmann, *Tragedy and Philosophy* (Princeton: Princeton UP, 1992), 115쪽.
7) Charles Segal, *Sophocle's Tragic World: Divinity, Nature, Society* (Cambridge/M.A.: Harvard UP, 1995), 143쪽.
8) Karl Reinhardt, *Sophokles* (Frankfurt am Main: V. Klostermann, 1933), 145쪽 이하.
9) Martin Heidegger, *Introduction to Metaphysics*, Gregory Fried and Richard Polt 옮김 (New Haven: Yale UP, 2000), 113쪽.
10) 살육에 대한 벌로 신이 보내는 역병은 그리스 신화나 문학에 흔한 모티브로 자주 등장한다. 가령 헤로도토스는 렘노스 여인들이 자신들의 자식을 죽였을 때, 땅은 곡물을 생산하지 못했고, 여인들은 임신하지 못했고, 짐승들은 새끼를 잉태하지 못했다고 들려준다(『역사』 6.139.1).
11) Jean-Pierre Vernant, "Ambiguity and Reversal: On the Enigmatic Structure of

괴물의 승리자, 수수께끼의 해결사"였던 오이디푸스는 스스로 "일종의 괴물", "수수께끼의 모습을 한 인간"[12]이 되고 있다.

이 작품은 코로스가 오이디푸스의 비극적인 운명을 애도하면서 "삶이 끝나 고통에서 해방될 때까지는 인간 어느 누구도 행복하다고 미리 일컬어져서는 안 된다"(1529~1530행)라고 노래하는 것으로 마무리되었다. "괴물과 같은"[13] 존재로, 한낱 그림자에 지나지 않은 "비존재"(mēden) 그 자체(1186~1188행)로 전락한 오이디푸스의 "운명"을 인간 전체 운명의 "패러다임"(paradeigma, 1193~1194행)으로 보는 코로스는 허상에 의해 은폐된 실상이 드러나기까지는 인간의 일생이 어떠하다 규정할 수 없다고 말한다. 소포클레스는 표면에 드러난 삶의 아름다움 저편, 아니 그 아름다움의 밑바닥에 또 다른 삶의 공포가 도사리고 있으며, 그래서 우리의 삶은 언제나 위험에 처하는 불안정과 불확실 그 자체이므로 우리의 존재는 축복이 아니라 **저주**라는 것을 이 작품을 통해 들려주고 있다.

인간 정신의 역사는 신과 우주, 그리고 인간을 이해하고 해석하려는 노력의 역사다. 신과 우주 그리고 인간은 어디까지나 문제 가운데 **문제**로서 우리가 대면할 수밖에 없는 하나의 거대한 **텍스트**다. 그들이 하나의 텍스트라면, 인간 정신의 역사는 이에 대한 끊임없는 해석과 그 해석들이 남긴 **흔적**의 역사, 흔적들의 퇴적이다. 그들은 끊임없는 해석을 요구하고 그 해석의 흔적들을 통해 자신의 텍스트성을 영위한다. 이른바 **고전**이란 이러한 텍스트의 반열에 오른 작품에 붙이는

Oedipus Rex," Jean-Pierre Vernant and Pierre Vidal-Naquet, *Myth and Tragedy in Ancient Greece*, Janet Lloyd 옮김 (New York: Zone Books, 1988), 25쪽, 127쪽 이하.

12) Jean-Pierre Vernant, "Ambiguity and Reversal," 같은 책, *Myth and Tragedy in Ancient Greece*, 138쪽.

13) Albin Lesky, *Greek Tragic Poetry*, Matthew Dillon 옮김 (New Haven: Yale UP, 1983), 159쪽.

이름이다. 이런 의미에서 소포클레스의 『오이디푸스 왕』은 전형적인 고전이다.

따라서 이 작품은 앞서 말했듯, 인간의 삶의 허망함과 인간 존재의 불안정성, 그 불확실성을 말해주는 **허상의 비극**으로 해석되는 등 다양한 관점에서 해석될 수 있으며, 관점에 따라 다양한 문제도 제기될 수 있다. 그러나 그 가운데 가장 자주 제기되는 문제는 이 작품이 **운명의 비극**인가라는 점이다. 우리는 여기서 이 문제에 집중적으로 접근할 것이다.

오이디푸스

아리스토텔레스는 그의 『시학』 제13장에서 비극의 플롯에 가장 적합한 인물은 사회적인 존경과 개인적인 영화를 누리다가 일종의 **하마르티아**(hamartia) 때문에 전락한 인물이라고 규정한다. 이러한 규정에 따르면 오이디푸스가 전락한 것도 하마르티아 때문이다(13.1453a6). 사실 '카타르시스'와 함께 이 하마르티아 만큼 숱한 논란을 일으킨 용어도 아마 없을 것이다. 주인공의 하마르티아 때문에 비극적인 사건이 일어난다고 할 때, 이것은 보통 주인공의 성격 결함 때문에 발생하는 도덕적인 잘못으로 해석되어왔다. 『시학』의 제13장이 비극적인 주인공의 도덕적인 측면을 주로 다루기 때문에 한때 하마르티아가 그렇게 이해되었던 것도 무리는 아니다. 이러한 입장을 취하는 학자들은 오이디푸스의 하마르티아를 규명하기 위해 그의 성격 결함이 무엇인가를 살피는 데 연구의 초점을 맞췄다. 오만에 가득 차 있고, 자신의 힘과 지식을 과신하며, 격한 기질에 테이레시아스와 크레온이 서로 공모해 자신의 왕위를 찬탈하려 한다는 가당찮은 의심까지……. 이러한 성격 결함들이 바로 오이디푸스를 전락시킨 하마르티아라는 것이다.

그러나 최근에는 하마르티아가 성격 결함을 의미하는 것이 아니라, 무지에 따른 지적 판단의 오류 때문에 도덕적으로 잘못을 저지르는 것을 의미하는 쪽으로 의견이 수렴된다. 사실 아리스토텔레스도 하마르티아를 성격 결함이라고 규정하지는 않았다. 그는 비극의 이상적인 주인공은 자신의 비극적인 운명에 "응당 합당한" 자가 아니며, "악덕이나 악함" 때문이 아니라 어떤 하마르티아 때문에 전락한 인물이라고 규정한다. 그러면서 그런 주인공에 가장 적합한 인물이 바로 오이디푸스라고 말했다.

오이디푸스는 승계(承繼)에 의해서가 아니라 자신의 힘으로 왕위에 오른 자다. 그가 오이디푸스 튀라노스(turannos)라고 불린 것은 바로 이 때문이다. '튀라노스'는 승계에 의해서가 아니라 자신의 지식, 힘 또는 노력으로 왕위에 오른 절대통치자를 일컫는 호칭이다.[14] 그렇다면 그 칭호가 함의하는 그대로 그는 **행동하는 인간**[15]이다. 그의 부

---

14) '튀라노스'(turannos)는 승계에서가 아니라 힘으로 왕위를 쟁취한 자를 일컫는다. 아리스토텔레스가 바실레우스(basileus)와 튀라노스를 구별하면서 승계로 왕위에 오른 전자를 자신의 백성들의 이익에 관심을 가지고 있는 자로, 후자를 자신의 이익에 관심을 가지는 절대통치자로, 그리고 플라톤이 후자를 인간으로 가장한 괴물, 늑대와 같은 존재로 규정한 이래(『국가』 8.566), 대체로 튀라노스는 부정적인 이미지와 결부되어왔다. 통치자로서의 위상이 위험에 처하면서부터 오이디푸스가 점차 시민들보다 자신의 이해(利害)에 더 관심을 두게 될 때에 '튀라노스'라는 단어가 등장한다. 하지만 소포클레스의 비극 주인공들의 전형적인 속성이 **영웅적인 기질**(녹스의 저서의 제명을 빌리자면, Bernard M. W. Knox, *The Heroic Temper: Studies in Sophoclean Tragedy* (Berkeley: U of California Pr., 1966))이라면, 이 단어는 자력으로 왕위를 얻은 비극 주인공인 오이디푸스의 영웅적인 기질을 가장 잘 보여주는 단어 가운데 하나다. 튀라노스에 대한 포괄적인 논의는 Felix Budelmann, *The Language of Sophocles: Community, Communication and Involvement* (Cambridge: Cambridge UP, 2000), 214-219쪽을 볼 것.

15) 행동을 표시하는 단어들(dran, prassein)이 자신의 말이나 다른 사람들이 그를 향해 한 말에서 자주 등장한다. 69행, 72행, 77행, 145행, 235행, 287행, 640행, 1327행, 1402행, 1403행 등.

단한 실천 행위들은 어떤 두려움이나 위기 앞에서도 굴하지 않는 용기와 자신감에서 나온 것이다. 이 용기와 자신감은 제우스의 사제가 말하듯, 자신의 "지식으로"(gnōmēi, 398행)[16] 스핑크스의 수수께끼[17]를 풀고 그 괴물로부터 테바이인을 해방시킨 오이디푸스 본인의 **경험**에 근거한다(45행). 현재 테바이에서는 농작물은 더 이상 생산되지 못하고, 여인들과 동물들도 더 이상 임신이 불가능 하는 등 숱한 시민들이 역병으로 고통을 받고 있다. 지난날 성공했던 경험에 힘입어 그는 커다란 재앙에 빠져 "황폐화된(erēmos)"(57행) 국가, "분노에 찬 죽음의 물결 밑에서 더 이상 머리를 들지 못하는"(Jebb 번역) 테바이라는 **국가라는 배**(22~23행)를 다시 한번 구할 수 있으리라는 자신감에 차 있는 것이다. 사제는 오이디푸스를 "구원자"(sōtēr, 48행)라고 부른다.

이 자신감을 오만이라고 할 수는 없다. 오이디푸스는 첫 장면에서부터 테바이 시민에 대한 깊은 책임과 의무감으로 고뇌하는 이상적인 통치자의 모습으로 등장한다. 역병으로 고통 받고 있는 "가엾은"(oiktroi, 58행) 시민들에게 깊은 연민의 감정을 보내는 그의 모습(13행)은 분명 통치자에게 부과된 책임을 충분히 인식하는 이상적인 통치자의 모습이다. 아폴론 신탁의 내용 그대로 선왕 라이오스의 살

---

16) gnōmē는 번역자에 따라 "재치", "머리", "분별력", "이성", 또는 "지식"으로 번역되고 있다.
17) 스핑크스의 수수께끼의 내용은 작품『오이디푸스 왕』에 등장하지 않지만, 오이디푸스가 수수께끼를 풀었다는 것이 반복적으로 언급되는 것을 보면, 당시 아테나이인들이 그 내용을 익히 알고 있었음에는 틀림없는 것 같다. 가령 에우리피데스의『페니키아의 여인들』의 서문에는 스핑크스가 내놓은 수수께끼의 내용과 그에 대한 대답이 나타난다. 한 개의 목소리에다 여러 개의 발로, 즉 두 발로, 네 발로, 그리고 세 발로 대지 위에 걷는 자들의 정체를 묻는 수수께끼가 나온다. 즉 어렸을 때는 네 발로 걷고 늙었을 때는 지팡이를 세 번째 발로 삼고 이에 기대어 걷는 자들의 정체를 묻는 수수께끼가 나오는데, 이에 대해 그들의 정체는 **인간**이라고 대답하는 내용이 등장한다.

해범이 밝혀지고 그 자가 테바이에서 추방되기 전까지는 재앙을 피할 길이 없었다. 때문에 오이디푸스가 그 살해범의 정체를 밝혀달라는 **탄원자**로서의 자신의 요청을 거부한 테이레시아스에게 격노하고 그를 매도한 것도 테바이 시민에 대한 의무감과 책임감에서 비롯된 것이라고 할 수 있다.

살해범의 정체를 밝히기 거부하는 예언자에게 오이디푸스가 "그대는 우리를 배반하고 우리 도시를 파멸시킬 작정이오"(330~331행)라고 책망한 것은 역병 때문에 "공포에 떨고 있는"(153행) 테바이인들을 위해 통치자로서 보일만한 당연한 반응인 것이다. 오이디푸스가 책망하자 화가 난 테이레시아스가 그 살해범이 바로 오이디푸스 자신이라고 말했을 때, 오이디푸스로서는 그 예언자가 자신을 왕위에서 쫓아내기 위해 크레온과 공모해 거짓말을 한 것이라고 의심하는 것도 무리는 아니다. 왜냐하면 살해범의 정체를 알기 위해서는 테이레시아스를 불러와야 한다고 권고한 자가 바로 크레온이었기 때문이다.

그 예언자를 책망한 것이나 크레온을 의심해 그를 죽이려 한 것 모두 그를 향해 울부짖는 테바이인들을 구하려는 통치자로서의 입장에서는 당연한 행동이다. 오이디푸스의 성격과 관련해 강조해야할 점이 있다면, 그것은 오히려 이오카스테와 코로스의 청원에 크레온을 용서하는 것에서 알 수 있듯, 정당한 이견이 제시될 때는 기꺼이 자신의 고집과 노여움을 거둬들일 수 있는 탄력적인 인간이라는 점일 것이다.

그의 지나친 오만, 격한 기질, 타인에 대한 의심 등이 오이디푸스를 파멸로 이끈 성격 결함이 아님은 분명하다. 이 작품의 작자인 소포클레스도 성격 결함 때문에 오이디푸스가 비극을 향해 갔다고 보지는 않는다. 그는 다른 등장인물들을 통해 오이디푸스가 훌륭한 통치자라는 점을 반복해서 보여준다. 첫 장면에 등장한 제우스의 사제의 눈에 오이디푸스는 "신과 같은 존재는 아니"라 해도 "암캐"(kuōn, 391행)[18]의 모습을 한 "가혹한 여가수"(36행) 스핑크스로부터 테바이인들을 해방시켰기 때문에 인간 가운데 "가장 으뜸가는 자"(andrōn de prōton, 33행), "가장 강력한 자"(kratiston, 40행), "가장 훌륭한 자"(brotōn arist', 46행)로 비친다. 코로스의 눈에 비친 오이디푸스도 마찬가지다(504행 이하). 오이디푸스가 파멸했을 때에도 그들은 그것이 그의 성격 결함의 결과라고 말하지 않는다.

'하마르티아'는 주인공의 성격 결함이 아니다. "사실 하마르티아의 근본 의미는 '빗나가다'이다."[19] 앞서 언급했지만, 비극적인 주인공이 자신의 의도와는 상관없이 행하는 지적인 잘못이나 도덕적인 잘못, 곧 그의 '빗나가는' 행위가 하마르티아다. 오이디푸스의 경우 자신의 의도와는 아무런 상관이 없이 아버지를 살해하고 어머니를 아내로 취한 것이 바로 하마르티아다. 오이디푸스는 아리스토텔레스뿐만 아니라 플라톤에게도 가장 무서운 하마르티아를 초래한 자로

---

18) 이집트의 스핑크스 상이 크레테를 거쳐 그리스에 유입되었을 때, 스핑크스는 남자의 모습이었지만, 기원전 6세기 후반 이른바 '테바이 스핑크스 상'이 등장했을 때부터 스핑크스는 여자의 모습을 취했다. 에우리피데스는 작품 『페니키아의 여인들』에서 스핑크스를 가리켜 "날아다니는 계집애"(to parthenion pteron, 806행)라고 일컬었다. 여자의 머리, 사자의 몸뚱이에 새의 날개를 단 괴물의 모습을 한 스핑크스의 이미지에 부분적으로 변화도 나타났다. 몇몇 회화나 문학작품에서 스핑크스는 사자의 몸뚱이가 아니라 개의 몸뚱이를 가진 것으로 묘사되었다. 소포클레스는 작품 『오이디푸스 왕』에서 스핑크스를 가리켜 "날개 달린 소녀"(507행; 1198~1199행)라고 일컬으면서도 한편 노래를 부르는 "암캐"(391행)라고 일컫고 있다. 이에 대해, 그리고 스핑크스의 '개'의 이미지가 상징하는 의미에 대해서는 Almut-Barbara Renger, 앞의 책, 32~37쪽을 볼 것. 그리고 스핑크스 상을 테바이의 오이디푸스의 이야기와 연관시켜 좀더 상세하게 논의한 글로는 Stephanie Larson, "Meddling with Myth in Thebes: A New Vase from the Ismenion Hill (Thebes Museum 49276)," *Myths on the Map: The Storied Landscapes of Ancient Greece*, Greta Hawes 엮음 (Oxford: Oxford UP, 2017), 109~115쪽을 볼 것.

19) Mary Lefkowitz, *Euripides and the Gods* (Oxford: Oxford UP, 2016), 17쪽.

일컬어진다.

그리스 비극에서는 인간적인 차원에서 저질러진 수치스러운 행위는 그것이 비록 행위자의 동기나 의도와는 무관하게 이루어졌다 해도 결과적으로는 신이 지배하는 우주 질서를 더럽힌 행위로 여겨지기 때문이다. 따라서 오이디푸스의 동기나 의도가 순수했다거나 적어도 악한 것은 아니었다 해도 그가 "죽여서는 안 될 사람을 죽이고" "결혼해서는 안 될 사람과 결혼한"(1184~1185행), 즉 아버지를 죽이고 어머니를 아내로 취한, 그 가장 흉측한 행위[20]인 하마르티아는 사실상 우주적 질서를 더럽힌 것이 된다. 그리스인에게 궁극적으로 중요한 것은 의도가 아니라 행위와 그 행위의 결과였다.[21] 더럽혀진 우주적 질서가 회복되기 위해서는 어떤 식으로든 행위자는 희생되어야만 했다. 이것이 그리스 비극의 근본적인 패턴이며, 인류학자들이 일컫는 이른바 '부정(不淨)과 금기(禁忌)의 윤리'는 그리스 비극에 "보다 오래된 도덕적 사유의 형식"으로 남아있었다.[22]

운명의 비극인가

오이디푸스의 비극이 자신의 의도나 성격 결함에 기인한 것이 아니라면 이 작품은 흔히 이야기되듯, **운명의 비극**인가. 먼저 오이디푸스에게 주어진 운명의 근원을 추적하기 위해 그가 죽인 그의 아버지 라

---

20) 플라톤 『국가』 568d4~569c9, 571a1~575a7, 특히 571c3~d4; 『법률』 838a4~e1.
21) C. M. Bowra, *Sophoclean Tragedy* (Oxford: Clarendon Pr., 1944), 168~170쪽; E. R. Dodds, "On Misunderstanding the *Oedipus Rex*," *Greece and Rome*, 13(1966), 38~40쪽; Robert Parker, *Miasma: Pollution and Purification in Early Greek Religion* (Oxford: Clarendon Pr., 1983), 317~318쪽; L. A. Swift, *The Hidden Chorus: Echoes of Genre in Tragic Lyric* (Oxford: Oxford UP, 2010), 84쪽.
22) Roger Scruton, *On Human Nature* (Princeton: Princeton UP, 2017), 87쪽.

이오스의 이야기로 거슬러 올라가보자.

잘 알려진 이야기는 아니지만, 고대의 주석들과 단편적인 신화들을 통해 전해지는 이야기에 따르면 아트레우스의 아버지인 피리기아 왕 펠롭스에게는 아름답기로 유명한 크뤼십포스라는 어린 아들이 있었다. 제우스의 마음까지도 사로잡았던 그의 미모는 오이디푸스의 아버지 라이오스의 마음을 사로잡았고, 그는 사두마차를 모는 방법을 가르쳐준다는 구실로 왕자를 테바이로 데려온 뒤 그를 강간했다. 이 사건으로 크뤼십포스는 자살했고, 그의 아버지는 라이오스를 저주했다. 아폴론은 라이오스에게 이에 대한 벌로 자식을 갖지 말 것을 명령하면서 **만약** 자식을 낳으면 그 자식의 손에 죽게 될 것이라고 경고했다. 라이오스가 이 명령을 거역했기 때문에 아폴론은 그와 그의 자식들을 무서운 운명으로 저주했던 것이다.[23] 그러므로 오이디푸스의 비극적인 운명은 자신의 의도와는 전혀 관계없이 그의 아버지 라이오스가 범한 잘못의 대가로 주어진 것이었다.

그러나 소포클레스의 『오이디푸스 왕』은 이러한 신화적인 배경을 언급하지 않으며, 오이디푸스의 비극적인 운명은 그의 아버지의 잘못으로 인한 것이라는 점도 드러내지 않는다. 소포클레스에게 중요한 것은 아폴론의 신탁이 **무조건적**이라는 점이다. 아폴론이 오이디푸스에게 내린 신탁은 그가 자신의 아버지를 죽이고 자신의 어머니를 아내로 취할 것이라는 무조건적인 예언이었다(790~793행). 라이오스에게 내려진 신탁도 "그가 아들의 손에 죽게 되리라"(714행)는, 무조건적인 것이었다(711~714행). 아폴론은 라이오스에게 자식을 낳

---

[23] 크뤼십포스에 관한 출처에 대해서는 Martin West, "Ancestral Curses," *Sophocles Revisited: Essays Presented to Sir Hugh Lloyd-Jones*, Jasper Griffin 엮음 (Oxford: Oxford UP, 1999), 42~44쪽; N. J. Sewell-Rutter, *Guilt by Descent: Moral Inheritance and Decision Making in Greek Tragedy* (Oxford: Oxford UP, 2007), 63~66쪽을 볼 것.

으면 그 자식의 손에 죽을 것이라고 예언했다.

그의 선배시인인 아이스퀼로스와 후배시인인 에우리피데스도 이 이야기를 다루는 데,[24] 그들의 경우에는 조건적이다(각각 『테바이를 공격하는 7인의 전사』 742행 이하, 『페니키아 여인들』 13행 이하). 만일 라이오스가 자식을 낳으면 그 자식이 그를 죽일 것이라는 조건이 있었다. 이러한 경우 라이오스가 아폴론 신의 명령에 따라 자식을 낳지 않았다면 이후의 비극은 피할 수 있는 것이 된다.

그러나 소포클레스의 『오이디푸스 왕』에는 **만일**이라는 가정이 배제되고 있다. 이 경우 오이디푸스의 비극은 무조건 주어지는 것이 된다. 오이디푸스는 무조건적인 운명의 희생자다. 오이디푸스에게 사실상 아무런 잘못이 없다거나, 이 작품이 인간의 자유의지를 전적으로 부정하는 '운명의 비극'이라는 주장이 가능해지는 것은 바로 이러한 입장에서다.

하지만 그리스 비극이 '운명의 비극'이라는 도식은 일찍이 일군의 학자, 즉 스넬, 레스키, 도즈, 녹스, 베르낭 등에 의해 무너졌다. 그들의 입장에 동조한 다수의 학자도 그리스 비극의 주인공들은 어떤 행동을 결정하는 데 궁극적으로 자신의 자유의지에 따른다는 점을 강조한다. 신의 개입이라는 외적 요인만이 아니라 개개인의 자유의지라는 내적인 요인도 주인공의 운명을 결정하는 주요 요인이라는 것이다.

이러한 입장은 자주 인용되는 레스키의 '이중의 동기부여'나 도즈의 '중층적(重層的) 결정'이라는 용어를 통해 잘 드러난다.[25] 그리스

---

24) 이에 대해서는 Elizabeth Belfiore, *Murder among Friends: Violence of Philia in Greek Tragedy* (New York: Oxford UP, 2000), 169~170쪽; Fiona Macintosh, *Sophocles: Oedipus Tyrannus* (Cambridge: Cambridge UP, 2009), 18~24쪽을 참조할 것.
25) 1부 2장 『테바이를 공격하는 7인의 전사』 74~75쪽을 참조할 것.

비극에 이중의 동기가 부여된다고 할 때, 소포클레스의 『오이디푸스 왕』은 어느 그리스 비극작품보다도 개체의식이나 개인의 자유의지라는 내적인 요인이 큰 비중을 차지하는 작품으로 여겨진다.

사실 그리스인들은 "서양사에서 처음으로 인간을…… 행위의 주체"로 인식했다.[26] 그들은 최초로 인간을 하나의 개체로서 우주의 중심으로 자리매김했다. 비극은 이러한 그리스 문화의 독특한 산물이며, 동시에 그들이 어떻게 하나의 개체로서 자의식을 구축하고 그것을 강화시켜나갔는지를 보여준 일종의 지표다. 바꿔 말하면 이러한 개체성, 개인의 자의식을 토대로 출발한 그리스 문화는 실은 출발부터 이미 비극정신을 잉태할 수밖에 없었던 것이다. "인간의 성격이 운명"(Êthos anthrōpōi daimōn)이라고 말했던 헤라클레이토스[27]는 가히 그리스인의 전형이라 할 만하다.

소포클레스 역시 철저한 그리스인이다. 그는 엄격히 말해서 "인간의 행동을 추동하는" "영혼", 즉 성격의 중요성을 "최초로" 강조한 비극시인이기 때문이다.[28] 『오이디푸스 왕』에서 극적인 행위 대부분은 주인공의 의지로 이루어진다. 오이디푸스 왕은 그가 명령을 내릴 때 사용하는 "나, 오이디푸스"라는 표현을 포함해 **나**라는 단어를 30번 이상 사용한다. 그는 제일 처음 자신을 소개할 때 "이름이 세상 모두에게 널리 알려진, 나 오이디푸스"(ho pasi kleinos Oidipous kaloumenos, 8행)라는 표현을 쓴다. '나'에 대한 강한 자의식은 "내가

---

26) Jean-Pierre Vernant, "Intimations of the Will in Greek Tragedy," 앞의 책, *Myth and Tragedy in Ancient Greece*, 79쪽. 그리고 특히 비극 주인공과 관련해서는 82쪽을 볼 것.
27) fr. 114, Charles H. Kahn, *The Art and Thought of Heraclitus: An Edition of the Fragments with Translation and Commentary* (Cambridge: Cambridge UP, 1979), 80쪽.
28) Werner Jaeger, *Paideia: The Ideals of Greek Culture*, Gilbert Highet 옮김 (New York: Oxford UP, 1945), 1: 279쪽.

모든 일을 행할 것이다"(145행)라는 구절에서 절정에 이른다.

오이디푸스의 의지에 따른 진실의 발견, 그로 인한 이오카스테의 자살, 그의 실명과 추방 등 아폴론은 그 어느 것도 예언하지 못했다. 모든 사실이 드러나기까지 일어난 극적인 사건은 전부 오이디푸스의 의지에 따라 전개된 것이다. 이러한 그의 자유의지는 여러 사람이 라이오스 왕의 살해범을 찾으려고 하는 그의 노력을 중단시키려 했다는 사실에서도 확인된다. 테이레시아스(320~321행), 이오카스테(848행 이하, 1060~1061행), 양치기(1165행)가 살해범을 그만 찾으라고 권고했지만, 오이디푸스는 이러한 권고를 거부하고 진실을 밝히려는 의지를 굽히지 않는다.

탁월한 소포클레스 연구자들 가운데 한 사람인 녹스는 "오이디푸스의 행동은 자유로운 행위자의 행동일 뿐만 아니라 극중 사건의 원인이기도 하다…… 파국은 비극적인 주인공의 자유로운 결단과 행동의 결과임이 틀림없다……." 더 나아가 "주인공의 의지는 절대적으로 자유로우며, 파국의 책임은 전적으로 주인공에게 있다"[29]라고 말했다. 그렇다면 그에게 파국을 초래한 **저주**는 아폴론의 신탁에만 있는 것이 아니라, "나의 근원(sperma)을 알지 않으면 안 된다"(1077행)라는, 즉 자신의 정체를, 자신의 "존재를 드러내려고 하는 강렬한 열망"[30]에 불타는 그의 "성격 속에도 있는 것이다."[31]

이렇듯 그의 의지가 가장 선명하게 드러나거나 그의 자유의지가 가장 극적으로 표출된 행위는 바로 스스로를 눈멀게 한 행위다. 그는 "나에게 이 잔인하고도 잔인한 고통을 가져온(ho kaka kaka telōn ema

---

29) Bernard M. W. Knox, *Oedipus at Thebes* (New York: Norton, 1971), 5쪽, 12쪽.
30) Martin Heidegger, 앞의 책, 113쪽.
31) Cedric H. Whitman, *Sophocles: A Study of Heroic Humanism* (Cambridge/M.A.: Harvard UP, 1951), 140쪽.

tad' ema pathea) 이는 아폴론이었지만…… 나의 두 눈을 찌른(epaise) 손은 그 누구의 것도 아닌 나 자신의 손이었다"(1329~1332행)라고 울부짖는다. 전형적인 비극적 주인공의 위대함은 자신을 억압하는 모든 것에 홀로(monos, 이 작품에서 이 단어가 자주 반복된다) 맞선 채 자신의 자유의지에 따라 행동하고, 그것에 따르는 책임과 결과를 전적으로 수용하는 자세에 있다. 지라르는 오이디푸스를 집단의 질서와 이익을 위해 희생된 일종의 희생제의의 속죄양, 즉 **파르마코스**(pharmakos)가 된 비극 주인공으로 설정했지만,[32] 진정한 비극적인 주인공은 그러한 희생마저 주저함이 없이 자신의 자유의지에 따라 감수하는 인물이다. 오이디푸스는 자신의 죽음이나 추방이 도시 전체를 구할 수 있다면, 기꺼이 희생제물이나 속죄양이 될 태세다(1410~1415행).[33]

그렇다고 해서 이 작품이 녹스의 주장대로 **자유의지의 비극**인 것만도 아니다. 오이디푸스의 파멸이 철저하게 외적인 요인으로 결정된다는 점에서 볼 때, 이 작품의 세계는 철저히 운명적이다. 우리는 앞서 아폴론은 오이디푸스가 추구한 진실의 발견, 이오카스테의 자살, 오이디푸스의 실명과 추방 등 그 어느 것도 예언하지 못했다고 지적했다. 물론 이 작품에 아폴론 신이 직접 등장하지 않는다. 그러나 그의 모든 예언은 테이레시아스를 통해 천명되며, 오이디푸스의 운명

---

32) René Girard, *Violence and the Sacred*, Patrick Gregory 옮김 (Baltimore: Johns Hopkins UP, 1977), 68~88쪽.
33) 이 주제에 관한 한, 지난 30년 이래 가장 영향력 있는 글 Jean-Pierre Vernant, "Ambiguity and Reversal," 앞의 책, *Myth and Tragedy in Ancient Greece*, 125쪽, 특히 127~135쪽을 볼 것. 그리고 Charles Segal, *Oedipus Tyrannus: Tragic Heroism and the Limits of Knowledge* (New York: Oxford UP, 2001), 114~115쪽, 164~166쪽; Peter Burian, "Inconclusive conclusion: the ending(s) of *Oedipus Tyrannus*," *Sophocles and the Greek Tragic Tradition*, Simon Goldhill and Edith Hall 엮음 (Cambridge: Cambridge UP, 2009), 103~105쪽, 113~115쪽도 볼 것.

은 그 예언에서 한 치도 벗어나지 않는다. 코로스의 말(284행) 그대로 예언자 테이레시아스가 **보는 것**이 바로 아폴론이 **보는 것**과 다름없다면, 그의 예언이 곧 아폴론의 예언인 것이다.

그래서 오이디푸스는 "나에게 이 잔인하고도 잔인한 고통을 가져온 이는 아폴론이었다"라고 울부짖는다. 자신의 아버지를 살해하고 자신의 어머니를 아내로 취할 것이라는 예언된 운명뿐만 아니라, 그 후 그의 정체가 탄로나는 것, 아내이자 어머니인 이오카스테가 자살하는 것, 그리고 그의 실명과 추방 등 이 모두가 아폴론이 미리 정한 구도 아래 가능해지고 있음을 볼 때, 오이디푸스의 비극은 철저히 운명적이다. 주인공의 자유의지의 표출은 "불과 번개로 무장하고 그에게 덤벼드는"(469~470행) 아폴론에게, 아니 "모질게 상처 입은 발로 절뚝거리며 야생의 수풀 속으로 숨어 들어가 동굴과 바위 사이로 쓸쓸히 헤매는 황소 같은"(476~479행) 그를 발견하고 "짐승"처럼[34] 덤벼드는 아폴론에게 무모하게 항변하는 허망한 절규에 지나지 않는다. 신은 아무런 잘못이 없는 오이디푸스를 오래전 가문에 내린 저주의 희생물로 만들어 그를 자신들의 뜻을 실현하는 죄인으로 전락시킴으로써 자신들의 힘을 뽐내고 있다. 작품은 어느 사이 일면 "그리스적인 '수난극'(passion play)"으로 변하고 있다.[35]

그러나 중요한 사실은 테이레시아스, 아니 아폴론이 전혀 예언하지 못했기 때문에 개입할 수 없는, 오이디푸스만의 고유한 가치 영역이 있다는 것이다. 이 영역에 따라 비로소 깅철 같은 운명외 틀이 무

---

[34] Charles Segal, *Tragedy and Civilization: An Interpretation of Sophocles* (Cambridge/M.A.: Harvard Up, 1981), 224쪽.

[35] Jean Bollack, "Accursed from Birth: Enigma and Enigmatiation," *The Art of Reading: From Homer to Celan*, Christoph Koenig, Leonard Muellner, Gregory Nagy, and Sheldon Pollock 엮음, Catherine Porter, Susan Tarrow and Bruce King 옮김 (Washington, D. C.: Hellenic Studies, Trustees for Harvard University, 2016), 142쪽.

너지고 만다. 우리가 **실명**의 모티프를 중요하게 다루고자 한 것은 바로 이 때문이다.

실명의 모티프

다른 곳에서 논의했듯,[36] 그리스인에게 산다는 것은 본다는 것이고 본다는 것은 안다는 것이었다. 그들에게 시각은 이성이나 인식능력과 직결된 최고의 감각이었고, 인간의 눈은 대존재, 즉 절대진리인 **이데아**를 '바라보는' 지식의 근원이었다. 『오이디푸스 왕』에도 시각이 인식능력의 기준이 된다. 오이디푸스는 봄(見)에 절대가치를 부여하기 때문이다. 이는 오이디푸스가 보지 못하는 예언자 테이레시아스를 인식 능력에서 그와 대립 관계로 설정한 것에서 잘 드러난다. 테이레시아스가 라이오스의 살해범을 알려달라는 오이디푸스의 탄원을 거부함으로써 그들이 적대관계가 되기 전까지 오이디푸스도 테이레시아스를 "신과 같은 예언자"(298행)라고 칭송하며 존경을 아끼지 않는다(300~315행).

그러나 앞서 보았듯, 테바이를 구원해달라는 자신의 탄원에 응답하지 않는 테이레시아스에게 분노한 오이디푸스가 그를 라이오스의 살해에 가담한 공모자로 몰고, "그대가 볼 수 있는 눈을 가졌더라면, 그대 혼자서라도 라이오스 왕을 살해했을 것"(348~349행)이라고 매도하자, 테이레시아스는 오이디푸스야말로 "이 땅을 더럽히는 불경스러운 자"(353행)라고 맞선다. 이 둘의 관계는 바로 이 지점에서 적대적으로 변한다. 그리고 바로 이 지점에서 보는 자와 보지 못하는 자 사이의 대립구도가 펼쳐진다.

---

36) 임철규, 『눈의 역사 눈의 미학』(한길사, 2004), 124~129쪽.

선왕의 살해범을 찾는 오이디푸스가 바로 선왕의 살해범이라는 테이레시아스의 말에 오이디푸스는 예언자의 "귀", "마음", "눈", 그 어느 것도 "보지 못한다"(tuphlos)라면서(370~371행) 진리를 꿰뚫는 힘은 보는 능력과 결부되기 때문에 실명한 테이레시아스는 진리를 알 수 없다고 매도한다. 여기서 오이디푸스는 눈만이 아니라 귀, 마음 등의 "의식기관"[37] 전체를 시각화한다. 진리에 대한 인식은 전적으로 보는 능력에 기반한다는 것이다. 이에 격분한 테이레시아스가 지금 자신에게 쏟아낸 모욕과 조롱을 여기에 있는 모든 자가 후에 오이디푸스에게 쏟아낼 것이라고 하자(372~373행), 오이디푸스는 "영원한 어둠 속에 사는 그대는 나든 다른 사람이든 태양빛을 보는 자를 결코 해치지 못하리라"라며 비웃는다(374~375행).
　우리는 다른 곳에서 "고대 그리스에서 살아 있다는 것은 '태양, 바로 그 빛을 본다는 것'과 같은 것이었다. 죽는다는 것은 '볼 수 있는 능력을 상실한다'는 것을 뜻하기 때문이었다⋯⋯. 죽은 자는 그가 보지 못하기 때문에 지하의 하데스 신과 하나가 되는 것으로 여겨졌다"라고 지적한 바 있다. 오이디푸스에게 보지 못하는 테이레시아스는 죽은 자나 다름없다. 모든 감각 가운데 시각에 절대권위를 부여했던 고대 그리스에서, "인식은 보는 것으로 가능해지기 때문에 볼 수 있는 자만이 인식의 주체가 될 수 있다"라는 점도 지적한 바 있다.[38] 오이디푸스에게는 보지 못하는 테이레시아스는 진리를 인식할 수 없을 뿐만 아니라 인식의 주체도 될 수 없는 존재인 것이다.
　오이디푸스는 자기에게 오늘 "이 날"(438행) 파멸하리라고 에둘러 예언하는 테이레시아스에게 당신은 스핑크스의 수수께끼를 풀지

---

37) Charles Segal, 앞의 책, *Sophocles' Tragic World*, 177쪽.
38) 임철규, 앞의 책, 126쪽.

못했지만, 자기는 신의 도움없이 자신의 **지식으로**(gnōmēi) 그것을 풀고 테바이를 구했다고 함으로써(395~398행) 보는 자로서의 자신의 능력을 과시한다. 하지만 이처럼 '봄'에 절대가치를 부여하는 오이디푸스에게 테이레시아스는 "그대는 **눈이 있어도 보지 못하고**(413행), 어떤 불행에 빠져 있는지도(367행, 413행), 어디에서 살고 있는지도, 누구와 살고 있는지도, 누구의 자손인지도 보지 못한다"(414~415행)라고 반박한다. 자기가 가진 예언 능력의 허구성을 논박하는 오이디푸스에게 반대로 테이레시아스는 보는 자로서의 오이디푸스가 기반하고 있는 시각의 허구성을 지적한다. 그러고는 그는 오이디푸스가 지금은 볼 수 있지만 앞으로는 볼 수 없게 될 것이고, 지금은 부자이지만 앞으로는 거지가 되어 지팡이에 의존한 채 외국의 낯선 땅을 떠돌게 될 것이며, 자식들에게는 아버지이자 형제, 어머니에게는 아들이자 남편, 아버지에게는 그를 죽인 살해범이 될 것이라는, 수수께끼 같은 예언을 남기고는(454~460행) 그 자리를 떠난다.

사실 이 예언자의 이야기는 오이디푸스에게 스핑크스의 수수께끼 보다 더 "헤아리기 어려운", 그러므로 더 깊은 의미를 품은 "수수께끼"(439행), 좀더 정확하게 말하자면 마치 **신탁**의 신호처럼 들린다. 헤라클레이토스에 따르면 델포이의 아폴론 신탁은 "말하지도(legei) 않으며 그렇다고 숨기지도(kruptei) 않는다. 대신 그것은 **신호**(sēmainei)를 준다."[39] 그 신호는 새들의 소리나 비상(飛翔) 또는 벌의 동작 등등의 여러 전조를 통해 나타난다.[40] 오이디푸스는 스핑크스의 수수께끼를 풀 때, 신의 도움은 물론, 새들의 도움도 받지 않았다고 주장하지만(395~396행), 제우스의 사제는 오이디푸스가 "신의

---

39) fr 33, Charles Kahn, 앞의 책, 42쪽.
40) Christiane Sourvinou-Inwood, *'Reading' Greek Culture: Texts and Image, Rituals and Myth* (Oxford: Clarendon Pr., 1991), 196~210쪽을 볼 것.

도움으로" 수수께끼를 풀었다고 단언한다(38행). 새들의 도움을 통해서건 다른 전조를 통해서건 어떤 형식으로든 신이 개입했다는 것이다.

고대 그리스에서 진리를 말하는 것은 흔히 '헤아리기 어렵게' 말하는 것을 의미했다. 여기서 헤아리기 어렵게 말한다는 것은 곧 말로는 진리를 표현할 수 없다는 것을 의미한다.[41] 오이디푸스에게 행한 테이레시아스의 수수께끼 같은 예언의 말들은 진리를 담보하는 예언, 곧 일종의 신탁의 신호다. 신탁의 신호들이 머무는 그의 눈은 신성의 눈이다. 잘 알려진 대로 실명한 테이레시아스의 눈은 제우스가 부여한 예언의 눈이기 때문이다. 진리를 담보한 그의 예언은 바로 진리를 관통하는 이런 신성의 눈을 통해 이루어진 것이다. 테이레시아스와 오이디푸스 사이의 본질적인 차이는 바로 여기에 있다. 오이디푸스가 실명한 테이레시아스의 눈을 비웃었던 것은 다름 아닌 신의 지혜와 예언의 눈을 비웃었던 것이 된다.

테이레시아스의 실명과 관련해서 두 가지 이야기가 전해진다.[42] 그 가운데 하나는 다음과 같다. 어느 날 테이레시아스는 아르카디아 변경의 어느 산에서 성교 중인 뱀들을 보게 된다. 그중 하나에 상처를 입히자 테이레시아스는 바로 여자의 모습으로 변해버렸다. 이후 그는 7년 동안 여자로 살게 된다. 아폴론은 그가 만일 성교 중인 다른 뱀들을 보고 똑같이 그중 하나에 상처를 입힌다면 다시 남자의 모습으로 돌아오게 될 것이라고 말했다. 다시 남자가 된 테이레시아스는 어느 날 제우스와 헤라의 논쟁에 증인으로 불려간다. 그 논쟁은 성행

---

41) Gerald L. Bruns, *Hermeneutics Ancient and Modern* (New Haven: Yale UP, 1992), 22쪽.
42) 이에 대한 상세한 논의는 Luc Brisson, *Sexual Ambivalence: Androgyny and Hermaphroditism in Graeco-Roman Antiquity*, Janet Lloyd 옮김 (Berkeley: U of California Pr., 2002), 116~126쪽.

위에서 남자와 여자 중 누가 더 많은 쾌락을 느끼는가에 대한 것이었다. 테이레시아스는 남자는 그 경험의 10분의 1, 여성은 10분의 9의 기쁨을 누린다고 대답했다. 이에 분개한 헤라는 그의 눈알을 도려내 버렸고, 제우스는 자신의 편을 든 그에게 그 대가로 예언 능력과 210세까지 살 수 있는 긴 수명을 주었다.

한편 칼리마코스(Callimachos)가 전하는 또 다른 이야기에 따르면 그는 아테나 때문에 실명했다. 목욕하고 있는 아테나의 나신을 몰래 훔쳐본 벌로 실명했다는 것이다. 그러나 테이레시아스의 어머니의 간청에 감동한 아테나는 실명의 대가로 그에게 예언 능력, 긴 수명, 죽은 후에도 기지와 이성을 보유할 수 있는 능력과 지팡이를 주었다. 이후 테이레시아스는 "테바이 왕가의 공식 예언자"가 되었고, "새들의 비상과 울음소리를 통해 모든 것을 예언했다."[43] 그는 "인간사를 모두 알고 이해하는"(498~499행) 제우스로부터 예언의 눈을 부여 받았기 때문에 **진정으로 보는 자**다. 제우스의 사제 눈에 오이디푸스는 "신과 같은 존재는 아니지만"(31행), 코로스의 눈에 테이레시아스는 "신과 같은 예언자"(298행), 아폴론과 똑같이 보는 자(284~285행)다. 이렇듯 보는 눈(오이디푸스)이 보지 못하는 눈이 되는 것, 보지 못하는 눈(테이레시아스)이 보는 눈이 되는 것, 이러한 역설이 『오이디푸스 왕』을 관통하는 핵심적인 주제 가운데 하나다.

오이디푸스의 실명

『구약』에서도 마찬가지로 금지된 것을 행한 자에게 실명이라는 벌이 내려졌다. 신의 얼굴을 보면 안 된다는 것, 이는 신들의 철칙이다.

---

43) Luc Brisson, 같은 책, 123쪽, 122쪽.

『구약』에서 여호와(야웨)의 "네가 내 얼굴을 보지 못하리니 나를 보고 살 자가 없음이니라"(『출애굽기』 33.20)라는 경고는 단순한 경고로 끝나지 않았다. 『구약』에 등장하는 많은 이야기가 위반의 대가로서 실명이라는 주제를 다룬다. 모세 5경에도 실명은 신이 정한 금기를 위반한 경우에 받게 되는 무서운 벌 가운데 하나로 제시된다(『레위기』 26:16; 『신명기』 28:65; 『욥기』 30:17; 『스바냐』 1:17 등등). 아프리카 부구스족의 경우 지금도 신의 얼굴을 본 자는 반드시 죽는다는 믿음을 지니고 있다.[44]

테이레시아스의 경우 그가 여신 아테나의 나신을 훔쳐보았다는 것은 최고의 금기를 위반한 것이나 다름없다. 한편 금기의 대상을 훔쳐본 그의 행위는 일종의 오이디푸스적 욕망이 상징적으로 투영된 것이기도 하다. 훔쳐보는 행위에는 언제나 성적 욕망이 결부되기 때문이다. 프로이트에 따르면 금기 대상인 아테나의 나신을 보았다는 것은 어머니를 탐한 아들의 원초적인 위반의 욕망을 예고한다. 테이레시아스가 실명하는 또 다른 경우도 성적인 문제와 결부되지만, 궁극적으로 이는 지식의 문제와 관련된다. 여성이 남성보다 더 많은 성적 쾌락을 느낀다는 테이레시아스의 정확한 대답은 그가 "인간사를 모두 알고 이해하는"(498~499행) 신의 지적 능력을 압도함을 보여 준다.

그러나 인간의 지적 능력은 신의 능력을 능가할 수 없다. 이 또한 신들의 절칙이다. 비록 제우스의 요청에 따른 것이긴 하지만 테이레시아스는 성적 비밀(금지된 지식)이라는 철칙을 위반한 것이다. 고대 그리스에서는 행위의 의도나 동기가 아니라, 결과가 더 중요하다는 것이 여기서도 적용된다. 테이레시아스가 행한 행위도 아침에는 네

---

44) John S. Mbiti, *Concepts of God in Africa* (New York: Praeger, 1970), 25쪽.

발, 점심에는 두 발, 저녁에는 세 발로 걷는 것이 무엇인가라는 스핑크스의 물음에 신의 도움 없이 온전한 자신의 **지식으로 인간**이라고 답해 능력을 발휘한 오이디푸스의 지적 오만을 예고한다.

오이디푸스의 실명도 이러한 관점에서 조명될 수 있다. 우선 모든 진실이 밝혀진 뒤 아내이자 어머니인 이오카스테의 브로치로 자신의 눈을 찔러 스스로를 눈멀게 한 오이디푸스의 행위를 일종의 거세행위로 보는 경우를 들 수 있다. 우리는 다른 곳에서[45] 신화학적·문화인류학적인 관점에서 '눈과 성기'의 관계를 다루면서 눈이 **팔루스**(phallus)의 상징적인 대체물이라는 점을 지적했다. 또한 고대 그리스의 여러 자료를 통해 눈이 남성 성기를 상징하고 실명이 거세를 상징하는 사례들을 지적했다.

그러므로 자신의 눈을 멀게 하는 오이디푸스의 행위는 근친상간에 대한 벌로 자신의 성기를 거세하는 것을 상징한다고 볼 수도 있다.[46] 일찍이 『꿈의 해석』(1900)에서 『오이디푸스 왕』을 운명의 비극이라 규정한 프로이트는 아폴론의 신탁이 "우리 모두의 운명"이기 때문에 "아마도 우리의 최초의 성적 욕망이 어머니를, 우리의 최초의 증오와 우리의 최초의 살인의 열망이 아버지를 향하는 것은 우리 모두의 운명이다"[47]라고 주장했다. 인간이라는 존재는 무의식 속에 억압된 이 원초적인 욕망에서 결코 자유로울 수 없으며, 우리의 꿈이 이를 증명

---

45) 임철규, 앞의 책, 특히 69~84쪽.
46) 이는 George Devereux, "The Self-Binding of Oidipous in Sophokles: Oidipous Tyrannos," *Journal of Hellenic Studies*, 93 (1973), 36~49쪽에서 잘 논의되고 있다. 그리고 Nicole Loraux, "L'Empreinte de Jocaste," *L'Écrit du Temps*, 12 (1986), 35~54쪽을 볼 것.
47) Sigmund Freud, *The Interpretation of Dreams*(1900), James Strachey 편역, *The Standard Edition of the Complete Psychological Works of Sigmund Freud* (London: Hogarth Pr., 1953), 4: 262쪽. 독일어 원문에서는 과거 시제로 "우리 모두의 운명이었다"로 되어 있다.

한다는 것이다.

그러나 베르낭은 『오이디푸스 왕』에 대한 이러한 해석을 설득력 있게 반박한다.[48] 우리는 오이디푸스의 운명이 어떻게 전개되었는지 잘 알고 있다. 자식을 낳으면 그 자식이 아버지를 죽이고 어머니를 아내로 취할 것이라는 아폴론의 신탁을 알고 있었던 라이오스는 오이디푸스가 태어나자마자 신하에게 그를 죽여 키타이론 산에 버리라고 명령했다. 그러나 그 신하는 차마 오이디푸스를 죽일 수 없어서 주위의 양치기에게 줘버리고는 자취를 감춘다. 양치기는 오이디푸스를 자식이 없는 코린토스의 왕, 폴뤼보스와 그의 아내 메로페에게 주었다.

코린토스의 왕자로 성장한 오이디푸스는 어느 날 자신에게 내린 아폴론의 신탁을 알게 되고 그의 양친 곁을 떠나게 된다. 베르낭은 오이디푸스가 어떤 "오이디푸스 콤플렉스"도 가지고 있지 않았다고 논박한다. 오이디푸스가 양친 곁을 떠난 것은 자신의 부모가 폴뤼보스와 메로페라는 것을 믿었기 때문이며, 만약 그에게 '오이디푸스 콤플렉스'라는 것이 있다면, 그 대상은 라이오스와 이오카스테가 아니라 폴뤼보스와 메로페가 되어야 한다는 것이다.[49] 다시 말해 프로이트는 오이디푸스가 폴뤼보스와 메로페의 양자라는 사실을 간과 하고 있다는 것이다. 계속해서 베르낭은 문학 장르로서 비극의 역사성을 강조한다. 그는 다음과 같이 말한다.

---

48) Jean-Pierre Vernant, "Oedipus Without the Complex," Jean-Pierre Vernant and Pierre Vidal-Naquet, 앞의 책, 85~111쪽.
49) Jean-Pierre Vernant, 같은 글, 107~109쪽, 그리고 Pietro Pucci, *Oedipus and the Fabrication of the Father* (Baltimore: Johns Hopkins UP, 1992), 44~48쪽을 볼 것. 프로이트와 연관해 좀더 상세하게 논의한 것으로는 Charles Segal, 앞의 책, *Sophocles' Tragic World*, 161~179쪽을 볼 것.

그러므로 비극의 소재는 역사 밖의 인간현실로 가정되는 꿈이 아니라 기원전 5세기 폴리스 특유의 사회사상이다. 말하자면 법의 출현이나 정치적 삶의 여러 제도의 출현으로 말미암아 지난날의 종교적인·도덕적인 전통적 가치가 의문시될 때, 그 모든 긴장과 모순이 그 속에 표출된 당시 특유의 사회사상이다.[50]

베르낭은 프로이트가 기원전 5세기 아테나이 특유의 사회사상의 산물인 오이디푸스, 곧 "아테나이의 주인공"을 "보편적인 인간으로 변형시켰다"[51]고 보고 있다. 이러한 맥락에서 오이디푸스의 실명이라는 모티프는 역사성, 즉 떼려야 뗄 수 없는 당시 사회상과의 관계 속에서 조명될 필요가 있다.

물론 오이디푸스가 고백하듯, 그가 자신의 눈을 찔러 스스로를 눈멀게 한 것은 인간들과 접촉하는 것을 모두 단절하기 위해서다. 또한 하계에서 그의 양친을 만나면 차마 그들을 쳐다볼 수 없기 때문이었다(1369~1374행). 하지만 이는 작품에 등장하는 표면적인 이유일 뿐이다. 앞에서도 잠시 거론했지만, 자신의 **지식으로** 스핑크스의 수수께끼를 풀고 테바이를 구한 것을 자랑스러워하는 오이디푸스는 보는 것이야말로 진리에 이르기 위한 지식과 인식의 길잡이임을 강조하면서 보지 못하는 테이레시아스를 폄하했다.

그리고 이 작품에서 오이디푸스가 가장 즐겨 사용한 단어 가운데 하나는 척도·수·계산 등을 포괄하는 **측정**(metron)이라는 단어다. 소포클레스는 자신의 친구인 역사가 헤로도토스가 쓴 『역사』에서 이집트의 피라미드가 계산법과 측정법을 사용해 건설되었다는 것을 읽

---

50) Jean-Pierre Vernant, 같은 글, 88쪽.
51) Angie Voela, *Psychoanalysis, Philosophy and Myth in Contemporary Culture: After Oedipus* (London: Palgrave Macmillan, 2017), 12쪽.

었고,[52] 그의 주인공 오이디푸스는 이를 진리에 이르는 방법으로 여긴다. 오이디푸스에게 "시간의 계산, 나이와 수의 측정, 장소와 묘사의 비교 등이…… 살해범을 찾는 방법이 되고 있다."[53] 오이디푸스의 이러한 자세는 과학적인 사유를 기반으로 한 기원전 5세기 아테나이 소피스트들의 **계몽주의** 정신이었다.

기원전 5세기 후반에 특히 아테나이에서는 당시의 "가장 격렬한 논쟁거리의 하나였던" 예언이나 그밖의 종교적인 전통 전반에 대해 공격이 활발하게 이뤄졌다. 예언이나 그밖의 종교적인 전통은 비록 "조롱은 아니라 할지라도 회의적인 눈초리의 대상이 되었다."[54] 이들에게 철학의 공격은 좀더 급진적인 것이었다. 잘 알려져 있듯, 당시 계몽주의 정신을 대표하던 소피스트 프로타고라스는 신이 아니라 "인간이 만물의 척도(metron)"(『프라타고라스』 B1 DK)라고 말했다. "프로타고라스가 인간이 만물의 척도라고 규정했을 때, 이는 모든 지식이 본래 주관적이며 상대적이라는 것, 지식은 개인의 주관적인 인식의 산물이므로 인식 주체인 개인이 있어야 객관적인 지식도 가능하다는 것을 전제로 한 것이었다. 따라서 개인의 주관적인 경험이 절대기준이 되며, 개인의 주관적인 경험을 벗어난 절대표준은 존재할 수 없게 된다…… 예거가 정확하게 지적했듯, 휴머니즘은 본질적으로 그리스인들의 창조물이며, 소피스트들의 휴머니즘은 역사상 최초의 휴머니즘이었다."[55]

---

52) Bernard M. W. Knox, 앞의 책, *Oedipus at Thebes*, 150쪽.
53) Bernard M. W. Knox, 같은 책, 150쪽.
54) Bernard M. W. Knox, *Essays: Ancient and Modern* (Baltimore: Johns Hopkins UP, 1989), 48쪽, 49쪽. 그리고 Hugh Bowden, *Classical Athens and the Delphic Oracle. Divination and Democracy* (Cambridge: Cambridge UP, 2005), 81쪽; S. C. Humphreys, *The Strangeness of Gods: Historical Perspectives on the Interpretation of Athenian Religion* (Oxford: Oxford UP, 2004), 54~56쪽도 볼 것.
55) 임철규, 앞의 책, 225~226쪽.

산이나 새들의 도움 없이 자신의 주관적인 지식으로 스핑크스의 수수께끼를 풀었다는 오이디푸스는 바로 이러한 정신의 대변자다. 말하자면 세계를 객체로 발견하고, 그리고 그 객체인 세계를 자신이 지배할 수 있는 위치에 있다고 여기는 주체[56]로서의 그는 휴머니즘에 입각한 소피스트들의 주관적이고 합리주의적인 과학정신을 대변한다. 그가 자부하는 그의 **지식**이란 소피스트들의 시각을 토대로 한 인간중심 사유의 산물인 것이다.

하지만 소포클레스는 오이디푸스의 실명을 통해 소피스트들의 그러한 인간중심적인 사유의 한계를 강조, 아니 반격한다. 오이디푸스가 자신의 눈을 찌른 것은 시각적인 경험을 토대로 한 일체의 지식에 대한, 그리고 그러한 지식을 표방한 소피스트들의 인간중심적인 사유에 대한 일격이라 할 수 있다.

소포클레스는 인간이 만물의 척도라는 소피스트들의 인간중심적인 태도를 불안한 눈초리로 바라본다. 소포클레스의 이러한 우려는 **오이디푸스**라는 이름의 해석을 통해서도 설명할 수 있다. 사실 '오이디푸스'라는 이름은 복합적인 의미를 가진 단어다. 그 가운데 **부어오른 발**이라는 의미가 가장 잘 알려져 있다.

'부어오른'이라는 뜻을 가진 그리스어 '오이도스'(oidos)와 '발'이라는 뜻을 가진 '푸스'(pous)의 합성어가 오이디푸스다. 라이오스의 신하가 오이디푸스를 키타이론 산에 버렸을 때, 그의 두 발목은 구멍이 뚫린 상태였고, 그의 두 발은 퉁퉁 부어 있었다. 그런데 그리스에서 '푸스'라는 기표(記票)는 남성 성기를 의미하기도 한다.[57] 프로이트도 부어오른 발을 남성의 성기와 연결시켰지만, 프로이트 이전에

---

56) J. J. Goux, *Oedipus, Philosopher*, Catherine Porter 옮김 (Stanford: Stanford UP, 1993), 121쪽, 123쪽.
57) Pietro Pucci, 앞의 책, 76쪽.

도 페렌치(Sándor Ferenczi)라는 학자가 오이디푸스의 실명행위를 거세행위로, 그의 부어오른 발을 발기한 음경으로 해석한 바 있다.[58]

그러나 오이디푸스의 실명을 성적인 주제와 관련시켜 해석하는 것은 『오이디푸스 왕』의 진정한 의미를 축소하는 것일 수도 있다. 오히려 오이디푸스라는 이름이 '부어오른 발'을 의미하는 것은 발이 처음부터 존재와 불가분 관계임을 보여준다. 곧 부어오른 발은 오이디푸스의 정체성, 말하자면 그의 존재의 불구성(不具性)을 상징하고 있다. 앞서 말했듯, 오이디푸스가 태어나자마자 키타이론 산에 버려졌을 때 그의 두 발목은 구멍이 뚫린 상태였고, 두 발은 퉁퉁 부어 있었다. 이 사실을 알게 되자, 오이디푸스는 자신은 "요람(搖籃)에서부터 무서운 오점(deinon aneilomēn)을 갖고 태어났다"(1035행)라고 말했다. 이 말에 사자는 "그렇기 때문에 그대는 지금의 이름으로 불리게 되었던 것이오"(1036행)라고 말했다. "따라서 오이디푸스의 운명은 그의 이름 속에 내포되어 있다."[59] 그리고 태어날 때부터 "정상상태에서의 인간의 일탈(逸脫)"[60]을 상징하는 그의 육체의 불구성은 곧 인간존재의 불구성, 즉 인간존재의 불완전성을 의미한다. 이는 '오이디푸스'라는 이름의 또 다른 의미가 밝혀질 때 명확해진다.

'오이디푸스'라는 이름의 또 다른 의미는 **나는 발을 안다**는 것이다. 그리스어로 '나는 안다'를 의미하는 '오이다'(oida)와 '발', 즉 '푸스'의 합성어로서, 이때의 '오이다'는 '나는 본다'는 것을 의미하는 그리스어 현재동사인 '에이돈'(eidon)의 파거형이다. '나는 보았다'라는

---

58) Peter Rudnytsky, *Freud and Oedipus*(New York: Columbia UP, 1987), 앞의 책, 1/6~177쪽.
59) Christoph Menke, *Tragic Play: Irony and Theater from Sophocles to Beckett*, James Phillips 옮김 (New York: Columbia UP, 2009), 40쪽.
60) Christoph Menke, 같은 책, 40쪽.

뜻이지만, 보통 '나는 안다'는 현재동사의 의미로 쓰인다. 따라서 '발을 안다'는 것은 '본다'는 시각적인 경험을 토대로 **인간**을 안다는 것을 의미한다. 스핑크스가 오이디푸스에게 던진 수수께끼는 **발의 정체**다.

고대 그리스에서 발은 인간을 규정해주는 가장 중요한 요소 가운데 하나였다. 인간은 본질적으로 **땅 위를 걷는** 존재이기 때문이다. 헤시오도스는 『신통기』에서 이를 신과 인간 사이의 차이라고 말했다.(272행) 트로이아 전쟁에서 그리스의 전사 디오메데스가 아폴론의 뜻을 거역하고 아이네이스를 죽이려 했을 때, 아폴론이 디오메데스를 향해 "그대는 감히 신과 같다고 생각하지 마라," "대지 위를 걷는 인간들은 신과 같은 족속이 아니다"라고 말했듯(『일리아스』 5.442), 호메로스의 『일리아스』에서도 이러한 인식을 볼 수 있다.

헤시오도스는 또한 인간은 발로 땅 위를 걷기 때문에 신과 달리 불멸성을 가질 수 없다고 말했다.[61] 이는 아마도 오이디푸스의 발이 불구성을 상징하듯, 인간 육체의 고유한 불안정성, 더 나아가 인간 존재 자체의 고유한 불완전성 때문일 것이다. 오이디푸스가 스핑크스에게 밝힌 '발의 정체'는 다름 아닌 바로 **인간**이었다. 베르낭은 비극적인 주인공 오이디푸스를 논하면서 "인간은 기술되거나 규정될 수 있는 존재가 아니다. 인간은 [이해하기 어려운] 하나의 문제, 이중(二重)의 의미를 모두 지닌 하나의 수수께끼"[62]라고 말했다. 인간의 정체를 밝힌 오이디푸스도 하나의 수수께끼다. 위대함과 위험성을 동시에 보여준다는 점에서 더욱 그렇다.

소포클레스는 『안티고네』에서 코로스를 통해 대지와 바다, 동물

---

61) Pietro Pucci, 앞의 책, 74쪽을 볼 것.
62) Jean-Pierre Vernant, "Ambiguity and Reversal," Jean-Pierre and Pierre Vidal-Naquet, 앞의 책, 121쪽.

들을 정복하고 언어를 창조한 인간의 위대함을 노래하면서 폴리스의 창조야말로 그러한 업적이 절정에 달한 것이라고 노래했다(335~370행). 동시에 소포클레스는 이러한 업적을 이룬 인간을 향해 "이상(異常)한 존재는 많지만, 인간보다 더 이상한 존재는 없다"(332~333행)라고 노래했다. '이상한'이라는 뜻의 그리스어 **데이논**(deinon)은 '무서운' '으스스한' '강력한' '괴물 같은'으로 번역되기도 하고, 한편으로는 '경이로운'으로 번역되기도 하는 등 여러 의미로 번역된다. 인간의 행위는 자연의 파괴 등 '폭력성'이 내포하기 때문에, 여기서 코로스가 말하는 데이논에는 '두렵다' '무섭다'는 의미가 내포되어 있다. 하지만 동시에 코로스는 찬란한 문명을 이룩한 인간의 업적을 찬미하고 있기 때문에 여기서 코로스가 말하는 데이논에는 '경이롭다'는 의미도 들어 있다.[63]

경이로우면서도 두렵고, 두렵기 때문에 위험한 존재가 인간이다. 제우스의 사제 눈에 인간들 가운데 가장 으뜸가는 자 또는 가장 지혜로운 자로 비친 오이디푸스는 자신의 **지식으로** 테바이를 구한 "가장 강력한 자"이고, 경이롭기 그지없는 존재다. 그러나 동시에 그는 두렵고 위험한 존재다. "이중의 의미를 모두 지닌" 인간이다. 그가 두렵고 위험한 존재인 것은 무엇보다도 그가 금기를 위반한 존재이기 때문이다. 아버지를 살해하고 어머니를 아내로 삼은 것만이 아니다. 그가 행한 가장 위험한 위반은 바로 앎에 대한 위반이다. 신만이 인간이 어떤 존재인지 알 수 있다. 스핑크스의 질문에 거침없이 **인간**이라는 답을 던진 순간, 오이디푸스는 이 금기의 영역을 넘어섰던 것이다.

오이디푸스의 불구인 발이 상징하듯, 근원적으로 불완전한 존재인

---

63) 2부 3장 『안티고네』에서 이에 대해 좀더 상세하게 논했다. 343~345쪽을 볼 것.

인간인데도 시각적인 경험에 절대적인 가치를 두고 인간을 세계의 중심에 두었던 합리주의의 대변자인 오이디푸스가 인간 존재의 정체를 밝히는 순간, "아니 스핑크스를 대면한 오이디푸스가 스스로 철학자임을 드러내는"[64] 순간 그는 철학의 이름 또는 지식의 이름으로 신의 영역을 침범했던 것이다. 오이디푸스의 실명을 초래한 아폴론의 분노는 여기서 기인한다. "철학자들의 후견인"[65]으로 존경받았던 아폴론은 바로 **철학**의 신, **지식**의 신[66]이었기 때문이다.

아폴론의 분노와 지혜의 눈

아폴론이 역병을 퍼뜨리기도 하고 막기도 하는 신이었다는 것은 잘 알려진 사실이다. 호메로스의 『일리아스』 제1편에서 아폴론은 자신의 화살로 역병을 퍼뜨린다. 그러나 아폴론은 펠로폰네소스 전쟁에서는 역병을 그치게 했기 때문에 '악을 물리치는 자'라고 불리기도 했다. 그는 아르테미스와 함께 니오베의 자식들을 무자비하게 죽이기도 하고, 아킬레우스를 처단하는 무서운 신이기도 하지만, 한편으로는 역병을 그치게 하고 '오염'을 정화한 신이기도 하다. 그러나 무엇보다도 델포이 신탁으로 유명한 예언의 신이다.

철학자 엠페도클레스에 따르면 아폴론은 "발, 재빠른 무릎, 털투성이의 성기도 가지고 있지 않다. 그는 빠른 사유로 온 세상을 꿰뚫는

---

64) Adriana Cavarero, *Relating Narratives: Storytelling and Selfhood*, Paul A. Kottman 옮김 (London: Routledge, 2007), 7쪽.
65) Jean-Joseph Goux, 앞의 책, 110쪽.
66) Mario Vegetti, "The Greeks and Their Gods," Jean-Pierre Vernant 엮음, *The Greeks*, Charles Lambert and Teresa Lavender 옮김 (Chicago: U of Chicago Pr., 1995), 266쪽; Jean-Joseph Goux, 같은 책, 105쪽.

성스럽고, 말로는 형언할 수 없는 정신만을 가지고 있다."⁶⁷⁾ "순수정신"⁶⁸⁾의 신이기 때문에 그는 예언의 신이다. 고대 그리스인들이 그를 **포이보스**(phoibos), 곧 '빛나는 존재'라고 부른 것에서 알 수 있듯, 그는 예언을 통해 모든 것을 **밝게 드러내주는**(77행, 81행, 106행) 빛의 신이므로 지식의 신, 철학의 신이다. 전통적으로 "철학한다는 것은 아폴론을 숭배한다는 것"⁶⁹⁾이었다. 철학의 신이라는 위상 덕분에 "그의 권위는…… 때로는 제우스를 능가했다."⁷⁰⁾

절대 권위를 표상하는 델포이의 아폴론 신탁은 인간들에게 **너 자신을 알라**(Gnōthei seauton)라고 경고했다. 그리스에서 신과 인간의 차이는 신이 힘을 가지고 있다는 것이다. 이때 힘이란 곧 신은 죽지 않는다는 것이다. 존재의 불멸성이 신들을 인간과는 다른 존재, 인간을 압도하는 존재로 만들었다. 『안티고네』에서 인간의 위대함을 노래하는 코로스는 인간이 아무리 위대하다 하더라도 죽음만은 피할 수 없다고 노래한다(361~362행). 그렇다면 죽을 수밖에 없는 인간이 펼치는 **앎** 또한 한계를 가질 수밖에 없다. "소포클레스의 『오이디푸스 왕』은 인간의 지식과 신의 지식 간의 넘을 수 없는 큰 간격을 탐구하는 작품"⁷¹⁾이라고도 말할 수 있다. 너 자신을 알라는 신탁은 인간의 한계, 곧 인간이 넘을 수 없는 경계가 있다는 경고나 다름없다.

경고는 철저한 보복과 결부되며, 아폴론은 이름의 어원이 말해주듯, **파괴**라는 의미와 결부된다. 아이스퀼로스는 '아폴론'에서 '파괴'

---

67) Silvia Montiglio, *Silence in the Land of Logos* (Princeton: Princeton UP, 2000), 10쪽에서 재인용.
68) Silvia Montiglio, 같은 책, 10쪽.
69) Jean-Joseph Goux, 앞의 책, 110쪽.
70) Mario Vegetti, 앞의 글, 105쪽.
71) Stuart Lawrence, *Moral Awareness in Greek Tragedy* (Oxford: Oxford UP, 2013), 154쪽.

를 뜻하는 '아폴'(apol)의 어원을 끌어낸다. 가령 그의 3부작 『오레스테이아』의 첫 번째 작품 「아가멤논」에 등장하는 카산드라는 "아폴론…… 당신이 나를 파괴한다(Apollon…… apolesas)"(1081~1082행)라며 한탄한다. 『오이디푸스 왕』에서 오이디푸스가 아폴론이 자신을 '아폴뤼나이'(apollunai)한다고 할 때(1441행), 아폴뤼나이도 '파괴한다'는 의미다. 그래서 그는 "나에게 이 잔인하고도 잔인한 고통을 가져온 이는 아폴론이었다"라고 항변했던 것이다. 아폴론은 철저하게 오이디푸스를 파괴한다. 오이디푸스는 철저하게 패배하고 이를 통해 그 신의 권위는 회복된다.

이는 인간들 가운데 "가장 으뜸가는 자"(33행)에서 "악에서 태어난 악한 자(kakos, 1397행), "가장 악한 자"(kakiston andr', 1433행), "가장 저주받은 자"(kataratotaton, 1345행), "신에게 가장 미움을 받는 인간"(theois echthrotaton brotōn, 1345~1346행)으로, 그리고 튀라노스(turannos)에서 파르마코스(pharmakos)로 전락하는 과정에서도 확인할 수 있지만, 오이디푸스의 패배는 실명을 통해서 가장 명확해졌다. 앞서 지적했듯, 그리스에서 인간은 그가 '본다'는 것을 전제로 할 때만 존재할 수 있는 것이었다. 존재한다는 것은 곧 본다는 것이므로 죽은 자는 **보지 못하는 자**, 하데스와 하나가 되는 것으로 여겨졌다.

'봄'(見)을 상실한 오이디푸스는 이제 더 이상 살아 있는 존재가 아니다. 그는 하데스와 하나가 되고 있다. 보지 못하는 테이레시아스에게 죽은 자나 다름없다고 했던 그 조롱이 이제는 자기 자신을 향하게 된다. 테이레시아스의 예언대로 오이디푸스의 철저한 파멸(438행)과 패배로 마무리된 『오이디푸스 왕』은 그렇다면 전적으로 **운명의 비극**인가. 다시 처음의 물음으로 되돌아가보자.

아폴론의 예언은 그의 대리인 테이레시아스를 통해 조금의 차질도 없이 실현된다. 그러나 모든 것이 아폴론의 예언대로였음이 밝혀졌을 때 오이디푸스가 보인 반응은 자신을 그 신과 대립적인 관계로 설정했다. 자신의 정체가 밝혀졌을 때, "오늘 이후 더 이상 태양빛을 보지 않으리라"(1183행)라는 그의 절규에서 태양신인 아폴론과의 결별을 예감할 수 있다. 이는 스스로 자신의 눈을 찌른 뒤 자신에게 이 엄청난 고통을 가져다 준 것이 아폴론이었지만, "나의 눈을 찌른 손은 그 누구의 것도 아닌 나 자신의 손이었다"(1331~1332행)라는 그의 절규로 더욱 구체화된다. 아폴론뿐만 아니라 모든 "신이 가장 증오하는 대상이 되는"(1519행) 절대 고립 속에서도 오이디푸스는 자기를 포기하지 않는다. 자신의 손으로 자신의 눈을 찌름으로써 "그는 주체의 자율성을 쟁취한다".[72]

오이디푸스는 비록 아폴론을 원망하고 자신을 살게 한 양치기를 저주하지만(1349~1366행), 궁극적으로 그는 자신의 고통을 자신만의 것으로 받아들이고 어느 누구에게도 도움의 손길을 요청하지 않는다. 그는 "나 자신 이외 다른 어떤 인간도 나의 고통을 짊어질 수 없다"(1414~1415행)라고 절규한다. 두 번째 사자는 그를 일컬어 "존재하는 고통 전체의 이름"을 짊어진 자라고 말했다(1284~1285행). 그의 비극적인 운명은 누구와도 공유하기 어려운 "유일하고" "예외적인" 것이므로 오이디푸스는 철저하게 고립된, 지라르의 용어를 빌리면 "절대적 타자"다.[73] 우리는 자기를 포기하지 않는 절대적 타자인 오이디푸스의 이러한 자세에서 작품 『아이아스』의 주인공 아이아스처럼 파멸을 인정하지만 자기포기라는 패배를 인정하지 않으려는 처절한 몸부림을 읽을 수 있다.

오이디푸스는 그가 태어나자마자 버려졌던 곳, 바로 키타이론 산

---

[72] Jean Bollack, 앞의 글, "Accursed from Birth: Enigma and Enigmatization," 150쪽.
[73] René Girard, *Oedipus Unbound: Selected Writings On Rivalry and Desire*, Mark R. Anspach 엮음 (Stanford: Stanford UP, 2004), 59쪽, 13쪽.

으로 스스로 추방의 길을 떠나려고 한다. 키타이론 산은 작품에 등장하는 여러 인물과 코로스가 말하듯, 성스러운 곳이다. 소포클레스뿐만 아니라 핀다로스 등 여러 시인도 이곳이 성스러운 곳임을 노래한 적이 있다. 그곳은 델포이와 올림포스의 성스러운 장소, '자비로운 여신들'(Eumenides)의 성스러운 숲, 헤라클레스에게 산제물을 바치던 곳, 여러 영웅이 숭배되던 곳이다.[74] 오이디푸스에게 이러한 키타이론 산으로 간다는 것은 추방인 동시에 지금의 운명 이전의 상태로 되돌아간다는 것을 의미한다. 그는 그 산을 "나의 산", 그의 양친이 그가 태어나기 전에 그를 위해 마련해둔 "나의 무덤"(1453~1454행)이라고 말한다. 여기서 **무덤**, 매장을 본질로 하는 무덤은 그의 존재가 드러나기 전의 암흑 상태나 **망각 상태**를 상징한다.

플라톤의 '소크라테스'에 따르면 지식은 망각된 것을 다시 불러일으키는 것, 일종의 **상기**다. 지식은 어떤 의미에서 비망각의 상태, 곧 망각의 거부 또는 그것의 부정이다. 잘 알려져 있듯, 그리스어 '레테'는 '망각의 강'이나 '망각'을 의미한다. 초기 그리스어에서 '진리'를 의미하는 **아레테**(a-lēthē)라는 단어의 어원을 분석해보자면, 이 역시 '망각의 거부' 또는 '망각의 부정'을 뜻하게 된다. 이런 배경에서 하이데거는 진리를 **아레테이아**(alētheia), 즉 존재의 **드러냄**이라고 했다.[75] 여기서 존재의 드러냄이란 곧 망각상태의 드러냄이다.[76] 그러나 그 드러냄은 때때로 잔인하기 그지없다. **진리**의 잔인성은 오이디푸스라는 존재의 드러남, 은폐되어 있던 망각 상태의 존재가 드러난 데서 극명하게 나타난다.

---

74) Rush Rehm, *The Place of Space: Spatial Transformation in Greek Tragedy* (Princeton: Princeton UP, 2002), 226쪽.
75) Martin Heidegger, 앞의 책, 107쪽, 203~206쪽.
76) Martin Heidegger, 같은 책, 21쪽.

하이데거는 「예술작품의 기원」(1935)에서 **찢어진 틈**(Riss)이라는 표현을 통해 대지와 세상을 대립시킨다. 그에게 세상이 드러남의 세계라면, 대지는 유보와 은폐, 거부의 세계다. 대지는 드러낼 수 있는 존재가 아니라는 것이다. "그것은 모든 드러냄으로부터 움츠리며, 끊임없이 스스로를 차단시킨다."[77] 대지를 드러내는 것은 대지를 찢는 것이다. 「언어」(1950)에서 그는 이 찢어진 틈을 "고통"이라고 규정한다.[78]

오이디푸스는 망각의 대지인 그의 무덤이 찢어지고 그 속에 은폐되어 있던 자신의 존재가 드러나는 순간 고통의 존재가 된다. 오이디푸스는 자신을 "불경스러운 자"(asebēs, 1382행), "부정(不淨)한 자"(anagnos, 1383행)라고 일컬으며, 자신의 행위의 결과를 "오물"(kēlis, 1384행)이라고 일컫는다. "모든 악을 능가하는(presbuteron) 악이 있다면"(1365행), 그 악은 이렇게 "신에게 버림받은"(atheos, 1360행) "오이디푸스의 몫"(1366행)이 된다. 은폐되어 있던 그의 **실상**이 드러나는 순간부터 "진실은 그에게 저주가 된다."[79] 어떤 의미에서 작품 "『오이디푸스 왕』은······ 너 자신을 알라는 델포이의 신탁을 극화한 것으로 볼 수 있다."[80]

오이디푸스가 '나의 산'이자 '나의 무덤'인 키타이론 산으로 돌아가려는 것은 그의 대지가 찢어지기 이전의 상태, 은폐되었던 망각의 존재로 되돌아가려는 것인지도 모른다. 대지를 가르고 망각의 존재를 드러낸 진리의 **잔인성**, 오이디푸스에게 그것은 다름 아닌 신의 잔인성이다. 아폴론은 빛으로 망각의 존재를 드러낸 신이기 때문이다.

---

77) Martin Heidegger, "The Origin of the Work of Art," *Poetry, Language, Thought*, Albert Hofstadter 옮김 (New York: Harper and Row, 1971), 47쪽.
78) Martin Heidegger, "Language," 같은 책, 204쪽.
79) Jan Patočka, *Plato and Europe*, Petr Lom 옮김 (Stanford: Stanford UP, 2002), 35쪽.
80) Fabian Meinel, *Pollution and Crisis in Greek Tragedy* (Cambridge: Cambridge UP, 2015), 56쪽.

하이데거는 은폐된 것을 드러낸다는 점에서 빛을 진리와 결부시킨 바 있다.

그러나 신은 우리를 알지만, 우리는 신을 알지 못한다. 진리의 잔인성은 바로 여기에 있다. 신은 우리 의도와 관계없이 고통이라는 '찢어진 틈'을 드러내준다는 것, 그런데 고통은 순전히 인간의 몫이며, 그러한 고통을 통해 존재의 비극성을 다시 확인하는 것이 인간 존재의 조건이라는 것, 이것이 바로 오이디푸스가 얻은 각성이다.

지식이 상기라면 지혜는 각성이다. 이 각성은 처절한 고통을 통해 얻어진 지혜인 것이다. 아이스킬로스의 3부작 『오레스테이아』의 첫 번째 작품 「아가멤논」에서 코로스는 "지혜는 고통을 통해 나온다"(pāthei māthos, 177행)라고 노래한다. 이러한 지혜야말로 그리스 비극 전체의 비극적인 비전을 요약해주는 주제다. 오이디푸스는 실명으로 "제2의 테이레시아스"[81]가 되지만, 테이레시아스의 예언의 눈이 **신에 의해 주어진 타인의 눈**이라면, 오이디푸스의 지혜의 눈은 **자기 자신에 의해 얻어진 나의 눈**이다. 이 지점에서 『오이디푸스 왕』이 운명의 비극이라는 틀은 무너진다. 오이디푸스의 지혜의 눈은 아폴론의 의지가 전혀 개입할 수 없었던 오이디푸스 **자신**의 눈이기 때문이다.

베르낭은 그리스 비극은 "(사회) 현실을 반영하는 것이 아니라 현실을 의문시한다"라고 말했다.[82] 소포클레스는 "합리주의자"[83]인 오

---

81) Charles Segal, *Tragedy and Civilization: An Interpretation of Sophocles* (Cambridge/M.A.: Harvard UP, 1981), 246쪽; Claude Calame, "Vision, blindness, and mask: the radicalization of the emotions in Sophocles' *Oedipus Rex*," *Tragedy and the Tragic*, M. S. Silk 엮음 (Oxford: Oxford UP, 1996), 23쪽.
82) Jean-Pierre Vernant, "Tensions and Ambiguities in Greek Tragedy," 앞의 책, *Myth and Tragedy in Ancient Greece*, 33쪽.
83) 육체의 힘이 그의 전부라 할 수 있는 헤라클레스, 그리고 간계나 잔꾀가 그의 가장 큰 특징이라 할 수 있는 오뒤세이와 달리 오이디푸스는 '사유하는 인간'이다. 그는 '지식으로' '이성으로'(gnomēi, 398행) 스핑크스의 수수께끼를 풀었다. 그의 사유의 힘

이디푸스의 실명을 통해 **인간이 만물의 척도**라는 기원전 5세기 소피스트들의 인간중심적인, **신비를 문제**로 끌어내린[84] 과학적인 인식에 의문을 제기한다. 그는 스스로 자신의 눈을 찔러 실명하게 하는 오이디푸스의 모습, 즉 자신의 눈을 스스로 부정하는 주인공의 상징적인 모습을 통해 눈 또는 그것의 '측정'(metron)에 기반한 과학적·이성적인 사유를 통한 앎이 얼마나 국소적이고 허망한가를 역설한다. 말하자면 그러한 앎이 얼마나 한계가 있는가를 지적하는 동시에, 그러한 앎을 초래하는 눈을 철저하게 부정하고 스스로 지혜의 눈, 각성의 눈을 얻는 오이디푸스의 모습을 통해 '인간'의 앎이 한편으로는 얼마나 위대한가를 역설한다.

『오이디푸스 왕』은 신의 가치와 인간의 가치, 그 어느 하나도 거부할 수 없는 소포클레스의, 아니 그 시대의 고민과 갈등의, 베르낭의 용어를 빌리면, "고통스러운 충돌"[85]의 산물이다. "신화는 모순에서

이 '인간'이라는 대답을 내놓았다. 그리고 그 힘이 괴물로부터 테바이인들을 해방시켰다. 이런 의미에서 오이디푸스는 "최초의 휴머니스트"이자 "합리주의자의 원형(原型)"(John Panteleimon Manoussakis, *The Ethics of Time: A Phenomenology and Hermeneutics of Change* [London: Boomsbury Academic, 2017], 72쪽)이라 할 수 있다. 하지만 "그 괴물의 승리자, 수수께끼의 해결사"였던 오이디푸스는 스스로 "일종의 괴물"이었다(Jean-Pierre Vernant, "Ambiguity and Reversal," 앞의 책, *Myth and Tragedy in Ancient Greece*, 138쪽).

84) 마르셀은 '신비'와 '문제'를 구별하면서 '문제'는 순전히 이론적인 것과 분석적인 것으로 설명할 수 있는 것인 반면, '신비'는 이론적인 것과 분석적인 것을 초월하는 것으로 해석한다. Gabriel Marcel, *The Mystery of Being*, G. S. Fraser 옮김 (Chicago U of Chicago Pr., 1950), 1: 211~212쪽.

85) Jean-Pierre Vernant, "Intimations of the Will in Greek Tragedy," 앞의 책, *Myth and TRagedy in Ancient Greece*, 79쪽. 베르낭은 오이디푸스를 프로이트적인 정신분석과 레비-스트로스적인 구조주의의 틀에서 해방시켜 그를 자신의 행동에 전적으로 책임을 지는, 기원전 5세기 아테나이의 사회적·정신적인 풍토를 상징하는 역사적·정치적인 주체로 파악한다. 이러한 베르낭의 학문적인 업적과 위상에 대해서는 Miriam Leonard, *Athens in Paris: Ancient Greek and the Political in Post-War French Thought* (Oxford: Oxford UP, 2005), 32~68쪽을 볼 것.

출발해 그 모순과의 화해를 향해 나아가지만, 비극은 오히려 모순을 확고히하고 화해를 거부한다"[86]라는 바르트의 지적처럼 『오이디푸스 왕』은 끝내 화해를 거부한다. 자신의 의도와는 무관하게 언제라도 존재의 망각성이 갈가리 찢어질 수 있는 비극적인 존재가 인간이다.

그러한 순간, 즉 존재의 망각성이 찢어질 때, 존재의 비극성이 낱낱이 드러날 때에도 그러한 현실과 화해할 수 없는, 오히려 그러한 현실을 통해 자기 자신을 더 처절하게 확인하려는 것이 인간 존재다. 아니 인간이라는 존재의 존재 자체가 **화해**를 거부하는 **찢어진 틈** 그 자체인지도 모른다. 오이디푸스가 바로 이러한 "비극적인 인간의 패러다임"[87]이 아닌가.

---

86) Roland Barthes, (Paris: Éditions du Seuil, 1963), 67쪽.
87) Jean-Pierre Vernant, "Ambiguity and Reversal," 앞의 책, *Myth and Tragedy in Ancient Greece*, 125쪽.

5장 『필록테테스』

『필록테테스』(기원전 409년)는 현존하는 소포클레스의 작품 가운데 마지막 작품인 『콜로노스의 오이디푸스』보다 몇 년 앞서 공연된 작품이다. 소포클레스가 여든이 넘은 나이에 집필한 이 작품은 주인공 필록테테스와 아킬레우스의 아들 네오프톨레모스 사이의 갈등과 화해, 그리고 오뒤세우스와 네오프톨레모스 사이의 갈등을 토대로 중심인물 간의 **윤리적인** 관계를 중심으로 전개된다. 그러나 소포클레스는 자신의 비극 주인공 가운데 "가장 고독한 주인공"[1]의 한 명인 필록테테스가 겪는 고통을 통해 한계상황에 처한 인간의 비극적인 삶의 조건과 운명을 이야기한다.

필록테테스를 소재로 한 작품은 소포클레스 이전에도 아이스퀼로스(기원선 475년경)와 에우리피데스(기원전 431년)에 의해 공연된 바 있다. 이 작품들은 현존하지 않아 구체적인 내용이 알려져 있지는 않다. 그러나 필록테테스에 관한 이야기는 호메로스의 『일리아스』

---

1) Bernard M. W. Knox, *The Heroic Temper: Studies in Sophoclean Tragedy* (Berkeley: U of California Pr., 1964), 117쪽.

(2.716~725)를 비롯해 일찍이 여러 서사시인에게 널리 알려져 있었던 것으로 추정된다. 보통 전해지는 내용에 따르면 헤라클레스에게 물려받은 활을 가지고 있던 필록테테스는 트로이아로 원정가는 도중 지하의 여신 크뤼세의 사당(祠堂)에 접근하려다 이곳을 지키던 뱀에 물려 발에 크게 부상을 입는다. 그가 상처 입은 발에서 피고름을 쏟아내고 심한 악취를 풍기는 데다 고통을 이기지 못해 격한 비명을 내지르자, 이를 견딜 수 없었던 오뒤세우스는 아트레우스의 아들들, 곧 아가멤논과 메넬라오스의 명령에 따라 그를 렘노스 섬에 버리고 트로이아로 향했다.

그러나 트로이아 전쟁이 종반에 이를 무렵 오뒤세우스의 포로가 된 트로이아의 예언자 헬레노스는 필록테테스가 헤라클레스에게 물려받은 활을 가지고 트로이아 전쟁에 참전하지 않으면 트로이아를 결코 함락시킬 수 없을 것이라고 예언한다. 이에 오뒤세우스는 10년 만에 렘노스 섬에 있는 필록테테스를 찾아가 그를 트로이아로 데려간다.

소포클레스는 여러 서사시인으로부터 전해지는 필록테테스 이야기의 골격은 그대로 두되 내용에 몇 가지 중요한 수정을 가한다. 우선 소포클레스는 렘노스 섬의 필록테테스를 트로이아로 데려가는 사명을 맡은 인물을 오뒤세우스가 아닌 아킬레우스의 아들 네오프톨레모스로 설정했다. 사실 이 설정은 "가장 근본적인 혁신"[2]이다. 아이스퀼로스와 에우리피데스는 오뒤세우스를 이 사명을 맡은 인물로 설정했기 때문이다. 그리고 한편 그들은 렘노스 섬을 사람들이 살고 있는 곳으로 묘사했지만 소포클레스는 렘노스 섬을 무인도로 설정했다.

---

2) Norman Austin, *Sophocles' "Philoctetes" and the Great Soul of Robbery* (Madison: U of Wisconsin, Pr., 2011), 33쪽.

그러나 가장 근본적인 혁신, 즉 가장 근본적인 차이점은 소포클레스가 트로이아가 아니라 고향으로 돌아가고 싶어하는 필록테테스의 강력한 **귀환**의 욕망을 작품『필록테테스』의 가장 핵심적인 주제로 삼고 있다는 것이다. 오뒤세우스의 갖은 위협과 네오프톨레모스의 간절한 설득에도 불구하고 트로이아 전선(戰線) 대신 고향 말리스로 돌아가려는 필록테테스의 귀환에 대한 열망이 작품 후반 전체를 관통하고 있기 때문이다. 우리는 무엇보다도 이 점을 이 작품의 주제와 결부해 주목할 것이다. 먼저 작품의 내용부터 간단히 살펴보자.

필록테테스가 머무르고 있는 렘노스 섬에 오뒤세우스가 네오프톨레모스를 데리고 도착한다. 오뒤세우스는 네오프톨레모스에게 자신이 필록테테스를 그 섬에 내버려두고 간 장본인이기 때문에 그의 눈에 띄면 신변이 위태로워질 것이라고 말하고 나서 그에게 필록테테스가 사는 동굴 안을 살펴보라고 말한다. 동굴 안을 살펴본 네오프톨레모스는 동굴 안이 텅 비어 있고, 거기에는 잎들로 채워진 초라한 잠자리, 투박한 나무그릇, 불을 지피는 데 필요한 도구가 있으며, 고름 흔적으로 가득 찬 넝마들이 햇빛에 널려 있다고 보고한다(35~40행).
오뒤세우스는 필록테테스의 기습에 대비하기 위해 정탐꾼을 먼저 보낸다. 그러고는 네오프톨레모스에게 필록테테스를 만나면 그가 아킬레우스의 아들이며 그리스군이 약속을 어기고 아킬레우스의 무기를 아들인 자신에게 돌려주지 않고 오뒤세우스에게 넘겨주었기 때문에 이에 분노한 나머지 전선을 이탈하고 고향으로 돌아가는 중이라고 거짓말을 하도록 지시한다. 이어 오뒤세우스는 필록테테스의 활을 얻지 못하면 트로이아를 함락시킬 수 없다고 덧붙인다(55~69행).
네오프톨레모스는 자신은 본래 계략이나 거짓말로 목적을 달성하는 것을 싫어하니 아킬레우스의 아들답게 완력으로 필록테테스를 트로이아로 데려가겠다고 말한다(86~91행). 오뒤세우스가 이 일에는 완력이 아니라 계략이 필요하다는 점을 강조하자, 네오프톨레모스는 그렇다면 자신은 계략 대신 설득으로 필록테테스의 활을 얻어 보겠다고 응수한다.

연이은 공방 속에 오뒤세우스는 설득만으로는 필록테테스의 활을 얻을 수 없기 때문에 계략이 더 효과적일 수밖에 없는 이유, 그리고 이 일을 성사시킴으로써 네오프톨레모스가 얻게 될 커다란 명성을 거듭 강조함으로써 네오프톨레모스가 자신의 명령을 받아들이도록 한다(101행 이하). 오뒤세우스는 자신의 제안을 받아들이는 네오프톨레모스에게 일이 여의치 않아 지체된다면, 그를 돕기 위해 정탐꾼을 선원으로 변장시켜 보내겠다고 말한 뒤 무대를 떠난다.

이때 네오프톨레모스의 고향 스퀴로스의 선원들로 구성된 코로스가 등장해 필록테테스가 도착했음을 알린다. 필록테테스는 낯선 사람들의 복장과 말투를 통해 그들이 그리스인임을 확인하게 되고, 그 중 한 명이 자신의 친구 아킬레우스의 아들인 네오프톨레모스임을 알게 되자 크게 기뻐한다(219~244행). 그는 자신을 헤라클레스의 활의 주인인 필록테테스라고 소개한다. 그러고는 뱀에게 공격당해 발에 큰 부상을 입고 고통에 몸부림치는 자신을 아트레우스의 아들들과 오뒤세우스가 이곳에 비참하게 버려둔 채 트로이아로 떠났다고 말하면서, 자신을 고향 말리스에 데려다 달라고 간청한다(255행 이하).

네오프톨레모스는 자신도 아킬레우스의 무기를 아들인 자기에게 돌려주지 않는 것에 분개해 트로이아 전선을 떠나 고향 스퀴로스로 돌아가는 중이라고 거짓말한다. 필로테테스가 작별인사를 올리는 네오프톨레모스에게 무릎을 꿇고 자신을 고향으로 데려가 달라고 애원하자 네오프톨레모스는 이를 수락하는 척한다.

곧이어 오뒤세우스가 보낸 정탐꾼이 무역상인(emporos)으로 변장하고 등장한다. 그는 네오프톨레모스와 필록테테스에게 우연히 이곳을 지나가다가 네오프톨레모스가 렘노스 섬에 있다는 말을 듣고, 그리스군이 함선을 보내 이곳에 있는 그를 추격 중이라는 위급한 소식을 전하기 위해 오게 되었다고 말한다. 그러고는 오뒤세우스의 포로인 예언자 헬레노스가 필록테테스가 그의 활을 갖고 참전하지 않으면 트로이아를 함락시킬 수 없다고 예언했기 때문에 오뒤세우스와 그의 동료 디오메데스가 필록테테스를 트로이아로 데려가려고 오고 있음을 전하고 퇴장한다(603~621행). 옆에서 이러한 상황을 접하고 초조해진 필록테테스는 네오프톨레모스에게 빨리 고향으로 출발하자고 재촉한다(635~638행). 하지만 출발에 앞서 필록테테스는 격심한 고통의 발작을 일으키고 만다. 그는 네오프톨레모스에게 잠이 들면 고통이 다소 진정될 것이므로 잠이 들 때까지 자신의 활을 갖고 자기를 지켜달라면서 그에게 활을 건넨 다음 잠이 든다.

이로써 마침내 네오프톨레모스는 힘들이지 않고 원하던 활을 손에 넣는다. 코로스가 네오프톨레모스에게 잠든 필록테테스를 남겨둔 채 활을 갖고 렘노스 섬을 떠나자고 다그치지만, 네오프톨레모스는 예언자 헬레노스가 활의 주인인 필록테테스도 함께 트로이아로 데려가는 것이 신의 뜻이라고 했으므로 활만 가져가서는 아무 소용도 없다고 말한다.

잠에서 깨어난 필록테테스는 자는 동안 자신을 지켜준 네오프톨레모스에게 감사를 표한 다음 지체 없이 배를 타고 고향으로 출발 하자고 재촉한다. 그러나 네오프톨레모스는 자신을 완전히 믿고 있는 필록테테스를 더 이상 속일 수 없어 갈등에 젖는다. 그는 결국 필록테테스에게 사실을 털어놓는다. 자신의 친구 아킬레우스처럼 그의 아들인 네오프톨레모스도 훌륭한 전사일 것이라 믿었던 필록테테스는 계략과 음모로 자신을 속인 네오프톨레모스를 저주하면서 활을 돌려달라고 요구한다(915~935행).

필록테테스의 분노와 저주를 접하고 더더욱 갈등에 휩싸인 네오프톨레모스가 그에게 활을 돌려주려는 순간, 동굴 근처에 숨어 있던 오뒤세우스가 뛰어나와 이를 제지한다. 오뒤세우스는 필록테테스에게 활을 가지고 함께 트로이아로 가는 것이 제우스의 뜻임을 여러 차례 강조하지만(989~990행), 필록테테스는 트로이아로 가느니 차라리 절벽 아래 떨어져 죽겠다며 이를 거부한다.

오뒤세우스와 네오프톨레모스가 잠시 무대를 떠난 사이 필록테테스는 자신의 운명을 한탄한다. 이런 필록테테스에게 코로스는 이 황량한 렘노스 섬을 떠나 함께 트로이아 전선으로 가자고 권고하지만, 필록테테스는 완강히 거부한다. 이때 필록테테스의 활을 들고 동굴 앞에 나타난 네오프톨레모스는 오뒤세우스에게 아버지의 친구를 속여 수치스럽게 얻었던 그 활을 돌려주겠다고 말한다. 오뒤세우스는 네오프톨레모스에게 그의 배반을 묵과하지 않을 것이며 그를 그리스군에 고발해 벌하게 할 것이라고 경고한 뒤 무대를 떠난다(1224~1258행).

네오프톨레모스가 필록테테스를 동굴 밖으로 불러내 마침내 그에게 활을 돌려주려는 순간 오뒤세우스가 무대에 다시 등장해 이를 제지해보려 한다. 하지만 오뒤세우스는 자신에게 활을 겨누는 필록테테스와 그를 만류하는 네오프톨레모스를 가까스로 피해 밖으로 완전히 사라진다.

네오프톨레모스는 자신의 진심과 사과를 받아들이고 자신을 진정한 **친구**로 맞이하는 필록테테스에게 다시 한번 함께 트로이아로 가자고 설득한다. 필록테테스는 그의 설득에 잠시 망설인다. 하지만 그는 아트레우스의 아들들, 그리고 오뒤세우스와 함께 싸워야 하는 트로이아에는 결단코 갈 수 없으니 자신에게 약속했던 대로 고향에 데려가 달라고 애원한다(1339행). 마지막 설득이 끝내 실패로 돌아가자, 네오프톨레모스는 그를 고향으로 데려다주고 자신도 고향으로 돌아가기로 작정한다.

그러나 그들이 떠나려는 바로 그 순간 필록테테스의 동굴 위에 헤라클레스가 나타난다. 헤라클레스는 필록테테스에게 자신이 제우스의 계획을 전하기 위해 왔으며(1415행), 그가 겪는 현재의 고통은 미래의 영광을 위한 것이니, 네오프톨레모스와 함께 트로이아로 떠나라고 명한다. 아울러 헤라클레스는 거기서 필록테테스의 상처가 치유될 것이며, 필록테테스는 그리스인 가운데 "가장 빼어난 전사"(1425행)[3]로 칭송되는 명예를 얻게 될 것이라고 말한다. 그러고는 필록테테스와 네오프톨레모스에게 트로이아 전쟁에서 "사이좋은 한 쌍의 사자처럼"(hōs leonte sunnomō, 1436행) 서로 지켜주라고 명한다. 작품은 이에 복종해 필록테테스와 네오프톨레모스가 렘노스 섬에 작별을 고하고 트로이아로 향하는 것으로 끝난다.

렘노스 섬과 필록테테스

렘노스 섬은 신화나 문학작품에서 이따금 특정한 장소로 등장한다. 불의 신 헤파이스토스가 제우스에 의해 올륌포스에서 쫓겨나 내

---

[3] 인용한 텍스트의 그리스어 판본은 다음과 같다. Sophocles, *Philoctetes*, Seth L. Schein 엮음[주석포함] (Cambridge: Cambridge UP, 2013). 그리고 Sophocles, *Philoctetes*, R. C. Jebb 편역[주석포함] (Bristol: Bristol Classical Pr., 2004); Sophocles, *Antigone; The Women of Trachis; Philoctetes; Oedipus at Colonus*, Hugh Lloyd Jones 편역, LCL 21 (Cambridge/M.A.: Harvard UP, 1994); Sophocle, *Tragédies III; Philoctète; Œdipe à Colone*, Paul Mazon 편역 (Paris: Les Belles Lettres, 1981)을 참조함. 한편 한글번역판으로는 소포클레스, 『소포클레스 비극』-『오이디푸스 왕』『안티고네』『콜로노스의 오이디푸스』『필록테테스』, 천병희 옮김 (단국대학출판부, 2002)을 참조함.

던져진 곳이 렘노스 섬이며(『일리아스』 1.593~594),[4] 헤라가 지구의 끝을 보통 거처로 삼는, "죽음의 신의 아우인 잠의 신(Hupnos)"을 발견해 만난 곳도 렘노스 섬이다(호메로스 『일리아스』 14.230~231).[5] 그런데 무엇보다도 렘노스 섬은 이곳의 여인들이 자신의 남편들을 무자비하게 살해한 것으로 악명 높은 곳이다.[6] 렘노스 섬의 여인들은 자신들의 남편들이 트라키스의 여인들을 첩으로 삼은 것에 보복하기 위해 그들을 살해했다. 헤로도토스가 그리스에서 행해진 모든 잔인한 행위를 **렘노스적**이라고 묘사했을 만큼(『역사』 6.138) 잔인했던 이 여인들에 대한 벌로 렘노스 섬에는 모든 불이 소멸되었던 것으로 전해진다.

그러나 소포클레스는 작품『필록테테스』에서 렘노스 섬을 사람의 발자국을 전혀 찾아 볼 수 없고 바깥세계와는 완전히 차단된, 철저하게 고립된 천애(天涯)의 고도로 설정한다.[7] 이 작품에 등장하는 렘

---

4) 극 중 필록테테스가 "이루 말 할 수 없을 정도로 무섭게 짓누르는"(756행) 고통을 이기지 못해 네오프톨레모스에게 자신을 '렘노스의 불'에 던져 죽게 함으로써 고통에서 벗어나게 해달라고 간청하는(800행) 장면은 이러한 배경과 관계가 있다.
5) Charles Segal, *Tragedy and Civilization: An Interpretation of Sophocles* (Cambridge/M.A.: Harvard UP, 1981), 308쪽.
6) 이 책의 1부 4장『오레스테이아』를 다룰 때 이 에피소드를 이미 지적한 바 있다. 143쪽 172쪽.
7) 소포클레스가 이 섬을 무인도로 그렸던 것과 달리 역사적으로 렘노스 섬에는 사람들이 살았던 것으로 전해진다. 호메로스는 필록테테스가 물뱀에게 심하게 물려 렘노스 섬에서 엄청난 고통을 당했음을 전하는 한편(『일리아스』 2.722), 이 섬은 곡물을 싣고 흑해로 향하는 중간 항로로 잘 알려져 있었으며, 적잖은 사람들이 이곳에 살고 있었다고 전한다(『일리아스』 21.40). 그리고 이아손의 아들이 포도주를 수출하는 등 트로이아에 있는 그리스인들에게 포도주를 제공하는 주요 공급처로 이름난 곳도 렘노스 섬이며(『일리아스』 7.467~475), 뤼카온을 포함해 아킬레우스에게 포로로 잡힌 헤카베의 아들들, 포로로 잡힌 트로이아인들을 노예로 매매한 주요한 시장도 렘노스 섬이었다고 전한다(『일리아스』 21.40~41, 24.750~753). 따라서 이곳에 분명히 많은 사람들이 거주했던 것으로 보인다. 현존하지 않지만 아이스퀼로스의『필록테테스』와 에

노스 섬은 프롤로그에서 오뒤세우스가 말하는 것처럼 "사람의 발길이 닿지 않고(astiptos) 사람이 살지 않는"(oud' oikoumenē, 2행), 그러나 목가적인 세계와는 전혀 동떨어진, 일종의 **세상의 끝**(eschatia)이라 할 만한[8] 황량한 고도다. 필록테스는 이러한 곳에서 "참혹한 병"(agria nosos, 265행)에 고통받으며 "홀로"(monos, 470행), "버림받은"(erēmos, 471행) 채 살고 있다. 일찍이 코로스가 상상했던 대로 필록테테스는 "주위에 부서지는 바다의 물결소리를 홀로 들으면서 눈물 겨운 삶을 견디며"(687~690행) 살고 있다.

그가 스스로를 가리켜 "친구나 동료 없이 홀로 고통 속에 살아가는 비참한 존재"(227~228행; 1018행), 목숨은 부지하고 있지만 단지 "시체"에 불과한 존재, "연기의 그림자"(skia kapnou, 946행), "유령"(eidōlon, 947행)에 불과한 존재라고 규정하듯, 또한 코로스가 "곁에 오는 사람 아무도 없고, 함께 고통을 슬퍼하고 그의 살을 파먹고 그의 피를 말리는 불치병을 함께 아파할 사람 아무도 없는"(691~695행), "언제나 혼자인 비참한 존재"(172행)라고 묘사하듯, 필록테테스는 "[그리스 비극에 등장하는 인물 가운데] 사회로부터 버림받은 최초의 인물"이다.[9] 이 작품에서 **홀로** 또는 **버림받은**이라는 단어는 그의 존재조건을 단적으로 보여주는 라이트모티프처럼 도처에 나타난다.[10]

필록테테스가 살고 있는 동굴은 **동굴**이라는 이미지가 말해주듯, 그

우리피데스의 『필록테테스』에 등장하는 코로스는 렘노스인으로 구성되어 있으며, 특히 에우리피데스는 악토르라 불리는 렘노스인을 등장인물의 하나로 설정했다.

8) Pierre Vidal-Naquet, "Sophocles' Philoctetes and the Ephebeia," Jean-Pierre Vernant and Pierre vidal-Naquet, *Myth and Tragedy in Ancient Greece*, Janet Lloyd 옮김 (New York: Zone Books, 1988), 165~166쪽.
9) Peter W. Rose, *Sons of the Gods, Children of Earth: Ideology and Literary Form in Ancient Greece* (Ithaca: Cornell UP, 1992), 318쪽.
10) 172행, 183행, 227행, 228행, 265행, 269행, 286행, 470행, 471행, 487행, 688행, 809행, 954행, 1018행.

가 죽음의 삶을 살고 있음을 나타낸다. 동굴은 빛이 차단당한 암흑, 곧 죽음과 같은 삶을 상징한다.[11] 필록테테스가 고통에 못 이겨 활을 네오프톨레모스에게 맡긴 뒤 잠을 청하고 나서 다시 깨어났을 때, 그가 내뱉는 첫마디는 "빛"이었다. 그는 "나의 잠을 이어받는 것"은 "빛"(pheggos, 867행)이라고 말한다. 이때 빛은 그가 죽음과 같은 동굴의 삶에서 해방되어 네오프톨레모스의 도움으로 자신의 고향으로 돌아갈 수 있는 희망의 빛을 상징한다. 말하자면 이 빛은 죽음과 같은 동굴의 삶에서 고향으로 돌아가 **짐승**의 삶이 아닌 **인간**의 삶을 되찾는 그의 부활을 가리키는 희망의 빛이다. 그러니 그는 빛이 없는 동굴 속의 삶을 살고 있는 자신을 가리켜 '시체'나 '유령' 또는 '연기의 그림자'라고 일컬었다.

그의 동굴 안은 그의 상처에서 흘러나오는 피고름이 뿜어내는 악취도 가득 차 있다. 필록테테스는 피고름을 쏟고 있는 자신의 상처 입은 발을 "나의 저주받은 발"(291행)이라고 말한다. **발**의 모티프는 소포클레스의 『오이디푸스 왕』에도 잘 드러나 있듯이,[12] 소포클레스에게 발은 저주받은 인간존재의 비극적인 조건, 그의 불완전성을 표상하는 기표다. 이런 의미에서 필록테테스의 상처 입은 발은 바로 그의 저주받은 존재, 그것의 불구성, 그것의 비극적인 불완전성을 표상한다. 소포클레스는 이런 필록테테스를 **고통** 그 자체로 규정한다. 필록테테스는 "내 눈에 보이는 것은 고통뿐이었다"(283~284행)라고 말한다. 렘노스 섬에는 노래하는 새도, 향기를 내뿜는 나무도 꽃도 없다. 코로스가 반복해서 강조하듯(185~190행, 218행 등), 그 섬 전체

---

11) 아이스퀼로스의 작품들을 다룰 때, 암흑이 죽음과 어떻게 연관되고 있는가를 살펴본 바 있다. 이 책의 1부 3장 『탄원하는 여인들』 103~104쪽과 5장 『결박당한 프로메테우스』 218~219쪽을 볼 것.
12) 이 책의 2부 4장 『오이디푸스 왕』 406~407쪽.

를 압도하는 것은 고통에 못 이겨 몸부림치는 필록테테스의 처절한 울부짖음, "사납고 불길한 비명소리와 신음소리"(9~10행) 뿐이다.

　베르낭은 오이디푸스를 논하면서 인간을 "이중(二重)의 의미를…… 지닌 하나의 수수께끼" 같은 존재라고 말한 바 있다.[13] 필록테테스 역시 이중의 의미를 지닌 하나의 수수께끼 같은 존재, 즉 고통의 존재이면서 동시에 구원과 희망의 존재다. 필록테테스는 아트레우스의 아들들과 오뒤세우스에게 버림받고 고통 받는 존재, 곧 **타자**다. 하지만 그와 그가 가진 활이 트로이아 전쟁에서 그리스의 운명을 좌우하게 됨으로써 오히려 그는 그들을 구원할 역사적 **주체**로 등장하고 있다.

오뒤세우스와 네오프톨레모스

　필록테테스의 활을 취하기 위해 네오프톨레모스와 렘노스 섬에 온 오뒤세우스는 네오프톨레모스에게 그의 활을 취하지 않으면 그리스인은 결코 트로이아를 함락시킬 수 없으며 이는 "모든 그리스인에게 고통을 안겨다 줄 것"(67행)이라고 말한다. 따라서 오뒤세우스에게 필록테테스의 활을 취하는 것만큼 중요한 일은 없다. 필록테테스를 트로이아로 데려가는 일보다 그의 활을 획득하는 것을 더 중요하게 생각하는 오뒤세우스는 그러니 네오프톨레모스에게 활의 중요성을 여러 차례 반복해서 강조하는 것이다. 이는 그가 네오프톨레모스에게 **계략**으로 필록테테스를 사로잡을 것을 명할 때조차(14행, 101행, 103행, 107행) 그가 관심을 갖는 것은 트로이아로 데려갈 필록테테스

---

[13] Jean-Pierre Vernant, "Ambiguity and Reversal: On the Enigmatic Structure of *Oedipus Rex*," 앞의 책, *Myth and Tragedy in Ancient Greece*, 121쪽. 그리고 이 책의 2부 4장 『오이디푸스 왕』 382~383쪽을 볼 것.

가 아니라 오직 그의 활이라는 데서 확인된다.

　오뒤세우스가 렘노스 섬을 찾아온 목적은 필록테테스를 트로이아로 데려가려는 데 있는 것이 아니라, 그의 활을 가지고 트로이아로 가는 데 있었다. 이는 극의 후반에 오뒤세우스가 네오프톨레모스에게 필록테테스가 트로이아로 가는 것을 끝내 마다한다면, 자신이나 명궁 테우크로스가 대신 활을 쏠 수 있으므로 그를 남겨두고 떠나자고 하는 데서도 확인된다(1054~1062행). 그는 수차례 이 "무적의 무기"(anikēton oplōn, 78행)만이 트로이아를 함락시킬 것이라고 말한다(68~69행, 113행 등).

　필록테테스의 활은 필록테테스가 휘드라의 독에 치명적인 상처를 입고 그 고통으로 미친 듯이 몸부림치던 헤라클레스의 목숨을 끊어줌으로써 그를 고통에서 해방시켜준 대가로 헤라클레스가 필록테테스에게 주었던 은혜의 선물이다. 제우스의 자식 가운데 인간으로서 유일하게 신의 반열에 오른 헤라클레스가 필록테테스에게 선물로 주었던 이 활은 야만인들의 폭력을 근절할 목적으로 아폴론이 헤라클레스에게 선사했던 선물이다. 아폴론 또한 델포이에서 이 활로 대지의 신 큰 뱀 퓌톤을 죽인 다음 여기서 그의 신탁을 제정했다. 필록테테스의 활은 이처럼 한때 신, 또는 신성(神性)을 가진 자가 보유했던 무기다. 게다가 극의 마지막 부분에서 헤라클레스가 필록테테스에게 트로이아로 떠날 것을 명령하면서, "트로이아는 나의 활로 다시 한번 함락당할 운명에 놓여 있다"(1439~1440행)라고 행한 말에서 알 수 있듯, 이미 이 활은 전쟁의 운명을 좌우하는 신성의 힘을 발휘한 바 있었다.

　이처럼 필록테테스는 "제우스의 아들 헤라클레스가 갖고 다니던 신성한 활"(hiera toxa, 942~943행)을 갖고 있는 자신을 자랑스럽게 여기고 있으므로 네오프톨레모스를 처음 대면했을 때 자신을 "포이아스의 아들 필록테테스"라고 소개하는 대신, "헤라클레스의 무기의 임자"(262~263행)라고 소개했던 것이다. 네오프톨레모스와 오뒤세우스, 그리고 필록테테스 모두가 인정하고 믿어 의심치 않는 것은 이 활의 신성이다. 필록테테스와 마찬가지로 네오프톨레모스도 "마치 신과 같은 존재"(657행)인 그 "유명한(kleina) 활"(654행)의 신성을 인식하고 있다. 그는 "신의 뜻이 담긴"(192행) 이 무기를 신비롭다고 여겼다. 이 활을 전쟁에서 승리를 가져오는 도구로 여기는 오뒤세우스도 필록테테스와 함께 이 활을 트로이아로 가져가려 할 때, "이를 결정한 이는 이 땅의 통치자인 제우스"이며 자신은 제우스의 "뜻을 단지 수행할 뿐"이라고 말한다(989~990행).

그러나 이 활을 획득하는 문제에 이르면 오뒤세우스와 네오프톨레모스 사이에 존재하는 인식의 차이는 처음부터 뚜렷하게 드러난다. 오뒤세우스는 네오프톨레모스에게 "필록테테스의 마음을 말로 호려"(54~55행) 활을 얻도록 요구하며, 일종의 속임수 같은 **계략**(dolos)을 권한다. 이 작품에는 계략(91행, 101행, 102행, 107행, 129행, 133행), 거짓말(100행, 109행, 110행), 도둑질(55행, 57행, 77행) 같은 단어가 수없이 등장한다. 물론 오뒤세우스는 네오프톨레모스가 거짓말이나 계략 따위를 취할 성품의 젊은이가 아니며(79~80행), 스스로도 그러한 짓은 악하고, 부당하고, 수치스럽고, 불손하다는 것(81행, 82행, 83행, 84행)을 알고 있다.

그러나 오뒤세우스에게 일차적으로 가장 중요한 것은 **승리** 그 자체이며, 여기에 도덕적인 이상 등은 이차적인 것이 된다. 그렇기 때문에 그는 필록테테스의 활을 얻기 위해 승리의 신(Nikē)인 아테나뿐만 아니라 계략의 신(Dolos) 헤르메스에게도 도움을 청하는 것이다(133~134행).

오뒤세우스는 네오프톨레모스에게 필록테테스의 활을 손에 넣으려면 "행동"이 아니라 "혀(舌)"(99행), "완력"이 아니라 "계략"으로 그것을 빼앗아야 한다고 거듭 말하면서(101~103행), "승리"(nikē, 81행)라는 "이익"(kerdos, 111행)을 위해서라면 계략도 "거짓말"도 아무런 문제가 되지 않으며(108~109행), "하루 동안만의 파렴치" (anaides, 83행) 따위는 던져버릴 수 있다고 주장한다. 이익을 위해서라면 목적은 수단을 정당화한다는 기원전 5세기의 동시대의 소피스트의 "윤리와 정치"를 대변하는[14], 아니 "소피스트들의 아바타"[15]인 오뒤세우스는 필록테테스를 마치 "계략"으로 "포획되어야 할" "위험한 야생동물"[16]로 취급하고 있다.[17]

네오프톨레모스와 필록테테스는 이러한 오뒤세우스에 대해 '영리한' 또는 '교활한'이라는 의미인 **소포스**(sophos)라는 말을 반복적으로 사용해 그의 정체성을 규정한다(431행, 440행, 1015행, 1244~1245행). 오뒤세우스가 네오프톨레모스에게 "필록테테스의 마음을 말로 호려야 한다"(55행), "행동이 아니라 말이 인간사의 모든 것에 주도적인 역할을 한다"(99행)라고 말하면서 말의 주요성을 강조할 때, 그는 **로고스**(logos)의 힘에 절대적인 믿음을 주었던 기원전 5세기의 소피스트들의 입장을 대변한다. "냉철한 실용주의자"[18]인 오뒤세우스는 목적을 달성하는 데 교묘하게 위장된 언어의 힘이 얼

---

14) Simon Goldhill, *Sophocles and the Language of Tragedy* (Oxford: Oxford UP, 2012), 66쪽.
15) Thomas van Nortwick, *Late Sophocles: The Hero's Evolution in "Electra", "Philoctetes", and "Oedipus at Colonus"* (Ann Arbor: U of Michigan Pr., 2015), 67쪽.
16) Stephen Halliwell, *The Aesthetics of Mimesis: Ancient Texts and Modern Problems* (Princeton: Princeton UP, 2002), 208쪽.
17) 오뒤세우스는 609행에서 필록테테스를 사냥꾼인 자신의 "훌륭한 포획물"(thēran kalēn)이라고 말한다.
18) Michelle Zerba, *Doubt and Skepticism in Antiquity and the Renaissance* (Cambridge: Cambridge UP, 2012), 54쪽. 이 저자는 오뒤세우스를 "르네상스 시대의 극에 등장하는 마키아벨리의 원형(原型)"으로 본다. 같은 책, 55쪽.

마나 효과적인지 알고 있다. 이러한 면에서 그는 승리하기 위해 "언어"를 "비도덕적인 수단, 곧 법이나 정의와는 상관없이 행해지는 계략 또는 재간으로 간주한 기원전 5세기 후반의 소피스트들의 이론을 어느 정도 반영하고 있다."[19]

그러나 필록테스를 트로이아로 데려가는 과정에서 네오프톨레모스가 겪는 내적 갈등이 이 작품의 주요한 주제 가운데 하나가 될 만큼, 네오프톨레모스의 태도는 승리를 위해 계략을 도모하는 오뒤세우스와는 현저한 차이를 보인다. 오뒤세우스와 네오프톨레모스에게 최고의 목적은 "최고의 명성"(kleos hupertaton, 1347행)을 얻는 데 있다. 목적은 같을지라도 이를 위해 그들이 택하는 수단은 전혀 다르다. 네오프톨레모스는 오뒤세우스에게 "나는 그 사람[필록테스]을 계략이 아니라 **완력으로**(pros bian) 데려올 각오가 되어 있소"(90~91행)라고 말한다. 그의 이 말은 그를 오뒤세우스와 구별시켜주는 핵심적인 말이다. "완력으로"라는 말은 그 다음 92행에서도 등장한다.

그리고 네오프톨레모스는 "악한 방법으로(kakōs) 이기느니 옳은 방법으로(kalōs) 하다가 차라리 실패하고 싶소"(94~95행)라고 말한다. 그에게 악한 방법은 계략이다. 나이도 18세와 20세 사이의 젊은 이[20]라는 점도 고려할 수 있지만(79~80행), 무엇보다도 네오프톨레

---

19) Charles Segal, 앞의 책, 333쪽. 그러나 이 작품에서의 오뒤세우스가 『아이아스』에서 연민·이해·설득과 같은 기원전 5세기 민주제 폴리스의 이상을 구현하던 오뒤세우스와 다르다 할지라도, 『필록테스』의 오뒤세우스를 전적으로 타락한 인간으로 볼 수는 없다. 그는 "전체의 번영을 위해서라면 어떤 행동도 하는" **실용주의** 정치가라 할 수도 있다(Martha C. Nussbaum, "Consequences and Character in Sophocles' Philoctetes," *Philosophy and Literature*, 1: 1 [1976], 30쪽). 오뒤세우스를 좀더 긍정적으로 평가하는 것으로는 Lauren J. Apfel, *The Advent of Pluralism: Diversity and Conflict in the Age of Sophocles* (Oxford: Oxford UP, 2011), 312~319쪽을 볼 것.
20) Judith Fletcher, *Performing Oaths in Classical Greek Drama* (Cambridge: Cambridge UP, 2012), 71쪽.

모스는 명예를 가장 중시하던 영웅시대의 이상적인 인물인 아킬레우스의 아들이다. "가슴 속에 품고 있는 생각과 하는 말이 서로 다른 자, 그런 자는 하데스[죽음]의 문처럼 나에게는 증오스러운 존재"(호메로스『일리아스』9.312 이하)라고 말했을 정도로, 아킬레우스는 신의와 명예를 중시하는 인물이다.

이에 반해 오뒤세우스는 필록테테스에 따르면 "악한 선조의 자손이면서 악당 중의 악당"(384행)이다. 이 때 악한 선조란 다름 아닌 시쉬포스다. 즉 오뒤세우스는 "인간들 가운데 가장 교활한 자"(『일리아스』6.153~154)인 시쉬포스의 아들이다.[21] 위선과 계략을 증오하는(『일리아스』9.312~322) 아버지 아킬레우스처럼 본성이 "간계"(technēs kakēs)를 싫어하는(88행) 네오프톨레모스는 시쉬포스의 아들인 오뒤세우스와 같을 수 없다. 그러니 태어나면서부터 **아킬레우스의 아들**(4행, 5행, 88행, 96행 등)인 네오프톨레모스가 추구하는 가치는 **시쉬포스의 아들**(417행)인 오뒤세우스가 추구하는 가치와 다를 수

---

21) 오뒤세우스는 안티클레아에서 태어난 라에르테스의 아들로, 뒤에 가서는 안티클레아에서 태어난 시쉬포스의 아들로 통하고 있다. 오뒤세우스는 『필록테테스』뿐만 아니라 소포클레스의 『아이아스』(189행), 에우리피데스의 『퀴클롭스』(104행)와 『아울리우스의 이피게네이아』(524행, 1362행)에서도 시쉬포스의 아들로 일컬어진다. 오비디우스의 친구이자 로마 최고의 학자 가운데 한 사람인 휘기노스(『신화집』60)에 따르면 아이올로스의 아들인 시쉬포스와 살모네오스는 서로 적대관계에 있었다. 시쉬포스는 어떻게 하면 남동생 살모네오스를 죽일 수 있는지 아폴론 신탁에게 물었다. 그 대답은 그가 살모네오스의 딸 튀로를 강간해 자식을 낳게 하면 그 자식이 살모네스를 죽일 것이라는 것이었다. 시쉬포스와 튀로의 사이에서 두 아들이 태어난 뒤 신탁의 내용을 알게 된 튀로는 자신의 아이들을 살해했다. 그 불경스러운 행위에 대한 벌로 하계에서 시쉬포스는 산정에까지 바위를 굴러 올려놓는 벌을 받게 되었다. 그가 바위를 산정에 올려놓으면 그것이 그의 뒤에서 다시 굴러내려 또다시 그것을 올려놓는, 영원히 행동을 반복하는 벌을 받게 되었다. 하계에서 받은 시쉬포스의 이러한 벌은 호메로스의 『오뒤세이아』에서도 언급된다(『오뒤세이아』11.593~600). 또 한편 시쉬포스는 하데스를 속여 하계에서 지상으로 되돌아온 협잡꾼이라는 오명도 받고 있다. 필록테테스가 오뒤세우스를 가리켜 "악한 선조의 자손으로서 악당 중 악당"이라고 일컫고 있는 것도 바로 이런 배경에서 나온 것이다.

밖에 없다.

하지만 네오프톨레모스가 결국 힘이나 설득이 아닌 계략으로 필록테테스의 활을 취할 것을 결심하는 순간, 네오프톨레모스는 **행동의 인간**(79행, 88~89행)인 아킬레우스의 아들 아니라 **말의 인간**인 오뒤세우스의 아들이 된다. 네오프톨레모스가 오뒤세우스의 계략의 명분에 승복해 오뒤세우스의 아들이 되는 순간 그는 필록테테스와 처음으로 대면하게 된다.

네오프톨레모스와 필록테테스

필록테테스는 렘노스 섬에 버림받은 지 10년 만에 인간을, 그것도 자신과 같은 그리스인을 만나는 것이었다. 필록테테스는 네오프톨레모스에게 자신을 단 한 사람의 친구나 동료도 없이 철저하게 버림받은 고독한 존재라고 소개한 뒤, 그에게 두려움을 떨치고 연민의 감정으로 자신을 '친구'(philos)로 삼아 달라고 간청한다(225~229행).

고대 그리스에서 **소외**(疎外)는 현대의 사회학적인 의미에서 말하는 소외의 개념과는 전적으로 다르다. 고대 그리스에서 소외는 자신의 나라나 고향을 떠나 멀리 떨어진 낯선 곳에서 고독하게 사는 공간적인 소외를 의미했다. 필록테테스는 이러한 그리스적인 소외를 대변하는 인물이다. 자신이 대면하고 있는 낯선 이들의 옷과 말투를 통해 그들이 자신이 떠나온 고국의 사람이며, 더구나 그 가운데 한 사람이 자신이 열렬히 사랑했던 전우 아킬레우스의 아들이라는 것을 알았을 때 그는 더할 나위 없이 기뻤다.

인간의 목소리조차 들을 수 없었던 오랜 세월을 보내고 귀환에 대한 모든 희망을 포기한 절망의 순간, 뜻밖에 그의 귀에 들린 낯선 사람의 목소리는 그 자체로도 감동이었을 것이다. 더구나 그 목소리가 같은 나라 사람의 목소리일 땐 두말할 나위도 없었을 것이다. 필록테테스는 네오프톨레모스의 목소리를 듣는 순간 이를 "가장 반가운 소리"(philtaton phōnēma, 234행)라고 일컫는다. 인간의 소리는 그토록 그에게 그리움의 소리이자 희망의 소리였으므로 가장 반가운 소리일 수밖에 없다. 따라서 네오프톨레모스를 실은 배를 자신이 있는 곳까지 오게 한 바람마저도 필록테테스에게는 "가장 반가운 바람"(237행)이다.

그러니 네오프톨레모스를 처음 보는 순간부터 필록테테스가 그를 "내 자식"(teknon, 236행)이라 부르는 것은 무리가 아니다. '자식'이라는 의미의 그리스어인 '테크논'이라는 단어는 필록테테스가 네오프톨레모스를 부를 때 52번이나 등장한다. 이는 그만큼 필록테테스가 네오프톨레모스에게 가지는 본능적인 애정과 믿음을 강조한다는 의미이며, 동시에 그가 네오프톨레모스를 진정 **소중한 친구**(philos)로 대한다는 의미이다.

필록테테스는 자신이 아트레우스의 아들들과 오뒤세우스에게 어떻게 버림을 받게 되었으며, 그 누구의 도움 없이 지금까지 얼마나 참혹하게 살아왔는지, 또한 그의 육체적인 고통이 얼마나 지독한지를 토로한다. 그러고는 마지막으로 아들 같은 네오프톨레모스에게 비통한 목소리로 **고향**에 대한 그리움(311행)을 토해낸다. 필록테테스는 네오프톨레모스에게 이 참혹한 고통을 끝낼 수 있도록 자신을 고향인 말리스로 데려가 달라고 간청하면서, 귀환에 대한 희망을 전적으로 네오프톨레모스에게 맡긴다.

트로이아 전쟁에 참전 중인 동료 전사들의 근황을 묻는 필록테테스에게 네오프톨레모스는 먼저 자신의 아버지인 아킬레우스의 전사 소식을 전한다. 이루 말할 수 없는 충격을 받은 필록테테스는 이어서 아이아스, 네스토르, 네스토르의 아들 안틸로코스, 아킬레우스의 가장 친한 친구였던 파트로클로스는 전사한 반면, 아트레우스의 아들들, 그리고 오뒤세우스, 디오메데스 등은 여전히 번영을 누리고 있음을 알게 된다. 필록테테스는 크게 화를 내면서 신에 대한 회의와 더불어 삶의 부조리에 통탄한다.

> 악한 것은 아직 어떤 것도 사라지지 않았구나. 신들은 악한 것을 잘 보호하고 있구나. 협잡꾼들과 불한당들(panourga kai palintribē)은 하데스에서 [지상으로] 돌려보내고, 올바른 자들과 용감한 자들(ta dikaia kai ta chrēst')은 생명이 다하기 전에 언제나 세상 밖으로 일찍 떠나보내는 것을 좋아하는구나. 이를 어떻게 설명해야 하나. 신들의 이러한 행위를 보면, 신들은 악한 존재가 아닌가. 어떻게 이 사실을 묵인하고 신들을 찬양할 수 있으랴. (446~452행)

이때, 계략을 품은 **오뒤세우스의 아들**이 되어 필록테테스를 대면했던 네오프톨레모스는, 후반부에 그가 **아킬레우스의 아들**로 돌아갈 내면적인 변화를 미리 암시라도 하듯, 필록테테스의 고통에 깊이 연민을 느낀다. 이것도 잠시일 뿐 오뒤세우스의 아들로 돌아온 네오프톨레모스는 다시금 오뒤세우스의 계략을 이행하려 한다. 앞서 소개했듯, 그는 먼저 필록테테스의 환심을 사기 위해 아버지인 아킬레우스의 무기를 자신에게 돌려주지 않는 오뒤세우스를 용납할 수 없어 그와 다툰 뒤 전선을 이탈한 채 고향으로 가는 중이며, 곧 고향 스퀴로스로 향해 떠날 것이라고 거짓말을 한다. 그 말에 필록테테스는 네오프톨레모스를 "내 자식아!"라고 부르며 "그대의 아버지, 그대의 어머니의 이름으로, 그리고 그대가 사랑하는 고향사람의 이름으로…… 이러한 고통 속에 있는 나를 혼자 내버려두지 말라"라고 "간절히 애원한다"(468~471행). 그리고 다시 네오프톨레모스를 "내 자식아!"라고 부르며 그에게 "그대가 나를 고향으로 데려가준다면, 내가 살아서 오이타 땅을 다시 밟을 수 있게 된다면, 그대의 명성에 또 명성을 더할 큰 보답이 그대에게 주어질 것"(478~479행)이라고 호소한다.

그러고는 다시 한번 그는 아버지가 자신을 기다리고 있을 고향집으로 돌아가고 싶어하는(492~496행) 자신을 불쌍하게 여겨 그곳으로 데려가 달라고(756행, 758행, 789행, 809행) "탄원자의 신인 제우스의 이름으로" 간청한다(484~487행). 코로스는 필록테테스의 간청에 동정을 표한 다음 네오프톨레모스에게 그의 간청에 귀 기울여달라고 부탁한다(507~509행). 이 부탁을 듣고 네오프톨레모스는 위장과 거짓말로 필록테테스를 우롱하는 자신에게 부끄러움을 느끼면서도(524~525행), 오뒤세우스가 자신에게 부과한 역사적인 사명을 쉽게 저버릴 수 없어 괴로워한다.

네오프톨레모스는 전적으로 자신을 진정으로 소중한 친구라고 생각하고, 아무 의심 없이 자신에게 활을 맡기는 필록테테스의 진정성을 마침내 더 이상 욕되게 할 수 없었다. 무엇보다도 "그[필록테테스]의 마음을 집어삼키는 처절한 고통"(dakethumos atē)(706행, Jebb 번역)의 비명은 어떤 언어로도 옮길 수 없는 짐승의 울부짖음 그 자체였다. "아아아아"(aaaa, 732행, 738행), "아팝파파이 파파 파파 파파 파파이"(apappapai papa papa papa papai, 746행), "팝파팝파파이"(pappapappapai, 754행) 하며 내지르는 그의 비명소리는 덫에 걸려 산산조각 찢겨져 나간 피투성이 짐승의 몸 덩어리 전체가 쏟아내는 울부짖음 같은 것이었다.

앞서 필록테테스의 존재를 **고통**이라고 규정한 바 있듯, 이러한 비명 자체가 바로 필록테테스이며, 이러한 필록테테스 자체가 바로 고통이다. 네오프톨레모스는 자신을 아들이라 부르며 고통에 몸부림치는 그에게 처음으로 말할 수 없는 동정을 느낀다. "아이! 가엾은 사람…… 가엾은 사람"(iō dustēne…… dustēne, 759~760행)이라고 부른다. 필록테테스는 오이타 산 정상에서 휘드라의 독에 상처받아 온 몸이 불타고 있는 헤라클레스의 고통을 끝내주기 위해 화장용(火葬用) 장작더미에 불을 붙여 그의 목숨을 끊어주었던 것처럼, 자신을 모스퀼로스 화산에 있는 그 유명한 렘노스 불에 던져 고통을 벗어나게 해달라고 애원한다(799~801행). 네오프톨레모스는 "아까부터 당신 때문에 나는 고통스럽다"(algō palai, 806행)라고 진심으로 말한다.

이제 네오프톨레모스는 점점 더 갈등하기 시작한다.[22] 트로이아를 정복하기 위해 필록테테스를 배반하고 그의 활을 취해야 하지만, 자신을 진정 소중한 친구로 대하는 그를 배반하는 것은 영웅적인 이상을 위해 삶을 바친 아킬레우스의 아들로서 명예를 더럽히는 수치스러운 행위이기 때문이다. 호메로스에 따르면 아킬레우스는 후에 하계에서 오뒤세우스를 대면했을 때 그에게 "훌륭한 내 아들에 대해 말해다오. 그가 전쟁에서 응당 지휘관이 되었는지 아닌지를"(호메로스 『오뒤세이아』 11.492 이하) 묻는다. 그는 아들이 자신의 영웅적인 삶과 이상을 이어받고 있는지, 즉 얼마나 자기를 닮았는지 알고 싶은 것이다. 네오프톨레모스는 이러한 아킬레우스의 아들이다.

때문에 네오프톨레모스는 트로이아를 정복하기 위해 온갖 거짓말로 필록테테스를 속이고 고향으로 돌아가려하려고 하는 그의 간절한 소망을 저버리면서까지 그를 고향 말리스가 아닌 트로이아로 데려가야 하는지, 무엇보다 고통에 찌든 불구의 몸을 자신의 어깨에 내맡긴 채 트로이아로 향하는 뱃길로 발걸음을 옮기려는 그를 계속 속이며 고통스럽게 해야만 하는지 자책하면서 괴로워한다. 그의 갈등은

---

[22] 필록테테스를 향한 네오프톨레모스의 연민이 어떻게 이루어져 가는지에 대해서는 Stephen Halliwell, 앞의 책, 208~216쪽을 볼 것.

결단의 행동을 취하려는 순간마다 "아아, 어떻게 해야 하나"(oimoi ti drasō, 969행; 757행, 895행, 908행, 974행, 1063행, 1393행)라고 내뱉는 데서 거듭 확인된다.

필록테테스를 더 이상 고통스럽게 할 수 없다는 자책 때문에 괴로워하던 네오프톨레모스는 마침내 그에게 진실을 토로하고 만다. 이 말을 듣고 배신감에 분노를 참지 못하는 필록테테스에게 네오프톨레모스는 그렇게 그를 속이면서까지 트로이아로 데려가려 하는 것은 거역할 수 없는 "가혹한 숙명(pollē…… anagkē, 921~922행)이 명하는 것이므로," "화내지 말라"라고 당부한다(922행). 그의 배신에 노여움을 참지 못한 필록테테스는, "제우스의 아들 헤라클레스가 갖고 다니던 나의 신성한 활"(943행)을 계략으로 취한 그의 행위, 무엇보다도 귀환에 목마른 자신의 열망을 **탄원자**로서 그에게 간절히 호소했는데도 자신을 기만한 그의 시쉬포스적인 행위를 따갑게 질책했다. 그러고는 네오프톨레모스에게 다시 활을 돌려달라고 말한다. 필록테테스에게 활은 짐승의 위협으로부터 생명을 지켜주고 목숨을 연명하도록 사냥할 수 있게 하는, 원초적인 삶의 수단이기 때문이다(954~960행, 1153~1162행).[23] 필록테테스는 네오프톨레모스에게 활을 요구하면서 잃어버린 "진정한 본성"(950행)으로, 바꾸어 말하면 아킬레우스의 아들로 돌아가라고 촉구한다(950행).

필록테테스의 절실함에 코로스의 갈등도 깊어진다. 네오프톨레모스는 "어떻게 해야 하나(ti drōmen) [트로이아로] 항해하느냐, 아니면 저분[필록테테스]의 소원을 들어주어야 하느냐 하는 것은…… 그대[네오프톨레모스]에게 달려 있다"라고 말하는(963~964행) 코로스에게 "이 분에 대한 엄청난 연민(oiktos deinos, 965행)이 나에게 밀려

---

23) '활'을 의미하는 그리스어 **비오스**(bios)는 또 한편 '생명'을 의미한다.

오고 있으며, 이는 이제 와서가 아니라 아까부터"(965~966행)라고 대답한다. 이는 그가 오뒤세우스의 아들로부터 떠나 다시 진정한 아킬레우스의 아들로 돌아가려는 움직임이다.

그러나 이때 오뒤세우스가 등장해 네오프톨레모스에게 강제로 필록테테스를 트로이아로 데려가겠다고 말한다(982~984행). 필록테테스는 폭력을 동원한다 해도 자신은 결코 트로이아로 가지 않을 것이며, 강제로 갈 바에야 차라리 절벽 아래 몸을 던져 목숨을 끊겠다며 자살을 감행하려 한다(1002~1003행).

오뒤세우스는 자살하려는 필록테테스를 제지한 뒤, 네오프톨레모스가 필록테테스에게 연민을 품고 있는 것(1074~1075행)을 간파하고는 네오프톨레모스를 데리고 동굴 밖으로 나간다. 그 사이 코로스는 다시 한번 필록테테스에게 그가 트로이아로 가는 것은 "신의 뜻"이라고 말한다. 필록테테스는 가증스러운 트로이아의 땅으로 가느니 차라리 목숨을 끊어 "하데스"에 있는 아버지 곁으로 가고 싶다며 그들에게 칼을 요구한다(1211행).

다시 등장한 네오프톨레모스는 내면의 갈등을 끝내고 아킬레우스의 아들로 돌아가려 한다. 그는 이제 오뒤세우스와 그리스군의 운명보다, 자신이 "저지른 수치스러운 잘못이 초래한 불명예"를 회복하는 일(1248~1249행)을 더 중하게 여긴다. 네오프톨레모스는 아버지가 유산으로 남긴 영웅시대의 이상적인 가치를 망각하고 "비열하고 옳지 못한 방법으로" 필록테테스의 활을 취한 것을 뉘우치면서(1234행) 필록테테스에게 활을 돌려주려 한다.

활을 돌려주면 그리스군이 곧 벌과 보복을 가할 것이라고 오뒤세우스가 위협하는데도 네오프톨레모스는 "폭력으로 위협한다 할지라도 나는 그대에게 복종하지 않을 것이오"라고 말한다(1252행). 네오프톨레모스가 '아버지의 이름(le nom père)으로' – 라캉의 용어를 빌리면[24] – 끊임없이 말하고 행동하다 오뒤세우스의 아들에서 아킬레우스의 아들로 다시 돌아오는 모습은 호메로스의 『일리아스』에서 그의 아버지 아킬레우스가 헥토르의 아버지인 프리아모스가 고통받는 모습에서 자신의 아버지 펠레우스의 모습을 발견하고 연민을 느껴 프리아모스의 간청을 받아들였던 장면을 떠올리게 한다.[25]

아킬레우스의 아들답게 마침내 네오프톨레모스는 진정 자신의 소중한 친구로서 필록테테스를 대하기 위해 그에게 다가간다. 아킬레우스가 헥토르의 아버지 프리아모스의 모습에서 자신의 아버지 펠레우스의 모습을 읽었듯, 네오프톨레모스는 필록테테스의 모습에서 자신의 아버지 아킬레우스의 모습을 읽었는지도 모른다. 형언할 수 없는 절대 고독과 소외 가운데서도 자신의 원칙을 결코 포기하지 않고, 자살마저도 마다하지 않고 영웅시대의 도덕 원리를 고수하는 필록테테스는 호메로스의 영웅시대를 대변하는 "영웅들 가운데 마지막 영웅"이라고 할 수 있다.[26] 이 마지막 영웅의 모습에서 네오프톨레모스는 자신의 아버지의 모습을 보았던 것인지도 모른다.

그러나 필록테테스는 소중한 친구로서 용서를 구하며 다가오는 네오프톨레모스의 모든 것을 여전히 거짓으로 치부하고 그를 "가장 훌륭한 아버지의 가장 수치스러운 자식"(1284행)이라고 비하하며 그의 진심을 인정하지 않으려 한다. 네오프톨레모스가 그에게 활을 돌려주면서 거짓이 아님을 "제우스의 신성한 존엄에 걸고 맹세하자"

---

24) Jacques Lacan, *Four Fundamental Concepts of Psych-analysis*, Jacques-Alain Miller엮음, Alan Sheridan 옮김 (New York: Penguin, 1979), 281~282쪽.
25) 그 장면에 대해서는 임철규, 『고전-인간의 계보학』(한길사, 2016), 61~64쪽, 79~83쪽을 볼 것.
26) Charles Segal, 앞의 책, 296쪽.

(1289행), 필록테테스는 마침내 그의 진심을 받아들인다. 오뒤세우스가 다시 등장해 활을 돌려주지 못하도록 저지하려 하지만, 네오프톨레모스는 더 이상 오뒤세우스의 아들이 아니다. 필록테테스는 그의 진정한 모습에서 그의 "본성"(phusis)을 파악하고, 그를 다시 "시쉬포스의 아들이 아닌 아킬레우스의 아들"(1310~1312행)로 받아들인다.

네오프톨레모스는 이제야 비로소 자신을 소중한 친구로 대하는 필록테테스에게 "예언자 가운데 최고의 예언자"(1338행)인 헬레노스의 말을 전한다. 필록테테스가 겪는 육체의 고통은 "신이 보낸 것"(ek theias tuchēs, 1326행)이라는 것, 그가 최고의 명의였던 아스클레피오스의 아들들[27]이 있는 트로이아로 "자진해 가기 전에는"(1332행) 그의 고통은 치유될 수 없다는 것(1333~1334행, 1379~1380행), 그가 그의 활을 가지고 자신과 함께 전쟁에 참전해야만 트로이아가 함락된다는 것이었다(1333~1341행). 자신의 소중한 친구 네오프톨레모스가 들려주는 예언자의 전언(傳言)과 그의 절박한 호소를 듣고 나서 필록테테스는 비로소 갈등한다. 그는 고통을 치유하고 트로이아를 함락시키기 위해 트로이아로 가는 일이 옳은 선택일 수 있지만, 한편 자신을 렘노스 섬에 무자비하게 내버려둔 채 비참하게 살게 한 불구의 원수인 아트레우스의 아들들과 오뒤세우스가 있는 트로이아로 가서 그들과 함께 전쟁에 참전하는 것은 도저히 용납되지 않았다(1354~1361행). 그는 끊임없이 갈등한다.

---

[27] 아스클레피오스는 켄타우로스 키론(또는 케이론)의 수제자이자 최초의 의술의 신으로 일컬어지지만, 호메로스의 『일리아스』에서는 그의 두 아들, 마카온과 포달레이리오스처럼 훌륭한 의사로 통한다(그의 아들들에 대해서는 『일리아스』 2.729 이하, 4.192 이하, 11.504 이하 그리고 11.823 이하를 볼 것). 아스클레피오스는 자신의 뛰어난 의술로 인간을 죽음에서 해방시켜 불멸의 존재로 만들려 했다. 하지만 죽음을 면치 못하는 인간존재의 조건을 도외시한 그의 오만에 대한 벌로 제우스가 그에게 천둥번개를 내려쳤다는 이야기가 전해진다. 그만큼 그는 죽은 자들도 살릴 수 있는 뛰어난 명의로 알려져 있다.

필록테스는 숨 막힐 듯한 갈등 속에서 "어떻게 해야 하나" (1350행)하며 짙은 한숨만 토해낸다. 그는 소포클레스의 주인공 가운데 "양립할 수 없는 도덕적인 주장 사이에 끼어 선택에 괴로워하는…… 유일한 인물이다."[28]

네오프톨레모스는 필록테스에게 그가 트로이아로 가서 그리스인을 고통스럽게 한 트로이아를 함락시킨다면 그는 "최고의 명성" (1347행)을 얻을 것이며, "모든 그리스인 가운데 가장 빼어난 자"로 칭송받는 것은 물론 병도 치유될 거라고 또 한번 호소한다. 그리고는 그에게 결단을 촉구한다(1344~1347행). 하지만 필록테스는 갈등 끝에 네오프톨레모스에게 "그대가 약속한 대로 나를 고향으로 데려가 다오."(pempson pros oikous, 1367~1368행)라고 말함으로써 그의 호소를 거부한다. 여기서 필록테스는 인간의 뜻과 신의 뜻을 전부 거부하는, 소포클레스 비극의 주인공들 특유의 **오만**을 보여주고 있다.

필록테스는 자신의 "몫"인 "고통을 그대로 참고 견딜 테니" (1397행) "트로이아에 대해 다시는 말을 꺼내지 말고", 자신의 "오른손을 잡고" 맹세한 그대로 지체 없이 자기를 "고향으로 데려가 달라"라고 다시 한번 요구한다.(1398~1400행) 네오프톨레모스는 마침내 필록테스와 그의 고향 말리스로 떠나기로 마음을 정한다.

그러나 그들이 필록테스의 고향을 향해 렘노스 섬을 떠나려는 순간 헤라클레스가 등장한다. 헤라클레스가 등장하면서 필록테스의 **귀환**은 끝내 좌절된다. 그의 명령에 따라 필록테스는 그의 고향 말리스가 아니라, 원수들인 아르테우스의 아들들과 오뒤세우스가 있는 전장(戰場) 트로이아로 떠나야만 했기 때문이다.

---

28) Stuart Lawrence, *Moral Awareness in Greek Tragedy* (Oxford: Oxford UP, 2013), 194쪽.

헤라클레스 그리고 **귀환**

제우스의 아들로 태어나 신의 반열에 오른 유일한 인간으로서 헤라클레스는 인간의 목소리, 인간의 모습으로 필록테테스 앞에 나타난다(1410행). 오랫동안 보지 못했던 그의 그리운 목소리는 필록테테스에게 과거의 소중한 친구의 모습으로 다가온다(1445~1446행). 헤라클레스는 필록테테스에게 자기가 온 목적은 "제우스의 계획을 말해주기[전해주기] 위함"(1415행)이며, 자신의 "말을 들어라"(muthōn epakouson, 1417행)라고 명하고는, 그 계획은 그가 네오프톨레모스와 함께 트로이아로 가서(1423행) 자신이 물려준 활로 "이 모든 악의 원인인 파리스를 죽이고, 트로이아를 함락하라는 것"(1426~1428행)이라고 말한다. 그리고 헤라클레스는 그곳에서 그의 불치병이 치유될 것이며, 그리스 전사들 가운데 가장 으뜸가는 전사로 대접받을 것이고(1424~1425행), 그가 얻게 될 전리품은 고향에 있는 아버지에게 보내질 것이라고 말한다(1428~1430행).

헤라클레스는 그에게 자신도 한때 엄청난 고통을 겪은 다음 "불멸의 영광"을 얻었음을 상기시키면서, 지금의 "이러한 고통 다음에는 영광스러운 삶"(eukleē bios, 1422행)이 도래할 것이라고 말한다. 필록테테스는 헤라클레스가 행하는 이 말을 모든 이해(利害)를 떠나 옛 친구가 전하는 진심에 찬 말일 뿐만 아니라, 제우스의 뜻을 대변하는 제우스의 아들이자 불명의 신의 지위에 오른 그의 "권위"가 보증하는 신심에 찬 말이라고 믿는다. 그러니 필록테테스는 마침내 "내 그대의 말(muthos)에 불복종하지 않을 것"(1447행)이라고 말하면서 그의 명령에 따르게 된다.[29]

---

[29] Mary Whitlock Blundell, *Helping Friends and Harming Enemies: A Study in Sophocles and Greek Ethics* (Cambridge: Cambridge UP, 1989), 222쪽.

이 작품은 소포클레스의 작품들 가운데 유일하게 주인공이 자신의 의지를 꺾고, 타자의 의지를 따르는 작품이다.[30] 진정한 비극의 주인공들은, 특히 소포클레스의 비극의 경우, 결코 거듭 태어나지 않는다. 그들은 끝내 파멸하지만, 파멸의 순간에도 자신들의 **패배**를 인정하지 않는다.

그러나 필록테테스는 **타자**에 굴복한다. 어느 학자는 "헤라클레스의 출현이 필록테테스에게 승리이자 동시에 패배"라고 말하지만[31] 필록테테스가 트로이아로 향하는 것은 자기포기를 통한 명백한 자기 패배다. 이 점에서 필록테테스는 소포클레스의 전형적인 비극 주인공들의 대열에서 일탈하고 있다. 필록테테스의 '자기포기'가 "보다 큰 운명을 실현"[32]하기 위해 거듭 태어나려고 한 것이라 할지라도, 그의 패배로 인한 비극성은 **귀환의 좌절**을 통해 더욱 부각된다. 우리가 무엇보다도 주목하는 것은 바로 이 귀환의 좌절로 인한 비극성이다.

『필록테테스』에서 가장 많이 등장하는 단어 가운데 하나가 다름 아닌 고향**집**이다. 네오프톨레모스를 처음 대면한 순간부터 필록테테스는 그에게 줄곧 자신을 고향집으로 데려가 달라고 부탁한다. 자신의 아버지가 아직 살아 있을지도 모르는 고향 말리스의 집으로 돌아가는 것이야말로 그의 유일한 소망이다. 네오프톨레모스에게 고향으로 데려가 달라고 부탁하는 필록테테스의 처절한 간청과 절박한 소망은 하나의 라이트모티프처럼 작품 전체를 압도하고 있다(311행, 479행, 496행, 941행, 1368행, 1399행 등).

---

30) 이 작품은 현존하는 그리스 비극 가운데 여인이 단 한 명도 등장하지 않는 유일한 작품이기도 하다.
31) Charles Segal, 앞의 책, 338쪽.
32) Charles Segal, 같은 책, 294쪽, 352쪽.

귀환을 향한 욕망은 인간의 가장 근원적이고 원초적인 욕망 가운데 하나다. 그러나 이를 실현하는 것은 극히 험난하고, 때로는 전혀 불가능한 것이기 때문에, 그 욕망은 아픔으로 바뀐다. 따라서 우리는 이러한 아픔을 **향수병**(鄕愁病)이라고 부른다. 이른바 향수병으로 번역하는 **노스탤지어**(nostalgia)[33]는 1688년 요한네스 호퍼가 '귀환'을 의미하는 그리스어 '노스토스'(nostos)와 '병'을 의미하는 '알고스'(algos)를 합성해 주조한 단어다. 향수병은 자신이 태어난 고향을 멀리 떠나 있을 때 느끼는 참을 수 없는 고독의 상태[34] 속에서, 돌아가기 어렵거나 아예 돌아가는 것이 불가능하게 여겨지는 고향에 대한 그리움 때문에 생겨나는 병이다. 귀환을 향한 욕망은 가장 근원적이고 원초적인 본능의 한 형태이기 때문에, 그 욕망이 지연되거나 이룰 수 없게 되면 필록테테스의 경우처럼, 치유하기 어려운 병으로 바뀐다. 그 병은 귀환을 통해서만 치유할 수 있다.

　고대 그리스에서 신과 인간 간의 유일한 차이는 인간과는 달리 신은 영원히 죽지 않는다는 것이다. 신의 불멸성, 이것이 신과 인간의 근본적인 차이다. 절대로 충족될 수 없기 때문에 '불멸'은 인간의 내면 깊이 자리 잡고 있는 가장 근원적인 절대 욕망인지 모른다. 이런 이유로 신은 오뒤세우스에게 귀환을 포기한다면 그 대가로 불멸을 주겠다고 약속했다. 그런데도 오뒤세우스는 불멸을 포기하고 고향 이타카로 귀환하는 것을 택했다. 호메로스가 『오뒤세이아』에서 **오뒤세우스의 귀환**을 주요 모디프로 택한 것도 인간의 절대욕망은 불멸이 아니라 귀향에 있음을 들려주기 위한 것인지도 모른다.

　작품 『오뒤세이아』는 '귀환'을 실현하는 데 얼마나 큰 고통이 수

---

33) 이에 대해서는 임철규, 「노스탤지어 그리고 정지용의 '고향'과 '향수'」, 앞의 책, 『고전』, 633~639쪽을 볼 것.
34) 앞서 이것을 고대 그리스에서의 '소외' 개념으로 언급한 바 있다.

반되는지를 보여주는 작품이라 말할 수 있다. 오뒤세우스의 귀환은 포세이돈을 비롯한 신들의 노여움 때문에 좌초되기도 하고 (1.325~327, 3.130~166, 4.499~511, 5.108~111), 하계로 내려가 죽은 어머니와 그리스의 영웅들을 만난 뒤 그곳에 머무르고 싶은 유혹으로 위기에 빠지기도 한다. 그러나 무엇보다도 귀환하려는 그의 마음을 흔들었던 것은 7년간 그를 오귀기아 섬에 가둬두었던 바다의 님프 칼륍소가 자신과 결혼하는 조건으로 그에게 불멸을 약속했기 때문이다. 하지만 오뒤세우스는 자신 앞에 내밀어진 불멸을 걷어차고(『오뒤세이아』 5.135~136, 7.255~258, 23.334~336) 귀환의 길을 선택한다.[35]

결국 이타카로 돌아온 오뒤세우스처럼 성공적인 귀환도 있다. 하지만 그러한 성공적인 귀환도 이루 말할 수 없는 숱한 고통과 수난 뒤에 이루어진다(『오뒤세이아』 9.37). 우리가 아가멤논의 경우에서 보는 것처럼 때때로 귀환은 험난할 뿐만 아니라 전혀 불가능하기도 하다. 트로이아를 함락시킨 후 10년 만에 고향 아르고스로 향하던 아가멤논의 귀환은 자신의 아내에게 죽음을 맞는 것으로 마무리된다. 아가멤논의 귀환이 가지는 비극성은 그것이 아들 오레스테이아에게까지 이어진다는 점에서 더욱 증폭된다. 아버지의 원수를 갚기 위해 고향으로 돌아온 오레스테이아가 아버지를 죽인 자신의 어머니를 죽이는 것은 귀환의 비극성이 극명하게 표출되는 장면이다.

귀환은 또한 영웅의 조건과 운명을 규정하는 것이었다. 호메로스의 영웅시대의 전사들은 전장에서 죽지 않고 고향으로 돌아가는 한 영웅이 될 수 없었다. 귀환의 중심에는 영웅의 조건과 운명을 규정하는 **전장**이 있었던 것이다. 호메로스의 『일리아스』에는 각각 '귀환'

---

35) 임철규, 『귀환』(한길사, 2009), 359~362쪽.

과 '귀환하다'를 의미하는 그리스어 '노스토스'(nostos)와 '노스테인'(nostein)이 대략 28번 이상이나 등장한다.[36] 호메로스의 영웅시대의 주인공은 이미 주어진 운명, 곧 죽음을 극복하고 신과 같은 불멸의 존재가 될 수 있는 근거를 역설적이게도 다름 아닌 **죽음**에서 찾는다.[37] 전쟁터에서 얻은 명성은 시의 주제가 되어 그들은 기억 속에 영원히 죽지 않고 살아남기 때문이다. 말하자면 호메로스의 영웅들은 사후의 명성을 통해 일종의 불멸이라는 신적인 위상을 얻는다. 때문에 호메로스의 영웅들이 간절히 바라는 삶이 이루어지는 곳은 바로 전장이었다. 공동체를 위해 자신의 목숨을 바치는 이러한 영웅들의 **영광스러운 죽음**이야말로 **아름다운 죽음**이라고 일컬어졌다.[38]

아름다운 죽음과 영광스럽지 못한 귀환 사이에 놓인 딜레마는 그리스 서사시나 비극 속 영웅들에게서 종종 찾아볼 수 있다. 자신의 전리품인 브리세이스를 가로챈 아가멤논에 대한 분노를 참지 못하고 고향인 프티아로 돌아가려 했던 아킬레우스도 이 딜레마에 빠진 적이 있다. 그러나 고향으로 돌아간다는 것은 영광스러운 죽음, 아름다운 죽음을 포기하는 것이었다. 그러니 그의 운명은 "영광스럽지 못한 귀환과 영광스러운 죽음 사이의 딜레마로 이미 규정되고 있다"(『일리아스』 9.412~416).[39] 가장 소중한 친구인 파트로클로스가 헥토르

---

[36] 2.155, 2.251, 2.253, 4.103, 4.121, 5.157, 5.212, 5.687, 9.413, 9.434, 9.622, 10.247, 10.509, 13.38, 13. 232, 15.374, 16.82, 17.207, 17.239, 17.636, 18.60, 18.90, 18.238, 18.330, 18.441, 22.444, 23.145, 24.705 등. 이에 대해서는 D. N. Maronitis, "The Theme of Homecoming in the *Iliad*: Signification-Variations-Function," *Homeric Megathemes: War-Homilia-Homecoming*, David Connolly 옮김 (Lanham: Lexington Books, 2004), 64쪽, 75쪽, 주3을 참고할 것.
[37] 흔히 '운명'을 의미하는 모이라(moira)는 호메로스에서는 보통 죽음과 결부된다.
[38] 작품 『아이아스』를 다루면서 호메로스의 영웅시대의 주인공들의 '영광스러운 죽음', 즉 '아름다운 죽음'에 대해 이야기한 바 있다. 이 책의 2부 1장 『아이아스』 232~237쪽과 임철규, 앞의 책, 『고전』, 69~71쪽, 85~90쪽, 100~104쪽을 볼 것.
[39] D. N. Maronitis, 앞의 책, 68쪽.

에게 죽임을 당했다는 소식을 접하기 전까지 그러한 딜레마에 빠져 있던 아킬레우스는 결국 귀환을 포기한다. "나의 사랑하는 고국 고향 땅으로 내가 돌아간다면, 나의 커다란 영광은 사라지고 말 것이다" (9.414~415). 고향 피티아로 결코 되돌아가지 않을 것이며, 다시는 나이든 아버지를 결코 보지 않을 것이라 말하는(18.330, 24.507, 511, 540~542) 그는 귀환을 포기하고 죽음을 택했다.

그러나 2부 1장 『아이아스』에서 살펴보았듯, 영광스럽지 못한 귀환과 영광스러운 죽음 사이의 딜레마 자체가 허용되지 않는 아이아스 같은 영웅도 있다. 소포클레스의 『아이아스』의 주인공에게는 영광스러운 죽음을 선택할 '전장'도 주어지지 않으며, 전장 없는 영웅의 수치스러운 삶은 나이 든 고향의 아버지를 차마 볼 수 없도록 만든다. 이국땅 어느 황량한 해변에서 자살을 선택한 아이아스는 돌아갈 곳으로 돌아가지 못하는 '귀환'의 비극성을 정면으로 보여준다.

한편 헤라클레스가 개입하면서 끝내 성사되지 못한 필록테테스의 귀환 역시 비극적이다. 자신의 아들과도 같은 청년 앞에 무릎을 꿇고 고향으로 데려가 달라고 애원하던 필록테테스에게 귀환은 죽음처럼 고통스러운 삶에서 그를 구하는 하나의 빛이었다. 그는 자신의 육체적인 고통을 치유해줄 수 있을지는 모르나 정신적인 아픔에 위안을 줄 수 없는 트로이아 대신 자신에게 빛을 던져줄 고향으로 귀환할 것을 간절히 바란다. 필록테테스의 귀환을 도와주겠다던 네오프톨레모스는 어떤가.

정도의 차이는 있지만 네오프톨레모스도 귀환에 대한 열망으로 가득 차 있었다. 그는 필록테테스 처음 만나 자신을 소개하면서 자신의 "고향은 바다로 둘러싸인 스퀴로스이며, 나는 고향집으로 항행하고 있다"(239~240행)라고 밝히면서 "바위가 많은 스퀴로스는 향후 내가 원하는 전부이며, 나는 그 고향집에서 즐거운 삶을 살 것"(459~460행)이라 말한다. 이것은 비록 이 말이 필록테테스를 데려가기 위해 했던 거짓말일지라도, 자신도 귀환하려는 "무의식적인 소망"[40]을 지니고 있음을 드러내주는 것이라고 볼 수 있다. 또한 그는 필록테테스가 겪는 고통에 강한 연민을 느끼며 괴로워하는 자신에 대해 "나는 스퀴로스를 결코 떠나지 않았어야 했다. 고향을 떠나왔기 때문에 이처럼 고통받고 있다"(969~970행)라고 말한 바 있다.

그러나 이 둘의 귀환은 모두 헤라클레스가 개입하면서 성사되지 못한다. 코로스도 작품의 후반부에서 필록테테스, 네오프톨레모스 그리고 자신들 모두 "무사히" 고향으로 갈 수 있도록 기도하지만(1471행), 그들의 기도는 기도로 끝난다. 이들은 모두 '귀환'의 좌절을 안고 제우스의 "계획"(1415행)을 완수하기 위해 트로이아로 떠난다. 그토록 간절히 원하던 고향으로 돌아가지 못한 채, 필록테테스의 귀환은 **신의 이름으로**, **정의의 이름으로** 결국 좌절된다.

이것이 불가피한 선택이라는 점에서 귀환의 좌절을 둘러싼 비극성은 더욱 극대화된다. 설령 필록테테스가 트로이아 전선 대신 고향 말리스로 돌아간다고 하자. 만약 자신의 아버지가 살아 있다면 아버지는 전장으로 향하지 않고 고향으로 돌아온 그를 어떻게 맞이할 것이며, 고향 사람들도 그를 어찌 맞이할 것인가. 타인의 **공적인 눈**에 수치스럽지 않은 인간으로 사는 것, 이것이 필록테테스가 살았던 호메로스의 영웅시내가 전사들에게 요구하던 도덕 원리이자 **정의**였다.[41] 이러한 도덕 원리를 실천하는 영웅만이 불멸의 존재가 되는 시대에, 트로이아를 함락하고 싶어 하는 제우스의 의지와 전장으로 복귀할 것

---

40) Rush Rehm, *The Place of Space: Spatial Transformation in Greek Tragedy* (Princeton: Princeton UP, 2002), 149쪽.
41) 2부 1장 『아이아스』, 232~236쪽을 볼 것.

을 요구하는 그리스군 전체의 소망을 저버리고 고향으로 돌아가는 영웅의 귀환이란, 애초부터 **부활**이자 **생명**의 귀환일 수 없었다. 고향으로 돌아갈 수 없는 필록테테스의 아픔, 트로이아 전장으로 향하든 고향 말리스로 향하든 치유될 수 없는 그의 정신적 고통, 이것이 귀환할 수 없는 필록테테스의 비극성이다.

물론 헤라클레스는 트로이아를 정복한 뒤 필록테테스가 전리품을 가지고 고향으로 가게 될 것이라고 말했다. 그러나 그와 네오프톨레모스의 귀환을 간절히 바라는 코로스의 바람과는 달리 이들이 고향으로 돌아갔다는 증거는 거의 없다. 네오프톨레모스의 경우, 트로이아의 왕 프리아모스를 잔인하게 살해하는 등 트로이아에서 무자비하게 폭력을 저지른 뒤,[42] 아버지 아킬레우스가 살해한 헥토르의 아내인 안드로마케를 전리품으로 취한 다음 몰로시아라는 지역에서 함께 살다가 곧바로 델포스에 있는 아폴론의 제단에서 살해당한 것으로 알려져 있다.

그렇다면 필록테테스의 경우는 어떤가. 트로이아 전장으로 간 다음 필록테테스의 행적에 대해서는 어느 문학작품에서도 부각되지 않는다. 트로이아에서 그의 상처가 치유되었다든가, 파리스에게 활로 치명적인 상처를 입혀 끝내 그를 죽게 했다든가, 고향으로 돌아간 뒤 테살리아의 멜리보이아의 폭도들에게 추방되었다든가 하는 등 주목을 끌지 못하는 단편적인 이야기만 전해질 뿐이다. 또한 그가 제우스의 계획을 실현시킨다면 그리스 전사 가운데 가장 훌륭한 전사로 칭송될 것이라는 헤라클레스의 말과 달리 트로이아를 함락하는 데 가장 결정적인 공헌을 한 전사로 알려진 것은 '트로이아 목마'를 고안

---

[42] 네오프톨레모스가 트로이아에서 행한 무자비한 폭력에 대해서는 Karl Schefold, *Gods and Heroes in Late Archaic Greek Art*, Alan Griffith 옮김 (Cambridge: Cambridge UP, 1992), 281~287쪽을 볼 것.

해낸 오뒤세우스다.

우리는 필록테테스를 가장 훌륭한 전사라고 칭송하는 그리스 작품을 그리스 어디에서도 찾아볼 수 없다. 그렇다면 필록테테스의 귀환을 보장해주었던 헤라클레스의 말, 제우스의 이름으로 행한 그 약속을 어떻게 이해해야 할까. 이에 대해 제우스의 계획을 필록테테스에게 들려주기 위해 등장한 헤라클레스가 실제로는 그로 변장한 오뒤세우스라는 주장을 제기하는 학자도 있다. 변장한 오뒤세우스라는 주장 역시 그 "근거가 희박하지 않음"[43]을 받아들인다면, 필록테테스는 『아이아스』의 오뒤세우스와 달리 "수없이 간계를 획책하면서"(polumēchanos, 1135행) "전쟁의 무자비한 도구"의 역할을 하는[44] 오뒤세우스에게 마지막까지 기만당하고 있는 것이며, 헤라클레스가 약속한 귀환도 필록테테스를 트로이아로 데려가기 위해 오뒤세우스가 세운 고도의 술책 가운데 하나라 할 수 있다.

그러나 대부분의 학자들의 주장처럼 무대 위에 등장한 헤라클레스가 실제로 헤라클레스라 하더라도, 그가 약속한 대로 필록테테스의 귀환이 반드시 이루어진다고 장담할 수 없다. 그것은 신에 대한 필록테테스의 부정적인 인식에서 연유한다. 코로스와 네오프톨레모스가 필록테테스에게 그의 고통은 "신이 보낸 것"(1118행, 1326행)이라고 말하기 훨씬 전에 필록테테스는 자신을 "신이 증오하는 대상"(254행)이라고 토로한 바 있다. 그에게 신은 인간에게 처절한 고통을

---

43) Harry C. Avery, "One Ship or Two at Lemnos," *Classical Philology*, 91: 1 (2002), 16~17쪽; Rush Rehm, 앞의 책, 151~152쪽. 이런 주장을 반격하는 글로는 C. W. Marshall, "Sophocles' *Didaskalos*", *A Companion to Sophocles*, Kirk Ormand 엮음 (Maiden, MA: Willey-Blackwell, 2012), 192~193쪽을 볼 것.
44) Paul Woodruff, "War as Education," *Our Ancient Wars: Rethinking War through the Classics*, Victor Caston and Silke-Maria Weineck 엮음 (Ann Arbor: U of Michigan Pr., 2016), 164쪽.

주면서 그러한 고통에 무관심한 존재다.

그는 훌륭한 전사들인 아킬레우스, 아이아스, 네스토르, 파트로클로스 등이 일찍 전사한 반면, 아트레우스의 아들들, 오뒤세우스, 디오메데스 등은 여전히 살아서 기세를 떨치고 있다는 말을 네오프톨레모스에게 전해 들었을 때, 이러한 불의를 행사하는 신들은 "악한 존재가 아닌가"(452행) 하고 강하게 반문했다. 그의 이러한 절규는 소포클레스의 어느 작품에서도 찾아보기 어려운, 신을 향한 가장 강력한 공격이다. 따라서 필록테테스가 받는 현재의 고통은 그가 미래에 누릴 '불멸의 영광'을 위해 예비해 둔 것이라고 헤라클레스가 말했다 해도 필록테테스가 가지고 있던 신에 대한 인식이 변했다고 말할 수는 없다. 신을 악한 존재로 규정하려는 필록테테스의 인식은 바로 소포클레스의 인식이다.

필록테테스의, 아니 소포클레스의 이러한 인식이 있는 한 그의 성공적인 귀환은 장담할 수 없다. 선한 자들은 일찍 하데스로 내려 보내고 악한 자들은 세상 속에 오랫동안 성하게 하는 신들의 태도를 온전히 믿을 수 없는 이상, 필록테테스는 제우스가 헤라클레스를 통해 자기에게 약속하고 보장한 귀환도 전적으로 믿을 수 없기 때문이다. 그는 귀환에 대한 약속과 보장을 믿지 않은 채 트로이아 전장으로 떠난다. 그는 악인은 마지못해 파멸시키고 착한 이들만은 늘 파멸시키는(436~437행) 전쟁터에서 헤라클레스가 그에게 물려준 **폭력**의 활로 트로이아를 무참히 함락시키러 가고 있다.

이는 혹자의 지적처럼, 렘노스 섬에서 고통스럽고 고립된 삶을 살아 온 필록테테스가 "영웅적인 자기로 귀환하는 것"[45])이 아니다. 이

---

45) Seth L. Schein, "Divine and Human in Sophocles' *Philoctetes*," *The Soul of Tragedy: Essays on Athenian Drama*, Victoria Pedrick and Steven M. Oberhelman 엮음 (Chicago: U of Chicago Pr., 2005), 45쪽.

는 바로 "신이 인간들에게 보내는 운명을 필연으로 알고 참고 견디지 않으면 안 되는"(1316~1317행) 인간존재의 비극적인 운명, 거부할 수 없는 그 운명을 향해 돌진해야만 하는 인간존재의 비극적인 조건의 형상화일 뿐이다. 그러니 일찍이 필록테테스는 자신을 일컬어 "시체", "연기의 그림자, 유령"(946~947행, 1018행)에 지나지 않는, 무력한 존재라 했던 게 아닌가.

『필록테테스』는 고향으로 돌아가고 싶어도 갈 수 없는 인간존재의 무력함, 귀환이 좌절되는 인간 조건의 비극적인 운명에 대한 작품이다. 고향으로 돌아가려고 하는 욕망은 모든 인간의 욕망 가운데 가장 근원적이고 원초적인 욕망 가운데 하나다. 그러나 고향으로 돌아가려고 하는 필록테테스의 욕망은 트로이아 전쟁이라는 역사적인 현실 앞에서 좌절되며, 그의 귀환은 절망으로 끝나고 만다. 셰익스피어의 작품 『폭풍우』의 주인공 프로스페로가 **역사**라는 현실 속으로 다시 돌아가는 극의 에필로그에서 "그리고 나의 끝은 절망"(「에필로그」 15행)이라 말했던 것처럼, 전쟁터로 돌아가는 필록테테스의 **귀환의 끝** 또한 **절망**일 뿐이다.

6장 『콜로노스의 오이디푸스』

소포클레스는 기원전 405년 그의 나이 90세에 사망했다. 현존하는 그의 작품들 가운데 마지막 작품인 『콜로노스의 오이디푸스』는 정확한 날짜는 알려져 있지 않지만, 그가 사망하기 한 해 전, 펠로폰네소스 전쟁이 거의 끝날 무렵 아마도 기원전 407~406년 사이에 완성되었던 것으로 보인다. 그리고 이 작품은 그로부터 4년 뒤 기원전 401년에 그의 손자에 의해 공연된 것으로 전해진다. 『콜로노스의 오이디푸스』는 그 소재상 『오이디푸스 왕』, 『안티고네』와 함께 오이디푸스 가문에 대한 비극 3부작으로 일컬어진다. 공연 연도나 집필 순서와 관계없이 사건의 진행 순서만을 따라가 본다면, 『오이디푸스 왕』을 첫 번째, 이 작품을 두 번째, 『안티고네』를 마지막 작품이라 할 수 있다. 이야기 순서상 첫 번째 작품이라고 할 수 있는 『오이디푸스 왕』은 오이디푸스가 아버지를 살해하고 어머니와 결혼한 사실이 밝혀진 뒤 테바이에서 스스로 떠나려고 결의하면서 끝난다. 우선 그 후의 상황을 살펴보기로 하자.

오이디푸스의 두 아들 폴뤼네이케스와 에테오클레스는 아직 어린 소년들이었으므로 그들을 대신해 오이디푸스의 처남인 크레온이 테바이를 통치하게 되고, 오이디푸스는 새로운 통치자 크레온에게 자신을 테바이에서 추방해줄 것을 간청한다. 하지만 크레온은 아폴론 신으로부터 응답을 받기 전에는 그의 간청을 들어줄 수 없다고 말한다. 이후 크레온이 아폴론에게 어떤 응답을 받았는지는 확인할 수 없지만, 오이디푸스는 계속 테바이에 머무르게 된다.

시간이 흐르면서 오이디푸스도 처음의 고통과 절망에서 조금씩 벗어나 안정을 찾아갈 무렵 테바이인들(또는 크레온)이 심경의 변화를 일으켜 그를 테바이에서 추방한다. 그 무렵 이미 성인이 된 두 아들은 아버지의 추방에 대해 어떤 말도 행동도 하지 않고 이를 외면한다. 그들과 달리 아버지에 대한 효심이 지극한 두 딸 안티고네와 이스메네는 아버지의 추방길에 함께하려고 한다. 안티고네는 테바이를 떠나는 오이디푸스의 고난의 길에 동행하고, 이스메네는 테바이에 머물면서 사태의 추이를 지켜보기로 한다.

낯선 땅에서 오랜 유랑의 길(20행, 87행 이하)을 계속하고 있는 오이디푸스는 이제 몸도 제대로 가누지 못하는 노인이 되어 안티고네에게 의지한 채 살아간다. 한편 테바이인들은 아폴론의 신탁을 통해 자신들의 안녕이 오이디푸스가 살아 있을 때는 그가, 죽은 이후에는 그의 시신이 오직 테바이로 다시 돌아오는 데 달려 있음을 알게 된다. 그래서 그들은 오이디푸스를 테바이로 데려와 국경 근처에 거처를 마련해주려고 한다. 자신의 아버지를 살해한 오이디푸스가 조국 테바이 땅에 묻히는 것을 용납할 수 없기 때문이다(406~407행).

대신 그들이 오이디푸스에게 국경 근처에 거처만 마련해주면 그들은 그를 추방한 자신들의 잘못을 인정하는 것도, 그를 다시 테바이로 받아들이는 것에서 오는 부담도 모두 피하면서도 그를 자신들의 수하에 둘 수 있게 되는 것이다. 게다가 그들은 오이디푸스가 죽고 나면 그의 무덤이 자신들의 안녕을 지켜줄 수 있다고 생각했던 것이다.

이러한 아폴론의 신탁은 테바이에 남아 있던 오이디푸스의 두 아들에게 아버지를 다시 테바이로 데려올 수 있는 좋은 계기가 될 수도 있었지만, 그들은 오직 권력 투쟁에만 관심을 갖고 있었다. 그들 사이의 권력투쟁은 결국 동생 에테오클레스의 승리로 끝나고 형 폴뤼네이케스는 추방된다. 그후 아르고스의 왕 아드라스토스의 딸과 결혼한 폴뤼네이케스는 동생으로부터 왕위를 되찾기 위해 아르고스의 전사들을 이끌고 조국 테바이를 공격하려 한다. 그때 그는 예언자 암피아레오스에게 오이디푸스를 자기편으로 만드는 자가 전쟁에서 승리하게 될 것이라는 이야기를 듣게 된다. 『콜로노스의 오이디푸스』는 바로 이러한 때에 오이디푸스와 안티고네가 아테나이 근교의 어느 숲에 다다르게 되는 데서 시작된다.

때는 이른 봄, 오이디푸스는 안티고네의 부축을 받으며 **자비로운 여신들**(Eumenides)이라는 이름으로 칭송받는 **분노의 여신들**의 "신성한"(hieros, 54행)[1] 숲에 이른다. 그 숲은 "월계수며 올리브 나무며 포도 넝쿨이 우거지고, 그 안에서는 깃털이 많은 나이팅게일들이 고운 목소리로 노래하고 있다"(16~18행). 이때 여기, 즉 콜로노스 출신의 한 주민이 그들에게 다가와 당장 이곳을 떠나라고 말한다. 그러나 그로부터 이곳이 자비로운 여신들의 성역이라는 말을 듣자, 오이디푸

---

1) 인용한 텍스트의 그리스어 판본은 다음과 같다. Sophocles, *Oedipus at Colonus*, Gilbert R. Rose 엮음[주석포함] (Bryn Mawr, Pa.: Thomas Library, Bryn Mawr College, 1988). 그리고 Sophocles, *Oedipus Coloneus*, R. C. Jebb 편역[주석포함] (Bristol: Bristol Classical Pr., 2004); Sophocles, *Antigone; The Women of Trachis; Philoctetes; Oedipus at Colonus*, Hugh Lloyd Jones 편역, LCL 21 (Cambridge/M.A.: Harvard UP, 1994); Sophocle, *Tragédies III. Philoctète; Œdipe à Colone*, Paul Mazon 편역 (Paris: Les Belles Lettres, 1981)을 참조함. 한편 한글번역판으로는 소포클레스, 『소포클레스 비극』 - 『오이디푸스 왕』 『안티고네』 『콜로노스의 오이디푸스』 『필록테테스』, 천병희 옮김 (단국대학출판부, 2002)을 참조함.

스는 "내 운명의 신호"(xumphoras xunthēm' emēs, 46행)를 읽고, 여기가 자신의 유랑의 종착지임을 예감한다. 그리고 그 나라의 왕이 테세우스라는 말을 듣자, 오이디푸스는 그 주민에게 테세우스가 자신을 만나러 오면 "큰 이익"(72행)을 얻게 될 것이라며 그를 불러달라고 부탁한다.

그 주민이 그의 전언을 알리기 위해 퇴장하자, 오이디푸스는 자비로운 여신들을 향해 왜 자신이 이곳을 떠날 수 없는지에 대해 이야기한다. 젊은 날 그가 델포이에 가서 자신의 부모에 관해 물었을 때 아폴론이 그에게 닥칠 여러 불행에 대해 이야기했다. 그때 훗날 그가 자비로운 여신들의 성역에 이르게 되면 온갖 불행으로 점철된 그의 고통스러운 삶도 종지부를 찍게 될 것이고, 바로 그때 그를 환대하는 자에게는 "이익"(kērdos, 92행)을, 그를 내쫓는 자에게는 "재앙"을 가져다 줄 힘이 그에게 주어질 것이며, "지진이나 천둥이나 번개"가 그의 삶의 최후를 알리는 징표가 될 것이라고 예언했다는 것이다(92~95행).

콜로노스의 노인들로 구성된 코로스가 신성한 숲에 낯선 이가 침입했다는 소식을 듣고 등장한다. 그들은 오이디푸스와 안티고네에게 당장 그 숲에서 물러나라고 말한다. 안티고네가 숲 바깥의 바위가 있는 쪽으로 아버지를 인도하자, 코로스는 오이디푸스에게 그의 정체를 묻기 시작한다. 고향을 묻는 그들에게 오이디푸스는 자신은 고향이 없는 떠돌이(apopolis, 208행; apolis, 1357행)라고 말한다. 하지만 끈질기게 계속되는 그들의 질문에 결국 오이디푸스는 자신이 "라이오스의 아들" "오이디푸스"(220행)라며 자신의 정체를 밝힌다. 그 순간 그들은 공포에 질려 비명을 지르며 오이디푸스 부녀에게 당장 이곳을 떠나라고 소리친다(210~236행). 자신들을 내치지 말라고 탄원하는 안티고네에게 그들은 아버지를 살해하고 어머니와 결혼한 오이디푸스를 "신성한"(54행) 이곳에 머물게 했다가 자신들에게 "신으로부터의 심판"(256행)이 몰아닥치면 감당할 수 없으므로 그들로서도 도리가 없다고 말한다.

이에 오이디푸스는 자신이 범한 과거의 치욕스러운 행위들은 자신의 의지에 따른 것이 아니었기 때문에 자신에게는 아무런 도덕적인 잘못이 없다고 말하면서, 자신은 아테나이에게 "복"(福, onēsin)을 가져다주는 "신성하고 경건한 자"(hieros eusebēs, 287~288행)로, "구원자"(sōtēr, 460행)로 온 것이니, 그들의 왕이 나타나면 모든 것을 알게 될 것이라고 말한다(266~290행).

이때 이스메네가 등장한다. 오이디푸스는 이스메네에게 테바이의 두 아들 폴뤼네이케스와 에테오클레스에 대해 묻고, 이스메네는 "서로 통치권과 왕권을 잡으려 했던"(373행) 치열한 권력투쟁과 그 결과로 폴뤼네이케스가 테바이에서 추방되었다는 소식을 전한다. 그리고 테바이인들이 신탁을 통해 자신들의 안녕이 사후 신격화되는 (394행) 오이디푸스에게 달려 있음을 알게 되어 곧 크레온이 오이디푸스를 데려가기 위해 여기에 올 것이라는 소식을 전한다. 오이디푸스는 두 아들도 그 신탁의 내용을 알고 있다는 것을 듣고, 그 사실을 알고 있으면서도 아들들이 자신을 고향으로 데려가려 하지 않았다는 것에 격분하고, 지난날 고향에 머물고 싶어 하던 자신을 테바이인들이 추방할 때에도 이를 외면했던 두 아들들을 저주한다.

이어 콜로노스를 통치하는(66~69행) 아테나이 왕 테세우스가 등장한다. 그는 오이디푸스의 저주받은 운명과 현재 겪는 고통에 동정을 표한다. 그러면서 자신도 젊은 시절 추방자로서의 삶을 경험했기 때문에 추방당한 자의 처지와 심경을 충분히 알고 있다며 (552행 이하, 571행) 오이디푸스에게 연민의 감정을 보낸다. 오이디푸스는 테세우스가 자신을 아테나이 시민으로 받아주고 죽을 때 이곳에 묻히게 해준다면 자신의 무덤(tumbos)이 아테나이를 지켜줄 것이라고 말한다. 테세우스는 오이디푸스의 뜻을 고맙게 여겨 "그의 호의(charis)를 물리치지 않고, 그를 시민(empolin)으로서 이 나라에 받아들일 것"(637행)이라고 약속한다.

테세우스가 떠난 뒤 이번에는 크레온이 등장한다. 그는 오이디푸스에게 테바이인들의 뜻에 따라 그를 고향으로 데려가기 위해 온 것이라고 말한다. 오이디푸스는 크레온에게 지금 자신을 원하고 있는 테바이인들은 과거에 자신이 테바이에 머물려고 했을 때 "강제로" 자신을 추방했던 자들이라면서(440행 이하) 자신은 자신을 테바이 "땅의 국경"(gēs horoi, 400행) 안이 아니라 국경 근처의 바깥으로 데려가려 하는 크레온의 "교활한 잔꾀"(mēchanēma poikilon, 762행)를 꿰뚫고 있다고 말한다. 그리고 자신의 복수의 정령(alastōr, 788행)이 아테나이 근처에 "영원히" 머물면서 테바이를 지켜볼 것이라 말한다.

자신의 요구가 받아들여지지 않자, 크레온은 폭력을 동원한다. 이스메네와 안티고네가 호위병들에게 잡혀 끌려가고 오이디푸스 역시 크레온에게 끌려가려는 순간 근처에 있는 포세이돈 제단에서 제물을 바치고 있던 테세우스가 비명소리를 듣고 달려온다. 그는 크레온의 불법적인 행동을 비난하면서 이스메네와 안티고네의 행방을 묻는다. 그리고 크레온을 앞세우고 자신의 호위병들과 함께 그들을 찾으려 나선다.

이스메네와 안티고네를 구출한 뒤 테세우스가 호위병들과 함께 그곳을 떠나자 이번에는 폴뤼네이케스가 등장한다. 그는 아버지의 비참한 모습에 눈물을 흘리며 후회하지만, 오이디푸스는 그를 외면한 채 아무런 말도 하지 않는다. 폴뤼네이케스는 안티고네를 통해 자신의 간청을 전한다. 자신이 추방된 사실을 전하면서 자기를 돕기 위해 아르고스의 7인의 전사가 테바이에 집결하고 있으니 자신이 왕좌를 되찾을 수 있도록 도와달라고 간청한다. 오이디푸스는 코로스의 요청에 따라 마침내 침묵을 깨고 폴뤼네이케스를 "가장 악한 놈"(1354행)이라고 부르면서, 이놈이야말로 자신이 테바이에서 추방당하고 이처럼 고통스러운 유랑생활을 하게 한 장본인이라고 비난한다(1362~1363행). 그러면서 폴뤼네이케스는 테바이를 정복하지도 못하고 아르고스도 돌아가지도 못한 채 두 형제는 서로의 손에 죽음을 당할 것이라고 저주한다(1370~1392행). 폴뤼네이케스는 누이들에게 자신이 아버지의 저주대로 죽으면 장례절차에 따라 제대로 묻어달라는 부탁을 하고는 성난 아버지 곁을 떠난다(1407~1410행).

어디선가 천둥소리가 들린다. 오이디푸스는 이제 지상에서 보내는 마지막 시간이 도래했음을 예감한다. 그리고 테세우스를 불러줄 것을 요구한다. 테세우스가 도착한다. 오이디푸스는 그에게 자신이 죽으면 묻힐 무덤이 있는 성스러운 숲으로 그를 안내할 것이며, 그가 묻힐 자신의 무덤에 대한 비밀을 간직하고 있다가 그의 임종 때 오직 그의 후계자에게만 그 비밀을 알려주고, 그 후계자는 다시 그의 후계자에게만 알려주는 방식으로 그 비밀을 유지하기만 한다면, 자신의 무덤이 수많은 창, "수많은 방패보다 더 훌륭히" 대대로 그의 나라를 적의 침입으로부터 보호해줄 것이라고 말한다(1524행 이하). 눈먼 오이디푸스가 길잡이가 되어 테세우스, 그리고 두 딸과 함께 자신의 무덤이 있는 곳으로 향하자, 코로스는 저 하계의 신들을 향해 오이디푸스가 "고통을 당하지도 않고 통곡을 자아내는 운명을 맞지도 않고"(1561~1562행) 하계에 도달하게 해달라고 기도를 올린다.

마침내 오이디푸스가 아테나이에 바치는 **선물**인 자신의 **무덤** 근처에 도착하게 되었을 때, 그는 두 딸들에게 목욕재계할 물과 깨끗한 옷을 요구한다. 모든 절차가 끝나자 자신을 위해 "그 모든 수고"(1616행)를 감내한 그들에게 자신의 지극한 사랑을 전한 뒤(1617~1619행)

그들을 돌려보낸다. 그들은 눈물을 흘리며 발길을 돌리고 잠시 뒤 비탄에 젖어 뒤돌아보지만 오이디푸스는 이미 보이지 않고 손으로 눈을 가리고 있는 테세우스만 보일 뿐이다.

그리고 오직 테세우스만이 오이디푸스의 최후에 대해 알고 있다. 안티고네는 그에게 아버지의 무덤을 보고 싶다고 애원하지만 그는 거절할 수밖에 없다. 자신의 나라가 "해를 입지 않고" "영원히" 복을 누리고자 한다면 무덤에 대한 비밀을 지켜야 하기 때문이며, 무엇보다도 그렇게 하는 것을 오이디푸스가 원했기 때문이다(1764~1765행). 이제 안티고네와 이스메네는 오빠들끼리 서로 칼을 겨누는 살육을 중지시키기 위해(1771행) 테바이로 떠나려 하고, 코로스가 '살육'의 현장인 테바이로 떠나는 그들에게 작별을 고하면서 작품은 끝난다.

추방당한 유랑자

일반적으로 이 작품은 가장 고통스러운 존재, "가련한 **그림자**"(athlion eidōlon)로 전락한 "**인간** 오이디푸스"(109~110행)가 결국 신적인 존재로 영웅화되는 것을 다루는 것으로 해석되고 있다. 그리고 그러한 오이디푸스의 영웅화는 그가 겪은 오랜 고통에 대한 신의 보상으로 해석되고 있다. "까닭 모를 숱한 고통이 그에게 덮쳤으니 이제 정의로운 신이 그 보상으로 그를 높혀주실 것"(1565~1567행)이라고 한 코로스의 발언과, 이에 앞서 향후 테바이의 안녕이 오이디푸스에게 달려 있음을 전하면서 "일찍이 아버지를 쓰러뜨렸던 신들이 이제는 아버지를 일으켜 세우고 있다"(394행)라고 말하는 이스메네의 발언이 이를 뒷받침해준다.

그러나 그전에 오이디푸스는 **유랑자**(alētēs, planētēs)다. 콜로노스의 성스러운 숲에 도착한 오이디푸스가 안티고네에게 건네는 첫마디는 "누가 이 떠돌아다니는 오이디푸스(planētēn Oidipoun)를…… 받아 줄 것인가"(3~4행)이며, 그곳 주민에게 자기를 소개할 때에도 스스로를 "유랑자"(50행)라고 칭한다. 이 뿐만이 아니다. 이 작품 도처에서 그는 **유랑자**[2]로 일컬어지고 있다. 오이디푸스는 자신의 백성들과 아들들에게 고국에서 **추방당한 채**[3] 오랜 세월 여기저기를 고통스럽게 떠돌아다니는 유랑자인 것이다.

호메로스의 오뒤세우스는 "인간에게 유랑(또는 표류)보다 더 고통스러운 것은 아무것도 없다"(『오뒤세이아』 15.343)라고 말했다. 일찍이 그리스에서 유랑은 곧 고통을 의미했고, 이러한 유랑과 고통을 동일시하는 것은 상고시대와 고전주의 시대의 그리스 문학, 특히 비극 분야에서 자주 다루는 주제였다.[4] 그리고 이렇듯 유랑과 고통을 동일시 하는 것은 추방의 경우에서 가장 전형적인 형태를 찾을 수 있다. '유랑자'라는 의미의 그리스어 알레테스(alētēs)와 플라네테스(planētēs)는 '유랑하다'는 의미의 동사 알라오마이(alaomai)와 플라나오마이(planaomai)에서 파생된 것으로, 이 동사들은 '유랑하다'는 의미와 함께 '추방당하다'라는 의미로도 쓰였다. 로마에서 '추방'(exilium)은 한 곳에서 쫓겨나 다른 곳에 정착하는 것을 의미했었던 반면, 그리스에서 추방은 새로운 장소의 개념이 배제된 온전한 의미의 추방이었다.[5] 로마의 추방자들이 다른 도시를 선택하고 그곳의 시민이 되었다면, 그리스의 추방자들은 그 어디에도 정착이 불가능했

---

[2] 3행, 50행, 123행, 124행, 165행, 347행, 745행, 949행, 1096행, 1114행, 1363행.
[3] 207행, 356행, 429~430행, 440~444행, 562~564행, 599~601행, 745행, 1356~1357행, 1362행~1364행.
[4] 이에 대해서는 Silvia Montiglio, *Wandering in Ancient Greek Culture* (Chicago: U of Chicago Pr., 2005), 26~30쪽을 볼 것.
[5] Silvia Montiglio, 같은 책, 30~37쪽을 참조할 것.

다. 그러니 여기저기 떠돌아다닐 수밖에 없었다. 그리스인들에게는 "고향상실, 이것이 바로 추방의 정의"[6]였다. 오이디푸스는 이러한 추방과 그에 따른 고통스러운 유랑을 표상하는 전형적인 인물이었다.

앞을 보지 못하는 그는 안티고네에게 의지한 채 여기저기 떠돈다. 때로는 아무것도 먹지 못하고 쉴 곳도 찾지 못한 채, 세찬 비와 따가운 햇살을 온전히 견뎌내야 한다. 게다가 그는 단순히 추방당한 유랑자가 아니다. 그는 아버지를 살해하고 어머니를 아내로 취한 철저히 **오염된** 인간이다. 따라서 자신의 존재를 철저히 숨겨야만 한다. 그는 신분을 밝히라는 코로스의 요청을 한사코 거부한다. 그는 자신의 이름을 말하는 대신 "라이오스의 아들은 아시오"라고 묻는다. 이 말을 듣는 순간 코로스는 공포에 질려 비명을 지른다. 다시 오이디푸스는 자신의 할아버지인 "라브다코스의 가문도……"라고 묻자, 코로스는 또다시 제우스의 이름을 부르며 비명을 지른다. 오이디푸스는 마침내 "…… 불행한 오이디푸스는……"라고 묻는다. 그가 오이디푸스라는 것을 알게 된 코로스는 경악을 금치 못하고(220~223행), 그처럼 **부정(不淨)한 자**를 여기에 머물게 할 수 없다며 당장 여기, 아니 자신들의 나라에서 완전히 떠나라고 소리친다.

오이디푸스는 그 어디에도 쉴 곳을 찾을 수 없는 저주받은 인간이다. 그가 떠나온 도시로도 돌아갈 수 없다. 그가 살해한 아버지의 피가 오이디푸스의 사후에도 그가 테바이 땅에 묻히는 것을 허용하지 않기 때문이다(407행). 테바이에게 그는 여전히 저주다. 그는 자신이 자기 가문에 내려진 오랜 저주의 희생자라는 것을 알고 있다(596행). 그런데도 그는 자신이 테바이인과 아들들에게 추방당한 사실을 용납하지 못한다. 추방은 한 인간에게 내려지는 최악의 조건이자 수치

---

6) Silvia Montiglio, 같은 책, 34쪽.

그 자체이기 때문이다. 그것이 한때 인간 가운데 "가장 으뜸가는 자", "가장 훌륭한 자", "가장 고결한 자", 스핑크스로부터 테바이를 해방시킨 가장 지혜로운 자(『오이디푸스 왕』 31행 이하)였던 그를 가장 저주 받은 자로, 한낱 "가련한 그림자"(110행)로, 인간들 가운데 "최악의 고통(hupertatos mochthos)의 노예"(105행)이자 "비존재"(393행)로 전락시켰기 때문이다. 폴뤼네이케스도 자신이 에테오클레스에게 추방당한 사실을 **수치**로 여긴다(1422~1423행). 그가 "나를 내쫓고 내 조상의 땅을 빼앗은 형제에게 응징하기 위해"(1329~1330행) 테바이를 공격하려는 것은 어쩌면 '추방'이라는 수치 자체를 극복하려는 것일지도 모른다.

테바이의 흥망의 운명이 오이디푸스에게 달려 있음을 알게 된 크레온이 에테오클레스의 특사로서 오이디푸스를 찾아와 그에게 다시 테바이로 돌아갈 것을 종용할 때, 오이디푸스는 자신에게 최악의 인간의 조건인 **추방**이라는 수치를 안겨준 그들을 용서하지 않는다. 용서가 불가능하다. 자진해서 테바이를 떠나려 했을 때는 만류하다가 서서히 안정을 찾아갈 무렵 "강제로"(440행) 자신을 추방했던 그들이 이제 자신이 필요해지자 다시 돌아오라고 하는 것이다.

더욱이 자신에게 테바이 본토가 아니라 국경 근처에 거처를 마련해주려는(784~785행) 그들의 "교활한 잔꾀"(762행)의 "덫"(764행)을 이미 파악한 그로서는 그들의 음모를 용납할 수 없다. 오이디푸스는 크레온을 "악한"(783행, 866행)이라 부르며, 자신을 강제로 추방했던 그들에 대한 보복으로 자신은 테바이의 "복수의 정령"(788행)이 될 거라고 공언한다.

그의 두 아들도 예외는 아니다. 그들 역시 자신을 추방한 "악한들"(418행, 1354행, 1384행)이기 때문이다. 폴뤼네이케스가 그에게 도움을 청하러 왔을 때 그를 향한 오이디푸스의 분노는 폭발한다. 오이디푸스는 자신을 고국으로 되돌아갈 수 있게 해주겠다는 폴뤼네이케스의 말(1342~1343행)을 듣자, 그를 가리켜 "너는 아비인 나를 내쫓은"(1356행), "가장 악한 녀석"(ō kakiste, 1354행), 더 나아가 "나의 살해자"(1361행)라고 일컬으며 분노를 쏟아낸다. 계속해서 그는 폴뤼네이케스는 결코 테바이를 정복할 수 없으며 형제들이 서로를 죽이는 저주스러운 죽음을 맞게 될 것이라고 말한다(1385~1388행). 그러고 다시 한번 아들 폴뤼네이케스를 가리켜 "악당 중의 악당"이라 일컬으면서 그에게 침을 뱉은 뒤 "타르타로스의 끔찍한 암흑"이 그의 집이 될 것이라는 저주를 덧붙인다(1389~1390행).

오이디푸스가 자신을 추방한 테바이를 저주하고 거부하듯, 그는 자신의 추방을 방관했던 자신의 아들도 저주하고 거부한다. 안티고네는 오빠 폴뤼네이케스가 "아무리 악하고 불경한 짓"을 저질렀다 해도 아버지가 아들에게 악을 "악으로 되갚는 것은 옳지 않다"(1189~1191행)라며 아버지를 설득해보지만, 그의 분노는 가라앉지 않는다. 오히려 오이디푸스는 **분노의 여신들**에게 자신의 복수를 도와달라고 기원한다(864행, 1010행, 1391행, 1434행). 아니 그 스스로 분노의 화신이 된다. 그는 마치 "아이스퀼로스의 『오레스테이아』에 나오는 설득당하지 않는 분노의 여신들처럼 행동한다."[7] "어떤 점에서 그는 분노의 여신들과 같은 존재일 뿐만 아니라 일종의 동맹자, 일종의 대리인이 되고 있다."[8] 폴뤼네이케스는 오이디푸스의 "가혹한 저주"(1406행)가 실현될 것을 예감하면서(1407~1410행) 누이들에게 자신이 죽으면 장례절차에 따라 제대로 묻어달라고 부탁한다.

안티고네는 폴뤼네이케스에게 공격을 멈추고 군대를 아르고스로

---

7) J. Peter Euben, *Platonic Noise* (Princeton: Princeton UP, 2003), 50쪽.
8) Sophie Mills, *Theseus, Tragedy and the Athenian Empire* (Oxford: Clarendon Pr., 1997), 168쪽.

되돌리라고 간청하지만(1416~1417행) 그는 전쟁을 피한 비겁자가 될 수 없다고 말한다. 안티고네는 조국 테바이를 "파괴하면 무슨 이득이 있느냐"(1420~1421행)라며 애원하지만, 폴뤼네이케스는 추방은 수치이며, 장남인 자신이 동생 에테오클레스에게 그러한 모욕의 대상으로 남을 수 없다고 항변한다(1422~1423행). 형제들이 서로를 죽이는 그 저주스러운 예언이 현실화되는 것을 보아야만 하느냐는 안티고네의 처절한 울부짖음에 폴뤼네이케스는 그것이 "그분[오이디푸스]의 소망이라면 따를 수밖에 없지 않겠는가"(1426행)라고 답한다. 그리고 누이들을 향해 "너희들은 살아 있는 내 모습을 다시는 보지 못할 것"(1437~1438행)이라는 이별의 말을 건네고 떠난다.

아버지 오이디푸스와 마찬가지로 고국에서 쫓겨난 추방자인(1292행) 폴뤼네이케스는 수치를 씻기 위해 동생과 마주할 죽음의 일전을 피하지 않는다. 그는 수치를 씻기 위해 죽음을 불사하고 자신이 추방당한 테바이로 향한다. 오이디푸스가 자신을 추방한 아들에게 보복하기 위해 도움을 청한 신들 가운데 마지막 신은 바로 전쟁의 신 아레스였다(1391행). 그리고 폴뤼네이케스는 자신을 추방한 에테오클레스에게 보복하기 위해 아버지 오이디푸스의 요청을 받아들인 아레스가 기다리고 있는 테바이로 돌진한다.

유랑자에서 영웅으로

오이디푸스가 아들 폴뤼네이케스에게 쏟아내는 저주는 그리스 비극작품들 가운데 그 어느 작품에서도 찾아보기 어려운 끔찍하고 무서운 발언들로 가득 차 있다. 아들이 씻을 수 없는 잘못을 범했다하더라도 아버지가 아들에게 "악을 악으로 되갚는 것은 옳지 않다"(1191행)라는 안티고네의 지적에서도 짐작할 수 있듯, 오이디푸스의 분노는 도를 넘는 것처럼 보인다. 그러나 그리스적인 사유의 맥락에서 볼 때 그의 분노를 이해할 수 없는 것만은 아니다. 아들을 향한 그의 분노는 부모를 공경해야 한다는 일종의 불문율을 기반으로 하고 있다. 아니 그것은 불문율에 그치지 않았다. 그것은 아테나이의 법에 구체적으로 명시되어 있었다.[9]

특히 솔론은 부모에게 저지를 수 있는 부도덕한 행위에 관해 구체적인 법률을 제정했던 것으로 전해진다. 부모를 돌보지 않는다거나 그들에게 일정한 거처를 제공하지 않는다든가 하는 그런 부도덕한 행위를 저지른 자는 상속 같은 당연한 권리를 박탈당했고, 그로 인해 유죄선고를 받은 경우에는 시민으로서의 개인적인 권리도 박탈당했다.

폴뤼네이케스가 아버지 오이디푸스에 대한 의무를 저버린 것은 분명하며 그 자신도 이를 알고 있다. 그는 자신을 "가장 나쁜 놈"(1265행)이라 규정한다. 그 역시 고국에서 추방당한 불운한 인간이지만, 그것이 그가 아버지에게 저지른 잘못을 없애주지는 못한다. 아버지의 도움이 필요하다는 사실을 알지 못했다면 그는 영원히 아버지를 찾지 않을 수도 있었다. 그런 점에서 보면, 그도 크레온을 비롯한 다른 테바이인과 크게 다르지 않다. 더 나아가 폴뤼네이케스의 불효는 곧 신에 대한 불경이기도 하다. 플라톤은 부모를 공경하지 않는 자들은 물론 자식들에게 학대당하는 부모를 구하지 못하는 자들까지도 제우스의 저주를 면치 못할 것이라고 말했다(『법률』 9.881 d).

이는 단순한 도덕이나 당위의 문제가 아니라 정의의 문제였다. 오이디푸스가 자신의 저주를 실현시켜 달라고 신에게 기도할 때, 신 가운데 "제우스의 옥좌 옆에 앉아" 제우스가 정의를 실현하는 것을 돕

---

9) C. M. Bowra, *Sophoclean Tragedy* (Oxford: Clarendon Pr., 1944), 328쪽 이하.

는 "정의의 여신"(1381~1382행)을 자신의 입에 올리고 있는 것도 바로 이 때문이다. 플라톤의 말대로 신들은 인간들의 그 어떤 말보다도 부모의 저주에 귀를 기울인다(『법률』 11.913 c). 그리고 플라톤에게 가장 좋은 예는 바로 오이디푸스다.

자신의 고국 테바이와 아들들의 간청을 거부하고 이들을 저주한 오이디푸스는 새로운 고국으로 아테나이를 선택한다. 그의 오랜 유랑에 종지부를 찍을 "종착지"(chōran termian, 89행)인 콜로노스의 성스러운 숲에 이르렀을 때부터 그의 선택은 이미 결정되어 있었다. 그는 일찍이 부친살해와 근친상간이라는 자신의 비극적인 운명을 예언한 아폴론이 자신이 오랜 고통을 당한 뒤에 마침내 고통이 다하는 종착지가 이곳임을 예언한 것을 알고 있었기 때문이다. 여기서 그는 유랑자에서 **영웅**으로 변모한다. 그것이 그때까지 그가 받은 그의 고통에 대한 신들의 보상인지는 알 수 없지만, 그런데도 확실한 것은 오이디푸스는 자신의 의도와는 상관없이 자신을 저주받은 존재로 전락시킨 신들을 여전히 원망하고 그들에게 분노한다는 사실이다.

오이디푸스는 자신이 아버지 라이오스를 죽인 것은 라이오스가 자신의 아버지라는 사실을 모른 상태에서 자신을 해하려 했기 때문에 취한 어쩔 수 없는 행위였으며, 그러한 자신에게 "본성이 악한 자"(kakos phusin, 270행)라고 하는 것은 옳지 않다고 항변한다. 자신의 행위는 **행함**의 문제가 아니라 **당함**의 문제였다는 것이다(266~267행).

따라서 "아무 영문도 모르고"(ouden idrin, 525행) "본의 아니게"(aidris, 548행) 행동했기 때문에 자신은 "법 앞에 결백하다"(nomoi de katharos, 548행)라고 항변한다.[10] 이후 오이디푸스는 크레온에게도 똑같은 취지의 발언을 한다. 자신이 태어나기도 전에 이미 정해져 있던 운명을 어떤 식으로 책임질 수 있느냐라는 것이다(969~973행).

부친살해와 근친상간, 그가 당하는 고통, 이 모든 것이 자기 자신이 아니라 자신의 가문에 분노하고 있는 신들이 계획한 것이었으며 그 신들은 자신들의 계획에 따라 고통을 당하는 자신을 보며 즐거워한다고 냉소한다(962~965행).

신들이 정한 운명에 따라 고통으로 가득 찬 삶을 살아온 오이디푸스는 콜로노스의 성스러운 숲에서 그의 고통도 종지부를 찍게 될 것이라는 아폴론의 예언, 아니 약속에 대해서도 전혀 고마워하지 않는다. 그는 그들의 이율배반적인 행위를 가당찮다고 여기기 때문에 그들의 어떤 약속에 대해서도 전혀 심경의 변화를 일으키지도 않는다.

오이디푸스는 자신의 의지와는 상관없이 신들에게 저주받은 인간이 되었던 것처럼 다시 자신의 의도와 관계없이 그는 그들에 의해 영웅적인 인물이 되려 한다. 안티고네는 "신이 인간을 몰아댈 때 인간에게는 이를 피할 힘이 없다"(253~254행)라고 말한다. 인간의 운명은 신의 의지에 따라 좌우된다는 것이다. 코로스는 오이디푸스를 사방에서 몰아치는 폭풍우에 난타당하는 곶(岬)에, 또는 거친 파도에 유린당하는 해변에 비유한다(1240~1244행). 그러고는 신이 내려치는 운명의 채찍질 때문에 "불행한 인간"(1239행) 오이디푸스가 아무 이유 없이 숱한 고통을 당해야 했다고 노래한다(1565~1566행).

신들에게 찢겨진 그의 존재의 상처는 어떤 식으로든 치유되어야

---

10) 992~996행에서 오이디푸스는 자기방어를 위해 아버지를 죽였다고 주장하는데, 아테나이에서는 이런 행위를 "죄가 없는" 것으로 여겼을 것이라고 주장하는 학자도 있다. Edward M. Harris, "Is Oedipus Guilty? Sophocles and Athenian Homicide Law," *Law and Drama in Ancient Greece*, Edward M. Harris, D. F. Leão, and P. J. Rhodes 엮음 (London: Duckworth, 2010), 138쪽. 알지 못하고 본의 아니게 행한 잘못은 아테나이 법정에서 석방의 근거로 작용했다(데모스테네스, 59.79~81; 23.53). 사실 아테나이 법은 운동경기, 전쟁, 자기방어로 발생하는 살인에는 벌을 가하지 않는 것으로 알려져 있다. 이에 대해서는 Angeliki Tzanetou, *City of Suppliants: Tragedy and the Athenian Empire* (Austin: U of Texas Pr., 2012), 112쪽을 볼 것.

만 한다. 핀다로스가 노래하듯, **영웅화**가 고통에 대한 보상일 수도 있다(『올륌피아 경기승리가』 7.77; 『네메아 경기승리가』 1.69~72). 아니면 플라톤의 말대로 신의 사랑을 받는 자가 겪는 모든 불행의 고통은 마지막에 좋은 것으로 결론이 날지도 모른다(『국가』 613a). 신들은 오이디푸스의 고통을 보상하기 위해 자신들이 "가장 증오했고"(『오이디푸스 왕』 1,519행), 가장 추악한 존재로 전락시켰던 그, "비존재의 전범(典範)"[11]인 그의 **찢어진 존재의 상처**를 **영웅**의 이름으로 봉합하려는 것일까. 아니면 그에게 신격화된 '영웅'의 칭호를 부여함으로써 그에게 내려졌던 모든 고통이 사실은 그에 대한 자신들의 사랑이었다고 말하려는 것일까.

그의 고통의 종언을 알리는, 그리고 그를 환대하는 아테나이에 은혜를 베풀고 이 지상을 떠날 것을 알리는 천둥소리가 들린다. 그의 "삶의 종말"(1472~1473행)을 알리는 "제우스의 날개 달린 천둥"(1460~1461행) 소리가 크게 무섭게 한 번 (1462~1465행) 들린 뒤, 이어 다시 두 번(1478~1479행) 들린다. 이제 더 이상 "삶을 연기할 길이 없는"(1472~1473행) 오이디푸스는 자신을 환대해준 테세우스에게 그가 자신의 무덤에 대해 비밀을 지켜준다면, 그리고 그의 후계자들도 그렇게 해준다면 자신의 무덤이 영원히 아테나이를 보호해줄 것이라고 약속을 한 다음 테세우스와 딸들과 함께 자신의 무덤을 향해 발걸음을 옮긴다. 그때 이별을 재촉하는 천둥소리가 다시 한번 울리고 두 딸은 하염없이 눈물을 흘린다. 오이디푸스 역시 그들을 끌어안고 눈물을 흘린다.

그들의 흐느낌이 잦아들 무렵 어디선가 "느닷없이 누군가의 목소

---

11) Victoria Wohl, *Love among the Ruins: The Erotics of Democracy in Classical Athens* (Princeton: Princeton UP, 2002), 261쪽.

리가 그를 불렀고, 모두가 공포에 질려 머리털이 곤두섰다"(1623~ 1625행). 신의 목소리다. 다시 신의 목소리가 들린다. "오오 거기 오이디푸스여, 왜 이리 우리를 기다리게 하는가. 그대는 너무 오래 지체하고 있노라!"(1627~1628행). 이에 오이디푸스는 테세우스에게 딸들을 부탁하고 그들을 돌려보낸다. 그리고 어디론가 사라져버린다. 공포에 질린 듯 눈을 가리고 있던 테세우스는 잠시 뒤 "대지와 올륌포스의 신들이 있는 저 천상을 향해 경배의 인사를 올렸다"(1654~1655행).

이제 오이디푸스는 신의 부름을 받고 지상을 떠났다. 그러나 그가 어디로 어떻게 사라진 것인지는 아무도 알지 못한다. 유일한 목격자 테세우스는 침묵한다. 아니 침묵할 수밖에 없다. 대신 오이디푸스는 테세우스에게 신비한 힘이 깃든 장소, 아테나이에 은혜의 원천이 되는(1764~1765행) "신성한"(hieros) 기념물, 곧 자신의 "무덤"(thēkē, 1763행)을 남기고 지상을 떠났다. 그는 앞서 테세우스에게 인간을 포함한 이 지상의 그 어느 것도 시간의 파괴로부터 안전하지 못하다고 경고했었다(607~613행). 그러한 그가 자신에게 은혜를 베푼 테세우스와 아테나이를 위해 시간도 파괴할 수 없는(1519행) 성스러운 기념물을 남기고 지상을 떠났다. 아테나이에 영원한 안전을 약속하며 이 지상을 떠난 것이다.

테바이와 아테나이

오이디푸스의 **영웅화**의 이면에는 민주제 아테나이의 존재가치를 정당화하려는 이데올로기적인 복선이 깔린 것처럼 보일 수 있다. 유랑으로 얼룩진 그의 오랜 고통의 삶이 종지부를 찍는 것으로 운명 지어진 곳도, 그가 신의 부름을 받았던 곳도, 저주받은 인간에서 은혜를 내리는 영웅적인 존재로 드높여진 곳도 그를 버린 테바이가 아니라 그를 시민으로 받아들인(637행) 민주제의 아테나이이기 때문이다.

이 작품에서 아테나이는 테바이와 철저하게 대립되는 양상을 보여준다. 비단 이 작품에서만 그런 것이 아니다. 그리스 비극작품에서 테바이가 언제나 **안티-아테나이**를 구현하는 도시로 등장한다는 것은 잘 알려진 사실이다.[12] 폴뤼네이케스가 오이디푸스를 만나기 위해 테세우스의 아테나이에 도착하기 바로 직전 코로스는 테바이를 "살육, 불화, 다툼, 전쟁, 질시"(1234~1235행)가 가득한, **권력투쟁**[13]에 혈안이 되어 있는 곳이라고 규정짓는다. 이 작품에서 테바이는 "분열된 도시국가의 패러다임으로 기능한다"[14]. 이와 반대로 아테나이는 "최고의 칭찬과 찬사를 받는 나라"(720행), "모든 도시 가운데 가장 존경받는…… 가장 위대한 팔라스의 도시국가"(107~108행)로 부각된다.

그곳은 코로스가 그 유명한 합창가를 통해 노래하듯(668~719행), 우거진 푸르른 숲속에서는 나이팅게일이 즐겁게 노래하고, 포도주 색깔의 담쟁이가 무성하게 자라고, 과일들이 따가운 햇살과 차디찬 겨울바람을 견디며 주렁주렁 열리는 나라다. 그리고 매일매일 하늘에서 내려온 이슬을 머금은 수선화가 쉼 없이 피어나고, 크로크스는 황금빛을 뽐내며 춤을 추고, 올리브 나무가 무성하게 자라나고, 살찐 말들과 망아지가 넘쳐나는 풍요와 평화의 나라다. 또한 언론의 자유가 마음껏 펼쳐지고(1287~1288행) **정의**가 흘러넘치며 **힘**이 아니라 **법**에 따라 모든 것이 현명하게 결정되는(913~916행, 947행) 자유시

---

12) 이에 대해서는 1부 2장 『테바이를 침공하는 7인의 전사』 78쪽을 볼 것.
13) 372행, 375~380행, 400행, 405행, 408행, 419행, 448~449행, 1345~1357행.
14) Pierre Vidal-Naquet, "Oedipus Between Two Cities: An Essay on *Oedipus Colonus*," Jean-Pierre Vernant and Pierre Vidal-Naquet, *Myth and Tragedy in Ancient Greece*, Janet Lloyd 옮김 (New York: Zone Books, 1988), 335쪽.

민의 나라(917~918행)다. 더 나아가 아테나이는 "신을 가장 경건하게 대하는"(260행; 279~280행, 287행, 1006~1007행, 1125~1127행) 나라[15], "고통 받는 이방인을 보호하고 도움을 줄 수 있는" "유일한" 나라(261~262행)다.[16]

또한 아테나이의 숭배의 대상은 저 천상의 올륌포스의 신들에게만 국한되지 않는다. 그들에게는 지하와 바다의 신들도 똑같은 숭배의 대상이다. 오이디푸스의 고통이 드디어 끝나는 곳도, 오이디푸스가 자신의 고통을 끝내줄 것을 탄원하고 (101~103행) 있는 곳도, 이스메네가 제주와 제물을 바치는(477행, 481행 이하, 503행 이하) 곳도 전부 분노의 여신들의 숲이다. 이를 통해 분노의 여신들의 숲은 가까이 할 수 없는 성스러운 숲으로 그 위상이 높아지고 있음을 알 수 있다(125~134행). 어두운 이미지로 통하는 이 "지하의 신들을 올륌포스 신들과 동일한 수준의 신앙의 대상으로 "편입시킴"으로써 아테나이의 국가적인 "능력"[17]의 뛰어남도 강조되고 있다.

한편 테세우스가 자신의 아버지이기도 한 바다의 신 히피소스 포

---

15) 이에 대해서는 Karl Reinhardt, *Sophokles* (Frankfurt am Main: V. Klostermann, 1947), 204~206쪽, 210쪽을 볼 것.
16) 아테나이인은 자신의 나라가 탄원자들과 추방자들에게 동정을 베풀고 그들을 보호해줌으로써 다른 상대 나라들보다 도덕적으로나 정치적으로 좀더 우월하다는 것을 강조하려고 했다. 부당하게 고통 받는 이러한 자들을 향한 동정을 행동으로 옮겨 고통을 준 자들에게 벌을 가하고, 때로는 전쟁도 감행하는 자신들을 **보호자**와 **해방자**로 간주하려 했다. 이러한 인식은 아테나이가 제국이 된 뒤에도 계속되었으며, 고통 받는 이들을 동정하고 보호하는 민주제의 자유도시국가라는 것을 강조함으로써 자신들의 체제를 정당화하려 했다. 비극작품에서 이러한 이데올로기적인 인식을 보여주는 전형적인 예로 『콜로노스의 오이디푸스』가 있으며, 어떤 학자들은 테세우스가 이를 구체화하고 있다고 주장하기도 한다. Angeliki Tzanetou, "A Generous City: Pity in Athenian Oratory and Tragedy," *Pity and Power in Ancient Athens*, Rachel Hall Sternberg 엮음 (Cambridge: Cambridge UP, 2005), 98~122쪽.
17) Charles Segal, *Tragedy and Civilization: An Interpretation* (Cambridge/M.A.: Harvard UP, 1981), 377쪽.

세이돈에게 제물을 바치는 모습이 반복적으로 강조됨으로써(888~889행, 1158~1159행), 아테나이의 숭배의 대상이 올륌포스 신들에게만 국한되지 않는다는 것, 바꿔 말하면 아테나이의 정신의 넓이와 깊이가 숭고하다는 점 역시 강조되고 있다. 소포클레스에게 아테나이는 "인간의 형이상학적인 가치"가 찬란한 꽃을 피우는 "세계"를 상징한다."[18]

테바이와 아테나이의 대립은 각각 이들을 표상하고 있는 크레온과 테세우스의 대립적인 모습을 통해 좀더 구체적으로 드러나고 있다. 크레온은 수치를 모르고 후안무치한 자(863행, 960행), 거짓말로 상대방을 속이려하는 "혀"(舌)(806행)의 인간"[19]으로 묘사되고 있다. 그는 테바이의 안위를 위해 오이디푸스를 데리러 왔으면서도 친척으로서 그의 처지를 가장 슬퍼했기 때문에(738~739행) 그를 데리러 왔다고 말하는 "진실하지 못한 입"(794행)을 가진 인물이다. 그리고 말로는 아테나이를 존경한다고 하지만 실제로 그가 행하는 행동은 아테나이를 모욕하는 것들이다(911~931행). 오이디푸스를 테바이로 데려가려는 자신의 계획이 실패하자, 그는 오이디푸스를 위협하고(813행 이하), 그의 딸들을 납치하는 등 그들을 난폭하게 다룸으로써 **정의**와 **법**의 나라인 아테나이의 권위, 더 나아가 탄원자들을 보호하는 신의 권위를 침범한다(922~923행).

아테나이의 테세우스는 테바이의 크레온과는 정반대의 인물로 등장한다. 테세우스는 오이디푸스를 처음 보는 순간 그가 저주받은 자라는 것을 알면서도(552행 이하, 571행 이하) 그의 고통스러운

---

[18] Cedric H. Whitman, *Sophocles: A Study of Heroic Humanism* (Cambridge/M.A.: Harvard UP, 1951), 210쪽.

[19] Mary Whitlock Blundell, *Helping Friends and Harming Enemies: A Study in Sophocles and Greek Ethics* (Cambridge: Cambridge UP, 1989), 233쪽.

과거에 먼저 연민의 감정을 느끼는 인물이다(556행). 자신 역시 한때 추방자였던 테세우스는 마치 『아이아스』의 오뒤세우스처럼 인간 조건의 가변성과 무상함에 대한 깊이 있는 인식을 바탕으로(561~568행) 오이디푸스를 자신과 동일한 조건의 인간으로 대한다. 그는 탄원자의 신분으로 자기 앞에 있는 오이디푸스에게 코로스와 달리 어떤 질문도 하지 않는다. 그는 오이디푸스의 과거에 대해 알고 있지만(551행), 더 이상 질문으로 그를 아프게 하는 것을 원치 않는다.

또한 테세우스는 현재의 오이디푸스, 즉 고국에서 추방되어 유랑하는 오이디푸스의 처지를 있는 그대로 받아들이고, 그를 아테나이의 시민으로 맞이한다. 그의 무덤에 대한 약속에도 동의한다. 테세우스는 오이디푸스를 배신한 크레온과 테바이인들과는 달리 자신이 행한 모든 약속을 철저하게 지킨다. "나는 그대를 결코 배신하지 않을 것이다"(649행). 그의 이러한 자세와 행동은 "아테나이적 덕목의 최고의 형식"[20]을 보여주고 있다.

테세우스는 무엇보다도 "정의를 지키고 모든 것을 법에 따라 결정한다"(913~914행). 그리고 신에 대한 경건한 자세를 최고의 덕목으로 삼는다. 그는 폴뤼네이케스와 대면하길 거부하는 오이디푸스에게 탄원자의 신분으로 아테나이에 온 아들 폴뤼네이케스의 탄원을 들어주는 것이 탄원자들을 보호하는 신에게 존경을 표하는 것이라고 설득함으로써(1179~1180행) 그 아들의 탄원을 듣게 한다. 폴뤼네이케스가 악한 자라 할지라도 탄원자로서의 그의 **권리**는 보호받아야만 하고 또한 그렇게 하는 것이 신에 대한 경건한 자세라는 것이다.

테세우스는 오이디푸스가 테바이로 귀환하지 않는 것이 테바이와 아테나이 사이에 전쟁을 불러올 수도 있다는 사실을 잘 알고 있다.

---

[20] Sophie Mills, 앞의 책, 171쪽.

그런데도 그는 오이디푸스와 한 약속을 지키기 위해, 그를 배신하지 않기 위해 기꺼이 전쟁의 위협을 무릅쓰고 크레온과 그 일행을 물리친다. 그리고 마지막까지 오이디푸스의 딸을 지켜준다. 이렇듯 그는 결코 자신의 의무와 명성을 저버리지 않는 인물이다. 가히 **민주제의 최초의 왕**이자 "이상화된 민주제의 시민"[21]이라 할 만한 인물인 것이다.

소포클레스는 **휴머니즘의 가치**를 대변하는, 이 작품의 "진정한 주인공"[22]인 테세우스라는 인물을 통해 민주제 아테나이의 존재가치를 크게 선전하는 것처럼 보인다. 그는 생을 마감하기 1년 전, 그의 나이 89세 때 자신의 고향 콜로노스를 배경으로 하는 이 작품을 완성했다. 앞서 소개했듯, "지금까지 씌어진 아테나이를 찬양하는 합창가 가운데 가장 감동적이고 가장 아름다운 노래"[23]인 코로스의 그 합창가(668~719행)는 그가 아테나이에 바치는 마지막 고별의 노래였다. 이 작품이 씌어졌을 당시 아테나이는 스파르타와 펠로폰네소스 전쟁(기원전 431~404년)을 치르고 있었다. 그때는 아직 패배하지는 않았지만 엄청난 전쟁 비용으로 국고는 텅 비어 있었고, 경제적·군사적으로 거의 절망적인 상태였다. 그리고 페리클레스가 사망한 뒤 정치는 거의 마비상태에 빠져 있었다.

게다가 기원전 430~426년 사이에 창궐한 두 번에 걸친 역병으로 거의 인구의 3분의 1이 목숨을 잃었고, 살아남은 자 가운데서도 굶어 죽는 이들이 속출했다. 위기에 처한 조국의 현실 앞에서 소포클레

---

21) J. Peter Euben, 앞의 책, 47쪽.
22) Peter J. Ahrensdorf, *Greek Tragedy and Political Philosophy: Rationalism and Religion in Sophocles' Theban Plays* (Cambridge: Cambridge UP, 2009), 82쪽.
23) Bernard M. W. Knox, *Heroic Temper: Studies in Sophoclean Tragedy* (Berkeley: U of California Pr., 1964), 144쪽.

스는 작품을 통해 아테나이의 성스러운 올리브 나무가 아테나이인을 파멸에서 구할 것이며(703행 이하), 아테나이는 결코 테바인들에게 파괴되지 않을 것(1533~1534행)이라고 결의한다. 그러나 어쩌면 소포클레스는 아테나이가 그 전쟁에서 패배할 것(1533행)임을 예감하고 있었을지도 모른다. 너무나 아름다운 코로스의 그 합창가와, 아테나이의 "최고의 희망을 구현했던"[24], 너무나 완벽한 테세우스가 이를 역설적으로 반증하고 있지 않은가.

그가 죽은 지 4년 뒤, 즉 이 작품이 처음 공연된 기원전 401년 아테나이는 코린토스, 테바이를 동맹국으로 하는 스파르타에게 항복했다. 하지만 무대에서는 아테나이를 찬양하는 코로스의 그 합창가가 울려 퍼지고 있었다. 코로스는 "영원히 지속되는 아테나이 문명을 상징하는"[25] **올리브 나무**가 영원히 오래 도록 아테나이인들을 지켜줄 것이며, 아테나이 문명은 영원할 것이라고 노래하고 있었다.[26] 어떤 의미에서 이 작품은 소포클레스가 자신의 조국 아테나이에 바치는 만가였는지도 모른다. 모든 것을 변화시키는 **시간**이 아테나이라는 국가를 파괴한다하더라도 아테나이의 민주정(民主政)이 구현했던 문명의 가치들, 곧 **시간도 파괴할 수 없는**(1519행) 신성한(hieros) 가치들은 영원할 것이라고 노래하는…….

---

24) James F. Johnson and Douglas C. Clapp, "Athenian Tragedy: An Education in Piety," 앞의 책, *Pity and Power in Ancient Athens,* 139쪽.
25) Sophie Mills, 앞의 책, 184쪽.
26) 672행, 676행, 681행 이하, 685행 이하, 691행, 특히 700행 이하. 올리브 나무는 아시아나 펠로폰네소스에서가 아니라 아테나이에서 가장 잘 자라는 것으로 전해진다(694~701행).

실레노스의 지혜

 가장 아름다운 합창가는 끝났다. 아테나이를 찬양하는 코로스의 합창가가 울려퍼진 다음에는 더 이상 이 작품에는 빛나는 말도, 음악도 등장하지 않는다. 이제 이 작품에는 더 이상 "축혼가도 뤼라도 춤도 없는 하데스의 몫", 곧 "죽음"만이 "최종적인 것"으로 남아 있다(1220~1221행). 작품 후반부를 압도하는 것은 죽음의 이미지다. 죽음을 준비하고 있는 오이디푸스가 폴뤼네이케스에게 저주의 말들을 쏟아내기 직전 코로스는 이른바 실레노스의 **지혜의 말**을 복창한다.

 적어도 상고시대까지 거슬러 올라가는 이야기에 따르면(테오그니스 425; 바퀼리데스 5.160~162) 황금의 손을 가진 부(富)의 왕 미다스왕이 사튀로스의 지휘자 또는 사부(師父)인 실레노스와 함께 오랫동안 사냥하다가 그에게 술을 먹여 잠든 사이 그를 포박했다가 잠을 깨운 뒤 그에게 세상에서 "무엇이 가장 좋은 것인가"라고 물었다. "인간의 부를 경멸하는"[27] 실레노스는 좀처럼 입을 열지 않다가 계속 다그치는 왕을 쳐다보면서 그를 일컬어 "하루살이에 불과한 덧없는 존재"라고 한 다음[28], 마침내 "태어나지 않는 것이 가장 좋은 것"이고 "그 다음 좋은 것은 가능한 한 빨리 죽는 것"이라고 대답했다. 코로스는 이러한 실레노스의 의미심장한 지혜의 말을 복창한다

---

[27] Richard Seaford, *Reciprocity and Ritual: Homer and Tragedy in the Developing City-State* (Oxford: Clarendon Pr., 1994), 219쪽.

[28] 아리스토텔레스는 『미완유고』 44에서 미다스와 실레노스의 이야기를 다루며(*The Works of Aristotle*, Sir David Rose 엮음 [Oxford: Oxford UP] 1952), 18~19쪽), 다시 플루타르코스(『모랄리아』 115d-e)도 이를 인용하고 있다. 니체 역시 『비극의 탄생』 3항에서 아리스토텔레스의 『미완유고』를 근거로 미다스와 실레노스의 이야기를 다룬다(Friedrich Nietzsche, *The Birth of Tragedy and Other Writings*, Raymond Geuss and Ronald Speirs 엮음, Ronald Speirs 옮김 (Cambridge: Cambridge UP, 1999), §3, 22~25쪽. 실레노스와 미다스의 관계에 대해서는 Richard Seaford, *Money and the Early Greek Mind: Homer, Philosophy, Tragedy* (Cambridge: Cambridge UP, 2004), 305~307쪽을 볼 것.

(1224~1227행). "태어나지 않는 것이 더할 나위 없이 좋은 일이지만, 일단 태어났으면 되도록 왔던 곳으로 가는 것이 그 다음으로 가장 좋은 일"(1224~1227행).

코로스는 오이디푸스를 폭풍우에 난타당하는 곶(岬)에, 또는 거친 파도에 유린당하는 해변에 비유한 바 있다. 오이디푸스는 찢어진 존재의 상처, 유린당한 상처 그 자체였다. 그는 태어나지 않았어야 했다. 그것이 가장 좋은 방법이었을 것이다. 아니 탄생의 고통을 겪은 우리들 모두가 태어나지 않았어야 했을지도 모른다. 코로스는 우리의 삶은 경박하고 어리석은 젊은 날이 지나고 나면 "살인, 내분, 다툼, 전쟁과 분노"가 삶을 채우다가, 나이 들면 "힘 없고, 사람 사귀는 것을 꺼리고, 친구 없는" "불행 중의 불행 모두가 우리의 이웃이 되는" 고통의 삶이라고 한탄한다(1228~1238행). 이 모든 고통을 마감하려는 오이디푸스에게 "거기 오이디푸스여, 왜 이리 우리를 기다리게 하는가. 그대는 너무 오래 지체하고 있노라"(1627~1628행)라고 말하는 신의 목소리가 들린다.

오이디푸스는 딸들과 테세우스와의 이별을 슬퍼하며 잠시라도 더 지체하고 싶었을지도 모른다. 그러나 신의 입장에서 보면 "인간의 삶 전체가 지체에 불과한 것"[29]일지도 모른다. 우리 모두는 이 세상에 너무 오래 지체하고 있는지도 모른다. 아니 태어난 것 자체가 이미 너무 오래 산 것이고 이미 지체인지도 모른다.

지체의 끝은 곧 고통의 끝이다. 그것은 곧 죽음이다. 욥은 자신이 당한 고통의 대가로 고통받기 전보다 두 배의 축복을 받았다. 여호와(야훼)는 그에게 수만 수천 마리의 양과 낙타, 소, 나귀 등을 주었다.

---

29) Emily R. Wilson, *Mocked with Death: Tragic Overliving from Sophocles to Milton* (Baltimore: John Hopkins UP, 2004), 56쪽.

또 여호와(야훼)는 그의 자손들이 번성하도록 했고 사대(四代)에 걸친 자손들의 번성을 지켜볼 수 있도록 그에게 140세라는 수명을 주었다(42.12~16). 그러나 오이디푸스에게는 그 어떤 보상도 없었다. 그에게는 **죽음**만이 고통에 대한 유일한 보상이다. 오이디푸스가 지상에서 사라졌을 때 그가 어디로 사라졌는지는 테세우스 이외에 아무도 알지 못한다.

그러나 중요한 것은 오이디푸스의 사라짐, 그의 초월성, 그의 "무시간성"[30]의 신비가 아니라 고통의 종말로서의 그의 **죽음**이다. 바로 '휴식'으로서 맞이하는 죽음이다. 코로스는 죽음을 끝없는 고통에 종지부를 찍는 **구원자**라고 규정한다(1215~1223행, 1560~1564행, 1585행). 그리고 죽음을 평화와 휴식을 주는 "영원한 잠"(aien hupnos, 1578행)이라 부른다. 테세우스의 눈에도 오이디푸스에게 죽음은 일종의 "은혜"(charis, 1752행)로 보인다. 오이디푸스도 자신의 죽음을 고통에서 해방되는 것, 곧 휴식이라고 생각한다(102~105행, 1551행).

그러나 오이디푸스의 죽음은 "행복한 피안으로 향하는 관문이 아니다."[31] 코로스는 오이디푸스가 "축복 속에서 삶을 마감했다"(1720~1721행)라고만 이야기한다. 죽음을 통해 지상에서의 고통의 연장을 종결시켰다는 것이다. 그것이 그에게 축복이라는 것이다. 여기서 간과할 수 없는 점은 오이디푸스가 하데스에서도 영원한 휴식을 얻지 못할 것이라는 것이다. 그는 죽기 전에 테세우스에게 자신은 숙은 몸으로 땅 속에 묻혀 있는 경우에도 적들의 "뜨거운 피를 마신 것"이라고 말했다(621~622행). 그 적들이란 물론 테바이인이다. **영원한 잠**인 죽음까지도 고국을 향한 오이디푸스의 분노와 증오를 잠재

---

30) Thomas Van Nortwick, *Late Sophocles: The Hero's Evolution in "Electra", "Philoctetes", and "Oedipus at Colonus"* (Ann Arbor: U of Michigan Pr., 2015), 121쪽.
31) Mary Whitlock Blundell, 앞의 책, 255쪽.

울 수는 없다. 또한 이렇게 증오와 분노로 가득 찬 죽음을 축복이라 할 수는 없다. 죽어서도 적들의 피를 마셔야 하는 자에게 영원한 휴식은 불가능하다. 게다가 그가 하데스에 간다고 해서 그가 부친살해와 근친상간을 범한 **부정**(不淨, miasma)의 존재라는 사실이 지워지는 것은 아니다.

오이디푸스는 자신이 부정의 존재라는 사실을 잊지 않고 있다. 오이디푸스는 크레온 앞에서는 자신은 "결백하다"라고 말했지만, 테세우스 앞에서는 솔직한 자기 인식을 드러낸다(1133~1135행). 그는 자신에게 은혜를 베푼 테세우스의 손을 잡고 그의 얼굴에 입맞추고 싶지만 그렇게 하지 못한다. "악의 오점"(kēlis kakōn, 1134행), 곧 그의 죄의 흔적이 그를 움츠리게 하기 때문이다. 저주받은 그의 존재의 상처가 하데스에서 치유되리라는, 그리하여 하데스에서는 편히 잠들 수 있을 것이라는 어떤 암시도 없다. 그가 지상을 떠나기 직전 코로스는 신에게 기도한다. "저주받은 사람"(alastos anēr, 1483행)인 오이디푸스를 만나 보았다고 해서 자신들에게 악이라는 "무익한"(akerdē) 대가를 내리진 말아달라고, 자신들에게 자비를 베풀어달라고 기도한다(1480~1484행).

그가 지상을 떠난 뒤에도 가문의 비극은 끝나지 않는다. 로로가 지적했듯, 비극적인 사건이 아테나이에서 전개될 때, 아테나이를 소재로 한 에우리피데스의 작품들에서처럼 "비극은 긍정적인 결말로 끝나는 것을 그 특징으로 한다." 『콜로노스의 오이디푸스』도 그렇다. "…… 진정한 비극들은 아테나이 바깥에서 일어난다."[32]

안티고네는 오이디푸스의 죽음을 슬퍼하면서도 앞으로도 계속될

---

32) Nicole Loraux, "Of Amnesty and Its Opposite," *The Divided City: On Memory and Forgetting in Ancient Athens*, Corinne Pache and Jeff Fort 옮김 (New York: Zone Books, 2006), 148쪽.

가문의 저주도 슬퍼한다(1670~1672행). 안티고네는 이스메네와 함께 또 한 편의 저주가 펼쳐질 **아테나이 바깥** 테바이를 향한다. 코로스는 내란에 휩싸인 그곳으로 가려는 그들을 만류하지만 그들은 서로를 겨누고 있는 두 오빠의 죽음의 칼을 막기 위해(1770~1772행) "거대한 고통의 바다"(meg' ara pelagos, 1746행)가 될 그곳으로 돌아가야 한다. 그들은 오이디푸스의 저주와 안티고네의 죽음이 기다리고 있는 테바이를 향해 운명의 발걸음을 옮긴다. 여기에는 어떤 희망도 구원도 없다. 고통의 바다인 이 지상에 오래 지체하지 말고 빨리 삶을 끝내기를 요구하는 저 올림포스 신의 목소리와 더불어 다만 "태어나지 않는 것이 더할 나위 없이 좋은 일"(1224행)이라는 실레노스의 지혜의 노래만이 들릴 뿐이다.

3부 에우리피데스

에우리피데스(Euripides, 기원전 480년경~407/406년)는 적어도 88편의 작품 가운데 66편의 비극을 공연한 것으로 전해진다. 그러나 이 가운데 전해 내려오는 비극은 사튀로스 극 한 편을 포함해 총 19편뿐이다. 그는 다른 비극작가들에 비해 신의 존재에 좀더 깊은 회의와 불신을 드러내었고, 인간 내면에 깊이 자리한 폭력성, 인간을 고통 속에 몰아넣는 심리적 갈등에도 적잖은 관심을 보여주었다. 또한 그는 전쟁의 비극과 그 희생자들, 특히 가장 비극적인 희생자인 여성의 운명과 그들의 고통에 동정과 연민을 표하는 **전향적인** 문학가였을 뿐 아니라, 여성·이방인·노예 등 **타자**를 폄하하는 **차별**의 이데올로기에 대해 비판적인 자세를 취하는 **진보적인** 문학가였다.

1장 『메데이아』

남편의 배반에 보복하기 위해 자기와 남편으로부터 태어난 아이들을 죽이는 한 **이방인** 아내의 비극을 다루는 에우리피데스(Euripides, 기원전 480경~406년)의 『메데이아』(기원전 431년)는 그의 작품 가운데 가장 많은 논란을 불러일으키는 작품이다. 극이 시작되기 전까지의 상황은 다음과 같다.

이아손이 아버지의 왕권을 빼앗고 이올코스의 왕이 된 숙부 펠리아스를 찾아가 왕권을 돌려줄 것을 요구하자, 펠리아스는 콜키스왕 아이에테스의 소유물인 황금모피를 찾아 가져오면 왕권을 돌려주겠다고 약속했다. 뭇 영웅과 함께 아르고 호(號)를 타고 흑해 동쪽 끝 콜키스에 도착한 이아손은 그곳의 공주인 메데이아의 도움으로 황금모피를 손에 넣고 그녀와 함께 이올코스로 귀환한다. 메데이아는 자신과 이아손을 뒤쫓고 있는 남동생을 죽이면서까지 이아손과 동행한다.

이아손은 숙부 펠리아스에게 황금모피를 바치지만, 숙부는 약속을 지키지 않는다. 펠리아스를 괘씸하게 여긴 메데이아는 그의 딸들 앞에서 나이 든 숫양 한 마리를 토막 내어 마법의 약초와 함께 끓는 물에 넣고 삶는다. 그리고는 그 토막 난 숫양을 어린 양으로 둔갑시키는 재주를 부려보인 다음 그들의 아버지 펠리아스도 이와 똑같은 방법으로 회춘시킬 수 있다고 설득한다. 펠리아스의 딸들이 아버지를 토막 내어 끓는 물에 삶았으나 메데이아가 마법의 약초를 주지 않아 펠리아스는 죽고 만다. 이올코스에서 추방당한 이아손과 메데이아는 코린토스로 도망가 거기서 두 아들을 낳고 행복하게 살아간다.

   작품은 울부짖는 메데이아를 불쌍하게 여기는 유모의 독백과 더불어 시작한다. 남편 이아손이 코린토스의 왕인 크레온의 딸과 결혼하려는 것을 알게 된 메데이아는 이아손을 위해 모든 것을 바쳤던 자신의 삶 전체를 떠올리면서 식음을 전폐하고 방 안에 누워 하염없이 울고 있다. 유모는 이아손을 향한 모든 것이 "증오"(echthra, 16행)[1]로 변한 메데이아를 동정하면서 쾌속선 "아르고 호가 콜키스 땅으로 항해하지 않았더라면(1~2행)……" 하고 한탄한다. 한편 "자식들을 미워하고 그들을 보아도 기뻐하지 않는"(36행), 그리고 "불의를 당하면 참지 못하는 모진 마음"(38행)의 메데이아를 떠올리면서 그녀가 악의를 품고 "어떤 끔찍한 일을 궁리하지는 않나"(37행) 하고 염려한다.

   이때 메데이아의 두 아들을 데리고 등장한 가정교사가 유모에게

---

[1] 인용한 텍스트의 그리스어 판본은 다음과 같다. Euripides, *Medea*, Donald J. Mastronarde 엮음[주석포함] (Cambridge: Cambridge UP, 2002); Euripides, *Medea*, Alan Elliott 엮음[주석포함] (Oxford: Oxford UP, 1969). 그리고 Euripides, *Euripides: Cyclops, Alcestis, Medea*, David Kovacs 편역, LCL 9 (Cambridge/ M.A.: Harvard UP, 1994); Euripide, *Tragédies I: Le Cylope, Alceste, Médée, Les Hérclides*, Louis Méridier 편역 (Paris Les Belles Lettres, 2009)을 참조함. 한편 한글 번역판으로는 『에우리피데스비극』—『메데이아』, 『히폴뤼토스』, 『알케스티스』, 『헬레네』, 『트로이아의 여인들』, 『타우리케의 이피게네이아』, 『엘렉트라』, 『박코스의 여신도들』, 『퀴클롭스』, 천병희 옮김 (단국대학교출판부, 1999)을 참조함.

크레온이 메데이아와 두 아들을 코린토스에서 추방하려 한다는 풍문을 전한다(61~73행). 자신의 비참한 운명을 한탄하면서 차라리 죽고 싶다고 절망의 말을 토해내던(97행) 메데이아는 가정교사와 아이들이 집 안으로 들어오자 그들이 자기 아버지와 함께 죽었으면, 그리고 "온 집이 파멸되었으면"(112~114행) 하고 저주의 말을 쏟아낸다. 유모는 그녀에게 "왜 애들을 미워하느냐"(117행)라고 물으면서 아이들에게 해가 미치지나 않을까 크게 걱정한다.

메데이아의 울부짖음을 듣고 코린토스의 여인들로 구성된 코로스가 등장한다. 유모와 함께 집 앞으로 나온 메데이아는 "삶의 모든 고통의 짐을 뒤로 하고" 아무런 "이익"(kerdos, 145행)이 없는 삶을 죽음으로 마감하고 싶다고 울부짖는다(145~147행). 그러고는 "제우스의 딸 테미스"를 향해 결혼한 아내를 배반한(207행) 이아손에게 저주를 내려달라고 탄원한다. 이어 자신은 한 개인으로서 이아손의 비참한 희생물이 되고 있을 뿐만 아니라 한 여성으로서 결혼이라는 남성중심적인 제도의 부당한 희생물이 되고 있다고 한탄한다(230~250행).

이때 크레온이 등장해 자신에게 분노를 쏟는 메데이아를 책망하고, 아울러 메데이아에게 자식들과 함께 이 땅을 곧장 떠날 것을 명한다. 사술(邪術)에 능한 메데이아가 자신의 딸 크레우사를 해치지나 않을까 하는 걱정 때문이다. 메데이아는 크레온의 두 무릎을 잡고, 코린토스를 떠날 준비를 할 수 있도록 딘 하루만 더 머물게 해줄 것을 아이들의 이름으로 간청한다. 코린토스에서의 하루를 얻어낸 메데이아는 코로스에게 하루 만에 크레온과 그의 딸 그리고 이아손을 시체로 만들 수 있다고 말한다. 그러면서 그들이 사는 집을 불태운다든가 그들의 침실에 들어가 칼로 찌른다든가 하는 방법을 썼다가 자칫 발각되어 실패하면 적들의 조롱거리가 될 수 있으므로 자기는 발각될 위험이 없는 독(毒)을 사용하겠다고 말한다(373~385행).

이윽고 이아손이 등장한다. 그는 메데이아에게 그녀가 추방되는 것은 그녀가 크레온의 왕가를 비난해 크레온의 노여움을 샀기 때문이라면서 그 벌이 추방에 그친 것을 다행으로 여기라고 말한다. 메데이아는 이아손에게 그의 목숨을 구해주었던 일, 그가 황금모피를 얻게 도와주었던 일, 그를 위해 자신의 아버지와 고국을 배반했던 일 그리고 그에게 두 아들을 낳아주었던 일 등을 하나하나 상기시킨다. 그리고 처음 이아손이 자기에게 구애했을 때 탄원자의 자세로 자기 앞에 무릎을 꿇은 뒤 자신의 오른손을 잡고 자기를 결코 배반하지 않으리라고 맹세했던 일까지 떠올리게 한 다음(476~498행), 이러한 "혼인의 맹세를 어기고"(492행) 다른 여인과 결혼하려 함은 물론 아내인 자신과 자식들마저도 추방하려려 한다며 이아손을 향해 "인간들 가운데 가장 악한 자"(488행)라고 비난한다.

메데이아는 이아손에게 이제 추방의 몸이 된 자신은 어디로 가야 하는지, "너를 위해 내가 배반한…… 내 아버지의 집"(502행)으로 가야하는지, 그들의 아버지를 죽게 만들었던 "펠리아스의 비참한 딸들에게"(503~504행) 가야하는지 물은 뒤 자신은 그 어디로도 갈 수 없다고 말한다. 이아손은 자신을 비난하는 메데이아에게 자신과 결혼함으로써 야만인들로부터 벗어나 그리스인들 사이에서 살게 되지 않았느냐고 반박한다. 그러고는 자기가 크레온의 딸과 결혼해 자식을 낳게 된다면 우리의 두 아들도 왕가의 자식들과 형제관계를 맺어 동등한 지위를 확보하게 되고, 그 인연으로 격에 맞는 행복한 삶을 살게 될 터인데 크레온의 딸과 결혼하려는 게 무엇이 잘못되었느냐고 반문한다(559~567행). 분노에 찬 메데이아는 그 결혼이 이아손에게 눈물을 가져다줄 것이라고 경고한다.

이아손이 퇴장하자, 아테나이의 늙은 왕 아이게우스가 등장한다.

오랜 세월 동안 자식을 얻지 못한 그는 신탁을 통해 자식을 얻는 방법을 알기 위해 델포이의 아폴론 신전에 갔다가 트로이젠으로 돌아가는 도중 이곳에 들른 것이다. 그가 자신의 처지에 동정을 표하는 (670행) 메데이아의 두 눈이 눈물로 젖어 있는 것을 보고 그 이유를 묻자, 메데이아는 이아손에게 버림받은 이야기부터 크레온으로부터 추방의 몸이 된 이야기까지 모두 들려준다(694~706행). 그러고는 "탄원자"(hikesia, 710행)의 자세로 아이게우스 앞에 무릎을 꿇고 그의 나라와 그의 집이 자신을 받아들여 준다면 그에게 자식을 얻게 해주겠다(717행)고 말한다. 아이게우스는 그녀가 그렇게 해준다면 그녀를 자신의 집에 안전하게 모실 것이라고 "맹세"한다.

아이게우스는 메데이아가 시키는 대로 "대지의 신과 태양신" 그리고 "모든 신들의 이름으로"(746~747행) 맹세한 뒤 아테나이로 떠난다. 이제 아테나이에 피난처를 확보한 메데이아는 코로스에게 자신을 "모욕하는 적들"(782행)에게 어떤 보복을 계획하고 있는지를 밝힌다. 우선 크레온의 딸을 죽이기 위해 이아손과 거짓 화해를 하고 자신의 아이들을 이 일에 이용할 것이라고 말한다(776~789행).

이어 그녀의 입에서 더욱 충격적인 발언이 나온다. 자신의 손으로 자신의 아이들을 죽임(792~793행)으로써, "남편에게 가장 깊은 상처를 주겠다는 것이다"(817행). 따라서 이제 그는 자식들이 살아 있는 모습을 두 번 다시 볼 수 없을 것이고 그의 신부도 자기 손에 죽을 테니 새로 자식들을 기릴 수도 없을 것이라는 것이다(803~806행). 코로스는 메데이아에게 그러한 행위는 그녀를 "여인들 가운데 가장 불행한 여인으로 만들 것"(818행)이라고 말하면서 그녀의 "두 무릎을 잡고" "아이들(tekna)"을 죽이지 말 것을 "간절히 애원하지만"(853~865행) 그녀의 결심을 움직이지는 못한다.

이아손이 유모와 함께 다시 등장하자, 메데이아는 이아손이 좋아하는 부드러운 여인처럼 행동하면서 자식들의 장래를 위해 크레온의 딸과 결혼하려 하는 그의 계획이 옳다며 그의 선택을 기꺼이 받아들이는 것처럼 행동한다. 이후 두 아들을 불러들인 뒤, 그들에게 독이 든 화려한 의상과 금관(金冠)을 건네면서 이 물건을 크레온의 딸에게 바쳐 추방을 유보해줄 것을 요청해보라고 지시한다. 하지만 메데이아는 어머니로서 깊은 갈등에 빠진다. "왜 애들의 불행으로 애들의 아버지에게 고통을 주려다가 그 두 배의 불행(kaka)을 당해야 하나. 해서는 안 돼!"(1046~1048행), "아아! 내 마음이여! 너는 절대 그러한 짓을 해서는 안 돼!"(1056행)라고 외치지만, 자신이 당한 모욕과 배반에 대한 분노를 잠재우지 못하고 보복을 감행한다.

메데이아가 두 아들을 크레온의 딸에게 보낸 지 얼마 지나지 않아 사자(使者)가 등장해 크레온의 딸 크레우사가 그 옷을 입는 순간 화염에 싸여 고통스럽게 죽었으며 크레온도 딸을 구하려다 목숨을 잃었다고 보고한다. 이때 메데이아가 집 안으로 들어가 두 아들을 칼로 찔러 죽인다. 코로스는 도움을 청하는 아이들의 울부짖음을 들으며 메데이아를 향해 "불운한 여인"(1274행)이라고 소리친다. 코린토스 왕가 사람들이 보복할까봐 겁이 난 이아손이 아이들을 구하기 위해 달려오지만, 이미 아이들을 살해한 메데이아는 자신의 할아버지 태양신 헬리오스가 보낸, 용(龍)이 끄는 수레를 타고, 수레 위에서 이아손을 내려다 보면서 자식들을 죽인 것은 자신의 "손"이 아니라 자신을 버리고 다른 여인과 결혼하려는 그의 교만이라고 말하면서 그에게 분노와 조롱을 쏟아낸다(1365~1368행). 메데이아는 아이게우스가 있는 아테나이로 떠나가면서 아이들을 코린토스의 아크로폴리스에 있는 헤라 아크라이아 신전에 묻을 것이며 아이들은 그곳에서 해마다 사람들에게 경배받게 될 것이라는 말을 남긴다(1378~1383행). 작품은 이아손이 아들들의 죽음 앞에서 통곡하고, 메데이아가 두 아들의 시신을 싣고 코린토스를 떠나는 것으로 끝난다.

메데이아

에우리피데스가 메데이아라는 한 이방인 여인을 남편에게 버림받은 것을 보복하기 위해 자신이 낳은 아이들을 죽이는 비극적인 주인공으로 극화하기 전에도 메데이아는 여러 작품 속에 등장한 바 있다. 에우리피데스의 『펠리아스의 딸들』, 소포클레스의 『콜키스의 여인들』과 『아이게우스』 등과 같은 작품들이 메데이아와 이아손에 관한 이야기를 담고 있지만, 모두 현존하지 않고 미완유고로 남아 있기 때문에 이들을 통해 메데이아에 대한 구체적인 이야기를 알 수는 없다.[2] 이에 비해 헤시오도스의 『신통기』, 핀다로스의 『퓌테이아 경기 승리가』는 메데이아라는 인물의 특징과 그녀를 둘러싼 사건을 비교적 폭넓게 언급하고 있다는 점에서, 에우리피데스의 『메데이아』와 비교해 언급될 만하다.

헤시오도스는 『신통기』에서 메데이아를 언급한다. 그에 따르면 그녀는 콜키스 왕 아이에테스의 딸이자 태양신 헬리오스의 손녀이며, 여신의 반열에도 오른 신적인 존재다. 헤시오도스는 메데이아가 데메테르, 하르모니아, 에오스, 네로스의 딸들, 아프로디테, 키르케, 칼립소 등과 같은 반열에 있음을 부각시키고 있다(956~1020행). 또한 그는 메데이아가 미술에 뛰어난 키르케의 질녀임을 강조함으로써 그녀가 마술에 정통한 피를 이어받고 있음을 상기시킨다. 『신통기』의 마

---

[2] 기원전 3세기의 아폴로니우스의 『아르고 호 항해기』는 메데이아에 대해서 여러 이야기를 하고 있다. 『아르고 호 항해기』와 메데이아에 대한 여러 이야기에 대해서는 Richard Buxton, "Movement and Stillness: Versions of Medea," *Myths and Tragedies in their Ancient Greek Contexts* (Oxford: Oxford UP, 2013), 99~118쪽, 123~125쪽을 볼 것.

지막 부분에는 이아손이 "제우스의 뜻에 따라" 어려운 과업을 마치고 메데이아를 콜키스에서 이올코스로 데려온 뒤 그녀를 아내로 삼고 메데이오스와 케이론이라는 두 아들을 낳았다는 내용이 있지만(992~1002행), 메데이아의 자식살해에 대한 이야기나 이에 대한 어떤 암시도 없다.

핀다로스의 『퓌테이아 경기승리가』는 이아손과 메데이아를 중심으로 펼쳐지는 사건, 가령 이아손이 콜키스로 항해해 메데이아의 도움을 받아 황금모피를 얻게 되는 일, 그리고 이올코스에서 메데이아가 펠리아스를 살해하는 일 등을 빠짐없이 기록하고 있다. 헤시오도스와 마찬가지로 핀다로스도 메데이아를 "모든 의술을 알고 있는"(pampharmakou, 4.233) 마술적인 힘을 가진 존재, 예언이 늘 적중하는 신탁과 같은 강력한 "불멸의 입"(4.11)을 지닌 신적인 인물로 묘사하고 있다. 메데이아가 이아손을 어떤 방법으로 도와 황금모피를 얻게 해주었는지는 잘 드러나지 않는 헤시오도스의 『신통기』와 달리, 핀다로스는 비교적 자세하게 그 경위를 이야기해주고 있다.

황금모피를 찾기 위해 온 이아손에게 메데이아의 아버지 아이에테스는 황금모피를 주는 대가로 놋쇠의 발굽을 가진, 그리고 불을 내뿜는 황소 한 쌍에게 멍에를 씌워 밭을 갈도록 하는 과업을 준다. 이아손이 메데이아의 마술에 힘입어 이 과업을 이루자 분을 이기지 못한(4.220~242) 아이에테스는 이아손을 황금모피가 있는 곳으로 보낸다. 이아손이 그 모피를 지키는 거대한 용(龍), 즉 노 50자루를 갖춘 배에 버금가는 몸집의 이 용을 결코 이길 수 없으리라 바라면서(4.245)…… 그러나 이아손은 메데이아가 가르쳐준 계교(technai)[3]를

---

3) 아폴로니우스의 『아르고 호(號) 항해기』에는 이아손이 메데이아에게 받은 수면제를 용에게 먹이고 용을 죽였다는 내용이 나온다.

써서 용을 죽이고(4.249) 황금모피를 손에 넣게 된다. 이아손은 모피를 손에 쥐고 메데이아와 함께 콜키스에서 이올코스로 도망치며, 메데이아는 계교를 써서 이올코스에서 펠리아스를 살해한다.

에우리피데스의 메데이아는 헤시오도스와 핀다로스의 메데이아처럼 태양신 헬리오스의 손녀(406행, 746행, 955행, 1255행, 1321행)이자 약을 제조하는 능력이 뛰어나고 온갖 악한 짓을 행하는 데 능한(sophē) 인물(285행, 384~385행, 395행 이하, 717~718행, 789행, 1156행 이하)이지만, 신적인 존재이기보다는 한 사람의 여성, 게다가 이방인 여인으로 그려지고 있다는 점에서 그 이전의 어떤 메데이아와도 다르다. 핀다로스의 경우 메데이아가 이아손을 따라나서게 된 결정적인 이유를 사랑의 여신 아프로디테가 개입한 것에서 찾지만, 에우리피데스는 메데이아를 사랑을 위해 주체적인 선택을 하는 인물로 그린다. 핀다로스의 『퓌테이아 경기승리가』에서는 아프로디테의 교사(敎唆)에 따라 이아손이 메데이아에게 사랑의 묘약을 사용하고, 이로 인해 사랑에 불탄 메데이아는 결국 부모를 배반하게 되지만, 에우리피데스의 메데이아는 자발적으로 이아손을 사랑할 뿐만 아니라 자신이 선택한 사랑을 지키기 위해 자진해서 이아손을 따라나서기 때문이다.

이 점은 메데이아 자신도 거듭 강조할 뿐 아니라 유모와 코로스도 언급하고 있다(8행, 432행, 485행). 메데이아의 그러한 자발성은 다음과 같은 사례에서 확인된다. 핀다로스에서는 이아손이 메데이아의 도움으로 황금모피를 지키는 용을 죽이지만(4.249), 에우리피데스에서는 메데이아가 직접 그 용을 죽인다(480~482행). 그러나 무엇보다도 에우리피데스의 메데이아가 그 이전의 메데이아들과 근본적으로 다른 점은 다른 여인과 결혼하려고 자신을 배반한 남편에게 복수하기 위해 자신이 낳은 자식을, 그것도 **계획적으로** 살해한다는 데에 있다. 이 부분은 에우리피데스만의 독창적인 모티프로 전해지며, 이후 메데이아의 **자식살해**는 "메데이아에 관련된 신화의 근본적인 주제 가운데 하나가 되었다."[4)]

타자로서의 메데이아

복합적인 인물인 메데이아 못지않게 에우리피데스가 여성을 바라보는 방식을 둘러싼 논의 또한 복합적이다. 에우리피데스가 여성혐오자인지 아니면 여성의 존재조건과 그들의 고통을 연민의 감정으로 바라보고 그들을 변호하는 진보적인 문학가인지 판단하기란 쉽지 않다.

그러나 에우리피데스가 살았던 당시 아테나이의 시대상을 들여다보면, 무엇보다도 메데이아는 이아손이라는 한 남성에 의한 희생물로서뿐만 아니라 남성중심적인 결혼제도의 희생물이자 여성 전체의 공통적인 운명을 대표하는 인물로 등장하고 있음을 알 수 있다. 그녀는 "모든 창조물 가운데…… **우리 여성들**이야말로 가장 비참한 존재들이다"(gunaikes esmen athliōtaton phuton, 230~231행)라는 선언으로 자신을 모든 여성과 동일시하며, 마찬가지로 자신의 운명도 모든 여성의 운명과 동일시한다. 크레온도 메데이아를 "여자"(gunē, 290행, 319행, 337행)로 묘사하며, 아이게우스 또한 메데이아를 남편에게 버림받은 여자로 바라본다(703행). 코로스도 남편에게 버림받은 메데이아를 "불행한 여자"(357행, 442행), "가장 불행한 여자"(athliōtatē

---

4) Alain Maurice Moreau, *Le mythe de Jason et Médée: La va-nu-pied et la sorcière* (Paris: Les Belles Lettres, 1994), 52쪽.

gunē, 818행)로, 아니 그저 "여자"로 부른다(816행). 이렇듯 메데이아는 **여성**의 이름으로 등장한다.

메데이아는 "우리 여성들이야말로 가장 비참한 존재들이다"(231행)라는 말로 시작하는 그 유명한 항변(230~252행)을 통해 코로스에게 여성이 공통적으로 겪는 불행한 삶을 토로한다. 먼저 그녀는 우리 여성들은 "남편을 사기 위해 엄청난 값을 지불하고 그를 우리 몸의 주인으로 삼지 않으면 안 된다"(232~234행)라고 항변한다. 이는 남편을 얻기 위해서는 아주 많은 결혼지참금이 필요한 여성의 불리한 조건을 말하고 있을 뿐만 아니라, 결혼한 후 주인인 남편의 노예로 전락하는 여성의 보편적인 운명 또한 말하고 있다. 이어 메데이아는 여성은 결혼생활에 만족하지 못하더라도 이혼이라는 "불명예"를 감수하지 않기 위해 남편 곁을 떠나지 못하며, 결혼생활이 계속되는 한 마음이 내키지 않더라도 남편의 성적 요구를 뿌리칠 수 없다고 토로한다(236~237행). 결혼을 시작하면서부터 불평등은 여성의 운명적인 조건이 된다. 메데이아는 결혼하자마자 여성은 남편 쪽 집의 "새로운 관습과 규범"에 잘 적응해 최대한 남편을 만족시켜야 하며(238~240행), 남편이 자신에게 불만을 갖지 않도록 최선을 다해 결혼생활을 계속하는 것이야말로 아내가 얻을 수 있는 삶의 유일한 행복이며, "그렇지 않으면 죽는 편이 더 나은 것"(241~243행)이라고 탄식한다. 또한 아내에게 싫증을 느끼면 남편은 밖에 나가 다른 여자나 다른 남자와 놀지만, 아내는 "오직 한 남자만 쳐다보고 있어야 한다"(244~247행)라고 한탄한다.

메데이아의 이러한 항변은 당시 아테나이의 사회 상황, 곧 남성중심적인 사회구조에 희생당하던 당시 아테나이 여성의 생활조건을 그대로 반영하고 있다. 아테나이에서 여성은 사회·경제·정치 영역에서 철저히 배제된 주변적인 **타자**에 불과했다. 여성은 피륙을 짠다든가, 요리를 한다든가, 집 안의 재물을 간수하고 아이들을 돌본다든가 하는 등의 집안일 말고는 독자적인 행동을 하거나 독자적인 욕망을 추구하는 "자율적인 존재"가 아니었다.[5] 말하자면 여성은 공적인 목소리를 갖지 못했다. 메데이아는 마침내 마음속 깊이 품고 있던 불만을 이렇게 표출한다. "남자들은 자기들이 창을 들고 싸우는 동안 우리는 집에서 아무 위험 없이 안전하게 살고 있다고 말한다. 바보 같은 소리! 나는 한 번 아이를 낳느니 차라리 방패를 들고 세 번 싸움터에 뛰어들고 싶다"(248~251행).

메데이아는 여성들이 아이를 낳는 것은 남성들이 전쟁에서 싸움하는 것보다 더 위험한 일이며, 폴리스에 복무할 미래의 아테나이 아들들을 낳기 때문에 전쟁에서 싸우는 것보다 더 가치 있는 일이라고 항변한다. 메데이아의 이 마지막 항변은 헤시오도스가 여성을, 남자들이 집 밖에서 온갖 수고를 다해 거둬들인 수확물을 집 안에서 하는 일 없이 탕진하는 수벌과 같은 존재로 특징지었던 이래(『신통기』 596~599행), 여성을 그러한 수벌과 같은 존재로 폄하해온 데 대한 항변이다. 그리고 이아손이 메데이아에게 여성은 "결혼생활만 원만하면 만사가 좋은", 말하자면 잠자리(lechos), 곧 성(sex)에만 관심 있는(569~573행) 존재라고 비난하듯, 여성을 그렇게 폄하해온 남성중심적인 사고에 대한 반격이다.

메데이아의 이러한 발언은 당시 아테나이의 남성 관객들에게 분명 커다란 충격으로 받아들여졌을 것이다. 당시 여성들에게는 메데이아처럼 그렇게 자신의 의견과 목소리를 낼 수 있는 조건이나 권리가 없었다. 그뿐만 아니라 기원전 7세기 후반의 서정시인 세모니데스가 "벌처럼 부지런하고 말이 없는 조용한 여성은 어떤 비난도 받지 않는

---

5) Helene P. Foley, *Female Acts in Greek Tragedy* (Princeton: Princeton UP, 2001), 262쪽.

다"(7. 84, *PLF*)라고 노래한 이래, 남편에게 순종하면서 조용하고 정숙하게 사는 것이 그리스 여성이 지켜야 할 행동의 규범이었기 때문이다.

아테나이의 보통 여성들은 메데이아가 남편 이아손을 대하듯이 남편을 대할 수 없었다. 메데이아는 남편 이아손의 배신에 분노를 참지 못해 그와 동등한 위치에서 그를 무자비하게 매도한다. 다른 사람 앞에서는 물론 이아손 앞에서도 그를 "악당"(kakos)으로 규정하고, 직접 비난하는 것을 마다하지 않는다(488행, 498행, 586행, 618행, 1386행 등). 메데이아는 남편과 아내의 관계가 동등하다는 점을 강조한다. 그녀는 이아손에게 그가 콜키스에서 자기에게 구애했을 때 탄원자의 자세로 자기 앞에 "무릎을 꿇은" 뒤 자기의 "오른손을 잡고" 자기를 결코 배반하지 않을 것이라고 자주 맹세했던 일을 상기시키면서(492~498행), 그 맹세를 믿고 집과 나라를 버리고 따라 나섰지만 결국 그가 자기를 버리려 한다고 격하게 비난했다(502~503행).

남자와 여자가 맹세를 지키기 위해 서로의 오른손을 맞잡는 이러한 행위는 당시 분위기에 비추어볼 때 충분히 이례적이다. 아테나이에서 혼인서약은 신부와 신랑 사이에서 맺어지는 것이 아니라, 신부의 아버지와 신랑 사이에서 맺어졌다. 신랑은 신부의 아버지에게 신부를 공정하게 맞이할 것이고, 적자(嫡子)의 어머니로서 격에 맞게 대접할 것이라고 약속하며, 신부의 아버지는 결혼식에서 신부의 손을 신랑에게 넘겨줌으로써 이 약속은 상징적으로 완성된다. 신랑이 신부의 아버지가 건네준 신부의 손을 꽉 잡는 순간, 이 순간은 남편이 집의 주인으로서 부인의 지배자가 된다는 것을 상징적으로 보여주는 순간인 것이다.

하지만 메데이아와 이아손의 경우는 다르다. 이아손은 마치 둘의 관계가 수평적이고 동등한 것처럼 자신의 오른손으로 메데이아의 오른손을 굳게 잡고 "성실한 남편"(511행)이 될 것임을 약속했고, 그런 이아손을 남편으로 자발적으로 선택한 메데이아는 자신을 이아손과 동등한 자리에 두었다. 에우리피데스는 여기서 이방인 여인인 메데이아를 통해 아테나이 여성들의 잠재된 욕망, 말하자면 남성의 권위와 그 권위를 정당화하는 남성중심적인 사회구조에 도전해 그와 동등한 위상을 확보하려는 전복적인 여성의 욕망을 드러내주고 있는지 모른다. 아테나이의 남성중심적인 사회구조에 도전하는 이 여성이 **이방인**이라는 점에서, 이 도전의 전복성(顚覆性)은 더욱 두드러진다. 에우리피데스는 타자로서의 여성 메데이아의 비극뿐만 아니라 타자로서의 이방인 메데이아의 비극을 말하고 있다.

메데이아는 흑해 동쪽 해안에 있는 콜키스 출신으로, 핀다로스(『퓌테이아 경기 승리가』 4.212~213)와 헤로도토스(『역사』 2.103~104)에 따르면 콜키스인들은 피부가 검은 이집트 태생의 인종이었다. 에우리피데스는 명시적으로 밝히고 있지 않지만, 이러한 정황을 미루어볼 때 메데이아 역시 피부가 검은 이방인이었음이 틀림없다.

호메로스에 따르면 이집트 여성은 마술에 뛰어났으며, 헬레네는 이집트왕 톤의 아내 폴뤼담나에게서 약을 조제하는 기술을 익혔다(『오뒤세이아』 4.226~232). 에우리피데스의 메데이아 역시 마술과 약을 조제하는 데에 아주 능한 여인, 크레온에 따르면 그것으로 "온갖 악한 짓을 행하는 데 능한"(285행) 여인으로 묘사되고 있다. 그녀는 그리스인 크레온과 이아손에게 잠재적으로 아주 위험한 이방인 여인으로 인식되고 있다.

얼핏 보면 에우리피데스가 메데이아를 독약 같은 약의 제조나 악행에 능한 피부가 검은 **마녀**로, 그리고 자식을 살해하는 문명 바깥의 야만인으로 설정해, 이른바 '주체=서양의 이성(理性)'과 대비되는 '타자＝동양의 비이성'의 전형으로 부각시킴으로써, 동양을 격하하는 이데올로기적 선전을 일삼고 있는 것처럼 보인다. 자신의 모든 것을 버리고 그를 따라나섰고 그를 도왔지만 결국 배신당한 메데이아가 이아손을 비난했을 때, 이아손은 메데이아가 자기를 따라 나서지 않고 "아직도 대지의 변방에 살고 있었더라면" "정의"가 무엇이고 "법의 통치"가 무엇인지를 이해하지 못한 채 "폭력"에만 호소하는 야만인들 속에서 살아갔을 것이고(536~538행), "전혀 **로고스**(logos)를 갖지 못했을 것"(541행)이라고 강변했다.[6] 그리스 남성인 이아손 덕택에 메데이아는 이성에 토대를 둔 문명국가에서 이성적인 존재로 살 수 있게 되었다는 것이다. 에우리피데스는 메데이아의 자식살해라는 모티프를 통해 궁극적으로 이방인 여성 메데이아를 비이성의 전형으로 제시함으로써 **주체**(主體)에 의해 극복되어야 할 **타자**(他者), **서방**에 의해 극복되어야 할 **동방**의 표상으로 제시하는 것인지도 모른다.[7]

그러나 에우리피데스는 인종주의 이데올로기에 젖어 있는 문학가가 아니다. 오히려 그는 메데이아의 자식살해에 깔린 이방인 아내의 분노를 통해 부당한 아테나이 법을 폭로함으로써 남성시민중심사회의 문제점을 파헤칠 뿐 아니라, 그리스인 이아손의 행태를 통해 그가 얼마나 '비그리스적'인지 보여줌으로써 주체의 위선을 폭로한다. 이아손은 메데이아에게 자신이 크레온의 딸과 결혼하려고 하는 유일한 목적이 왕가의 딸과 결혼해 그로부터 태어난 아이들을 메데이아의 아이들과 형제가 되게 함으로써 그들이 경제적으로 부족함이 없이 왕가의 격에 맞는 삶을 누리도록 하기 위한 것이라 하면서, 그것이 자

---

6) 이 문장은 이때 '로고스'를 '명성', '소문'으로 파악해 그녀가 '명성'을 얻지 못했을 것이라고 주로 번역되고 있지만, 이아손이 메데이아를 비이성적인 일종의 마녀로 설정하고 그녀를 비하시키기 위해 행한 말이라고 여긴다면, '이성'이라는 의미로 이해하는 것이 더 정확할 것 같다.
7) 1부 1장 『페르시아인들』 47~49쪽을 볼 것.

신에게도 "이익"이 되는 것"(luei, 566행)이라고 말했다. 이때 '이익' 은 자신의 지위가 격상되거나 왕가의 아이들을 통해 향후 자신이 왕권을 획득할 수 있다는 것만을 의미하지 않는다. 아테나이 시민 자격이 있는 합법적인 자녀를 출산하는 것도 포함된다.

기원전 451년부터 450년까지는 아버지가 아테나이 시민이라면 어머니의 출신과는 관계없이 태어난 자식은 아테나이 시민이 될 수 있었다. 그러나 페리클레스가 기원전 451~450년 법을 제정한 이후[8]부터는 부모가 모두 아테나이 시민인 경우에만 자식에게 시민이 될 자격이 있었다. 이아손은 자식들을 합법적인 아테나이 시민으로 만들기 위해 "야만족의 여인과의 결혼"(barbaron lechos, 591행)으로 불명예를 불러오기보다는(591~592행) 아테나이 출신 자유 시민 여성과 결혼해 합법적인 아버지가 되고자 했을지도 모른다. 그렇다면 그는 이를 "하나의 규범, 곧 의무이자 동시에 권리"[9]로 여겼던 당시 아테나이 남성들의 전반적인 정서를 대변한다고 보아도 무방하다.

이 때문에 메데이아의 자식살해는 페리클레스가 이방인 여성에게 시민권을 제한하고 그들 사이에서 태어난 아이들에게 시민권을 허용하지 않게 한 이후, 생존의 중요한 권리를 박탈당하고 때로는 메데이아처럼 남편에게 버림받았던 당시 이방인 아내들의 은폐되었던 분노와 그 분노의 폭발성을 상징하는지 모른다.[10] 아니 그것은 여성의 주

---

[8] 이러한 법 아래서 아테나이 남성들은 아테나이 시민이 될 자격이 있는 자식들을 갖기 위해 다른 나라의 여성들과 결혼하는 것을 포기할 수밖에 없었다.

[9] Nicole Loraux, *The Children of Athena: Athenian Ideas about Citizenship and the Division between the Sexes*, Caroline Levine 옮김 (Princeton: Princeton UP, 1993), 26쪽 (주17).

[10] 페리클레스가 제정한 그 법이 고전주의 시대의 아테나이의 여성들의 위상에 끼친 중대한 영향에 대해서는 Cynthia Patterson, "Other Sorts: Slaves, Foreigners, and Women," *The Cambridge Companion to the Age of Pericles*, Loren J. Sammons II 엮음 (Cambridge: Cambridge UP, 2007), 168~174쪽을 볼 것.

요한 역할을 폴리스의 안전과 번영을 담당하는 **남성시민들**[11]을 생산하는 것에 국한하는 남성중심적인 사회구조와 결혼제도에 대한 여성 전체의 도전을 이방인 여성의 복수를 통해 상징하고 있는지도 모른다. "메데이아가 전적으로 부권(父權)사회의 규칙과 가치를 기반으로 구조화된 세계와 사회질서" 속에서 "여성해방을 위한 강력한 목소리"[12]를 내고 있다는 점에서, 이 작품은 "기원전 5세기의 아테나이의…… 지배적인 성(gender) 개념에 대해 가장 급진적이고 가장 강력한 도전"을 보여주는 작품의 하나라고 볼 수 있다.[13]

---

11) Nicole Loraux, 같은 책, 119쪽에 따르면 "'여성시민' 같은 것이 존재하지 않았던 것과 마찬가지로 '여성 아테나이인'도 존재하지 않았다."
12) Dominica Radulescu, "The Tragic Heroine: Medea and the Problem of Exile," *Nature, Woman, and the Art of Politics*, Eduardo A. Velásquez 엮음 (Lanham: Rowman & Littlefield, 2000), 21쪽.
13) William Allan, *Euripides: Medea* (London: Duckworth, 2002), 65쪽. 그렇다고 우리는 에우리피데스를 '페미니스트'라고 단적으로 규정할 수는 없다. 그의 다른 작품 『히폴뤼토스』에서처럼 에우리피데스는 마치 헤시오도스의 입장을 계승하는 것처럼 여성을 혐오하는 감정을 숨기지 않기 때문이다. 헤시오도스는 제우스가 그의 뜻을 무시하고 불을 훔쳐 인간들에게 준 프로메테우스의 도발적인 행태에 대한 벌로 프로메테우스가 총애하던 인간들에게 끝없는 재앙의 원천(『신통기』 561~591행)이 될 "악의 선물"(『노동과 나날』 57~58행), 즉 그 엄청난 미모로 남자들에게 애욕을 거리낌 없이 불러일으키게 하는 아름다운 여성(62~63행) 판도라를 주었다고 말한다. 헤시오도스는 그 미모로 남자들에게 가장 위험하고 가장 파괴적인 고통을 가져다주는 판도라를 "아름다운 악"(kalon kakos)이라고 부르면서 이 판도라가 대변하는 모든 여성을 기만적이고 믿을 수 없고 남자들에게 고통을 가져다주는(『신통기』 589행, 592행) 존재라고 규정한다. 그리고 여성이 악한 존재라는 것을 강조하기 위해 '악한'(kakos)이라는 단어를 반복적으로 여성과 결부시켜 사용한다(『신통기』 570행, 585행, 600행, 602행, 609행, 612행 등).
에우리피데스는 크레온의 입을 통해 메데이아를 가리켜 "온갖 악한 짓을 행하는 데 능한 자"(285행)라고 일컬음으로써 여성을 '악'으로 규정하는 헤시오도스의 입장을 부분적으로 이어받고 있음을 보여준다. 이아손은 메데이아에게 여성은 '성(sex)'에만 관심을 갖고 있다고 비난한 뒤, 자식들은 여성의 몸이 아닌 다른 곳에서 태어나야 하며 "여성이 없다면, 인간들에게 불행은 없었을 것"(573~575행)이라고 말하고 있는데, 그의 이런 여성폄하의 발언은 『히폴뤼토스』의 주인공 히폴뤼토스가 똑같이 복창(復唱)하고 있다(616~668행). 그리고 에우리피데스가 자식살해를 복수의 도구로 삼는 메데이아의 행위를 악의 구현으로 규정하려는 측면 역시 무시할 수 없다는 에우리피데스는 **이방인** 아내의 분노를 통해 아테나이 법의 이면을 폭로함과 동시에, 이아손이라는 인물을 통해 '주체'의 위선을 들춰낸다. 콜키스 출신의 유모는 이아손의 행위를 "배신"으로 몰고(17행) 그의 행위를 비난하며(33행), 코린토스의 여성들로 구성된 그리스인 코로스는 "불행한 콜키스 여인"(132행) 메데이아의 불행을 자신의 불행처럼 받아들인다. 그리고 그들은 메데이아의 "친구"(179행, 181행)로서 그녀와 아픔을 같이하면서 이아손의 행위를 명예롭지 못한 것으로 규정한다. 코로스장은 이아손에게 보복을 가하려는 그녀의 뜻에 "정당성"을 부여하고 이를 지지(267~268행)할 뿐만 아니라, 이아손 앞에서 그의 아내를 "배신한 것은 잘한 짓이 아니다"(578행)라고 직접적으로 비난한다. 또한 같은 그리스인 아테나이 왕 아이게우스도 이아손의 행위를 "아주 수치스러운 짓"(ergon aischiston, 695행)이라고 비난한다.

에우리피데스는 그리스인의 입을 통해 그리스인 이아손의 행위를 질타함으로써 그리스인들의 인종주의적인 우월성을 반격하고 있다. 그에게 이아손은 자신의 "이익"(566행)을 위해 배반을 일삼는 기만적인 그리스인의 전형에 속한다. 이아손과의 결혼을 "시쉬포스적인

점에서, 그를 페미니스트라고 예단할 수 없는 것이다. 사실 에우리피데스는 당시 '여성혐오자'라는 평판을 얻었던 것으로 알려져 있다. 그의 여성혐오는 그의 첫 번째 아내가 난봉꾼이었고, 두 번째 아내도 정숙하지 못했던 것에서 비롯되었다는 말도 있다. 또 한편 그의 여성혐오 때문에 아테나이 여성들이 그를 죽이려 했던 것으로도 알려져 있다. 이에 대해서는 Todd M. Compton, *Victim of the Muses: Poet as Scapegoat, Warrior, and Hero in Greco-Roman and Indo-European Myth and History* (Washington, DC: Center for Hellenic Studies Trustees for Harvard UP, 2006), 135~136쪽을 볼 것. 전통적으로 에우리피데스는 고대에서는 "여성혐오자"로, 현대에서는 여성의 "처지"를 깊이 이해하는 페미니스트로 보통 규정되고 있다. Johanna Hanink, "What's in a *Life*? Some Forgotten Faces of Euripides," *Creative Lives in Classical Antiquity: Poets, Artists and Biography*, Richard Fletcher and Johanna Hanink 엮음 (Cambridge: Cambridge UP, 2016) 141쪽.

결혼"(405행)이라고 규정짓는 메데이아가 이방인인 자신의 운명을 정복자의 전리품으로 잡힌 포로의 운명에 비유했듯(256행), 에우리피데스는 전리품의 인격을 무시하고 자신의 이익을 위해서라면 배반을 일삼고 이를 정당화하는(593~597행), '서방=주체=그리스인'의 오만을 이아손의 이미지에서 찾고 있는지도 모른다.

이런 의미에서 이아손에게 복수하기 위해 자식을 살해한 메데이아의 행위는 그 자체로 처절한 저항의 몸짓일 수 있다. "메데이아의 복수는 오랫동안 그들의 주인으로 군림해온 제국주의자들에게 가하는 억압된 인종 또는 종족"의 복수의 "알레고리"일 수 있다."[14] "착취당하는 타자"가 자유를 위해 "저항하는" 아프리카, 아이티, 아일랜드 같은 국가에서 메데이아가 저항의 상징으로 부각되는 것도 이와 같은 맥락일 것이다.[15] 그러나 에우리피데스는 『메데이아』를 통해 궁극적으로 성이나 인종 간의 갈등을 보여주려는 것은 아니다. 오히려 그는 가장 본질적인 인간의 문제, 즉 **배반**의 비극성을 이야기하려 한 것이다.

맹세

작품 『메데이아』는 유모의 원망 섞인 탄식에서 시작한다. 즉 "아르고 호가 검푸른 쉼플레가데스 바위를 지나 콜키스 땅으로 항해하지 않았더라면……"(1~2행), 그렇지 않았더라면 메데이아는 이아손

---

14) Edith Hall, "Divine and Human in Euripides' Medea," *Looking at Medea: Essays and a Translation of Euripides' Tragedy*, David Stuttard 엮음 (London: Bloomsbury Academic, 2014), 151쪽.
15) Marianne McDonald, "Medea as Politician and Diva: Riding the Dragon into the Future," *Medea*, James J. Clauss and Sarah Iles Johnston 엮음 (Princeton: Princeton UP, 1997), 302쪽.

을 만나지 않았을 것이며, "그를 향한 마음이 사랑에 불타"(8행), 아니 "사랑에 미쳐"(mainomenai kradiai, 433행) 펠리아스를 그의 딸들의 손으로 죽게 만들지 않았을 것이며, "사랑하는 이들과 고국을 떠나" 이아손의 아내가 되어 이곳 코린토스로 오게 되지 않았을 것이며(9~11행), 결국 지금처럼 이아손에게 버림받지 않게 되었을 것이라는 유모의 탄식에서 시작한다.

그리고 아르고 호가 콜키스 땅으로 항해하지 않았더라면 메데이아는 "가장 큰 약속인 오른손"을 서로 마주잡은 채(21~22행) 그녀에 대한 사랑을 결코 배반하지 않을 것이라고 맹세했던[16] 그를 위해 모든 것을 바치지도 않았을 것이고, 따라서 그녀는 지금 배반이라는 "모욕"(ētimasmenē, 20행, 33행, 417행, 438행, 696행)을 당하지 않았음은 물론(20행, 33행, 438행, 696행), "부당한 보답"(23행)도 그녀에게 돌아오지 않았을 것이라며 탄식한다. 그리고 지금 이렇게 그에 대한 분노를 못 이겨 하루 종일 식음을 전폐하고 누운 채 끝없이 울부짖고 있지도 않았을 것(24~26행)이라는 유모의 탄식에서 시작한다.

메데이아가 이아손에게 "그대와 함께 아르고 호에 승선한 모든 그리스인이 알고 있듯, 그대를 구해준 것은 나였다"(476~477행)라고 상기시키듯, 황금모피를 얻는 등 이아손의 모든 성공은 메데이아의 도움 덕분이었다. 사랑하는 고국과 아버지를 버렸을 뿐만 아니라 남동생을 살해하면서까지(32행, 483행, 503행, 1332행) 이아손의 성공을 도운 메데이아에게 남은 것은 사랑의 맹세를 저버린 이아손의 배

---

[16] 메데이아가 이아손에게 어떤 약속을 요구했는지 구체적으로 드러나 있지는 않다. 하지만 코로스가 믿음을 저버린 것에 대해 이아손을 비난하는 것을 보면(659~662행), 이아손이 "충실한 남편"(511행)으로서 메데이아를 대할 것이라고 맹세한 것처럼 보인다. 또 그리스 여성들이 그녀를 "축복받은"(509행) 여인으로 여기도록 해주겠다는 말을 한 것을 보면, 이아손은 메데이아의 배우자로서 그녀를 향한 사랑을 끝까지 지킬 것이라고 맹세한 것처럼 보인다.

신뿐이다(17~23행).

 이렇듯 이아손의 배반과 결부된 하나의 라이트모티프처럼 작품 전반에 빈번하게 등장하는 것이 **맹세**의 파기다. 이는 메데이아(161행, 492~495행, 1392행), 유모(21행), 코로스(439~440행, 995행)를 통해 거듭 확인되고 있다. 메데이아는 "가장 큰 약속인 오른손을 마주 잡고" 자신에 대한 사랑을 결코 배반하지 않을 것이라고 "맹세" 했던(21행) 이아손이 그 맹세를 저버린 것은 신들에 대한 배반이기도 하다며 이를 용납할 수 없다고 말했다. 혼인서약은 제우스와 헤라가 "보증"할 만큼(아이스퀼로스, 「제주를 바치는 여인들」 『오레스테이아』 217~218행), 그리고 결혼은 정의의 여신인 디케(Dikē)가 "보호"할 만큼(「제주를 바치는 여인들」 213~214행) 엄중한 것이기 때문이다. 메데이아는 망망한 흑해를 지나 자신과 함께 그리스로 온 제우스의 딸이자 맹세를 보호하는 신인 테미스(160~162행, 168~170행, 208~212행)와 여성을 보호하는 신인 아르테미스(160~162행)에게 자신이 당하는 고통을 호소하면서 이 고통을 잊지 말아달라고 간청한다.

 그리스인들은 제우스를 맹세를 보호하는 신이자 "맹세를 깨뜨린 자들을 천둥번개로 내려치는" 신이라고 믿었다(아리스토파네스, 『구름』 397행).[17] 제우스는 이 작품의 시작부터 마지막까지 메데이아(332행, 516~519행, 764행), 코로스(148~150행, 155~158행, 208~210행, 1258행), 유모(168~170행)를 통해 여러 번 언급된다. 인간들이 지켜야 할 여러 규칙을 만든 제우스는 그의 딸들인 테스미스와 디케를 지상에 보내 인간들이 그 규칙을 잘 지키고 있는지 감시

---

17) Walter Burkert, *Creation of the Sacred: Tracks of Biology in Early Religions* (Cambridge/ M.A.: Harvard UP, 1996), 172쪽을 볼 것.

하도록 했다. 그 규칙에는 간음, 친족살해, 탄원자에게 해를 가하는 것, 손님을 환대하지 않는 것, 주인에게 환대받은 손님이 주인의 환대를 배반하는 것, 죽은 자의 매장을 거부하는 것, 그리고 맹세의 배반 등을 금하는 것이 포함되어 있었다. 전통적으로 그리스인들은 이러한 규칙 가운데 어느 하나라도 어기면 제우스가 천둥번개로 그들을 친다든가, 때로는 테스미스와 디케를 통해 그들에게 벌을 내리게 한다고 믿었다.

코로스는 이러한 제우스가 메데이아를 위해 "변호해줄 것"(157행)이라고 말하며, 메데이아는 "제우스의 딸 디케"(764행)의 도움으로 이아손이 "벌을 받게 될 것"(802행)이라고 말한다. 이처럼 메데이아를 비롯한 등장인물들이 이아손의 행위를 수치스러운 것으로 규정하고 신들에게까지 그의 배반을 상기시키면서 도움을 호소하는 것은 맹세의 파기가 그만큼 엄중함(1391~1392행)을 의미한다. 이아손의 배반에 복수를 다짐하는 메데이아의 결의에 찬 말을 듣고 코로스는 "신성한 강물이 거꾸로 흐르듯" "정의와 모든 것이 전도되어" "신의 이름으로 행한 맹세도" 기만으로 드러나고 있다고 탄식한다(410~414행).

그러고는 과거처럼 "악명(duskelados phama, 420행)이 이제는 더 이상 여자의 몫이 되지 않을 것이며", 여자들에게도 이름을 떨치는 "명예가 주어지게 될 것"(419~420행)이며, 시가(詩歌)의 여신들도 "여자는 믿을 수 없는 존재라고 노래하는 것을 그치게 될 것"(421~422행)이라고 말한다. 그러면서 코로스는 이제는 메데이아처럼 아내로서 그리고 여자로서 맹세를 끝까지 지킨 여성들을 위해 그들의 "명예"(416행)를 노래하고 싶으며, 이아손처럼 맹세를 깨고 오랫동안 배반을 일삼아온, "악명"의 대명사인 남자들에 맞서 그들의 악행을 나무라는 노래를 부르고 싶다고 말한다(420~430행). 하지만 코로스는 "여자들의 고통에 무관심"할 뿐만 아니라 "남성적인 가치의 옹호자"[18]인 "노래의 왕"(424행) 아폴론은 시적 영감을 불어넣어주는 재능을 오직 남자에게만 주었다고 항변하면서 "맹세의 힘은 온데간데 없고 염치도 대기 속으로 사라져 더 이상 넓은 그리스 땅에 머물지 않는다"(439~440행)라는 체념 섞인 간단한 말로 남자들의 행태를 비난할 뿐이다.

그리스적인 사유에서 깊은 신뢰를 바탕으로 상호 간에 이루어진 맹세는 우주적인 차원에서나 사회적인 차원에서나 함부로 깨어져서는 안 되는 것이었다. 따라서 이 철칙은 굳게 지켜져야만 했다. 헤시오도스의 『신통기』(782~806)에 따르면 올림포스 신들 가운데 그 누구도 맹세를 깨뜨리면 예외 없이 꼬박 1년 동안 그들의 불사(不死)의 음식물인 암브로시아를 먹는 것도, 넥타르를 마시는 것도 금지당해 "숨도 쉬지 못하고, 말도 하지 못한 채", 죽은 뒤 하데스에서 **그림자**로 사는 인간들처럼 죽은 상태의 신세를 면치 못했다.

이뿐만이 아니다. 9년 동안 동료 신들의 회의나 잔치에도 참여하지 못했다. 맹세를 깨뜨리는 신은 동료 신들에게 따돌림을 당하고 그들에게 "추방"당할 만큼, 신의 세계에서도 "맹세를 깨뜨리는 것은 상궤를 벗어나는 엄중한 범죄"였다.[19] 작품 『메데이아』에서 제우스나 테미스 그리고 정의의 여신이 맹세를 보호하는 신의 자격으로 등장하고 있고(148행, 157행, 160행, 169~170행, 208~209행, 332행, 516행, 764행, 1352행), 메데이아와 코로스가 이아손을 벌할 것을 이 신들에게 호소하는 것도 신의 세계에서와 마찬가지로 인간의 세계에서도 맹세를 깨뜨리는 행위는 엄중한 범죄임을 상기시키

---

18) Nicole Loraux, 앞의 책, 192쪽.
19) A. A. Long, *Greek Models of Mind and Self* (Cambridge/ M.A.: Harvard UP, 2015), 66쪽.

기 위함이다. 이아손의 배반은 "메데이아에 대한 개인적인 반칙일 뿐 아니라 신과 그리스의 문화적 제도에 대한 보다 전체적인 반칙이다."[20]

호메로스가 보여주듯, 일찍이 올림포스의 신들은 각자의 권력과 각자가 관여할 영역을 나누고 이 경계를 지킬 것을 협약하면서, 그들 사이에 행해진 맹세를 토대로 다툼을 해결했다.[21] 이것이 인간세계에도 영향을 미쳐 켄타우로스 키론(또는 케이론)이 인간들에게 올림포스 신들 간에 이루어진 "맹세와…… 협정"을 보여주었을 때 그리스 문명이 시작되었다는 설화도 전해진다. 인간세계에서 상호 간에 행한 맹세를 지키는 것이 얼마나 엄중한 것이었는가는 델포이 인보동맹(隣保同盟), 아테나이 제국 그리고 다른 모든 외국의 **동맹**이 서로 간에 행한 맹세를 토대로 이루어졌던 것으로도 확인할 수 있다.[22]

기원전 4세기의 수사학자 뤼쿠르고스가 "우리의 민주제를 함께 지키는 힘은 맹세다"(1.79)[23]라고 공언한 바 있듯, 피난처가 주어지고, 추방당한 자들이 돌아오고, 파당이 형성되고, 친족으로 인정받게 되는 이 모든 일이 맹세로 이루어졌다. 또한 의사들이 히포크라테스의 선서를 하고, 올림피아 경기에서 선수들과 심판관들이 공정하게 시합하고 공정하게 심판할 것을 선서했던 것도 맹세의 윤리가 얼마나 엄중한 것이었는가를 보여준다.[24] 소포클레스의 『안티고네』에서 코로스가 인간이 신에게 "맹세한 정의를 존중해" 지킨다면 그의 도시

---

20) Donald J. Mastronarde, *The Art of Euripides: Dramatic Technique and Social Context* (Cambridge: Cambridge UP, 2010), 137쪽.
21) 『일리아스』 15.36 이하, 19.108 이하 그리고 127 이하. 20.313 이하.
22) 이에 대해서는 Anne Pippin Burnet, *Revenge in Attic and Later Tragedy* (Berkeley: U of California Pr., 1998), 197~198쪽을 참조할 것.
23) Anne Pippin Burnet, 같은 책, 198쪽에서 재인용.
24) Anne Pippin Burnet, 같은 책, 198쪽. 그리고 Walter Burkert, 앞의 책, 169쪽도 참조할 것.

는 번창할 것(368~369행)이라고 노래했듯, 고대 그리스에서 맹세를 지키는 것, 그것은 사회적, 도덕적 질서의 토대였던 것이다.

배반

그러나 이아손은 자신의 이익을 위해 이러한 질서의 토대를 무너뜨리고 있다. 그는 메데이아의 오른손을 붙잡고 맹세했던 부부의 침대(lechos)를 배반하고 있다. 이아손이 부부관계를 상징하는 "침대를 배반하는 것"(207행)은 아내로서의 메데이아의 정체성뿐만 아니라 **집 안의 주인**(despoina)으로서의 메데이아의 명예와 권위 전부와 그녀의 위상 전체를 배반하는 것을 의미한다. "침대의 정의는 산산이 부서졌다"(26행, 165행, 265행, adikein).[25] 메데이아 자신뿐만 아니라 유모 그리고 코로스 모두가 이아손의 배반을 비난하는 것(140행, 155행, 207행, 489행, 694행, 1000~1001행, 1354행, 1368행)도 바로 이 때문이다. 메데이아는 이아손의 아내로서 그리스에 왔다. 그 밖에 다른 이유는 없었다. 따라서 메데이아에게 자신의 고유한 영역인 **침대**[26]가 다른 여인에게 대체된다는 것은 용납될 수 없는 일이었다.[27] 코

---

25) Giulia Sissa, *Jealousy: A Forbidden Passion* (Cambridge: Polity Pr., 2018), 18쪽.
26) **침대**를 뜻하는 그리스어 레코스(lechos), 렉트론(lektron), 에우네(eunē) 그리고 코이테(koitē) 등은 '결혼'뿐만 아니라 성교(sex) 등 여성의 고유한 영역을 지칭하는 구체적인 상상으로 사용되었다. Eric Sanders, *Envy and Jealousy in Classical Athens: A Socio-Psychological Approach* (Oxford: Oxford UP, 2014), 132쪽과 같은 쪽의 (주11)을 볼 것.
27) **침대** 또는 **잠자리**를 뜻하는 그리스어 레코스(lechos), 렉트론(lektron), 에우네(eunē), 또는 코이테(koitē)가 메데이아와 이아손과 관련해 작품에 20번(lechos 41행, 207행, 555행, 568행, 571행, 591행, 641행, 697행, 999행, 1338행, 1354행; lektron 286행, 436행, 443행, 639행; eunē 265행, 570행, 640행, 1338행; koitē 436행), 이아손과 크레온의 딸과 관련해 12번(lechos 156행, 380행, 489행, 491행, 887행, 1367행; lektron 140행, 594행, 1348행; eunē 18행, 88행, 1027행) 등장한다. 여성에게 '침대'의 중요성을 강조하기 위

로스는 메데이아의 침대는 이제 "남편이 없는" 공간이기 때문에 "결혼" 자체가 끝장난 것(435~436행)이라고 말한다. 자신에게 모욕을 안겨준 이아손은 "수치를 모르는"(472행) "배반자"(489행)일 수밖에 없다. 이것은 아내인 "여자에게 작은 고통이 아니다"(smikron gunaiki pēma tout' einai dokeis, 1368행). 코로스는 이아손이 "아내와 동침하는 침대"를 배반했기 때문에 메데이아가 복수할 것이라고 말한다(999행). 아이스퀼로스에게 고통은 지혜를 가져오지만(「아가멤논」 『오레스테이아』 177행) 에우리피데스에게 그것은 무기를 들게 한다. 메데이아에게 그 무기는 바로 분노다.

메데이아가 이아손이 자신을 배반 했다는 소식을 처음 들었을 때, 그녀는 식음을 전폐하고 누운 채 고통과 절망에 못 이겨 몸부림치며 떠나온 자신의 아버지, 고국, 고향집을 생각하며 끝없이 울부짖는다(24~32행). 메데이아는 자신에게서 태어난 아이들조차 증오하고, 가장 비참한 여인이 된 자신의 운명을 한탄하며 죽음도 마다 않겠다고 말한다(97행, 111~114행, 144~147행). 코린토스에서의 강제추방이라는 최대의 모욕, 최대의 배반을 대면하게 되었을 때 그녀의 절망은 더욱더 깊어진다. 코로스는 "고통의 격랑 속에 던져져 있는"(362~363행)메데이아를 크게 슬퍼하고, 메데이아는 자신을 향해 달려오는 적으로 가득 찬 고통의 격랑, 절망의 격랑에서 빠져나와 가야 할 "항구(港口)가 내게는 없다"(277~279행)라고 울부짖는다.

스스로 배반하고 떠나온 아버지, 고국, 고향집(483행, 502~503행)으로 돌아갈 수 없는 메데이아는, 딸들을 조종해 죽음으로 몰아넣었던 펠리아스(484~487행, 504~505행)에 이어 이아손, 크레온 그리고 그의 딸 크레우사까지 죽이게 된다면, 이제 어느 누구도, 어느

한 것이라고 볼 수 있다. Eric Sanders, 같은 책, 132쪽을 볼 것.

나라도 자신을 받아주지 않을 것이라고 말한다(386~389행, 502~508행, 788~799행). "고통"이라는 이 폭풍에서 대피할 "항구"가 되어줄(258행) "어머니도, 형제도, 친척도 없이"(257행) 그리고 "친구도 없이" "추방"의 길을 떠날 수밖에 없다고 탄식한다(512~513행, 604행).

배반의 극단적인 결과물인 **추방**은 이 작품에 가장 많이 등장하는 단어다.[28] 자신의 존재의 터가 되는 "폴리스가 없다"(apolis, 255행)는 것은, 곧 '자신의 집이 없다'는 것이며, 이런 의미에서 고향상실은 바로 "추방" 자체로 정의될 만큼",[29] 추방은 돌아갈 곳이 없는 인간존재의 가장 비극적인 조건을 의미한다. 코로스가 노래하듯, "고향을 잃는 것만큼 더 큰 고통은 없다"(652~653행). 그것은 "고통 가운데 가장 무서운 고통"(deinotaton patheōn, 658행)이기 때문이다. 메데이아의 고향상실은 그녀가 고향을 두 번씩이나 잃는다는 의미에서 더 비극적이다. 처음에는 그녀 스스로의 배반으로 고향을 잃었고, 그 다음에는 이아손의 배반으로 그녀가 머물려고 했던 또 다른 고향을 잃었다.

분노

고향을 잃은 절망이 커질수록 메데이아의 분노도 가중된다. 유모는 메데이아의 눈이 황소의 눈처럼 번쩍이며 아이들을 노려보고 있음을 본다(92~93행). 그리스 비극에서 "눈은 내적 감정의 외적인 징후다."[30] 분노로 고통받고 있는 인물들은 자신들에게 분노를 일으키

---

28) phugein 273행, 438행, 454행, 462행, 554행, 604행, 938행, 940행, 971행 그리고 apostellein 281행, 934행.
29) Silvia Montiglio, *Wandering in Ancient Greek Culture* (Chicago: U of Chicago Pr., 2005), 34쪽.
30) Ruth Padel, *In and Out of the Mind: Greek Images of the Tragic Self* (Princeton: Princeton UP, 1992), 60쪽.

게 한 자들을 "험한 얼굴로 쳐다보는" 호메로스의 영웅들처럼[31] 자신들의 감정 상태를 눈을 통해 드러낸다. 아이스퀼로스의 3부작 『오레스테이아』의 마지막 작품인 「자비로운 여신들」에서 오레스테스의 모친살해를 용납할 수 없어 증오와 분노로 가득 찬 분노의 여신들이 자신들의 눈에서 증오에 찬 피고름 같은 액체를 떨어뜨리는 것처럼 (54행), 메데이아 또한 분노와 증오에 찬 황소의 눈빛을 하고 있다.

유모는 메데이아의 분노에 이글거리는 눈빛이 무서운 행동을 초래하지 않을까 염려되어 서둘러 아이들을 그녀의 눈에 보이지 않게 한다(90~91행, 98~104행). 곧 "간이 크고"(megalosplagchnos) "잘 참지 못하는"(duskatapaustos, 109행) 메데이아의 "분노"(cholos)에 찬(94행) 황소 같은 눈빛(92행)은 "암사자의 이글거리는 눈빛" (187~188행)으로 바뀌고, 유모는 이제 그녀의 이글거리는 눈빛이 "더 맹렬한 분노로"(meizoni thumōi, 108행) "비탄의 구름"에 "곧 불을 붙이지는 않을까"(106~108행) 두려워한다.

마침내 메데이아의 **분노**[32]는 복수를 부른다. "신의 가장 훌륭한 선물"(636행)인 사랑(eros)은 증오로 변하고, 복수를 향한 분노를 불러낸다.[33] 복수를 강행하려는 순간부터 메데이아는 크레온, 이아손 그

---

31) 『일리아스』 4.349, 2.245, 4.411~418, 14.82.
32) 메데이아와 관련된 **분노**라는 단어는 작품 전체를 통틀어 21번 등장한다. orgē 121행, 176행, 447행, 520행, 615행, 870행, 909행; cholos 94행, 99행, 172행, 590행, 898행, 1266행; thumos 108행, 176행, 271행, 865행, 879행, 883행, 1056행, 1079행. '증오' 또한 12번 등장한다. misos 311행, stugos 36행, 103행, 113행, 463행, 1374행; echthos 117행, 290행, 467행, 1374행; echthra 16행, 45행. 분노와 증오 모두 거의 이아손에게 향한다.
33) 성적인 질투는 보편적인 감정이 아니라 분노의 일종이라는 현대 심리학자들의 주장을 내세워 "에우리피데스의 메데이아의 [복수의] 동기는…… 질투가 아니라 이아손의 맹세의 위반에 대한 분노다"라는 David Konstan의 주장 (*The Emotions of the Ancient Greeks: Studies in Aristotle and Classical Literature* [Toronto: U of Toronto Pr., 2007], 233쪽)에 이의를 제기하면서 이아손을 향한 메데이아의 분노는 성적인 질

리고 코로스가 한낱 "여인"(gunē, 290행, 319행, 337행, 569~573행, 816행)이라고 불렀던 그러한 평범한 여인이 아니다. 그녀는 호메로스의 서사시와 그리스 비극의 남자 주인공, 곧 "호메로스의 아킬레우스나 소포클레스의 아이아스와 같은 존재"가 된다.[34] 메데이아는 "나는 나의 적들, 크레온, 그의 딸 그리고 나의 남편을 시체로 만들 것이다"(374~375행)라고 말한다. "결혼생활에서 [아내로서의] 권리가 침해당해 고통받게 되면" "그 어떤 마음도 이보다 더 탐욕스럽게 피를 갈망하지는 않을 것이다"(ouk estin allē phrēn miaiphonōtera, 266행)라고 말하면서 복수의 칼을 간다.

메데이아의 복수는 아킬레우스와 같은 서사시의 전형적인 주인공처럼 분노를 통해 추동된다. 메데이아는 자신의 "가장 가증스러운 적"(467행)인 이아손과, 크레온 그리고 그의 딸을 죽이는 것에 실패한다면 "나는 적들의 조롱거리가 될 것"(383행; 404행, 797행, 1049행, 1355행, 1362행)이라고 말했다. 메데이아는 자신은 "무능한 자도, 나약한 자도, 온순한 자도"(807행) 아니며 오히려 "나는 적은 무섭게 대하되 친구는 친절하게 대하는 존재"(809행)라고 말했다. **친구에게는**

투에 의해 일어나고 있음을 강력하게 주장하는 학자도 있다. Eric Sanders, 앞의 책, 131~136쪽을 볼 것. Giulia Sissa도 가령 침대가 다른 여인에게 대체된다는 것은 결코 "여자에게 작은 고통이 아니다"(1368행)라는 메데이아의 말 등을 거론하면서 이아손을 향한 메데이아의 분노는 "질투"라는 "성적(erotic) 분노"에 근거하고 있다고 주장한다. Giulia Sissas, 앞의 책, 1/~21쪽을 볼 것. 메데이아의 복수가 성적인 실투에 의해 추동되었든 호메로스와 소포클레스 작품의 영웅적인 주인공들처럼 자신에게 상처를 입힌 자를 그냥 둘 수 없다는 영웅적인 '자만'에 의해 추동되었든 간에, '배반'에 대한 '분노'가 플롯의 가장 중요한 부분을 차지한다.

34) Deborah Boedeker, "Bcoming Medea: Assimilation in Euripides," *Essays on Medea in Myth, Literature, Philosophy, and Art* (Princeton: Princeton UP, 1997), 134쪽. 그리고 Bernard M. W. Knox, "The Medea of Euripides," *Word and Action: Essays on the Ancient Theatre* (Baltimore: Johns Hopkins Press, 1979), 296~298쪽; Helene P. Foley, 앞의 책, 260쪽을 볼 것.

도움을 주고 적에게는 해(害)를 가하라, 또는 친구는 사랑하고 적은 증오하라 (philein philous echthairein echthrous)[35]는 영웅시대의 중요한 도덕규범에 따라 행동하는 주인공들처럼, "나와 같은 자"의 삶이야말로 "가장 영광스러운 삶"(eukleestatos bios, 810행)이라고 말했다. 그녀는 "아킬레우스와 다른 호메로스의 인물들"처럼 "명예"를 얻고 적으로부터 자신이 당한 모욕과 "수치"를 씻어내기[36] 위해 복수하려 한다. 보복을 다짐할 때 메데이아는 불굴의 용기를 표현해주는 행진곡에 어울리도록 '약약강격'(弱弱强格)의 운율로 말한다.

메데이아는 아이들을 동원해 자신이 제조한 "여성의 무기인 독"[37]으로 크레온과 크레온의 딸을 죽인다. 하지만 그녀가 궁극적으로 보복하려는 대상은 그들이 아니다. 그녀는 자신의 최대의 적인 남편 이아손으로 향한다. 그의 배반이 가져다준 **모욕**(165행, 221행, 261행, 265행, 309행, 314행, 692행, 696행, 767행, 1354행)[38]과 "무례"(hubris, 255행, 603행, 1366행)를 참을 수 없는 메데이아는 이제 그에게 "가장 깊은 상처를 주는 길"(817행)을 찾는다. "나는 내 아이들을 죽일 것이다"(792~793행).

그러나 아이들을 생각하는 어머니의 눈물은 분노 앞에서 복수를 망설이게 한다. 메데이아가 아이들을 죽일 계획을 밝히는 순간 코로스는 그녀를 "여성 가운데 가장 불행한 여인"(818행)이라고 부르면서 지금까지 지지한 그녀의 복수에 반대하기 시작한다. 메데이아 스

---

35) Simon Goldhill, *Reading Greek Tragedy* (Cambridge: Cambridge UP, 1986), 85쪽: "이러한 원칙은 그리스인의 글 도처에서 발견된다."
36) Christopher Gill, *Personality in Greek Epic, Tragedy, and Philosophy: The Self in Dialogue* (Oxford: Clarendon Pr., 1996), 154쪽.
37) Helene P. Foley, 앞의 책, 260쪽.
38) 코로스도 메데이아가 모욕을 당했다고 여긴다(26행, 158행, 208행, 267행, 411행, 578행, 1232행)

스로 토로하듯, 자신의 "사랑하는 아들들"(795행)을 죽이는 그녀의 "가장 불경스러운 짓"(796행), 어머니의 "손"을 자식들의 "피로 흠뻑 적시는" 그러한 "비정한 짓"(864~865행)을 코로스가 그만두라고 애원할 때, 메데이아는 순간 눈물을 비친다(859행). 아이들의 운명을 생각할 때마다 메데이아는 눈물을 흘린다(899~905행, 922~932행, 1012행). 출산의 고통을 참아가며 아이들을 낳았고, 그 뒤 숱한 고통을 겪어가면서도 아이들을 보는 것만으로도, 아이들의 행복한 앞날을 상상하는 것만으로도 기쁘기 그지없었던 그녀는 이제 모든 것이 허사로 끝날 것이라고 생각하니 가슴을 도려내는 슬픔에 몸을 가눌 수 없다. 그리고 추방의 몸으로 낯선 곳을 향해 떠나는 자신을 노후에 누가 보살펴주겠으며 죽을 때 어느 자식이 남아 장례를 치러주겠느냐고 스스로에게 물으면서 자신은 자식이 없는 여생을 "비참하고 고통스러운 삶을 살아갈" 수밖에 없다고 탄식한다(1019~1037행).[39]

메데이아는 자기를 쳐다보고 해맑게 웃고 있는 아이들을 보면서 깊은 갈등에 빠진다. "왜 그러한 눈으로 나를 쳐다보느냐, 애들아 왜 내게 최후의 미소를 짓느냐"(1040~1041행), "아아, 어떻게 해야 하나"(aiai. ti drasō, 1042행). 그 순간 아이들을 죽이려는 결심은 사라진다. "이전의 계획들은 이제 그만!"(chairetō bouleumata ta prosthen, 1044~1045행)이라고 말하면서, "내 자식들을 이 나라에서 데리고 나갈 것이다"(1045행)라고 말한다. 자식들을 죽임으로써 남편에게 상처를 주는 것은 부질없는 짓이며 그녀 자신의 고통은 두 배나 클 것이니 "그렇게 하지 않을 것"(1048행)이라는 것이다. 이 순

---

39) 고대 그리스인은 자식이 나이 든 부모를 보살피고, 부모가 죽은 후에 장례를 치러주는 데 크게 가치를 두었다. Rush Rehm, *Marriage to Death: The Conflation of Wedding and Funeral Rituals in Greek Tragedy* (Princeton: Princeton UP, 1994), 102쪽. 메데이아는 자식들이 치러주는 장례를 "모든 사람들이 바란다"(1035행)라고 말한다.

간의 메데이아는 "스퀼라"(1359행)도, "정신착란상태의 마녀도 아닌 어머니"[40] 그 자체다. 하지만 곧 메데이아는 다시 갈등한다. "내가 왜 이러지. 내 적들을 응징하지 않고 내버려둠으로써 내가 조롱거리가 되겠다는 것인가"(1049~1050행). 적들의 조롱거리가 되는 것은 절대로 받아들일 수 없다. 메데이아는 자신의 주저함을 "비겁함"(1051행)이라 부르며 "나는 결코 내 손을 약화시키지 않을 것"(diaphtherō, 1055행)이라고 말한다.

그리고 메데이아는 아이들의 손을 잡고 입술, 얼굴에 입을 맞추며 지상에서의 마지막 작별을 고하려 한다. 그러나 그녀가 아이들을 어루만질 때마다 "달콤한 포옹", 아이들의 "부드러운 살갗", "향기로운 숨결"(1074~1075행)이 다시 한번 그녀를 말할 수 없이 깊은 갈등과 고통에 빠뜨린다. 메데이아가 자식들을 죽이려고 결심한 순간부터 가장 많이 등장하는 단어는 "눈물"(dakru, 903행, 905행, 906행, 922행, 928행, 1012행 등)이다. 그러나 크레온의 딸에게 죽음의 선물을 전해주도록 아이들을 궁 안으로 들여보낸 뒤 걷잡을 수 없는 갈등에 젖어 있던 메데이아는 마침내 그 유명한 **독백**(1021~1080행)[41]을 토해내며 결심을 굳힌다. 메데이아는 "나는 내가 어떤 악한 짓을 하려 하는지 알고 있다(manthanō, 1078행)……," 그러나 "인간에게 가장 큰 재앙의 원인인 분노(thumos)[42]……" "분노가 나의 이성적

---

40) J. Michael Walton, *Euripides Our Contemporary* (Berkeley: U of California Pr., 2010), 109쪽.
41) 이 독백은 메데이아가 아이들과 코로스가 밖으로 나간 뒤 혼자 행한 독백으로 지금껏 받아들여졌지만, 아이들(1021행, 1029행, 1040행, 1053행, 1069~1076행)과 코로스(1043행)가 무대에 같이 있을 동안 메데이아가 그들에게 행한 것으로 보아야 한다고 주장하는 학자도 있다. R. B. Rutherford, *Greek Tragic Style, Form, Language and Interpretation* (Cambridge: Cambridge UP, 2012), 318쪽.
42) 튀모스(thumos)는 '분노'에만 한정되는 용어는 아니다. '분노'뿐만 아니라 '힘', '용기' 등 여러 뜻으로 쓰이는 데 이에 대해서는 Stuart Lawrence, *Moral Awareness in*

인 고려보다 더 강력하다"(thumos de kreissōn tōn emōn bouleumatōn, 1078~1080행)라고 말한다. 자식들을 죽이려는 것이 얼마나 악한 짓인지 너무나도 잘 알지만, 자신을 수치스러운 존재로 만든 배반자에 대한 분노가 아이들을 죽여서는 안 된다는 이성적인 생각보다 자신을 더 압도하기 때문에 고통과 갈등 가운데서도 아이들을 죽일 수밖에 없다는 것이다.[43]

Greek Tragedy (Oxford: Oxford UP, 2013), 202~204쪽; Helene P. Foley, 앞의 책, 249~254쪽을 볼 것.

43) 논란이 되고 있는 이 유명한 독백은 일찍이 스넬이 인간내면의 도덕적인 '이성'과 비도덕적인 '감정' 간의 심리적인 갈등으로 파악한 바 있다. 메데이아의 이 독백은 자기와 자기 밖의 어떤 외적인 힘의 갈등을 보여주는 것이 아니라, 자기 내부에 일어나는 갈등을 보여주고 있으며, 여기서 메데이아는 "자기내부에서 일어나는 갈등"을 충분히 의식하는, 아니 "자율적인 존재로서의 자기를 충분히 의식하는"(Christopher Gill, 앞의 책, 216쪽) 최초의 비극적인 인물, 그리스 역사상 최초의 자의식적인 나로 등장하고 있다는 것이다. 스넬에 따르면 기원전 5세기 비극작품 이전에는 이렇게 자의식이 있는 '나'라는 인물이 등장하지 않았다. Bruno Snell, *The Discovery of the Mind: The Greek Origins of European Thought*, T. G. Rosenmeyer 옮김 (New York: Harper & Row, 1960), 제1장, 제3장, 특히 123~127쪽; 같은 저자, *Scenes from Greek Drama* (Berkeley: U of California Pr., 1964), 52~56쪽도 볼 것.
스넬과 그의 해석에 반기를 드는 학자도 있다. 이들은 1079행에 나오는 단어 튀모스(thumos), 특히 불레우마타(bouleumata)의 해석에 이의를 제기한다. '불레우마타'는 도덕적으로 옳은가 아닌가에 대한 윤리적 고려, 즉 아이들을 죽여서는 안 된다는 건전한 생각이나 이성적인 계획을 가리키는 것이 아니라 아이들을 도구로 삼아 철저하게 복수하려는 계획 그 자체를 가리킨다는 것이다. 또 이들은 크레이손(kreisson)을 '강하다'라는 말 대신에 "주인이다" 또는 "지배하다"라는 의미로 번역해야 한다고 주장한다. 이들 반론을 모두 종합해보면, 유명한 메데이아의 독백은 "나의 분노가…… 나의 이성적인 생각(또는 이성적인 계획)보다 '더 강하다'(또는 '~계획을 압도한다')"라고 해석하기보다 "나의 분노(또는 복수의 결의에 찬 마음)가 나의 복수를 감행하려는 계획의 '주인이다'(또는 '~계획을 지배한다')라고 해석하는 것이 옳다는 것이다. 분노가 복수를 감행하려는 계획을 철저히 지배하고 있다는 것이 핵심이라는 것이다. Helene P. Foley, 앞의 책, 250~251쪽; Christopher Gill, 앞의 책, 223~224쪽을 볼 것.
'튀모스'는 '분노'뿐 아니라 분노가 존재하는 곳, 분노를 불러일으키는 작인(作因)를 의미하는 단어로 사용되었다. 또 호메로스에게는 좀 더 넓은 의미로 쓰여 직접적인 행동의 원천, 특히 행동의 동기가 되는 분노, 성적 욕망, 연민 같은 감정이 있는 곳을 의미하기도 했다. W. V. Harris, "The Rages of Women," *Ancient Anger*, Susanna

코로스는 메데이아가 자식들을 죽이려고 결심했다는 것을 확인하자 그리스 비극에서 아마도 "가장 비관주의적인 감정"[44]이 드러나는 자식들에 대한 인식(1091~1115행)을 토로한다. 코로스는 자식이 없는 사람이 자식이 있는 사람보다 "더 행복하다"며, 자식이 있는 사람은 자식이 "기쁨이 될지 슬픔이 될지" "나쁜 사람이 될지 착한 사람이 될지" 알 수 없으므로, 평생 "수많은 고통"과 "근심"에서 해방될 수 없다고 말한다. 그리고 재산도 모으고 죽음보다 더 강한 사랑으로 자식들을 유능한 인물로 키워본들 신의 뜻에 따라 "죽음이 그들을 하데스로 채 가버리니" "그렇다면 신들이 인간들에게 다른 고통에다가 자식들로 인한 이 가장 쓰라린 고통(lupē)을 더 붙이는 것이니 대체 [인간들에게] 무슨 이득이 있느냐"(pōs oun luei, 1112~1115행)라고 말하면서 악의에 찬 신들을 향해 울분을 쏟아낸다.

사자가 등장해 크레온의 딸 크레우사와 크레온의 참혹한 죽음을 보고하자 메데이아는 더 이상 지체할 수 없음을 깨닫는다. 이곳에서 더 지체하다가는 왕가의 사람들이 아이들을 비참하게 죽일 수 있다

Braund and Glenn W. Most 엮음 (Cambridge: Cambridge UP, 2003), 123쪽; John M. Cooper, *Reason and Emotion: Essays on Ancient Moral Psychology and Ethical Theory* (Princeton: Princeton UP, 1999), 130쪽을 볼 것. 에우리피데스에게 튀모스는 감정이나 본능이 있는 곳이며, 분노, 슬픔, 에로스에서 연민, 희망, 오만에 이르는 여러 감정을 가리키는 것이기도 하고, 행동을 유도하는 이러한 감정의 능력을 가리키기도 한다. Helen P. Foley, 같은 책, 253쪽을 참조할 것. 메데이아의 분노가 배반에 대한 분노이고, 이 분노가 복수를 추동하는 강렬한 힘이지만, 동시에 에우리피데스가 자식들에 대한 사랑과 연민, 처절한 아픔과 갈등 사이에서 고통받는 메데이아를 생생하게 그려낸다는 점에서, 메데이아의 분노 그 자체에 주목한 학자들보다 그녀의 복잡한 내적인 갈등에 주목한 스넬의 해석이 더 강한 호소력을 가지는 것 같다. 메데이아의 내면 갈등과 같은 이러한 "찢겨진 의식"이 중국인에게는 없었으며, 그리스인이 비극을 창조한 것은 이에 연유한다는 베르낭의 주장도 있다. Jean-Pierre Vernant, *Myth and Society in Ancient Greece*, Janet Lloyd 옮김 (Sussex: Harvester Pr., 1980), 90~91쪽을 볼 것.

44) J. Michael Walton, 앞의 책, 113쪽.

는 생각에 이르자 그녀는 코로스에게 "나는 내 자식들을 되도록 빨리 죽이고 이 땅[코린토스]을 떠날 것"(1236~1237행)이라고 말하면서, 아이들을 향해 달려간다. 메데이아는 아이들에게 달려가면서 서사시의 전사(戰士)처럼 자신의 심장을 향해 "무장하라!"(1242행) "비겁자가 되지 말라!" "애들을 생각하지 말라!"(1246행)라고 다그친 뒤, 자신의 "손"을 향해 지체 없이 "칼을 들라!"(1244행), 그리고 자신을 향해 "이 짧은 하루 동안만 내 자식들을 잊었다가 나중에 그들의 죽음을 슬퍼하도록 하라"(kapeita thrēnei, 1249행)라고 외친다.

니체는 사랑에 있어서와 마찬가지로 복수에 있어서도 "여성은 남성보다 더 야만적이다"라고 말했다.[45] 코로스는 메데이아를 "저주받은 여인(olomenan gunaika, 1253행)이라 부르면서 메데이아의 할아버지인 태양신 헬리오스를 향해 "악령에 쫓기는 분노의 여신[메데이아]을 저지하고 이 집에서 내쫓아주소서"(1258~1260행)라고 호소한다. 메데이아는 지금 분노 그 자체, 아니 **저주** 그 자체가 되고 있다. 이아손의 배반을 처음 알게 된 뒤 "나는 그대의 집의 저주"(608행)가 될 것이라고 맹세했던 그녀가 마침내 저주의 칼을 휘두르고 있다. 칼을 들고 집 안으로 뛰어들어간 어머니에게 애원하는 아이들의 비명소리를 들으면서 코로스는 메데이아를 향해 "오 참으로 불운한 여인"(1274행)이라며 한탄한다. "제 손으로 제 자궁의 수확을 죽이려 하는" "돌이나 무쇠"(1279~1280행) 같이 비정한 이 여인을 카드모스의 딸 이노와 대조시킨다.

카드모스의 딸이자 이아손의 증조모인 이노는 헤라의 술책 때문에 미치광이가 되어 떠돌아다니다 광기에 휩싸여 자신의 아들들을 살해

---

45) Friedrich Nietzsche, *Beyond Good and Evil: Prelude to a Philosophy of the Future*, Rolf-Peter Horstmann and Judith Norman 엮음, Judith Norman 옮김 (Cambridge: Cambridge UP, 2002), §139, 68쪽.

한 뒤, "바닷속으로 몸을 던져······ 죽음 속에서 두 아이들과 결합했다"(1286~1289행). 이노는 광기에 휩싸여 자식인지 모르고 자식들을 죽였지만, 메데이아는 고의로, 그것도 철저한 계획하에 자식들을 죽였다. 광기에 휩싸여 자신의 아들들을 죽인 것을 알게 된 이노는 바닷속에 몸을 던져 자살한다. 그러나 메데이아는 아이게우스가 자신에게 피난처로 제공한 아테나이로 떠나기 위해 증조부 태양신 헬리오스(406행, 746행, 752행, 764행, 954행)가 보낸 전차를 타고 복수의 승리를 만끽한다.

아이들의 끔찍한 죽음을 듣고 달려온 이아손은 메데이아에게 자식들을 "무도하게" 죽인 "가장 불경한 짓" 때문에 죽음과 파멸이 그녀를 덮칠 것이라고 경고한 뒤(1328~1329행), 그녀를 사람들을 씹어 삼키는 바다의 괴물 "스퀼라"보다 더 잔인하고 무서운 존재(1342~1343행)라고 매도한다. 메데이아는 아이들의 죽음의 장본인은 자신의 "오른손"이 아니라 전적으로 이아손의 "악덕", 즉 그의 배반임을 상기시키면서(1364행, 1366행, 1368행, 1391~1392행) 자신의 정당함은 신들이 알고 있다고 외친다(1372행). 메데이아는 죽은 아이들을 매장하고 그들을 애도하려는 이아손의 요청(1377행), 아니 죽은 "애들의 부드러운 살갗을 만져볼 수 있게 해달라"(1403행)라는 이아손의 마지막 요청마저도 거부함으로써 배반자인 이아손에게 "고통을 주기 위한" 자신의 계획(1398행)을 한 치의 어긋남도 없이 완성한다.

시작부터 끝까지 이아손을 향한 메데이아의 복수는 분노의 또 다른 이름이었다. 메데이아에게는 분노가 전부였고, 분노와 자신을 구분할 수 없을 정도로 복수에 불타는 분노 그 자체가 메데이아였다(1260행). 그녀의 분노는 코르퀴라 공동체 전체를 파괴한 분노[46]만

---

46) 투퀴디데스는 『펠로폰네소스 전쟁사』에서 코르퀴라 내전의 핵심에는 '분노'가 있음

큼 폭력적이고 파괴적이다. 자식살해는 폭력성과 파괴성의 극치이기 때문이다. 이성적인 고려가 철저히 배제되어 있기 때문에 증오보다 더 무섭고 더 위험한 분노(아리스토텔레스 『정치학』 5.1312b28-29)에 사로잡힌 메데이아는 더 이상 "천성적으로 부드럽고 눈물도 잘 흘리는"(928행) 여성이 아니다. 오랫동안 억압되었던 분노가 거침 없이 폭발할 때, 그녀는 통상적인 '여성' 범주를 초월하는 "폭풍"[47]이 된다. 여성이라는 물리적인 실체가 아니라 **분노** 자체가 되고, **복수**(alastōr, 1059행, 1260행, 1333행) 자체가 되고 **저주** 자체가 된다.

어떤 의미에서 작품 『메데이아』는 메데이아의 비극을 통해 분노가 극한에 이를 때 인간은 인간이라는 범주를 초월하는 절대추상체가 되어, 분노 자체가 자신이 되고, 복수 자체가 자신이 되고, 저주 자체가 자신이 되는, 그리하여 자기 자신이 자신에게도 낯선 타자가 되는 인간의 존재론적인 비극성을 보여주는 작품이라고 할 수 있다.

위안의 잔치는 없다

메데이아와 이아손이 콜키스를 떠나 그리스로 향할 때 그들은 두 손을 잡고 맹세하며 사랑을 확인했다. 그들 간의 사랑을 이어주고 담보해준 맹세의 다리(橋)는 다름 아닌 **오른손**이었다. 이 작품에서 30번 이상 등장하는 손은, 특히 맹세의 의미를 지닌 오른손은 이아손이 메데이아의 사랑을 얻기 위해 그녀의 무릎을 잡고 탄원하면서(496~497행) 굳게 사랑을 맹세하며 맞잡았던 손이며(2~22행,

---

을 파악했다. 이 도시국가를 파괴한 것은 '정의'나 도덕적 가치에 아랑곳하지 않고 미쳐 날뛰던 분노 그 자체(3.85.1)이며, 아테나이를 파국으로 몰아간 것이 전염병이었다면 코르키라를 파국으로 몰고 간 것은 분노 자체였다는 것이다.

47) Ruth Padel, *Whom Gods Destroy: Elements of Greek and Tragic Madness* (Princeton: Princeton UP, 1995), 49쪽.

492~496행), 메데이아가 아이들을 위해 이아손과 화해하기 위해— 그것이 위장이든 진정이든 간에—내밀었던 손이었다(899행). 또한 그 오른손은 갈 곳이 없는 메데이아가 피난처를 제공해달라고 부탁하며 아이게우스 왕에게 탄원하며 내밀었던 손이요, 그녀의 탄원을 받아들였던 그가 마주 내밀었던 손이었다(744~755행). 손을 마주 잡고 그 두 손을 하나로 합치는 것, 이 **손의 맹세**(cheiros pistin)는 하이데거의 표현을 빌자면 "크게 하나가 됨"을 의미하며, 손이 행하는 모든 것은 온전히 여기에 뿌리박고 있다[48]고 말할 수 있다. 데리다가 말하는 **선물**의 고귀한 표현은 손의 이러한 교환인지도 모른다.[49]

이아손은 메데이아와 주고받았던 이러한 손의 선물을 배반했다. 그러나 이아손의 배반(1367행)에 분노한 메데이아가 무장한 두 손으로 자신이 낳은 자식을 죽이는 자(paidoktonos)가 되는 순간 그녀 역시 가장 고귀한 선물을 배반했다.[50] 두 손을 잡고 맹세하고 탄원하고 화해하고 약속하던 전통적인 도덕 가치는 그녀가 남편 이아손에게 "가장 깊은 상처를 주는 길"(817행)을 유일한 목표로 삼아 자식들에게 칼을 들이대는 순간 무너지고 말았다. 자신의 오른손으로 아이들의 오른손을 잡고 그들의 얼굴을 쓰다듬던 메데이아의 손이 "불운의 손"(talaina cheir, 1244행)으로 변하고, 마침내 "어머니의 손"(1271행)이 자식들의 목을 향해 달려드는 "살인의 덫"(1279행)이 되었다. 자신이 죽인 아이들을 묻게 될 그 피 묻은 손은 더 이상 어머니의 손이

---

48) Martin Heidegger, *What Is Called Thinking?*, J. Glenn Gray 옮김 (New York: Harper & Row, 1968), 16쪽.
49) Jacques Derrida, "Geschlecht II: Heidegger's Hand," *Deconstruction and Philosophy: The Texts of Jacques Derrida*, John Sallis 엮음, John P. Leavey, Jr, 옮김 (Chicago: U of Chicago Pr., 1987), 175쪽.
50) 메데이아가 최종적으로 아이들을 죽이기로 결정한 뒤와 그 일을 실행하고 나서 유난히 '손'이라는 말이 자주 등장한다. 899행, 1070행, 1244행, 1271행, 1279행, 1283행, 1309행, 1365행, 1378행 등.

아니라, "커다란 재앙"(1331행)의 손, 즉 저주의 손이다. 모든 약속은 파괴되고, 모든 선물은 선물이기를 그친다.

메데이아가 자식을 죽이려 했을 때, 코로스는 메데이아의 할아버지 태양신 헬리오스를 향해 "악령에 쫓기는" 메데이아를 저지하라고 호소했지만(1258~1260행), 헬리오스는 어떤 노력도 하지 않았다. "전통 서사시에서 헬리오스는 지상의 모든 것을 볼 수 있는 신으로 통했다."[51] 따라서 메데이아가 자신의 증손자들에게 무슨 짓을 할지 속속들이 알고 있었겠지만, 헬리오스는 전혀 개입하지 않았다. 메데이아를 무사히 아테나이로 데려가기 위해 용(龍)이 끄는 수레를 보낸 "태양신 [헬리오스]는 빛을 내뿜으며 메데이아를 내려다보고 있다…… 태양신은 메데이아의 [자식] 살해도 신성모독행위로 보지 않고, 아테나이로 향하는 것도 불경스러운 행위로 보지 않는다."[52]

메데이아가 태양신 헬리오스가 보낸 수레를 타고 무대를 떠난 뒤에 객석에 남아 있는 관객, 아니 우리에게 무엇이 남아 있는가. 이아손의 배반에 상처 입은 메데이아가 식음을 전폐하고 누구의 위로도 거부한 채 누워 깊은 상심의 바다에서 허우적거리고 있을 때, 유모는 이렇게 노래한 바 있다.

과거 사람들이 어리석고 지혜롭지 못하다는 것
나는 이를 틀리다고 생각지 않나니
그들은 잔치와 주연, 만찬회를 위해
우리의 귀를 즐겁게 해주는 노래를 지어냈지만
아직은 어느 누구도 시와 다양한 음률의 노래로

---

51) Mary Lefkowitz, *Euripides and the Gods* (Oxford: Oxford UP, 2016), 164쪽
52) Pietro Pucci, *Euripides' Revolution under Cover: An Essay* (Ithaca: Cornell UP, 2016), 28쪽.

사람들의 쓰디쓴 슬픔을
죽음과 불행을 초래하며 가정을 파멸시키는 쓰디쓴 슬픔을
그칠 길을 찾아내지 못했나니.[53]
노래가 인간들의 고통을 치유해 준다면
이익(kerdos)이 되련만.
허나 음식이 풍성한 연회석상에서
인간들은 왜 공연히 노래를 부르는가
음식만 그득해도 그것은 곧 인간들에게 즐거움이거늘.(190~203행)

메데이아가 무대에서 떠난 뒤 우리에게 남아 있는 것은 무엇인가. 우리에게는 그 어떤 **위안**의 잔치도 없다. 우리에게 남은 것은 **눈물**이다. 배반 앞에 깨진 맹세와 분노 앞에 무너진 약속, 불가능한 인간 사이의 **선물**을 두고 우리는 눈물을 흘릴 뿐이다. 유모는 "음식만 그득해도" 그것이 곧 우리에게 "즐거움"이라고 노래했던가. 그러나 잔치음식으로서 우리에게 "그득하게" 남아 있는 것은 눈물밖에 없다. 슬픔을 치유하는 약이 있다면, 그것은 공연히 부르는 노래와 짐짓 읊어보는 한 편의 시가 아니라, 뜨겁게 흘리는 눈물이며, 에우리피데스는 이것이 비극이 우리에게 주는 "이익"(利益)이라고 말한다.

---

53) 시와 노래가 우리에게 즐거움을 주고 고통을 잊게 해 근심걱정으로부터 우리를 쉬게 한다는 것은 적어도 호메로스와 헤시오도스로부터 일찍이 내려오는 생각이다. 호메로스, 특히 『오뒤세이아』 1.336~1352, 4.594~598, 8.477; 헤시오도스, 『신통기』 52행 이하 그리고 98~103행.

2장 『히폴뤼토스』

『히폴뤼토스』(기원전 428년)는 에우리피데스가 테세우스의 아들 히폴뤼토스와 그의 의붓어머니 파이드라의 사랑 이야기를 최초로 극화한 작품이다. 이 작품 이전에 에우리피데스가 동명의 이 작품을 공연한 바 있었지만, 바람둥이 남편 테세우스의 행태에 분노와 좌절을 느낀 파이드라가 히폴뤼토스에게 직접 사랑을 호소하는 불륜의 장면에 당시 관객들이 격분해 이 작품을 혹평하는 바람에 에우리피데스가 파이드라의 성품을 고귀하게 묘사하는 등 다시 손질을 가해 내놓은 작품이 현존하는 『히폴뤼토스』다.[1] 작품의 내용은 다음과 같다.

트로이젠에 있는 궁전 앞. 사랑의 여신 아프로디테가 등장해 트로

---

1) 그 첫 번째 작품은 파이드라의 서슴없는 애정 고백에 경악을 금치 못해 히폴리토스가 얼굴을 가린다고 해서 작품명이 『얼굴을 가린 히폴뤼토스』로 일컬어진 것으로 전해진다. 이 작품에 대해서는 Hanna M. Roisman, *Nothing Is As It Seems: The Tragedy of the Implicity in Euripides' "Hippolytus"* (Lanham: Rowman & Littlefield, 1999), 9~26쪽을 볼 것. 파이드라를 다소 고결한 성품의 여인으로 묘사하는 것 이외 작품 『히폴리토스』에는 첫 번째 작품에는 없는 파이드라의 '편지'가 사건의 전개에서 중요한 모티프로 등장한다. 이에 대해서는 Isabelle Torrance, *Metapoetry in Euripides* (Oxford: Oxford UP, 2013), 148~152쪽을 볼 것.

이젠의 왕이자 아테나이의 왕인 테세우스의 아들 히폴뤼토스를 오늘 안에 죽이려 한다고 말한다(21~22행). 히폴뤼토스가 아르테미스 여신만을 "가장 위대한(megisthēn) 여신"(16행)[2]으로 여기고 그녀를 존중하는 반면, "트로이젠 땅의 시민 가운데 그 혼자만" 자기를 "악한 여신"이라 여기고 존중하기를 거부하기 때문이다(13~16행). 아프로디테는 테세우스의 "고귀한 아내"(26행) 파이드라를 이용해 히폴뤼토스에게 복수하려 한다. 아프로디테는 의붓아들 히폴뤼토스를 본 파이드라가 "격렬한 사랑의 포로가 되어"(26~27행) 히폴뤼토스에게 파이드라의 은밀한 사랑의 감정을 고백하도록 한다. 그 다음 은밀한 사랑의 감정이 그에게 거부당하자 더 이상 명예롭게 살 수 없게 된 파이드라를 자살하게 한다. 그러고는 신탁을 듣기 위해 아테나이의 델포이 아폴론 신전에 들렀다가 돌아온 테세우스로 하여금 파이드라의 죽음을 부른 원인이 파이드라를 향한 히폴뤼토스의 불순한 사랑 때문이라고 믿도록 해 아버지 테세우스가 아들 히폴뤼토스를 죽음으로 몰아가도록 하는 것이 아프로디테의 계획이다.

아프로디테가 퇴장한 뒤 상사병에 걸려 거의 죽게 된 파이드라가 하녀들의 들것에 실려 궁전 밖으로 나온다. 사흘째 식음을 전폐했던 파이드라는 "남모르는 슬픔에"(kruptōi penthei, 139행) 몸을 가누지 못하고, 사지가 축 늘어진 채(198행) 고통에 못 이겨 숨도 제대로 쉬지 못한다. 그녀는 "이성(理性)의 길"에서 벗어나 "미망(迷妄)의 길"

---

[2] 인용한 텍스트의 그리스어 판본은 다음과 같다. Euripides, *Hippolytos*, W. S. Barrett 엮음[주석포함] (Oxford: Clarendon Pr., 1992). 그리고 Euripides, *Children of Heracles; Hippolytus; Andromache; Hecuba*, David Kovacs 편역, LCL 484 (Cambridge/M.A.: Harvard UP, 1995); Euripide, *Tragédies II: Hippolyte; Androdmaque; Hécube*, Louis Méridier 편역 (Paris: Les Belles Lettres, 2012)을 참조함. 한편 한글 번역판으로는 에우리피데스, 『에우리피데스 비극』-『메데이아』『히폴리토스』『알케스티스』『박코스의 여신도들』『퀴클롭스』, 천병희 옮김 (단국대학교출판부, 1999)을 참조함.

에서 헤매는 불운한 자신의 삶을 괴로워한다(239~240행). 하지만 누구에게도 자신이 앓고 있는 부끄러운 병은 토로할 수 없다. 다만 차라리 죽음을 택하고 싶은 의중만을 조심스럽게 드러낼 뿐이다. 그러자 유모는 파이드라에게 그녀가 죽으면 아이들은 아버지의 집에서 배척당하기 마련이니 이는 자식들을 배신하는 일이며, 그렇게 되면 의붓아들인 히폴뤼토스가 파이드라의 아이들 위에 군림하게 될 것이라고 경고한다(305~309행).

'히폴뤼토스'라는 말이 나오자 크게 놀란 파이드라는 유모에게 앞으로 그 남자에 대해 아무 말도 하지 말 것을 부탁하고(311~312행), 더 이상 자신이 앓고 있는 병에 대해 묻지 말 것을 간청한다. 그러고는 황소를 사랑했던 어머니의 슬픈 운명을 떠올리면서 파이드라는 "대체 **사랑**이 무엇인가" 하고 유모에게 묻는다. 유모는 사랑은 "가장 달콤하고도 가장 쓰라린 것"(348행)이라고 대답하면서 파이드라의 질문에 담긴 의미를 눈치챈 듯, 그렇다면 누구를, 어떤 남자를 사랑하고 있다는 말이냐며 파이드라를 다그친다.

파이드라는 히폴뤼토스라는 이름을 차마 입에 올리지 못하고 "아마조네스족 여인의 아들"(351행)이라 대답한 뒤, 자신의 부끄러운 사랑을 비밀에 부치고 자살하려 한다. 크게 놀란 유모는 누군가를 사랑한다는 것은 이상한 일이 아니니 따라서 사랑 때문에 목숨을 버린다는 것은 무익한 일일 뿐 강렬한 사랑의 욕망은 "그 누구도 막을 수 없는 것"이라고 말한다(439~443행). 이어 "현명한 남편은 아내의 부정을 보고도 못 본 척한다"고 말하고나서 우리는 너무 엄격한 기준에 따라 삶을 살아서는 안 된다는 말로 파이드라를 위로한다(465~470행). 그리고 파이드라를 위해 직접 행동에 나서려고 한다.

유모가 히폴뤼토스에게 그를 향한 파이드라의 사랑을 전하자, 히폴뤼토스는 이 "전대미문의 말"(602행), "수치스러운 말"(499행)에 경악과 분노를 금치 못한 채 궁전 밖으로 뛰어나간다. 유모는 이 모든 이야기를 세상에 알리겠다고 고함을 치는 히폴뤼토스의 오른손을 붙잡고 누구에게도 발설하지 말아줄 것을 "애원"(605행)한다. 유모의 간절한 애원을 받아들인 히폴뤼토스는 "여자를 세상에 있게 한 제우스를 원망하면서(616~617행) 퇴장한다.

자신을 향해 분노와 혐오(664~668행)를 쏟아내는 히폴뤼토스의 반응을 궁전 문 뒤에서 지켜보던 파이드라는 유모가 개입해 일을 그르쳤다고 생각하고, 애초에 마음먹었던 대로 자신과 아이들의 명예를 더럽히지 않기 위해 자살하기로 결심한다. 파이드라는 히폴뤼토스가 자신을 유혹했다는 편지를 남편 테세우스에게 남기고 목매어 자살한다.

한편 아테나이에서 돌아온 테세우스는 "황금인장의 날인"(863행)이 찍힌 편지가 죽은 파이드라의 손에 남겨진 것을 발견하고, 히폴뤼토스가 그녀의 죽음을 부른 장본인이라고 확신한다. 히폴뤼토스는 여러 차례 자신의 결백을 강조하며 아버지 테세우스를 설득하려 하지만, 테세우스는 그를 "가장 악한 자"(945행)라고 부르며 그에게 분노와 저주를 쏟아낸다. 그러나 히폴뤼토스는 유모와 했던 약속을 지키기 위해 자신을 향한 파이드라의 사랑에 대해서는 끝끝내 입을 다문다. 마침내 테세우스는 일찍이 세 가지 소원을 들어주겠다고 자기에게 약속했던 아버지 포세이돈에게 히폴뤼토스를 파멸시켜 달라고 간청한 뒤(887~890행) 그를 트로이젠에서 추방한다.

사자가 등장해 추방당한 히폴뤼토스에 대한 "슬픈 소식"(1157행)을 전한다. 사두마차를 타고 가던 히폴뤼토스가 해변에 이르렀을 때, 포세이돈이 바다에서 보낸 황소가 말들을 놀라게 해 마차가 전복되고, 놀란 말들이 사방으로 요동치는 바람에 히폴뤼토스는 고삐 줄에 감겨 끌려 다니다가 바위에 머리를 부딪쳐 생사의 기로에 놓여 있다는 것이다. 히폴뤼토스가 무대 위에 실려 오기 직전 여신 아르테미스가 나타나 테세우스에게 사건의 전말을 전하면서, 그가 파이드라의 거짓 유서를 믿고 가장 순결하고 가장 경건한 아들을 죽게 했으며, 이 모든 불행이 아프로디테의 계획에 따라 이루어진 것임을 밝힌다(1313~1329행).

이어 아르테미스는 트로이젠의 처녀들은 결혼식을 올리기 전에 히폴뤼토스에게 머리털을 잘라 바치면서 그의 죽음을 애도하게 될 것이라고 말한 뒤, 자기가 가장 사랑하는 히폴뤼토스를 죽게 한 아프로디테에게 보복하기 위해 자기도 아프로디테가 "가장 사랑하는 자를 죽일 것"이라고 다짐한 다음(1420~1422행) 퇴장한다. 작품은 아들에게 용서를 구하는 테세우스와 아버지를 용서하는 히폴뤼토스가 서로의 운명을 슬퍼하는 가운데 히폴뤼토스가 아버지의 품에 안겨 서서히 죽음을 맞이하는 것으로 끝난다.

히폴뤼토스

아프로디테가 히폴뤼토스에게 가하는 보복은 철저히 개인적인 동기에서 출발한다. 그녀로서는 보복이 정당하다. 다른 모든 신과 마찬가지로 아프로디테 역시 인간에게 절대적인 존경을 요구하기 때문이다. 아프로디테는 자신의 "힘을 존중하는 자는 좋아하고" 자신에게 "오만한 생각을 가진 자는 쓰러뜨린다"(5~6행). 그러나 아프로디테의 기대와 달리 히폴뤼토스는 아프로디테를 "가장 악한 신"(13행)이라고 부르며 멀리하는 반면, 아르테미스를 "가장 위대하고"(16행), "가장 존귀하고"(61행), "가장 아름다운"(66행, 71행) 신이라 부르며 그녀만 따른다. 히폴뤼토스 **혼자만이**(12행) 아프로디테를 따르지 않는다. 그는 그 누구도, 그 어떤 것도 감히 발을 들여놓지 않고, 또 들여놓은 적도 없는 "순결한 초원"(akēratos leimōn, 73~74행)에서 "엮은 화환"(plektos stephanos, 73행)을 아르테미스 여신의 입상(立像)에 직접 바치지만(73~76행), 아프로디테의 입상에는 "멀리서 인사만 할 뿐이다"(102행).

히폴뤼토스는 리비도적인 아버지 테세우스가 아마조네스족의 여인이자 순결의 표상인 어머니 히폴뤼타를 강간한 뒤 태어난 아들이다. 히폴리타는 남자·성행위·결혼같은 것을 극도로 혐오하는 여인이었다. 순결한 어머니 히폴뤼타의 피를 이어받은 히폴뤼토스는 다른 이의 손이 자신에게 닿는 것을 혐오하며(606행, 1086행), 여자·성행위·결혼 같은 것을 불순한 것으로 여긴다(14행, 1002행). 그리고 이런 자신만이 "순결한"(102행, 1364행) 존재이며, **순결한 본성**(79~80행, 1031행, 1365행), "순결한 영혼"(1006행)을 소유하고 있다고 여긴다.

그러니 히폴뤼토스는 당연히 순결의 여신 아르테미스를 숭배할 수 밖에 없고, "밤의 신" 아프로디테를 혐오할 수 밖에 없다(106행). 하지만 유모가 말하듯, 모든 존재는 아프로디테의 자손이다. "사랑의 씨를 뿌리는…… 이가 그녀[아프로디테]이며, 지상의 우리 모두는 그녀에서 태어난 자손"(449~450행)이기 때문이다. 히폴뤼토스도 **밤**에 펼쳐지는 사랑의 행위로 태어난, 아프로디테의 자손인데도 그는 여성과의 "사랑의 침대를 거부하고", 결혼 같은 것을 수치스러운 행위로 폄하함으로써(14행) 아프로디테의 위상에 정면으로 도전한다.

히폴뤼토스가 스스로를 동일시하는 이미지는 순수 **초원**(leimōn, 74행, 77행)이다. 그는 **폴리스**로 상징되는 일체의 세속적인 가치나 문명과는 절연된 초원의 순수한 숲속에서 가장 신성하고, 가장 존귀한 아르테미스 여신을 숭배하면서 고고하게 사는 삶을 동경한다. 또한 신들을 **존경**(eusebeia, 83행, 656행, 996행, 1309행, 1339행, 1368행, 1419행, 1454행)하고, 자신과 같이 영혼과 육체가 깨끗한 **순결**(aidōs,

78행)의 친구들과 교우를 맺고(996~997행) 그들과 함께 사냥하면서 영원히 젊음을 유지하며(87행) 사는 것을 자신이 추구해야 할 최고의 가치이자 최고의 덕목으로 여긴다. 자기 충족적인 공간 속에서 순수 그 자체로 머물려고 하는 "절대주의자"[3]인 히폴뤼토스가 동경하는 세계는 바로 "귀족적인 세계의…… 황금시대"다. 그러나 그가 동경하는 황금시대는 "성 관계 없이 아이들이 태어나고, 여성과 성 관계를 맺지 않는 세계, 아니 전적으로 여성들이 부재하는 세계"[4]다.

진정한 평화는 이처럼 여성이 없는 세계 속에서만 가능하다고 믿는 "거만한"(semnos, 93행) 히폴뤼토스는 여성을 "언제나…… 악한 존재"(aei…… kakai, 666행; 589행, 608행, 616행, 627행, 642행, 649행, 651행, 666행)라고 규정짓는다. 여성을 악의 근원이라고 보는 히폴뤼토스의 이러한 인식은 여성 전체를 판도라로 대변되는 "커다란 악"(kakon mega)으로 바라본 헤시오도스[5]를 그대로 따르고 있다.

파이드라

아프로디테는 자신을 경멸하는 히폴뤼토스의 이러한 **순수 초원**의 세계를 용납하지 않으려 한다. 그녀는 히폴뤼토스가 경멸해 마지않는 여성 파이드라를 이용해 그의 초원을 황폐화시키려 한다. 히폴뤼토스와 대척점에 서있는 파이드라는 크레테의 왕 미노스와, 흰색의 아름다운 황소를 사랑해 이로부터 괴물 미노타우로스를 낳은 파시파

---

[3] Nancy Sorkin Rabinowitz, *Anxiety Veiled: Euripides and the Traffic in Women* (Ithaca: Cornell UP, 1993), 181쪽.
[4] Charles Segal, *Euripides and the Poetics of Sorrow: Art, Gender, and Commemoration in "Alcestis", "Hippolytus", and "Hecuba"* (Durham: Duke UP, 1993), 108쪽.
[5] 헤시오도스 『신통기』 585행, 600행; 『노동과 나날』 57~58행, 88행.

에의 딸이다.[6] 파이드라에게는 파시파에의 욕망의 피가 흐른다.

그리스인들은 욕망, 곧 에로스를 이 작품에서처럼 아프로디테의 주관 아래 있는 것으로 인식했으며, 이는 '타 아프로디시아'(ta aphrodisia)으로도 알려져 있다.[7] 헤시오도스의 『신통기』에 따르면 (190~206행), 에로스는 우라노스의 절단된 성기의 정액에서 태어났으며, 그 힘이 너무나 강해 일단 사랑에 빠지면 사지는 힘 없이 늘어지고, 인간은 물론 신마저 분별의 길을 잃고 갈팡질팡하게 된다(『신통기』 120~122행). 고대 그리스에서는 파이드라의 경우에서처럼 사랑은 일반적으로 **고통**(pathos, 139행, 363행, 677행), **병**(nosos, 40행, 176행, 205행, 269행, 283행, 394행, 405행, 477행, 479행, 512행, 597행, 698행, 766행, 1306행)[8], **광기**(214행, 241행, 248행, 398행)와 동일시되었다. '광기'에는 '올바른 이성이 길을 잃는다'라는 의미가 있다. 그러니 사랑과 동일시되는 광기, 아니 사랑이라는 '광기'는 '이성'이라는 고향을 잃고 "방황하는 마음과 몸의 수치스러운 실향성"[9]이라고 규정되기도 한다.

---

6) 이 신화의 배경과, 이 신화가 『히폴뤼토스』와 여러 로마문학 작품에 어떻게 원용되고 있는가에 대해서는 Rebecca Armstrong, *Cretan Women: Pasphae, Ariadne, and Phaedra in Latin Poetry* (Oxford: Oxford UP, 2006), 5~12쪽, 61~62쪽을 볼 것.
7) Barbara E. Goff, *The Noose of Words: Reading of Desire, Violence and Language in Euripides "Hippolytos"* (Cambridge: Cambridge UP, 1990), 28쪽.
8) 사랑은 '병', 정화되어야 할 병이라는 것은 그리스에서 출발한, 아주 오랜 역사를 가진 서양적인 모티브 또는 토포스다. 이에 대해서는 Robert Parker, *Miasma: Pollution and Purification in Early Greek Religion* (Oxford: Clarendon Pr., 1983), 221~222쪽; Christopher A. Faraone, *Ancient Greek Love Magic* (Cambridge/M.A.: Harvard UP, 1999), 48~49쪽; Ruth Padel, *Whom Gods Destroy: Elements of Greek and Tragic Madness* (Princeton: Princeton UP, 1995), 163쪽을 볼 것. 사실 에로스를 묘사해주는 전통적인 형용어구에 따르면 **에로스**는 '뤼시멜레스'(lusimeles), 즉 '사지를 늘어지게 하는 자'다. Zeitlin, Froma I. Zeitlin, *Playing the Other: Gender and Society in Classical Greek Literature* (Chicago: U of Chicago Pr., 1996), 226쪽.
9) Ruth Padel, 같은 책, 104쪽, 155쪽.

이 사랑이라는 병은 "먹지도 못하고"(asitos, 275행), "수척해지고"(174행), "안색이 변하고"(demas allochroon, 175행), 목이 마르고(208~209행), 알아들을 수 없는 헛소리를 하고(emanēn, 241행), "금방 마음이 바뀌고"(183행), 죽고 싶어 하는, 이런 증상을 드러낸다.[10] 파이드라는 그 열병을 혼자만의 비밀로 남겨두고 "삶이라는 배의 닻을 죽음이라는 여행의 끝에 내리려고 한다."(139~140행). 이 길만이, 곧 즉 죽음을 택하는 것만이 자신이 취할 유일한 길이라고 느낀다. 그러면서도 그녀는 "이슬이 내린 샘물에서 깨끗한 물을 한 모금 마시고…… 무성한(anapausaiman) 풀밭[초원][11]에 누워 쉬고 싶다"(208~211행)라고 말한다.

파이드라가 "무성한 풀밭"이나 "초원"이라고 했을 때의 **초원**은 성적으로 아직까지 순결을 간직하고 있는 히폴뤼토스를 상징하며, 거기에 누워 쉬고 싶다는 것은 그의 품에 안기고 싶다는, 말하자면 그를 '간음'의 대상으로 상정하고 있음을 암시한다. 파이드라가 유모에게 "나는 숲속으로…… 가고 싶구나. 개들이…… 얼룩무늬의 사슴들을 바짝 뒤쫓는 그곳으로…… 끝이 뾰족한 날카로운 창을 손에 든 채 테살리아의 투창을 내 금발 머리 저쪽으로 던지고 싶구나(eramai)"(215~222행)라고 말하는 데서 확인되듯, "여자 사냥꾼"[12] 파이드

---

10) 에우리피데스가 묘사하는 이런 증상이 히포크라테스가 『여성의 병에 관해서』와 『젊은 여성의 병에 관해서』에서 말한 증상과 얼마나 유사한가에 대해서는 Fabian Meinel, *Pollution and Crisis in Greek Tragedy* (Cambridge: Cambridge UP, 2015), 41~43쪽을 볼 것.
11) 그리스 서정시에서 주요한 모티프로 등장하는 풀밭이나 **초원**은 결혼하지 않은 연인들이 성행위를 하기 위해 만나는 장소를 상징한다. 그리고 성행위의 장소로서 신의 침상을 상징하기도 한다(Claude Calame, *The Poetics of Eros in Ancient Greece*, Janet Lloyd 옮김 [Princeton: Princeton UP, 1999], 156~157쪽). 제우스가 이오를 유혹해 범한 곳도, 아폴론이 이온의 어머니를 범한 곳도 초원이다(L. A. Swift, *The Hidden Chorus: Echoes of Genre in Tragic Lyric* [Oxford: Oxford UP, 2010], 268~272쪽).
12) Pietro Pucci, *Euripides' Revolution under Cover: An Essay* (Ithaca: Cornell UP, 2016),

라는 히폴뤼토스를 사냥해 자기 것으로 만들고 싶어 한다. 225행과 235행에서도 히폴뤼토스를 사냥을 하고 싶어 하는 간절한 욕망이 반복적으로 등장한다.

파이드라는 의붓아들 히폴뤼토스를 향한 그녀의 사랑이 "미친" 행위이며, 이 미친 욕망이 **신의 개입**에 따른(237~238행, 240~241행) 일종의 "광기"(248행)임을 잘 알고 있으며, 이러한 광기로부터 벗어날 방법은 죽음을 택하는 것밖에 없다는 것도 잘 알고 있다(248~249행). 파이드라는 아프로디테의 저주를 받고 크레테의 황소를 사랑했던 어머니 파시파에의 슬픈 운명, 테세우스에게 버림받은 다음 디오뉘소스의 신부가 되었던 여동생 아리아드네의 운명을 떠올리면서(337~339행), 어머니가 저지른 불륜의 피가 자신에게 흐르고 있음을 의식하며 한탄한다(343행). "크레테의 불행한 딸"(talaina pai Krēsia, 372행) 파이드라는 "가장 달콤하고도 가장 쓰라린"(348행) 사랑에 운명적으로 빠질 수밖에 없었던 것이다.

"사랑의 가시(kentron)[13]에 찔려······ 미칠 지경에 이른"(39행), 그래서 도저히 헤쳐 나올 수 없는 사랑의 불길에 휩싸여 있는 파이드라는 이런 상태 가운데서도, 사람들은 "무엇이 옳은지를 알고 이해하는" "분별력"(to eu phronein, 378행)을 갖고 있지만, 그런데도 "타성" 때문에 또는 "쾌락"을 추구하는 것을 더 좋아하기 때문에 명예를 저버리게 된다며 자신을 탓하 듯 한탄한다(377~383행). 인간의 이성의 무력함을 토로하는 파이드라의 이러한 모습은 **명예**를 중히 여기는 아버지 미노스를 닮고 있다. 즉 그녀에게는 어머니 파시파에서 이어

59쪽.
13) 기원전 5세기에 그리스에서 '켄트론'(kentron), 곧 '가시'는 성적인 것, 바꿔 말하면 '음경'을 의미하는 것으로 이해되었다. 당시 가시에 "찔리다"라는 의미의 'kentein'은 성 행위를 함축하는 단어였다. Ruth Padel, *In and Our of the Mind: Greek Images of the Tragic Self* (Princeton: Princeton UP, 1992), 121~122쪽을 볼 것.

받은 욕망의 뜨거운 피가 흐르고 있을 뿐만 아니라 입법자이자 죽은 뒤에도 하데스의 재판관이었던, 법과 이성을 대변하는 미노스의 피 역시 흐르고 있다. 『메데이아』에서 자식을 죽이려는 것이 얼마나 악한 행위인지 너무나 잘 알면서도 남편을 향한 분노와 복수심이 더 강렬하기 때문에 자식을 죽일 수밖에 없는 심정을 토로하는 메데이아처럼, 파이드라 역시 불륜의 사랑이 도덕적으로 악하다는 것을 능히 알면서도 그러한 욕망을 극복할 수 없는 인간 존재의 무력함, 곧 **로고스**의 실패이자 소크라테스적인 **소프로쉬네**(sōphrosunē)의 한계를 절감하고 있다.[14]

파이드라는 끝내 이 **미친 병**을 이기지 못하면 죽는 것, (248~249행) 이것만이 자신과 왕가의 명예를 지키는 길이라 생각한다. 히폴뤼토스가 지켜내려고 했던 최고의 가치가 신을 경배하며 순결을 더럽히지 않고 절도를 지키며 사는 삶이라면, 파이드라에게 그것은 **명예** 또는 **명성**(eukleia)[15], 자기 양심을 지키며 사는 삶이다. 유모의 강

---

14) 소크라테스 이래 유럽을 지배한 어떤 사유의 유형을 일컬을 때 우리는 이른바 '합리주의' 또는 '이성주의'라는 용어를 사용한다. 여기에는 소크라테스의 인식, 즉 이성(그리스인들이 이성적 담론, 곧 '로고스'라고 일컬었던 것)은 진리의 도구다. 이성은 인간 개개인을 구원하는 수단이라는 인식이 자리 잡고 있다. 고대 그리스인들은 우주와 인간의 삶을 지배하는 원리는 로고스(logos)라고 인식했다는 통설에 반대해 도즈는 에우리피데스의 작품들, 특히 『메데이아』, 『히폴뤼토스』, 『바코스의 여신도들』의 분석을 통해 고대 그리스인들은 우주와 인간의 삶을 지배하는 원리는 '로고스'가 아니라 파토스(pathos)라고 생각했다고 주장했다. 도즈에 따르면 메데이아와 파이드라의 행위를 지배하고 압도한 것은 '로고스'가 아니라 '파토스'라는 것이다. E. R. Dodds, *The Greeks and the Irrational* (Berkeley: U of California Pr., 1951), 특히 186~187쪽; 에릭 R. 도즈, 『그리스인들과 비이성적인 것』, 주은영·양호영 옮김 (까치, 2002), 141~142쪽. 자신들의 행위를 지배하고 압도하는 것은 로고스가 아니라 파토스, 즉 비이성적인 감정이라고 토로하는 메데이아와 파이드라의 발언은 후에 사노 바우보(바울)도 복창했듯(『로마서』 7장 15절), "에우리피데스에서 발견되어지는 그리스적인 사유의 상투어"라고 할 수 있다. William Marx, *The Hatred of Literature*, Nicholas Elliott 옮김 (Cambridge/ M.A.: Harvard UP, 2018), 105~106쪽.

15) 403~423행, 489행, 687~688행, 717행. 47에서 아프로디테는 파이드라를 '명예

권에 못 이겨 마침내 침묵을 깨고 자신의 은밀한 사랑을 토로하기 전까지 파이드라가 겪는 숱한 갈등과 독백(373~404행)은 얼마나 그녀가 더럽혀진 자신의 양심에 고통스러워하는지, 또한 자신과 자식들을 비롯한 왕가의 명예나 명성 그리고 도덕적인 가치와 같은 것을 얼마나 중히 생각하는지를 보여준다.

그러나 유모가 파이드라의 은밀한 사랑을 알게 되고, 한편 파이드라가 유모에게 사랑의 대상을 밝히지 않고 침묵하자, 그들 간에 갈등이 생긴다. 파이드라가 유모에게 은밀한 사랑을 실토하면서부터 이어지는 그들 간의 대화에 가장 많이 등장하는 단어는 '수치', '명예', '정결', '절도' 등과 더불어 **침묵**(273행, 297행, 312행, 336행, 394행, 565행 등)이라는 단어다. 파이드라의 사랑의 비밀에 경악을 금치 못하며 침묵을 지키던 유모는 죽고 싶어 하는 파이드라에게 침묵을 깨고 그 은밀한 사랑의 대상을 밝힐 것을 강권한다. "인간에게 두 번째 생각이 더 현명할 때도 있다"(436행)라고 주장하는 "도덕적 상대주의자"[16]인 유모, 병의 실체를 밝혀야만 병을 치유할 방법을 찾을 수 있다고 말하는 소피스트적인 현실주의자인[17] 유모에게 '침묵' 속에는 치유책이 없기 때문이다(297행).

명예를 지키기 위해 자신의 불륜의 사랑을 침묵으로 은폐하려던 파이드라는 아프로디테의 "무서운"(deina, 563행) 힘에 저항할 수 없어, 그리고 유모의 끈질긴 설득을 이길 수 없어 마침내 침묵을 깬다. 유모가 말했듯, 아프로디테가 "거센 파도처럼 사랑의 물결을 우리에

로운' 이로 칭찬하고, 431~432행에서 코로스는 파이드라를 명예에 강한 집착을 가진 이로 칭송한다.
16) Laura McClure, *Spoken Like a Woman: Speech and Gender in Athenian Drama* (Princeton: Princeton UP, 1999), 136쪽.
17) Justina Gregory, *Euripides and the Instruction of the Athenians* (Ann Arbor: U of Michigan Pr., 1991), 71쪽을 볼 것.

게 가득 쏟아낸다면, 누구도 그에 저항할 수 없다"(443행). 파이드라는 마침내 아프로디테의 힘에 굴복한다. 파이드라는 히폴뤼토스에게 자신의 은밀한 사랑을 전하려는 유모를 탓하지 않는다.

하지만 이를 전해들은 히폴뤼토스가 경악과 분노, 혐오의 감정을 숨기지 않자, 파이드라는 이제 명예를 지킬 마지막 "최고의 방책"(402행)이자 "유일한 치유책"(600행)은 **죽음**밖에 없다고 생각하게 된다(395~402행). 그녀는 '간음'이라는 "더럽혀진 마음"을 가진(317행) 아내, "수치스러운 짓을 저지른" 아내로 남지 않기 위해(720~721행), 또한 자식들의 명예에 오점을 남기지 않고 그들이 "민주주의 폴리스에서 성인 남성시민의 충분한 권리를 누리도록 하기 위해"[18] "아프로디테가 보낸 부정한 사랑의 무서운 병에(hosiōn erōtōn deinai······ nosōi) 마음의 상처를 입은 채"(764~766행) 목숨을 끊는다. 파이드라의 운명을 슬퍼하는 코로스는 아버지 태양신 헬리오스의 거친 말들을 몰다가 죽은 파에톤을 애도하며 "자줏빛 바다 속에 반짝이는 호박색의 눈물을 떨구는"(738~741행) 그의 누나들처럼,[19] 파이드라의 죽음을 애도한다(764~775행).

코로스가 파이드라의 슬픈 운명을 안타깝게 여기며 절실하게 애도하고는 있지만(764~775행) 파이드라의 죽음은 그녀 스스로 고대했던 **고귀한 죽음**(687~688행, 693행)이 아니다. 그녀가 지켜내고 싶은 명예는 자기 자신과 자식들만을 위한 것(716~717행)이며, 그런 의미에서 그녀의 명예와 명성은 철저히 자기중심적인 것이라 말할 수 있다. 히폴뤼토스가 "'타자'에 대한 근원적인 자기거부"[20]로 특징되

---

18) Laura McClure, 앞의 책, 134쪽.
19) 여기서 거친 말들에게 죽은 파에톤이 언급되는 것은 그처럼 사두마차를 몰다가 죽게 되는 히폴뤼토스의 죽음을 예고하고 있다.
20) Froma I. Zeitlin, 앞의 책, 223쪽.

는, 극도로 자기중심적인 순결성과 소프로쉬네에 집착하는 인물이라면, 파이드라도 자신의 명예와 피붙이들의 명예만을 중히 여기는 자기중심적인 인물인 것이다.

그리고 파이드라의 자기중심적인 태도가 다른 사람에게 해를 끼치려는 의도와 결부된다는 점에서 그녀의 죽음은 고귀함과는 한층 더 멀어진다. 그녀는 이 수치스러운 사랑을 불러온 자가 히폴뤼토스라는 거짓 편지를 남기면서 "내 죽음으로 나는 다른 사람[히폴뤼토스]의 저주가 될 것"(728~729행)이라는 말로 자신의 사랑을 거부한 히폴뤼토스를 궁지에 몰아넣는다. 이는 히폴뤼토스가 자신을 향한 파이드라의 은밀한 사랑을 끝까지 비밀에 부칠 것을 유모와 약속한 뒤(656~658행), 아버지 테세우스에게서 추방이라는 엄청난 벌을 받고도 그 비밀을 폭로하지 않았던 것과 크게 대비된다. 이 때문에 에우리피데스는 히폴뤼토스의 입을 빌어 파이드라를 **위조화폐**(kibdēlos, 616행)와 같은 **악**(616행)[21]을 숨긴 가짜 인간으로 폄하하는 것인지 모른다.

파이드라가 이처럼 도덕적으로 악한 여인으로 재현되고 있는 것은 에우리피데스에 대한 일단의 평가, 곧 그가 여성혐오가라는 주장에 힘을 실어주는 것처럼 보인다. 에우리피데스는 특히 여성을 극도로 혐오하는 히폴뤼토스의 입을 빌려 반복적으로 파이드라를 비롯한 여성 모두를 **커다란 악**으로 규정함으로써 여성을 "근본적으로 타자"[22] 화시킨다고 말할 수 있다.

그러나 에우리피데스는 아프로디테의 **횡포** - 자신을 경배하는 파이드라의 명예를 무자비하게 황폐화시키는 - 를 간과하지 않으며, **여**

---

21) 여성을 '커다란 악'으로 보는 모티프는 『히폴뤼토스』에서 여러 차례 명시적으로 반복되고 있다(616행, 629행, 632행, 649행, 651행, 666행 등).
22) Charles Segal, 앞의 책, 126쪽.

성 파이드라의 비극적인 운명에 대해 코로스의 입을 빌어 비통한 슬픔을 토해내게 하는 것도 잊지 않는다. 이렇듯 그는 파이드라의 죽음이 비록 고귀하지는 않을지라도, 비극적이지 않거나 애도할 이유가 없는 죽음이 아니라는 점을 보여줌으로써, 여성 파이드라를 적의에 찬 신에게 희생되는 비극적인 운명을 가진 인간 존재, 불행한 **인간** 파이드라로 그려내고 있다.

테세우스와 히폴뤼토스

델포이 신전에 들러 신탁을 듣기 위해 아테나이로 갔던 테세우스가 귀환하자, 코로스장이 그에게 파이드라가 자살했다는 소식을 전한다. 파이드라의 손에 남겨진 편지를 발견한 테세우스가 이를 펼치려 할 때, 코로스는 "잇달아 새 재앙을 보내는"(866~867행) 신을 원망하면서 이 집을 측은하게 여겨 넘어뜨리지 말라고 애원한다(871~872행).

마침내 파이드라의 거짓 편지를 읽게 된 테세우스는 시민들에게 히폴뤼토스가 자신의 아내 파이드라를 강간하려 했음을 알린다. 또한 그는 자신에게 세 가지 저주를 약속했던 아버지 포세이돈에게 그 가운데 한 가지 저주를 히폴뤼토스에게 내려 오늘 내로 그를 죽여달라고 간청한다(885~890행). 코로스장은 이후 "실수"를 불러올지도 모르니 그런 간청을 거두리고 호소하지만, 분노한 테세우스는 포세이돈이 자신의 소원을 무시하고 히폴뤼토스를 죽게 하지 않으면 자신이 아들을 "이 나라에서 내쫓아" 객지를 떠돌게 하다가 비참하게 삶을 마치도록 하겠다고 소리친다(893~898행).

때마침 테세우스의 고함소리를 듣고 히폴뤼토스가 등장해 아버지의 분노와 파이드라의 죽음에 대해 묻지만, 테세우스는 한동안 침묵을 지킨다. 이윽고 테세우스는 침묵을 깨고 주위에 모인 사람들에게 불륜을 저지른 패륜아인 히폴뤼토스를 가까이하지 말 것을 요구한 다음 히폴뤼토스에게 "추방자로서 지체 없이 이 나라"와 "아테나이"를 떠날 것을, 그리고 자신이 통치하는 "나라의 경계에도 발을 들여놓지 말 것"을 명한다(973~975행). 이 말을 들은 히폴뤼토스는 이 세상에서 자신보다 "더 순결한 남자는 없으며"(sōphronesteros, 995행) 신을 숭배하는 자로서 자신은 단 한 번도 나쁜 행동을 할 생각을 한 적이 없다고 호소한다(1004~1006행). 또한 자신은 물욕도 애욕도, 왕권에 대한 욕망도 없다고 말하면서 위험이 뒤따르는 권력 대신 "늘 고결한 자들과 사귀며 행복을 누리는 것"만이 자신의 가장 큰 기쁨이라고 주장한다(1018~1020행).

히폴뤼토스는 아버지 테세우스에게 제우스와 대지를 향해 맹세하는 자신의 결백함을 믿어달라고 호소한다. 하지만 테세우스는 그를 "마술사나 사기꾼"(1038행)으로 치부하고 그에게 "유리한 증언"이 있을 수 있는 "유예기간조차 주지 않고"(1051~1052행) "재판도 없이"(1056행) 추방의 길을 재촉한다. 자신의 눈앞에 있는 파이드라의 편지만을 유일한 증거로 믿고(1057~1058행) 아버지 포세이돈에게 아들의 파멸을 간청하는 테세우스의 모습에는 **소프로쉬네**의 전형인 전통적인 테세우스의 모습이 전혀 보이지 않는다

그는 여기서 민주제 아테나이의 이상적인 왕으로 평가되어온 이전까지의 자신의 "모든 명예(982행)를 스스로 훼손하는"[23] "전형적인 비극적 폭군"[24]으로 등장한다. 이는 그가 히폴뤼토스에게 남긴 마지막 말, "나는 너의 추방에 전혀 동정을 느끼지 않는다"(1089행)라는

---

23) Henry J. Walker, *Theseus and Athens* (New York: Oxford UP, 1995), 115쪽.
24) Sophie Mills, *Theseus, Tragedy and the Athenian Empire* (Oxford: Clarendon Pr., 1997), 215쪽.

말에서 드러나며, 후에 히폴뤼토스의 죽음에 대한 소식을 듣고도 "오오…… 포세돈이여! 그대는 역시 진정 나의 아버지이십니다. 내 기도를 들어주셨으니"(1169~1170행) 하고 기뻐하는 모습에서 더더욱 확인된다.

히폴뤼토스는 어디도 갈 데가 없는 **추방자**의 운명을 서러워하면서(1066~1067행) 고향 땅의 친구들, 아테나이, 트로이젠의 땅에 작별인사를 보낸 다음(1094~1097행) 떠난다. 코로스는 "그리스 땅의 아테나이의 가장 찬란한 별(phanerōtaton astēr)이 아버지의 노여움 때문에 다른 곳으로 서둘러 떠나는 것을 보고"(1123~1124행) "전에는 뤼라의 기러기발 밑에서도 결코 잠든 적 없는 음악이 아버지의 집에서 침묵하게 될 것이며, 깊은 푸른 숲속에 있는 레토의 딸들이 쉬어가는 곳에도 화환이 걸리지 않을 것이며, 그대의 추방으로 그대를 신랑으로 삼으려던 처녀들의 경쟁도 끝나고 말았구나"(1135~1141행) 하고 슬프게 노래한다. 그러고는 자신들이 히폴뤼토스의 "불운에 눈물을 지으며……"(1142~1143행) "신들에게 분노를 터뜨리면서"(1146행) "비참한 운명 속에" 한 평생 살아갈 것(1144행)이라고 말한다.

추방의 길을 떠난 히폴뤼토스의 비극적인 운명을 전하기 위해 그를 배웅하러 갔던 이 집안의 하인인 사자가 급히 도착한다. 사자에 따르면 추방의 길을 떠난 히폴뤼토스가 마차를 몰고 사로니코스해(海) 쪽으로 향하다가 트로이젠의 경계 저편 곶(岬)에 이르렀을 때, 갑자기 제우스의 친동과도 같은 **무서운** 소리가 지하에서 올랐다. 겁에 질린 말의 머리와 귀가 하늘을 향해 곤추섰고, 그 순간 불가사의할 정도로 거대한 파도가 하늘 높이 치솟으면서 사방으로 거품을 뿜어대며 히폴뤼토스가 탄 마차 앞까지 이르더니, 황소 한 마리를 뭍에 내려놓았다.

이 황소는 다름 아닌 사나운 괴물이었다. 이 괴물의 울부짖음으로 사방이 무섭게 메아리쳤고, 말들은 공포에 질려 몸부림쳤다. 평소 말의 움직임과 버릇을 익히 알고 있는 히폴뤼토스는 양손으로 고삐를 잡고는 몸을 뒤로 젖히며 가죽 띠를 당겼지만, 겁에 질린 말은 더욱 앞으로 내달렸다. 히폴뤼토스가 부드러운 땅이 있는 쪽으로 말을 몰고 가려 할 때마다 괴물의 모습을 한 황소가 나타나 공포에 질린 말을 더욱 발광하게 했고, 날뛰는 말은 점점 더 암벽을 향해 내달았다.

순간 이 황소가 마차를 넘어뜨려 엎어버리면서 바퀴통과 굴대의 나무못이 공중으로 튀어 올랐다. 히폴뤼토스가 고삐에 얽히고 꼬여 풀 수 없는 끈에 묶여 끌려가기 시작하자, 그의 머리는 바위에 사정없이 내동댕이쳐진 듯 했고, 살은 갈기갈기 찢겨져 나갔다. 그가 자신이 소중하게 키운 말을 향해 살려달라고 말했지만 아무 소용이 없었다. 칼로 끈을 자르고 나서야 엄청난 고통에서 겨우 빠져나온 히폴뤼토스는 이내 바닥에 쓰러졌고, 생명의 기운이 잠시 그의 입에 머무는 동안 그가 데려온 말은 황소와 함께 바위투성이의 땅속으로 사라져버렸다(1173~1248행).

테세우스는 사자가 전하는 참상을 듣고 나서 히폴뤼토스의 파멸을 흐뭇하게 여기면서도, 신들에 대한 두려움 때문에, 그리고 히폴뤼토스가 자신의 아들이라는 이유 때문에 "그러한 불행을 기뻐할 수도 슬퍼할 수도 없다"라고 말하면서(1257~1260행) 그를 데려올 것을 명한다. 바로 이때 아르테미스가 등장해 아프로디테의 계획에 따라 히폴뤼토스가 파멸에 이르게 된 경위를 들려준다(1286~1312행).

진실을 알게 된 테세우스는 차라리 "죽고 싶다"라고 말하자, 아르테미스는 아프로디테가 히폴뤼토스를 향한 분노 때문에 의도한 일이므로 테세우스의 "잘못도 용서받을 수 있다"(1326행)라고 말한다. 또한 자신이 사랑하는 히폴뤼토스의 고통을 지켜볼 수밖에 없었던 것은 "어떤 신도 다른 신의 의도에 대항하지 않고 항상 비켜서 있는 것이 신의 법도이자 관습"(1328~1330행)이므로 자신이 제우스를 두려워하지 않았더라면 "모든 사람들 가운데 가장 사랑하는 히폴뤼토스가 죽도록 내버려두는 그런 수모를 결코 당하지 않았을 것"(1331~1334행)이라고 말한다.

마침내 히폴뤼토스가 들것에 들려 등장한다. 그는 자신을 파멸로 이끈 아버지, 마차, 말들을 증오한다. 그는 제우스를 향해 신을 존경하며 경건하게 살았지만 "아버지의 잘못으로 저주받은 불운한 인간"이 된 지금의 자신을 보고 있느냐 하며 원망하지만(1362~1363행), 육체의 고통이 엄습할 때마다 "구원자인 죽음"(thanatos paian, 1373행)이 자기에게 오기를 애원한다. "쌍날의 칼을 갖고" 스스로 목숨을 끊고 쉬고 싶다고 부르짖는다(1375~1376행). "하데스의 칠흑같은 밤의 운명이 이 불운한 나를 잠재워 주었으면!" 하고 부르짖는다(1386~1388행).

고통의 울부짖음을 듣고 아르테미스가 자신에게 가까이 오고 있음을 감지한 히폴뤼토스는 여신을 향해 "보고 계시나이까. 비참하게 고통당하는 저를"(1395행) 하고 묻는다. 아르테미스는 그의 고통을 "보고 있지만" 자신은 그를 향해 "눈물을 흘려서 안 된다"(1396행)라고 말한다. 눈물을 흘리는 것을 금하는 것이 신의 법이라고 말하면서 아프로디테의 계획에 따라 그가 희생당했음을 알려준다. 아프로디테가 아버지 테세우스와 자신 그리고 파이드라(1403행)의 파멸을 초래한 것을 알게 된 히폴뤼토스는 테세우스에게 "그렇다면 저는 이제 아버지의 불운도 슬퍼하며"(1405행), "아버지의 잘못(hamartias) 때문에 저 자신보다 아버지를 더 슬퍼합니다"(1409행)라고 말한다.

테세우스는 죽어가는 히폴뤼토스를 거듭 "내 아들아"라고 부르며(teknon, 1408행, 1410행, 1446행) 분노에 못 이겨 판단력이 흐려진 자신의 잘못을 한탄한다. 그리고 "포세이돈의 선물"(dōra, 1411행)인

"저주를 입에 담지 않았더라면!"(1412행) 하고 가슴 치며 운다. 울고 있는 아버지를 바라보면서 히폴뤼토스는 자신들에게 불행을 가져온 신을 "저주"하며(1415행) 울부짖는다.

아버지와 아들의 눈물을 지켜보던 아르테미스는 히폴뤼토스의 원수를 갚기 위해 아프로디테가 "가장 사랑하는 자"를 표적으로 삼아 "나의 피할 길 없는 이 화살로 손수 죽일 것"(1420~1422행)이라고 위로한다. 그러고는 "죽어가는 자들의 입김"에 오염되는 것을 피하기 위해(1437~1439행) 사라진다.

"하데스의 문"(1447행)이 보인다는 아들을 안고 테세우스가 "너는 죄로 더럽혀진 내 이 손을 그냥 내버려둘 것이냐"(1448행) 하며 탄식할 때, 아들 히폴뤼토스는 자신을 파멸에 이르게 한 아버지의 잘못을 용서한다고 말한다. 죽어가는 아들을 향해 "나를 버리지 말고 버텨보아라"(1456행)라고 말하며 울부짖는, 그리고 아프로디테를 향해 "나" 그대의 "악행"을 영원히 잊지 않고 "기억할 것"(memnēsomai, 1461행)이라고 말하며 항변하는 아버지를 뒤로하고 히폴뤼토스는 하데스로 향한다.

인간의 용서

우리는 조금 전에 아들의 죽음을 가져온 아버지가 아들에게 용서를 구하고, 그 아들은 아버지를 용서하며 자신의 운명보다 아버지의 불운을 더 슬퍼하는(1405행, 1407행, 1409행), "문학 전통에서 가장 위대한 장면"[25]을 살펴보았다. 우리는 죽어가는 아들을 끌어안고 울부짖는 아버지와 자신의 운명보다 아버지의 불운을 더 슬퍼하며 죽

---

25) Charles Segal, 앞의 책, 127쪽.

어가는 아들의 모습을 통해, 아니 아버지와 아들이 서로 용서와 화해를 펼치는 이 감동적인 마지막 장면을 통해 인간의 세계가 신의 세계보다 도덕적으로 훨씬 우위에 있음을 확인하게 된다. 신의 세계에는 서로 간에 용서가 없다. 신의 세계에는 "항구적인 전쟁, 영원한 싸움"[26]만이 존재한다. 자신이 사랑하는 히폴뤼토스의 죽음 앞에서 아르테미스는 그의 원수를 갚기 위해 아프로디테가 가장 사랑하는 자를 표적으로 삼아 그자를 죽일 것이라고 약속했다. 신의 세계에는 분노와 복수, 그리고 보복의 악순환만이 존재하고 있다. 하지만 인간의 세계에는 끝나지 않는 복수와 용서할 수 없는 죄는 없다. 서로의 불운을 동정하고 애도하는 **눈물**이 인간의 세계를 지배하기 때문이다.

파이드라의 자살 소식을 알게 된 코로스의 "눈은 눈물에 흠뻑 젖어 있다"(853행). 파이드라는 히폴뤼토스가 있는 초원과 푸른 숲에 그와 함께 있기를 동경했지만(208행 이하), 아니 "오직 병든 환상을 통해" 그녀의 "희망 없는 사랑의 현실에서 도피"하려 했지만[27] 그녀가 끝내 도피해버린 곳은 **죽음**이었다. 파이드라의 죽음이 보여주듯, 참으로 그리스 고전시대의 문학에서 "파국으로 끝나지 않는 여성의 욕망의 이야기를 발견하기란 어렵다."[28] 소포클레스는 그의 「미완유고」에서 사랑에 대해 이렇게 노래한다. "사랑은 죽음, 불멸의 힘 / 그리고 미쳐 날뛰는 광기, 순수한 욕망 그리고 슬픔 / 그속에는 행동을·평화를·폭력을 끌어들이는 모든 것이 존재한디 / 그것은 모든 살아 있는 존

---

26) Bernard M. W. Knox, "The *Hippolytus* of Euripides", 앞의 책, 223쪽.
27) R.P. Winnington-Ingram, "*Hippolytus*: A Study in Causation," *Euripides*, Judith Mossman 엮음 (Oxford: Oxford UP, 2003), 216쪽.
28) Simon Goldhill, *Foucault's Virginity: Ancient Erotic Fiction and the History of Sexuality* (Cambridge: Cambridge UP, 1995), 149쪽.

재의 가슴속 깊이 파고든다 / 이런 신적 존재의 희생물이 되지 않을 자 누가 있으랴."[29]

고대 그리스인은 신은 인간에게는 없는 힘을 가지고 있다고 믿었다. 그것은 다름 아니라 신은 죽지 않는다는 것이었다. 그런데 그들은 신은 모든 것을 뜻대로 할 수 있지만 이 불멸의 신도 사랑만은 뜻대로 할 수 없다고 믿었다. 소포클레스는 이어 같은 「미완유고」에서 "사랑과 겨루다 내던져지지 않은 신이 어디 있으랴"[30]라며 노래했다. 그는 『안티고네』에서도 코로스를 통해 사랑은 결코 "싸움에서 지지 않는 자"(781행)라고 노래했다. 그와 마찬가지로 에우리피데스도 이 작품에서 "아프로디테", 즉 사랑이 "홍수처럼 세차게 밀려오면 누가 견딜 수 있겠느냐"(443행)라고 말하는 코로스를 통해 사랑의 힘에 맞서 싸울 자는 아무도 없다고 강조했다.

그 이길 수 없는 싸움에서, 말하자면 파이드라와 히폴뤼토스 두 사람 모두 "원치 않는"(319행) 그리고 이길 수 없는 싸움에서 파이드라가 찾을 길은 죽음밖에 없었다. "불행하고 쓰라린" "삶"이 "여자의 운명"(669행)이라며 "고통의 무거운 짐에 짓눌려"(769행) 목매어 새처럼 하데스로 뛰어내린(828행 이하) 그녀의 불운한 죽음을 보고 코로스가 한없이 눈물을 흘렸다. 사랑이라는 '미쳐 날뛰는 광기'의 희생물이 되었던 히폴뤼토스의 죽음을 향해 모두가 눈물을 쏟고 있다. 트로이젠의 처녀들도(1427행), 코로스도 울부짖는다. 자신의 의도와 관계없이 우주의 잔인한 힘에 희생되고 있는 불운한 이들의 비극 앞에서, 그들 모두 그 비극을 자신들의 비극으로, "공통의 슬픔"(koinon achos, 1462행)으로 여기며 눈물을 쏟는다.

---

29) 941. 3~8, Sophocles, *Fragments*, Hugh Lloyd-Jones 편역, LCL 483 (Cambridge/ M.A: Harvard UP, 1996), 405쪽.
30) 941. 13, Sophocles, 같은 책, 405쪽.

그러나 신의 세계에는 눈물이 없다. 자신이 저지른 보복의 수단이 되어 희생된 파이드라의 죽음과 그녀의 명예에 아프로디테는 전혀 관심이 없다. 파이드라가 명예를 존중하고 이를 귀히 여기는 훌륭한 여인이라 해도 자신의 복수를 위해서라면 "그녀는 죽어야만 하는"(47행), "그녀의 파멸"은 그 여신에게는 조금도 "중요한 것이 아니다"(49행). 아르테미스 역시 히폴뤼토스와의 오랜 친교에도 불구하고 고통에 몸부림치는 그 곁을 쉽게 떠난다. 그가 고통 속에 죽어 갈 때도 그 곁에 머물지 않는다. 아르테미스 자신은 "죽은 자를 봐서는 안 되고 죽어가는 자의 입김으로 눈을 더럽혀서는 안 되기 때문이다"(1437~1438행). 또한 히폴뤼토스를 위해 눈물을 흘릴 수도 없다. "눈물을 흘려서는 안 되는 것", 이것이 신의 본질을 지배하는 "법"(themis)이기 때문이다(1396행).

호메로스의 세계에서 신은 아무런 걱정 없이 안락하게 살아가는 **축복 받은** 존재다(『일리아스』 1.406; 4.127; 14.143; 20.54; 24.99, 422; 『오뒤세이아』 6.46; 8.306; 12.61, 371, 377; 14.83; 15.372; 18.134). 하지만 신과 달리 인간은 불쌍하기 그지없는 **가엾은** 존재다(『일리아스』 13.569; 22.31, 76; 24.525; 『오뒤세이아』 11.19; 12.341; 15.408).

그러나 조금 전에 말했듯, 신의 세계에는 눈물이 허용되지 않는다. 그러나 인간의 세계에는 신의 세계에 없는 눈물이 있다. 이것이 인간의 세계를 위대하게 만든다. 눈물 때문에 인간은 화해할 수 있고 용서할 수 있다. 이것이 인간을 신보다 더 위대하게 만든다. 아르테미스는 테세우스에게 잘못을 저지르는 것(examartanein)은 인간에게 속하는 것이라 말하지만(1433~1434행), 이와 정반대의 에토스가 이 작품을 지배하고 있다. 이 작품에서 잘못을 저지르는 것은 인간이 아니라 신이다. 코로스는 그리스 땅이 제우스와 아폴론에게 "헛되이 헛되이" 황소를 산제물로 바치고 있다고 노래한 바 있다

(535~537행).[31]

우리는 히폴뤼토스가 추방의 길을 떠난 뒤 코로스가 그의 불운에 눈물지으며 "신에게 분노를 터뜨리면서"(1146행) 일생을 살아갈 것이라고 노래한 것을 인용한 바 있다. 잘못을 저지르는 것은 인간이 아니라 신에게 속하는 것이며, 용서하는 것은 신이 아니라 인간에게 속하는 것이라는 이 거대한 우주 원리가 이 작품의 마지막을 관통하고 있다.

에우리피데스의 작품 『헤라클레스』에서 헤라클레스의 아버지 암피트뤼온이 제우스에게 "단지 인간에 지나지 않는 내가 위대한 신, 그대보다 더 고결하다"(342행)라고 말했던 것처럼, 히폴뤼토스가 인간에 지나지 않는 그를 죽음으로 몰고 간 신보다 더 고결한 것은 그가 신의 세계에서 찾아볼 수 없는 고결한 행위를 보여주고 있기 때문이다. 『히폴뤼토스』는 마침내 인간이 스스로 "인간 고유의 도덕적인 결단"[32]을 행하는, 말하자면 인간이 스스로 독립적으로 **인간적인 행위**를 선택하는 모습을 보여주는 작품이다. 녹스가 지적했듯, 그 인간적인 행위란 바로 "용서 행위, 오직 인간존재에게만 가능한, 신이 아니라 신의 비극적인 희생자[즉 인간]에게만 가능한 행위다."[33]

에우리피데스는 "신이 인간에게 악을 보낼 때…… 이로부터 피할 길이 인간에게 없다"(444 Nauck)라고 말했다. 신에게 참혹한 죽음을

---

31) 기원전 5세기 후반 아테나이에서는 신에 대한 불신 등 무신론이 퍼지기 시작했던 것으로 알려져 있다. 이 작품뿐만 아니라 그의 여러 작품에서도 드러나듯, 에우리피데스는 신의 존재, 신의 정의 같은 "종교적인 믿음에 적극적으로 반대하지는 않았지만…… 이를 스스로 받아들이지는 않았다"(L. H. G. Greenwood, *Aspects of Euripidean Tragedy* (Cambridge, 2016[c1953]), 36쪽.
32) Boris Nikolsky, *Misery and Forgiveness in Euripides: Meaning and Structure in the "Hippolytus"*, Mikhail Nikolsky 옮김 (London: Classical Pr., of Wales, 2015), 121쪽.
33) Bernard M. W. Knox, "The *Hippolytus* of Euripides," 앞의 책, 228쪽.

당한 히폴뤼토스의 비극에 트로이젠의 처녀들, 코로스, 사자, 테세우스, 모두 다 흐느끼고 있다. 아니 조만간 트로이젠의 시민 전체가 그의 죽음을 알고 애도하며 눈물을 펑펑 쏟을 것이다(1465행). 히폴뤼토스의 비극은 오직 그의 것만이 아니라 이들 모두에게 "뜻밖에" 닥칠지도 모를(1462행) 인간존재의 "공통의"(koinon, 1463행) 비극일 수 있으므로 이들의 "눈물은 홍수처럼 흘러내릴 것이다"(1464행). 비극이 죽음으로 끝나는 것이라면, 『히폴뤼토스』는 주인공의 죽음으로 끝을 맺는 에우리피데스의 유일한 작품이기 때문에 "분명 에우리피데스의 작품 가운데 가장 비극적인 작품"[34]이라고 말할 수 있다.

그러나 아들 히폴뤼토스와 아버지 테세우스 간의 화해로 마무리되고, 모든 시민, 아니 관객이 주인공의 비극적인 운명과 죽음을 자신의 것으로 받아들이고 그를 애도하는 **감정의 이전**(移轉)[35]이 이뤄지는 이 작품에는 비극적인 분위기 속에서도 "미광"(微光)[36]은 비추고 있다.

아리스토텔레스는 『시학』(14.1453b1~4)에서 비극의 경험의 중심에 '공포'와 '연민'의 감정을 놓고 이러한 감정의 '카타르시스'를 통해 관객이 경험하는, 비극 **고유의 쾌감**(oikeia hēdonē)에 대해 이야기한 바 있다. 미학이 일면 미적 쾌락의 문제라면, 공포와 연민이 기쁨의 원천이라는 그의 이야기는 놀라움을 자아낸다. 공포와 연민, 또는 어떤 고통의 감정이 일종의 기쁨을 제공한다는 이런 역설은 아리스토텔레스에 앞서 호메로스, 그리스비극시인들, 고르기아스, 그리

---

[34] Francis M. Dunn, *Tragedy's End: Closure and Innovation in Euripidean Drama* (Oxford: Oxford UP, 1996), 91쪽.
[35] 레비나스는 다른 사람의 경험과 자신의 경험을 직관적으로 동일시하는 이러한 감정과 능력을 "감정의 이전"(移轉)(transfer of sentiment)이라고 일컫는다. Emmanuel Levinas, "Substitution," *Basic Philosophical Writings*, Adriaan Peperzak, Simon Critchely, and Robert Bernasconi 엮음 (Bloomington: Indiana UP, 1996), 91쪽.
[36] Bernard M. W. Knox, "The *Hippolytus* of Euripides", 앞의 책, 228~229쪽.

고 플라톤도 드러낸 바 있다. 즉 그들은 슬픔과 같은 어떤 고통스러운 감정이 일종의 기쁨을 제공한다고 말한 바 있다. 호메로스의 『오뒤세이아』에서 메넬라오스는 트로이아 전쟁에서 죽어간 동료들을 애도하다가 "슬픔이 잠시 내 마음을 즐겁게 해준다"(phrena terpomai, 4.102~103)라고 말했으며, 고르기아스는 비극을 관람하는 관객은 "슬픔을 좋아하고 갈망하는 마음"(pothos philopenthēs, 『헬레네 찬가(讚歌)』 §9)을 갖고 있다고 말했다. 곧 다루게 될 3부 3장의 『트로이아의 여인들』에서 코로스는 패망한 조국과 패망의 희생물이 된 그들 토로이아의 여인들의 운명을 애도하면서 "불행한 자들에게는 눈물과, 비탄의 노래와 고통의 노래"(mousa)가 오히려 위안이 될 만큼 "달콤하다"(hēdu)라고 말했다(608행). 플라톤의 『국가』에서 소크라테스는 비극은 우리의 "눈물의 갈망"(to……. pepeinēkos tou dakrūsai, 606a)을 풀어준다고 말했으며, 일찍 아이스퀼로스는 『미완유고』에서 "슬픔은 고통의 약(iamata)이라고 말한 바 있다(fr. 385).[37]

『일리아스』의 마지막 편에서 프리아모스가 아킬레우스를 만나는 장면을 보자. 그 장면은 이른바 '호메로스적인 역설'의 전형으로 일컬어진다. 프리아모스는 파트로클로스의 죽음을 복수하기 위해 헥토르를 죽이고 그의 시신을 돌려주지 않고 학대하는 아킬레우스를 찾아가 엎드려 그의 무릎을 잡고, 그의 손에 입을 맞추고, 그에게 자기와 같은 나이인 고향에 있는 그의 아버지를 떠올리게 하면서 아들의 시신을 돌려주길 간청한다.

그 장면에서 프리아모스는 매장당하지 못한 채 비참하게 죽어 있는 아들의 시신을 생각하며 울고 있고, 아킬레우스는 그 곁에 앉아

---

37) Rana Saadi Liebert, *Tragic Pleasure from Homer to Plato* (Cambridge: Cambridge UP, 2017), 87쪽에서 재인용.

자기를 두고 이승을 떠난 친구 파트로클로스와 고향에 있는 늙은 아버지를 생각하며 슬피 울고 있다. 전쟁에서 프리아모스는 가장 사랑하는 아들을 잃었고, 아킬레우스는 가장 사랑하는 친구를 잃었다. 이런 "그들의 공통적인 상실은 슬픔 속에서 잠시 그들을 결합시키고 있다."[38] 아킬레우스는 "자리에서 벌떡 일어나 노인의 손을 잡고 일으켜 세우더니, 노인의 흰 머리와 흰 수염을 불쌍히 여기며" 그를 위로한다. 아무리 슬피 울어도 죽은 아들 헥토르는 다시 돌아오지 않으니 아들 때문에 상심하지 말라고 위로한다. 아킬레우스는 프리아모스에게 신은 "슬픔을 모른다"라고 말했다. 그리고 신은 "인간들이 고통 속에 살도록" 미리 "비참한 인간들의 운명을 정해놓았다"(24.525~526)라고 말했다. 아킬레우스는 "비참한 인간들의 운명"을 그와 함께 공유하고 있는 프리아모스를 자신과 동일시한다. "동정은…… 억제할 수 없는 슬픔의 힘에 복종함으로써 가능해진다."[39] 이 순간 그에게 '나와 너'가 존재하지 않는다. 슬픔이 인간의 운명인 '우리'만이 존재한다. 호메로스는 이때 아킬레우스가 슬픔 속에서도 큰 기쁨을 취하는 모습을 보여주고 있다(『일리아스』 24.513). 슬픔 속에 기쁨이라는 역설은 바로 여기에 있다.

우리는 히폴뤼토스의 비극적인 죽음과 비극적인 운명을 슬퍼하면서도 그 슬픔 속에서 **기쁨**을 취한다. 이는 너무나 비극적인 인물인 그를 통해 **인간의 도덕적인 승리**를 확인함으로써 얻을 수 있는 기쁨이라고 할 수 있다. 이 기쁨은 그런 절망적인 분위기, "싫은 온통 고통으로 차 있는"(189행) 그런 절망적인 인간의 비극적인 조건 속에서 빛

---

[38] Patrice Rankine, "Dignity in Homer and Classical Greece," *Dignity: A History*, Remy Debes 엮음 (Oxford: Oxford UP, 2017), 31쪽.
[39] Rana Saadi Liebert, 앞의 책, 86쪽.

나는, "유일한 위안"⁴⁰⁾인 또 하나의 **미광**인지 모른다. 에우리피데스가 슬픔 속에서 큰 기쁨을 취한다는 **호메로스적인 역설**⁴¹⁾을 보여주는 비극 시인으로 평가되는 것도⁴²⁾ 이 때문인지도 모른다.

---

40) Stuart Lawrence, *Moral Awareness in Greek Tragedy* (Oxford: Oxford UP, 2013), 240쪽.
41) 이에 대해 깊게 논한 것으로는 Rana Saadi Liebert, 앞의 책, 84~88쪽을 볼 것.
42) Charles Segal, 앞의 책, 126쪽.

3장 『트로이아의 여인들』

"Ἄ δὲ φουσκώση ἡ Θάλασσα, ὁ βράχος δὲν ἀφρίζει,
κι ἄν δὲ κλάψη ἡ μάνα σου, ὁ κόσμος δὲ δακρύζει.
바다가 부어오르지 않으면, 바위는 거품을 내지 않는다.
그리고 그대 어머니가 그대를 위해 울지 않는다면,
우주는 결코 눈물을 흘리지 않는다.[1]

『트로이아의 여인들』(기원전 416년)은 현존하지 않는 다른 두 작품, 『알렉산드로스』『팔라메데스』와 함께 3부작을 이루는 마지막 작품이다. 이들 3부작의 중심소재는 **트로이아**로, 각각 트로이아가 왜 멸망했는지(『알렉산드로스』), 어떻게 멸망했는지(『팔라메데스』), 그 전쟁으로 어떤 일이 트로이아인들에게 일어났는지(『트로이아의 여인들』)를 다룬다. 그 가운데서도 현존하는 작품 『트로이아의 여인들』은 트로이아 전쟁이 트로이아의 여인들에게 가져온 비극적인 고통과 절

---

[1] 오늘날 그리스에서 죽은 자들을 위한 장례식 등에서 불리는 애도의 노랫말. Margaret Alexiou, *The Ritual Lament in Greek Tradition* (Lanham: Rowman & Littlefield, 2002), 127쪽에서 재인용.

망을 이야기하고 있다.

절망, 그리고 애도의 노래

기원전 415년 5월 하순, 아테나이의 함대가 시케리아(시칠리아) 섬을 정복하기 위해 출발하기 몇 주 전에 공연된 『트로이아의 여인들』은 에우리피데스가 펠로폰네소스 전쟁기간에 완성한 작품으로서, 그의 작품들 가운데 "가장 어두운 작품 중의 하나",[2] "한 치의 틈도 없을 만큼 너무나 우울한 극"[3]으로 일컬어진다. 이 작품이 펠로폰네소스 전쟁에 대한 고발로, 또는 펠로폰네소스 전쟁에서 중립을 지키기 위해 스파르타와 맞서 싸우기를 거부했던 멜로스를 무자비하게 정복하고 황폐화시킨 아테나이의 잔인한 행위에 대한 고발로, 또는 아테나이 제국의 파멸의 전조가 되었던 시케리아 섬의 원정에 대한 경고로 씌어졌다는 등 여러 의견이 있듯,[4] 에우리피데스는 그가 경험했던 역사의 **상처**에 대한, 특히 전쟁으로 고통받는 인간들에 대한 그의 비극적인 인식을 작품 전반에 걸쳐 드러내주고 있다.

대부분의 그리스 도시국가들, 특히 스파르타와 아테나이의 역사에

---

2) Justina Gregory, *Euripides and Instruction of the Athenians* (Ann Arbor: U of Michigan Pr., 1991), 156쪽.
3) Isabelle Torrance, *Metaphor in Euripides* (Oxford: Oxford UP, 2013), 228쪽.
4) N. T. Croally, *Euripidean Polemic: "The Trojan Women" and the Function of Tragedy* (Cambridge: Cambridge UP, 1994), 231~234쪽; Casey Dué, *The Captive Woman's Lament in Greek Tragedy* (Austin: U of Texas Pr., 2006), 136쪽; John Gittings, *The Glorious Art of Peace: From Iliad to Iraqu* (Oxford: Oxford UP, 2012), 61쪽; Donald J. Mastronarde, *The Art of Euripides: Dramatic Technique and Social Context* (Cambridge: Cambridge UP, 2010) 77쪽(주27); Isabelle Torrance, 앞의 책, 234~236쪽; Victoria Wohl, *Euripides and the Politics of Form* (Princeton: Princeton UP, 2015), 42~49쪽, 116~117쪽. Naomi A. Weiss, *The Music of Tragedy: Performance and Imagination in Euripidean Theatre* (Berkeley: U of California Pr., 2018), 138~139쪽.

서 전쟁이 없는 기간은 거의 없었다.[5] "펠로폰네소스 전쟁이 없었더라면…… 에우리피데스…… 또한 없었을 것"[6]이라는 어느 역사가의 주장대로, 에우리피데스는 펠로폰네소스 전쟁을 포함한 크고 작은 여러 전쟁이 불러들인 참화로 인한 인간의 고통을 비껴가지 않았다. "과거의 사건뿐 아니라 과거의 사건과 거의 똑같거나 아니면 흡사한 방식으로 다시 일어날 수 있는 미래의 사건을 똑똑히 알려고 하는 이들을 위해"『펠로폰네소스 전쟁사』를 저술했다고 말했던 투퀴디데스(1.22.1)처럼, 에우리피데스 역시 전쟁으로 고통받는 인간의 비극을, 그리고 전쟁이 초래한 고통의 역사를 기억하기 위해『트로이아의 여인들』을 완성했던 것으로 보인다.

아폴론과 함께 트로이아의 도성이 "함락되지 않도록 주위에 넓고 더없이 아름다운 성벽을 쌓아 주었고"(『일리아스』 21.446~447행), 트로이아를 향한 "애정이 한 번도 마음을 떠나본 적이 없었던"(6~7행) 포세이돈이 "그리스군의 창"에 파괴되어 여전히 연기에 싸여 불타고 있는(kapnoutai, 8행, 60행, 145행, 586행, 1080행)[7] "황폐"(erēmia,

---

[5] M. I. Finley, *Politics in the Ancient World* (Cambridge: Cambridge UP, 1983), 60쪽.
[6] Paul Cartledge, "The Effects of the Peloponnesian (Athenian) War on Athenian and Spartan Societies," *War and Democracy: A Comparative Study of the Korean War and the Peloponnesian War*, David McCann and Barry S. Strauss 엮음 (Armonk, New York: M. E. Sharpe, 2001), 117쪽.
[7] 인용한 텍스트의 그리스어 판본은 다음과 같다. Euripides, *Troades*, K(Kevin). H(Hargreaves) Lee 엮음 (Basingstoke: Macmillan, 1976). 그리고 Euripides, *Euripides IV: Trojan Women, Iphigenia among the Taurians, Ion*, David Kovacs 편역, LCL 10 (Cambridge/ M.A.: Harvard UP, 1999); Euripide, *Tragédies IV: Les Troyennes, Iphigénie en Tauride, Électre*, Léon Parmentier et Henri Grégore 편역 (Paris: Les Belles Lettres, 2010)을 참조함. 한편 한글 번역판으로는『에우리피데스 비극』—『메데이아』『히폴뤼토스』『알케스티스』『헬레네』『트로이아의 여인들』『타우리케의 이피게네이아』『엘렉트라』『박코스의 여신도들』『퀴클롭스』, 천병희 옮김 (단국대학교 출판부, 1990)을 참조함.

26행)의 도시, 트로이아를 바라보면서 그리스인들에게 복수할 것을 다짐한다. 제우스의 제단으로 오르는 계단 위에서 트로이아의 왕 프리아모스가 쓰러져 죽어 있다(16~17행). 포로가 되어 트로이아 해변의 그리스인의 천막에 수용되어 있는 트로이아의 여인들은 그리스로 향하는 순간만 기다리고 있다. 그들은 "테세우스"의 나라, 즉 "이름난 (kleinos), 행복한 나라"(207행), "신성한 나라"(hiera chōra, 218~219행)인 아테나이로 가고 싶어 하지만, 제비에 의해(29행, 31행), 그리고 지휘관들의 선택에 의해(33행) "노예"의 몸이 되어 "도리스 땅", 즉 스파르타로 향할 운명에 처해 있다(233~234행).

이들은 곧 낯선 타국 땅에서 **주인**을 위해 "문간의 하녀로서 열쇠를 지키거나"(492~493행), 아이들을 돌봐주거나(194~195행), 물을 긷거나(206행) 빵을 굽게 될 것이며(494행), 아니면 성적 쾌락을 위한 전리품으로 바쳐질 운명에 놓여 있다. 육체적으로나 정신적으로 노예로서 살지 않으면 안 될 운명에 놓여 있는 이들 앞에서 "스카만드로스 강은…… 여자 포로들의 수많은 비탄의 울부짖음에 맞춰 소리 내어 울고 있다"(28~29행).

프리아모스 왕가의 여인들 가운데 가장 나이 많은 노파인 프리아모스 왕의 왕비 헤카베는 "제비"에 의해 "정의의 적"이자 "교활한 사내"인 오뒤세우스의 "노예"(doulos)로 배정되어(140행, 192행, 277행, 282행, 292행, 489행 이하, 507행, 1271행, 1280행, 1311행) 그의 아내 페넬로페의 시중을 들게 되었다. 그녀의 딸 카산드라는 "강제로" 아가멤논의 첩으로 배정되었고(44행, 248~259행), 다른 딸 폴뤼크세네는 망자(亡者)가 된 아킬레우스에게 제물로 바쳐진 상태이고(262~270행), 아들 헥토르의 아내 안드로마케는 "노예"가 되어 남편을 죽인 "아킬레우스의 아들" 네오프톨레모스의 첩으로 배정되었다(274행, 577행, 614~615행, 660행).[8] "노예의 멍에"(zuga doulia)가 트로이아 전체에 "얹어졌다"(600행).

트로이아 전쟁 동안 그리스군을 도왔던 아테나 여신이 포세이돈 앞에 나타나, 트로이아에 있는 자신의 신전을 파괴한 그리스인들과 자신의 신전에서 신상(神像)을 붙잡고 기도하던 카산드라를 "강제로"(70행) 바닥에 끌어내어 강간했던 오일레우스의 아들 그리스인 아이아스[9]에 대한 보복으로 이번에는 반대로 트로이아의 협력자가 되어 그리스인들이 본국으로 항해할 때 트로이아를 도와 그리스인들에게 "쓰라린 귀향"(noston pikron, 66행)을 맛보게 할 것이라고 말한다.

전쟁포로수용소 앞에 쓰러져 있다가 몸을 일으킨 헤카베는 폐허로 남아 있는 트로이아는 "더 이상 트로이아가 아니며"(oūketi Troia tade), 자신도 "더 이상 트로이아의 왕비가 아니"(99~100행)라고 말하면서 "조국과 자식들 그리고 남편을 잃은" "불행한" 자신이 "비탄의 울부짖음을 쏟아내는 것 외에 달리 할 일이 무엇이 있겠느냐"(105~107행)라고 하며 울부짖는다. "하염없이 흘러내리는 눈물의 비가(悲歌, dakruōn elegous)에 맞춰…… 파멸(atē)을 노래하는 것",

---

[8] 이 작품에 묘사된 대로, 고전주의 시대에 그리스가 정복한 땅의 사람들에게 가한 폭력은 잔혹하기 이를 데 없었다. 정복했던 땅의 남자들은 처형되지 않으면 노예가 되었고, 여자와 아이들도 노예가 되었다. 또한 노예가 된 여성들은 강간당하고 매춘을 강요당하는 등 치욕적인 삶을 살았던 것으로 알려져 있다. 기원전 416~415년 아테나이인이 펠로폰네소스 전쟁 당시 중립을 표방했던 스파르타의 식민지 멜로스 섬을 포위했을 때 그들은 멜로스의 남자를 전부 살해했고, 여자와 아이들은 노에로 삼았던 것으로 알려져 있다(투퀴디데스, 『펠로폰네소스 전쟁사』 5.84~116). 그리스인들이 자행한 가혹한 행위에 대해서는 W. Kendrick Pritchett, *The Greek State at War* (Berkeley: U of California Pr., 1991), 218~219쪽을 볼 것.

[9] 작품 『트로이아의 여인들』에서는 실제로 강간했는지에 관해서는 드러나 있지 않다. 오일레우스의 아들 아이아스가 카산드라를 실제로 강간했는지 아닌지는 여전히 논란이 되고 있다. 이에 대해서는 Guy Hedreen, *Capturing Troy: The Narrative Functions of Landscape in Early Classical Greek Art* (Ann Arbor: U of Michigan Pr., 2000), 22~28쪽을 볼 것.

"불운한 자들을 위한 노래"(119~120행)를 부르는 것 외에 헤카베가 할 수 있는 것은 아무것도 없다.

죽은 자들을 애도하기 위해 "머리털을 자르고"(141행), 트로이아의 패망을 슬퍼하는 헤카베는 남편을 잃은 트로이아의 불행한 여인들, 그리고 약혼자들을 잃은 불운한 처녀들을 향해 함께 눈물의 비가를 부르자고 말한다(143~147행). 헤카베와, 트로이아의 여인들로 구성된 코로스가 서로 마주보며 트로이아의 패망과 노예가 된 자신들의 삶을 한탄하며 슬퍼할 때, 그들이 쏟아내는 말마다 "아아" 하는 비탄의 울부짖음이 이어진다(161행, 164행, 168행, 172행, 176행, 187행, 190행, 197행). 더 이상 "베틀에 앉아 북을 이리저리 움직이며" 평화롭고 목가적인 삶을 살 수 없게 된(199~200행) 이들은 천막 거처에 불을 질러 불 속에 뛰어들어 "자살"하려 하지만(301~302행), 이마저도 그리스군의 전령인 탈튀비오스가 데려온 무장한 수행원들에게 저지당한다.

마치 디오뉘소스를 추종하는 여신도인 듯 "신들린"(341행) 상태에서 횃불을 높이 들고 천막에서 뛰어나온 카산드라는 코로스에게 자신과 아가멤논의 결혼을 축하해주기를, 그리고 결혼의 신 휘메나이오스를 부르며 그 신에게 자신의 결혼을 축하해주기를 청한다. 딸 카산드라는 코로스에게 "고운 옷을 입고"(kallipeploi, 338행), "발을 높이 들고", "하늘 높이 윤무(輪舞)를 이끌고", 아버지께서 살아계시던 가장 행복했던 시절에 추었던 춤처럼"(325~328행) 그런 춤을 함께 추며 노래하자고 한다.(332~340행) 이를 지켜보면서 헤카베는 "나는 아르고스의 창끝 아래서 이러한 결혼을 올리게 되리라고는 꿈에도 생각지 못했다"(346~347행)며 코로스에게 온당치 않은 카산드라의 "결혼의 노래"에 맞춰 "눈물"을 쏟아내라고 말한다(351~352행). 패망한 트로이아와 그 영광스러웠던 과거를 슬퍼하면서 비탄의 울부짖음, 눈물의 비가를 쏟는 것 말고 할 일이 없다는 헤카베와 마찬가지로 코로스도 "불행한 자들에게는" "눈물"을 동반한 장송곡(514행)이, "눈물과, 비탄의 노래와 고통의 노래(mousa)"가 오히려 위안이 될 만큼 "달콤하다"(hēdu)라고 말한다(608~609행).

그러나 카산드라는 이들과 다르다. 자신은 "파멸을 노래하는 가수가 되지 않겠노라"(384~385행)라고 말한다. 그녀에게 트로이아는 전적으로 패배한 것이 아니라는 것이다. 카산드라는 메넬라오스와 헬레네의 결혼이 큰 재앙을 가져왔듯, 아가멤논과 자신의 결혼은 "아르고스인들의 이름난 왕 아가멤논에게는" "더 큰 재앙이 될 것"(357~358행)이라고 말한다. 카산드라는 자신이 "그[아가멤논]의 집을 파괴해 오빠들과 아버지의 원수를 갚을 것"(359~360행)이라고 말한 뒤, 아가멤논은 아내 클뤼타이메스트라에게 살해되고, 클뤼타이메스트라는 아들 오레스테스에게 살해되는 등 "아트레우스 가문의 파멸"(361~364행)이 이어질 것이라고 예언한다.

이어 카산드라는 헬레네라는 "한 여인" 때문에 트로이아 땅에서 "숱한 목숨을 잃은"(368~369행) 그리스인들은 "자식들도 보지 못하고 아내의 손에 수의(壽衣)도 입지 못한 채 이국땅에 누워 있고"(377~378행), 그리고 그들의 무덤을 찾아 "그들을 위해 대지에 피의 제물을 바칠 사람 하나 없이"(381~382행) 쓸쓸히 버려져 있지만, 한 여인 때문에 수치스럽게 목숨을 잃은 그리스인들과 달리 트로이아인들은 "조국을 위해 목숨을 잃었기 때문에(huper patras ethnēskon) 더없이 아름다운 명성(kalliston kleos)을 얻었다"(386~387행)라고 노래한다. 비록 트로이아가 전쟁에서 패배했지만 도덕적으로는 승리했다는 것이다.

카산드라는 그리스인의 침공이 없었더라면 오빠 헥토르는 조국을 위해 목숨을 바친 "가장 용감한 전사"(anēr aristos)라는 명예를 결코 얻지 못했을 것이며, "그의 가치는 드러나지 않았을 것"이라는 말로 어머니 헤카베를 위로한다(395~397행). 그러고는 "현명한 사람은 전쟁을 피해야 하지만, 일단 전쟁이 일어나면 조국을 위해 명예롭게 죽는 것"이야말로 "영광의 화관(花冠)"(stephanos, 401행)을 씌울 만큼 가장 커다란 영광이요, 불명예스럽게 죽는 것이야말로 "치욕"(400~402행)이라며 굴욕적인 그리스인들의 죽음과 대비되는 트로이아인들의 숭고한 죽음을 예찬한다.

카산드라는 오뒤세우스를 포함한 그리스인들의 귀환 역시 험난할 것이라고 예고한 뒤(431~443행 이하), 비탄에 젖어 있는 어머니 헤카베를 달래면서 자신은 트로이아를 파멸시킨 아트레우스의 아들들의 집을 파괴하고, "승리자"(460행)로서 하계에 있는 오빠들과 아버지에게 갈 것(460행)이라고 말한다. 잠시 뒤 탈튀비오스 일행에게 끌려간다. 카산드라가 끌려 나가자, 헤카베는 기절해 땅에 쓰러진다. 헤카베는 자신을 일으키려는 코로스에게 "내가 당했고, 지금 당하고 있고, 앞으로 당하게 될 고통은 나를 쓰러뜨릴 만하다"라고 말하면서, 자신을 이대로 "내버려두라"라고 말한다(467~469행). 자신이 프리아모스 왕가에 시집와서 "더없이 훌륭한 자식들"(475행), "가장 고귀한 자식들"(476행)을 낳았지만, 자식들이 그리스인들의 창에 쓰러져 죽는 것과, 그들의 아버지 프리아모스가 제우스의 제단으로 오르는 집 안 계단 위에서 살육당하는 것을 "이 두 눈으로"(482행) 또한 직접 보았고, 훌륭한 남편을 만나 행복하게 살도록 소중하게 키웠던 딸들마저 이제 그리스인의 첩으로 끌려가는 것을 보고 있는 지금, 자기에게 더 이상 "무슨 희망이 있느냐"(505행) 하며 울부짖는다.

가슴에 아들 아스튀아낙스를 안고 그리스로 끌려가고 있는 안드로마케가 헤카베를 목격하고 "행복도 가고 불운한 트로이아도 가버렸다"(582행)라고 하며 울부짖는다. 죽은 자들의 시신이 아테나 여신의 신전 주위에 "독수리의 밥이 되도록 피투성이가 된 채 뻗어 누워 있다"(599~600행)라고 들려준다. 헤카베에게 "아킬레우스의 무덤 앞에서 살해되어 죽어 있는"(622~623행) 그녀의 딸 폴뤽세네를 발견하고 그녀의 "시신을 옷으로 싸주고 애도했다"(627행)라는 사실도 들려준다. 안드로마케는 망령 아킬레우스의 "선물"(623행)이자 "제물"(628행)로 바쳐진 딸 폴뤽세네의 비참한 죽음을 크게 슬퍼하는 헤카베에게 죽은 그녀가 살아 있는 자신보다 "더 행복하다"(630~631행, 636~640행)며 "지혜(xunesei)와 가문, 그리고 부와 용기에 있어서 뛰어났고"(674행), 남편으로서 "조금도 부족함이 없었던"(673행) 헥토르를 잃고 노예 신세가 된 지금의 자신에게는 "모든 인간들의 마지막 동반자인 **희망**(elpis)조차 없다"(681~682행)라고 하며 울부짖는다.

헤카베는 며느리 안드로마케에게 엄청난 폭우를 맞아 바다가 뒤집혀 풍랑이 심하게 일면 선원들은 "운명에 순응하고 자신을 파도의 흐름에 맡기 듯"(692~693행), 이미 죽은 헥토르의 "운명" 또한 바꿀 수 없으니 새 주인을 잘 섬겨 "너를 사랑하게 만들어라"(delear, 700행)라고 당부한 뒤, 장차 아들 아스튀아낙스가 트로이아를 다시 일으켜 세울 것(702~703행)이라고 말하면서 안드로마케를 위로한다.

그리스의 전령인 탈튀비오스가 등장해 "가장 용감한 아버지" 헥토르의 "아들을 살려두어서는 안 된다"(723행)라는 오뒤세우스의 "새로운 계획"(kaina bouleumata, 708행)에 따라 아스튀아낙스를 "트로이아의 성탑에서 떨어뜨려"(725행) 죽이기로 했음을 전하면서, 만약 이를 안드로마케가 방해할 경우, 시신을 매장하는 것조차 허락되지 않을 것임을 분명히 한다. 아버지의 "혈통" 때문에 "한없이 소중한 아들"(742행)을 잃게 된 안드로마케는 "새끼새처럼 죽지 밑으로 파고들며"(750~751행) 울고 있는 "더없이 귀여운 것"(philtaton, 757행)을 가슴에 안고 마지막 입맞춤을 하면서 "그대 그리스인이여!

3장 『트로이아의 여인들』 565

무엇 때문에 아무 죄 없는 이 아이를 죽이려 하는가"(764~765행)라고 말하면서 울부짖는다. 그리고 트로이아인과 그리스인들에게 수많은 죽음을 안겨주었고, "그 더없이 아름다운 눈으로"(kallistōn······ ommatōn apo, 772~773행) 트로이아를 파멸시킨 헬레네와 자신의 운명에 무관심한 신들을 향해 원망을 쏟아낸다(771~776행).

코로스는 트로이아 출신으로 올륌포스에서 제우스의 술 따르는 시종이 되어 그 신의 총애를 받고 있는 가뉘메데스를 언급하면서 자신의 조국은 "불길에 싸여"(825행) 파괴되고 있지만, 그는 이에 아랑곳하지 않고 "편안하고 즐거운" 표정으로 "제우스의 왕좌 옆에서" 술잔에 술을 따르고 있다고 한탄한다(836~837행). 그러고는 그 시종 때문에 트로이아를 좋아했던 제우스뿐만 아니라 그 밖의 다른 신들도 트로이아를 향한 사랑을 거둬들이고 "성채의 폐허를 내려다볼 뿐" 어떤 관심도 주지 않는다고 탄식한다(845~858행). 이때 무장한 수행원을 데리고 메넬라오스가 등장한다. 그는 파리스를 죽이기 위해 트로이아에 왔지만 파리스가 죽은 이상, 자신을 배신하고 숱한 죽음을 불러온 헬레네를 그리스로 데려가 죽은 자들을 위한 속죄의 제물로 바칠 것이라고 말한다. 천막에서 끌려나온 헬레네가 메넬라오스에게 자신을 변호하자, 헤카베는 헬레네의 변호를 반격한다.

헬레네는 트로이아가 파멸한 원인이 자신에게 있다는 것(34행 이하, 211행, 357행, 398~399행, 766행 이하)에 대해 하나하나씩 변호한다. 첫째, 헤카베가 파리스를 낳음으로써 "재앙"을 초래했다, 둘째, 헤카베가 파리스를 임신했을 때 트로이아가 완전히 불타는 재앙을 예고하는 횃불 꿈을 꾸었는데도 프리아모스가 이를 무시하고 갓난아이 파리스를 죽이지 않았기 때문에 트로이아와 그가 "파멸"했다(919~922행), 셋째, 파리스가 세 여신 아테나, 헤라, 그리고 아프로디테 가운데 누가 가장 아름다운지 심판하게 되었을 때, 아테나는 파리스가 자신을 선택하면 파리스가 그리스를 정복하도록, 헤라는 파리스가 아시아와 유럽을 통치하도록, 아프로디테는 파리스가 헬레네를 가질 수 있도록 해주겠다고 했는데 그때 파리스가 아프로디테의 제안을 선택했기 때문에 재앙을 불러왔다는 것이다(929~931행).

헬레네는 파리스와 한 약속을 지키기 위해 아프로디테는 자신과 함께 전 남편 메넬라오스의 집에서 트로이아로 오게 되었으며, 자신은 제우스의 힘보다 "더 강한", 아니 제우스도 "그녀의 노예"(doulos keinēs)가 되는 사랑의 여신인 아프로디테의 힘(949~950행)에 압도되어 파리스와 결혼하게 되었으므로 죄가 없다고 말한다. 또 크레타 섬에 가기 위해 자신을 집에 홀로 남겨두었던 메넬라오스에게도 일부 책임이 있다고 말한다. 또한 헬레네는 자신이 파리스에게 가지 않았더라면 그리스는 트로이아인들에게 정복당해 그들의 통치를 받게 되었을 것이라고 말하면서, 오히려 자신이 고국 그리스를 위해 희생한 것이라고 말한다. 그러고는 파리스가 죽은 뒤 몰래 도망치려 했지만, 성벽을 지키는 수비대에 발각되어 프리아모스의 아들인 데이포보스의 여인이 되어 강제로 살 수밖에 없었다고 덧붙인다(914~965행).

그러자 헤카베가 이에 반격한다. 헤카베는 헤라와 아테나가 각각 아르고스를 아시아의 야만족에게, 아테나이를 트로이아인들에게 팔아넘길 만큼 그렇게 어리석은 신이 아니라면서, 더할 나위 없이 훌륭한 남편인 제우스가 있는데 헤라가 미모에 그렇게 집착할 이유가 없다고 말한다. 따라서 헤라가 파리스를 심판관으로 하는 미의 경쟁에 뛰어들 하등의 이유가 없고, 결혼하기 싫어 아버지 제우스에게 처녀로 남게 해달라고 간청했던 아테나 역시 아름다움에 집착할 하등의 이유가 없기 때문에 헬레네가 거짓말을 하고 있다고 주장한다. 또한 헤카베는 아프로디테가 불러일으킨 사랑 때문이 아니라 자신의 아들 파리스의 "빼어난 미모"(987행)에 홀리는 바람에 헬레네가 자진해서 그를 따라나섰으며 "황금이 넘쳐흐르는"(995행) 트로이아 궁전에 "넋을 잃고"(992행), 사치스러운 생활에 탐닉해 트로이아에 머물렀던 것이라고 반론을 펼친다.

헤카베는 헬레네가 파리스가 죽은 다음 도망치려다 발각되었다 말하지만, 그러한 일은 있지도 않았으며 자신이 이 전쟁을 종식시키기 위해 트로이아를 떠나도록 종용했지만, 헬레네는 이를 따르지 않고 트로이아에서 방종한 생활을 계속했다며, 수치를 모르는 "경멸스러운 여인"(kataptuston kara, 1024행)이라고 헬레나를 비난한다(969~1032행). 이어 헤카베는 메넬라오스에게 헬레네를 죽여 그리스에게 "영광의 화관(stephanos, 1030행)을 씌우도록" 하고, 남편을 배신한 여인은 죽어도 마땅하다는 "법도"(法道)를 세워줄 것을 요구한다(1029~1032행).

메넬라오스가 헬레네를 데리고 그리스로 향해 떠나자, 탈튀비오스 일행이 안드로마케의 아들인 아스튀아낙스의 시신과 헥토르의 방패를 들고 등장한다. 그는 단 한 척의 배를 제외하고는 전부 모두 그리스로 출항했으며, 안드로마케도 네오프톨레모스와 함께 떠났다고 전한다. 코로스는 "잘못된 결혼으로" 그리스에게는 "치욕"을, 트로이아에게는 "고통"을 안겨주고 있는 헬레네를 원망하면서(1114~1117행), 마침내 그리스인들이 트로이아의 마지막 희망인 어린 왕자 아스튀아낙스마저 "무자비하게도 성탑에서 떨어뜨려 죽였다"(1121~1122행)라고 한탄하면서 가슴을 친다. 탈튀비오스는 헤카베에게 안드로마케는 아킬레우스의 아들 네오프톨레모스와 함께 그리스로 떠나기 전 "조국을 위해 울고 헥토르의 무덤에 작별을 고했음"(1131~1132행)을 전하면서, 안드로마케가 아들 아스튀아낙스를 "그리스인들의 공포의 대상"(1136행)이었던, 등이 "청동으로 된"(1136행, 1193행) 헥토르의 "둥근 방패"(1156행) 안[10]에 묻어달라고 간청해 네오프톨레모스의 허락을 받았음도 전한다.

손자의 시신을 목격한 헤카베는 "무엇 때문에 그대들은 이 아이를 두려워해 전례 없는 살인(phonon kainon)을 저질렀단 말이오. 이 아이가 쓰러진 트로이아를 다시 세울까 두려워했기 때문이오?"(1159~1161행)라고 말하면서 손자의 "참혹한 죽음"(1167행) 앞에 절규한다. 헤카베는 아스튀아낙스가 장성해 결혼하고 왕이 된 뒤 트로이아를 위해 목숨을 바쳤더라면 얼마나 행복했을까 한탄하면서 "시인(mousopoios)은 네 무덤에 무엇이라고 묘비명을 쓸까…… 지난날 그리스인들이 두려운 나머지 이 아이를 죽였도다라고 쓸까" 반문한다. 헤카베는 이것이 "그리스인들에게는 얼마나 수치스러운 묘비명인가!"(1188~1191행) 하며 울부짖는다. 헤카베는 트로이아의 "위대한 통치자가 되어야 할"(1217행) 아스튀아낙스의 참혹한 죽음을 코로스와 함께 슬퍼하면서, "화려한 장례는 운명이 허락지 않을 뿐 아니라"(1201~1202행), "산 자의 허영"(1250행)에 지나지 않는다며 손자의 장례를 초라하게 치른다.

그때 트로이아 도성들의 꼭대기에서 사람들이 횃불을 들고 흔드는 광경이 보인다. "새로운 재앙(kainon ti kakon)이 닥칠 것"(1258~1259행)이리는 코로스의 예감대로, 다시 등장한 탈튀비오스는 주위의 대장들에게 도성을 불태우고 "즐거운 마음으로 트로이아를 떠나 고

---

[10] 헥토르의 둥근 방패가 동시대의 그리스 장갑보병(裝甲步兵)들이 지니고 있던 방패와 같은 모양인 것으로 볼 때, 아스튀아낙스가 관 대신 그 방패 안에 묻히는 것이 가능했음을 알 수 있다. 이는 지름이 약 3피트이고 속이 깊이 움푹 들어간 모양인 것으로 전해진다. 이에 대해서는 M. Dyson and K. H. Lee, "The Funeral of Astyanax in Euripides' *Troades*," *Journal of Hellenic Studies*, 20 (2000), 25쪽을 볼 것.

향으로 출발하자"(1261~1264행)라고 말한다. 불타는 트로이아를 바라보면서 헤카베는 조국을 떠나 낯선 땅으로 향하는 "지금이야말로 내 모든 불행의 절정이자 종점"(1272~1273행)이라고 탄식한 뒤, "불타고 있는 조국과 함께 죽는다는 것은 얼마나 고귀한 일인가!"(1282~1283행) 하며 불 속으로 뛰어들려고 한다. 하지만 탈튀비오스는 오뒤세우스에게 "명예의 선물로 보내져야 할"(1286행) 그녀에게 죽음조차 허락하지 않는다.

헤카베는 제우스에게 "그대는 우리가 어떤 고통을 당하고 있는지 보고 계시나이까"(1290행)라고 말하며 운다. 코로스는 "그가 보고 계시지만…… 하지만 우리들의 위대한 도시는 이제 파괴되어 이미 도시가 아니며 트로이아는 더 이상 존재하지 않아요"(1291~1292행)라고 말하며 울부짖는다. 헤카베는 "두 손으로 땅을 치며"(1306~1307행) 짐승의 울부짖음과 같은 오토토토토이(otototototoi, 1294행)를 토해내며 격심한 비탄과 슬픔에 몸부림치고, 코로스도 비탄의 울부짖음을 멈추지 않는다. 헤카베는 매장당하지 못한 채 쓰러져 죽어있는 프리아모스를 부르며(1312~1313행) 코로스와 함께 "…… 이름조차 없어질"(anōnumoi, 1319행), "더 이상 존재하지 않을" "가련한 트로이아"(1324행)의 운명을 슬퍼한다. "성채가 쿵하고 넘어지는 소리" "온 도시가 흔들리는, 흔들리는(enosis…… enosis)" 소리가 들린다(1325~1326행). 헤카베는 "사지를 떨면서"(1328행) "예속의 날을 향해"(1330행) 발걸음을 재촉한다. 곧 "가라앉게 될"(1327행) 트로이아를 뒤로 하고 그들을 끌고 갈 그리스의 "함선들을 향해……"(1332행).

타자의 시인

작품 『트로이아의 여인들』은 "지금껏 쓰인 작품들 가운데 가장 뚜렷한 반전(反戰)극의 하나"[11]라고 일컬어진다. "반전극의 메시지"뿐만 아니라 작품이 품어내는 "파토스" 때문에 『트로이아의 여인들』은 크게 찬미되어온"[12] 작품이다. 작품 『트로이아의 여인들』은 조국과 사랑하는 이들을 잃은 이들의 절망과 아픔을 토해내는 **파토스**의 노래다. 트로이아 전쟁의 시작이 아니라 그 끝에서 출발하는 이 작품의 분위기는 절망 그 자체다. 이 작품에 아리스토텔레스적인 플롯 전개는 전혀 없다. 인물의 내적 갈등과 외적 사건이 있는 자리에는 패망한 나라를 뒤에 둔 채 노예로 끌려가는 트로이아의 여인들의 비탄의 울부짖음만 있을 뿐이다.

에우리피데스는 트로이아의 전쟁이 "더없이 아름다운 눈"(772행)을 가진 헬레네라는 "한 여인 때문에"(372행, 781행) 피아를 막론하고 숱한 생명이 죽어간 전쟁, 카산드라와 코로스의 표현 그대로, 그리스인에게는 "치욕적인"(401행, 1114행), 헤카베의 표현 그대로 "수치스러운"(1114행) 전쟁임을 분명히 하고 있다. 또한 전쟁 뒤 살아남은 여인들의 그침 없는 고통과 절망을 통해 전쟁의 궁극적으로 희생자가 여성이라는 것을 보여준다.

"아무 죄 없는" 아들 아스튀아낙스를 죽이려는 탈튀비오스 일행을 향해 안드로마케가 "야만족에게 어울리는 잔인한 짓을 궁리해놓은 그대 그리스인들이여!"(764행)라고 말했듯, 그리스 군대의 폭력과 살육은 형언할 수 없을 정도로 잔인했다. 그리스의 오일레우스의 아들 아이아스는 아테나 여신의 신상을 붙잡고 있는 카산드라의 머

---

11) N. T. Croally, 앞의 책, 264쪽.
12) Donald J. Mastronarde, 앞의 책, 77쪽.

리채를 잡고 바닥에 끌어내어 강제로 강간했고, 또 다른 그리스 군인들은 아킬레우스의 죽음에 대한 보복으로 헤카베의 딸 폴뤼크세네를 그의 무덤 곁에서 살육해 망령 아킬레우스의 제물로 바쳤고, 헥토르와 안드로마케의 어린 아들 아스튀아낙스는 트로이아의 성탑에서 아래로 내던져져 두개골이 박살난 채 죽었다. 프뤼기아인, 즉 아시아인인 트로이아인들(7행, 432행, 531행, 567행, 574행, 748행, 754행, 994행)만이 아니라 이방 민족을 언제나 야만인 **타자**로 인식하고 자신의 종족의 우월성을 자랑해온 그리스인들이야말로 가장 야만적이고 가장 비인간적인 종족이라는 것이 드러나고 있다.

  과거를 이야기함으로써 그들이 살고 있는 **현재**를 이야기하는 다른 그리스 비극시인들과 마찬가지로 에우리피데스도 이 작품을 통해 그리스인의 인종적·문화적인 우월성에 대해 의문을 제기하면서 전쟁을 정당화하려던 당시 아테나이의 지배 "이데올로기", 곧 "제국주의의 이데올로기"에 대해 "의문을 표하고"[13], 이에 "도전"하는[14] 것처럼 보인다. 말하자면 그는 제국주의의 팽창을 위해 아테나이가 행하고 있는 "전쟁"이 과연 옳은 것인지 깊이 회의하면서 그 "윤리적인 의미"[15]를 묻는 것처럼 보인다.[16]

  페리클레스는 그의 「장례식 연설」에서 아테나이인에게 아테나이가 전쟁을 통해, 그리고 많은 도시국가의 통치를 통해 이룩했던 위대한 성과와 "영원한 영광"을 기억하라고 말한 바 있다(투퀴디데스, 『펠

---

13) Casey Dué, 앞의 책, 149쪽.
14) N. T. Croally, 앞의 책, 254쪽.
15) Ryan K. Balot, *Courage in the Democratic Polis: Ideology and Critique in Classical Athens* (Oxford: Oxford UP, 2014), 293쪽.
16) 많은 이들이 이 작품을 제국주의를 반대하는, 그리고 전쟁을 반대하는 메시지로 읽고 있다. Suzanne Saïd, "Tragedy and the Politics," *Democracy, Empire, and the Arts in Fifth-Century Athens*, Debora Boedeker and Kurt A. Raaflaub 엮음 (Cambridge, M.A.: Harvard UP, 1998), 284쪽을 볼 것.

로폰네소스 전쟁사』 2.64.3). 그러나 이 영원한 영광 뒤에는 숱한 인간들을 죽음과 고통 속으로 몰아간 **전쟁**이라는 최악의 폭력이 있었다. 영원한 영광을 가져온 전쟁의 비극은 너무나 가혹했다. 에우리피데스는 트로이아 전쟁이 남긴 그 전쟁의 비극성이 펠로폰네소스 전쟁 등 동시대의 크고 작은 여러 전쟁에 그대로 투영되고 있음을 보았다. 그는 작품을 통해, 전쟁의 비극성을 되풀이하게 하는 동시대 아테나이의 제국주의 "이데올로기"에 반기를 들고 이를 "전복"시키려 한다.[17]

에우리피데스는 아테나이 제국주의가 내세우고 있는 이데올로기, 즉 이방인에 대한 아테나이인의 인종적, 문화적인 우월성의 허구를 드러내고, 문명인으로 자처하는 그리스인의 야만성을 폭로하고 트로이아인들의 죽음과 고통을 애도하면서 그들의 아픔을 또한 아프게 기억해내고 있다. 그가 트로이아의 여인들을 "거룩한 얼굴"[18]을 하고 있는 나의 이웃, "바로 나의 맥박",[19] 나의 무한한 책임의 대상으로 인식하고 그 여인들과 하나가 되어 함께 전쟁의 비극을 애도하고 있다는 점에서 "에우리피데스는…… 레비나스적인 의미에서의 '타자'의 시인"[20]이 되고 있다.

---

17) Kurt A. Raaflaub, "Father of All, Destroyer of All: War in Late Fifth-Century Athenian Discourse and Ideology," 앞의 책, *War and Democracy*, 338쪽.
18) Emmanuel Levinas, *Totality and Infinity: An Essay on Exteriority*, Alphonso Lingis 옮김 (Pittsburgh: Duquesne UP, 1969), 291쪽.
19) Emmanuel Levinas, 같은 책, 113쪽.
20) Steven Shankman, "War and the Hellenic Splendor of Knowing: Levinas, Euripides, Clean," *Comparative Literature*, 56:4 (2004), 349쪽.

신들은 어디에 있는가

신은 무엇이며 신이 아닌 것은 무엇이며
그 사이에 있는 것은 또 무엇인지
인간들 가운데 누가 그것을 알아냈다고 주장할 수 있겠는가(에우리피데스『헬레네』)

작품의 서두에 아테나 여신은 승리한 그리스 군대가 "쓰라린 귀환"(66행)을 하도록 만들어 그들에게 엄청난 고통을 주고, 전에 그녀가 증오했던 트로이아인들에게는 이제 기쁨을 주려고 한다(euphranai, 65행)라고 말했다. 그리스인은 아테나의 신전에서 그녀의 여사제인 카산드라를 강간(하려)한 오일레우스의 아들 아이아스를 비난하지도, 벌하지도 않았기 때문에 자신과 자신의 신전이 당한 모욕에 대한 벌로(70~71행) 그리스인들의 귀환에 커다란 고통을 가하려 한다는 것이다. 이러한 아테나의 계획에 포세이돈이 동참할 의사를 밝힘에 따라, 탈튀비오스의 기대와 달리, 그리스인이 "즐거운 마음으로"(1264행) 승리의 귀환을 하지 못할 것임은 점점 분명해진다. 일찍이 예언의 신 아폴론의 여사제 카산드라도 아가멤논 집안의 비극적인 종말과 오뒤세우스를 비롯한 그리스군의 고통스런 귀환을 예언한 바 있다(42행, 253~255행, 329~330행, 356행, 450~452행).

그러나 헤카베를 비롯해 트로이아의 여인들은 장차 그리스인들이 경험할 이러한 고통에 대해 알지 못하며 알 수도 없다. 설사 안다고 해도 그것은 그들의 운명에 어떤 영향도 미치지 못한다. 헤카베와 트로이아의 여인들이 "더 이상 존재하지 않을" 트로이아를 뒤로한 채 그리스의 함선들로 향할 때, 무대 위에 남아 있는 것은 **허무**뿐이다. 이 허무의 공간을 채우고 있는 것은 신에 대한 **우리**의 의문이고 원망이다. 딸 카산드라가 아가멤논의 첩이 되어 탈튀비오스 일행에게 끌려나갈 때, 헤카베는 지금껏 신들을 자신들의 동맹군이라고 믿었지만, 결국 그렇지 못한 "나쁜 동맹군들"(kakous⋯⋯ summachous, 469행)로 판명난 그들을 향해 이렇게 말한다. "불행을 당하게 되면 으레 신을 부르게 마련"(470행)이지만, "나는 신들이 행하는 일을 보고 있다. 어떻게 그분들이 하찮은 것을 추켜올리고 귀하게 보이는 것을 파멸케 하는지를⋯⋯"(612~613행). 한 여인 때문에 수치스러운 전쟁을 일으킨 그리스 남성들에게 승리를 안겨주고, 조국을 위해 거룩한 목숨을 바친 트로이아인에게 고통을 안겨준 신은 더 이상 정의의 편에 서는 **동맹군**이 아니라는 것이다.

메넬라오스는 헤카베와 설전을 벌인 헬레네를 그리스로 데려가면서 이 여인으로 인한 전쟁으로 수많은 그리스인과 트로이아인이 죽었으니, 이제 그들의 영정 앞에 바치는 속죄의 제물로서 이 여인을 죽일 것이라고 말했다. 그때 헤카베는 "모든 인간사를 정의에 따라 인도하는" 제우스에게 "기도하며" 그 신을 찬미했다(887~888행). 하지만 모든 인간사를 정의에 따라 인도하는 신이라고 생각했던 제우스를 찬미하는 것도 한순간일 뿐, 트로이아의 미래를 이어갈 아스튀아낙스가 아폴론의 성탑에서 아래로 내던져져 죽임을 당하는 등 매번 희망이 좌절되고 물거품이 되자, 헤카베는 이제 제우스에 대한 원망과 분노를 감출 수 없게 된다.

헤카베는 트로이아 왕가의 시조인 다르다노스의 아버지이기도 한 제우스를 향해 "우리 가문의 선조여⋯⋯ 그대는 우리가 어떤 고통을 당하고 있는지 보고 계시나이까"(1290행)라고 말하며 울부짖는다. 헤카베는 "전부터 아무리 도움을 청해도 들어주지 않았던"(1281행) 신들을 까닭 없이 부르는(1280행) 스스로를 원망하면서 "유독 트로이아만을 미워하는" 신들에게 "헛되이 제물을 바쳤다"라고 한탄한다(1241~1242행).

트로이아의 왕이었던 라오메돈의 아들 가뉘메데스[21]는 올륌포스에서 "사뿐사뿐 발걸음을 옮기며" 제우스의 금으로 된 술잔에 술을 따르면서 "편안하고 즐거운"(837행) 모습으로 제우스에게 "더없이 아름다운 봉사"를 하고 있고(824행), 제우스는 흡족한 표정으로 잔을 비운다. 그가 가뉘메데스가 따르는 술잔의 잔을 비우며 '빛나는' 미소를 띠며 흡족하게 내려다보는 지상의 그곳, 그가 총애하는 시종 가뉘메데스의 조국 트로이아는 "불길에 싸여 있고", 여기저기서 통곡하는 여인들의 눈물과, 남편을 잃은 아내들, 아버지를 잃은 아이들, 자식들을 잃은 어머니들의 눈물로 가득 차 있다. 이들의 울부짖음에 맞춰 해변도 "마치 어미 새가 새끼들을 위해 우는 듯" "울부짖고 있으며"(826~832행), 바다는 그 눈물로 가득 차 있다. 그러나 제우스는 "빛나는 존재의 화려한 무관심",[22] 인간의 고통에 아랑곳하지 않는 잔인한 무관심만 보여준다.

헤카베는 "프리아모스가 그의 홀(笏)에 기대어 서 있을 동안" 자신이 "트로이아의 신을 찬양하기 위해" "윤무(輪舞)를 지휘하며 선창하던 그 노래"(150~152행)를 더 이상 부를 수 없다고 말한다. 신을 위해 바칠 노래는 더 이상 자신에게 없다는 것이다. 트로이아의 패망과 그리스인의 노예로 끌려가는 트로이아의 여인들의 운명을 바라보면서 "나는 무엇을 침묵해야 하고, 무엇을 침묵하지 말아야 하나. 나는 무엇을 애도해야 하나"(110~111행)라고 울부짖었던 헤카베는,

---

21) 가뉘메데스는 호메로스의 『일리아스』(5.265~266; 20.231~232)에서 트로스의 아들로 나오지만 여기서 에우리피데스는 그를 라오메돈의 아들로 설정하고 있다.
22) Emmanuel Levinas, *Otherwise than being, or Beyond essence*, Alfonso Lingis 옮김 (Pittsburgh: Duquesne UP, 1974), 97쪽.

그러나 조국을 위해 죽은 트로이아인들, 남아 있는 이들의 고통을 위해 그침 없이 애도했다. 헤카베가 쏟아내는 슬픔의 언어는 처참하게 파멸한 트로이아를 끊임없이 기억함으로써 조국을 위해 죽은 자들의 영혼을 애도하고 살아 있는 자들의 상처를 애도하기 위함이다. 매장되지 못하고 피투성이가 된 채 독수리의 먹이가 된(599~600행, 1084~1085행, 1312~1313행), 떠도는 영혼들은 헤카베의 애도를 통해 기억되고 역사 속에 걸어 들어올 수 있다.

그리스의 침공이 없었더라면 헥토르는 조국을 위해 희생한 "가장 용감한 전사"라는 "명예"를 결코 얻지 못했을 것(395~397행)이라는 카산드라처럼, 헤카베 역시 신들이 트로이아를 패망시키지 않았더라면, 신조차 외면한 이들 여인들의 고통이 없었더라면, 트로이아의 여인들은 시의 주제가 되어 후세 사람들에게 "알려지지도 않을 것이고 (aphaneis an ontes), 노래로 불리지도 않을 것"(1244행~1245행)이라며 **이름**으로 남아 끈질기게 이어질 이 고통의 **기억**에 방점을 찍는다. 하지만 트로이아의 이 고통이 지워지지 않는 '이름'으로 남을 것이라던 헤카베의 희망은 사라지고 만다. 헤카베의 희망은 트로이아라는 "그 자랑스러운 이름도 곧 사라지게 될 것"(to kleinon onom' aphairēsēi tacha, 1277~1278행; 1319행, 1322~1324행)이라는 그녀와 코로스의 절망의 탄식 속에 결국 흩어지고 만다.

그러나 사라진 트로이아를 가득 채웠던 고통과 상처의 시간을 끈질기게 기억해내길 바랐던 헤가베의 치절한 **몸부림**을 읽어내고 끊임없이 이야기하면서 그 역사를, 그 기억을 **현재화**하는 것은 **우리**의 몫이다. "에우리피데스의 시대에 트로이아 전쟁은 역사보다는 은유",[23]

---

23) J. Michael Walton, *Euripides Our Contemporary* (Berkeley: U of California Pr., 2010), 88쪽.

곧 상징이었다. 역사는 되풀이 된다는 것, 과거 인간이 경험했던 고통의 역사는 그대로 되풀이 된다는 것을 상징하는 것이었다.

코로스는 트로이아는 첫 번째는 살라미스 왕 텔라몬의 도움을 받은 헤라클레스에게 불의 공격을 받고 파괴되었고(799~807행), 두 번째는 이번에 그리스인들에게 "불의 공격"을 받고 그들의 "살인의 창끝"에 파괴되었다고 말했다(816~817행). 스파르타로 향하는 함선에 오르기 바로 직전 트로이아 성벽의 꼭대기에서 그리스인들이 활활 불타는 횃불을 손에 들고 흔들고 있는 것을 보고 코로스는 또 "새로운 재앙"(1258행)이 닥칠 것이라고 말했다. 그 예감 그대로 그리스인들은 손에 들고 있는 횃불로 도성 전체에 불을 질러 트로이아를 허물어지게 했다.

도성이 함락되지 않도록 도성 주위에 성벽을 쌓아주었고, 트로이아를 향한 "애정이 한 번도 마음을 떠난 적이 없었던"(6~7행) 포세이돈이 대지를 흔들자 "성채가 쿵 하고 넘어지고"(1326행), 도성 전체가 "가라앉는다"(1328행). 코로스가 예감했던 "새로운 재앙"(1258행)은 다름 아닌 트로이아의 신 포세이돈 때문에 발생한다. 트로이아 왕이었던 선조 라오메돈의 아들 가뉘메데스의 "더없이 아름다운 봉사"(1824행)를 받고 있는 제우스에게 오래전에 버림받았던 트로이아는 마지막은 역설적이게도 동맹자 포세이돈에게 버림받는다. 인간의 역사는 인간의 의지에 의한 것이든 믿음을 배반하는 신의 의지에 의한 것이든 끝없이 새로운 재앙을 불러내는 고통의 역사를 거듭 되풀이 하고 있다.

트로이아의 마지막 희망이었던 아스튀아낙스의 죽음을 앞두고 그리스로 끌려가기 직전 안드로마케는 "모든 이들의 마지막 동반자인 희망조차" 자신에게는 "없다"(681~682행)라고 탄식했다. 여기에서 작품『트로이아의 여인들』은 우리에게 "윤리적인 반응을 요청하고 있다. 그 파토스는 우리에게 연민을 요구하고 있으며",[24] 비극적인 연민은 우리에게 더 강한 동정심을 불러일으켜 우리의 휴머니티를 커지게 한다.[25] 말하자면 그것은 우리에게 "도덕적 교육의 일부"로서 작용하고 있다.[26] 그녀에게 허락되지 않았던 마지막 동반자인 **희망**은 이제 우리에 의해 주어져야 한다. 사라져간 조국에 대한 트로이아의 여인들의 "비탄은 자신들을 위해 또는 트로이아를 위해 상황에 어떤 변화도 가져오지 않는다. 하지만 여기 그들의 비탄은 미래의 세대들에게 도시국가 트로이아를 기억하는 기회를 제공한다…… 세대를 이어 내내 우리는 계속 그들의 슬픔을 인식하게 되고…… 트로이아의 어머니들에게 닥친 비극을 깊이 생각하게 된다."[27] 그들의 고통에 대한 우리의 끊임없는 **기억**이야말로 그 희망이다. 데리다는 『우정의 정치』에서 "우정(philia)은 살아남음의 가능성에서 시작하며, 살아남음은 애도의 또 다른 이름……"[28]이라고 말한 바 있다. 그리고 "누구든 애도 없이는 살아남지 못하며"[29] 따라서 애도의 주체는 죽은 자들을 기억해야 할 책임이 있다고 말한 바 있다. 오직 "우리 안에서 죽은 자들은 말을 하고 궁극적으로 머물며, 그리하여 그들의 죽음이 존재의 끝이 아님을 드러내"[30]주기 때문이라는 것이다.

아도르노가 "아우슈비츠 이후 서정시를 쓰는 것은 야만적이다"라

---

24) Victoria Wohl, 앞의 책, 47쪽.
25) Charles Segal, *Euripides and the Poetics of Sorrow: Art, Gender, and Commemoration in "Alcestis", "Hippolytus", "Hecuba"* (Durham: Duke UP, 1993), 26쪽.
26) Rowan Williams, *The Tragic Imagination* (Oxford: Oxford UP, 2016), 15쪽.
27) Elizabeth K. Markovits, *Future Freedoms: Intergenerational Justice, Democratic Theory, and Ancient Greek Tragedy and Comedy* (New York: Routledge, 2018), 107쪽.
28) Jacques Derrida, *Politics of Friendship*, George Collins 옮김 (London: Verso, 1997), 13쪽.
29) Jacques Derrida, 같은 책, 13쪽.
30) Jacques Derrida, *Cinders*, Ned Lukacher 편역 (Lincoln, U of Nebraska Pr., 1991), 55쪽.

고 했던 말이 자주 인용되고 있다. 하지만 그는 "문학은 이러한 의견에 저항하지 않으면 안 된다"[31]라고 덧붙였다. 역사에 그 유례가 없는 아우슈비츠 같은 유일무이한 비극적인 사건[32]을 대면하고서도 시를 쓰는 것은 어쩌면 비인간적이고 야만적인 행위로 보일 수도 있다. 그런데도 글을 써야만 하는 것, 여기에 문학 자체의 '역설'이 있다. 아도르노는 역사의 고통들은 "망각을 용인하지 않는다"라고 말하면서 고통에 대한 의식은 예술의 존재에 대해 의문을 표하지만 그런데도 그 의식은 "예술이 계속 존재하기를 요구한다"라고 말했다. 그리고 "지금은 사실상...... 오직 예술 속에서만 고통은 여전히 그 자체의 목소리, 그 자체의 위안을 발견할 수 있다"라고 말했다.[33] 헤카베가 트로이아의 여인들의 고통이 시의 주제가 되어 "후세 사람들"에게 기억되기를 원했듯(1240~1245행), 문학은 **애도의 터**와 마찬가지로 **기억의 터**[34]가 되지 않으면 안 된다.

 탁월한 고전학자 핀리는 펠로폰네소스 전쟁을 비롯한 전쟁의 비극을 이야기하면서 "죽은 과거는 결코 그 죽은 자들을 매장하지 않는다"[35]라고 말한 바 있다. **망각**은 "최면술"도 아니고 마찬가지로 "치

---

31) Theodor W. Adorno, "Commitment," *The Essential Frankfurt School Reader*, Andrew Arato and Eike Gebhardt 엮음 (New York: Continuum, 1982), 312쪽.
32) 임철규, 「기억, 망각, 그리고 역사—아우슈비츠, 그리고」, 『죽음』 (한길사, 2012), 121~153쪽을 볼 것
33) Theodor W. Adorno, 앞의 글, 312쪽.
34) 이 용어는 프랑스 역사가 노라(Pierre Nora)가 제3공화제(1870~1940년) 기간에 프랑스의 정체성을 형성했던 모든 장소, 모든 개념, 모든 사람들을 연구해 내놓은 총 7권, 5,600쪽에 달하는 방대한 분량의 문화사의 제명인 *Les lieux de mémoir* (Paris: Gallimard, 1984~1992)에서 가져옴. 그런데 유대인에 관해서는 짧게 한 장(章)으로만 다루고, 무슬림에 관해서는 언급조차 하지 않고 있다. '기억'은 '중심'의 나라, 중심의 사람들이 아니라 더 한층 '주변'의 나라, 주변의 사람들의 '터'가 되지 않으면 안 된다.
35) M. I. Finley, *Aspects of Antiquity* (Harmondsworth: Penguin, 1977), 184쪽.

료약"도 아니다. "역사는 우리가 마음대로 폐기하고 대체하는 지나가는 유행물…… 이 아니다."[36] 벤야민은 그의 친구 브레히트(Bertolt Brecht)의 극에 대해 생각하면서 "삶의 진정한 척도는 기억이다. 그것은 번개처럼 뒤로 흘깃 보면서 삶을 통과한다"[37]라는 말을 남긴 바 있다. 이 말은 삶의 진정한 척도는 기억만이 아니라는 것을 의미한다. 다시 말해 우리가 기억에 대해 어떤 자세를 취하는가, 우리가 기억에 어떤 역사적인 의미를 부여하는가, 우리가 기억에 대해 어떤 책임과 의무를 가지는가가 삶의 진정한 척도라는 것이다.

트로이아는 사라졌지만 트로이아 여인들의 고통은 사라지지 않았다. "새로운 재앙"(1258행)으로 인해 여전히 또 다른 '트로이아들', 그리고 또 다른 '트로이아의 여인들'[38]의 절망과 눈물이 계속되고 있

---

36) Fredric Jameson, "Foreword: A Monument to Radical Instants," *The Aesthetics of Resistance*, Peter Weiss 엮음 (Durham: Duke UP, 2005), viii쪽.
37) Walter Benjamin, "Gespräche mit Brecht," *Versuche über Brecht* (Frankfurt am Main: Surhrkamp, 1966), 124쪽.
38) 일본의 진보적 시인이었던 오구마 히데오는 1935년에 「長長秋夜」라는 장시를 발표했다. 1935년은 일본정부가 조선인들에게 전통적인 조선복, '흰 옷'을 입는 것을 법으로 금지했던 해다. 그는 자국의 야만적인 조치에 항거해 이 시를 발표했다. 시의 내용은 다음과 같다. 조선의 여인들이 "푸른 달빛이 내려다보는 마을 지붕 아래"에 모여 앉아 긴긴 가을밤을 지새며 다듬이 방망이로 '똑딱똑딱' 두들겨 풀을 먹이고 주름을 펴 만든 흰 옷을 더 이상 입지 못하게 되었을 때, 몇몇의 노파가 이를 거부하고 늦은 밤 산길 낭떠러지를 지나 달아난다. 면사무소에 근무하던 일본인들이 이 노파들을 막아 세우고는 이들을 발로 차고 손으로 때리면서 노파들이 입고 있는 "조선의 전통적인 흰 옷"을 먹으로 "새까맣게 더럽힌다." 밤이 지나 새벽이 오자 노파들은 새까맣게 더럽혀진 그 흰 옷을 씻기 위해 강가로 온다. 그들은 더럽혀진 옷을 강물에 담가 행군 뒤 돌 위에 올려놓고 서로 "아픈 미소"를 주고받으면서 다듬이 방망이로 두드린다. 방망이질을 계속하자 검은 자국이 씻겨 나간다. 그의 장시는 다음과 같이 끝을 맺는다. "때리는 방망이도 울고 있다/ 맞는 백의도 울고 있다/ 두드리는 노파도 울고 있다/ 맞는 돌도 울고 있다/ 모든 조선이 울고 있다".
미국의 학자 James Tatum은 그의 저서 *The Mourner's Song: War and Remembrance from the 'Iliad' to Vietnam* (Chicago: U of Chicago Pr., 2003)에서 『일리아스』 마지막 편을 다루면서 헥토르 시신을 화장해 매장하기 전에 헤카베, 안드로마케, 헬레네 등을 포함한 트로이아의 여인들이 그의 죽음을 애도하는 장면을 소개한 다음, 히데오

는 한, 그들의 그 고통이 곧 우리의 고통이 되고 있는 한, 그리고 우리의 애도의 대상이 되고 있는 한, 역사의 상처는 망각되지 않는다. 우리의 **기억**을 통해 언제나 '문제화'될 뿐이다.

의 그 장시를 소개하는 것으로 자신의 책을 끝맺는다(173~175쪽). 그는 조선의 노파들을 헥토르의 죽음과 전쟁의 고통을 슬퍼하는 『일리아스』의 트로이아 여인들에 비유하면서 전쟁과 전쟁의 고통을 슬퍼하고 전쟁에서 죽어간 이들을 애도하는 모든 사람들이 "「장장추야」에서 우리 앞으로 몰려오는 것 같다"라고 토로한다.

4장 전쟁과 여인들-헤카베, 안드로마케 그리고 헬레네

에우리피데스는 여느 그리스 비극작가보다 전쟁과 전쟁으로 인한 인간의 고통에 깊은 관심을 갖고 있었다. 그리고 무엇보다도 전쟁의 가장 비극적인 희생자인 여성에게 깊은 동정심을 갖고 있었다. 트로이아 전쟁을 소재로 한 그의 여러 작품은 이를 여지없이 보여주며, 트로이아 여성의 비극을 대변하는 헤카베, 안드로마케 등의 인물을 통해 그는 전쟁이 남긴 **역사의 아픈 상처**를 깊이 애도하고 있다.

작품『트로이아의 여인들』에서 트로이아가 그리스인에게 강탈당하자, 헤카베는 오뒤세우스의 노예가 되어, 다른 트로이아의 여인들과 함께 그리스로 향하는 비극적인 여인으로 등장한 바 있다. 이 작품에서 헤카베는 딸 카산드라가 아가멤논의 첩이 되고 며느리 안드로마케가 남편 프리아모스를 살해한 아킬레우스의 아들 네오프톨레모스의 첩이 되어 그리스로 향하는 것을 보았고, 손자 아스튀아낙스가 그리스군에게 살해되는 것도 보았다. 에우리피데스는 이런 **고통의 여인**, 전체 트로이아의 여인들의 비극적인 운명을 대변하는 헤카베와 안드로마케를 각각 주인공으로 설정해 그들의 비극과 운명을 작품『헤카베』와『안드로마케』[1])에서 조명한다. 이들 작품은 귀환을 서두르는 그리스의 함선에 승선한 전쟁포로인 트로이아의 여인들이 그

리스에 도착하기 전 헤카베와 안드로마케에게는 일어나는 일에 대해
다룬다.

헤카베
헤카베, 폴뤼크세네 그리고 폴뤼도로스

『헤카베』(기원전 424년 경)는 트로이아를 함락시킨 뒤 고국으로 귀환하던 그리스 함대가 아시아와 그리스 사이에 있는 트라키아 해변에 3일 동안 머물고 있는 것에서 시작된다. 트라키아는 트로이아가 함락당하기 전에 프리아모스가 자신의 친구인 이곳의 왕 폴뤼메스토르에게 가장 어린 아들(13행) 폴뤼도로스를 맡겨 그의 신변을 보호해주도록 요청했던 곳이다. 그때 프리아모스는 트로이아가 함락되더라도 차후 아들의 생활에 지장이 없도록 하기 위해 많은 황금을 친구에게 맡겼다. 헤카베는 다른 트로이아의 여인들과 함께 트라키아 해변의 천막에 머물고 있다. 트로이아 전쟁에서 목숨을 잃었던 아킬레우스의 망령이 그리스군 앞에 나타나 자신에게 희생제물을 바칠 것을 요구하면서 그 요구가 받아들여질 때까지 함선이 항해하지 못하도록 바람을 잠재웠기 때문이다.

그리스군의 투표에 따라 헤카베의 딸 폴뤼크세네가 아킬레우스에게 제물로 바쳐질 희생양으로 결정되었다. 이를 주도한 자는 "능변의(hedulogos) 선동가"(131~132행)[2] 오뒤세우스다. 헤카베는 아

---

1) 『트로이아의 여인들』이 세 작품 가운데 가장 늦게 공연된 작품이었지만, 사건의 진행 순서에 맞춰 앞서 『트로이아의 여인들』을 제일 처음 다루었으며, 이 장에서는 사건의 순서대로 『헤카베』『안드로마케』『헬레네』를 다룬다.
2) 인용한 텍스트의 그리스어 판본은 다음과 같다. Euripides, *Hecuba*, Justina Gregory 엮음[주석포함] (Atlanta, Ga: Scholar Pr., 1999). 그리고 Euripides, *Children of Heracles; Hippolytus; Andromache; Hecuba*, David Kovacs 편역, LCL 484 (Cambridge/M.A.:

킬레우스의 무덤 앞에서 폴뤼크세네의 금빛 목걸이가 그녀의 "목에서 쏟아져 나올 검붉은 피"로 얼룩질 것(151~152행)을 생각하면서 자신을 보호해줄 "조국"도, "남편"도, "자식들"도 모두 "가버렸다" (phroudos······ phroudoi, 160~161행)라고 탄식한다. 헤카베는 비참한 **노예**인 자신을 "도와줄 신은 어디에 있는가"(pou tis theōn eparōgos, 163~164행)라며 울부짖는다. 그녀의 울부짖음을 듣고 등장한 폴뤼크세네는 헤카베의 "불길한 징조의 말"(181행)의 의미를 깨닫고 "불행한" 어머니(197~198행)를 위로한다. 폴뤼크세네는 자신이 죽게 되면 노예생활을 하는 늙은 어머니에게 노예생활을 하는 딸의 모습을 보여주지 않게 되니 오히려 다행스러운 일이라고 말한다. 또한 치욕스럽게 사느니 차라리 죽는 것이 더 좋기 때문에 자신은 "자신의 생명에 가하는" 그리스인들의 "야만적인 폭행"을 "크게 슬퍼하지 않으며" 오히려 "불행한 어머니를 위해 눈물로 가득 찬 슬픔과 더불어 운다"(klaiō pandurtois thrēnois)라고 위로한다(211~215행).

프리아모스를 잔혹하게 살육했던 아킬레우스의 아들 네오프톨레모스(23~24행)가 이번에는 희생제의의 "사제"(hiereus, 224행)가 되어 그의 딸 폴뤼크세네를 자신의 아버지에게 제물로 바치려고 한다. 헤카베는 희생제의를 주관할 자가 네오프톨레모스임을 통고하기 위해 온 오뒤세우스에게 "황소를 제물로 바치는 것이 더 적절함에도" (prepei) 왜 산 사람을 제물로 바쳐야 하는지 반문한다(260~261행).

헤카베는 아킬레우스가 그의 죽음에 대한 보복으로 폴뤼크세네를 희생제물로 바치도록 하는 것이라면, 폴뤼크세네는 그에게 아무런 해를 끼치지 않았기 때문에 이는 옳지 않다(262~264행)라고 말한

Harvard UP, 1995); Euripide, *Tragédies II: Hippolyte; Androdmaque; Hécube*, Louis Méridier 편역 (Paris: Les Belles Lettres, 2012)을 참조함.

다. 오히려 그 제물에 적합한 인물은 폴뤼크세네가 아니라 그를 트로이아 전쟁에 참전하게 하고 또 죽음으로 몰아넣었던 헬레네라고 말한다. 헤카베는 더욱이 포로로 잡힌 여인들 가운데 가장 아름다운 여인이 그 제물에 적합한 인물이라면, "미모가 가장 빼어난"(269행) 헬레네가 바로 그런 인물이라고 말한다. 따라서 폴뤼크세네를 희생제물로 결정한 그리스인의 처사가 부당하다고 말하면서 이를 거둬들이기를 간청한다.

또한 헤카베는 한때 트로이아에 정탐꾼으로 잠입했다가 잡혀 위험에 처했던 오뒤세우스의 목숨을 구해준 자신의 은혜를 상기시키면서(239~253행) 이 은혜에 보답하려 한다면 딸을 죽이지 말라고 눈물로 간청한다(275~278행). 오뒤세우스는 자신을 "불쌍히 여기라"(oiktiron, 287행)는 헤카베에게 그 은혜라면 헤카베의 목숨을 살려주는 것만으로 충분하며 헤카베의 딸은 이에 해당되지 않는다고 말한다(299행 이하). 그러고는 "그리스를 위해 가장 영광스러운 죽음을 맞이했던"(310행) "가장 용감한 전사"(304행) 아킬레우스의 망령이 폴뤼크세네를 요구하기 때문에 그에게 그녀를 제물로 바쳐야 한다고 말한다. 오디세우스는 아킬레우스가 살아 있을 때와 마찬가지로 죽었을 때도 합당한 명예를 받을 만한 인물이라고 말하면서, 죽은 자를 예우하지 않는다면 누가 죽음을 마다하고 조국을 위해 목숨을 바치겠느냐며(310~320행) 헤카베의 간청을 거부한다. 그리고 그리스에는 헤카베가 당하는 고통 못지 않게 트로이아에서 아들과 남편을 잃은 숱한 어머니와 아내들이 고통을 당하고 있다며(321~326행) 고통을 감수하라고 말한다. 코로스는 권력을 가진 자가 휘두르는 폭력과 고통을 참는 것이 노예의 운명이라고 말한다(331~332행).

옆에 있던 폴뤼크세네는 노예가 되어 "잔인한 마음을 가진 주인"에게 팔려가 궁 안의 부엌에서 일을 하고, 마루를 청소하고, 베틀을 짜고, 남자에게 몸을 더럽히면서까지 비참한 생활을 하게 되느니 차라리 죽음을 택해 명예롭게 삶을 마치고 싶다고 말한다(357~378행). 이것이 트로이아 왕의 딸로서 왕가의 훌륭한 규수가 될 "높은 희망"(351행) 속에 살았던 자신의 자존심이라고 말한다. 그러자 헤카베는 오뒤세우스에게 폴뤼크세네 대신 아킬레우스를 죽인 파리스를 낳은 자신을 죽여달라고 간청한다. 하지만 오뒤세우스는 아킬레우스의 망령이 요구하는 것은 '노인' 헤카베가 아니라 '처녀' 폴뤼크세네라며 그녀의 간청을 매몰차게 거절한다(389~390행).

폴뤼크세네는 헤카베에게 이제 노예가 되었으니 자신들의 "주인들과 맞서지 말 것"(404행)을 권고한 뒤, 헤카베의 손을 잡아 자기 뺨을 어루만지게 한 다음 지금 이 순간이 어머니와 함께하는 마지막 순간이라며 울부짖는다. 폴뤼크세네가 이곳에 있지 않은 카산드라와 동생 폴뤼도로스에게 마지막 작별을 고한 뒤 "어머니의 애도의 울부짖음에 심장이 눈물을 쏟는 가운데"(433~434행) 오뒤세우스에 의해 끌려 나가자, 헤카베는 사지를 떨며 땅바닥에 쓰러진다. "그리스인의 창에 짓밟힌" 조국 트로이아에는 아직도 "파멸의 연기"가 저 멀리 솟아오르고 있다(475~480행).

그리스군의 전령 탈튀비오스는 아킬레우스 망령의 희생제물로 바쳐진 폴뤼크세네의 시신을 매장하기 위해 헤카베를 데리러온다. 그는 "집도" "자식도" 없이 "늙은 노예의 몸으로…… 땅에 엎드려" 먼지 속에 머리를 묻고 있는(492~496행) 헤카베를 측은하게 바라보면서 딸의 죽음에 대해 다음과 같이 들려준다.

아킬레우스의 아들 네오프톨레모스가 폴뤼크세네의 손을 잡고 그녀를 아버지의 무덤 위에 세운 다음 "온통 순금인 컵"(depas pagchruson, 527~528행)에다 제주인 포도주를 붓고 이를 높이 들면서 망령을 향해 "오셔서 처녀의 순수한 검은 피를 들이키소서"(536~537행)라며 외쳤다. 그다음 네오프톨레모스는 금으로 장식된 칼자루를 칼집에서 꺼낸 뒤 선발병에게 폴뤼크세네를 붙잡고 있으라는 신호를 보냈다.

이를 본 폴뤼크세네는 "내 나라를 약탈한 그리스인들이여, 나는 자진해서 죽으리라. 나는 그대들에게 나의 목을 용감하게 내주리니. 그러니 내 몸에 손대지 말라"(547~548행)라고 하며 자신의 옷을 잡아 어깨에서 허리 중간 배꼽까지 찢은 다음 "여신의 조각상(hōs agalmatos)처럼" "그 몹시도 아름다운 가슴"(sterna kallista, 560~561행)을 드러내보였다. 폴뤼크세네는 무릎을 꿇은 채 네오프톨레모스에게 칼로 자신의 가슴을 치고 목을 치라고 요구했다. 그가 칼로 목을 치자 거기에서 검붉은 피가 튀면서 솟구쳐 올랐으며, 알몸인 폴뤼크세네는 마지막 숨을 몰아쉬는 순간에도 남자가 봐서는 안 될 부분을 숨기고 있었다(567~570행). 일부 병사들은 죽은 폴뤼크세네를 잎으로 덮었고, 다른 병사들은 커다란 소나무 통나무를 옮겨 화장용 장작더미를 세웠다.

탈튀비오스는 헤카베에게 주위에 있는 그리스인들 모두가 폴뤼크세네의 "최고의 용기와 비할 바 없는 고귀함"(579~580행)에 찬사를 보냈다고 전하면서 그대는 "가장 불행한 여인이면서, 자식에서는 모든 여인 가운데 가장 축복받은 여인"(581~582행)이라며 위로한다.

폴뤼크세네의 비극적인 죽음에 대한 소식을 전해들은 헤카베에게 곧 바로 또 다른 절망적인 소식이 덮친다. 탈튀비오스가 떠나고 나서 폴뤼크세네의 시신을 씻을 물을 떠오도록 해변에 보낸 하녀가 돌아온다. 하녀는 그 해변에서 벌거숭이의 시신을 발견했음을 전한다. 헤카베는 그 시신이 아들 폴뤼도로스임을 예감하고 아들을 부르며 절망에 몸부림친다(681~684행). 헤카베는 트라키아의 왕 폴뤼메스토르가 황금에 눈이 어두워 아들 폴뤼도로스를 죽인 것으로 생각하고 그 왕에 대한 분노를 참을 수 없다. 딸 폴뤼크세르가 죽임을 당하자마자, 마지막 남은 아들마저 폴뤼메스토르에게 살해당한 뒤 바다에 내던져진 채, "매장도" "누구의 애도도" 받지 못하고 거친 파도의 물결에 휩쓸려 이리저리 떠돌아다니다가, 이곳 해변 가까이 비참하게 누워 있는 것(25~30행)을 하녀가 발견한 것이다.

헤카베는 트로이아의 여인들이 모여 있는 천막 앞에 나타난 아가멤논에게 무릎을 꿇고 폴뤼메스토르를 벌해주기를 탄원한다. "하계의 신도 상계의 신도 두려워하지 않고 가장 사악한 짓을 한 가장 불경스러운"(790~791행) 자를 응징하는 것이 "법"이며 "우리가 신을 믿는 것도, 우리의 삶에서 옳고 그른 것을 구별하는 것도 법에 따른 것"(799~804행)이니 손님을 죽인다든가 신전을 약탈하는 것처럼 법을 위반하는 자들이 벌을 받지 않는다면 "인간 사이에 정의는 더 이상 없다"(ouk estin ouden tōn en anthrōpois ison, 805행)라고 말한다.

그리고 헤카베는 아가멤논에게 "정의를 받들고 어디에서나 악한 자들에게 벌을 가하는 것이 인간의 고귀한 행위"(844~845행)라고 말하면서 폴뤼메스트로의 행위를 벌해주기를 호소하지만, 그가 자신의 요구를 받아들이지 않으려하자, 헤카베는 그에게 카산드라가 그의 잠자리를 기쁘게 해주고 있고, 카산드라와 결혼함으로써 폴뤼도로스가 그와 친척관계가 된 점을 고려해 자신의 청을 들어달라고 다시 한번 탄원한다. 아가멤논은 그리스군이 폴뤼메스토르를 "친구로", 죽은 폴뤼도로스를 "적으로" 간주하고 있으니(858~859행) 자신이 직접 여기에 개입할 수 없다며 거부한다. 그러나 그는 "카산드라를 위해"(855행) 헤카베가 폴뤼메스토르에게 복수하는 것을 묵인한다.

헤카베는 폴뤼메스토르를 자신이 있는 곳으로 오게 한 다음 프리아모스 왕가의 소유물인 황금 궤가 묻혀 있는 은밀한 장소를 알려주 겠다며 그와 그의 두 아들을 천막 안으로 유인한다. 그러자 천막 안에 숨어 있던(880행) 트로이아의 여인들이 단도로 두 아들을 죽이고 브로치로 폴뤼메스트로의 두 눈을 찔러 그를 실명시킨다(1035행, 1037행). 분노와 증오에 찬 폴뤼메스토르는 헤카베와, 헤카베에게 저지른 자신의 "추악한 짓"(1250행)을 나무라는 아가멤논에게 다음과 같이 말한다. 그리스로 돌아가는 도중 헤카베는 바다로 뛰어들어 자살한 뒤 "불 같은 눈을 가진(pursa dergmata) 개"(1265행)로 변한 다음 게르노네소스 반도의 동쪽 해안에 있는 개의 무덤(kunos sēma, 1273행)에 묻히게 될 것이고, 헤카베의 딸 카산드라도 죽임을 당할 것이며, 아가멤논은 아내의 손에 죽게 될 것이라고 말한다. 이는 디오뉘소스가 자신에게 들려준 예언(1265~1277행)이라는 것이다.

폴뤼크세네의 희생으로 바람이 다시 불자, 그리스 함선이 귀환을 서두른다. 헤카베는 함선에 오르기 전에 폴뤼크세네와 폴뤼도로스의 매장을 바삐 해치운다. 작품은 트로이아의 여인들인 코로스가 비참한 노예의 길을 걸어갈 "가혹한 운명"(Sterra anagkē)을 안은 채 (1294~1295행) 정복자의 나라로 가기 위해 그리스 함선이 있는 해변으로 발길을 옮기면서 끝난다.

'타자'의 운명

이 작품은 『트로이아의 여인들』과 마찬가지로 남성이 주도하는 전쟁의 가장 커다란 희생자는 여성임을 적나라하게 보여준다. 폴뤼크세네의 희생은 이것의 가장 구체적인 사례다. 헤라클레이토스는 전쟁을 "모든 사물의 아버지이자 모든 사물의 왕"이라고 말했다. 그리고 "전쟁은 어떤 이들을 신으로 보이게도 하고 다른 이들을 인간으로 보이게도 한다. 전쟁은 어떤 이들을 노예로 만들기도 하고 다른 이들을 자유인으로 만들기도 한다"[3]라고 말했다. 전쟁은 희망을 절망으로, 행복을 불행으로 바꾼다. 모든 것을 변화시킨다. 익숙하고 친근한 것은 사라지고 낯설고 비참한 것이 나타난다.

프리아모스 왕의 딸이었던 폴뤼크세네는 왕가의 훌륭한 규수로서 행복한 결혼생활에 대한 "높은 희망"(351행)을 안고 살았지만, 정복자의 노예가 되어 아버지 프리아모스를 살육한 네오프톨레모스에게 죽임을 당하고 그의 아버지 아킬레우스의 망령에 산제물로 바쳐진다. 남성이 휘두르는 전쟁의 폭력은 네오프톨레모스의 칼에 잘린 폴뤼크세네의 목에서 흘러나오는 피, 그 피가 그녀의 찢어진 옷을 검붉게 물들이는 **얼룩**(kēlis)으로 적나라하게 상징화된다.

"송아지"(moschos, 206행, 526행), "이리의 핏빛 발톱에 목이 잘린…… 새끼사슴"(elaphos 90~91행), 어미의 가슴에서 강제로 떼어 놓은 "망아지"(pōlos, 142행)에 비유되던 폴뤼크세네는 남성이 행한 전쟁의 끝에 폭력의 역사를 남기는 '얼룩'으로 남는다. 폴뤼크세네는 자신을 지켜줄 나라도 없고, 아버지, 오빠들을 포함해 왕가의 남자들이 모두 죽고, 늙은 어머니는 노예의 몸으로 적국으로 끌려가는 상황에서 어디에도 돌아갈 수 없고, 어느 누구에게도 의지할 수 없는 "비참한"(206행) 제물이 되어 전쟁이라는 폭력이 남긴 상처로 전쟁의 **얼룩**이 된다.

그러나 그녀는 적의 친한 노예로 살거나, 자신의 침대를 "더럽힐" (chranein, 366행) 성적 제물이 되느니, 차라리 이로부터 "자신을 해방시키기 위한"[4] 죽음을 기꺼이 받아들이기로 한다. 폴뤼크세네는 "자

---

3) fr.83, Charles H. Kahn, *The Art and Thought of Heraclitus: An Edition of the Fragments with Translation and Commentary* (Cambridge: Cambridge UP, 1979), 66쪽.
4) Casey Dué, *The Captive Women's Lament in Greek Tragedy* (Austin: U of Texas Pr.,

진해서"(hekousa, 548행) "자신의 몸을 하데스에 맡긴다"(368행).

헤카베의 말처럼 "황소를 제물로 바치는 것이 더 적절함에도" (261행) 폴뤽세네는 비참한 동물새끼처럼 '온당치 않은' 아킬레우스의 망령에 산제물로 바쳐졌다. 작품 전반부를 지배하는 폴뤽세네의 죽음은 전쟁을 주도하는 남성이 여성의 운명을 전적으로 결정하고 있다는 것을 보여준다. 헤카베의 운명도 마찬가지다. 전쟁은 그녀를 여왕에서 노예로, 많은 자식을 거느렸던 어머니에서 "자식도 나라도 친구도 없는, 가장 불행한 인간존재"(athliōtatē brotōn, 810~811행)로 만든다. 그녀는 자식들 가운데 전쟁에서 살아남은 유일한 아들 폴뤼도로스와 딸 폴뤽세네가 처참하게 죽는 것을 목격하고 그들을 손수 매장한 뒤 자신은 노예로 적국으로 끌려가는 "가장 비참한 인간존재"(723행)가 된다.

"노예로 사는 것이 얼마나 불행한 일"인지를 깊이 통감하고 있는 코로스, 곧 트로이아의 여인들로 구성된 코로스는 파리스가 "가장 아름다운 여인"(636행) 헬레네를 자기의 것으로 만들려고 한 순간부터 그들에게는 "재앙과 고통이 피할 수 없는 운명임"(629~630행)을 예감하고 있었다. "살육당해 누워 있는 남편들을 바라보고 나서" 연기로 변한 조국을 다시 한번 되돌아본 다음(937~938행) 그리스 함선이 있는 해변으로 향할 때, 그들은 자신들의 몸의 새로운 주인이 된 그리스 남성들의 **성적 상품**으로 전락할 수밖에 없을 것이라는 것도 예감하고 있었다.

지금 그들은 "연기"(kēlis, 912행)로 변한 트로이아의 도성을 떠올리면서 "우리의 조국 트로이아는 더 이상 약탈의 대상이 되지 않은 나라가 아니구나…… 그대의 성탑의 머리는 **베어 잘라지고**

2006), 125쪽.

(kekarsai), 흉한 연기의 얼룩으로 너무나 비참하게 더럽혀지고 있구나"(905~912행)하며 탄식한다.

폴뤽세네가 네오프톨레모스의 칼에 목이 잘려 죽었듯, 트로이아는 그리스인들의 "창"(doru, 5행, 478행, 909행)에 '머리'가 '베어 잘려' 죽었다. 코로스는 폴뤽세네가 참혹하게 죽은 것처럼 그리스군이 '창'으로 무자비하게 조국을 "약탈"(909행)했음을 들려준다. 조국이 **연기**로 변한 허무 앞에서 헤카베를 포함한 트로이아의 여인들은 그들 앞에 놓여 있는 "가혹한 운명"(1295행)을 맞이하기 위해 그리스 함선으로 발길을 옮긴다. 그들에게 남아 있는 것은 그리스군에게 무자비하게 파괴된 조국, 참혹한 죽임을 당한 폴뤽세네가 흘린 피의 얼룩뿐이다. "보복의 요구도 없다." 그들에게 남아 있는 것은 폴뤽세네의 죽음처럼 "아름답게 죽는 것 자체가 복수임을 암시하는······ 체념만이 있을 뿐이다."[5]

타락한 세계

헤라클레이토스의 말처럼 전쟁은 모든 사물의 아버지이자 왕인지 모른다. 따라서 그것은 모든 존재와 사물을 일상의 규칙에서 이탈시켜 부조리하게 만드는 것인지도 모른다. 이 작품에 등장하는 인물들은 더 이상 호메로스의 서사시에 등장하는 영웅시대의 인물들이 아니다. 영웅시대 최고의 전사였던 아킬레우스는 자신의 분노를 달래기 위해 젊은 여인을 산제물로 바치기를 요구하는 비루한 망령에 지나지 않는다. 그가 묻혀 있는 무덤은 "그리스를 위해 가장 영광스러운 죽음을 맞이했던"(310행) 그의 불멸의 업적, 그 영광을 표상하는

---

5) Victoria Wohl, *Euripides and the Politics of Form* (Princeton: Princeton UP, 2015), 53쪽.

장소가 아니라 그의 아들에게 순진무구한 젊은 여인이 참혹하게 죽음을 당하는 보복의 장소가 된다.

프리아모스의 친구(7행, 19행, 26행) 트라키아의 왕 폴뤼메스토르는 "황금 때문에"(25행) 친구의 아들, 손님 폴뤼도로스를 죽여 바다에 내던졌다. 호메로스는 "모든 손님은…… 제우스로부터 온" 이들이라고 말했다(『오뒤세이아』 6.207 이하). 흔히 제우스는 '손님의 보호자'(Xenios)로 일컬어졌다. 그러니 누구에게나 손님을 환대해야 할 의무가 있으며 이러한 환대를 저버리는 주인은 제우스의 분노를 불러왔다. 폴리메스토르는 트로이아 전쟁에서 그리스가 승리했다는 소식을 접하고 프리아모스가 폴뤼도로스와 함께 보낸 황금을 차지하기 위해 그의 아들, 그의 "어린 나뭇가지"(20행)를 꺾어 죽였다. "말이나 그 어떤 이름으로 형언할 수 없을 정도로"(714행) 참혹하게 그를 칼로 난도질해 죽인 뒤 그 시신이 고기밥이 되도록 바다에 내던졌다 (26행, 698행, 716~717행, 782행).

폴뤼메스토르는 이와 같은 "불경스러운" "범행"(714~715행)을 저지름으로써 불행에 처해 있는 친구를 버리지 않아야 한다는 도덕 원리(1226~1227행), 친구 사이에 지켜야 할 "가장 깊고 가장 성스러운 전통적인 관계"[6]를 내팽개쳤다. 그는 "인간의 법, 신의 법 모두를 범한 자"(1235행)다. 헤카베는 여기에 "정의가 어디 있느냐"(pou dika, 715행)라고 묻는다.

황금에 눈이 뒤집힌(775행, 865행, 1002~1022행, 1206~1207행) 그에게는 어떤 고귀함도 없다. 헤카베의 보복으로 실명당한 그가 천막 밖으로 "네 발을 가진 산속의 짐승"처럼 "손발로" 엉금엉금 기어

---

6) Martha C. Nussbaum, *The Fragility of Goodness: Luck and Ethics in Greek Tragedy and Philosophy* (Cambridge: Cambridge UP, 1986), 407쪽.

나올 때(1057~1058행), 그의 변모한 육체의 모습, 그 이미지는 그의 영혼을 보여주는 또 다른 표상이다. 그의 눈알을 뽑아내어 실명시키고 두 아들을 살해하자, 폴뤼메스토르는 증오와 원한에 차 헤카베와 트로이아 여인들의 "살과 뼈"를 "야수처럼" 씹어 삼켜 버리겠다(1071~1072행)라고 포효한다. 그의 포효 역시 친구를 배반하고 친구의 아들인 **손님**을 살해한 그 "수치스러운 행위"(aischron, 1248행)에 대해 어떤 반성과 참회도 하지 않는 그의 타락한 영혼의 일면을 보여준다.

오뒤세우스 역시 타락한 인물로 등장한다. 오뒤세우스는 "교활한 악인"(131~132행)으로 불린다. 정탐꾼으로 트로이아에 잠입했다가 위험에 처했을 때 그의 탄원을 받아들여 목숨을 구해주었던 헤카베의 한때의 "은혜"(charis, 257행, 276행)는 오뒤세우스에게 아무런 영향도 주지 않는다.

동물이 아닌 인간을 산제물로 바치는 것은 온당치 못하며(58~261행), 아킬레우스가 요구하는 산제물은 아무런 잘못 없는 폴뤼크세네가 아니라 그를 트로이아로 가게 해 죽게 했던 헬레네가 되어야 한다는(262~266행), "정의"에 기반을 둔(271행) 헤카베의 '탄원'도, 살해를 금지하는 그리스 법은 자유민이나 노예 모두에게 적용되므로(291~292행), 따라서 노예라도 부당한 죽임을 당해서는 안 되니 폴뤼크세네를 죽이는 것은 법에 저촉된다는 그녀의 호소도 그의 안중에는 없다.

헤카베는 오뒤세우스에게 폴뤼크세네는 그녀에게 커다란 "위안"(parapsuchē, 280행)이 되는 존재, 말하자면 그녀에게 "폴리스(polis)가 되고, 간호인(tithēnē)이 되고, 지팡이(baktron)가 되고, 안내자(hēgemōn)"가 되는 존재이니 그녀가 과거 그에게 베푼 은혜를 생각해서라도(281행) 딸의 목숨을 살려달라고 탄원하는 헤카베에게 오뒤세우스는 "비도덕적, 마키아벨리적인 정치가"[7]로 다가선다. 최고의 전사들에게는 최고의 대접을 해야 한다, 그렇지 않으면 누구도 나라를 위해 목숨을 바치려 군대에 가지 않을 것이다, 그들을 명예롭게 최고로 대접함으로써 국가는 강해진다(311~320행, 326~331행), 그러니 죽은 자인 아킬레우스의 '명예'가 산 자 노예의 '생명'보다 더 귀중하다는 논리를 펴는 오뒤세우스는 그로서 할 수 있는 일은 헤카베에게 받았던 은혜를 갚기 위해 그녀를 노예의 신분에서 해방시켜주는 것뿐이라고 말한다(301행). 국가나 공동체의 이익을 위해서라면, 사적인 은혜도, 탄원자의 간청도, 도덕적인 정의도, 그 어떤 정당화도 그에게는 아무런 의미가 없다.

아가멤논 역시 "타락하고 평가절하된 지도자"[8]로 등장한다. 헤카베는 노예인 자신의 '주인'이자 그리스군의 지휘자인 그에게 아들 폴뤼도로스를 참혹하게 죽인 폴뤼메스토르를 벌해줄 것을 탄원한다. 폴뤼메스토르는 그녀에게 "가장 불경스러운" "범행"을 저지른 (714~715행) "가장 불경스러운 친구"(790행)임은 물론 아가멤논에게도 "가증스러운 짓"(1248행)을 한 "불경스러운"(852행) 자로 인식되고 있기 때문이다. 헤카베는 폴뤼메스토르를 벌할 수밖에 없는 이유를 다음과 같이 말한다.

그는 **친구**[9]로서의 의리를 배반한 자다. 말하자면 황금에 눈이 어두워 친구인 프리아모스의 아들을 죽인 다음 그를 매장하지 않고 바다

---

7) Charles Segal, *Euripides and the Poetics of Sorrow: Art, Gender, and Commemoration in "Alcestis", "Hippolytus", and "Hecuba"* (Durham: Duke UP, 1993), 217쪽.
8) Anne Pippin Burnett, *Revenge in Attic and Later Tragedy* (Berkeley: U of California Pr., 1998), 166쪽.
9) '친구'로서의 폴뤼메스토르의 프리아모스와 헤카베의 관계는 작품에서 14번이나 언급된다. 7행, 19행, 26행, 82행, 710행, 715행, 774행, 781행, 790행, 794행, 852행, 890행, 1235행, 1247행.

에 던짐으로써, 친구와의 관계는 물론 '주인'과 '손님' 간의 관계를 배반해 "주인의 정의"(dika xenōn, 715행)를 저버린 자다. 헤카베는 아가멤논에게 인간은 누구나 할 것 없이 **노예**(doulos)에 불과한 힘없는 존재이지만(798행), 신 위에 군림하는, 신보다 더 강한 **법**(nomos)이 있으며, 인간이 신을 믿는 것도(800행), 옳고 그른 것을 구별하는 것도(801행) 이 '법'에 따른 것이라고 말한다.

따라서 그녀는 모든 그리스인, 아니 모든 인간에게 널리 인식되어진, 그리고 모든 신에게 지지를 받고 있는 오랜 전통의 법, 이른바 관습법, 즉 **불문율**(agraphoi nomoi)[10]이 우리에게 올바르고 온당하게 행동하길 요구한다고 역설한다.[11] 헤카베는 손님을 죽이고 신전을 약탈하고(803~804행) 신성한 법을 위반하는 등 "가장 불경스러운 짓"(ergon anosiōtaton, 792행)을 한 자들이 벌을 받지 않는다면, "인간사에" "정의"(또는 안전)는 없다(802~805행)라고 말한 뒤, 우리의 삶에 도덕적 질서로서 작용하는 신성한 "법"은 노예의 권리도 최소한 존경할 것을 요구한다면서(798~799행) 자신의 탄원을 받아들여 폴뤼메스토르를 벌해달라고 설득한다.

그러나 앞서 살펴봤듯, 아가멤논은 헤카베의 설득에 움직이지 않는다. 그는 직접 개입하는 대신 카산드라 때문에, 아니 "카산드라를 위해"(855행) 헤카베와 트로이아의 여인들이 폴뤼메스토르에게 복수하는 것을 묵인한다. 보편적인 도덕적 질서를 기반으로 하는 정의니 법이 아니라 한 여인과의 시적인 사랑 때문에 악인을 벌하는 것에

---

10) 에우리피데스는 '노모스'(nomos), 곧 법은 "모든 것의 왕"이라는 핀다로스(169 Snell-Maehler)를 따르고 있으며, "우리가 신을 믿는 것은 노모스에 의한 것"(800행)이라는 표현을 통해 신의 존재는 전적으로 사회적인 관습에 근거하고 좌우되고 있음을 보여주는 것 같다.
11) 이 작품에서 헤카베가 이야기하는 법(nomos)이 어떤 의미로 사용되고 있는가에 대해서는 Charles Segal, 앞의 책, 195~203쪽을 볼 것.

동조하고 공모하는 아가멤논의 이미지도 타락한 인간을 상징한다.

에우리피데스는 "문학은 작가가 자신이 보았던 현실을 묘사해야 한다는 예술적 원칙에 입각해서" 작품을 형상화한 "최초의 작가"였다.[12] "신화를 인간화하고 현대화한"[13] 그가 계몽주의 시대의 시인이라고 불렸던 것도 무리는 아니다. 에우리피데스는 그가 묘사한 폴뤼도로스, 오뒤세우스, 아가멤논의 행태를 문제시함으로써 "모든 것을 계산적으로, 사무적으로, 그리고 손익을 따져 바라보았던"[14] 당대의 사회적인 양심에 의문을 제기한다.

신은 어디에 있는가

"쇠칼로 [헤카베]아들의 살을 찢고 사지를 절단한" 뒤 바다에 내던졌던 비정하기 짝이 없는 "저주받은 인간"(716~720행) 폴뤼메스토르에게 복수하는 후반부의 헤카베는 연기로 변한 조국의 패망, 딸 폴뤼크세네의 죽음 등으로 절망과 슬픔에 몸부림치던 전반부의 그 여주인공이 아니다. 자신을 연달아 강타하는 부당한 고통(689~690행)을 참을 수 없어 헤카베는 복수에 불타는 분노의 여신(alastoros, 686행)으로 변한다. "복수를 향한 욕망은 모든 정의 체계 배후에 자리 잡고 있으며, 이 욕망은 정복당한 집단이 사실상 공식적으로 정의와 권력에 도저히 가까이 갈 수 없을 때 이따금 폭발하게 된다."[15] 헤겔은 「자연철학」(1805~1806)에서 "모든 동물은 빈사(瀕

---

12) Werner Jaeger, *Paideia: The Ideals of Greek Culture*, Gilbert Highet 옮김 (New York: Oxford UP, 1945), 1: 342~343쪽.
13) Werner Jaeger, 같은 책, 1: 343쪽.
14) Werner Jaeger, 같은 책, 1: 334쪽.
15) Helene P. Foley, *Euripides: Hecuba* (London: Bloomsbury Academic, 2015), 73쪽.

死) 상태에서 목소리를 발견한다"라고 말한 바 있다. 동물은 자신을 "지양(止揚)된 자기로서(als aufgehobnes Selbst) 표현한다"라는 것이다.[16] 그의 주장처럼 인간도 마찬가지다.

그러나 빈사상태에 있을 때 자신의 목소리를 발견하는 동물과 달리 인간은 타자의 시신 앞에서 자신의 진정한 목소리를 발견한다고 말하는 게 좀더 정확할지도 모른다. 우리는 아이스킬로스의 『페르시아인들』에서 그리스인들과 벌인 전쟁에서 쓰러져간 숱한 젊은이들과 동지들의 죽음 앞에 슬픔을 격하게 토해내는 페르시아의 크세르크세스 왕의 울부짖음, 어떤 말로도 옮길 수 없는 "오토토토이"(ototototoi, 1043행)는 바로 짐승들의 울부짖음 그 자체, 곧 원초적인 울부짖음이라고 말한 바 있다. 헤겔은 "목소리에서 의미는 그 자체로 되돌아간다"라고 말했다. 이는 "부정적인 자기욕망"[17]으로 돌아간다는 것이다. 그러한 울부짖음이 그의 진정한 목소리일 수 있다. 크세르크세스는 자신의 옷을 갈기갈기 찢은 뒤 페르시아 장로들로 구성된 코로스에게도 자신처럼 그들의 옷을 찢어버리고 자기를 수행해 고향으로 돌아가자고 울부짖는다. 그는 권력욕, 왕으로서의 자기의 위상 등 그 모든 것을 포기하고 자기로 인해 전몰한 아시아인을 위해 짐승처럼 울부짖을 수밖에 없었다. 자기포기를 통한 **자기지양**이었다.

헤카베는 그와 달랐다. 오비디우스는 나중에 자신의 작품에서 헤카베는 폴뤼크세네와 폴뤼도로스의 죽음에 고통을 참을 수 없어 개처럼 슬픔을 짖었다고 표현했다. 분노에 찬 손가락으로 폴뤼메스토르의 눈알을 뽑아내던 헤카베는 악마 같은 개의 모습으로 으르렁거

---

16) G. W. F. Hegel, *Gesammelte Werke*, Rolf-Peter Horstmann and Johann Heinrich Trede 엮음 (Hamburg: Felix Miner Verlag, 1976), 8: 170쪽; Robert Pogue Harrison, *The Dominion of the Dead* (Chicago: U of Chicago Pr., 2003), 64쪽에서 재인용.
17) G. W. F. Hegel, 같은 책, 8: 170쪽; Robert Pogue Harrison, 같은 책, 65쪽에서 재인용.

리며, 자신에게 던지는 돌을 물어뜯으면서 트라키아 평원을 영원히 달리는 무서운 짐승 같았다(『변신담』 13.561~565).

폴뤼도로스의 시신 앞에서 "오이모이"(oimoi, 681행) 하며 울부짖는 헤카베는 더 이상 전반부의 절망적인 헤카베가 아니다. 헤카베는 그 시신 앞에서 자신의 목소리를, 지양된 자기의 모습을 발견한다. 헤카베는 오비디우스의 헤카베처럼 악마 같은 개의 모습을 한 '분노의 여신'으로 지양되고 있다. 크세르크세스와는 전혀 차원이 다른, 자기 포기를 통한 **자기지양**이다.

헤카베가 경험한 이 타락한 세계에서 **복수** 자체는 그녀에게는 **정의**와 "새로운 노모스"[18]가 된다." 아테나이에서는 살해를 당했을 때 그 살해에 대해 보복을 하는 것은 살해당한 가족의 의무였다. 이런 전통적인 기준에 따르면 헤카베가 폴뤼메스토르에게 보복을 하는 것은 가족으로서의 당연한 의무다. 헤카베, 아가멤논, 그리고 실명한 폴뤼메스토르까지도 헤카베의 복수(timōria, 749행, 756행, 882행, 1258행; 790행, 843행)를 정의(dikē, 844행, 1052~1053행, 1253행)로 보고 있다.[19] 이에는 이로, 피에는 피로 폴뤼메스토르에게 보복하는 (1085~1086행) 헤카베의 복수는 『아가멤논』에서처럼 "전적으로 아이스퀼로스적이다."[20] 그러나 폴뤼메스토르의 두 아들을 처참하게 죽이는 헤카베의 비인간적인 복수에 기반한 그녀의 "정의의 승리"[21]는 우리에게 어떤 위안도 주지 않는다. 두 아들을 잃고 실명당한 폴

---

18) Martha C. Nussbaum, 앞의 책, 409쪽.
19) Helene P. Foley, 앞의 책, 32쪽을 볼 것.
20) Malcolm Heath, "Iure Principem locum tenet: Euripides' *Hecuba*," *Euripides*, Judith Mossman 엮음 (Oxford: Oxford UP, 2003), 260쪽.
21) James L. Kastely, "Violence and Rhetoric in Euripides' *Hecuba*," *Rethinking the Rhetorical Tradition: From Plato to Postmodernism* (New Haven: Yale UP, 1997), 129쪽.

뤼메스토르는 자신의 행위에 대해 어떤 후회나 참회도 하지 않는다. 그는 자신에게 보복한 헤카베와 트로이아의 여인들을 향해 증오와 분노의 불을 내뿜는 사나운 "짐승"(thēr, 1173행)으로 끝까지 남는다. 그리고 헤카베는 물론 그에게 복수한 트로이아의 여인들도 그와 마찬가지로 결국은 "살인을 일 삼는 사냥개들"(1173행)로 남는다.

에우리피데스의 작품 가운데 "가장 어두운 작품"으로 여겨지는[22], 이 "암울한 비극"[23]에서는 최소한의 도덕적 질서도 회복되지 않는다. 헤카베는 그리스로 가는 도중 바다에 몸을 던져 자살을 하고, 그 후 "불같은 눈을 가진 암캐"(1265행)로 변한다. 그녀의 자살은 처절한 절망의 표현이다. 그녀에게 남겨진 것은 노예의 몸으로 적의 나라에서 여생을 보내며, 궁 안의 부엌에서 일을 하고, 마루를 청소하고, 베틀을 짜는(362~364행), 굴욕적인 육체노동뿐이다. "황금이 풍부한 트로이아의 여왕, 한없이 축복받은 프리아모스의 아내"(492~493행)였던 헤카베에게는 이제 어디를 돌아봐도 무망의 길밖에 없다. **연기**로 변한 조국처럼 그녀 또한 연기처럼 사라지기 위해 바다에 몸을 던졌지만, 자신의 의도와 달리 그녀는 죽어 '불 같은 눈을 가진 암캐'로 변했다.

폴뤼크세네가 아킬레우스의 산제물이 되기 위해 끌려 나간 뒤 헤카베가 사지를 떨며 땅바닥에 쓰러져 있을 때, 그리스군의 전령 탈튀비오스는 트로이아의 여왕이자 한없이 축복받은 프리아모스의 아내였던 그녀가 조국과 자식을 잃고, 이제는 노예의 몸이 된 것을 보고 그녀의 가혹한 운명에 동정을 표하면서, 제우스가 과연 고통 받는 인간을 지켜보고 있으며, 인간의 삶을 옳게 다스리고 있는지 제우스를

---

22) Charles Segal, 앞의 책, 218쪽.
23) Rush Rehm, *The Play of Space: Spatial Transformation in Greek Tragedy* (Princeton: Princeton UP, 2002), 187쪽.

향해 회의적인 눈길을 보낸 바 있다(488~491행).

헤카베는 간밤에 아들 폴뤼도로스와 딸 폴뤼크세네에 대한 불길한 꿈을 꾼 뒤 그들의 안전에 이상이 없도록 신들에게 간절히 기도했지만(97행), 그녀를 도와줄 어떤 신도 없었다. 딸 폴뤼크세네가 죽음의 현장에 끌려가게 되었을 때, 자신을 도와줄 "신은 어디에 있는가"(163~164행)라며 울부짖었지만, 딸이 죽고, 마지막으로 남은 폴뤼도로스마저 죽자, 헤카베는 자신의 간곡한 기도에 응답이 없는 신에게 더 이상 기도하지 않았다.[24] 폴뤼크세네의 죽음을 전해 듣고 코로스장은 트로이아의 파멸, 프리아모스 아들들의 죽음, 자신들의 고통 모두가 신으로부터 온 것이며(583~584행), 폴뤼도로스의 죽음에 절망하고 있는 헤카베의 처참한 고통 또한 신으로부터 온 것이라고 탄식한다(721행 이하).

폴뤼크세네의 온당치 않은 죽음에도, 폴뤼도로스의 참혹한 죽음에도, "인간 가운데 가장 고통스러운 자"(poluponōtatēn brotōn, 722행)인 헤카베의 비극적인 운명에도, 조국과 남편을 잃고 노예로 끌려가는 "불행한" 트로이아의 여인들의 운명에도(936~942행) 신은 아랑곳하지 않는다.

헤카베는 죽은 다음 불 같은 눈을 가진 암캐로 변한 뒤 케르노네스 반도의 동쪽 해안에 있는 '개의 무덤'에 묻힌다(1273행). 개는 그리스인에게 사자나 독수리와 달리 고등동물이 아니었다. 『일리아스』에서 프리아모스가 자신이 죽으면 개가 시체를 갈기갈기 찢어 게걸스럽게 자신의 피를 마시지 않을까 우려했듯(『일리아스』 22.66~70), 개는 인간의 시체를 뜯어먹는 무서운 동물, 따라서 멸시의 대상이었다.

---

24) 비록 그녀가 아가멤논에게 폴뤼메스토르를 벌해달라고 탄원할 때 정의의 원리로서 신들에게 호소하고 있지만 말이다(799~805행, 1234~1235행).

『일리아스』에서 헤카베는 아들 헥토르를 죽인 아킬레우스의 간을 씹어 삼키고 싶다고 말했다. 헤카베의 극단적인 고통은 인간과 짐승 사이의 차이를 파괴시킬 수 있음을 말해주고 있다. 헤카베가 여기 개로 변한 것은 이런 사실을 "강조"[25]하고 있는지 모른다. 인간의 무덤이 아니라 개의 무덤에 묻히는 헤카베는 그리스 비극의 그 어떤 인물보다 비극적인 운명의 그로테스크한 주인공이 된다.

코로스는 트로이아의 전쟁을 일으키게 한 "저주스러운"(943행) 헬레네가 다시 그리스, 즉 그녀의 옛집으로 돌아가지 못하게 해달라고 기원하지만(950~951행), 헬레네는 "옛집"(951행)으로 행복하게 귀환했던 것으로 전해진다. 이것이 "신의 은밀한 계획의 일환"[26]인지 모르지만, **전쟁**처럼, 모든 존재와 사물을 이렇듯 부조리하게 만드는 신은 그 자체가 **그로테스크**한 존재인지도 모른다. 그로테스크한 그들의 존재, 아니 그들의 본질이 불 같은 눈을 가진 암캐로 변한 **헤카베** 속에 투영되고 있기 때문이다.

안드로마케
안드로마케의 운명

『안드로마케』(기원전 420년대 중반)는 트로이아의 왕자 헥토르의 아내로서 트로이아의 함락과 함께 그리스군의 전쟁포로가 되고, 이후 아킬레우스의 아들 네오프톨레모스의 "성 노예"[27]가 된 안드로마

---

25) Emily Katz Anhalt, *Enraged: Why Violent Times Need Ancient Greek Myths* (New Haven: Yale UP, 2017), 182쪽.
26) Justina Gregory, *Euripides and the Instruction of the Athenians* (Ann Arbor: U of Michigan Pr., 1991), 224쪽.
27) Casey Dué, 앞의 책, 51쪽.

케의 운명을 다룬다. 작품은 신변의 보호를 받기 위해 테티스의 제단에 "탄원자"(115행)로 나타난 안드로마케가 지금에 이르기까지 자신이 처한 사정을 토로하는 데서부터 시작된다.

안드로마케는 헥토르의 아내가 되어 모두가 부러워하는 행복한 나날을 보냈지만 남편 헥토르는 아킬레우스의 손에 죽임을 당하고, 트로이아가 함락된 뒤 아들 아스튀아낙스는 그리스군에 의해 높은 성탑에서 아래로 내던져져 죽임을 당했다(8~11행). 이후 안드로마케는 곧바로 노예가 되어 아킬레우스의 아들 네오프톨레모스의 "전리품"(14행)으로서 그의 첩이 되어 그의 고향 테살리아의 한 지역, 피티아에 살면서, "주인"(despotēs, 25행)[28]인 그의 아들을 낳았다. 주인 네오프톨레모스가 메넬라오스의 딸 헤르미오네 공주와 정식으로 결혼했지만, 헤르미오네는 안드로마케가 "몰래 쓴 독약"(pharmakois kekrummenois)을 먹고 아이를 낳지 못하게 되어(32행) 남편의 미움의 대상이 되었다며, 본인의 뜻과 무관하게 강제로 네오프톨레모스의 첩이 된(36~38행) 안드로마케를 잔인하게 학대하고 있다(31행).

네오프톨레모스가 아버지 아킬레우스를 죽음으로 몰아간 델포이의 아폴론에게 언젠가 "제정신이 아닌"(52행) 상태에서 보상을 요구한 바 있었다. 네오프톨레모스가 이를 사죄하고 그의 앞날에 축복을 내려줄 것을 간청하기 위해 12일 가량 델포이에 간 사이, 헤르미오네가 자신의 아버지 메넬라오스와 공모해 안드로마케와 그녀의 아들(이 작품에서는 그의 이름이 나오지 않지만, 그는 몰로소스라고 일컬어진다)을 죽이려 한다. 안드로마케는 아들이 "살해될까 두려워"

---

28) 인용한 텍스트의 그리스어 판본은 다음과 같다. Euripides, *Andromache*, P. T. Stevens 엮음[주석포함] (Oxford: Clarendon Pr., 1984). 그리고 Euripides, *Children of Heracles; Hippolytus; Andromache; Hecuba*, David Kovacs 편역, LCL 484 (Cambridge/M.A.: Harvard UP, 1995); Euripide, *Tragédies II: Hippolyte; Androdmaque; Hécube*, Louis Méridier 편역 (Paris: Les Belles Lettres, 2012)을 참조함.

(48행) 딴 곳에 숨겨놓은 뒤 아킬레우스의 어머니인 바다의 신 테티스의 제단에 지금 몸을 피신하고 있다.

안드로마케가 자신이 처한 상황을 토로하는 것을 마치자 하녀가 등장해 헤르미오네와 메넬라오스가 안드로마케가 숨겨놓은 아들을 찾아내어 죽이려 한다고 전한다. 이를 듣고 안드로마케는 조국과 헥토르, 그리고 아들 아스튀아낙스를 잃었을 뿐 아니라 "부당하게(anaxiōs) 노예의 멍에를 짊어진" 자신의 "잔인한 운명"을 생각하면(97~99행), 자신은 "하늘 전체를 비탄과 신음, 그리고 눈물로 가득 채울 만큼"(91~92행) 불행하다며 울부짖는다.

이어 안드로마케는 파리스와 "결혼"하기 위해서가 아니라 "파멸"(103행)을 불러일으키기 위해 고향을 버리고 트로이아에 온 헬레네 때문에 조국이 "불과 칼에 약탈당하고", 헥토르도 살해되었고 말한 뒤(105~107행), 자신은 트로이아 집의 침실에서 강제로 쫓겨나(109행) **증오스러운 노예**(doulos)**의 몸**(110행)이 되어, 이곳에서 하염없이 눈물을 흘리며 살고 있다고 한탄한다. 그러고는 왜 자신이 헤르미오네의 "노예"로 살아야 하는지 탄식한다(113~114행).

테살리아 여인들로 구성된 코로스는 안드로마케와 헤르미오네 사이의 "증오에 찬 불화"(eridi stugerai, 122행)를 걱정하면서 "낯선 땅"에 "친구도 하나 없는", "너무나 불쌍한"(141행, 144행) "노예"(137행) 안드로마케에게 아무런 불상사가 없기를 기원한다. 머리와 목, 그리고 옷을 "화려한 금"(147행)으로 장식한 헤르미오네가 안드로마케 앞에 나타난다.

헤르미오네는 안드로마케에게 안드로마케가 몰래 쓴 독약을 먹고 자신은 임신하지 못하게 되어 남편의 사랑을 받지 못하게 되었다고 질책한 뒤, "노예"(155행)인 주제에 자기 대신 이 집의 여주인이 되려 한다고 나무라면서(155~158행) '노예'라는 것을 한시도 잊지 말라고 경고한다. 이어 여기에는 "헥토르도, 프리아모스도, 프리아모스의 황금도 없으며, 이 나라는 그리스 도시국가(Hellas polis)" (168~169행)라고 호통 친다. 더 나아가 헤르미오네는 안드로마케를 향해 "남편을 죽인 자의 아들과 잠자리를 같이해" 아들을 낳는 "어리석은 짓"을 범했다고 조롱한 뒤(170~173행), 이는 "야만인이나 할 수 있는 일"(173행)이라고 덧붙인다. 그러고는 한 남자가 "두 여자"(duoin gunaikoin)를 거느리는 것도 옳지 않다며(177~178행) 안드로마케에게 또 한번 호통 친다.

안드로마케는 헤르미오네에게 자신은 그녀와 달리 스파르타의 출신도 아니고, 자유민인 그녀와 달리 노예이기 때문에 "아내로서" 그녀가 가진 "합법적인 당연한 권리"(193행)를 빼앗을 만한 처지가 아니니 안심하라고 말한 뒤, 네오프톨레모스가 헤르미오네를 싫어하는 것은 아이를 낳을 수 없기 때문이 아니라 그의 사랑을 받을 만하도록 처신하지 못하기 때문이라고 덧붙인다.

안드로마케는 헤르미오네가 자신의 출생지인 스파르타는 위대한 도시인 반면, 남편 네오프톨레모스의 출생지인 스퀴로스 섬은 "형편없는 곳"이며, 자신은 부잣집 딸이고, 자신의 아버지 메넬라오스는 네오프톨레모스의 아버지 아킬레우스보다 "더 위대하다"고 말하는 등(209~212행) 교만 때문에 "남편의 미움을 받고 있음"(212행)을 강조한다. 그러고는 "천한 가정에 태어난 남편과 결혼했다 해도 여인은 그를 존경해야 하고, 교만 가운데 그와 겨뤄서는 안 된다"(213~214행)라고 충고한다. 이어 안드로마케는 자신이 헥토르의 사랑을 얻게 되었던 것은 "나의 선함"(226행) 때문이었다고 주장한다.

안드로마케의 충고를 "교활하고"(245행) 모욕적인 것으로 받아들인 헤르미오네는 네오프톨레모스가 돌아오기 전에 그녀를 불에 태워 죽이겠다고 말한다(255행, 259행). 그렇게 말하고 헤르미오네가 나가자 스파르타의 왕 헤르미오네의 아버지 메넬라오스가 피신해 있던 안드로마케의 아들을 찾아내어 함께 등장한다. 그는 안드로마케가 테티스 신전을 떠나지 않는다면 그녀의 아들을 죽이겠다고 위협한다. 안드로마케는 메넬라오스에게 그의 딸 헤르미오네가 자신을 죽인다면 그녀는 "살인이라는 부정(miaiphonon, 不淨)을 피할 수 없을 것이며"(335행), 메넬라오스도 살인을 공모한 죄로 재판을 받을 것이라고 말한다. 대신 아들이 살해되면, 네오프톨레모스가 가만히 있지 않고 헤르미오네를 집에서 쫓아낼 것이며, 그 누가 쫓겨난 그녀를 아내로 삼을 것인가 하고 말한 뒤, 자신은 그의 딸에게 독약을 써서 임신하지 못하게 하지 않았으며, 이에 대해서는 당당하게 재판에 임할 것이라고 항변한다.

메넬라오스는 아내가 남편을 잃는다는 것은 자신의 생명을 잃는다는 것과 마찬가지라고 말하면서(373행) 딸을 위해 안드로마케를 죽일 것이며, 그녀가 신전에서 나오지 않으면 대신 아들을 죽일 것이라고 다시 한번 위협한다(380~383행). 안드로마케는 자신이 죽을 하등의 이유가 없다고 항변한다. 자신은 나라를 배반하지도 않았고, 메넬라오스의 아이를 죽이지도 않았으며, 그의 집에 불을 지른 것도 아니니 비난받아야 할 사람은 오히려 자기 뜻과 전혀 관계없이 자신을 강제로 첩으로 삼은 네오프톨레모스요, 죽임을 당해야 한다면 그 대상도 자신이 아니라 네오프톨레모스(388~392행)라고 절규한다.

안드로마케는 비첨하게 죽은 헥토르, 횃불에 "처량하게" 불타고 있던 트로이아(399~400행)를 뒤로하고, "머리채를 잡힌 채 그리스 함선에 끌려간" 뒤(401~402행) 여기 테살리아에서 남편 헥토르를 죽인 자의 아들과 강제로 결혼해 아들을 낳고 살고 있지만, 지금의 이 "단 하나뿐인 아들"(47행)이야말로 자신에게 "남아 있는 유일한 빛"(loipos ophthalmos, 406행)이라며 울부짖는다.

안드로마케는 메넬라오스의 위협에 못 이겨 자신이 아들 대신 죽기로 하고 신전을 떠난다. 메넬라오스와 함께 온 아들에게 그가 살아남는다면 "어머니가 당한 고통과 죽음을 기억하라"(413~414행)라고 말한다. 메넬라오스는 태도를 바꿔 그녀에게 자신의 딸이 아들을 죽이든지 살리든지를 결정할 것이며, 그러한 결정에 "노예"인 안드로마케는 "자유민에게 더 이상 무례를 범해서는 안 된다"(433~434행)라며 집으로 끌고 간다. 안드로마케는 "스파르타인! 모든 인간의 눈에 가장 증오스러운 존재로 비친 자들! 배신을 도모하고, 거짓말을 잘도 하고, 치명적인 간계를 꾸미고, 생각은 언제나 사악하고, 건전한 것이라고는 하나도 없이 비뚤어져 있는 그대들이 그리스에서 번영을 누리는 것이 얼마나 부당한가!"(445~449행)라고 외치면서, "불행한 도시국가 트로이아가 파멸하고 내 영광스러운 남편이 죽음을 당하던 그날 내 삶은 끝났다"(454~456행)라고 하며 울부짖는다.

메넬라오스가 수행원을 데리고 나가고 안드로마케와 아들이 집 안으로 들어갈 때, 코로스는 자신의 남편들은 한 여자와만 침대를 같이 하는 결혼생활에 만족할 것을 기원한다. 그러고는 증오와 "불 같은" 분노에 가득 찬 "스파르타 여인"인 헤르미오네가 안드로마케와 그 아들을 죽이려 한다면(486~490행), "이 살인은 불경스럽고 불법적이고 야비한 짓"(491행)이 될 것이라고 매도한다.

그때 안드로마케가 보낸 하녀의 부축을 받으며 이곳의 통치자(21~23행)인 네오프톨레모스의 할아버지 펠레우스가 등장한다. 펠레우스는 메넬라오스에게 재판 없이 어찌 살인을 꾀하고 있는가라고 나무란다. 안드로마케는 펠레우스에게 지금까지 일어난 사태를 전하면서 그 앞에 무릎을 꿇고 목숨을 구해달라고 간청한다. 펠레우스가 메넬라오스에게 끈으로 묶은 그녀의 손을 풀어주라고 명하자, 메넬라오스는 자신이 그보다 안드로마케에 대해 더 많은 권한을 가지고 있으며, "트로이아에서 [그녀를] 포로로 잡은 것은 자신"(583행)이었음을 주장한다. 그러자 펠레우스는 "내 손자[네오프톨레모스]가 그녀를 전리품으로 받아들였던 것"(584행)이라며, 자신의 말을 따르지 않으면 폭력을 행사할 것이라고 경고한다.

이어 펠레우스는 메넬라오스에게 "여인들 가운데 가장 음탕한 여인"(595행)인 그의 아내 헬레네 때문에 그가 트로이아 전쟁을 일으켜 자신의 아들 아킬레우스는 물론 "용감한 숱한 사람들의 목숨을 잃게 했다"(611행)며 울분을 토한다. 그러고는 그가 그의 형 아가멤논을 부추겨 형의 딸 이피게네이아를 죽이게 했던 것을 상기시키면서, 트로이아가 함락되어 그가 아내 헬레네를 발견했을 때 배신한 그녀를 죽이지 않고 "그녀의 가슴을 보았을 때 성욕에 정복당해(hēssōn pephukōs Kupridos) 칼을 던지고 배신자인 그 암캐에게 입을 맞추었던"(629~631행) 것을 꾸짖는다. 그러고는 네오프톨레모스가 없는 틈에 손자의 집에 와서 "수치스러운 살인"(634행)을 저지르려 한다며, 그의 딸을 데리고 이 집을 당장 나가라고 호통 친다.

메넬라오스는 자신의 딸이 아니라, 대신 "아시아 출신"(652행)인 "야만인"(barbaros, 649행) 안드로마케를 쫓아내야 한다고 말한다. 아킬레우스가 안드로마케의 남편 헥토르의 동생 파리스에게 죽임을 당한 책임이 그녀에게도 있기 때문에(652~655행), 안드로마케를 나일 강 너머로 쫓아내야 한다고 말한다.

펠레우스는 그에게 이 집에서 딸과 함께 당장 나가지 않는다면 네오프톨레모스가 돌아와 "불임의 어린 암소"(711행)인 그의 딸의 머리채를 잡고 이 집에서 그녀를 쫓아낼 것이라고 소리친 뒤 묶인 어머니의 손을 풀어주고 있는 안드로마케의 아들을 가리키며 그가 "사생아"(nothos, 636행)일지라도 자신의 손자로 여겨(711~714행) 메넬라오스 가문의 "커다란 적"(megan······ echthron)으로 키울 것이라고 공언한다(723~724행). 메넬라오스는 스파르타에서 멀리 떨어져 있지 않은 한 도시를 정복한 다음 다시 돌아와 네오프톨레모스가 헤르미오네를 어떻게 대접하는지에 따라 행동을 정할 것이라고 경고한 뒤 떠난다. 그가 떠나고, 펠레우스, 안드로마케, 어린 아들, 하녀가 퇴장한다.

이윽고 헤르미오네가 하녀들과 함께 등장한다. 그녀는 안드로마케와 그녀의 아들을 죽이려 한 자신의 행위를 후회하면서, 자신은 "사람들의 눈에 저주받은, 저주받은 자"(838~839행)가 되었다고 한탄한다. 헤르미오네는 자신을 남겨두고 떠난 메넬라오스를 향해 아버지는 "항해의 기술도 없는 나를 홀로 해변에 남겨두었다"(854~855행)라고 말하면서, 네오프톨레모스가 돌아와 자신과의 결혼생활을 끝내고 자신을 죽일 것이라며(856~857행) 탄식한다.

유모는 헤르미오네에게 네오프톨레모스가 "야만인 여인의 말, 별 가치가 없는 말에 설복되어" 그녀와의 결혼생활을 끝내지는 않을 것이라면서(869~870행), 헤르미오네는 트로이아에서 전리품으로 잡혀온 "포로"가 아니라 "많은 결혼지참금을 가지고" 온 네오프톨레모스의 정식 아내이며, 그녀는 이름난 부잣집의 "딸"이기 때문에 (871~873행) 그는 더욱 그녀를 버리지 않을 것이며, 만약 그렇게 된다 해도 아버지 메넬라오스도 이를 방치하지 않을 것이라고 위로한다.

이때 "아가멤논과 클뤼타이메스트라의 아들"(884행) 오레스테스가 등장한다. 그는 제우스의 신탁을 듣기 위해 도도나에 가는 도중 "스파르타 출신"(889행)의 사촌 헤르미오네가 어떻게 지내고 있는지 알기 위해 들른 것이다. 헤르미오네는 그 앞에 무릎을 꿇고 그의 무릎을 잡은 채 자신은 "헬레네의 유일한 자식"(899행)인 헤르미오네라고 밝히고, 남편이 자기 대신 안드로마케를 사랑하게 되어 아버지와 함께 복수를 감행하려 했지만 펠레우스에게 저지당했으며, 네오프톨레모스가 돌아오면 "마땅히"(endikōs, 920행) 자신을 죽이든가, 아니면 자신을 "한때 내 노예였던 그 첩의 노예로 만들 것"(927~928행) 같다며, 자신을 도와 아버지 메넬라오스가 있는 스파르타 집에 데려다주기를 간청한다.

오레스테스는 헤르미오네를 도와 그녀를 메넬라오스의 집에 데려다주고(968~984행) 그녀와 결혼할 것이라고 약속한다(1062~1063행). 오레스테스는 헤르미오네에게 네오프톨레모스의 앞길에는 "교묘하게 짜인 올가미, 확고부동한 덫"(brochos akinētos, 995~996행)이 있다며, 네오프톨레모스가 한때 아폴론에게 아버지 아킬레우스를 죽인 것에 대한 보상을 요구했던[29] 일을 사죄하기 위해 델포이에 갔지만, 불경을 저지른 잘못에 대한 벌로 그는 "비참하게" 죽임을 당할 것이며"(1006행), "신은 자신의 적이 오만해지는 것을 용납하지 않는다"(1068행)라고 덧붙인다. 오레스테스가 말하는 그 "확고부동한 덫"은 나중에 드러나듯, 오레스테스가 자신을 따르는 델포이인을 부추겨, 아폴론에게 불경한 짓을 하고 개인적으로도 원한이 있는 네오프톨레모스를 테살리아에 오기 전에 죽이게 한다는 것이다.

코로스는 포세이돈과 함께 트로이아를 건설하는 데 도움을 주었던 아폴론을 부르며, 왜 도움의 손길을 거두고 전쟁의 신 아레스의 손에 맡겨 트로이아를 "불행하게 만들었느냐"(1017~1018행)라며 탄식한 뒤 다시 아폴론을 부르며 어머니 클뤼타이메스트라를 살해했던 아들

---

29) 이 작품에서 아폴론은 아킬레우스의 살인자(50~55행, 1002~1003행, 1194~1196행, 1212행)로 자주 언급되고 있다. 호메로스의 『일리아스』에서 아킬레우스가 트로이아인들에게 결정적인 패배를 안겨주려던 찰나 아폴론이 이를 저지했다. 아킬레우스는 자신에게 돌아올 "커다란 영광을 빼앗은"(『일리아스』 22.18) 아폴론을 "모든 신 가운데 가장 악한 자"(22.15)라고 부른 뒤, "내게 힘이 있다면, 오직 그대를 벌하리라"(22.20)라며 그 신에게 도전했다. 아폴론은 이에 대한 벌로 그를 죽음에 몰아넣었다. 그러자 아킬레우스의 아들 네오프톨레모스는 아버지를 죽게 한 아폴론에게 분노를 쏟으면서 그 신에게 아버지의 죽음을 보상하라고 요구한 바 있었다.

오레스테스에게 또다시 피를 보게 하는 신탁을 내리려 하느냐라며 탄식한다(1028~1036행).

헤르미오네가 집을 떠났다는 소문을 듣고 온 펠레우스에게 코로스장은 그녀가 오레스테스와 함께 떠났으며, 오레스테스가 아폴론의 신전에서 "델포이인들의 도움으로"(1065행) 그의 "손자" 네오프톨레모스를 "죽일 궁리하고 있다"(1063행)라고 들려준다. 이때 곧바로 사자가 등장해 펠레우스에게, 네오프톨레모스가 신전에서 아폴론 신에게 기도를 올리고 제물을 바치고 있었을 때, "예리한 칼로(oxuthēktois phasganois) 무장한 채"(1118행) 매복해 있던 "델포이인들"과 오레스테스(1075행)가 나타나 그를 살해했다고 들려준다.

펠레우스는 이제 자신에게 남아 있는 자식은 아무도 없으며(1177~1178행), 헤르미오네와의 "결혼"이 자신의 "집", 자신의 "도시"를 파괴했다(1186~1187행)라고 탄식하고 나서 인간들은 아폴론 신에게 매달려서는 안 된다며 울분을 토한다(1194~1195행). 아폴론이 아들 아킬레우스와 손자 네오프톨레모스의 목숨을 전부 빼앗아갔다며(1212행), 펠레우스가 손자의 시신 곁에서 무릎을 꿇고 울고 있을 때, 펠레우스와 결혼해(1231행) 아킬레우스를 낳았던 테티스 여신이 나타난다.

테티스 여신은 펠레우스의 불운을 위로하면서 네오프톨레모스는 델포이 제단에 묻힐 것이며, 안드로마케는 몰로시아인의 나라로 가서 프리아모스의 아들 헬레노스와 결혼하게 될 것이고, 그녀의 아들도 그곳에 함께 가 훗날에 그 나라 왕들의 시조가 될 것이라고 말한다(1243~1252행). 그리고 테티스 여신은 펠레우스가 불사신이 되어 자기와 함께 바다의 궁전에 살면서 도나우 강의 하구 맞은편 레우케 섬에 살고 있는 아킬레우스와 재회하게 될 것(1253~1262행)이라 말한 뒤, 이 모두가 "제우스의 뜻"(1269행)이라 전하며 떠나는 가운데 작품은 끝난다.

내 안의 타자

『안드로마케』는 펠로폰네소스 전쟁 기간에 공연되었던 작품이다. 이러한 역사적인 상황을 고려할 때, 등장인물 스파르타인 헤르미오네와 메넬라오스의 행태를 통해 아테나이와 교전 중이던 스파르타를 규탄하려는 작가의 의도가 이 작품에 어느 정도 반영되어 있는 것처럼 보인다. 『트로이아의 여인들』에서 에우리피데스는 아들 아스튀아낙스를 성벽 아래로 집어 던져 죽이는 등 그리스인의 잔인한 행동을 비난하는 안드로마케의 입을 통해 야만인은 이방인 아시아인이 아니라 바로 그리스인(특히 스파르타인)이라는 점을 강조했다.

작품 『안드로마케』에서도 작가의 이러한 인식은 안드로마케가 아무 잘못이 없는 자신과 아들 몰로소스를 죽이려고 광분하는 헤르미오네와 메넬라오스를 향해, 스파르타인들은 배반과 거짓말, 그리고 간계에서 타의 추종을 불허하는 인간들 가운데 "가장 증오스러운 존재"(445행)라고 강도 높게 비난하고, 같은 그리스 여인인 코로스도 안드로마케와 그녀의 아들을 죽이려 하는 헤르메네오의 행태를 향해, "불경스럽고 불법적이고 야비한"(491행) 짓이라고 비난한 것을 통해 확인된다.

스파르타인 헤르미오네와 메넬리오스를 향한 비난을 통해 아데나이인 에우리피데스가 조국과 교전 중인 스파르타에 반대하는 애국주의적인 선전을 펼치려고 했던 것처럼 보일 수도 있다. 그러나 그의 의도는 이러한 **정치성**에 있는 것이 아니었다. 그가 보여주려고 한 것은 『트로이아의 여인들』과 『헤카베』에서처럼 전쟁으로 인한 인간의 고통, 특히 전쟁의 최대 희생자인 여성이 당하는 고통, 그들이 공유하고 있는 공통적인 운명에 대한 그의 연민과 그의 아픔이다.

하지만 앞의 두 작품과 마찬가지로 이 작품에서도 에우리피데스가 이방인 안드로마케가 그리스인 헤르미오네와 메넬라오스에게 당하는 부당한 고통에 깊은 동정을 표함으로써 이방인 **타자**를 야만적이라고 규정해온 그리스인이 오히려 야만적이고, 타자인 트로이아인이 그리스인보다 도덕적으로 훨씬 우위에 있다는 것을 보여준다.

이 작품과 앞의 두 작품 모두 펠로폰네소스 전쟁기에 공연되었다. 페르시아 전쟁 이후 그리스인은 자신들을 **주체**로 여기고, 주체인 자신들과 대립 관계에 있는 타자인 이방인은 늘 야만적이라고 생각했다. 이는 이 작품에서도 부분적으로 나타난다. 헤르미오네가 자신은 안드로마케가 몰래 쓴 독약을 먹고 임신하지 못하게 되어 남편의 사랑을 받지 못하게 되었다고 말하면서, 아시아 여인은 이런 짓을 하는 데 익숙하다고 말하는 데서(159~160행) 확인된다. 그리고 안드로마케가 남편 헥토르를 죽인 아킬레우스의 아들과 잠자리를 같이해 아들을 낳은 것을 거론하면서, 이는 "야만인이나 할 수 있는 일이며"(173행), 야만인은 아버지가 딸과, 아들이 어머니와, 누이가 오빠와 성 관계를 하고, 가장 가까운 친척이 서로를 죽이며, 이를 금하는 법마저도 없다(174~176행)라고 비아냥거리는 데서도 확인된다.

그리스인의 문화적·도덕적인 우월성을 내세우고 이를 정당화하는 태도는 하나의 이데올로기로서 오랫동안 자리 잡고 있었지만, 그리스인의 도덕적인 치부를 보여준 펠로폰네소스 전쟁은 이러한 이데올로기를 더 이상 정당화할 수 없게 만들었다.[30] 페르시아 전쟁에서 승리한 뒤 기원전 5세기에 제국의 지도자가 된 아테나이는 다른 여러

---

30) N. T. Croally, *Euripidean Polemic: "The Trojan Women" and the Function of Tragedy* (Cambridge: Cambridge UP, 1994) 113~115쪽.

지역을 강탈하면서 그 지역에 살고 있는 많은 남자를 죽이고 여인들과 아이들은 노예로 삼았다.

기원전 431년 펠로폰네소스 전쟁이 발발했을 때, 아테나이는 자신의 동맹군으로 참전하기를 거부하거나 비협조적이었던 나라들에게 엄청난 보복을 가했다. 기원전 427년 아테나이 민회는 뮈틸레네의 모든 남자를 죽이고 여성과 아이들을 노예로 삼기로 결의했다. 그러나 다음 날 태도를 바꿔 그들에게 비협조적이던 주동인물만 1,000명 이상 죽였다(투퀴디데스『펠로폰네소스 전쟁사』3.50). 그리고 기원전 421년에 아테나이인들은 스키오네의 남자들을 모두 죽였고, 여성들과 아이들을 노예로 만들었다(투퀴디데스『펠로폰네소스 전쟁사』5.32). 기원전 416년에는 스파르타의 식민지였는데도 그 전쟁에 중립으로 남으려던 멜로스 섬에 쳐들어가 그 섬의 남자들 전부를 죽이고 여성들과 아이들을 노예로 만들었다(투퀴디데스『펠로폰네소스 전쟁사』5.84~116).

펠로폰네소스 전쟁기 동안 아테나이인이 행한 잔인한 행동,[31] 또한 아테나이인과 스파르타인이 상호 간에 행한 잔인한 행동을 경험한 에우리피데스는 이방인 **타자**에 대한 그리스인의 도덕적인 우월성을 더 이상 인정할 수 없었고, 야만적인 타자는 이방인이 아니라 바로 내부의 그리스인 자신들이라는 것을 절감했다. 에우리피데스는 트로이아 전쟁을 소재로 한 그의 비극작품들, 특히『트로이아의 여인들』,『헤카베』,『안드로마케』 등을 통해 이러한 자신의 인식을 부각시키려 했다. 그러나 앞서 말했듯, 그는 궁극적으로 이런 **정치성**을 보여주려

---

31) 이에 대해서는 W. Kendrick Pritchett, *The Greek State at War* (Berkeley: U of California Pr., 1991), 218~219쪽; Gabriel Herman, *Morality and Behaviour in Democratic Athens: A Social History* (Cambridge: Cambridge UP, 2006), 360~362쪽을 볼 것.

고 한 것이 아니다. 전쟁으로 인한 인간의 고통, 인간존재의 비극성을 강조하려고 한 것이 그의 진정한 의도였다.

노예 안드로마케

안드로마케는 호메로스의 『일리아스』에 처음 등장할 때부터(6.398 이하) 전쟁으로 고통 받는 비극적인 여인을 상징하는 인물 가운데 한 사람으로 등장한다. 『일리아스』의 호메로스 시대엔 일반적으로 패배한 적군은 전장에서 바로 학살당했다. 남아 있는 여인들은 죽임을 당하지 않고 대부분 정복자들의 전리품이 되어 그들의 집에서 고된 육체노동을 한다든가, 주인의 남자 노예와 강제로 성 관계를 맺게 된다든가 하는 비참한 노예의 삶을 살았다. 왕가의 젊고 아름다운 여인들은 그들을 전리품으로 선택한 정복자 **주인**의 아내나 첩이 되어 그들의 성 노예로 살았다.[32] 트로이아의 여인들이 정복자의 나라 그리스에서 앞으로 어떤 비참한 노예의 삶을 살게 될 것인지는 『트로이아의 여인들』(190행 이하, 491행 이하)과 『헤카베』(357~378행)에서 이미 드러난 바 있다.

노예(doulos)를 뜻하는 그리스 단어 가운데 보통 가축을 표현하는 단어, 곧 '네발을 가진 것'을 뜻하는 '테트라포돈'(tetrapodon)과 유사한, '사람의 발을 가진 것'을 뜻하는 '안드라포돈'(andrapodon)이라는 단어가 있다. '안드라포돈'은 특히 전쟁시 포로로 잡힌 노예들,[33] 말하자면 노예로 팔릴 운명인 그리스인이 아닌 여인과 아이들에게 적

---

32) Yvon Garlan, *Slavery in Ancient Greece*, Janet Lloyd 옮김 (Ithaca: Cornell UP, 1988), 32~33쪽.
33) Paul Cartledge, *The Greeks: A Portrait of Self and Others* (Oxford: Oxford UP, 1993), 136쪽.

용되는 단어였는데, 이는 노예가 '네발을 가진 가축'과 유사한 존재라는 것을 함축한다.[34] 크세노폰은 자주 '안드라포돈'을 군용-우마(軍用牛馬, hupozugia)와 관련해 말하고 있다(『아나바시스』 4.5.4).

전쟁포로인 노예 안드로마케는 바로 '네발을 가진 가축'과 같은 존재에 지나지 않는다. 헥토르는 트로이아가 패망해 모두가 죽게 되면 아내 안드로마케가 아르고스에서 육체노동을 하는 노예로 희망 없는 눈물의 세월을 보내지 않을까 염려했지만(『일리아스』 6.454~458), 안드로마케는 네오프톨레모스의 **노예**(12행, 30행, 99행, 110행, 137행, 155행, 328행, 401행, 434행, 933행)로서 그의 고향 테살리아에서 첩으로 살고 있다. 그것도 모든 그리스인의 **적**(515~516행, 520행, 652~654행)인 트로이의 **야만인**(173행, 243행, 261행, 649행, 665행, 870행)이자 **전쟁포로**(583행, 871행, 908행, 962행, 1059행, 1243행)인 성 노예로 살고 있다. 그러니 안드로마케는 최악의 조건 속에 있는 전쟁의 희생자이자, 여성, 노예, 그리고 이방인이라는 점에서 전형적인 '타자'다.

안드로마케와 지금의 남편 네오프톨레모스 사이의 운명적인 관계는 일찍이 호메로스의 『일리아스』에서 드러나고 있다. 네오프톨레모스의 아버지 아킬레우스는 안드로마케의 남편 헥토르를 죽이기 전에도 안드로마케의 아버지와 오빠들을 살해했다(6.414~424). 안드로마케는 이러한 아킬레우스의 아들 네오프톨레모스의 첩이 된다. 『트로이아의 여인들』에서 안드로마케가 트로이아의 성벽에서 아래로 내던져져 죽은 아들 아스튀아낙스 시신을 뒤에 남겨두고 그리스로 향해 끌려갈 때, 그녀는 자기에게는 "모든 이의 마지막 동반자인 희망조차 없다"(681~682행)라고 탄식했다.

---

34) Thomas E. J. Wiedemann, *Slavery* (Oxford: Oxford UP, 1987), 13쪽.

죽은 헥토르를 잊고 앞으로 그녀의 주인이 될 네오프톨레모스를 잘 섬기라는 헤카베의 당부를 안고 그를 따라 여기 테살리아에 온 안드로마케는 네오프톨레모스가 아니라 죽은 헥토르를 자신의 남편으로(4행, 8~9행, 107행, 112행, 227행, 456행, 523행), 자신의 "가장 사랑하는 자"(222행)로 여긴다. 그녀는 마지못해 네오프톨레모스와 잠자리를 같이 하고 있다고 말함으로써(38행) 헥토르를 향한 아내로서의 충성을 끝까지 지키려 한다. 그녀가 처한 현재의 조건은 헥토르의 정식 아내로서 그의 자식들을 키우며(4행) 행복하게 살았던 과거와 대비된다. 이 대비는 '주어진' 이라는 의미를 가진 '도테이사'(dotheisa)가 4행과 15행에서 각각 달리 사용되는 것에서 드러난다. 안드로마케는 헥토르에게 "정식 아내로"서 "주어졌지만"(4행), 네오프톨레모스에게는 "전리품"(14~15행)인 '성 노예'로 주어졌다.

그리스 비극에서 **침대** 또는 **침실**은 여성의 운명을 상징하는 주요한 대상이다.[35] 여기서도 그것은 헬레네와 안드로마케를 비교하면서 주요한 이미지로 등장한다. 헬레네는 고향 그리스를 버리고 트로이아인 파리스의 침실로 향했지만(104행), 안드로마케는 강제로 조국 트로이아의 집의 "침실"(thalamos)에서 쫓겨나(109행, 111~112행) 그리스인 네오프톨레모스의 침대에 몸을 던졌다. 안드로마케는 자신의 이러한 상황을 축복받은 결혼의 면사포가 아닌 "증오스러운 노예의 면사포로 내 머리 주위를 휘감았다"(110행)라는 표현으로 탄식한다. 그녀는 모든 여인이 "부러워했던"(5행) 헥토르와의 행복했던 결혼생활을 그리워하면서 아킬레우스의 손에 비참하게 죽은 그를 자주 부르며 자신을 도와달라고 호소한다(8~9행, 106~107행, 222행, 399~400행, 523~525행).

---

35) 3부 1장 『메데이아』 513~514쪽과 513~514쪽의 (주26)과 (주27)를 볼 것.

그러나 남편 헥토르도 조국도 없는, 그래서 코로스의 표현 그대로 아무런 힘없는(134행) 노예의 신분인 안드로마케에게 유일한 위안과 희망은 "단 하나뿐인 아들"(47행)의 존재다. 호메로스의 시대에는 노예인 어머니에게서 태어난 아들은 그 어머니가 노예의 신분이더라도 별다른 큰 불이익을 받지 않았다. 그는 자유민이 될 수 있었고, 적자가 없는 경우 상속자도 될 수 있었다.[36] 텔라몬의 아들 사생아 테우크로스(『일리아스』 8.283~284), 노예와의 사이에서 태어난 메넬라오스의 아들 메가펜테스(『오뒤세이아』 4.3~14), 첩과의 사이에서 태어난 오뒤세우스(『오뒤세이아』 14.200~210) 등이 그러했던 것처럼…….

가령 오뒤세우스의 경우 그의 아버지가 사망했을 때, 그는 재산 상속에서 전적으로 배제되지 않았다. 그는 집과 작은 재산을 물려받았고, 아주 부유한 집의 규수와 결혼도 할 수 있었다(『오뒤세이아』 14.199~212).[37] 이때에는 "본처와 첩 사이의 대립도 고전주의 시대[의 아테나이]보다 크게 눈에 띠지 않았다.[38]

그러나 아테나이의 경우 본처에서 태어나지 않은 자식이 때로는 아버지의 상속자가 되기도 했던 초기와는 달리[39] 솔론 시기에 이르면서부터 사생아에게 상속권과 시민권이 부여되지 않았다.[40] 아테나이 남성이 보통 노예, 정부, 창녀 등의 여인과 성 관계를 갖고 더러 그들에게서 태어난 자식들을 거느리고 있었지만, 기원전 451~450년

---

36) Daniel Ogden, *Greek Bastardy in the Classical and Hellenistic Periods* (Oxford: Clarendon Pr., 1996), 23쪽.
37) Jean-Pierre Vernant, *Myth and Society in Ancient Greece*, Janet Lloyd 옮김 (Sussex: Harvester Pr., 1980), 53쪽.
38) Jean-Pierre Vernant, 같은 책, 51쪽.
39) Jean-Pierre Vernant, 같은 책, 51쪽.
40) Daniel Ogden, 앞의 책, 37~44쪽을 볼 것.

에 페리클레스가 아테나이 시민인 아내 사이에서 태어난 자식에게만 시민권과 상속권이 주어지는 법을 제정한 이후 "이방인이나 아테나이 시민이 아닌 첩의 자식에게는 상속권과 시민권이 주어지지 않았다"[41]

물론 첩의 자식은 상속권을 부여받지 못했다 해도 첩 본인은 남자의 재산의 일부분을 소유할 수 있었다든가,[42] 그들에게서 태어난 자식이 적자 대접을 받는 경우도 있었다든가, 다른 남자가 그들과 강제로 성 관계를 가지면 그자를 범법자로 낙인찍어 첩의 신분을 일정 부분 법적으로 보호했다든가, 아테나이의 자유시민이 될 자식을 낳을 수 있는 그들을 다른 남자가 범한다면 그자는 죽임도 당할 수 있었다든가 등 첩의 신분을 가진 여인들이 부분적으로 보호와 혜택을 받았다는 주장[43]도 있다. 하지만 데모스데네스가 기원전 4세기의 정부, 첩, 아내의 역할을 두고 "우리는 쾌락을 위해 정부를, 우리의 매일의 육체적인 욕망을 달래기 위해 첩과 적자를 생산하게 하고, 가정사의 믿음직한 관리인이 되게 하기 위해 아내를 가진다"(59.122)라고 규정한 것처럼, 첩은 무엇보다도 남자들의 성적 욕망을 만족시키기 위한 성적 도구에 불과했다.

에우리피데스가 안드로마케를 호메로스 시대의, 또는 기원전 5세기 아테나이 고전시대의 **첩**, 그 어느 것으로 표상했든 간에, 안드로마케는 앞서 언급한 지위에 있는 성 노예, 첩에 지나지 않는다. 그런

---

41) Helene P. Foley, *Female Acts in Greek Tragedy* (Princeton: Princeton UP, 2001), 89쪽. 그리고 Sarah B. Pomeroy, *Goddesses, Whores, Wives, and Slaves: Women in Classical Antiquity* (New York: Schocken Books, 1975), 91쪽을 볼 것.

42) Cheryl Anne Cox, *Household Interests: Property, Marriage Strategies, and Family Dynamics in Ancient Athens* (Princeton: Princeton UP, 1998), xviii

43) William Allan, *The "Andromache" and the Euripidean Tragedy* (Oxford: Oxford UP, 2000), 170쪽을 볼 것.

데도 그녀의 단 하나뿐인 아들은 그녀에게 "남아 있는 유일한 빛"(406행)이 되고 있다. 안드로마케가 자신의 아들이 적자가 없는 네오프톨레모스의 상속자로 인정받아 자신을 보호해줄 수 있을 것이라고 내심 희망하고 있기 때문인지 모른다. 펠레우스가 "사생아가 때론 적자보다 더 훌륭하며"(638행), 비록 사생아라 할지라도 그 아들을 자신의 손자로 여길 것(711~714행)이라고 말하고 있으므로 더욱 그렇다.

하지만 그러한 희망은 네오프톨레모스의 죽음으로 좌절된다. 그녀의 아들이 적자 역할을 하게 되어 그의 뒤를 잇는 상속자가 될 가능성이 완전히 무산되었기 때문이다. 이 지역 피티아를 통치하는 네오프톨레모스의 할아버지 펠레우스 또한 연로해 언제 죽을지도 모른다. 그녀와 어린 아들 앞에는 이제 "거센 폭풍우"를 방어해줄 "항구"(limēn, 748~749행)가 없다. 그들 앞에는 무망한 **고통의 바다**만이 놓여 있다.

신은 누구인가

『안드로마케』의 배경이 되는 신화와 비교했을 때, 이 작품과 신화 사이에서 가장 뚜렷하게 드러나는 차이는 네오프톨레모스의 경우다. 트로이아의 제우스의 제단에서 프리아모스를 살해하고, 헥토르와 안드로마케의 아들 아스튀아낙스를 트로이아의 성벽에서 아래로 내던져 죽게 하고, 헤카베의 딸 폴뤽크세네를 자신의 아버지 아킬레우스에게 산제물로 바쳤던 네오프톨레모스의 잔인한 행위는 작품 『안드로마케』에서는 언급되지 않는다. 안드로마케는 "그리스인이 트로이아의 땅을 함락했을 때, 내 남편과의 사이에서 태어난 아들 아스튀아낙스가 높은 성벽에서 아래로 내던져지는 것을 보았다"(9~11행)라고 말할 뿐 아스튀아낙스가 누구에게 죽음을 당했는지에 대해서는 침묵한다. 네오프톨레모스가 관계되는 한, 이 작품에서 무엇보다도 강조되는 것은 그가 오레스테스와 아폴론 신의 처참한 복수의 희생자가 되고 있다는 것이다.

호메로스의 『일리아스』에서 펠레우스와 테티스 여신의 결혼식에 주빈으로 참석했던 아폴론은 뤼라를 연주하며 그들의 결혼을 축하해 주었지만, 그들을 배신한다(24.62~63). 아폴론이 그들의 아들 아킬레우스를 죽음으로 몰아갔다는 것이다. 네오프톨레모스는 아버지 아킬레우스의 죽음을 가져온 아폴론을 향한 분노를 이기지 못해 한때 델포이 신전에 가서 그 신에게 아버지의 죽음에 대한 보상을 요구한 적이 있었지만, 차츰 분노를 거두고 그에게 행한 자신의 무례를 용서받기 위해 다시 델포이 신전에 갔다. 그러나 아폴론은 그의 "변한 마음"(1003~1004행)을 외면하고, 마치 "나쁜 인간(anthrōpos kakos)처럼 그에 대한 지난날의 불만을 잊지 않고 있었다"(1164~1165행).

네오프톨레모스가 자신의 무례한 행동을 용서받기 위해 신전의 제단 앞에서 아폴론 신에게 기도하고 제물을 바치는 순간, 매복해 있던 무장한 델포이인들이 오레스테스의 사주를 받아 "예리한 칼"(1118행)로 "무방비상태의 아킬레우스의 아들"(1119행)을 찔렀다. 네오프톨레모스는 아폴론에게 기도하고 제물을 바치는 "경건한" 행동을 하는 자신을 왜 죽이려 하며, 자신이 "무엇 때문에 죽어야 하는가"(1125~1126행) 하고 외쳤다. 하지만 그들은 네오프톨레모스에게 아무 말을 하지 않고, 갑옷과 방패로 방어하고 있는 그에게 숱한 화살과 창, 끝이 뾰족한 쌍날의 쇠꼬챙이를 던졌다. 그들은 네오프톨레모스가 쓰러지자 "예리한 칼로 그의 옆구리를 찔렀다"(1150행). "그의 아름다운 전신(全身)은 끔찍한 부상으로 찢겨졌다"(1154~1155행). 그리스군의 최대의 적이었던 헥토르가 죽었을 때 그리스군은 그의 아름다운 몸을 보고 경탄을 금치 못하면서 한 사람 한 사람 칼로 그의 몸을 찔렀지만(『일리아스』 22.371), 그들은 헥토르의 몸을 난도질하지는 않았다(『일리아스』 24.405~421).

그러나 네오프톨레모스의 시신은 전신이 처참하게 찢어진 채 제단 근처에 내던져졌다. 이를 보고 있던 사자는 "모든 인간에게 무엇이 옳은지를 심판하는" 예언의 신 아폴론이 "아킬레우스의 아들"을 그렇게 죽음으로 내모는 것이 과연 "현명한" 것인가 하며 깊은 슬픔을 토했다(1161~1165행). 코로스는 "아폴론이 내 자식들을 빼앗아갔다"(1211~1212행)며 아킬레우스의 죽음뿐만 아니라 네오프톨레모스의 죽음도 아폴론에게 책임을 돌리는 펠레우스에게 동조하면서 "신이 이 같은 파멸을 불러왔고, 이 같은 재앙을 만들었다"(1204행)라고 통탄했다.

『트로이아의 여인들』에서 트로이아가 파멸한 원인에 대해 헤카베와 헬레네 사이에서 벌어지는 격론을 통해서도 나타나고 있지만, 이 작품에서도 코로스는 파리스가 헤라, 아테나, 아프로디테 가운데 누가 가장 아름다운 여신인가를 심판하게 되었을 때(278행), 그 파리스가 자신을 지명한다면 헬레네를 주겠다고 약속한, 아프로디테의 "듣기 즐거운 말"(290행)에 현혹되어 그 여신이 가장 아름답다고 심판하지 않았더라면, 그래서 그 약속대로 그 여신이 헬레네로 하여금 파리스를 향한 사랑을 불태우게 해 그를 따라 트로이아로 가게 하지 않았더라면, "비참한 트로이아 도시와 트로이이 성채에 쓰라린 파괴의 결과를 낳지"(291~292행) 않았을 것이며, "노예의 멍에(zugon doulion)도 트로이아의 여인들에게 도래하지 않았을 것"(301~302행)이라고 탄식했다.

코로스는 포세이돈과 함께 트로이아를 건설하는 데 도와주었던 아폴론을 향해 왜 트로이아의 운명을 전쟁의 신 아레스의 손에 맡겨 그

나라를 "불행하게, 불행하게 만들었느냐"(1017~1018행)라고 탄식한다. 코로스는 오레스테스로 하여금 아버지 아가멤논을 죽인 어머니 클뤼타이메스트라를 죽이게 하더니 이제는 왜 네오프톨레모스마저 그렇게 "비참하게"(kakōs, 1006행) 죽이게 하느냐고 그 신의 처사를 원망한다. 이렇게 볼 때 아킬레우스의 죽음, 네오프톨레모스의 죽음을 가져온 아폴론, 트로이아의 파멸에 별미를 제공한 아프로디테 등 신은 인간 개개인의 죽음에도 관계하고 있을 뿐 아니라, 트로이아인 전체의 비극적인 운명에도 관계하고 있으며, 이에 대한 책임도 있음이 드러난다. 네오프톨레모스의 처참한 죽음을 목격한 사자가 이를 초래한 아폴론을 "나쁜 사람"(1164행)과 같다고 규정하고, 또 어찌 이런 신을 "현명한 자"(sophos, 1165행)라고 일컬을 수 있겠느냐고 울분을 토했듯, 이 작품에서도 에우리피데스가 신의 존재와 본질에 깊은 회의를 표하고 있음을 숨기지 않는다.

앞서 소개했듯, 작품의 끝에 테티스 여신이 나타나 손자 네오프톨레모스를 잃고 슬퍼하는 펠레우스를 위로한다. 그녀는 네오프톨레모스는 델포이 제단에 묻히고, 안드로마케는 몰로시아인의 나라에 가서 프리아모스의 아들 헬레노스와 결혼하고, 안드로마케의 아들은 그 나라에서 왕조의 시조가 되고, 펠레우스는 불사신이 되어 자신과 함께 바다의 궁전에 살면서 레우케 섬에 살고 있는 아킬레우스와 재회하게 될 것이라고 위로했다.

그러나 테티스 여신 또한 아프로디테, 아폴론 등의 다른 신들과 마찬가지로 트로이아 전쟁의 숱한 희생자들을 낳게 한 또 다른 장본인이다. 그녀가 인간 펠레우스와 결혼하지 않고, 따라서 눈물의 원인이 되지 않는 불멸의 신의 자식들을 낳았더라면(1235행), 트로이아 전쟁에 참전한 아들 아킬레우스가 죽지 않았을 것이다. 그 아들 때문에 트로이아도 멸망하지 않고, 트로이아의 숱한 인간들과 그리스인도 고통도 받거나 죽지 않았을 것이다. 펠레우스와 테티스의 결혼식에서 헤라, 아테나, 아프로디테의 미모를 판단하라는 과제가 파리스에게 주어지지 않았다면 이 모든 전쟁과 죽음은 없었을 것이다. 아프로디테의 계획에 따라 그리스와 남편 메넬라오스를 버리고 파리스를 따라 트로이아로 간 헬레네 때문에 트로이아 전쟁이 일어난 것이라면,[44] 트로이아 전쟁과 그 모든 불행의 단초를 제공한 계기는 펠레우스와 테티스의 결혼과 결혼식이었다. 그 계기만 없었더라면, 헬레네로 인한 트로이아 전쟁은 결코 일어나지 않았을 것이다.[45] 에우리피데스는 펠레우스와 테티스의 결혼이 트로이아 전쟁으로 인한 "인간 고통의 원인이자 패러다임"[46]으로 인식하고 있는 것처럼 보인다.

호메로스는 테티스를 다른 여신보다 슬픔이 많은 여신으로 묘사한다. 제우스가 그 여신의 의도와 달리 그녀를 강제로 인간 펠레우스와 결혼하게 해 인간세계에 발을 들여놓게 했기 때문이다(『일리아스』 18.429~434). 테티스의 고통은 『일리아스』에서 반복적으로 강조된다(18.54~62, 24.83~102). 그렇다면 트로이아 전쟁과 그 모든 불행의 단초가 펠레우스와 테티스의 결혼에서 출발한 것이라면, 이들을 강제로 결혼하게 한 제우스는 트로이아 전쟁의 궁극적인 원인자이다. 작품 『안드로마케』의 끝에 테티스는 네오프톨레모스, 안드로마케, 그녀의 아들, 그리고 펠레우스의 운명이 앞으로 어떻게 될 것인지를 전해주면서 이 모두가 "제우스의 뜻"(1269행)이라고 강조했다.

에우리피데스는 고르기아스, 아낙사고라스와 같은 소피스트에게

---

44) 에우리피데스는 이런 신화의 내용을 부분적으로 따른다(274~292행).
45) 펠레우스와 테티스의 결혼에 관한 여러 신화적인 배경에 대해서는 Elizabeth S. Belflore, *Murder Among Friends: Violation of Philia in Greek Tragedy* (New York: Oxford UP, 2000), 93~97쪽; Nicole Loraux, *The Experiences of Tiresias: The Feminine and the Greek Man*, Paula Wissing 옮김 (Princeton: Princeton UP, 1995), 201쪽을 볼 것.
46) Elizabeth S. Belflore, 같은 책, 93쪽.

큰 영향을 받았던 것으로 알려져 있다. 기원전 5세기 후반, 특히 아테나이에서는 종교 전통과 믿음에 대한 이들 소피스트들의 심한 비판과 공격이 있었다. "인간이 만물의 척도, 곧 존재하는 존재와 존재하지 않는 비존재의 척도"라는 소피스트 프로타고라스의 언명은 인간의 주요한 관심이 절대 진리나 신과 같은 절대 존재에 있는 것이 아니라 **인간**에 있음을 천명한 휴머니즘의 선언이었다. 또한 우리의 감각이 경험의 유일한 척도라는 그의 언명은 경험을 토대로 하지 않고 신화나 비경험적·비이성적인 사유에 근거해 만들어진 신의 존재와 같은 추상적인 관념체계를 전적으로 부인하는 것이었다. 과학적이고 이성적인 사유에 근거한 "거대한 지적 혁명"[47]이 존재의 모든 영역에 침투했던 기원전 5세기 후반, 소피스트에게 깊은 영향을 받았던 에우리피데스 역시 비이성적이고, 비과학적인 전통 가치에 대한 도전을 서슴지 않았다. 그는 신의 존재와 신이 인간에게 펼쳐 보이는 이른바 **정의의 길, 제우스의 뜻**을 정당화하려고 하는 종교 전통과 이를 뒷받침하는 비과학적인 신화체계에 대해 매우 회의적이었고, 나아가 이를 거부하려 했다.

에우리피데스가 흔히 계몽주의 시대의 문학가이자 급진적인 문학가라 일컬어졌던 것은 이 때문이다. 그의 이러한 태도는 『헤카베』나 『안드로마케』에서도 역력히 드러나고 있다. 그러나 그의 급진성은 비이성적·과학적인 사유를 비판하고 거부하는 데 머무르지 않는다. "노예의 신분과 그것이 제기하는 문제점들을 잘 알고 있었던"[48] 그가 당시의 노예의 비인간적인 처지에 깊은 관심을 갖고 이에 비판적

---

47) Gabriel Herman, 앞의 책, 66쪽. 그리고 Pierre Hadot, *What is Ancient Philosophy*, Michael Chase 옮김 (Cambridge/M.A.: Harvard UP, 2002), 12~14쪽을 볼 것.
48) Joseph Vogt, *Ancient Slavery and the Ideal of Man*, Thomas Wiedemann 옮김 (Cambridge/M.A.: Harvard UP, 1975), 15쪽.

인 자세를 펼쳐보였던 것은 잘 알려져 있다. 고전주의 시대 아테나이에 노예가 얼마나 있었는가는 정확하게 알려져 있지 않지만,[49] 적어도 전 인구의 15퍼센트가 노예였다는 것은 거의 의견의 일치를 보고 있다.[50] 하지만 기원전 5세기에 아티카에 10만 명이나 되는 노예 또는 인구의 40퍼센트 가량이나 되는 노예가 있었다[51]는 주장도 있다.

아주 드물게 그리스인들도 노예로 있었지만, 아테나이의 대부분의 노예들은 흑해, 근동 등 그리스 밖의 지역의 출신들이었다. 고전주의 시대의 그리스에서 노예매매는 어디에서나 횡행했고 일상화되었다.[52] 전쟁에서 패배한 적의 여인들과 아이들이 도처에서 노예로 매매되었던 것은 잘 알려진 사실이다. 이들에게 이 매매는 당연한 것이었지만, 그리스 출신의 여인들과 아이들도 노예로 전락되어 아내·어머니·아들·딸로서의 위상을 잃게 되면, 그리스인이라는 자격을 잃게 되어 일체의 법적·경제적·사회적인 지위가 박탈당한 채 고국으로부터 버림받았다. 때문에 그리스인들이 아닌 다른 나라의 사람들도 그들을 한층 쉽게 노예로 삼을 수 있었다.[53] 아리스토텔레스가 노예를 "영혼(생명)이 있는 재산"(『정치학』 1253b32)이라 규정했듯, 당시 아테나이의 노예란 인격이 없는 일종의 재산이나 재물에 지나지

---

49) 이에 대해서는 Walter Scheidel, "The Comparative Economics of Slavery in the Greco-Roman World," *Slave Systems, Ancient and Modern*, Enrico Dal Lago and Constantina Katsari 엮음 (Cambridge: Cambridge UP, 2008), 105~126쪽을 볼 것.
50) Orlando Patterson, *Slavery and Social Death: A Comparative Study* (Cambridge/M. A.: Harvard UP, 1982), 353쪽.
51) Tracy E. Rihll, "Classical Athens," *The Cambridge World History of Slavery: Volume I, The Ancient Mediterranean World*, Keith Bradley and Paul Cartledge 엮음 (Cambridge: Cambridge UP, 2011), 50쪽.
52) David Braund, "The Slave Supply in Classical Greece," 같은 책, *The Cambridge World History of Slavery: Volume I, The Ancient Mediterranean World*, 113쪽.
53) Vincent J. Rosivach, "Enslaving 'Barbaroi' and the Athenian Ideology of Slavery," *Historia*, 48. 2(1999), 136쪽.

않았다. 아리스토텔레스와 마찬가지로 플라톤에게도 "노예는 여러 다양한 목적을 위해 사용되는 도구나 기구에 지나지 않았다. 그런 사용 이외 실제로 전혀 가치가 없는 존재였다. 노예가 된다는 것은 영락없는 참사였다."[54] 에우리피데스는 이런 현실을 받아들이기가 어려웠다. 에우리피데스는 인간은 평등하며 "많은 노예가 노예가 아닌 자들의 영혼보다 더 자유로운 영혼을 가졌는데도 오직 노예라는 이름 때문에 불명예를 당하고 있으며" "자유민보다 더 가치 있는 노예가 많다"(831, 511 Nauck)라고 말한 바 있다.

이러한 그의 인식은 그의 다른 작품 『이온』에도 반영되고 있다(854~856행). 이는 그와 "정신에 있어서 가장 가까운" "고르기아스와 소피스트들"[55]에게 영향 받은 것으로서, 소피스트 알키다마스는 신은 모든 인간을 자유롭게 창조했으며, 따라서 태어날 때부터 그 누구도 노예는 아니었다고 주장했다. 히피아스도 어떤 사람은 노예로, 다른 사람은 자유민으로 사는 것은 단지 관습의 문제이지 그들 사이에 자연적인 차이는 없다고 주장했다.[56] 에우리피데스는 현존하지 않은 작품 『안티오페』에서 노예제도는 큰 악이라 통박했고(217 Nauck), 현존하지 않는 또 다른 작품 『아르켈라오스』에는 자유민으로 살지 못하고 노예로 사느니 차라리 죽는 편이 낫다라는 인식도 보여주었다(245 Nauck). 소피스트가 주도하던 '거대한 지적 혁명'의 대열에 참여해 **차별**의 이데올로기에 반격을 가했던 에우리피데스는 그 시대의 어떤 문학가보다 진보적이고 급진적인 문학가였다.

---

54) Raymond Geuss, *Changing the Subject: Philosophy from Socrates to Adorno* (Cambridge/M.A.: Harvard UP, 2017), 66쪽.
55) Samuel IJsseling, "Power, Language and Desire," *From Phenomenology to Thought, Errancy, and Desire*, Babette E. Babich 엮음 (Dordrecht, Boston: Kluwer Academic Publishers, 1995), 339쪽.
56) Gabriel Herman, 앞의 책, 58쪽을 참조할 것.

헬레네
허상과 실상

트로이아 전쟁은 헬레네 때문에 일어난 것으로 전해진다. 성채를 오르고 있는 헬레네의 모습을 보고 트로이아의 장로들이 "불멸의 여신들의 생김새와 **너무나도** 닮았다"(호메로스『일리아스』3.158)라고 경탄했듯, 헬레네는 너무나도 아름다운 여인이었다. 아테나이의 위대한 변론가이자 수사학자인 이소크라테스가 토로하듯, 그리스병사들은 헬레네를 포기하느니 차라리 타국 트로이아에서 늙어가는 것과 자신들의 가족을 다시 보지 못하는 것, 그리고 귀향을 접는 것을 마다하지 않겠다고 했을 정도다(『헬레네를 위한 찬미』50). 또한 후에 프랑스 시인 롱사르가 "그대의 눈은 트로이아와 10년을 싸우게 할 만큼 가치가 있다"(『헬레네를 위한 소네트』1.38.11과 2.60)[57]라고 노래했을 정도로 헬레네는 아름다운 여인이었다. 이 때문에 롱사르보다 훨씬 이전에 『일리아스』에서 헬레네의 미모를 불멸의 여신들에 비유하며 찬탄했던 트로이아의 장로들은 그 누구도 이 여인 때문에 오랫동안 트로이아인과 그리스인이 힘든 싸움을 벌이는 것에 대해 "나무랄 일이 아니다"(『일리아스』3.156~157)라고 말했던 것이다.

그러나 곧 그 장로들이 그녀가 "우리와 우리 자식들에게 재앙"(3.160)이 되지 않을까 염려했듯, 『트로이아의 여인들』에서 헤카베가 "그녀는 남자의 눈을 사로잡고 도시를 파괴하고 집을 불태우는" 그런 "마력"을 지니고 있다라고 했듯(892~893행), 그리고 아이스킬로스의 3부작『오레스테이아』의 첫 번째 작품「아가멤논」에서 코로스가 그녀는 "함선을 파괴하고 사내와 도시를 파괴했다"(688~690행)라고 했듯, 헬레네는 호메로스의 서사시와 그리스 비극작품들을 통

---

57) Nicole Loraux, 앞의 책, 198쪽에서 재인용.

해 트로이아 전쟁을 일으킨 장본인이자 그로 인해 숱한 인간들에게 죽음과 고통을 불러온 부정적인 여인으로 부각된다.[58] 헬레네 스스로 모든 인간 가운데 자신을 "증오하지 않는 사람은 아무도 없다"라고 말할 정도로(에우리피데스『헬레네』926행) 헬레네는 전통적으로 숱한 고통과 비극의 원인이자 저주스러운 여인으로 치부되었다. 그러나 에우리피데스의『헬레네』(기원전 412년)에서 그녀는 더 이상 부정적인 이미지로 등장하지 않는다. 여기서 헬레네는 파리스를 향한 욕망 때문에 남편 메넬라오스와 그리스를 버리고 트로이아로 달아난 "많은 남자의 여인"(아이스퀼로스「아가멤논」『오레스테이아』62행)이 아니라 한 남자를 위해 끝까지 "정절을 지킨"(『헬레네』795행) 정숙한 중년 여인으로 등장한다.

『헬레네』는 파리스와 함께 트로이아로 간 것은 헬레네가 아니라 "구름으로(nephelai)[59] 만든" 그녀의 그림, 곧 그녀의 허상 또는 모상(eidōlon)(33~34행, 705행, 1219행)[60]이라고 말한다.『트로이아의 여

---

58) 아이스퀼로스「아가멤논」『오레스테이아』62행, 408행, 1455행; 에우리피데스『안드로마케』103행, 248행, 611행, 680행;『엘렉트라』214행, 1027행, 1083행;『헤카베』441~443행, 629~637행, 943행;『트로이아의 여인들』34행 이하, 211행, 357행, 368~369행, 372행, 398~399행, 488~489행, 781행, 1002~1007행, 1114~1117행;『아울리스의 이피게네이아』583~589행, 681~683행, 782~784행, 1253행 등등.
59) 인용한 텍스트의 그리스어 판본은 다음과 같다. Euripides, *Helen*, William Allan 엮음 [주석포함] (Cambridge: Cambridge UP, 2008). 그리고 Euripides, *Helen; Phoenician Women; Orestes*, David Kovacs 편역, LCL 11 (Cambridge/M.A.: Harvard UP, 2002); Euripide, *Tragédies V: Hélène; Les Phéniciennes*, Henri Grégoire et Louis Méridier 편역 (Paris: Les Belles Lettres, 2007)을 참조함. 한편 한글 번역판으로는 에우리피데스,『에우리피데스 비극』-『메데이아』,『히폴리토스』,『알케스티스』,『헬레네』,『트로이아의 여인들』,『박코스의 여신도들』,『퀴클롭스』, 천병희 옮김 (단국대학교출판부, 1999)을 참조함.
60) 헬레네의 허상(또는 모상, eidōlon)은 사람이 만들어낸 것도 아니고, 사람의 상상력이 만들어낸 것도 아니다. 작품『헬레네』에서 드러나듯, 신이 "구름으로" 만들어낸 "물리적인 실체"다. 이 작품을 관람했던 아테나이 관객들은 파리스가 껴안고 있는 이 허상을 실제 헬레네인 것처럼 "온기도 있고" "목소리도 내고" "대화도 할 수 있는" 대

인들』, 『안드로마케』 등에서 드러난 것처럼, 이 작품에서도 헤라, 아테나, 아프로디테가 저마다 자신이 가장 아름답다고 다투었을 때, 그들의 요청에 따라 파리스가 심판자가 된다. 아프로디테는 자신을 가장 아름다운 여신으로 심판한다면 그 대가로 헬레네를 그에게 주기로 약속했으며, 파리스는 그녀를 가장 아름다운 여신으로 판결한 대가로 헬레네를 얻게 되었다. 그러나 파리스가 헬레네를 트로이아로 데려가기 위해 스파르타에 갔을 때, 그 판결에 앙심을 품었던 헤라가 그와 헬레네와의 결혼을 저지하기 위해 파리스에게 헬레네를 빼닮은 "살아 숨 쉬는 허상"(eidōlon empnoun, 34행)을 주었다(23~35행).

한편 제우스는 많은 인간이 땅에 가하는 과중한 무게로 자신을 지탱할 힘에 부친 '어머니 대지'의 신의 고통을 덜어주기 위해 인간들의 숫자를 줄일 목적으로, 그리고 "그리스의 가장 강력한 영웅"(41행) 아킬레우스의 명성을 높일 목적으로, 파리스로 하여금 헬레네의 허상을 트로이아로 가져가게 해 그리스인과 트로이아인 사이에 전쟁이 일어나게 했다.

결국 이 작품은 트로이아 전쟁이라는 "엄청난 재앙"(megala kaka, 110행)이 헬레네 때문이 아니라 그 허상, 헬레네라는 "이름"(onoma, 43행) 때문에 일어난 것이라고 말한다.

헬레네를 빼닮은 허상이 트로이아로 간 대신 남편 "메넬라오스에게 정절을 지킬 수 있도록"(48행) 해주려는 헤르메스 신의 배려로 헬레네 자신은 "운무(雲霧)에 싸여" "모든 인간 가운데 가장 지혜로운 이"(47행), 즉 이집트의 왕 프로테우스의 궁전으로 가게 되었으며, 그 후 그녀는 17년 동안 이집트에 머물고 있다. 트로이아로 간 허상 헬

상으로 여겼던 것으로 전해진다. C. W. Marshall, *The Structure and Performance of Euripides' "Helen"* (Cambridge: Cambridge UP, 2014), 59쪽을 볼 것.

레네, 그리고 이집트에 머문 실상 헬레네에 관한 이러한 내용은 물론 에우리피데스가 처음 만들어낸 것이 아니다. 이는 기원전 6세기경 서정시인 스테시코로스 또는 헤로도토스가 주장했다고 일반적으로 받아들여진다.[61]

앞서 말했듯 에우리피데스는 『헬레네』에서 트로이아로 간 것은 헬레네가 아니라 그녀를 모방한 허상, 즉 그림이었다는 전제하에 전통적인 헬레네의 부정적인 이미지를 과감하게 해체시킨다. 그에게 헬레네는 "남편을 배신하고 그리스인들에게 큰 전쟁을 안겨준"(53~54행), 말하자면, "그리스인들 전체에게 파멸을 안겨다준 살인마와도 같은 가장 가증스러운 여인"(72~74행)이 아니다. 헬레네는 자신을 보호하던 이집트 왕 프로테우스가 죽고 그의 아들 테오클뤼메노스가 그녀를 탐해 그녀와 강제로 결혼하려 하자, 남편 메넬라오스에 대한 "정절을 지키기"(65행) 위해 프로테우스의 무덤에 쓰러져 자신의 정절을 지켜 줄 것을 탄원했던 여인이다. 테오클뤼메노스의 아내가 되느니 차라리 "칼로 자결"(301행)하겠다는 여인이다. 이런 점에서 에우리피데스의 헬레네는 "호메로스의 페넬로페를 닮고 있다."[62]

헬레네는 고향에서 추방되어 자신이 머물고 있는 이집트까지 오게 된 텔라몬의 아들이자 아이아스의 이복동생 테우크로스와 대면한다. 헬레네가 그에게서 트로이아가 "불의 제물이 되어"(197행), "성벽들의 흔적조차 찾아낼 수 없을 정도로"(108행) 폐허로 남고, 많은

---

61) 이에 대해서 Matthew Wright, *Euripides' Escape-Tragedies: A Study of "Helen", "Andromeda" and "Iphigenia among the Taurians"* (Oxford: Oxford UP, 2005), 83~115쪽; Froma I. Zeitlin, *Playing the Other: Gender and Society in Classical Greek Literature* (Chicago: U of Chicago Pr., 1996), 406~408 쪽을 볼 것. 그리고 1부 4장 『오레스테이아』 183~184쪽도 볼 것.
62) Gary S. Meltzer, *Euripides and the Poetics of Nostalgia* (Cambridge: Cambridge UP, 2006), 202쪽.

사람들이 "비참하게 고통당하는 것"(363행)을 들었을 때, 그리고 자신 "때문에", 자신의 "이름 때문에" 너무나 많은 사람들이 "죽음"과 "고통"을 당한 것(196~199행)을 들었을 때, 트로이아인과 그리스인에게 "고통에 고통을, 눈물에 눈물을"(365행) 가져온 것은 자신이며, "재앙의 근원"(661행) 또한 자신이라며 가슴 치며 울부짖는다. 이런 헬레네의 모습은 부정적으로 그려져 온 전통적인 헬레네의 모습, 악명 높은 여인 헬레네 모습과 전혀 어울리지 않는다. 남편 메넬라오스는 폭풍에 난파당해 죽은 것이나 마찬가지이고, 딸이 트로이아 전쟁을 일으킨 장본인이라는, 딸에게 덧입혀진 "악명"(aischron kleos, 135행, 688행) 때문에 어머니 레다는 물론(134~136행) 오빠들도 자살하고(142행), 단 하나뿐인"(165행) 딸도 어머니의 악명 때문에 "남편도 없이 처녀로 늙어가고 있는"(283행, 689~690행) 것을 알게 되었을 때, "격한 통곡"(165행)을 쏟아내는 헬레네, 이 여인이 바로 에우리피데스의 헬레네다.

헬레네는 "나는 듯 빠른 배를 타고" 파리스의 "침대를 찾아간 것도 아니고, 욕망의 날개를 타고" 그와의 "불의의 결혼을 찾아간 것도 아닌"(666~668행), 신에게 희생되어 "자신의 유일한 희망의 닻"(agkura, 277행)이었던 "가장 사랑하는"(625행) 남편 곁을 떠날 수밖에 없었던 여인이다.

10년에 걸친 트로이아 전쟁에서 승리를 거두고 귀환하는 도중 난파당해 7년을 바다에서 보낸 메넬라오스는 드로이아에서 헬레네의 허상을 납치해 데리고 오던 중 이집트에 이르자, 허상을 동굴에 숨겨두고 그와 함께 살아남은 전우들에게 당장 필요한 음식물 등을 구하기 위해 누더기를 걸치고 궁전 앞에 오게 된다. 그가 젊은 왕 테오클뤼메노스의 집에 머물고 있는 헬레네를 대면하게 되었을 때, 헬레네는 자신의 정체를 "환영"으로 오인하는(569~570행) 남편에게 "나는 결코 트로이아에 간 적이 없으며", 그가 동굴 안에 숨겨두고 온 헬레네는 "허상"(eidōlon, 582행)이라고 말한다. 그러고는 헤라 여신이 파리스가 자신을 갖지 못하도록 그에게 자신을 닮은 허상을 만들어주었다며(584~584행), "몸"과 달리 "이름은 여러 곳에 있을 수 있으니"(588행) 헬레네라는 **이름**, 가짜 아내인 그 허상이 그동안 트로이아에 있었음을 남편에게 일깨워주려고 한다.

이때 사자가 나타나서 동굴 속에 있던 메넬라오스의 "아내"가 대기 속으로 사라지면서 "헤라의 계략에 의해"(Hēras mēchanais, 610행) 만들어진 허상인 "자신 때문에" 수많은 트로이아인과 그리스인이 죽었으며, 헬레네 본인은 가짜인 자신 때문에 "공연히 나쁜 평판을 얻게 되었지만, 그녀에게는 하등의 잘못도 없다"(614~615행)라는 말을 남기고 그곳을 떠났다고 말한다.

이를 사실로 확인한 메넬라오스와 그를 "가장 사랑하는"(625행) 헬레네는 서로 깊이 포옹한다. 헬레네는 자신과 강제로 결혼하려는 테오클뤼메노스를 "계략"(813행)으로 속이고, 남편 메넬라오스와 함께 배를 타고 무사히 이집트를 탈출한다. 즉 선원으로 가장한 메넬라오스가 테오클뤼메노스 앞에 나타나 메넬라오스의 죽음을 알리고, 헬레네는 남편이 죽은 이상 기꺼이 그와의 결혼을 받아들일 테니, 먼저 그리스의 관습에 따라 메넬라오스의 망령을 위한 장례식을 바다에서 치르게 해달라고 부탁한다. 왕이 배와 선원들을 내주자 헬레네와 메넬라오스는 그 배를 타고 이집트를 탈출해 스파르타로 향한다.

메넬라오스와 헬레네의 행복한 결합으로 끝나는 이 작품은 아리스토텔레스적인 의미에서 볼 때 '비극'이 아니라, 일종의 '로맨스' 내지 '멜로드라마'다.[63] 그러나 여기서 우리에게 중요한 것은 이 작품이

---

63) Francis M. Dunn, "Helen and Romance," *Tragedy's End: Closure and Innovation in*

'비극'인가 아닌가 하는 장르의 문제가 아니다. 에우리피데스가 이 작품을 통해 우리에게 무엇을 말하고 싶어 했는지가 더 중요한 문제다. 무엇보다도 이 작품에서는 신에 대한 에우리피데스의 회의 또는 불신이 두드러진다. 트로이아 전쟁을 일으킨 일차적인 책임이 헤라, 아프로디테, 더 나아가 궁극적으로 제우스에게 있음이 드러나고 있으며 헬레네는 그들의 목적이나 "계획"(bouleuma, 37행)을 달성하기 위한 하나의 도구에 지나지 않음이 드러나고 있다.

헬레네는 자신에게 "충분한 치욕을 안겨주고"(1099행), 그리스인들에게 수많은 "죽음을 안겨준" 아프로디테를 가리켜 "교활한(dolios) 여신"(238~239행)이라 비난하고, 그리고 "재앙을 펼치는 일에 질리지 않고"(1102행) 계속 횡포를 부리는, 절제를 모르는 여신이라고 폄하한다. 또한 헬레네는 자신의 허상을 트로이아 땅에 가져다놓고 프리아모스의 아들들과 그리스인 사이에 "끔찍한 불화를 일으키게 한"(247~249행) 헤라를 원망한다. 또 트로이아인과 그리스인들이 겪었던 고통과 지금 자신이 겪고 있는 고통이 자신의 "미모"(261행)에서 비롯되어 이에 일정 부분 자신도 책임이 있는 것이 사실이지만, 헤라의 "계략"(610행)에도 "일부"의 책임이 있음(261행)을 분명히 한다. 그러고는 헬레네는 자신에게 "파멸을 안겨주었던"(674행) 그 여신을 강력하게 비난한다.

그러나 에우리피데스가 이 작품을 통해 강조하려 했던 것은 신의 존재, 신이 펼치는 '정의'에 대한 그의 불신만이 아니다. 그가 무엇보다 강조하려 했던 것은 헬레네로 인해 트로이아 전쟁이 일어난 것이라는 **허구성**을 들춰내고, 그것이 의미하는 바가 무엇인가를 밝히려는 데 있었다. 그가 볼 때 헬레네, 아니 그녀의 **몸**(sōma)은 트로이아

Euripidean Drama (New York: Oxford UP, 1996), 133~157쪽.

에 가지 않았으며, 그녀를 빼닮은 **허상**, 헬레네라는 그림, 즉 **이미지**, 헬레네라는 **이름**이 트로이아로 갔다는 것이다(33~36행, 42~43행, 65~66행, 558행, 704~705행, 1100행, 1219행). 에우리피데스는 그 허상 때문에 트로이아 전쟁이 일어난 것임을 강조하려고 한다. 이를 통해 실상이 허상이고, 허상이 실상이라는 역사의 아이러니를 드러내려고 한다.

기원전 415년에 아테나이인은 "장엄한 무장을 갖춘"(투퀴디데스 『펠로폰네소스 전쟁사』 6.31.1) 대함대를 이끌고 동맹군과 함께 시케리아[시칠리아] 섬을 향해 대규모 원정을 떠났다. 그들은 거기서 풍부한 천연자원과, 자신들을 열렬히 환영해주고 자신들의 편이 되어줄 토착민들을 발견할 것이라 믿었다. 하지만 그들이 시케리아에 당도했을 때, 그들은 자신들이 기대했던 천연자원을 발견할 수 없었고, 자신들을 열렬히 환영해줄 것이라 기대했던 토착민은 무장하고 그들에게 항거했다. "아테나이인은 자신들이 허상(eidōlon)을 뒤쫓고 있었고, 자신들이 실상이라고 생각했던 것이 사실상 바로 허상이었다는 것을 알게 되었다."[64] 작품 『헬레네』는 아테나이인이 결국 시케리아에서 참혹하게 패배를 당한 뒤 곧 바로 기원전 412년에 공연되었다. 여러 정황을 볼 때 에우리피데스가 시케리아에서 참혹한 패배를 당한 그 역사적인 사건이 갖는 역사적인 의미와 그 사건이 가져다 준 "트라우마"를 작품 『헬레네』에 투영하고 있다고 생각하는 것[65]도 무리는 아니다.

에우리피데스는 모든 전쟁이 어떤 '허상'이나 '이름'을 위해, 또는 어떤 '허상'이나 어떤 '이름' 때문에 일어난 것으로 파악한다. 그 '허

---

64) Victoria Wohl, *Euripides and Politics of Form* (Princeton: Princeton UP, 2015), 113쪽.
65) Victoria Wohl, 같은 책, 113쪽.

상', 그 '이름'에는 '신의 뜻', '정의', '해방'과 같이 화려하고 아름다운 비실체적인 관념들이 자리하고 있다. 역사적으로 전쟁의 주체들은 대부분 언제나 자신들의 입장과 이데올로기를 정당화하기 위해 '허상' 또는 '이름'에 지나지 않는 비현실적인 관념들을 내세워 전쟁을 일으킨다. 에우리피데스는 이를 너무나 실감하고 있었다.

그러나 숱한 고통과 희생을 그 대가로 요구하는 비실체적인 관념들 이면에는 무엇이 있는가. 헬레네는 아프로디테가 "선물"(364행)로 준 자신의 "아름다움"이 트로이아 전쟁이라는 재앙의 원인(27행, 261~263행, 383~385행)이었음을 한탄하면서 차라리 자신의 모습이 "추한 모습"(aischion eidos, 263행), 짐승의 모습이었더라면 하고 탄식한다(375~385행). "고수머리 황금빛 금발"(bostruchous xanthēs komēs, 1224행)을 자르고, 패망한 트로이아, 프리아모스, 프리아모스의 아들들의 죽음을 애도한다.

헬레네는 "백조의 모습을 하고" "어머니 레다의 품속으로 날아 들어가 꾀를 써서 동침을 하고" 자신을 낳게 한 제우스의 딸(18~21행)인 만큼, 헬레네의 신성도 간과할 수는 없다.[66] 그러나 헬레네는 자신의 삶과 운명이 "해괴망측하다"라고 말하면서 자신은 "괴물"(teras)로 태어난 것이 아닌가 하고 말한다(256~260행). 그녀는 자신의 얼굴에서 여신이 아니라 암캐의 모습을 본다. 호메로스의 『일리아스』에서 헬레네는 트로이아 전쟁을 초래한 자신을 비난하지 않고 다정하게 내하는 헥토르 앞에서 스스로 자신을 "악을 꾀하는 역겨운 암캐"(『일리아스』 6.344)라고 폄하한다. 앞서 『헤카베』에서 암캐로 변한 헤카베를 언급했듯, 개는 그리스인에게 사자나 독수리와 같은 고

---

[66] 헬레네가 여신으로 숭배되었던 것에 대해서는 Matthew Wright, 앞의 책, 109쪽을 볼 것.

둥동물이 아니라, 인간의 시체를 갈기갈기 찢어 그 피를 게걸스럽게 들이마시는 무서운 동물이었으며, 따라서 그들에게 경멸의 대상이었다.

이렇듯 전쟁의 주체들이 그들과 이데올로기를 정당화하기 위해 내세우는 비실체적인 화려한 관념들, 요컨대 '신의 뜻', '정의', '해방'과 같은 '아름다운' '이름' 또는 '허상'의 이면에는 **암캐**의 이미지가 도사리고 있다. 그러나 숱한 피를 그 대가로 요구하는 '암캐'는 자신을 암캐라 폄하하는 헬레네라는 한 인간, 한 여인의 표상이 아니라 그 '허상'을 내세워 전쟁을 자행하는 자들의 표상, 그 본성의 표상이다. 화려한 관념들의 탈을 쓰고 전쟁을 일으키는 주체들은 인간의 시체를 갈기갈기 찢어 그 피를 게걸스럽게 들이마시는 암캐의 본성을 숨기고 아름다운 '이름'들, 그 '허상들'을 전면에 내세운다. 에우리피데스는 자신의 '허상', '이름' 때문에 죽어가고 고통받는 이들을 향해 비탄의 눈물을 쏟으면서, "그리스인 전체가 제우스의 딸"인 자신을 "미워하고 있다"(misei Hellas pasa tēn Dios korēn, 81행)라고 말하면서, 스스로 자신을 암캐로 비하하는 헬레네가 암캐가 아니라 비실체적인 관념의 이름들, 그 허상을 내세워 전쟁을 일으키는 전쟁의 주체들이 바로 암캐라고 인식한다.

호메로스의 『일리아스』의 마지막 24편은 트로이아인들이 헥토르의 장례식에 참가하기 위해 프리아모스의 집에 모여 그를 애도하고 매장하는 것으로 끝난다. 프리아모스 왕이 아들 헥토르를 죽이고 그 시신을 옆에 두고 돌려주지 않았던 아킬레우스를 찾아가 그의 무릎을 잡고 그의 손에 입을 맞추며 간청해 돌려받았던 헥토르 시신 곁에 트로이아 여인들이 모여 있다. 애도가 시작된다. 직업 노래꾼들의 애도가 끝나자, 이어 헥토르의 아내 안드로마케가 그를 애도한다. 안드로마케는 그의 머리를 자신의 팔 안에 껴안고 그의 죽음을 통곡한다. 안드로마케는 헥토르의 죽음으로 트로이아는 곧 패망하고 자신을 포함한 트로이아 여인들은 노예의 몸이 되어 그리스로 끌려갈 것이며, 아들은 그리스인들에 의해 비참한 죽음을 맞이할 것이라며, 앞으로 펼쳐질 자신의 절망적인 운명을 두려워하면서 운다.

그다음으로 헥토르의 어머니 헤카베가 그를 애도한다. 자신이 가장 사랑했던 헥토르의 죽음을 탄식하면서 그를 죽이고 그의 시신을 참혹하게 학대했던 아킬레우스에게 분노를 토해내는 것으로 애도를 마친다. 마지막으로 헤카베에 이어 헬레네가 애도한다. 헬레네는 헥토르의 형제이자 자신의 남편인 파리스와 함께 트로이아로 오기 전에 자신은 죽었더라면 좋았을 것이라고 한탄하면서, 자신이 불러들인 트로이아 전쟁으로 헥토르가 죽임을 당했다고 통곡한다. 그리고 자신 때문에 그 전쟁이 일어났는데도 헥토르는 다른 형제들, 누이들, 아니 트로이아의 모든 이와는 달리 단 한 번도 자신에게 "거친 말"이나 "모욕"을 주지 않았고(24.767), 언제나 부드럽고 다정한 말과 마음으로 자신을 인간답게 대했다며 "나는 깊은 슬픔을 안고 그대를 애도하며 나 자신과 나의 비운도 애도한다"(24.773)라고 울부짖는다. 헬레네가 애도를 마치자 프리아모스는 주위 사람들에게 헥토르의 시신을 화장시키고 매장하도록 한다.

이렇듯 망자 헥토르를 향한 애도는 안드로마케, 헤카베, 헬레네의 순서로 이뤄졌다. 고대 그리스에서 전통적으로 망자를 애도하는 것은 망자의 친척, 그중에서도 여성들의 몫이었음을 고려하면, 헥토르의 아내인 안드로마케와 그의 어머니 헤카베가 애도를 주도한 것은 당연하다. 그러나 친척도 아니고, 트로이아 여인들의 증오의 대상(24.768~760)인 헬레네가 그 가운데 포함되었다는 것도 놀랍지만, 특히 마지막으로 애도를 주도하는 자가 전통적으로 망자와 가장 가까운 아내였던 점을 고려할 때, 친척이 아닌 헬레네가 가장 마지막으로 애도를 장식하는 역할을 하고 있다는 것은 더더욱 놀라운 일이다. 무엇 때문일까.

우리는 앞서 『트로이아의 여인들』에서 헥토르의 누이 카산드라가 오빠의 죽음을 애도하면서 그리스가 침공하지 않았더라면 헥토르는 조국을 위해 희생한 "가장 용감한 전사"라는 명예를 결코 얻지 못했을 것(395~397행)이라며 어머니 헤카베를 위로했던 것을 살펴보았다. 헤카베가 패망한 조국 트로이아를 떠나 노예의 몸이 되어 그리스로 향하면서, 신이 트로이아를 멸망시키지 않았더라면, 신조차 외면했던 트로이아 여인들의 고통이 없었더라면 트로이아의 여인들은 시의 주제가 되어 "후세 사람들"에게 기억될 수 없을 것이고, 이내 망각 속에 사라져갈 것(1240~1245행)이라며 트로이아 여인들을 위로했던 것도 살펴본 바 있다. 헬레네는 『일리아스』의 6편에서 아킬레우스와 대결하기 위해 전쟁터로 떠나는 헥토르의 죽음을 예감하면서, 서사시의 인물들은 "후세 사람들의 노래의 주제가 되어"(6.357~358) 영원히 기억될 것이라며 그를 위로한다. 영웅의 죽음은 죽음으로 끝나지 않으며, 그를 칭송하는 후세 사람들의 노래를 통해 그는 영원히 죽지 않고 살아남는다는 것이다. 이것이 전사(戰士)에게 주어지는 최대의 보상, 곧 조국을 위해 목숨을 바치는 최고의 전사 헥토르가 얻을 수 있는 최대의 '영광' 또는 '명성'(kleos)이라는 것이다.

그러니 이러한 인식에서 출발한 헥토르를 향한 헬레네의 애도는 안드로마케와 헤카베의 애도와는 그 성격이 근본적으로 다르다. 안드로마케는 남편 헥토르를 잃은 슬픔과, 자신과 아들에게 앞으로 닥칠 운명에 대한 두려움에 압도되어 자신의 남편이기 이전에 트로이아의 위대한 전사였고 희망이었던 헥토르의 존재를 상기하지 않는다. 그저 자신을 기다리고 있는 암울한 미래 때문에 눈물 흘릴 뿐이다. 헤카베도 아들을 잃은 슬픔 때문에 아킬레우스를 향한 분노를 쏟을 뿐, 전사이자 트로이아의 희망이었던 헥토르에 대한 경의를 표하지 않는다. 다시말해 안드로마케와 헤카베의 애도는 철저히 개인 차원의 슬픔과 절망에 머무르고 있다.

하지만 헬레네에게 헥토르는 전장에서 죽음을 두려워하는 겁쟁이 남편인 파리스와 달리 조국을 위해 결코 목숨을 아끼지 않았던 위대한 전사였다. 그뿐만 아니라 헥토르는 트로이아 전체의 증오의 대상이던 자신을 모욕하지 않고 언제나 따뜻하게 대해주었던 인간으로서도 위대한 인물이었다. 헬레네는 자신에게 각인된 헥토르의 친절과 전사이자 인간으로서 지닌 그의 위대한 인간성을 칭송하면서 이 **위대한 인물**의 죽음을 애도했다.

요컨대 헬레네는 『일리아스』의 마지막 편에서 애도자로서의 역할뿐 아니라 서사시의 주인공들을 후세 사람들의 기억 속에 영원히 남기려고 하는 서사시의 사회적인 의의를 담보하는 역할을 하고 있다. "『일리아스』는 파멸한 문명을 향한 비가일 뿐만 아니라, 파멸의 과정 속에 연루되어 있던 영웅적인 남자와 여자들을 향한 비가다."[67]

헬레네는 트로이아로 오기 전에 자신이 죽었으면 좋았을 거라 말하지만 헬레네가 없었더라면 트로이아 전쟁은 일어나지 않았을 것이다. 트로이아 전쟁이 일어나지 않았더라면 호메로스의 『일리아스』는 결코 존재하지 않았을 것이며, 따라서 그 서사시에 나오는 영웅들도 후세 사람들의 기억 속에 여전히 살아남아 있지 않았을 것이다. 이 기막힌 역설의 역사를 **짜고 있는** 자가 헬레네다. 호메로스가 헥토르를 위한 장례식에 헬레네의 애도를, 그것도 마지막에 포함시킨 것은 '파

---

[67] Mihoko Suzuki, *Metamorphoses of Helen: Authority, Difference, and the Epic* (Ithaca: Cornell UP, 1989), 53쪽.

멸한 문명을 향한 비가', 그 비가의 주인공들을 마지막까지 우리의 기억 속에 각인시켜 살아남게 하기 위한 것인지도 모른다. 헬레네는 호메로스를 대신하는 시인으로 다시 태어난다. 호메로스의 경우에서와 마찬가지로 헬레네는 에우리피데스에 의해서도 다시 태어난다. 작품 『헬레네』에 등장하는 사자는 트로이아 전쟁에서 "우리는 공연히 구름 때문에 싸우고"(nephelēs ar' allōs eichomen ponous peri, 707행) 죽었단 말이냐고 울분을 토했다. 에우리피데스는 허상을 내세워 전쟁 등 온갖 폭력을 자행한 인간의 **역사**를 통탄하면서 이에 이용당하고 희생된 **숱한** '헬레네'를 애도하고 있다.

5장 『바코스의 여신도들』

기원전 408년에 에우리피데스는 마케도니아의 왕 아르케라우스의 손님으로 초청되어 마케도니아에 살기 위해 아테나이를 떠났다. 기원전 406년 봄에 에우리피데스가 별세했다는 소식이 아테나이에 전해졌고, 비극예술에서 그의 경쟁자였던 소포클레스는 검은 상복을 입고 에우리피데스의 죽음을 깊이 애도했다. 에우리피데스의 현존하는 비극작품 가운데 마지막 작품인 『바코스의 여신도들』은 그가 죽은 뒤 아마도 기원전 405년에 그의 아들이나 조카에 의해 공연된 것으로 추정된다.

카드모스와 펜테우스의 궁전 앞. 디오뉘소스 신이 등장해 자신이 제우스의 아들임을 알리고 앞으로 펼쳐질 사건의 배경을 설명한다. 디오니소스는 자신이 제우스와 세멜레의 아들인데도 이를 의심하는 자신의 이모들을 벌하기 위해 **인간의 모습을 하고**(4행, 53~54행) 테바이로 왔다고 밝힌다. 카드모스의 딸인 어머니의 자매들은 세멜레가 제우스가 아니라 다른 어떤 남자와 동침해 그 사람의 아이를 임신한 것인데도 마치 제우스의 아이를 가진 것처럼 거짓말을 했다는 것이다. 이에 제우스가 세멜레를 죽였다고 주장함으로써 디오뉘소스가 제우스의 아들임을 부인했다는 것이다. 결국 디오뉘소스는 자신의 신성을 부인하는 그들을 향한 분노를 참지 못해 이모들뿐만 아니라 테바이의 모든 여성을 광기에 휩싸이게 해 그들이 집을 떠나 키타이론 산으로 오게 했다는 것이다.

이어 디오뉘소스는 테바이에서의 권력승계를 이야기한다. 아들이 없는 카드모스는 자신의 권좌를 장녀 아가우에의 아들 펜테우스에게 물려주었고, 펜테우스도 그의 이모들처럼 디오뉘소스가 제우스의 아들임을 부인하면서 그를 적대시 한다고 밝힌다. 디오뉘소스는 펜테우스가 무력으로 자신을 따르는 여신도들을 키타이론 산에서 내쫓으려 한다면 자신 역시 무력으로 교전할 것임을 공언한다. 그리고 **이방인**인 자신을 따라 테바이로 온 여신도들, 곧 아시아의 뤼디아 여인들로 구성된 코로스에게 테바이 시민이 볼 수 있도록 펜테우스 왕궁을 돌며 요란스럽게 북을 치라고 명령한 다음 자신을 경배하는 여신도들이 벌이는 축제에 참가하기 위해 키타이론 산으로 향한다(1~63행).

코로스가 몸에는 새끼사슴 가죽을 걸치고 머리에는 담쟁이덩굴 관을 쓰고 손에는 북을 든 채 등장한다. 그들은 디오뉘소스가 어떻게 태어났는지에 대해 들려준다. 제우스가 디오뉘소스를 임신하고 "분만"(lochiais, 89행)[1]의 진통을 겪고 있던 세멜레에게 번개를 내려

---

1) 인용한 텍스트의 그리스어 판본은 다음과 같다. Euripides, *Bacchae*, E. R. Dodds 엮음[주석포함] (Oxford: Clarendon Pr., 1986). 그리고 Euripides, *Bacchae; Iphigenia at Aulis; Rhesus*, David Kovacs 편역, LCL. 495 (Cambridge/M.A.: Harvard UP, 2002); Euripide, Tragédies VI. 2: *Les Bacchantes*, Henri Grégoire 편역 (Paris: Belles Lettres, 2003)을 참조함. 한편 한글 번역판으로는 에우리피데스, 『에우리피데스 비극』-『메데이아』, 『히폴리토스』, 『알케스티스』, 『박코스의 여신도들』, 『퀴클롭스』, 천병희 옮김 (단국대학교출판부, 1999)을 참조함.

치자, 그녀의 자궁에서 디오뉘소스가 떨어져 나왔고(88~92행), 적의를 품고 있는 아내 헤라가 디오뉘소스를 하늘에서 내던지려는 것을 막기 위해 제우스가 그를 "남자의 자궁"(arsena nēdus, 526행)인 자신의 "넓적다리"(mērōs, 287행) 속에 감춰두었다가, 그 넓적다리 속에서 황소 뿔을 가진 디오뉘소스를 "태어나게 했다"(eteken)는 것이다(94~99행; 242~247행, 286~297행). 코로스는 디오뉘소스를 경배하는 키타이론 산의 축제에 참가한 뒤, "튀르소스"(thuros, 25행), 즉 바코스의 지팡이를 격렬하게 휘두르며 춤을 추라고 촉구한다(105~119행).

테바이의 눈먼 예언자 테이레시아스가 나타나 같은 노인인 카드모스를 궁전에서 불러낸 다음 그에게 "디오뉘소스는 만인에게 존경받기를 원하니"(208행) 디오뉘소스를 경배하는 자기처럼 튀르소스를 단단히 묶고, 새끼사슴의 가죽을 입고, 머리에 담쟁이덩굴 관을 쓰자고 권한다. 이미 디오뉘소스 여신도들의 옷을 입고 있는 카드모스는 디오뉘소스가 자신의 외손자인 만큼 신으로서의 그의 권능을 키워줘야 한다고 말하면서, 테이레시아스와 함께 키타이론 산으로 발걸음을 옮긴다. 테바이 남성 가운데 디오뉘소스를 경배하는 의식에 참가하는 자는 이들뿐이다(195행).

펜테우스가 시종들을 거느리고 등장한다. 테바이에서 벌어지는 광적인 소동을 보고 경악을 금치 못하는 펜테우스는 디오뉘소스를 경배하는 종교는 여인네들이 술을 마시고 방탕한 성 행위를 하게 하는 사이비종교(plastaisi, 218행)에 지나지 않으며, "신출내기 신 디오뉘소스"(219~220행)는 뤼디아 출신의 "요술사(goēs) 겸 마술사(epōidos)"(234행)에 불과한 거짓 신이라고 단정한다. 그는 디오뉘소스를 경배하는 여인들을 감옥에 가두고 산에 있는 나머지 여인들 모두를 포박해 감옥에 처넣으려 한다. 그리고 디오뉘소스가 계속 자신을 제우스의 아들이라고 공언하면서 계속 소동을 피운다면 그를 붙잡아 교수형에 처할 것이라고 경고한다. 이윽고 카드모스와 테이레시아스가 디오뉘소스의 여신도들처럼 치장하고 있는 것을 보고 놀란 펜테우스는 테이레시아스를 비난한다.

그러나 테이레시아스는 펜테우스의 마음을 바꾸기 위해 디오뉘소스가 위대한 신임을 강조한다. 데메테르 여신이 인간에게 곡식을 주어 그들을 살아가게 해듯, 디오뉘소스는 포도주를 인간에게 주어 고통에서 해방시켜주고, 또 잠이 오게 해 고통을 잊게 해주니 인간의 삶에 중요한 존재라고 주장한다(274~283행). 그리고 디오뉘소스는 아폴론처럼 위대한 예언의 신이자, 광기를 보내 창을 들기도 전에 병사들을 혼비백산하게 하는 아레스와 같은 강한 신(298~305행)이니 인간의 어떤 물리적인 힘과 정치권력도 디오니소스를 이길 수 없다고 주장한다.

카드모스 역시 펜테우스에게 디오뉘소스를 신으로 경배할 것을 권고한다. 그는 비록 디오뉘소스가 거짓 신이라 해도 세멜레가 그 신을 낳은 것으로 받아들여진다면 자신의 가문 전체에 명예가 되기 때문에 그를 신으로 경배해야 한다고 말한다. 특히 아르테미스 여신보다 더 훌륭한 사냥꾼이라고 오만하게 굴다가 그 여신의 노여움을 받아 자신의 사냥개들에게 갈기갈기 찢겨 죽었던 그의 이종사촌 아크타이온의 전철을 밟지 않기 위해서라도 디오니소스를 신으로 모셔야 한다고 말한다(330~342행).

시종이 이방인으로 변장한 디오뉘소스를 데리고 온다. 펜테우스는 자신이 소문으로 들었던 이방인을 관찰한 뒤, 테바이 여인들이 그의 긴 머리털, 흰 살갗에 매료당해 유혹당한 것이라 생각한다(455~459행). 펜테우스와 이방인이 대화를 나누는 동안 이방인이 제우스의 아들이라는 증거가 차츰 분명해지는데도 펜테우스는 그의 신성을 부인한다. 그리고 그리스에 도입된 종교의식에 호기심을 가진 채, 펜테우스는 그에게 "그 의식은 대체 어떤 종류의 것"이며, "제물을 바치는 자에게 그것은 어떤 이익(onēsin)을 가져다주는가"(473행) 하고 묻는다.

이방인은 그 종교의식은 비의(秘儀)이기 때문에 입문하지 않은 사람은 알아서는 안 된다고 말한다(471~472행). 대화가 오고가는 동안 그들은 서로 상대방을 향해 모욕적인 말을 주고받는다. 펜테우스는 이방인에게 신성을 사칭하는 그를 벌할 것이라고 위협한다. 그러고는 이방인에게 벌로 그의 "여자 같은 머리털"을 자르고 튀르소스를 빼앗고 그를 감옥에 처넣을 것이라고 말한다. 그러자 이방인은 자신의 "머리털은 신성한 것"(494행)이며 감옥에 갇힌다 해도 원하기만 하면 언제든지 신은 자신을 감옥에서 풀어줄 것이라고 말한다. 펜테우스가 그 신이 어디 있느냐고 묻자 이방인은 "신은 자기 곁에 있으며" "불경해서"(asebēs) 펜테우스가 신을 보지 못할 뿐이라고 대답한다(502행).

펜테우스가 테바이를 능멸하는 이 자를 붙잡아 마구간에 가두라고 명령하자, 이방인은 펜테우스에게 "그대는 그대의 삶이 어떤지, 그대가 무슨 짓을 하고 있는지, 그대가 누구인지를 모르고 있다"(506행)라고 말한다. 이 말에 펜테우스가 "나는 가가우에의 아들 펜테우스이며, 내 아버지는 에키온이다"(507행)라고 말하자, 이방인은 그대는 "재앙을 당할 이름을 갖고 있다"(508행)라고 말한다. 펜테우스는 시종들에게 빨리 이방인을 마구간에 가두라고 명한다. 디오뉘소스 신이 이미 그들 사이에 있는 것을 알지 못하는 코로스는 디오뉘소스가 멀리서 자신들을 찾아와 그의 적들을 벌하도록 기도한다. 그런 가운데 바코스의 여신도들을 부르는 디오뉘소스의 목소리가 무대 밖에서 들린다.

코로스는 자신이 "세멜레와 제우스의 아들"(ho semelas, ho Dios pais, 581행; 417행, 603행)임을 밝히는 이방인의 목소리를 듣고, 그를 "주인님"(582행)이라 부르며 환희의 춤을 춘다. 지진이 펜테우스의 궁전을 폐허로 만들 것이며, 번쩍이는 번개의 섬광이 그의 집을 모조리 불태울 것이라는 이방인의 목소리가 들린다. 이방인이 세멜레의 "신성한" 무덤을 "뻔쩍이는 제우스의 번개의 섬광"으로 둘러싸게 하자, 디오뉘소스 신을 경배하는 여신도들은 몸을 땅바닥에 낮추고 공포에 질려 떨고 있다. 무대에 다시 등장한 이방인이 그들을 안심시키자, 그들은 그가 감옥에서 나온 것을 기뻐하며 안도의 한숨을 쉰다.

세멜레의 무덤이 불타기 시작하자, 당황한 펜테우스는 집이 불길에 싸인 것으로 생각하고 노예들을 시켜 불을 끄게 했지만 아무 소용이 없다. 이방인이 도망친 것이라 생각한 펜테우스는 집 안으로 뛰어가 안마당에 이방인이 만든 환영을 그로 착각하고 주위에 있는 뿌연 연무를 칼로 찌른다. 집이 통째로 무너지자, 펜테우스는 이방인이 집 안에서 비참하게 죽었을 것이라고 믿고 칼을 놓아버린다 (623~636행). 그러나 그는 곧 사슬에 묶여 있던 이방인이 달아난 것을 확인하고는 화를 감추지 못한다. 이방인이 불속에서 마법같이 탈출했는데도 펜테우스는 여전히 이방인의 신성을 믿지 못한다. 사자가 등장해 펜테우스의 눈치를 살피다가 자신이 목격한 바를 다음과 같이 보고한다.

사자가 소 떼를 돌보고 있었을 때, 그는 펜테우스의 어머니와 그녀의 자매들이 지휘하는 일단의 여인들을 만나게 되었다. 그 가운데 일부는 사지를 뻗고 자고 있었는데, 다른 여인들은 펜테우스의 말과 달리 포도주와 피리소리에 취한 채 사랑을 찾아 쏘다니지 않았다 (677~688행). 그들은 모두 한결같이 질서정연하게 행동했으며, 그 모습은 "가히 장관이었다"(693행). 그들은 얼룩덜룩한 가죽에 그들의 볼을 핥고 있는 뱀으로 허리띠를 맨 채 산양이나 사나운 늑대새끼들에게 젖을 먹이고 있었다. 그들이 튀르소스를 들고 바위를 치고 또 그것을 땅에 꽂자, 바위에서는 물이, 땅에서는 포도주와 우유가 솟구쳐 올랐다(695행 이하). 사자는 펜테우스에게 펜테우스가 이 광경을 보았더라면 마음을 바꿔 그 신을 경배했을 것이라고 말한다. 사자는 계속해서 보고한다.

소치기들과 양치기들이 펜테우스의 명령에 따라 여인들을 바코스 축제에서 내쫓기 위해 덤불 속에 매복해 있었다. 그러다 펜테우스의 어머니 아가우에와 그녀의 자매들을 비롯한 여인들이 매복처에 다가오자, 소치기들과 양치기들이 뛰어나와 그들을 붙잡으려 했다. 하지만 그 여인들은 그들을 물리치고 소 떼에게 덤벼들었다. 그 여인들은 맨 손으로 암송아지들과 황소들을 갈기갈기 찢어 죽였다(728행 이하). 그 여인들이 어깨에 메고 있는 가정용품들은 끈으로 매지 않았는데도 땅 위에 떨어지지 않았다. 그 여인들은 머리 위에 불을 이고 다녔지만, 그 불은 머리털을 태우지 않았다. 남자들이 창을 들고 공격했지만, 여인들은 다치기는커녕 손에서 튀르소스를 내던지며 남자들에게 부상을 입히자, 남자들이 혼비백산해 달아났다. 마침내 여인들은 자신들이 떠나온 샘에 돌아가 손에 묻은 피를 씻었고, 뱀은 그들의 얼굴에서 떨어지는 핏방울을 혀로 핥아주었다. 사자는 이에 대해 "어떤 신의 도움이 틀림없다"(764행)라고 보고한다.

사자는 펜테우스에게 디오뉘소스의 힘이 분명히 드러난 만큼 그를 테바이에 받아들이기를 촉구하지만 펜테우스는 더욱더 완강하다. 그는 그리스인들이 바코스의 여신도들에게 망신을 당할 수 없기 때문에 군대를 동원해 그 여신도들과 싸울 것이라고 위협한다. 이방인은 펜테우스의 위협을 듣고 그의 위협이 무익하고 위험한 것이라고 나무란다(778~799행). 그러고는 펜테우스에게 산 위에 모여 앉아 있는 여인들을 직접 보고 싶지 않느냐고 묻는다. 펜테우스는 그들의 술 취한 모습을 보고 싶은 호기심에서 이방인을 따라나서기로 한다. 펜테우스는 그 여인들의 무서운 공격을 받았던 소치기들과 양치기들의 운명을 피하기 위해 여인의 옷을 입고 변장하고는 이방인의 안내에 따라 몰래 도성을 지나 한적한 길을 걸어 키타이론 산으로 향한다.

이때 한 사람의 사자가 등장해 코로스에게 펜테우스의 죽음을 보고한다. 펜테우스, 이방인, 그들과 함께 간 그 사자가 키타이론 산 위에 있는 바코스의 여신도들을 지켜보고 있었을 때다. 펜테우스는 그가 보고 싶어 했던 여인들의 수치스러운 행위가 보이지 않자, 언덕 위에 우뚝 솟아 있는 전나무 위에 올라간다면 이를 볼 수 있을 것이라며 불평했다. 이에 이방인은 하늘을 찌를 듯한 전나무의 우듬지를 잡아 천천히 구부려 땅까지 오게 한 다음 그 가지 위에 펜테우스를 앉히고 손에서 그 가지를 천천히 놓자, 전나무 가지는 하늘로 똑바로 치솟았다. 전나무 가지 위에 앉아 있던 펜테우스가 차츰 눈에 보이기 시작했을 때, 이방인은 더 이상 사람들 눈에 보이지 않았다. 그때 하늘에서 어떤 음성이 들렸다. 그 음성은 여인들에게 자신의 "…… 축제를 웃음거리로 만들고 있는 자"(1080~1081행)를 벌할 것을 명령했다.

하늘과 땅 사이에 무서운 불빛이 번쩍였고, 모든 것이 침묵을 지켰다. 여인들은 디오뉘소스가 자신들을 다시 부를 때까지 귀를 기울이며 서 있었다. 그런 다음 그들은 앞으로 돌진해 돌과 창 대신 전나무 가지들과 튀르소스를 전나무 가지 위에 앉아 있는 펜테우스에게 던졌지만 그를 맞히지 못했다(1088~1102행). 아가우에가 "나무 위에 올라가 있는 들짐승(thēr)"(1107~1108행)을 붙잡으라고 재촉하자 그들은 황소들을 갈기갈기 찢던 엄청난 힘으로 그 전나무를 땅에서 뽑아버렸다. 펜테우스는 땅바닥으로 떨어졌고 아가우에가 먼저 그에게 덤벼들었다. 펜테우스는 변장하기 위해 입었던 옷을 벗어던져버리고 그녀를 어머니라 부르면서 자기를 죽이지 말라고 애원했다.

하지만 광기에 사로잡힌 아가우에가 아들을 갈기갈기 찢자, 그녀의 자매들과 여신도들도 덤벼들어 그를 갈기갈기 찢어 죽였다. 아가우에는 사자새끼를 죽인 것으로 믿고 의기양양해 하면서(1129행 이하) 아들의 시신을 튀르소스에 꽂고는 그것이 마치 사자(獅子)의 머리인양 키타이론 산의 한가운데로 들고 다녔다. 아가우에가 지금 테바이 성벽 안으로 들어오고 있다는 말로 사자는 보고를 끝낸다(1137행 이하).

아가우에가 도착한다. 펜테우스의 끔찍한 운명을 알고 있는 코로스는 그녀를 조심스럽게 대한다. 아가우에가 사냥감 사자를 아마도 주된 요리로 하는 승리의 잔치에 그들을 초대하려고 할 때 그녀를 더욱 조심스럽게 대한다. 아가우에는 아들과 테바이인들이 자신이 맨손으로 사자를 잡고 갈기갈기 찢어 죽인 것을 크게 칭찬할 것이라고 기대한다(1194행). 아가우에는 아버지 카드모스와 펜테우스를 부른 뒤 자기가 사냥해온 사자의 머리를 볼 수 있도록 펜테우스에게 사다리를 타고 지붕에 올라 도리에 못질을 하라고 요구한다.

이때 카드모스가 키타이론 산에서 찢겨 있는 펜테우스의 시신 조각들을 긁어모아 들것에 싣고 돌아온다(1216~1232행). 카드모스는 온통 사냥과 사냥감에 대한 생각에 몰두하고 있는 아가우에에게 그녀가 자신의 딸이고, 에키온의 아내이며, 펜테우스의 어머니라는 것을 떠올리도록 애쓴다. 이이 아가우에에게 그너기 들고 있는 것이 그녀와 에키온 사이에서 태어난 펜테우스임을 확인시켜주기 위해 그것을 주의 깊게 보라고 요구한다(1277행).

환각이 계속되는 동안 여전히 아가우에는 자기가 들고 있는 것이 사자머리라고 말한다. 그러나 제정신이 돌아오자 아가우에는 자기가 들고 있는 것이 펜테우스의 머리인 것을 알고 경악과 고통을 금하지 못한다. 그녀는 카드모스에게 자기가 키타이론 산에서 무엇을 했는지 묻는다. 카드모스는 그녀와 그녀의 자매들이 전에 개 떼가 펜테우스의 이종사촌 아크타이온을 갈기갈기 찢던 바로 그곳(1291행)에서 펜테우스를 갈기갈기 찢어 죽였다고 들려준다.

아가우에가 무엇 때문에 무슨 일로 펜테우스가 키타이론 산에 갔는지를 묻자, 카드모스는 펜테우스가 디오뉘소스와 그를 경배하는 축제를 모욕하기 위해 그곳에 갔다고 대답한다. 또다시 아가우에가 자신의 자매들과 여신도들이 어떻게 해서 그곳에 갔는지를 묻자, 여성 전체, 도시 전체가 디오뉘소스에 씌었기 때문이라고 대답한다. 이 말에 아가우에는 디오뉘소스 신이 자신들을 파멸시켰다며 그를 비난한다(1296행). 아가우에는 카드모스에게 펜테우스의 사지가 가지런히 붙어 있었느냐고 묻지만(1300행) 이어지는 대화는 텍스트 안에서 빠져 있다. 이어 카드모스는 펜테우스와 자신의 관계, 그리고 앞으로의 자신의 운명에 대해 언급하며, 자신은 테바이에서 명예로운 노령을 맞는 대신 추방 당하게 될 것이라고 말한다. 1329행 이후 또다시 대화는 텍스트에서 50행이 빠지고, 이방인인 디오뉘소스가 "나는 그대들에게 모욕을 당한 신이다"(1347행)라고 말하면서 자신의 정체를 밝힌 뒤, 테바이인들, 아가우에와 그녀의 자매들, 그리고 카드모스의 미래에 대해 언급하는 것으로 이어진다.

디오뉘소스는 테바이인들이 야만족에게 습격당해 여러 곳을 전전하면서 비참한 노예생활을 하고, 전쟁의 포로가 되어 숱한 고통의 세월을 보낼 것이라고 예언한다. 아가우에와 그녀의 자매들은 펜테우스를 죽였기 때문에 살인죄로 테바이를 떠나 다시 고향땅을 밟지 못할 것이라고 예언한다. 카드모스는 용으로 변하고 그의 아내인 아레스의 딸 하르모니아는 뱀으로 변할 것이며, 제우스의 명령에 따라 야만족을 이끌고 수많은 그리스 도시들을 함락시키고, 아폴론 신전을 파괴하는 불행한 나날을 보내게 될 것이라고 예언한다. 하지만 카드모스는 아레스의 도움을 받아 "축복받은 자들의 나라"에서 살게 될 것이라 말하고는 이 예언은 "인간의 아버지가 아닌 제우스에게서 태어난 나 디오뉘소스가 그대들에게 그렇게 말하는 것"(1340~1341행)이라고 덧붙인다.

카드모스는 디오니소스에게 노여움을 거두길 애원하면서 용서를 구하지만, 디오뉘소스는 이것이 그들이 자신을 모욕했던 것에 대한 벌이며, "이 일은 오래전에 나의 아버지 제우스가 머리를 끄덕여 동의를 표했던 것"(palai tade Zeus oumos epeneusen patēr, 1349행)이라고 대답한다. 카드모스와 아가우에는 고국땅에서 비참하게 추방당할 자신들의 운명을 함께 슬퍼하고 탄식한다(1352행 이하). 아가우에는 다시 한번 디오뉘소스의 잔인성에 분노한다(1374행). 작품은 아버지와 딸이 서로에게 마지막 고별의 인사를 건네는 가운데 끝난다.

디오뉘소스

그리스 비극작품 가운데 신이 무대 위에 직접 등장해 극의 주요 인물로 설정되고 있는 것은 『바코스의 여신도들』뿐이다. 이 작품의 주인공은 펜테우스가 아니라 디오뉘소스라는 주장이 나올 정도로 에우리피데스는 디오뉘소스 신을 전면에 내세워 그의 존재와 그의 신성, 아니 디오뉘소스를 통해 신의 존재와 그 신성을 본격적으로 제기한다. 디오뉘소스는 이 작품에서 '디오뉘소스'뿐만 아니라 "떠들썩한 신"을 의미하는 "브로미오스"(bromiōs, 66행 등), "디튀람보스"(dithurambos, 526행 등) 등으로 불린다.

한편 펜테우스가 이방인에게 디오뉘소스는 어떻게 생겼는지 물었을 때, 그 이방인은 그에게 "그분은 자신이 원하는 대로 모습을 취한다"(478행)라고 말하고, 코로스 또한 그분은 "여러 가지 모습(pollai morphai)을 나타낸다"(1388행)라고 말하듯, 그는 많은 모습을 갖고 있다. 디오뉘소스는 펜테우스에겐 여자 같은 자 또는 "황소"(tauros 618행, 920행)로, 시종에게는 "들짐승"(436행)으로, 바코스의 여신도들에겐 매혹적인 아름다운 신으로 여겨지고 있으며, 때로는 "많은 머리"(1017행)를 지닌 사자나 뱀으로 여겨지기도 한다.

또 한편 디오뉘소스는 자기 스스로 인간의 "모습"(morphē)을 하고 테 바이에 왔다고 말해주듯(4행, 53~54행), 반쯤은 인간이자 반쯤은 신으로 여겨진다. 도즈의 말을 빌리면, "인간으로 가장한 신이자 신으로 가장한 인간"이다. 이런 이중성은 이 신이 "한 자궁이 아니라 두 자궁에서 태어난"[2] 것에서도 드러난다. 디오뉘소스는 여성이자 인간인 세멜레의 자궁에서 태어났을 뿐 아니라 "남자의 자궁"(526행), 곧 남성이자 신인 제우스의 넓적다리에서도 태어났다. 반쯤은 여성이자 인간, 반쯤은 남성이자 신인 이런 이중성이 디오뉘소스를 특징짓는 근본요소다.

디오뉘소스의 이중성은 그가 분명히 그리스 신이지만 흔히 육지 또는 바다를 건너온, 즉 인도, 뤼디아, 프뤼기아 또는 트라키아에서 온, 이방인의 신으로 일컬어지는 데서도 확인된다. 그리고 그의 이중성은[3] 그가 모든 신 가운데 팔루스(phallus), 곧 발기한 남성의 성기와 가장 밀접하게 결부되고 있지만, 정작 본인의 발기한 모습이나 발가벗은 모습은 찾아볼 수 없는 데서도 나타난다.[4] 또 그의 이중성은 그

---

[2] E. R. Dodds, *Euripides: Bacchae*(Oxford: Clarendon Pr., 1986 [c1960]), xlix쪽.
[3] Marcel Detienne, *Dionysos à ciel ouvert* (Paris: Hachette, 1986), 21~27쪽; Albert Henrichs "Changing Dionysiac Identities," *Jewish and Christian Self-Definition: Self-Definition in the Graeco-Roman World*, B. F. Meyer and E. P. Sanders 엮음 (Philadelphia: Fortress, 1983), 152~155쪽.
[4] 이에 대해서는 Eric Csapo, "Riding the Phallus for Dionysus: Iconology, Ritual, and

가 성의 억압 등 모든 사회적인 제약과 구속으로부터의 해방(비록 일시적이지만)과 결부되고 있지만, 그 자신은 성(sex)과는 거리를 두는 또 그에 무관심한 신, 달리 말하면 무성(無性) 또는 양성(兩性)의 신으로 나타나는 데서도 확인된다.[5] 이 작품에서도 펜테우스가 그를 가리켜 "여자 같은(thēlumorphos) 이방인"(353행)이라고 일컫듯, 그의 여성성에 대한 언급이 빈번히 등장한다. 가령 아이스퀼로스의 현존하지 않는 작품 『에도니』에서 펜테우스와 같은 인물인 트라키아 에도니스인의 왕 뤼쿠르고스는 그를 가르키며 "여성이자 남성인 이 자는 어디 출신인가" 하고 물으며, 그가 입고 있는 옷을 가리키며 그는 "여성과 같다"(61 TrGF)라고 말한다.[6] "팔루스의 여성적인 신, 여성의 팔루스적인 신"이라는 이런 역설과 이중성이 디오뉘소스 신의 개념에 중심적인 것이 되고 있다.[7]

하지만 디오뉘소스의 이중성에서 가장 눈에 띄는 요소는 무엇보다도 이 신은 자신을 따라서 테바이로 온 뤼디아 출신의 여신도들에게 비친 모습 그대로 "인간들에게 가장 무서운 신이자" 또 한편 "가장 온유한 신"(861행)이라는 점이다. 말하자면 디오뉘소스는 한편으로는 부드러운 존재이자 다른 한편으로는 "벌을 가하는 아폴론과 아주 닮

Gender-Role De/Construction, *Phoenix*, 51: 3~4 (1997), 258~261쪽을 볼 것.
5) Michael Jameson, "The Asexuality of Dionysus," *Sex and Difference in Ancient Greece and Rome*, Mark Golden and Peter Toohey 엮음 (Edinburgh: Edinburgh UP, 2003), 319쪽.
6) 그의 여성성에 대한 좀더 상세한 언급은 Richard Buxton, "Feminized Males in *Bakchai*: The Importance of Discrimination," *Myths and Tragedies in Their Ancient Greek Contexts* (Oxford: Oxford UP, 2013), 230~232쪽을 볼 것.
7) Michael Jameson, 같은 글, 320쪽. 그리고 Jean-Pierre Vernant, "The Masked Dionysus of Euripides' *Bacchae*," Jean-Pierre Vernant and Pierre Vidal-Naquet, *Myth and Tragedy in Ancient Greece*, Janet Lloyd 옮김 (New York: Zone Books, 1990), 398~399쪽을 볼 것.

은[8] 폭력적인 존재라는 점이다. 이는 디오뉘소스가 인간의 삶에 한 줄기 위안과 환희를 선사하는 포도주의 신이면서도 인간의 삶을 무자비하게 파괴하는 죽음의 신이라는 데서도 나타난다.

기원전 4세기 그리스 서정시인 겸 음악가였던 티모테오스가 포도주를 "디오뉘소스의 피"라 일컬었고(780 *PMG*)[9], 다른 이들이 그 신을 "포도주"라 일컫듯,[10] 그는 "무엇보다도 일차적으로" 포도주, 즉 "술의 신"이다.[11] 이따금 그가 떠나온 지역 가운데 하나로 거론되는 프뤼기아는 "포도나무의 땅"으로 알려졌으며,[12] 이 작품에서도 디오뉘소스는 이 포도나무의 땅인 프뤼기아에서 그리스로 온 것으로 나타나고 있다(13~20행).

테이레시아스는 디오뉘소스가 인간에게 선물로 준 포도주는 "인간을 고통에서 해방시켜주고", "잠을 가져다주고", "그날그날의 걱정거리[슬픔]를 잊게 해주어", "치료"(pharmakon)에 있어 그 어떤 약도 감히 비교할 수 없는 큰 선물을 주고 있다고 말한다(280~283행). 소치기인 사자도 디오뉘소스가 인간을 고통에서 해방시키기 위해 선물로 준 "포도주가 없다면 인간에게는 사랑의 기쁨도, 그밖에 다른 모

---

8) Cornelia Isler-Kerényi, *Dionysos in Classical Athens: An Understanding through Images*, Anna Beerens 옮김 (Leiden: Brill, 2015), 214쪽.
9) Walter Burkert, *Homo Necans* (Berkeley: U of California Pr., 1983), 224~226쪽; Detienne, 앞의 책, 54~59쪽; Eric Csapo, 앞의 글, 258쪽.
10) 에우리피데스『퀴클롭스』156행, 454행, 519~527행; 플라톤『법률』773d; 그리고 E. R. Dodds, 앞의 책, 284~285쪽; Walter Burkert, 같은 책, 224~225쪽; Albert Henrichs, 앞의 글, "Changing Dionysiac Identities," 160쪽; 그리고 Eric Csapo, 같은 글, 258쪽을 볼 것
11) Albert Henrichs, "He Has a God in Him: Human and Divine in the Modern Perception of Dionysus," *Masks of Dionysus*, Thomas H. Carpenter and Christopher A. Faraone 엮음 (Ithaca: Cornell UP, 1993), 13~14쪽.
12) Patrick E. McGovern, *Ancient Wine: The Search for the Origins of Viniculture* (Princeton: Princeton, 2003), 244쪽.

든 즐거움도 없다"(773~774행)라고 말한다. 일찍이 서정시인 알카이오스도 "세멜레와 제우스의 아들 바코스는 / 포도주를 발견하여 이를 인간에게 주어 인간의 걱정거리를 잊게 해주는 진통제가 되게 했노라"[13]라고 노래한 바 있다.

이렇듯 디오뉘소스의 선물인 술은 고통의 해방자로서의 역을 할뿐만 아니라 다른 한편 그것은 때론 재앙을 불러일으키는 역할도 한다. 포도주는 핏빛을 띠며, 따라서 그것은 생명을 표상하기도 하지만 폭력을 통한 죽음도 표상하기도 한다.

포도주가 그리하듯, 디오뉘소스는 자신을 경배하는 축제를 통해 사람들을 일상적인 삶의 고된 현실과 고통으로부터 해방시켜 그들에게 환희에 찬 순간을 선사하지만, 다른 한편 그에게 적대적인 자들에게는 무참하게 폭력을 가하는 죽음과 같은 공포의 존재이기도 하다. 그의 폭력성은 그가 주관하고 또 그를 경배하는 축제에서 그를 따르는 여신도들이 광란의 춤을 추면서 동물을 갈기갈기 찢어(sparagmos) 그것을 날로 먹는(ōmophagia) 행위에서 상징적으로 드러난다. 또한 그가 주관하는 축제에서 펜테우스가 마치 그를 위한 제의의 희생제물인 양 여신도들에게 "들짐승"(1108행)으로 비쳐, 갈기갈기 찢겨져 **도륙**되었던 것을 통해서도 확연히 드러난다.

그를 따르는 여신도들이 그를 경배하거나 기리는 제의에서 실제로 그에게 바치는 산 제물로서 동물을 갈기갈기 찢어 날로 먹었는지는 여전히 의문으로 남는다. 도즈는 여신도들이 실제로 이를 행했다고 믿었던 반면,[14] 플루타르코스(『모랄리아』 417c)처럼 이를 믿지 않는 학자들도 많다.[15] 하지만 중요한 것은 당시 아테나이인들은 그 여

---

13) Patrick E. McGovern, 같은 책, 246쪽에서 재인용.
14) E. R. Dodds, 앞의 책, xvi~xx쪽.
15) 가령 Matthew Dillon, *Girls and Women in Classical Greek Religion* (London:

신도들이 그렇게 행한 것으로 상상하고 있었다든가,[16] 그들이 그렇게 "한때 행한 것으로 믿고 있었다는 것"[17]이다. 여신도들이 실제로 그러한 행위를 했든 그것이 상상이든 간에 에우리피데스는 이 작품에서 디오뉘소스가 주관하는 제의나 축제에서 그의 여신도들이 동물뿐만 아니라 인간, 그것도 자신의 자식마저 갈기갈기 찢어 죽이는 행위를 집중적으로 부각시킴으로써 디오뉘소스의 폭력성을 전면에 내세우고 있다.

그러나 디오뉘소스는 이러한 폭력성을 가면의 이면에 깊이 숨긴 채 향기롭고 긴 "금발의(xanthos) 고수머리, 포도주 빛이 감도는"(oinōpos) 창백한 얼굴, "하얀 살갗"을 가진 여성의 모습을 하고 (236행, 438행, 455행, 457행) "웃는 낯으로"(439행, 1021행) 테바이에 나타난다.

황금시대

디오뉘소스는 테바이로 오기 전 자신은 아시아에서 자신을 경배하는 춤을 추게 하고 그곳에서 자신의 비의를 확립한 다음 그리스 땅 가운데 테바이에 맨 처음 온 것임을 밝힌다(20~22행). 아시아 전체, 곧 근동 전체가 그를 신으로 받아들이고 그를 경배했다고 말한다(13~22행). 이제 디오뉘소스는 그리스 전역에서 펜테우스의 테바이

Routledge, 2002), 139~153쪽; Sue Blundell, *Women in Ancient Greece* (Cambridge/M.A.: Harvard UP, 1995), 165~169쪽.

16) Ismene Lada-Richards, *Initiating Dionysus: Ritual and Theatre in Aristophanes' "Frogs"* (Oxford: Clarendon Pr., 1999), 6쪽.

17) D. Obbink, "Dionysus Poured Out: Ancient and Modern Theories of Sacrifice and Cultural Formation," 앞의 책, *Masks of Dionysus*, Thomas H. Carpenter and Christopher A. Faraone 엮음, 69쪽.

를 자신의 신성을 받아들이는 최초의 그리스 국가로 삼을 것임을 밝힌다(23~25행). 자신의 신성을 거부하는 어머니의 자매들에 대한 보복으로 그들을 미치게 해 집에서 내쫓아 키타이론 산속에 머물게 하고, 테바이의 모든 여인들도 미치게 해 집에서 내쫓아 그들과 함께 그 산속에 머물게 하고, 그들이 자신을 경배하는 축제의 춤에 참여하도록 할 것이라는 것도 밝힌다(32~36행). 그리고 자신이 신이라는 것을 테바이에서 입증한 다음 "다른 나라로 발길을 옮겨 그곳에서도 나 자신을 보여줄 것"(48~50행)이라는 계획 역시 밝힌다.

키타이론 산속에 있는 테바이 여인들은 몸에는 새끼사슴 가죽을 걸치고, 머리에는 담쟁이덩굴 관을 쓰고, "참나무나 전나무의 가지들로 그들 자신을 성화(聖化)한 채"(109~110행), 우렁찬 팀파니 소리에 맞춰 튀르소스를 흔들며 황홀경의 광란의 춤을 출 준비를 하고 있다. 코로스는 디오뉘소스를 경배하는 곳에서는 "달콤한 피리가 신성한 가락을 울리고 있고"(160행), "들판에는 젖이 흐르고, 포도주가 흐르고, 벌들의 넥타르가 흐른다"(142~143행)라고 노래한다. 한편 코로스는 디오뉘소스는 "사람들이 함께 어울려 춤추게 하고, 피리소리를 듣고 즐거워하게 하고" 포도주로 "잠을 쏟아부어" "근심을 잊게 해준다"(379~385행)라고도 노래한다. 또한 디오뉘소스는 어떤 차별도 없이 "부자에게도 빈자에게도 고통을 잊게 해주는 포도주의 환희를 똑같이 나누어준다"(420~423행)라고 노래한다.

소치기 사자가 지켜보고 보고한 대로 디오뉘소스를 경배하는 테바이 여인들은 펜테우스의 인식과는 달리 포도주와 피리소리에 취한 채 남자들과 사랑을 즐기기 위해 은밀한 곳으로 찾아 나서지도 않았다. 그뿐만 아니라 서로 간에 위계질서를 따지지 않고, 나이가 적건 많건 모두가 질서정연하게 행동했으며, 그들이 허리띠로 맨 뱀은 그들의 볼을 핥고 있었고, 젊은 어머니들은 산양이나 "사나운 늑대새끼들"(skumnous lukōn agrious, 699행)을 품에 안고 젖을 먹이고 있었다. 한 여인이 튀르소스를 들고 바위를 치자, 샘물이 바위에서 솟아올랐고, 다른 여인이 지팡이를 땅에 꽂자 포도주가 솟아올랐으며, 손톱으로 땅을 파면 땅에서 우유가 솟구쳐 올랐고, 담쟁이덩굴로 덮힌 튀로소스에서는 꿀이 흘러내렸다(695~711행). 그들이 남자들의 공격을 물리치고 자신들이 있는 곳으로 되돌아왔을 때, "뱀은 그들의 얼굴에서 떨어지는 핏방울들을 혀로 핥아주었다"(767~768행).

여기에 나타난 디오뉘소스의 세계는 잃어버린 황금시대를 지향하는 묵시적인 세계를 보여준다. 들판에는 저절로 젖과 포도주가 흐르고, 벌들의 넥타르도 흐르고 있다. 그리고 튀르소스로 바위를 치면 샘물이 흘러내리고, 튀르소스에서는 꿀이 흘러내리고 있다. 『구약』의 이사야가 동경했던 그 세계처럼(「이사야서」 11장 6절 이하) 여인들은 자신들의 자식인 양 산양과 늑대새끼들에게 젖을 먹이고, 뱀은 그들의 볼을 혀로 핥으며 애정을 표하고, 그들의 상처 난 얼굴에서 떨어지는 핏방울을 혀로 핥아주면서, 그들의 아픔을 위로하는 등 인간과 자연이 하나가 된다.

그러나 디오뉘소스의 이러한 목가적인 황금시대는 하나의 가면임이 드러난다. 그 실체는 보복으로 점철된 폭력의 세계라는 것이다. 코로스는 디오뉘소스에게 펜테우스의 "목을 찔러 죽일 것"을 기원한다(993~996행). 디오뉘소스의 '황금시대'는 보복의 폭력이 날개를 휘젓는 피의 세계로 탈바꿈한다. 키타이론 산의 푸른 골짜기는 갈기갈기 찢겨 죽은 펜테우스의 시체 조각들로 덮여 있다. 디오뉘소스의 여신도들은 동물들, 이를테면 "애처로이 울고 있는" 어린 암송아지, 다 큰 암송아지, 황소들을 갈기갈기 찢어 죽이고 나서(737~747행) 자신들과 같은 족속인 **인간** 펜테우스를 갈기갈기 찢어 죽인다. 펜테우스는 자신을 향해 맨 먼저 달려드는 아가우에에게 자기는 "에키온의 집에서 낳으신 어머니의 아들 펜테우스"(1118~1119행)라고 밝히고 그녀의 뺨을 만지며 "잘못(hamartiai)을 저질렀다고 해서" "어머니의 자식을 죽이지 말라"(1121행)라고 애원했다.

하지만 아가우에는 "입에 거품을 물고 뒤집힌 눈알을 굴리며"(1122~1123행) 손톱으로 아들 펜테우스의 어깨를 뜯어냈고, 아가우에의 자매들도 합세해 다른 쪽에서 그의 살을 뜯어냈고, 그 밖의 다른 여인들도 달려들어 팔과 발을 뜯어내어 그 살덩어리로 공놀이를 했다.

아가우에는 아들 펜테우스의 머리를 "자신의 튀르소스에 꽂고 마치 산에서 자란 사자의 머리인 양 그것을 들고 키타이론 산의 한가운데를 다녔다"(1140~1142행). 그런데 그리스인들에게 "광기 그 자체는 인간을 **야수**의 상태로 떨어뜨리는 것"[18]과 다름없는 것으로 인식되었다. 아가우에는 야수가 되어 그 아들을 갈기갈기 찢어 죽였다. 디오뉘소스의 황금시대는 광란의 유희(遊戲)로 탈바꿈하고 있다. 디오뉘소스의 여신도들이 들고 다니는 튀르소스는 생명을 주는 달콤한 꿀도 생산하지만, 동시에 "투창"(投槍, belos, 25행, 761행)의 역할도 한다. 부상을 입힐 수 있는(761~763행) 무서운 무기인 그 투창에 아들의 머리를 꽂고 그것을 들고 산 한가운데를 다니다가 테바이 성벽 안으로 들어오는 아가우에의 이미지는 디오뉘소스의 이미지와 겹친다. 그것은 자신을 따르지 않는 인간의 목을 투창으로 찔러 죽이는 그 신의 폭력성을 상징하기 때문이다. 펜테우스는 아이스퀼로스의 3부작 『오레스테이아』의 첫 번째 작품 「아가멤논」의 주인공인 아가멤논과 그의 딸 이피게네이아처럼 희생제물인 "들짐승"(1108행)처럼

---

[18] Charles Segal, *Dionysiac Poetics and Euripides "Bacchae"* (Princeton: Princeton UP, 1982), 62쪽., 62쪽.

그렇게 **도륙**되었다.

펜테우스

디오뉘소스의 나이를 언급하지는 않지만 그를 **여성 같이** 아름답게 보인다고 자주 언급하는 것을 보면, 그가 젊다고 추론할 수 있다. 테이레시아스와 디오뉘소스가 각각 펜테우스를 가리켜 "젊은이"(274행, 974행)[19]라고 했듯, 디오뉘소스의 이종사촌인 그도 젊다. 테바이의 통치자로서 "신과 싸우는(theomachos)"(45행, 325행, 1255행) 펜테우스는 "권력이 인간만사를 지배하는 가장 강력한 힘"(310행)이라고 믿으며, 자기가 통치하는 테바이의 여인들을 '유혹'해 소요를 일으키고(215~225행, 237~241행), 스스로 신이라 자처하는 이방인의 행위를 용납하지 않는다. 그는 그 이방인을 테바이에 소요를 일으킨 장본인으로 지목해 문명사회에 적대적인 그를 정치적인 희생물로 삼으려 한다. 그리고 소요를 정치적인 입장에서 접근해 폭력에 기대어 해결하려 한다. 펜테우스에게는 디오뉘소스와 그를 따르는 여신도들은 현존질서를 훼손시키고 문란하게 하는 광기의 집단이나 다름없기 때문이다. 그가 광기의 집단과 맞서 싸우는 모습에서 우리는 합리적인 질서를 추구하는 이성적인 인물[20], "기존 문화질서의 수호자"[21], "'인간이 만물의 척도'라는 것을 믿도록 가르침을 받은, 자기 확신에

---

19) 그리고 1174행, 1185행에서 환각 속에 있는 아가우에는 펜테우스를 '사자의 새끼', '어린 송아지'라고 일컫는다.
20) Thomas G. Rosenmeyer, "Tragedy and Religion: *The Bacchae*," *Greek Tragedy: Modern Essays in Criticism*, Erich Segal 엮음 (Oxford: Oxford UP, 1983), 384~385쪽.
21) Helene P. Foley, *Ritual Irony: Poetry and Sacrifice in Euripides* (Ithaca: Cornell UP, 1985), 243쪽.

찬 이성적인 젊은 지도자"[22]의 이미지를 찾아볼 수 있다.

어떤 의미에서 이 작품은 이국의 문화가 그리스에 유입되어 그 존재를 인정받기 위해 벌이는 투쟁과 승인의 폭력적인 과정을 형상화한 것이라고도 할 수 있다. 문화의 충돌이 결국 인정을 얻기 위한 폭력투쟁이라면, 펜테우스와 디오뉘소스 사이에 일어난 충돌은 주도권의 싸움이라고도 할 수 있다. 펜테우스의 말과 행동에서는 그들보다 우월한 **우리** 문화에 대한 자부와 **그들** 문화에 대한 폄하가 드러난다. 디오뉘소스를 따르는 테바이 여인들의 행위를 그리스인들을 망신시키는 행위로 여기고, 따라서 그 여인들에게 망신스러운 짓을 조장하는 이방인들을 적대적으로 바라보면서(779행, 786행), 그들보다 그리스인들을 지적으로 우월한 종족으로 간주하는(483~484행) 펜테우스의 인식에서 이를 부분적으로 읽을 수 있다.

펜테우스는 표면적으로는 디오뉘소스적인 파토스와 광기에 맞서 싸우는 이성적인 인간의 전형으로 그려지고 있지만, 깊이 들어가 보면 사태를 오직 폭력으로 해결하려는 비이성적인 통치자, **압제자**[23]로 드러난다. 펜테우스는 그 이방인을 돌로 쳐 죽이려 하고(355~357행), 그의 머리털을 자르려 하고(1241행), 그를 교수형에 처하려 하고, 또 테바이 여신도들을 감옥에 가두려 하고, 코로스를 노예로 삼으려고 하는(514행) 등……

펜테우스는 이방인이 펼쳐 보이는 여러 기적에 대한 이야기에도 전혀 동요하지 않는다. 펜테우스는 디오뉘소스를 신으로 인정하기를 거부하고 그 신과 "싸우는"(325행) 그의 행위를 "미친 짓"(326행)이

---

22) Mihai I. Spariosu, *God of Many Names: Play, Poetry, and Power in Hellenic Thought from Homer to Aristotle* (Durham: Duke UP, 1991), 106쪽.

23) E. R. Dodds, 앞의 책, xliii쪽; Charles Segal, 앞의 책 56쪽; Pietro Pucci, *Euripides' Revolution under Cover: An Essay* (Ithaca: Cornell UP, 2016), 160쪽.

라며 그를 "광포한"(agrios, 361행) 자라고 나무라는 테이레시아스의 말을 무시한다. 아르테미스의 노여움을 받아 사냥개들에게 찢겨 죽었던 그의 사촌 악타이온을 상기시키면서 그의 전철을 밟지 말고 디오뉘소스를 신으로 받아들일 것을 권고하는 카드모스의 충고도 물론 단연코 거부한다.

펜테우스는 디오뉘소스를 아프로디테와 결부시킨다(313~314행, 403행, 773~774행). 그는 테바이 여인들을 정체성이 불분명한 디오뉘소스에게 현혹되어 사랑과 술에 취해 밤새 광란의 춤을 추는 (218행, 222~225행, 261~262행, 354행, 1060행) 광적인 여인들로 보며, 술과 춤에 취해 황홀경에 빠져 **문명화된** 폴리스의 집을 버리고 산으로 간 것이라고 확신하고 있따. 그래서 그에게 디오뉘소스 축제는 "조작된"(218행) 것으로서 따라서 이 모든 불순한 행위의 원흉이라고 확신한다. 그러니 그는 한 치의 양보도 타협도 하지 않는다. 그는 오직 물리적인 힘으로 기존 질서를 되찾으려 한다.

테이레시아스는 권력이 모든 것을 해결할 수 있다고 과신하는 그를 나무라고, 그에게 "병든" 자신의 생각을 "지혜"라고 여기지 말 것을 충고하고, 신을 받아들일 것을 권고하지만(310~313행), 펜테우스는 그의 권고를 결코 받아들이지 않는다. 카드모스도 지혜가 부족한 펜테우스를 나무라면서 테이레시아스의 충고를 받아들이고 신을 경배하는 "우리의 관습을 멀리하지 말라"(330~331행)라고 권하지만, 펜테우스는 이 역시 받아들이지 않는다.

논리적으로 생각하면, 펜테우스가 디오뉘소스를 신으로 받아들이길 거부하는 것에는 일리가 있다. 디오뉘소스는 "신출내기 신"(219행)이고, 따라서 자신을 신으로 맞이하라는 그의 요구는 부당하게 보일 수 있다. 그의 정체성에 의심이 갈 수도 있기 때문이다. 하지만 종교적으로 생각하면, 테이레시아스가 주장하듯, 디오뉘소스는 제우스의 아들이며(286행 이하), 그러니 적절하게 경배받지 않으면 안 되는 대상이다. 이것이 바로 테이레시아스와 '우리의 관습을 멀리하지 말라'라고 권하는 카드모스의 종교 신념이다. 그들은 "비록 심오한 지혜를 가진 사상가들이" 신을 거부할 "오묘한 것을 찾아낸다 해도" 이 관습을 "뒤엎지는 못할 것"(201~203행)이라고 말한다. 참다운 지혜는 어떤 오묘한 논리와 이성적인 사유도 초월한다는 것이다. 그들은 신에 대한 경배가 참다운 지혜에서 나온 절대적인 가치라고 본다.

877행에서 코로스는 "지혜란 무엇인가"(ti to sophon) 하고 묻는다. 그들은 "신의 힘은…… 신을 존경하지 않는…… 인간들을 파멸시킨다"(884~886행)라고 노래하고 나서 "인간의 어떤 사상과 행동도 오랜 전통의 법을 결코 뛰어넘어서는 안 된다"(891~892행)라고 말한다. 그들 또한 신을 경배하는 것이 참다운 지혜라고 말한다. "인간의 한계를 넘어서려 하는 것"은 영리한 잔꾀이지 "진정한 지혜"가 아니라는 것이다(395~396행).

아가우에

우리는 이질적인 것에서 언제나 거부와 유혹을 동시에 느낀다. 펜테우스도 자신이 그토록 거부하는 디오뉘소스 축제에 대한 호기심을 억누를 수 없다. 주체는 타자와 자신을 항상 구별하려 하고 또 타자를 억압하려 하지만, 동시에 타자에 대한 엄청난 유혹에 사로잡혀 종국적에는 잠식당하고 전복될 수도 있다. 펜테우스는 결국 디오뉘소스의 "덫"(bolos, 848행)에 걸려 그가 경멸해 마지않던 수치의 상징인 여성의 복장을 하고(828행), 디오뉘소스 여신도들의 무리를 숨어 보기 위해 키타이론 산속으로 향한다. 이방인에게 군대를 동원하여 키타이론 산속에 있는 여인들을 죽인 뒤 그 "여인들의 피를 신에게 제물로 바치겠다"(796~797행)라고 공언했던 펜테우스는 자신 역시 희생제물이 되기 위해 그 산으로 향하고 있음을 알지 못한다.

그의 비극적인 운명은 예고되어 있었다. 이는 877행에서 코로스가 "지혜란 무엇인가"라고 물으면서 "신이 하사하신 그 어떤 선물이 원수들의 머리 위에 승리의 손을 들게 해주는 것보다 더 명예로운 선물일 수 있겠는가"(877~880행)라고 노래하는 것에서 확인된다. 좀더 나아가 디오뉘소스를 향해 "정의여, 눈에 보이게 오소서, 산에 칼을 들고 오소서. 신도, 법도, 정의도 없는(atheon, anomon, adikon) 자, 대지에서 태어난 에키온의 자식의 목구멍을 찌르소서"(992~996행) 하며 기원하는 데서, 그리고 에키온의 아들 펜테우스에게 "죽음의 올가미를 씌우소서"(1021~1022행) 하며 기원하는 데서 확인된다.

죽음의 올가미(brochos)를 씌울 디오뉘소스는 일찍이 펜테우스가 어떤 죽음을 맞이할 것인가를 예고한 바 있다. 디오뉘소스는 그의 여신도들에게 펜테우스가 "죽음의 대가를 치르게 될 것이고"(847행), "제 어미의 손에 살해될 것"(858행)이라고 예언했다. 앞서 언급했듯, 디오뉘소스는 **펜테우스**라는 이름 자체가 **재앙을 당할 이름**이라고 말했다. '펜테우스'(penteus)라는 이름은 '슬픔' 또는 '고통'을 의미하는 '펜토스'(penthos)와 결부되어 있다. "고통의 인간"[24] 펜테우스는 테바이 도심지를 떠난 여인들을 사냥하기 위해 키타이론 산으로 향한다. 코로스는 그 산으로 향하는 펜테우스를 가리켜 디오뉘소스의 여신도들의 "사냥꾼"(1021행)이라고 일컫는다. 반대로 그는 사냥꾼이 아니라

---

24) Carl Kerényi, *Dionysos: Archetypal Image of Indestructible Life*, Ralph Manheim 옮김 (Princeton: Princeton UP, 1976), 329쪽.

그들에게 사냥감인 "들짐승"(1108행)이 된다.

작품에서 사냥꾼과 전사로서 행동하는[25] 디오뉘소스의 여신도들은 고대 그리스 화병(花甁)에 그려진 대로 칼로 무장해 펜테우스를 갈기갈기 찢어 죽인다. 이방인의 모습을 한 디오뉘소스는 펜테우스에게 "그대만이 이 도시를 위해 짐을 지고 있다. 오직 그대만이!"(963행)라고 말한 바 있다. 디오뉘소스는 펜테우스를 테바이의 잘못에 대한 책임을 혼자 떠맡고 희생당하는 일종의 희생양(pharmakos)으로 파악한다. 디오뉘소스의 제물로 바치기 위해 가장 먼저 그를 갈기갈기 찢어 죽인 것은 그의 어머니 아가우에다. "아가우에의 아들 펜테우스"(507행)는 도륙(屠戮)의 "여사제"(1114행)인 그녀에게 희생제물로 바쳐질 짐승에 불과했다.

그녀는 모두를 그 "도륙"(1177행)의 축하 "잔치"(thoinē, 1183행)에 초대하려 한다. 문명의 세계인 폴리스로부터 떠난 여성들은 디오뉘소스라는 **대타자** 속에 포섭되어(1037~1038행), 그 신에게 부여받은 비정상적인 광기로 같은 **인간**을 무참하게 **도륙**했다. 인간이 신의 조롱거리가 되고 있는 여기에는 어떤 영적인 의미도 없다. "복수는 어떤 긍정적인 결과도 낳지 않는다. 오히려…… 복수는 무자비한 폭력을 엄청나게 소비한 뒤에, 모욕당한 자의 자만만을 만족시키고 있다."[26] 아가우에는 카드모스에게 **짐승** 펜테우스를 맨손으로 잡아 죽인 자신이야말로 그가 낳은 "세상에서 가장 용감한 딸"(1234행)이라고 자랑하면서 아버지 친구들을 잔치에 초대하자고 할 때, 카드모스는 "측량할 길 없는" 엄청난 "슬픔"(1244행)에 몸부림치면서, 디오뉘소스의 행위는 "정당하기는 하나 너무나 가혹하게 우리에게 파멸을

---

[25] 733행, 752~764행, 848행, 977행, 1144행, 1181~1191행.
[26] Pietro Pucci, 앞의 책, 178쪽.

안겨주었다"(1249~1250행)라고 통탄한다.

신화에서는 아르고스의 프로이토스의 딸들처럼 신의 노여움을 받아 미쳐 자신의 자식들을 죽이는 경우가 더러 있지만, 그리스 비극작품에서 자식을 살해하는 어머니는 현존하는 작품 가운데 에우리피데스의 다른 작품 『메데이아』의 여주인공 메데이아와 이 작품의 아가우에뿐이다. 물론 현존하지 않는 소포클레스의 『테레우스』에 등장하는 프로크네의 경우도 있다. 그녀는 자신의 여동생 펠로멜라를 강간하고 이 사실을 숨기기 위해 그녀의 혀를 잘라 말을 하지 못하게 한 남편 테레우스 왕에게 복수하기 위해 자신과 그 사이에서 태어난 아들 이튀스를 죽였다. 그러나 메데이아와 프로크네는 자신들의 의도 아래 자식들을 죽였다. 철저히 의식적인 행위였다. 하지만 아가우에의 경우는 다르다. 그녀는 디오뉘소스 신에게 부여받은 비정상적인 광기, 자신에게 자신이 아닌, 자기분열이라는 미친 상태에서 아들 펜테우스를 도륙했다.

아들 펜테우스를 살해하는 어머니 아가우에는 에우리피데스가 만들어낸 것으로 알려져 있다. 에우리피데스는 아가우에가 아들 펜테우스 살해의 "협력자"(xunergatēn)인 디오뉘소스(1145~1147행)의 **도륙의 여사제**가 되어 그 아들을 참혹하게 죽이는 것을 이 작품의 핵심적인 모티프로 설정하고 있다. 그뿐만 아니라 자기 의도와는 무관하게 타자의 의지에 포섭되어 미친 상태에서 그를 죽이는 것을 더욱 핵심적인 모티프로 설정하고 있다. 이 모티프를 통해 에우리피데스는 디오뉘소스, 아니 신이라는 대타자들이 인간의 자존(自尊)을 아랑곳하지 않고 무서운 발길로 내리치고 조롱하고 있는 것을 여지없이 보여주고 있다.

아가우에가 자신이 아들 펜테우스를 살해한 것을 알게 된 뒤, 작품은 자신의 행위를 후회하는 아가우에가 아니라 아들의 죽음에 슬퍼하는 아가우에에게 집중한다.[27] "디오뉘소스가 우리에게 파멸을 안겨준 것을 이제야 알겠다"(1296행)라는 아가우에의 회한의 울부짖음이 있고 난 뒤, 작품의 마지막에 이르러서야 처음으로 디오뉘소스가 신의 모습으로 등장한다.

디오니소스는 펜테우스가 제 어미의 손에 죽은 것은 유감스럽지만 그의 죽음은 당연한 것이라고 말한다. 그러고는 펜테우스와 그의 어머니에게 엄청난 비극을 안겨준 것만으로 충분치 않은 듯 자신을 "능멸하고 신으로 인정하지 않았던"(1297행) 잘못에 대한 벌로 테바이인들은 야만족에게 쫓겨나 여러 도시를 전전하면서 전쟁포로가 되거나 노예생활을 하는 등 비참한 삶을 살아가게 될 것이라 말한다. 또 아가우에의 자매들은 테바이를 떠나 다시는 고향땅에 돌아오지 못할 것이며, 카드모스는 용으로 변하고, 그와 결혼한 아레스 신의 딸 아내 하르모니아도 뱀으로 변한 채, 그들이 아레스의 도움으로 테바이에 돌아와 '축복받은 자들의 나라'에 살게 될 때까지 제우스의 명령에 따라 야만족을 이끌고 수많은 도시들을 함락시키며 욕된 삶을 살아갈 것이라고 말한다.

"가혹한 벌을 내리는"(1346행) 디오뉘소스에게 카드모스는 "신은 노여움에 있어서 인간을 닮아서는 안 된다"(1348행)라고 호소하면서 자신들의 잘못을 용서해달라고 빌지만, 디오뉘소스는 그러한 벌은 "나의 아버지 **제우스**가 이미 오래 전에 머리를 끄덕여 동의를 표했다"

---

[27] 카드모스와 대화하는 가운데 환각에서 깨어난 아가우에가 자신이 아들을 갈기갈기 찢어 죽였다는 것을 듣고 디오뉘소스의 계획으로 자신들이 "파멸"한 것임을 알게 되었다고 말한다. 그러나 그녀와 카드모스 사이의 대화는 이후 50행이 빠져 있다. 서기 3세기 작가 아프시네스(Apsines)는 아가우에가 자신이 갈기갈기 찢어 죽인 펜테우스의 "사지 하나하나를 손에 쥐고 그 하나하나에 슬픔을 토해냈다"라고 전해준다. James Morwood, "'A Big Laugh': Horrid Laughter in Euripides' *Bacchae*," *Looking at "Bacchae,"* David Stuttard 엮음 (London: Bloomsbury Academic, 2016), 95쪽.

(1349행)라며 냉정하게 거부한다. 카드모스는 "나는 결코 고통으로부터 쉬지 못할 것"(1360~1361행)이라며 비통해한다. 그가 '축복받은 자들의 나라'에서 영원히 죽지 않고 산다면, 자신이 경험한 모든 고통을 잊게 해주는 **죽음**이라는 **망각**의 **선물**은 영원히 자신에게 불가능하기 때문에, 그에게는 '축복받은 자들의 나라'의 삶도 안식이 없는 고통스러운 삶 그 자체일 수밖에 없다(1360~1362행). 그는 "그와 그의 아내가 종국적으로는 축복받은 자들의 나라에서 살아가게 해줄 것이라는 그 신의 약속에서 어떤 위안도 끌어내지 못하는 것처럼 보인다."[28]

테바이는 카드모스가 창건한 나라다. 호메로스는 테바인을 "카드모스인들"(『일리아스』 4.388 등)이라고 일컬었던 바 있다. 카드모스는 자신의 나라를 세우기 위해 샘을 지키는 전쟁의 신 아레스의 아들인 용을 죽여야만 했다. 카드모스가 아테나의 충고대로 그가 죽인 용의 이빨을 뽑아 땅에 뿌리자, 무장한 남자 한 무리가 땅에서 솟아났고, 그들 사이에 싸움이 시작되더니 결국 5명만 살아남아 그들이 카드모스를 도와 테바이를 창건했다. 디오뉘소스는 용을 죽여 도시국가를 세운 카드모스를 거꾸로 용으로 변화시킴으로써 그가 이룬 도시국가의 창건이라는 문화의 길을 완전히 부정할 뿐만 아니라, 그의 이름, 명성, 정체성 또한 말살하고 있다.

아가우에는 비통해하는 카드모스에게 아버지와 이별하고 "추방의 길을 나서야 하는" 자기는 "고향땅에서 쫓겨나 어디로 가야 하나"(1366행) 하며 그를 쳐다보지만, 카드모스는 "아무런 도움을 주지 못하는" 자신의 신세만 한탄한다(1367행). 그녀는 디오뉘소스 신이 "끔찍하게도 아버지의 집에 이렇게 파멸을 초래했다"(1374~1376행)라며 울부짖는다. 아가우에는 아버지와 이별의 아픔을 주고받은 뒤, "피

---

28) Mary Lefkowitz, *Euripides and the Gods* (Oxford: Oxford UP, 2016), 148쪽.

로 얼룩진 키타이론 산도 결코 나를 보지 않고 나도 키타이론 산을 보지 않을, 그 어떤 것도 튀르소스에 대한 기억을 결코 일깨워주지 않을 그런 곳으로 내가 갈 수 있었으면!"(1383~1386행) 하는 애절한 기원만 남기고 테바이 고향땅을 떠난다.

정복자 디오뉘소스

니체는 신으로서의 디오뉘소스의 정체성을 파괴하고 그를 하나의 개념으로 규정했다. 그를 따라 디오뉘소스는 "이른바 그가 디오뉘소스적인 상태의 심리라고 일컬었던, 복합적인 인간의 심리 충동 가운데 하나인 기호 또는 상징으로 지적으로 추상화되고 개념화되었다." 그러나 니체와 그를 따라 디오뉘소스를 인간의 내면의 경험을 외면화한 하나의 상징으로 보는 이들과 달리, 디오뉘소스는 "추상도, 지적으로 개념화된 타자도 아닌",[29] 그리스인에게 엄연히 경배 대상인 신이었다. "고전시대의 아테나이에서 디오뉘소스는 모든 시민에게 경배되지 않으면 안 될……" 신이었다.[30]

에우리피데스는 우리의 내면 깊이 존재하는 충동, 일상적인 규범과 질서를 전복하고 일상성에서 해방된 자유와 평등, 프로이트의 용어를 빌리면 '현실원칙'에서 해방된 '쾌락 원칙'을 향한 충동, 곧 그러한 충동, 그러한 원초적인 잠재 욕망, 그리고 그 긍정적인 것과 부정적인 것을 드러내주기 위해 '디오뉘소스'라는 모티프를 이용한 것은 아니다. 그에게 디오뉘소스는 추상적인 존재가 아닌 구체적인 신의 이미지 그 자체였다. 디오뉘소스가 카드모스의 왕가와 테바인의 운

---

29) Albert Henrichs, 앞의 글, "He has a God in Him," 24쪽, 23쪽.
30) Richard Seaford, *Reciprocity and Ritual: Homer and Tragedy in the Developing City-State* (Oxford: Clarendon Pr., 1994), 246쪽.

명은 제우스가 이미 오래전에 정해놓은 것이라고 말하듯, 에우리피데스에게 디오뉘소스는 전체 신의 이미지를 자신 속에 포섭하고 있는 '대타자'다.

많은 형태를 지닌 신으로 등장한 디오뉘소스가 인간에게 "가장 무서운 신이자 가장 온유한 신"(861행)이었듯, 그의 이중성은 일반 신의 이중성을 그대로 표상하고 있다. 신들의 파괴적인 속성은 그들을 특징짓는 보편적인 모티프다. 인도 신화에서 최고의 존재들은 "창조자이자 파괴자이며, 위안을 주는 자이자 억압하는 자"[31]다. 시바는 물론 주신 인드라 또한 벼락을 무기로 해 성체를 닥치는 대로 부수는 '폭풍의 신', 분노의 신이다. '분노의 신'으로 통칭되는 『구약』의 여호와(야웨)는 폭풍을 통해 그의 힘을 자랑한다. "천둥은 그의 목소리이며 번개는 그의 불 또는 화살이다."[32] 이를 수단으로 해 그는 인간에게 숱한 폭력을 행사한다. 『시편』의 저자가 그를 가리켜 "전쟁에 능한 여호와"(『시편』 24.8)라고 일컬었듯, 여호와를 특징짓는 또 다른 이미지는 '전쟁의 신'이나 '전사'의 이미지다. 여호와가 자신을 "빛도 만들고 어둠도 창조하는", "평안도 만들고 악도 창조하는"(『이사야』 45.7) 자라고 규정했듯, 그는 아폴론처럼 생명을 주기도 하고 앗아가기도 하는 이중적인 존재다.

그리스의 아폴론 신은 전염병을 퍼뜨리기도 하고 이를 막기도 한다는 것은 잘 알려진 사실이다. 그는 니오베의 자식들을 무자비하게 죽이기도 하고, 한편으로는 전염병을 그치게 하고 '오염'을 정화한 신이기도 하다. 아르테미스는 아이스퀼로스의 3부작 『오레스테이아』의

---

31) Heinrich Zimmer, *Philosophies of India*, Joseph Campbell 엮음 (Princeton: Princeton UP, 1969), 529쪽.
32) Mircea Eliade, *Myths, Rites, Symbols: A Mircea Eliade Reader*, Wendell C. Beane and William G. Doty 엮음 (New York: Harper Coliphon, 1975), 2: 367쪽.

첫 번째 작품「아가멤논」에서처럼 트로이아를 함락시키려 하는 그리스인의 침공을 좌절시켜 트로이아의 순진무구한 여인들과 어린 아이들을 보호하려 한 여신인가 하면, 아폴론처럼 니오베의 자식들을 무참하게 죽인, 그리고 자신보다 더 나은 사냥꾼이라 자랑하고 자신의 나신을 훔쳐본 펜테우스의 이종사촌 아크타이온을 잔인하게 죽인 무서운 여신이기도 하다.

아테나는 아이스퀼로스의 3부작『오레스테이아』의 마지막 작품「자비로운 여신」에서는 이해와 동정 그리고 이성을 기반으로 한 '설득'을 통해 '분노의 여신들'을 '자비로운 여신들'로 변모시킨 자애로운 여신이기도 하다. 하지만 에우리피데스의『트로이아 여인들』에서는 트로이아의 파멸에 가담했을 뿐만 아니라, 소포클레스의『아이아스』에서는 자신에 대한 오만을 참을 수 없어 아이아스를 처참하게 자살하게 만든 "메두사의 눈을 가진"(『아이아스』450행) 무서운 여신이기도 하다. 주신 제우스는 우주의 도덕적 질서를 관리하고 '정의'를 실현시키는 신으로 부각되지만, 자신의 고유한 무기인 '벼락'으로 인간은 물론 다른 신까지도 몸서리치게 하는 공포의 신이자, 인간이 자신의 한계를 위반할 때 가차 없이 폭력을 행사하는 무서운 신이기도 하다. "그리스 문학 전통에서 신은 용서하지 않는다. 즉 그들의 명예(timē)를 떨어뜨리게 하는 자들은 무자비하게 벌을 받는다."[33]

디오뉘소스가 **미소**를 띠고(439행, 1021행) 테바이에 왔을 때 그는 남성중심의 가부장제 아래서 고통 받고 있는 테바이 여성들을 **도시**에서 **푸른 산**으로 불러들였다. 그러고는 마치 황금시대를 구가하듯 일상에서 해방된 자유와 평등을 누리게 하고, "나이의 장벽, 성의 장벽

---

33) David, Kovacs, "New Religion and Old in Euripides' *Bacchae*," 앞의 책, *Looking at "Bacchae"*, David Stuttard 엮음, 100쪽.

또는 노예와 주인 간의 장벽을 깨뜨려"[34] **차별을 증오하고**(206행) "차이를 파괴하는 원리로 작용하는"[35] "민주주의적" 신[36]으로 등장한다.

하지만 이는 그의 일면이지 본 모습이 아니다. 고대 그리스에서 디오뉘소스는 승리를 축하하는 행사로서 개선행진을 창안해낸 것으로 알려졌다. 우리는 디오뉘소스가 작품의 프롤로그에서 근동 전체에 걸쳐 이미 자신의 종교를 심어놓고 테바이에 왔으며, 테바이인이 자신을 신으로 받아들이지 않는다면 자신을 따르는 자들을 이끌고 그들과 전쟁을 벌이는 것도 마다하지 않을 것이라고 천명한 것을 소개한 바 있다. 알렉산드로스가 군대를 이끌고 인도를 정복한 것은 디오뉘소스에 의한 근동의 종교 정복과 동일시되었고, 일부 헬레니즘 시대의 왕들은 그들의 군사적 승리를 디오뉘소스의 정복과 동일시했다.[37]

니체는 "디오뉘소스의 사두마차는 꽃과 화환으로 뒤덮여 있다. 표범과 호랑이가 마차의 멍에 밑에서 성큼성큼 걷고 있다"[38]라고 말한바 있다.[39] 근동을 정복한 디오뉘소스는 프롤로그에서 테바이를 정복한 뒤 그리스 전체를 정복해 자기 종교를 심을 것임을 공언했다. 에우리피데스는 디오뉘소스를 가리켜 결코 "패배하지 않는"(kallinikos, 1147행, 1161행) 승리자라고 일컫는다. 앞으로 숱한 펜테우스들이 잔인한 미소를 가면 속에 숨긴 채 자신의 승리를 축하하면

---

34) Wole Soyinka, *The Bacchae of Euripides: A Communion of Rite* (New York: Norton, 1974), 26쪽.
35) Charles Segal, 앞의 책, 234쪽.
36) Richard Seaford, "Dionysus as Destroyer of the Household: Homer, Tragedy and the Polis," 앞의 책, *Masks of Dionysus*, Thoamas H. Carpenter and Christopher A. Faraone 엮음, 138쪽.
37) Guy Hedreen, "The Return of Hephaistos, Dionysiac Processional Ritual and the Creation of a Visual Narrative," *Journal of Hellenic Studies*, 124 (2004), 48쪽을 볼 것.
38) Friedrich Nietzsche, *The Birth of Tragedy and Other Writings*, Raymond Geuss and Ronald Speirs 엮음, Ronald Speirs 옮김 (Cambridge: Cambridge UP, 1999), 18쪽.
39) 디오뉘소스는 자신을 일컬어 "가장 **무서운**(deinotatos)자"(861행)라고 말했다.

서 표범과 호랑이를 앞세우고 개선행진을 하는 **정복자**, 아니 "악마"[40] 디오뉘소스의 희생물이 될 것이다.

카드모스와 아가우에가 테바이를 떠난 자리에 남은 것은 아무것도 없다. 남아 있는 것은 매장당하지 못한 채 찢겨진 상태 그대로 있는 펜테우스의 사지뿐이다. 아니 "고통만을 의미하는 이름, 펜테우스만이⋯⋯ 남아 있을 뿐이다."[41] 그리스 비극에서 왕의 몸은 "그 자체를 넘어 그가 통치하는 사회를 상징하는 것으로 확대된다."[42] 국가 테바이는 갈기갈기 찢겨져 파편화된 사체(死體) 그 자체가 된다.

테바이 재앙의 원천이면서 치유자이기도 한 오이디푸스 왕이 희생양으로 추방의 몸이 되었을 때, 그 도시에는 전염병이 그치고 평화와 질서가 회복되는 것으로 되어 있다. 하지만 희생양 펜테우스의 죽음은 어떤 희망의 전망도 치유의 전망도 가져오지 못한다. 고통과 절망만이 그가 떠난 도시에 남아 있다. 그곳에는 어떤 치유와 위안도 없다. 펜테우스의 죽음을 가져온 것은 디오뉘소스를 신으로 받아들이지 않았던 그의 오만에 찬 행동 때문이었다고 여기는 코로스가 "절제와 신에 대한 경의야말로 인간이 얻을 수 있는 것 가운데 가장 좋은 것"(1150~1152행)이라고 노래하는 "쓰디쓴 지혜만이 지옥의 문처럼 남아 있을 뿐이다."[43] 인간이 신이 되지 않는 한, 인간에게 고통과 절망은 그치지 않는다. 이것이 인간의 조건이다.

---

40) L. H. G. Greenwood, *Aspects of Euripidean Tragedy* (Cambridge: Cambridge UP, 2015[c1953]), 51쪽.
41) Victoria Wohl, "Beyond Sexual Difference: Becoming-Woman in Euripides' Bacchae," *The Soul of Tragedy: Essays on Athenian Drama*, Victoria Pedrick and Steven M. Oberhelman 엮음 (Chicago: U of Chicago Pr., 2005), 150쪽.
42) Rush Rehm, *The Place of Space: Spatial Transformation in Greek Tragedy* (Princeton: Princeton UP, 2002), 210쪽. 그리고 Charles Segal, 앞의 책, 93쪽.
43) J. Peter Euben, *The Tragedy of Political Theory: The Road not Taken* (Princeton: Princeton UP, 1990), 131쪽.

찾아보기

ㄱ

가비 30, 35, 76, 222, 230
고르기아스 553, 554, 625, 628
골드힐 19~23, 102, 148, 159, 163, 171, 291, 332, 394, 432, 518, 549
괴테 185
구 406, 410, 411
그루엔 54
그리피스 128, 169, 189, 288, 317, 452
그린블렛 54
길 233, 518, 521

ㄴ

나지 122, 184, 395
녹스 74, 133, 237, 242, 243, 249, 252, 295, 337, 367, 375, 385, 391, 393, 394, 405, 419, 479, 517, 549, 552, 553

누스바움 81, 129, 433, 594, 600
누터 50, 53, 173,
니부어 37
니체 16, 23, 186, 313, 481, 523, 671, 674

ㄷ

데리다 186, 322, 325, 326, 328, 344, 345, 526, 579
데모스테네스 335, 336, 472, 620
데티엔느 92, 98, 99, 112, 166, 178, 193, 654, 656
도즈 74, 75, 232, 369, 389, 391, 539, 644, 654, 656, 657, 663
두에 54, 558, 572, 591, 603

ㄹ

라인하르트 214, 255, 294, 382, 476
라캉 315, 322, 326, 352~359,

362, 364, 441, 442

라프라우브 45,46, 76, 81, 333, 572, 573

랑시에르 163, 330

레드필드 92, 234

레비나스 553, 573, 576

레스키 73, 74, 75, 383, 391,

레홈 21, 43, 57, 139, 176, 211, 219, 340, 414, 451, 453, 519, 601, 675

로런스 72, 134, 279, 411, 444, 520, 556

로로 78, 81, 131, 178, 237, 272, 273, 275, 278, 351, 402, 484, 504, 505, 511, 625, 629

로이드-존스 109, 130, 224, 263, 228, 318, 370, 376, 425, 459, 550

로즈 81, 168, 427

뢰쾨르 185, 206,

리베르트 554, 555, 556

ㅁ

마르셀 363, 417

마르크스 16, 186, 197,

마이어 44, 95, 168, 243, 348,

머레이 26, 66, 296, 333,

매스트로나드 490, 512, 558, 571

메이넬 114, 158, 331, 336, 415, 537

메이더 326~327

몬티글리오 328, 411, 465, 466, 515

밀즈 292, 304~306, 307, 309, 315, 322

S. 밀즈 468, 478, 480, 544

ㅂ

바르트 185, 418

박동환 241

밤바흐 346, 347

버넬 51

버네트 512, 596

버틀러 292, 297, 304, 308, 315 ~327, 358, 364

벅스턴 91, 166, 495, 655

베르낭 24, 33, 37, 71, 72, 74, 75, 85, 97, 129, 130, 136, 166, 191, 193, 195, 197, 233, 236, 237, 249, 329, 382, 383, 391, 392, 394, 403, 404, 408, 410,

416, 417, 418, 427, 429, 475, 522, 619, 655
베이유 364
베이크웰 107, 118, 119
벤야민 16, 581
벨피오르, 92, 102, 391, 625
보부아르 308, 309, 322
볼락 351, 364, 395, 413
보울비 99, 117
부델만 33, 385
부르케르트 33, 35, 47, 128, 276, 280, 314, 509, 512, 656
블로흐 180, 181
블루멘베르크 196, 206
블룬델 237, 247, 445, 477, 483,
비달-나케 20, 24, 33, 48, 71, 72, 74, 75, 78, 85, 97, 130, 136, 174, 249, 383, 403, 408, 427, 475, 655
블라소포울로스 50, 102

ㅅ

사이드 47
S. 사이드 107, 214, 572
사포 117,
샌더스 513, 514, 517

소머스타인 88, 107, 123, 124, 160
소포클레스 15, 24, 25, 26, 60, 74, 110, 144, 155,163, 164, 209, 218, 219, 222~485, 495, 512, 517, 549, 550, 643, 668, 673
솔론 41, 42, 64, 168, 470, 619
수비누-인우드 20, 92, 104, 398,
수위프트 99, 117, 278, 389, 537
스넬 74, 129, 391, 521, 522
스타마토폴로우 188, 197, 201,
스타이너 301, 346, 364
스토킹 195, 196
스피박 47
시걸 25, 244, 249, 260, 269, 280, 281, 282, 285, 342, 346, 382, 394, 395, 397, 403, 416, 426, 433, 442, 446, 476, 535, 542, 548, 556, 579, 596, 597, 601, 661, 663, 674, 675
시사 96, 98, 112, 113, 513, 517
시포드 19, 22, 30, 53, 83, 92, 166, 246, 269, 274, 333, 370, 481, 671, 674

ㅇ

아낙시만드로스 240, 241,
아누이 359~363
아도르노 579~580
아렌트 345
아르킬로코스 41, 42, 144,
아리스토텔레스 25, 266, 270, 280, 293, 334, 352, 384, 385, 388, 481, 525, 553, 571, 627, 628
아리스토파네스 53, 158, 509
아이스퀼로스 15, 24, 26, 28 ~220, 248, 287, 288, 293, 371, 391, 411, 419, 420, 426, 428, 468, 509, 514, 516, 554, 599, 629, 630, 655, 661, 673
아줄레 81
아퀴나스 309
아폴로니우스 495, 496
알렌 198, 201, 204
알카이오스 228, 236
에우리피데스 15, 24, 26, 50, 80, 104, 110, 112, 144, 155, 176, 178, 184, 280, 328, 386, 388, 391, 419, 420, 427, 434, 484, 488~676
엠페도클레스 119, 410
예거 38, 66, 109, 200, 206, 208, 241, 296, 350, 392, 405, 598
오구마 히데오 581
오비디우스 434, 599, 600
윌 180, 272, 273, 276, 356, 473, 558, 579, 593, 636, 675
웨스트 64, 371, 390,
위닝튼-인그램 33, 60, 66, 87, 93, 133, 158, 247, 259, 369, 549
윌리엄스 71, 76, 137, 233, 234
이경원 51
이리가라이 292, 304, 306~315, 322, 324
이삭 45, 47
임옥희 321
임철규 46, 119, 217, 230, 232, 233, 235, 313, 338, 359, 361, 363, 396, 397, 402, 405, 442, 447, 448, 449, 580

ㅈ

자네토 106, 107, 170, 472, 476,

자라더 181, 182
자이틀린 78, 92, 95, 96, 99, 106, 115, 165, 166, 170, 234, 278, 536, 541, 632
제임슨 186, 581
지라르 394, 413,
지젝 358

ㅊ
챈터 303, 307, 365

ㅋ
카바레로 328, 346, 410,
카스토리아디스 200, 347~348
카우프만 23, 186, 382
카틀레즈 33, 46, 47, 48, 49, 50, 559, 616, 627
칼람 91, 100, 112, 283, 416, 537
칼리마코스 400
케언즈 36, 37, 232, 248, 287, 340, 357, 365, 372,
코제브 301, 306
코트 207, 208, 250, 367
크세노폰 329, 617
쿨랑주 296, 339
크리스테바 49, 99, 173, 210, 219, 372
클레이 156, 193, 194, 195,
클리미 96, 115, 201, 230, 235
키토 66, 334, 367

ㅌ
토런스 29, 68, 79, 287, 529, 558
톰슨 95, 175, 197, 214
투퀴디데스 24, 32, 330, 340, 348, 349, 524, 559, 561, 572, 615, 636,
틸리히 37, 252

ㅍ
파델 104, 209, 212, 249, 254, 357, 515, 525, 536, 538
파라온 138, 211, 267, 536, 656, 658, 674
파스 85
파커 62, 63, 72, 92, 340, 389, 536
파토츠카 45, 167, 415
C. B. 패터슨 148, 504
포메로이 155, 270, 620
폴리 84, 339, 351, 356, 366, 500, 517, 518, 521, 522, 598,

600, 620, 662

푸치　403, 406, 408, 527, 537, 663, 667

푸코　47, 271,

프로이트　56~57, 306, 322~325, 352, 401, 402, 404, 406, 671

프로타고라스　348, 349, 350, 375, 405, 626

플라톤　22, 24, 25, 62, 63, 71, 79, 155, 191, 199, 237, 270, 336, 350, 385, 388, 389, 414, 470, 471, 473, 554, 628, 656

플루타르코스　119, 481, 657

피커드-케임브리지　19, 20

핀다로스　25, 41, 42, 64, 90, 228, 229, 252, 254, 255, 278, 279, 287, 414, 473, 495~497, 597

핀리　234, 266, 559, 580

ㅎ

하우스만　218, 220

하이데거　256, 343~347, 351, 354, 359, 361~363, 382, 393, 414, 415, 526

하이트　197, 199, 213, 214, 216, 217

해리스　332, 336, 337, 340, 472

헤겔　163, 164, 292~304, 306, 308, 315, 316, 319, 321, 326, 327, 331, 347, 352, 598~599

헤라클레이토스　74, 136, 159, 182, 183, 240, 241, 250, 331, 336, 392, 590, 593

헤로도토스　32, 35~38, 40, 41, 42, 45, 50, 52, 54, 55, 92, 103, 131, 183, 184, 340, 382, 404, 426, 632

헤시오도스　25, 35, 92, 155, 160, 191~196, 197, 203, 218, 235, 270, 280, 287, 356, 408, 495, 496, 497, 500, 502, 505, 528, 535, 536

헨리히스　138, 654, 656, 671

호니그　341, 358, 364, 366,

호메로스　24~26, 33, 37, 40, 42, 46, 49, 54, 55, 63, 71, 79, 80, 85, 103, 104, 107, 110, 112, 113, 125, 128, 136, 137, 141, 144, 146, 166, 176, 178, 183, 184,

186, 191, 205, 215, 217,
227~229, 232~237, 244,
249, 251, 253, 254, 272,
278, 280, 282, 285, 287,
328, 330, 338, 339, 354,
357, 408, 410, 419, 426,
434, 439, 442, 443,
447~449, 465, 502, 512,
516, 517, 518, 521, 528,
551, 553~555, 576, 593,
594, 603, 611, 616, 617,
619, 620, 622, 623, 625,
629, 638~640, 641, 642, 670

홀 45, 48, 49, 52, 54, 366, 394, 507

횔덜린 343, 372

히스 49, 133, 166, 173